Dienstleistungen im Gesundheitssektor

Manfred Bornewasser • Bernd Kriegesmann
Joachim Zülch
(Hrsg.)

Dienstleistungen im Gesundheitssektor

Produktivität, Arbeit und Management

Herausgeber
Manfred Bornewasser
Lehrstuhl für Arbeits- und Organisationspsychologie
Ernst-Moritz-Arndt-Universität Greifswald
Greifswald
Deutschland

Joachim Zülch
Lehrstuhl für Industrial Sales Engineering
Ruhr-Universität Bochum
Bochum
Deutschland

Bernd Kriegesmann
Institut für angewandte Innovationsforschung (IAI)
e. V. an der Ruhr-Universität Bochum
Bochum
Deutschland

Die vorliegende Veröffentlichung wurde aus den Verbundprojekten „ProDi – Produktivitätssteigerung bei Dienstleistungen durch Prozessinnovationen" (Projektträger DLR) – Förderkennzeichen 01FL10053 und 01FL10054 – und „Service4Health – Innovatives und prozessorientiertes Diversitätsmanagement zur Produktivitätssteigerung im Krankenhaus" (Projektträger DLR) – Förderkennzeichen 01FL10047 – mit Mitteln des Bundesministeriums für Bildung und Forschung (BMBF) finanziert. Die Verantwortung für den Inhalt der einzelnen Beiträge liegt bei den Autoren.

ISBN 978-3-658-02957-9   ISBN 978-3-658-02958-6 (eBook)
DOI 10.1007/978-3-658-02958-6

Die Deutsche Nationalbibliothek verzeichnet diese Publikation in der Deutschen Nationalbibliografie; detaillierte bibliografische Daten sind im Internet über http://dnb.d-nb.de abrufbar.

Springer Gabler
© Springer Fachmedien Wiesbaden 2014

Lektorat: Stefanie Brich, Carolin Wolfram

Gedruckt auf säurefreiem und chlorfrei gebleichtem Papier

Springer Gabler ist eine Marke von Springer DE. Springer DE ist Teil der Fachverlagsgruppe Springer Science+Business Media
www.springer-gabler.de

Vorwort

Dienstleistungen gewinnen in Deutschland zunehmend an Bedeutung. Sie stehen heute bereits für etwa 70 % des gesamten Bruttoinlandsproduktes. In anderen europäischen Ländern liegt der Anteil noch höher und hat die Industrieproduktion – mit allen Problemen – beinahe marginalisiert. Insgesamt kommt der Dienstleistungswirtschaft damit eine enorme volkswirtschaftliche Bedeutung zu. Zusätzlich bietet der Dienstleistungssektor vielen Menschen einen attraktiven Arbeitsplatz.

Die volkswirtschaftliche Bedeutsamkeit der Dienstleistungswirtschaft spiegelt sich bislang nicht in den theoretischen und empirischen Beiträgen der Dienstleistungsforschung wider. Gerade in Deutschland ist der Dienstleistungsbereich in verschiedenen Disziplinen theoretisch „unterbelichtet" und auch im Bereich der praktischen Anwendung wenig erforscht. Das ändert sich gerade, wobei Theorie und Anwendung gemäß des dem Psychologen Kurt Lewin zugeschriebenen Mottos „Nichts ist so praktisch wie eine gute Theorie" als Einheit zu sehen sind. Von daher erscheint es umso wichtiger, neben der Theorie, auch das praktische Management von Dienstleistungsprozessen etwas genauer „unter die Lupe" zu nehmen. In der Praxis gibt es immer wieder Hinweise darauf, dass weder die Dienstleistungsprozesse selbst zufriedenstellend gestaltet sind noch dass effektive Managementtools und Messinstrumente eingesetzt und erfolgversprechend umgesetzt werden.

Theoretische Defizite betreffen z. B. Konzepte und Modelle. So sind einerseits etwa die Begriffe der Arbeit, der Leistung, der Integration, der Interaktion, des Werts oder des Nutzens umstritten, andererseits aber auch allgemeine Modelle etwa zur Prinzipal-Agenten-Beziehung, zur Leistungserstellung oder zur Produktivität tiefgreifender Kritik ausgesetzt. Vielfach bleiben empirische Studien hinter den theoretischen Konzepten und Modellannahmen zurück. Das ist für Wissenschaft und Forschung unschön, bleibt aber ohne spürbare Konsequenzen für die Forschungsgemeinschaft. Das sieht in der Praxis anders aus. Anwendungsdefizite von Modellen oder Werkzeugen schlagen sich in unzureichender betrieblicher Gestaltung von Prozessen und Personalallokationen nieder und erzeugen vermeidbare Kosten.

Im vorliegenden Buch wird nicht nur über Arbeit, Produktivität und Management theoretisiert, vielmehr werden zahlreiche Beispiele für Forschung und Anwendung aus drei verschiedenen Feldern der Dienstleistungspraxis aufgezeigt. Diese betreffen Humandienstleistungen im Krankenhaus und in Pflegeeinrichtungen sowie Sachdienstleistungen in industrienahen Kontexten. Dabei wird der Fokus immer wieder auf Gemeinsamkeiten und Differenzen zwischen Dienstleistungen im Human- und im Sachbereich gelegt. Viele der Berichte stammen aus laufenden oder gerade abgeschlossenen Forschungsprojekten, die vom Bundesministerium für Bildung und Forschung (BMBF) und mit Mitteln des Europäischen Sozialfonds (ESF) gefördert wurden. Detaillierte Hinweise auf finanzielle Förderungen finden sich im Kontext der einzelnen Artikel.

Reader sind immer schwierige Unterfangen, weil man als Herausgeber niemals genau weiß, was an Beiträgen kommt und weil man als Autor nie weiß, ob man mit seinem Beitrag den Erwartungen der Herausgeber entspricht. Vom Leser ganz zu schweigen. Über vielen Readern liegt damit ein Hauch von inhaltlicher Unsicherheit, mal abgesehen davon, dass auch niemand im Vorhinein sagen kann, ob sich die Parteien an die vertraglich festgelegten prozeduralen Rahmenbedingungen bei der Erstellung ihrer Manuskripte halten. Diese Unsicherheiten wurden im vorliegenden Buch frühzeitig identifiziert und durch zwei Maßnahmen verringert: Vertrauen und Kontrolle. Das Vertrauen rührte daher, dass sich viele Autoren bereits aus gemeinsamen Projekttreffen kannten und auch auf der Dienstleistungstagung in Kontakt getreten sind. Von daher bestand eine gewisse wechselseitige Vorahnung, was Herausgeber von den Autoren und Autoren von den Herausgebern erwarten konnten. Dafür und für ihre lesenswerten Beiträge für dieses Buch gebührt ihnen unser Dank. Die Kontrolle wurde durch eine intensive Betreuung gewährleistet, die in Greifswald von Antonia Unger und in Bochum von Stefan Nottmeier fortgesetzt praktiziert wurde. Beide arbeiteten nicht nur gut und intensiv miteinander, sondern auch mit den Autoren, was letztlich dazu führte, dass so gut wie alle Manuskripte zeitig und in hoher Qualität vorgelegt wurden. Dafür möchten wir unseren beiden Koordinatoren ganz herzlich danken. Sie haben sich als hervorragende „Dienstleister" bewährt und für eine weitere Zusammenarbeit empfohlen. In diesen Dank möchten wir auch Frau Brich vom Verlag Springer/Gabler einbeziehen, die immer mit Rat und Tat zur Seite stand.

Dem Leser wünschen wir Vergnügen und Anregungen bei der Lektüre. Wir freuen uns auch, wenn Sie mit dem einen oder anderen Autor Kontakt aufnehmen, um Anregungen zu geben, konstruktive Kritik zu üben oder sich über ein Problem auszutauschen. Apropos Leser: Aus ästhetischen und ökonomischen Gründen wurde an vielen Stellen dieses Buches darauf verzichtet, Geschlechtsdifferenzierungen vorzunehmen. Auch dort, wo nur vom Leser, vom Kunden oder vom Mitarbeiter die Rede ist, sind immer auch die Leserinnen, Kundinnen und Mitarbeiterinnen mit eingeschlossen. Wenn an einzelnen Stellen männliche und weibliche Formen auftreten, dann hat dies keine herausgehobene Bedeutung.

Greifswald und Bochum im August 2013

Manfred Bornewasser
Bernd Kriegesmann
Joachim Zülch

Inhaltsverzeichnis

1 Dienstleistungen im Gesundheitssektor 1
Manfred Bornewasser

Teil I Dienstleistungsproduktivität, Dienstleistungsarbeit und
Dienstleistungsmanagement

2 Dienstleistungsarbeit: Autonome, relationale und heteronome
Komponenten der Arbeit vom Anbieter für den Kunden 29
Manfred Bornewasser

3 Produktivität im Gesundheitssektor – Wertschöpfung in
Nutzungsprozessen 59
Michael Kleinaltenkamp, Ilias Danatzis und Carolin Wernicke

4 Qualitätsorientierte Managementsysteme zur Steuerung und Bewertung
gesundheitswirtschaftlicher Dienstleistungen 89
Joachim Zülch

Teil II Erfassung und Management von Dienstleistungsprozessen
im Krankenhaus

5 Steigerung der Produktivität durch Lean Management in der
Universitätsklinik für Dermatologie.................................... 115
Sandra Puliafito, Pascal Scher, Slavka Radnic und Luca Borradori

6 Ermittlung der holistischen Produktivität beim Customer und Supplier
Relationship Management im Krankenhaus............................. 135
Mario A. Pfannstiel und Ricarda B. Bouncken

7 Prozessoptimierung und Produktivitätssteigerung in der Anästhesie
eines modernen Krankenhauses.. 155
Esther Henning, Claudia Wiese, Maria Zach, Konrad Meissner
und Kristin Westphal

8   Prozessbenchmarking der Medikalprodukteversorgung 175
    Moike Buck und Nicole Lubecki-Weschke

9   Arbeitsorganisation von Krankenhausstationen – Bedarf für
    Verhältnisprävention? 191
    Nicole Stab und Winfried Hacker

10 Kundenzufriedenheit mit ferngesteuerten Dienstleistungstechnologien 215
    Stefanie Paluch

Teil III Dienstleistungsprozesse in der Pflege zwischen Rationalisierung
          und Humanität

11 Die Kunden der Pflegekräfte 241
    Thomas Birken und Wolfgang Menz

12 Überforderung im Ehrenamt sozialer Dienste: Gesundheitsförderung
    durch professionelle Koordination? 259
    Guido Becke, Raphaela Wehl und Anna Wetjen

13 Soziale Dienstleistungen im Umbruch: Gestaltung der Produktivität durch
    Kompetenzentwicklung 277
    Janina Evers, Michael Krause und Joachim Hafkesbrink

14 Professionelle Pflegedienstleistungen im Spannungsfeld von Emotion,
    Emotionsarbeit und Effizienz 297
    Antonia Unger

15 Menschen mit Demenz im Spannungsfeld von Markt und Sorge 327
    Andrea Newerla

Teil IV Gesundheits- und Industriedienstleistungen: Übergänge
         und Differenzen

16 Produktivitätssteigerung von technologieorientierten Dienstleistungen –
    Beispiele aus der Personalisierten Medizin 345
    Bastian Halecker, Andreas Braun und Elisabeth Eppinger

17 Die Lean Production Philosophie im Health Service Management 361
    Alexander Knickmeier, Stephan Nottmeier, Sebastian Albers
    und Tobias Rabsahl

18 Steigerung der Dienstleistungsproduktivität durch Service Management 383
    Andrea Rößner und Janine Kramer

19 Management der Prozessproduktivität mit industriellen Dienstleistungen ... 395
Sonja Kieffer-Radwan

20 Produktivität und Dienstleistungen schließen sich nicht aus 415
Walter Ganz und Anne-Sophie Tombeil

**21 Gemeinsamkeiten zur Sachgüterproduktion suchen oder
Dienstleistungsbesonderheiten (über-)betonen? – Perspektiven für die
Produktivitätsforschung** 431
Friedrich Kerka und Bernd Kriegesmann

Autorenverzeichnis

Sebastian Albers M.Sc. Institut für angewandte Innovationsforschung (IAI) e. V. an der Ruhr-Universität Bochum, Buscheyplatz 13, 44801 Bochum, Deutschland

PD Dr. Guido Becke Universität Bremen, artec Forschungszentrum Nachhaltigkeit, Enrique-Schmidt-Str. 7 (SFG), 28359 Bremen, Deutschland
E-Mail: becke@artec.uni-bremen.de

Thomas Birken Dipl.-Soz., M.A. ISF München, Jakob-Klar-Str. 9, 80796 München, Deutschland
E-Mail: thomas.birken@isf-muenchen.de

Prof. Dr. Manfred Bornewasser Institut für Psychologie, Universität Greifswald, Franz-Mehring-Str. 47, 17489 Greifswald, Deutschland
E-Mail: bornewas@uni-greifswald.de

Dr. Luca Borradori INSELSPITAL, Universitätsspital Bern, Klinikdirektor Dermatologie, Freiburgstraße 10, 3010 Bern, Schweiz
E-Mail: luca.borradori@insel.ch

Prof. Dr. Ricarda B. Bouncken LS für Strategisches Management und Organisation, Universität Bayreuth, Universitätsstr. 30, 95440 Bayreuth, Deutschland
E-Mail: bouncken@uni-bayreuth.de

Andreas Braun LS für Innovationsmanagement & Entrepreneurship, Universität Potsdam, August-Bebel-Str. 89, 14482 Potsdam, Deutschland

Moike Buck Fraunhofer SCS, Nordostpark 93, 90411 Nürnberg, Deutschland
E-Mail: moike.buck@scs.fraunhofer.de

Ilias Danatzis M.Sc. FB Wirtschaftswissenschaft, Marketing-Department, Freie Universität Berlin, Otto-von-Simson-Str. 13/19, 14195 Berlin, Deutschland
E-Mail: ilias.danatzis@fu-berlin.de

Elisabeth Eppinger LS für Innovationsmanagement und Entrepreneurship, Universität Potsdam, August-Bebel-Str. 89, 14482 Potsdam, Deutschland

Janina Evers M.A. Rhein-Ruhr Institut für angewandte, Systeminnovation e.V., Bürgerstraße 15, 47057 Duisburg, Deutschland
E-Mail: je@rias-institute.de

Walter Ganz M.A. Fraunhofer IAO, Nobelstraße 12, 70569 Stuttgart, Deutschland
E-Mail: walter.ganz@iao.fraunhofer.de

Prof. Dr. Winfried Hacker FB Psychologie, Technische Universität Dresden, Helmholtzstraße 10, 01069 Dresden, Deutschland
E-Mail: hacker@psychologie.tu-dresden.de

Dr. Joachim Hafkesbrink innowise GmbH, Bürgerstraße 15, 47057 Duisburg, Deutschland
E-Mail: jh@innowise.eu

Bastian Halecker LS für Innovationsmanagement und Entrepreneurship, Universität Potsdam, August-Bebel-Str. 89, 14482 Potsdam, Deutschland
E-Mail: bastian.halecker@ime.uni-potsdam.de

Esther Henning M.Sc. Institut für Psychologie, Ernst-Moritz-Universität Greifswald, Franz-Mehring-Str. 47, 17489 Greifswald, Deutschland
E-Mail: esther.henning@uni-greifswald.de

Prof. Dr. Friedrich Kerka Institut für angewandte Innovationsforschung (IAI) e. V. an der Ruhr-Universität Bochum, Buscheyplatz 13, 44801 Bochum, Deutschland
E-Mail: friedrich.kerka@iai-bochum.de

Dr. Sonja Kieffer-Radwan ACLA-Werke GmbH, Frankfurter Str. 142-190, 51065 Köln, Deutschland
E-Mail: Sonja.Kieffer-Radwan@acla-werke.de

Prof. Dr. Dr. h.c. Michael Kleinaltenkamp FB Wirtschaftswissenschaft, Marketing-Department, Freie Universität Berlin, Otto-von-Simson-Str. 13/19, 14195 Berlin, Deutschland
E-Mail: michael.kleinaltenkamp@fu-berlin.de

Alexander Knickmeier M.A. Institut für angewandte Innovationsforschung (IAI) e. V. an der Ruhr-Universität Bochum, Buscheyplatz 13, 44801 Bochum, Deutschland
E-Mail: alexander.knickmeier@iai-bochum.de

Janine Kramer Fraunhofer IAO/IAT der Universität Stuttgart, Nobelstraße 12, 70569 Stuttgart, Deutschland
E-Mail: Janine.Kramer@iao.fraunhofer.de

Dr. Michael Krause Freiburg Academy of Science and Technology, Albert-Ludwigs-Universität Freiburg, Stefan-Meier-Straße 21, 79104 Freiburg, Deutschland
E-Mail: michael.krause@fast.uni-freiburg.de

Prof. Dr. Bernd Kriegesmann Institut für angewandte Innovationsforschung (IAI) e. V. an der Ruhr-Universität Bochum, Buscheyplatz 13, 44801 Bochum, Deutschland
E-Mail: bernd.kriegesmann@iai-bochum.de

Nicole Lubecki-Weschke Nordostpark 93, 90411 Nürnberg, Deutschland
E-Mail: nicole.lubecki-weschke@scs.fraunhofer.de

Prof. Dr. Konrad Meissner Klinik und Poliklinik für Anästhesiologie und Intensivmedizin, Universitätsmedizin Greifswald, Ferdinand-Sauerbruch-Straße, 17475 Greifswald, Deutschland
E-Mail: konrad.meissner@uni-greifswald.de

Dr. Wolfgang Menz ISF München, Jakob-Klar-Str. 9, 80796 München, Deutschland
E-Mail: wolfgang.menz@isf-muenchen.de

Dr. phil. Andrea Newerla Institut für Soziologie, Justus-Liebig-Universität Gießen, Karl-Glöckner-Str. 21E, 35394 Gießen, Deutschland
E-Mail: andrea.newerla@sowi.uni-giessen.de

Dipl.-Wirt.-Ing. Stephan Nottmeier M.Sc. Institut für angewandte Innovationsforschung (IAI) e. V. an der Ruhr-Universität Bochum, Buscheyplatz 13, 44801 Bochum, Deutschland
E-Mail: stephan.nottmeier@iai-bochum.de

Prof. Dr. Stefanie Paluch Wirtschafts- und Sozialwissenschaftliche Fakultät, Technische Universität Dortmund, Martin-Schmeißer-Weg 12, 44227 Dortmund, Deutschland
E-Mail: stefanie.paluch@tu-dortmund.de

Mario A. Pfannstiel M.Sc., M.A. LS für Strategisches Management und Organisation, Universität Bayreuth, Universitätsstr. 30, 95440 Bayreuth, Deutschland
E-Mail: mario.pfannstiel@uni-bayreuth.de

Sandra Puliafito INSELSPITAL, Universitätsspital Bern, Bereich Prozessmanagement, Direktion Pflege/MTT, Freiburgstraße 44a, 3010 Bern, Schweiz
E-Mail: sandra.puliafito@insel.ch

Tobias Rabsahl M.Sc. Lehrstuhl für Industrial Sales Engineering, Ruhr-Universität Bochum, Universitätsstr. 150, 44801 Bochum, Deutschland
E-Mail: tobias.rabsahl@ise.ruhr-uni-bochum.de

Slavka Radnic INSELSPITAL, Universitätsspital Bern, Bereich Prozessmanagement, Direktion Pflege/MTT, Freiburgstraße 44a, 3010 Bern, Schweiz
E-Mail: slavka.radnic@insel.ch

Andrea Rößner Fraunhofer IAO/IAT der Universität Stuttgart, Nobelstraße 12, 70569 Stuttgart, Deutschland
E-Mail: andrea.roessner@iao.fraunhofer.de

Dr. med. Pascal Scher MBA INSELSPITAL, Universitätsspital Bern, Operations/Management-Support, Freiburgstrasse 10, UPD 4.OG/B460c, 3010 Bern, Schweiz
E-Mail: pascal.scher@insel.ch

Dr. rer. medic Nicole Stab Technische Universität Dresden, FB Psychologie, AG Wissen-Denken-Handeln, Helmholtzstraße 10, 01069 Dresden, Deutschland
E-Mail: stab@psychologie.tu-dresden.de

Dr. Anne-Sophie Tombeil Fraunhofer IAO, Nobelstraße 12, 70569 Stuttgart, Deutschland
E-Mail: anne-sophie.tombeil@iao.fraunhofer.de

Antonia Unger Institut für Psychologie, Ernst-Moritz-Arndt-Universität Greifswald, Franz-Mehring-Str. 48, 17489 Greifswald, Deutschland
E-Mail: antonia.unger@uni-greifswald.de

Raphaela Wehl Universität Bremen, artec Forschungszentrum Nachhaltigkeit, Enrique-Schmidt-Str. 7 (SFG), 28359 Bremen, Deutschland
E-Mail: wehl@uni-bremen.de

Carolin Wernicke M.Sc. FB Wirtschaftswissenschaften, Marketing-Department, Freie Universität Berlin, Otto-von-Simson-Str. 19, 14195 Berlin, Deutschland
E-Mail: carolin.wernicke@fu-berlin.de

Dr. Kristin Westphal Klinik und Poliklinik für Anästhesiologie und Intensivmedizin, Universitätsmedizin Greifswald, Ferdinand-Sauerbruch-Straße, 17475 Greifswald, Deutschland
E-Mail: chrwestp@uni-greifswald.de

Anna Wetjen Universität Bremen, artec Forschungszentrum Nachhaltigkeit, Enrique-Schmidt-Str. 7 (SFG), 28359 Bremen, Deutschland
E-Mail: anna.wetjen@uni-bremen.de

Dr. Claudia Wiese Institut für Psychologie, Ernst-Moritz-Universität Greifswald, Franz-Mehring-Str. 47, 17489 Greifswald, Deutschland
E-Mail: claudia.wiese@uni-greifswald.de

Dr. Maria Zach Stabsstelle Strategisches Controlling, Medizincontrolling, Universitäts-medizin Greifswald, Fleischmannstrasse 8, 17475 Greifswald, Deutschland
E-Mail: maria.zach@uni-greifswald.de

Prof. Dr. phil. Joachim Zülch Fakultät für Maschinenbau, Lehrstuhl für Industrial Sales Engineering, Ruhr-Universität Bochum, Universitätsstr. 150, 44801 Bochum, Deutschland
E-Mail: joachim.zuelch@ise.ruhr-uni-bochum.de

Kurzvitae

Sebastian Albers M.Sc. studierte Wirtschaftsingenieurwesen mit dem Schwerpunkt Physikalische Technologien an der Fachhochschule Münster. Nach seinem Studium arbeitete er von Mai 2012 bis September 2013 als wissenschaftlicher Mitarbeiter am Institut für angewandte Innovationsforschung (IAI) e. V. an der Ruhr-Universität Bochum.

PD Dr. Guido Becke ist Arbeits- und Sozialwissenschaftler am artec | Forschungszentrum Nachhaltigkeit an der Universität Bremen. Dem Diplom in Sozialwissenschaften an der Ruhr-Universität Bochum folgten eine Promotion in Soziologie an der Universität Dortmund sowie eine Habilitation in Arbeitswissenschaft an der Universität Bremen. Er war langjähriger wissenschaftlicher Mitarbeiter am Landesinstitut Sozialforschungsstelle Dortmund und ist seit 2002 am artec als Senior Researcher und Koordinator des Forschungsfelds „Arbeit und Organisation" tätig. Seine Forschungsschwerpunkte liegen im Bereich von Arbeits- und Organisationsforschung, Arbeit in sozialen Dienstleistungen, Gesundheitsförderung in flexiblen Arbeitsstrukturen, Organisationswandel sowie Arbeit und soziale Beziehungen.

Thomas Birken Dipl.-Soz., M.A. ist wissenschaftlicher Mitarbeiter am Institut für Sozialwissenschaftliche Forschung e. V. – ISF München. Seine Arbeitsschwerpunkte liegen in den Bereichen sozialwissenschaftliche Dienstleistungsforschung, interaktive Arbeit, Arbeit und Subjekt sowie Arbeit und Gesundheit.

Prof. Dr. Manfred Bornewasser leitet die Abteilung für Arbeits- und Organisationspsychologie am Institut für Psychologie der Universität Greifswald. Seine Forschungsschwerpunkte liegen im Bereich der Personal- und Organisationsentwicklung. Er ist Leiter verschiedener BMBF-geförderter Projekte: Im Projekt derobino beschäftigt er sich mit Problemen der Teamdiversität und deren Auswirkungen auf die Innovativität, im Projekt Pikoma mit Problemen der Kompetenzentwicklung in Wirtschaft und Verwaltung. Im Kontext des Projekts Service4Health setzt er sich in Kooperation mit dem Fraunhofer IAO in Stuttgart intensiv mit Problemen der Produktivität von Dienstleistungsarbeit auseinander.

Dr. Luca Borradori hat an der Universität Bern Medizin studiert. Nach der Promotion hat er am Centre Hospitalier Universitaire Saint-Louis in Paris, am Centre Hospitalier Universitaire Vaudois in Lausanne und schließlich an der Hautklinik des Universitätsspitals Genf (HUG) seine Fachausbildung in Dermatologie und Venerologie gemacht. Es folgten Forschungsaufenthalte am National Institute of Health in Bethesda (USA) und am Netherlands Cancer Institute in Amsterdam. Zwischen 1997 und 2007 arbeitete er an der Hautklinik der HUG, wo er unter anderem als Leitender Arzt der Dermatologischen Poliklinik tätig war. Seit 2008 ist er Klinikdirektor an der Universitätsklinik für Dermatologie in Bern.

Prof. Dr. Ricarda B. Bouncken ist Inhaberin des Lehrstuhls für Strategisches Management und Organisation an der Universität Bayreuth. Am Lehrstuhl beschäftigt sie sich zentral mit Strategien und der Organisation von Innovationsprojekten. Der Lehrstuhl hat bereits viele Drittmittel- und Verbundprojekte durchgeführt, z. B. Cultural Diversity in Innovation Teams (gefördert von der Volkswagenstiftung) oder Move2Health, das Prozesse und Forschungstransfers im Gesundheitsbereich untersucht (gefördert vom BMVBS). Ein weiteres Projekt im Bereich Gesundheitsmanagement ist Service4Health mit dem Schwerpunkt „Innovatives und prozessorientiertes Diversitätsmanagement zur Produktivitätssteigerung im Krankenhaus" (gefördert vom BMBF). Aktuell liegen 173 Publikationen von Frau Prof. Dr. Bouncken vor.

Andreas Braun hat einen Abschluss in Betriebswirtschaftslehre (Dipl.-Kfm.) an der Bergakademie Freiberg und einen Master of Business Administration (MBA) der Business School der Central European University in Budapest. Er verfügt über mehr als zehn Jahre Berufserfahrung. In den vergangenen fünf Jahren hat Andreas Braun an der Universität Potsdam gearbeitet, u. a. als Leiter der zwei Forschungsprojekte „Open Innovation in Life Sciences" und „Dienstleistungspotenziale in der Personalisierten Medizin". Derzeit ist er Dozent an der BSP Berlin Potsdam. Seinen Forschungsschwerpunkt hat er im Bereich des strategischen Innovations- und Organisationsmanagements (inkl. Open Innovation und Business Model Innovation).

Moike Buck ist wissenschaftliche Mitarbeiterin in der Fraunhofer-Arbeitsgruppe für Supply Chain Services SCS. Sie studierte Betriebswirtschaftslehre mit dem Schwerpunkt Logistik an der Friedrich-Alexander-Universität Erlangen-Nürnberg. Seit ihrem Abschluss als Diplom-Kauffrau im Jahr 2008 arbeitet sie in der Gruppe Prozesse bei der Fraunhofer SCS in Nürnberg. Ihre thematischen Schwerpunkte sind unter anderem Prozessanalyse und Benchmarking im Gesundheitswesen und in der Logistikdienstleistungsbranche. Seit 2013 leitet Sie das vom BMBF geförderte Projekt BELOUGA „Benchmarking logistischer Unterstützungs- und Dienstleistungsprozesse im Gesundheitswesen und in industriellen Anwendungen".

Ilias Danatzis M.Sc. ist seit 2012 wissenschaftlicher Mitarbeiter und Doktorand am Marketing-Department der Freien Universität Berlin und Studienbetreuer des weiterbildenden Masterstudienganges „Executive Master of Business Marketing". Er absolvierte ein Bachelorstudium (B.Sc.) in Europäischer Wirtschaft an der Otto-Friedrich-Universität Bamberg und der University of Sydney sowie ein Masterstudium (M.Sc.) in Management und Marketing an der Freien Universität Berlin und der Singapore Management University. Vor seinem Masterstudium war er als Berater bei der Rödl Consulting AG tätig. Seine Forschungsinteressen liegen im Business- und Dienstleistungsmarketing.

Elisabeth Eppinger ist seit 2009 wissenschaftliche Mitarbeiterin am Lehrstuhl Innovationsmanagement und Entrepreneurship der Universität Potsdam, wo sie das Forschungsprojekt „Dienstleistungspotenziale in der Personalisierten Medizin" leitet. Sie hat einen Master in Technik- und Wissenschaftsforschung der Universitäten Maastricht und Straßburg erworben sowie einen Diplomingenieur der Hochschule Niederrhein. Nach ihrem Studium war sie fünf Jahre in der Chemieindustrie in Forschung und Entwicklung tätig. Ihre Forschungsschwerpunkte sind Innovationen und Schutzrechte geistigen Eigentums.

Janina Evers M.A. studierte Soziologie, Wirtschaftspolitik und Öffentliches Recht in Münster und York. Sie ist wissenschaftliche Mitarbeiterin am Rhein-Ruhr Institut für angewandte Systeminnovation (RIAS) e. V. und Promovendin an der Westfälischen Wilhelms-Universität Münster. Ihre Arbeitsschwerpunkte sind die Arbeits- und Organisationsforschung und -beratung, die Personal- und Organisationsentwicklung sowie soziale Dienstleistungen. Sie wirkte an verschiedenen Projekten mit, z. B. „Produktivitäts-Cockpit soziale Dienstleistungen – Messung, Bewertung und Gestaltung der Produktivität in einem dynamisch wachsenden Dienstleistungsmarkt", „8iNNO – Organisationale Achtsamkeit als Basis für Innovationsfähigkeit von Unternehmen" und „PRÄWIN – Prävention in Unternehmen der Wissensökonomie".

Walter Ganz M.A. studierte an der Universität Freiburg Soziologie, mit dem Schwerpunkt Industriesoziologie, sowie Psychologie und Politikwissenschaft. Nach dem Studium folgte eine Tätigkeit als wissenschaftlicher Mitarbeiter am Max-Planck-Institut für internationales Strafrecht in Freiburg und eine dreijährige Mitarbeit bei Infratest Kommunikationsforschung in München. 1989 wechselte er ans Fraunhofer-Institut für Arbeitswirtschaft und Organisation in Stuttgart. Heute ist er Leiter des Geschäftsfeldes Dienstleistungs- und Personalmanagement und Mitglied im Führungskreis des Instituts. Forschungsschwerpunkte sind Service Competence-, und Service Performance Management.

Prof. Dr. Winfried Hacker studierte von 1952 bis 1957 Psychologie an der Technischen Hochschule Dresden. Nach seinem Diplom war er dort Assistent. Seine Promotion zum Doktor der Naturwissenschaften erlangte er 1961 mit einer Arbeit zur Auge-Hand-Koordination. Neben seiner Tätigkeit an der Technischen Hochschule arbeitete Hacker danach bis 1965 in der chemischen Industrie. In seiner Habilitationsschrift aus dem Jahr 1965 beschäftigte er sich wieder mit der Auge-Hand Koordination. Ab 1966 war Hacker Professor an der Technischen Universität Dresden; zunächst als Direktor des Instituts für Psychologie, ab 1968 auf einer Professur für Arbeitspsychologie und Arbeitswissenschaften und nach 1992 für Allgemeine Psychologie. 2004 bis 2006 übernahm er die kommissarische Leitung des Lehrstuhls für Psychologie an der Technischen Universität München. Zurzeit leitet er als Seniorprofessor die Arbeitsgruppe „Wissen-Denken-Handeln" des Fachbereichs Psychologie der Technischen Universität Dresden.

Dr. Joachim Hafkesbrink ist geschäftsführender Gesellschafter und Gründer der innowise GmbH, Projektleiter und geschäftsführendes Vorstandsmitglied im Rhein-Ruhr Institut für angewandte Systeminnovation (RIAS) e. V. sowie Präsident von TII a.s.b.l. – Technologie, Innovation, International in Luxemburg. Seit über 25 Jahren berät und forscht er im Bereich Innovationsmanagement. 1986 promovierte er in Wirtschafts- und Sozialwissenschaften mit Schwerpunkt Innovationstheorie und -management an der Universität Duisburg-Essen. Seine Referenzen umfassen Projekte im Bereich Innovationsmanagement, Evaluationsstudien und Beratung von Ministerien und Verbänden in Deutschland in vielfältigen Sektoren (z. B. Industrie, soziale Dienstleistungen).

Bastian Halecker studierte Betriebswirtschaftslehre an der Hochschule für Technik und Wirtschaft (HTW) in Berlin. Nach seinem Studium war er für die Managementberatung Horváth&Partners im Bereich Chemie, Öl, Pharma tätig. Seit 2012 ist Bastian Halecker wissenschaftlicher Mitarbeiter und Doktorand am Lehrstuhl Innovationsmanagement und Entrepreneurship an der Universität Potsdam und Mitglied im Forschungsprojekt „Dienstleistungspotenziale in der Personalisierten Medizin". Seine Forschungsinteressen liegen im Bereich der Innovation von Geschäftsmodellen, Business Development und strategischer Frühaufklärung (Foresight).

Esther Henning M.Sc.   ist studierte Pflege- und Gesundheitsmangerin (B.A.). Sie hält einen Master of Science Abschluss in Internationaler Gesundheit inne und ist seit 2010 wissenschaftliche Mitarbeiterin im Projekt Service4Health in der Abteilung Sozialpsychologie/Arbeits- und Organisationspsychologie der Universität Greifswald. Ihre Forschungsinteressen umfassen die Bereiche des Prozess-, Produktivitäts- und Qualitätsmanagements. Sie ist examinierte Kinderkrankenschwester und arbeitete in verschiedenen nationalen und internationalen Einrichtungen der stationären und ambulanten Pflege von Kindern und Erwachsenen.

Prof. Dr. Friedrich Kerka studierte Wirtschaftswissenschaften an der Ruhr-Universität Bochum. Von 1994 bis 1997 arbeitete er als wissenschaftlicher Mitarbeiter und Projektleiter am Institut für angewandte Innovationsforschung (IAI) Bochum e. V., von 1997 bis 2001 am Institut für Arbeitswissenschaft der Ruhr-Universität Bochum und anschließend bis 2009 als Geschäftsführer am IAI. Seit 2005 ist er Professor für Betriebswirtschaftslehre an der Fachhochschule Gelsenkirchen (im März 2012 umbenannt in Westfälische Hochschule Gelsenkirchen Bocholt Recklinghausen) und seit 2012 Geschäftsführender Vorstand am IAI. Als Autor zahlreicher Fachveröffentlichungen und Studien zur Innovationsförderung gehören unternehmerisches Ideen- und Innovationsmanagement, Technologietransfer und Innovationspolitik zu seinen Arbeitsschwerpunkten.

Dr. Sonja Kieffer-Radwan studierte Betriebswirtschaftslehre an der Universität zu Köln und promovierte anschließend am Institut für Marketing und Dienstleistungsforschung an der Universität Rostock. Seit 2002 ist sie bei der Acla-Werke GmbH tätig. Hier ist sie zur Zeit für das Projekt „Kundenorientierte Prozessgestaltung" zuständig und betreut den Einsatz eines Fertigungsmanagementssystems (MES), welches seit 2008 zur Erhöhung der Prozessproduktivität eingesetzt wird. Seit 2010 ist sie stellvertretende Geschäftsführerin der Acla-Werke GmbH.

Prof. Dr. Dr. h.c. Michael Kleinaltenkamp absolvierte ein Studium der Wirtschaftswissenschaft an der Ruhr-Universität Bochum. Anschließend arbeitete er als wissenschaftlicher Mitarbeiter am Seminar für Angewandte Wirtschaftslehre der Ruhr-Universität Bochum, 1984 folgte seine Promotion, 1992 seine Habilitation. Er ist seit 1992 Inhaber der Professur für Business- und Dienstleistungsmarketing am Marketing-Department der Freien Universität Berlin und Wissenschaftlicher Leiter des Weiterbildungsstudiengangs „Executive Master of Business Marketing". Seit 2004 ist er Visiting Professor an der European School of Management and Technology (esmt), Berlin und von Oktober 2007 bis Januar 2008 war er Visiting Professor an der School of Marketing der University of New South Wales, Sydney, Australien. Seit 2012 ist er Recognised Teacher an der Cranfield University School of Management. Seine Forschungsinteressen liegen in den Bereichen Business-to-Business-Marketing, Dienstleistungsmarketing und -management, Geschäftsbeziehungsmanagement sowie Marketing-Theorie.

Alexander Knickmeier M.A. studierte Wirtschafts- und Sozialwissenschaften an der Ruhr-Universität Bochum und an der Universidad Complutense in Madrid. Seit 2010 arbeitet er als wissenschaftlicher Mitarbeiter am Institut für angewandte Innovationsforschung (IAI) e. V. an der Ruhr-Universität Bochum. Seine Forschungsschwerpunkte liegen in den Bereichen Innovationsmanagement, Innovationspolitik sowie quantitative und qualitative Sozialforschung.

Janine Kramer erlangte Ihren Diplomabschluss in Finanz- und Wirtschaftsmathematik an der Technischen Universität Braunschweig sowie ihren Master of Business Administration an der University of Rhode Island in den USA. Sie arbeitet seit 2010 als wissenschaftliche Mitarbeiterin am Institut für Arbeitswissenschaft und Technologiemanagement IAT der Universität Stuttgart im Bereich Dienstleistungsmanagement.

Dr. Michael Krause absolvierte ein Studium des Maschinenbaus sowie der Wirtschaftswissenschaften für Ingenieure an der Ruhr-Universität Bochum. Es folgten Tätigkeiten
als Projektleiter und später in der Geschäftsführung am Institut für angewandte Innovationsforschung (IAI) Bochum e. V.. Von 2001 bis 2007 war er Senior Consultant bei
der ARÖW GmbH, Duisburg, von 2008 bis 2012 Managing Consultant bei der innowise
GmbH, Duisburg. Seit 2012 ist er Leiter der Freiburg Academy of Science and Technology
(FAST) an der Albert-Ludwigs-Universität Freiburg. FAST bietet bedarfsorientierte und
maßgeschneiderte Kompetenzentwicklung durch „Training-on-the-Project" an.

Prof. Dr. Bernd Kriegesmann studierte Wirtschaftswissenschaften an der Ruhr-
Universität Bochum. Von 1989 bis 1991 arbeitete er als wissenschaftlicher Mitarbeiter
am Institut für angewandte Innovationsforschung (IAI) Bochum e. V., von 1991 bis
1993 als Fachreferent beim Bundesministerium für Forschung und Technologie (Innovationsförderung), von 1993 bis Februar 2000 als Geschäftsführer des IAI, von März 2000
bis Juli 2008 als Professor für Betriebswirtschaftslehre an der Fachhochschule Gelsenkirchen und seit Juli 2002 als Vorstandsvorsitzender des IAI. Zudem ist Bernd Kriegesmann
seit August 2008 Präsident der Westfälischen Hochschule (ehemals Fachhochschule Gelsenkirchen). Als Mitglied in verschiedenen Arbeitskreisen und Beiräten und als Autor
zahlreicher Fachpublikationen ist er u. a. Herausgeber der „Berichte aus der angewandten
Innovationsforschung" sowie der Reihe „Innovation: Forschung und Management".

Nicole Lubecki-Weschke ist wissenschaftliche Mitarbeiterin in der Fraunhofer-
Arbeitsgruppe für Supply Chain Services SCS in Nürnberg, wo sie federführend für
den Fachbereich Lagerbenchmarking zuständig ist. Nach dem Studium der Wirtschafts-
wissenschaften an der Ruhr-Universität Bochum begann Nicole Lubecki-Weschke ihre
Tätigkeit als wissenschaftliche Mitarbeiterin am Fraunhofer Anwendungszentrum für
Verkehrslogistik und Kommunikationstechnik AVK. Sie war 1996 in verantwortlicher
Rolle an der Gründung des dortigen Benchmarking Centers beteiligt, das Sie von
2000 bis 2003 leitete. Nach einer Familienpause führt sie seit 2006 in der Gruppe Prozesse der Fraunhofer SCS Benchmarking-Projekte in Industrie-, Handels- und
Logistik-Dienstleistungsunternehmen durch.

Prof. Dr. Konrad Meissner hat eine Professur für Anästhesiologie an der Klinik und
Poliklinik für Anästhesiologie und Intensivmedizin an der Universitätsmedizin Greifswald inne. Er habilitierte sich über eine drittmittelgeförderte pharmakologische Arbeit
zu Arzneimitteltransport im Herzen und erhielt den Hans J. Dengler Preis für Klinische
Pharmakologie. Er war mehrere Jahre Visiting Professor und Clinical Instructor im Dept.
of Anesthesiology der Washington University in St. Louis, USA. Neben der klinischen Tätigkeit in der anästhesiologischen Traumaversorgung beschäftigte er sich in der Division

of Clinical and Translational Research mit der individuellen Reaktion auf Opioide und erwarb das ECFMG-Certificate. Sein derzeitiger Arbeitsschwerpunkt liegt in der Etablierung eines studentischen Lern- und Lehrzentrums an der Universitätsmedizin Greifswald.

Dr. Wolfgang Menz hat in Marburg, Edinburgh/Schottland und Frankfurt Soziologie studiert. Von 1999 bis 2003 war er als Projektmitarbeiter und Wissenschaftlicher Angestellter am Institut für Gesellschafts- und Politikanalyse an der Universität Frankfurt beschäftigt, bevor er bis 2006 Promotionsstipendiat der Hans-Böckler-Stiftung wurde. Seit 2007 ist er Wissenschaftlicher Mitarbeiter am Institut für Sozialwissenschaftliche Forschung e. V. – ISF München. Seine aktuellen Forschungsschwerpunkte sind Arbeits-, Industrie- und Organisationssoziologie, Technik- und Wissenschaftsforschung und Methoden der empirischen Sozialforschung.

Dr. phil. Andrea Newerla hat ein Magisterstudium in Soziologie an der Justus-Liebig-Universität in Gießen und an der Vrijen Universität in Amsterdam absolviert. Im Anschluss konnte sie Erfahrungen in einem hessischen Forschungsprojekt zur Sterbebegleitung in Altenpflegeheimen sammeln. Darauf aufbauend folgte dann ihr Promotionsprojekt, welches sie im Rahmen des DFG-Graduiertenkollegs „Gruppenbezogene Menschenfeindlichkeit" an der Philipps-Universität Marburg durchführte. Hier konnte sie detaillierte Erkenntnisse über die Interaktionsbeziehungen zwischen Menschen mit Demenz und Pflegekräften in der stationären Versorgung gewinnen. Seit 2012 ist sie wissenschaftliche Mitarbeiterin am Institut für Soziologie der Justus-Liebig-Universität in Gießen. Aktuell begleitet sie ein hessisches Modellprojekt zur Pflegeüberleitung von Menschen mit Demenz, die in Akutkrankenhäusern behandelt werden. Ihre Forschungsinteressen liegen im Bereich Gouvernementalitätsstudien und Soziologie des (letzten) Lebensalters.

Dipl.-Wirt.-Ing. Stephan Nottmeier M.Sc. studierte Diplom-Wirtschaftsingenieurwesen im Fachbereich Maschinenbau an der Fachhochschule in Münster und absolvierte im Anschluss ein Masterstudium im Wirtschaftsingenieurwesen. Von 2008 bis Oktober 2011 war er als Unternehmensberater mit den Schwerpunkten Projektmanagement und Lean-Management-Consulting tätig. Seit Oktober 2011 arbeitet er als wissenschaftlicher Mitarbeiter am Institut für angewandte Innovationsforschung (IAI) e. V. an der Ruhr-Universität Bochum und ist Doktorand an der Ruhr-Universität Bochum. Seine Forschungsschwerpunkte liegen in den Bereichen Lean Production, Lean Services, Lean Administration, Prozessoptimierung und kontinuierliche Verbesserungsprogramme (KVP).

Prof. Dr. Stefanie Paluch vertritt seit Oktober 2013 den Lehrstuhl für Technologie- und Innovationsmanagement an der Technischen Universität Dortmund und hat seit Mai 2012 die Juniorprofessur für Dienstleistungs- und Technologiemanagement an der TU Dortmund inne. Sie forscht und lehrt zu innovativen Themengebieten wie Co-Creation, Social

Media Management, Open Innovation und Technologieakzeptanz mit einem speziellen Fokus auf den Business-to-Business-Sektor. In ihrer Dissertation untersuchte sie, wie Geschäftskunden innovative Dienstleistungstechnologien wahrnehmen, die zur Wartung von Hightech-Produkten eingesetzt werden. Die Arbeit wurde mit dem Dissertationspreis 2011 der TU Dortmund ausgezeichnet.

Mario A. Pfannstiel M.Sc., M.A. ist wissenschaftlicher Mitarbeiter an der Universität Bayreuth im BMBF-geförderten Drittmittelprojekt „Service4Health". Er erwarb ein Diplom der Fachhochschule Nordhausen im Bereich „Sozialmanagement", einen M.Sc.-Abschluss der Dresden International University in Patientenmanagement und einen M.A.-Abschluss der TU Kaiserslautern und der Universität Witten/Herdecke im Management von Gesundheits- und Sozialeinrichtungen. Er war in verschiedenen Krankenhäusern im In- und Ausland beschäftigt. Im Herzzentrum Leipzig arbeitete er als Referent des Ärztlichen Direktors. Seine Forschungsarbeiten umfassen Beiträge zum Prozess-, Produktivitäts- und Diversitätsmanagement im Krankenhaus.

Sandra Puliafito studierte Arbeits- und Organisationspsychologie an der Universität Bern. Im Anschluss daran absolvierte sie ein Masterstudium im Fach Business Excellence an der Hochschule Wirtschaft Luzern, wo sie sich in den Bereichen Prozess-, Projekt- und Qualitätsmanagement spezialisierte. Sie verfügt über langjährige Berufserfahrung im Spitalwesen, zuerst als Qualitätsbeauftragte an der Orthopädischen Klinik im Inselspital Bern und danach als Leiterin des Qualitätsmanagements im fmi-Spital Interlaken. Seit 2013 arbeitet sie wieder im Inselspital Bern als Projektleiterin im Bereich Prozessmanagement.

Tobias Rabsahl M.Sc. studierte Wirtschaftsingenieurwesen-Maschinenbau an der FH Südwestfalen und absolvierte im Anschluss ein Masterstudium im Fach Business Management with Entrepreneurship an der Edinburgh Napier University in Schottland. Seit 2013 arbeitet er als wissenschaftlicher Mitarbeiter am Lehrstuhl für Industrial Sales Engineering (ISE) der Fakultät Maschinenbau an der Ruhr-Universität Bochum in Lehre und Forschung. Im Rahmen seiner Forschungstätigkeiten bearbeitet er im vom BMBF geförderten Projekt ProDi (Produktivitätssteigerung bei Dienstleistungen durch Prozessinnovation) instrumentelle Ansätze zur Produktivitätssteigerung bei Dienstleistungen.

Slavka Radnic ist Pflegefachfrau, -managerin und Organisationsentwicklerin (MSc in Organisationsentwicklung, Iff Wien 2007). Seit 1985 ist sie im Inselspital Bern tätig und verfügt über langjährige Berufserfahrung als Pflegende in verschiedenen Fachdisziplinen. Ihre Führungserfahrung sammelte sie zuerst als Leiterin Pflegedienst der viszeralchirurgischen Klinik und anschließend während zehn Jahren als Leiterin Pflegedienst vom Departement Magen-, Darm-, Leber- und Lungenkrankheiten. Seit 2008 arbeitet sie als Bereichsleiterin Prozessmanagement in der Direktion Pflege/MTT. In dieser Funktion ist sie für die spitalweite Umsetzung des Prozessmanagements verantwortlich.

Andrea Rößner studierte Diplom-Betriebswirtschaftslehre an der Friedrich-Alexander-Universität Erlangen-Nürnberg mit Schwerpunkten auf Kommunikationswissenschaften, Marketing und Logistik. Seit 2011 arbeitet sie am Institut für Arbeitswissenschaft und Technologiemanagement IAT der Universität Stuttgart – welches eng mit dem Fraunhofer-Institut für Arbeitswirtschaft und Organisation IAO in Stuttgart kooperiert – als wissenschaftliche Mitarbeiterin im Bereich Dienstleistungsmanagement. Ihr wesentlicher inhaltlicher Aufgabenschwerpunkt ist die Dienstleistungsproduktivität.

Dr. med. Pascal Scher MBA hat Humanmedizin an der LMU München und EMAU Greifswald studiert sowie einen Master of Business Administration in Healthcare Management an der HWR Berlin absolviert. Nach verschiedenen Positionen bei freigemeinnützigen und privaten Krankenhausträgern war er zuletzt als Prokurist und Leiter Unternehmensentwicklung der Sana Kliniken Lübeck GmbH tätig. Seit April 2013 verantwortet Dr. Scher in der Schweiz als medizinischer Projektmanager die Fusion des Inselspitals – Universitätsmedizin Bern mit der Spital Netz Bern AG. Er ist Gründungsmitglied von ConceptHospital, einem Brainpool für das Gesundheitswesen der Zukunft.

Dr. rer. medic Nicole Stab studierte von 2001 bis 2005 an der Hochschule Magdeburg-Stendal (FH) im Studiengang Gesundheitsförderung und -management (Abschluss: Diplom-Gesundheitswirtin (FH)). Seit 2005 arbeitet sie in der Arbeitsgruppe „Wissen-Denken-Handeln" der Fachrichtung Psychologie der Technischen Universität Dresden als wissenschaftliche Mitarbeiterin. Sie bearbeitet im Rahmen Ihrer Tätigkeit Drittmittelprojekte vor allem zum Thema „Arbeitsorganisation in der stationären Krankenpflege". 2005 bis 2010 studierte sie im Studiengang Gesundheitswissenschaften/Public Health an der Medizinischen Fakultät der Technischen Universität Dresden (Abschluss: Magistra Public Health (MPH)).

Dr. Anne-Sophie Tombeil studierte Politikwissenschaft und Allgemeine Rhetorik in Tübingen und Florenz. Schwerpunkte Ihrer Forschungs- und Entwicklungsarbeit am Fraunhofer IAO liegen in internationalen Foresight-Projekten sowie Forschung und Entwicklung in den Themenfeldern Dienstleistungsarbeit und Innovationsgeschehen. Sie gehört zum Fraunhofer-Team im Büro der Forschungsunion Wirtschaft-Wissenschaft zur Beratung die Hightech-Strategie der Bundesregierung. Sie ist verheiratet und hat drei Kinder.

Antonia Unger studierte von 2006 bis 2011 Rechtswissenschaften an den Universitäten Greifswald und Sheffield (Dipl.-Jur.). 2010 nahm sie in Greifswald zusätzlich ein Psychologiestudium auf. Seit 2011 ist sie am Lehrstuhl für Sozialpsychologie/Arbeits- und Organisationspsychologie bei Prof. Dr. Manfred Bornewasser tätig. Ihre Arbeitsgebiete liegen im Bereich der Kriminalprävention und der Gesundheitspsychologie. Seit 2014 ist sie wissenschaftliche Mitarbeiterin in einem BMBF-geförderten Projekt zum prozessintegrierten Kompetenzmanagement in Wirtschaft und Verwaltung an der Universität Greifswald.

Raphaela Wehl ist Kultur- und Arbeitswissenschaftlerin am artec | Forschungszentrum Nachhaltigkeit an der Universität Bremen. Seit 2011 arbeitet sie am artec als Wissenschaftliche Mitarbeiterin im Forschungsfeld „Arbeit und Organisationen". Ihre Forschungsschwerpunkte sind Arbeits- und Organisationsforschung sowie Arbeit in sozialen Dienstleistungen.

Carolin Wernicke M.Sc. ist seit 2012 als wissenschaftliche Mitarbeiterin und Doktorandin am Marketing-Department der Freien Universität Berlin tätig. Zuvor absolvierte sie ein Duales Studium in Kooperation mit der Siemens AG an der Hochschule für Wirtschaft und Recht in Berlin mit Abschluss zum Bachelor of Business Administration. Danach folgte ein Masterstudium (M.Sc.) in Management an der ESCP Europe in London, Paris und Berlin. Ihre Forschungsinteressen liegen in den Bereichen Business-to-Business-Marketing und Innovationsmanagement.

Dr. Kristin Westphal hat an der Ernst-Moritz-Arndt-Universität Greifswald Medizin studiert. Nach dem Studium arbeitete sie in der Abteilung Transfusionsmedizin des Instituts für Immunologie und Transfusionsmedizin und in der Klinik für Anästhesiologie und Intensivmedizin der Universität. Während ihrer ärztlichen Tätigkeit am Institut für Pharmakologie verfasste sie ihre Promotion auf dem Gebiet der klinischen Pharmakologie. Sie ist aktuell als Oberärztin in der Klinik für Anästhesiologie und Intensivmedizin der Universität tätig.

Anna Wetjen arbeitet als Arbeits- und Sozialwissenschaftlerin am artec | Forschungszentrum Nachhaltigkeit an der Universität Bremen. Seit 2011 ist sie als Wissenschaftliche Mitarbeiterin im Forschungsfeld „Arbeit und Organisationen" tätig. Ihre Forschungsschwerpunkte liegen in den Bereichen Arbeits- und Organisationsforschung sowie Arbeit in sozialen Dienstleistungen.

Dr. Claudia Wiese promovierte nach dem Studium der Psychologie an der Ernst-Moritz-Arndt-Universität Greifswald. Seit 2011 setzt sie sich in dem BMBF-geförderten Projekt „service4health" vor allem mit dem Thema Prozessmanagement unter Berücksichtigung von Diversität auseinander. Daneben arbeitet sie in einem Forschungsprojekt der Entwicklungspsychologie am Lehrstuhl von Prof. Dr. Krist im Bereich der frühkindlichen kognitiven Entwicklung.

Dr. Maria Zach leitet das Zentrale OP-Management in der Stabsstelle Strategisches Controlling und Medizincontrolling an der Universitätsmedizin in Greifswald. Zuvor war sie lange Jahre als Oberärztin in der Klinik für Anästhesiologie und Intensivmedizin der Universitätsmedizin Greifswald tätig. Ihre Interessenschwerpunkte liegen im Bereich der perioperativen Prozesssteuerung, der Qualitätssicherung, der Logistikoptimierung und des Personalmanagements.

Prof. Dr. phil. Joachim Zülch ist seit 2005 Inhaber des Lehrstuhls für Industrial Sales Engineering (ISE) an der Fakultät für Maschinenbau der Ruhr-Universität Bochum. Seine Arbeitsgebiete sind u. a. kunden- und qualitätsorientiertes Prozessmanagement und das industrielle Innovationsmanagement. Daneben ist er geschäftsführender Mitgesellschafter des mib – Management Institut Bochum GmbH, das sich mit der Einführung kundenorientierter Managementsysteme in Industrie, Dienstleistungsunternehmen und der öffentlichen Verwaltung beschäftigt. Er war bis 2012 Leiter des DGQ-Regionalkreises Ruhrgebiet. Weiterhin ist er für den Verein Deutscher Ingenieure (VDI) Vorstandsmitglied der Initiative Ludwig Erhard Preis (ILEP), wo Unternehmen für Spitzenleistungen im Wettbewerb ausgezeichnet werden. Im Rahmen seiner Forschungstätigkeiten leitet er das Teilvorhaben „Instrumentelle Ansätze zur Produktivitätssteigerung im Dienstleistungsbereich" im Rahmen des BMBF-geförderten Projektes ProDi (Produktivitätssteigerung bei Dienstleistungen durch Prozessinnovation).

Dienstleistungen im Gesundheitssektor

Manfred Bornewasser

Inhaltsverzeichnis

1.1 Die Bedeutsamkeit des Dienstleistungssektors 1
1.2 Die Vielfalt hinter dem Begriff „Dienstleistung" 3
1.3 Entwicklung der Gesundheitsbranche im Einzelnen 4
1.4 Vernachlässigung der Dienstleistungsforschung 8
    1.4.1 Trennung und Hybridisierung 9
    1.4.2 Mehrere Gegenstandsbereiche: Eine gemeinsame Theorie oder viele verschiedene Theorien? 10
    1.4.3 Kosten- und Qualitätsbewusstsein im Gesundheitssystem 15
1.5 Vorschau auf die kommenden Artikel 17
Literatur 23

1.1 Die Bedeutsamkeit des Dienstleistungssektors

Die Dienstleistungslücke, von der in Deutschland in den 1990er Jahren gesprochen wurde, ist längst Vergangenheit. Dienstleistungen sind eine Branche in stetem Wachstum, deutschland- und europaweit. Dass ihre Bedeutung in der deutschen Gesamtwirtschaft hinter der im EU-Durchschnitt und der in den USA nach wie vor zurückbleibt, ist im Wesentlichen Folge einer hierzulande immer noch starken Dominanz des Industriesektors. 2011 betrug der Anteil des Verarbeitenden Gewerbes an der Bruttowertschöpfung OECD-Erhebungen zufolge immer noch 22,6 % – und liegt damit weit über dem Durchschnitt der EU von 15,6 % (BMWi 2012). Und dennoch: Mit dem Wandel des Verhältnisses

M. Bornewasser (✉)
Institut für Psychologie, Abteilung Arbeits- und Organisationspsychologie,
Ernst-Moritz-Arndt-Universität Greifswald
Franz-Mehring-Straße 47, 17489 Greifswald, Deutschland
E-Mail: bornewas@uni-greifswald.de

M. Bornewasser et al. (Hrsg.), *Dienstleistungen im Gesundheitssektor*,
DOI 10.1007/978-3-658-02958-6_1, © Springer Fachmedien Wiesbaden 2014

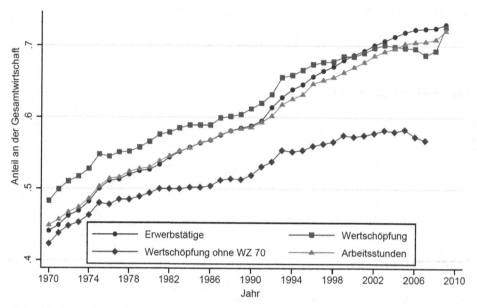

Abb. 1.1 Entwicklung des Dienstleistungssektors in Deutschland (Quelle: Niebel, Zentrum für Europäische Wirtschaftsforschung 2010)

der neu hergestellten materiellen Güter zu den immateriellen Gütern hat sich die deutsche Wirtschaft innerhalb der letzten Jahrzehnte neu entworfen. Mit der Entwicklung der Dienstleistungsbranche stieg auch ihre Bedeutsamkeit – wenngleich dieser Zuwachs in der wissenschaftlichen Literatur noch wenig Niederschlag findet. Dort ist sie Stiefkind, dessen Entwicklung zum erfolgreichen Familienmitglied noch weitestgehend aussteht.

Ein paar Zahlen helfen, das tatsächliche Wachstum des Dienstleistungssektors nachzuvollziehen. Der Anteil der Erwerbstätigen im Dienstleistungssektor nimmt stetig zu. Er betrug 1991 lediglich 59 %, im Jahr 2011 waren bereits 74 % aller Erwerbstätigen im Dienstleistungssektor beschäftigt. Absolut betrachtet waren dies 30,3 Mio. Menschen (destatis 2013). Ein Jahr später wurden bereits 30,6 Mio. im Dienstleistungssektor Beschäftigte gezählt (BMWi 2013). Damit ist die Dienstleistungswirtschaft „Triebfeder des gesamtwirtschaftlichen Beschäftigungsaufbaus" (BMWi 2012). Noch deutlicher nachvollziehbar wird diese Entwicklung, wenn man die Beschäftigtenzahlen zu denen der nach wie vor starken traditionellen Industrie ins Verhältnis setzt: Vor 40 Jahren war dort noch jeder zweite Beschäftigte untergebracht, heute ist es nur noch jeder fünfte (BMWi 2013a). Betrachtet man diese Gegebenheiten aus Perspektive der Unternehmen, so sind die Zahlen noch beeindruckender: 2009 waren rund 2,9 Mio. Unternehmen im Dienstleistungssektor engagiert, das sind etwa 81 % aller Unternehmen (BMWi 2013).

Mit diesem zahlenmäßigen Anstieg verbindet sich natürlich auch ein deutlicher Zuwachs an volkswirtschaftlicher Bedeutung. 2011 waren die Dienstleistungsbereiche für etwa 69 % der gesamtwirtschaftlichen Wertschöpfung verantwortlich, 1991 lag dieser Wert bei nur 62 %. Insgesamt betrug die Bruttowertschöpfung 2011 1.584 Mrd. € (was gegenüber dem Vorjahr einen Anstieg um 1,9 % bedeutet hat; BMWi 2013; Abb. 1.1).

1.2 Die Vielfalt hinter dem Begriff „Dienstleistung"

Doch täuscht die Verwendung des Begriffs „Dienstleistung" eine Schlichtheit vor, die es im Grunde nicht gibt. Ungeachtet der abweichenden und uneinheitlichen definitorischen Annäherungen und Schwerpunkte, die die unterschiedlichen theoretischen Disziplinen für sich wählen (vgl. auch Abschn. 1.4), verbirgt sich auch in einer anwendungsorientierten Hinsicht hinter dem Wort eine Vielzahl von Untergruppen, die auf den ersten Blick nur wenige Gemeinsamkeiten haben und eine differenziertere Betrachtung unentbehrlich machen. In der letzten offiziellen Klassifikation der Wirtschaftszweige von 2008 besetzen die Dienstleistungen die Abschnitte G bis S, also immerhin 13 Unterkategorien (Bundesagentur für Arbeit 2008). Diese beginnen ganz klassisch mit dem Handel und der Instandhaltung und Reparatur von Kraftfahrzeugen, es folgen Verkehr und Lagerei, das Gastgewerbe, die Abschnitte Information und Kommunikation und Erbringung von Finanz- und Versicherungsdienstleistungen, dann kommen das Grundstücks- und Wohnungswesen, die Bereiche Erbringung von freiberuflichen, wissenschaftlichen und technischen Dienstleistungen sowie Erbringung von sonstigen wirtschaftlichen Dienstleistungen, gefolgt von der Öffentlichen Verwaltung, Verteidigung und Sozialversicherung und dem Abschnitt Erziehung und Unterricht. Zuletzt folgen das Gesundheits- und Sozialwesen, der Bereich Kunst, Unterhaltung und Erholung sowie die Erbringung von sonstigen Dienstleistungen. Dass selbst diese Klassifikation nicht ausreicht, der Vielfältigkeit der Branche gerecht zu werden, zeigt schon die Notwendigkeit des Abschnittes S, dem Auffangbecken für die schwer einsortierbaren „sonstigen Dienstleistungen". Dort stehen die „Interessenvereinigungen" (wie politische und kirchliche Vereinigungen oder Jugendorganisationen) direkt über der „Reparatur von Datenverarbeitungsgeräten und Gebrauchsgütern". Auch Friseursalons, Saunen und Krematorien müssen sich in diese Gemengelage mit einreihen.

Und natürlich gibt es auch innerhalb der Dienstleistungsbereiche Unterschiede in Hinsicht auf die gesellschaftliche und wirtschaftliche Relevanz des jeweiligen Bereiches. In Beschäftigungszahlen gemessen liegen an der Spitze der Handel (mit 19 % der Erwerbstätigen) und die Unternehmensdienstleistungen (mit 18 %). An dritter Stelle folgt hier bereits das Gesundheits- und Sozialwesen. Hier arbeiteten 2011 rund 14 % aller Erwerbstätigen (BMWi 2013). Das stärkste wirtschaftliche Wachstum im Vergleich 2010–2011 verzeichneten die Bereiche Unternehmensdienstleistungen (+ 2,9 %), Handel (+ 4,1 %), Verkehr (+ 4,7 %) und Gastgewerbe (+ 4 %) (BMWi 2013). Einen guten Überblick über die Vielfältigkeit innerhalb der Dienstleistungsbranche hinsichtlich Arbeitsschwerpunkten, wirtschaftlicher Kraft und Entwicklungspotenzialen liefert Abb. 1.2.

Doch gibt es naturgemäß nicht nur Rosiges aus der Welt der Dienstleistungen zu berichten. Nirgends arbeiten mehr geringfügig Beschäftigte, ganz besonders viele im Handel und im Gastgewerbe. Und anders als in der traditionellen Industrie hat die Nachfrage nach geringfügig beschäftigten Dienstleistern in den letzten Jahren auch nicht abgenommen – trotz des konträr verlaufenden Anstiegs Hochqualifizierter im selben Zeitraum. Bemerkenswert sind auch die Zahlen zum deutschen Dienstleistungsexport. Mit einem Anteil von nur 15 % exportierten Dienstleistungen am gesamten Export nimmt Deutschland im europäischen Vergleich nach wie vor nur eine der hinteren Positionen ein (Niebel 2010). Die

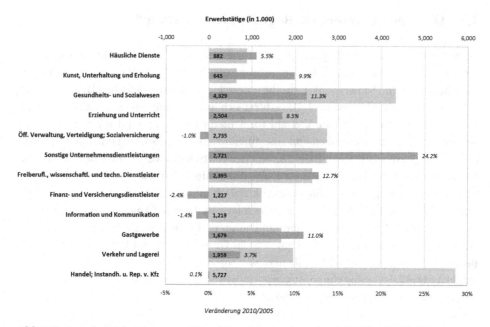

Abb. 1.2 Erwerbstätigkeit in ausgewählten Dienstleistungsbranchen 2012 (Quelle: BMWi 2012)

Gründe dafür liegen zum einen in den geringen Zunahmen bei den unternehmensnahen Dienstleistungen, zum anderen (trotz der zunehmenden Zahlungsfreudigkeit deutscher Touristen im Ausland) in der Dominanz der Reisedienstleistungen gerade in Südeuropa. Das einzig spürbare Plus erwirtschaftete der grenzüberschreitende Finanzdienstleistungssektor. So änderte sich der Fehlbetrag in der Dienstleistungsbilanz von etwa 3 Mrd. € auch im Jahr 2012 nur unwesentlich (Deutsche Bundesbank 2013; Abb. 1.3).

1.3 Entwicklung der Gesundheitsbranche im Einzelnen

Wie bereits angedeutet wird ein Großteil der Dienstleistungsarbeit im Gesundheits- und Sozialwesen verrichtet und nach wie vor verbergen sich hier ungenutzte Potenziale. Auch EU-weit ist eine solche Aufwärtsbewegung erkennbar. Im Zeitraum 2010 bis 2011 entstanden mehr als ein Drittel aller neuen Arbeitsplätze im Gesundheits- und Sozialsektor (der damit eine der wenigen im Kontrast zur Gesamtwirtschaft aufsteigenden Branchen war), wenngleich hier noch keine Differenzierung hinsichtlich der einzelnen dienstleistenden und anderen Berufe gemacht wird (Bank für Sozialwirtschaft 2013).

Die Bedeutung der Gesundheitswirtschaft steigt jedoch nicht nur in volkswirtschaftlicher Sicht – 2011 wurden allein durch die Gesundheitsdienstleistungen immerhin 10 % der Bruttowertschöpfung generiert (BMWi 2013) – sondern auch (und möglicherweise vor allem) in gesellschaftspolitischer Hinsicht. Die Branche der Gesundheitsdienstleistungen ist in einem fühlbaren und stetigen Wandel. Die Gründe sind vielfältig: Der

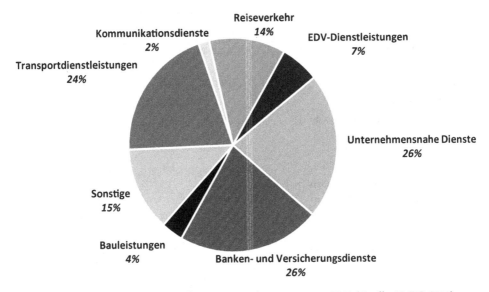

Abb. 1.3 Anteil ausgewählter Branchen am Dienstleistungsexport 2012 (Quelle: BMWi 2012)

soziodemografische Wandel, ein verändertes Gesundheitsbewusstsein und -verhalten und wirtschaftspolitische Einflüsse wie die Privatisierungen der letzten Jahren in diesem Bereich werden immer wieder benannt. Besonders betroffen sind die sogenannten „pflegenden Dienstleistungen" (gemeint ist das stationäre sowie ambulante Kranken- und Altenpflegepersonal). Eine älter werdende Gesellschaft – in 50 Jahren soll der Anteil der über 65-Jährigen EU-weit auf über 150 Mio. ansteigen und sich damit quasi verdoppelt haben (Bundeszentrale für politische Bildung 2011) – schafft neue und komplexere Pflegebedarfe. Veränderte Familienstrukturen – steigende Beschäftigungsquoten bei Frauen und sich über das ganze Land und darüber hinaus zerstreuende Familien – beeinflussen die Betreuungssituationen im hohen Alter zusätzlich.

Diese Umstände machen die in gewisser Weise besondere und herausragende Bedeutung des Gesundheitssektors innerhalb der einzelnen Dienstleistungsbranchen aus. Gesundheitsleistungen werden zunehmend wichtiger und ebenso unverzichtbarer. Gleichzeitig gilt es zu bedenken, dass die Ausgaben für das Gesundheits- und Sozialwesen auch heute noch (ebenso wie im Rest der EU) schwerpunktmäßig der öffentliche Haushalt trägt. 2010 betrugen die Gesundheitsausgaben in Deutschland, ob als Sach- oder als Barleistungen, 11,3 % des Bruttoinlandsprodukts (Statistisches Bundesamt 2013, S. 12). Umgerechnet sind das gut 293 Mrd. €, pro Kopf fast 3.600 € (Statistisches Bundesamt 2013, S. 34). Gerade in Zeiten wirtschaftlicher Not liegt hier naturgemäß ein ökonomischer und gesellschaftlicher Brennpunkt. Die steigende Nachfrage bei gleichzeitig zunehmendem budgetärem Druck der entsprechenden Dienstleister führt zu Herausforderungen, die nicht nur einzelne Anbieter und Nachfrager, sondern die ganze Gesellschaft auf unterschiedliche Weisen betreffen.

2011 arbeitete fast jeder neunte Beschäftigte im Gesundheitswesen, absolut etwa 4,9 Mio. Menschen, davon etwa 3,6 Mio. Frauen. Das waren insgesamt 1,8 % mehr als im

Tab. 1.1 Gesundheitspersonal nach Berufen in 1000 (Quelle: Statistisches Bundesamt)

Gegenstand der Nachweisung	2011		2010	
	Insgesamt	Darunter Frauen	Insgesamt	Darunter Frauen
Berufe insgesamt	4920	3641	4833	3560
Gesundheitsdienstberufe	2793	2228	2748	2195
Ärzte, Apotheker, psychologische Psychotherapeuten, Zahnärzte Darunter u. a.:	508	245	497	236
Ärzte	342	150	334	144
psychologische Psychotherapeuten, Kinder- und Jugendpsychotherapeuten	36	25	35	24
Übrige Gesundheitsdienstberufe Darunter u. a.:	2285	1984	2252	1959
Medizinische/zahnmedizinische Fachangestellte	647	639	639	633
Heilpraktiker	35	27	33	25
Gesundheits- und Krankenpfleger	826	706	818	702
Medizinisch-technische Assistenten	99	91	98	90
Soziale Berufe (darunter u.a.: Altenpfleger, Altenpflegehelfer, Heilpädagogen)	470	402	447	383
Gesundheitshandwerker	148	76	146	74
sonstige Gesundheitsfachberufe	96	62	97	64
andere Berufe im Gesundheitswesen	1412	873	1394	845

Vorjahr und sogar 10,2 % mehr als noch 2006 (destatis 2013). Der hohe Frauenanteil in den Gesundheitsberufen ist dabei keineswegs eine spezifisch deutsche Erscheinung. EU-weit sind etwa 80 % der hier Beschäftigten Frauen, eine Quote, an die sich sogar Länder mit einem traditionell überdurchschnittlich hohen oder geringen weiblichen Beschäftigungsanteil in den letzten Jahren angeglichen haben (Bank für Sozialwirtschaft 2013). Auch das Phänomen der alternden Gesellschaft findet in der Gesundheitsbranche stärker als in anderen Branchen Niederschlag. Und zwar keineswegs nur auf der Seite der Leistungsabnehmer, sondern auch beim Personal. Zwischen 2000 und 2011 ist der Anteil der Über-50-Jährigen dort europaweit von 20 auf 30 % gestiegen, ein im Vergleich zur Gesamtwirtschaft überdurchschnittlicher Anstieg (Bank für Sozialwirtschaft 2013), der ganz neue Belastungsstrukturen mit sich bringt und Bewältigungsstrukturen erforderlich macht.

Auch im Bereich Gesundheit und Sozialwesen ist der Begriff Dienstleistung jedoch keineswegs selbsterklärend, denn die Branche beschäftigt ganz unterschiedliche Arbeitnehmer. Nicht nur Gesundheitsdienstleister, klassisch vor allem Ärzte und Pfleger, auch sogenannte Gesundheitshandwerker (wie Zahntechniker oder Orthopädiemechaniker) und sonstige Gesundheitsfachberufe (etwa Gesundheitsingenieure oder Pharmakanten) gehören hierhin. Einen Überblick über die gängige Klassifikation und die jeweiligen Zahlen gibt Tab. 1.1, eine vereinfachte Zusammenstellung der Daten des statistischen Bundesamts (destatis 2013a).

Dabei sind es jedes Jahr zum Großteil die Gesundheitsdienstberufe, die für das Wachstum der Branche der Gesundheitsdienstleistungen verantwortlich sind, also diejenigen Beschäftigten, die in der unmittelbaren Patientenversorgung tätig sind (z. B. Ärzte, Gesundheits- und Krankenpfleger, Heilpraktiker). Dort arbeiteten zum 31. Dezember 2011 45.000 Menschen mehr als zum Jahresende 2010. Je 8000 davon waren zusätzliche Ärzte und Ärztinnen sowie Krankenpfleger und -pflegerinnen. (Nichtsdestoweniger sollen diese Zahlen nicht über einen durchaus widersprüchlichen längerfristigen Trend hinwegtäuschen: Während der Anteil des ärztlichen Personals in den letzten 20 Jahren kontinuierlich stieg, war beim nichtärztlichen Personal eine Entwicklung in die entgegengesetzte Richtung zu verbuchen; Niebel 2010.) Doch ein Zuwachs von 17.000 Stellen im Jahr 2011 im Vergleich zu 2010 offenbart auch die steigende Bedeutung der nichtdienstleistenden Berufe im Gesundheitswesen (destatis 2013a).

Auch im ambulanten Bereich wird die zunehmende Relevanz des Gesundheitssektors deutlich. 37.000 Beschäftigte waren hier Ende 2011 innerhalb eines Jahres hinzugekommen. Die Bereiche, die hier den stärksten Anstieg zu verzeichnen hatten, waren die sonstigen medizinischen Berufe, also etwa Ergo- oder Physiotherapiepraxen, sowie die ambulante Pflege (je 17.000 bzw. 9000 Beschäftigte zusätzlich).

In der (teil-)stationären Pflege und in Krankenhäusern betrug der Zuwachs zusammen 41.000 Beschäftigte. Interessant ist, dass der einzige rückläufige Bereich nicht zum Kern des Gesundheitsdienstleistungssektors zu rechnen ist: 2011 arbeiteten 3000 Beschäftigte weniger in der Verwaltung von Gesundheits- und Sozialeinrichtungen als noch ein Jahr zuvor (destatis 2013a).

Auch in den Pflegeberufen sind klare Trends erkennbar. Zum einen wird auch hier deutlich, dass die Branche wächst. In Pflegeheimen arbeiteten im Jahr 2003 510.000 und im Jahr 2011 bereits 661.000 Beschäftigte, in den ambulanten Pflegediensten stieg die Anzahl im selben Zeitraum von 200.000 auf 290.000. Doch ein detaillierterer Blick auf die Daten des Statistischen Bundesamts ergibt auch gegenläufige Trends: Nur in den ambulanten Pflegeberufen stieg auch die Zahl der Vollzeitbeschäftigten fühlbar, auch wenn sie dort mit 80.000 Personen Ende 2011 immer noch vergleichsweise gering ist. Im Bereich der Pflegeheime nahm die Zahl seit 2003 sogar ab: von 216.000 sank sie auf 212.000 (Gesundheitsberichterstattung des Bundes 2013).

Das starke Gewicht der Teilzeitbeschäftigung unter den Beschäftigungsmodellen in der Gesundheitsbranche ist nur eine der zahlreichen Folgen des Kostendrucks, der dem hohen Bedarf an Gesundheitspersonal in dieser Boombranche entgegensteht. In der europäischen Union sind in keiner anderen Branche so viele Arbeitnehmer, nämlich 32 % aller Beschäftigten, als Teilzeitkräfte eingestellt. In der Gesamtwirtschaft liegt dieser Anteil mit 19 % deutlich darunter (Bank für Sozialwirtschaft 2013). Dieser Trend trifft in Deutschland das Pflegepersonal am stärksten, aber keineswegs nur dieses. Zwischen 1991 und 2010 erhöhte sich der Anteil von Teilzeitbeschäftigten im ärztlichen Dienst von 4 auf 17 % (Bölt und Graf 2012). Doch auch die Entlohnung der Beschäftigten ist nicht frei von Unsicherheiten – trotz Mindestlöhnen und weitreichender tarifvertraglicher Regelungen zumindest in der stationären Versorgung. Die tariflichen Lohnsteigerungen blieben im Zeitraum 2005 bis 2012 mit 12 % fast zwei Prozentpunkte hinter der gesamtwirtschaftlichen Entwicklung

zurück (destatis 2013b). Zudem bestehen im Detail nach wie vor große Vergütungsunter-
schiede, von denen die Pflegedienstleistungen am meisten betroffen sind. Ein Vergleich
der Zeitschrift Wohlfahrt Intern (Röthig 2012) ergab im Bereich Alten- und Pflegehilfe ein
Lohngefälle von bis zu 38 %, je nach Arbeitgeber (und entsprechender tariflicher Einbettung), Einrichtungsgröße und Art bzw. Ort der Leistungserbringung. Danach verdiente
die Vollzeit-Pflegekraft in einem Altenheim bei den Johannitern jährlich etwa 42.000 €.
Das ist etwa ein Fünftel mehr als Kollegen in ambulanten Pflegediensten erhalten. Für
Beschäftigte in ambulanten Betrieben sieht die Situation häufig noch düsterer aus. Für sie
gelten weitgehend weder Tarifverträge noch Mindestlöhne.

Ein deutliches Zeichen für den Kostendruck ist auch der Kapazitätsabbau der Krankenhäuser: 2011 waren in Deutschland 2045 Krankenhäuser in Betrieb, 2000 waren es noch
2242, 1991 sogar 2411 Häuser (Bölt und Graf 2012). Insgesamt bedeutet das in diesem
Zeitraum ein Minus von 14 %. Die Anzahl der Betten hat sich im gleichen Zeitraum sogar fast um 25 % verringert. Fusionen mit dem Ziel der Konzentration hin zu größeren
Häusern spielen bei dieser Entwicklung im Übrigen nur eine untergeordnete Rolle. Viel
entscheidender ist der Trend zu Privatisierungen im Krankenhaussektor. Der Anteil von
Häusern in privater Trägerschaft an allen allgemeinen Krankenhäusern nämlich hat sich
seit 1991 verdoppelt, sodass heute die Mehrheit aller Kliniken in dieser Form organisiert
ist (Bölt und Graf 2012).

1.4 Vernachlässigung der Dienstleistungsforschung

Soweit die nüchternen Zahlen, die es im Hinblick auf das Thema dieses Buches im Hinter-
kopf zu haben lohnt. Doch obwohl die Dienstleistung einen unübersehbaren Schwerpunkt
des wirtschaftlichen Geschehens darstellt, spielt die Dienstleistungsforschung nur eine
überschaubare und deutlich untergeordnete Rolle. Viele Wissenschaftsdisziplinen konzentrieren sich völlig einseitig auf Thematiken der Produktion. Dienstleistung spielt
im Konzert der Wissenschaften noch keine entscheidende Rolle. Der vorliegende Band
soll einen Beitrag dazu leisten, zumindest auf das bestehende Defizit hinzuweisen. Dies
geschieht in drei Richtungen:

- Einmal durch eine Thematisierung von theoretischen Aspekten hinsichtlich des
  Arbeits- und Produktivitätskonzepts, womit gleichzeitig die Frage aufgeworfen ist, wie
  sich Dienstleistung und Produktion gegeneinander abgrenzen lassen.
- Sodann erfolgt eine Fokussierung auf die Frage, ob sich Dienstleistungsprozesse vergleichbar gestalten und systematisch bemessen lassen wie Produktionsprozesse, womit
  eine Darstellung und Erörterung von Managementinstrumenten angestoßen wird. Es
  stellt sich die Frage, ob sich die bekannten umfassenden Qualitätsmanagementsysteme
  aus der Industrie (z. B. TQM, Balanced Scorecard, EFQM) ganz oder teilweise auch auf
  den Dienstleistungsprozess übertragen lassen.

- Zum Dritten will der vorliegende Band diese Problematik noch weiter zuspitzen auf die Frage, ob sich die Erkenntnisse aus der Produktionsforschung nicht sogar direkt auch auf den Bereich der Humandienstleistungen übertragen lassen. In diesem Band finden sich einige Beispiele, die für eine zumindest begrenzte Übertragbarkeit stehen, andere Beispiele gerade im Bereich der Pflege verdeutlichen allerdings auch die Grenzen dieses Unterfangens.

Damit steht implizit die zentrale Frage im Raum, ob die Dienstleistung einen eigenen Forschungsansatz erforderlich macht oder aber als Teil des bestehenden, umfassenderen Produktionsprogramms anzusehen ist. Diese Debatte befindet sich erst in den Anfängen, allerdings dürfte es für den Ausgang von entscheidender Bedeutung sein, ob es gelingt, selbst stark integrative Humandienstleistungen, wie sie für den Gesundheitssektor typisch sind, einer übergeordneten Theorie der Leistungserstellung zu subsumieren.

1.4.1 Trennung und Hybridisierung

Die aufgezeigten Fakten belegen die ökonomische Dominanz der Dienstleistung gegenüber der Produktion. Dabei zeichnet sich die Produktion im Bereich der Industrie durch eine hochgradig rationalisierte Serienproduktion mit hohem Technisierungsgrad aus. Durch Rationalisierung wird der Blick auf umfassende Effizienzsteigerungen gerichtet, durch Technisierung werden Automatisierung und informationstechnische Prozesssteuerung betont, die bis hin zur digitalen Fabrik oder den im Programm Industrie 4.0 (BMBF 2013) dargestellten Produktionsformen in stark vernetzten Wertschöpfungsketten unter Einbeziehung des Internets reicht.

Die jegliche Industrialisierung kennzeichnende Serienproduktion erhält in den beiden letzten Jahrzehnten aufgrund der Einbettung in leistungsfähige IT-Systeme eine individualisierende Komponente durch Modularisierung: Das industriell hergestellte Gesamtprodukt erfährt programmgesteuert eine jeweils andersartige Konstellation von einzelnen Modulen, sodass das serienmäßige Gesamtprodukt zwar in der Struktur gleich bleibt, aber in den Teilen variiert. Als aussichtsreiche Weiterentwicklungen gelten die sog. Cyber-Physical-Systems (CPS), d. h. die Vernetzung von einbettenden Informationssystemen untereinander und mit dem Internet, um produzierende Unternehmen und Wertschöpfungsnetzwerke in Echtzeit steuern zu können. Solche Formen der IT-gesteuerten Mass Customization finden sich auch in der KMU-Welt, wenn etwa die Hersteller von Oberbekleidung die individuellen Kundendaten bereits im Produktionsprozess nutzen. Dabei verbinden sich zwei Tendenzen: Eine erste Tendenz zur Kombination von Dienstleistungen und Produktion und eine zweite Tendenz zur Einbettung der Prozesse in komplexe, dynamische Steuerungssysteme (vgl. Reichwald und Piller 2009).

Die zunehmende Verknüpfung oder Hybridisierung von Industrieproduktion und kundennahem Service zeigt sich bei der Ergänzung von z. B. Maschinen mit der professionalisierten Einweisung, Überwachung, Wartung und Reparatur, wie sie etwa von vielen

Maschinenbauunternehmen praktiziert wird (vgl. z. B. Ganz et al. 2012). Solche Formen der Vermischung von Produktion und Dienstleistung führen zu passgenauen Produkten, aber auch zum Versuch, frühzeitig eine dauerhafte Geschäftsbeziehung mit dem Kunden zu entwickeln. Der Lebenszyklus von Maschinen oder Dienstleistungen (etwa im Versicherungswesen) wird zum Ausgangspunkt vieler moderner Geschäftsmodelle, wobei sich der Kunde fragen muss, ob er ein Produkt erwirbt und damit die Maschine seiner eigenen Kontrollsphäre unterwirft oder ob er Formen des Erwerbs bevorzugt, die dem Hersteller weitere Kontrollrechte einräumen (z. B. entscheidet dann der Anbieter allein oder in Absprache, wann eine Wartung durchgeführt oder ein Teil ausgetauscht wird). Viele Produkte werden auf diese Weise längerfristig mit Dienstleistungen verknüpft, wobei offen bleibt, wie sich Produkt und Dienstleistung im Geschäftsmodell wertmäßig ergänzen.

Die Dienstleistung ist im Gegensatz zur traditionellen und modernen Produktion durch die umfängliche organisatorische Integration von externen Faktoren geprägt (vgl. Fließ 2006). Produktion galt metaphorisch betrachtet lange Zeit als ein geschlossenes System, das sich aus einer Struktur von kontrollierbaren und beherrschbaren internen Faktoren abschließend zusammensetzt. Diese Sicht wandelt sich gerade. Dienstleistungen hingegen beschrieben schon immer eher offene Systeme, in denen es zu einer Vermengung von internen und externen Faktoren kommt. Diese Integration ergibt sich nicht von allein, sondern sie muss durch zusätzliche Leistungen des anbietenden Unternehmens herbeigeführt werden. Diese fallen umso umfangreicher aus, je tiefer die Integration geht. Ein hoher Integrationsgrad tritt etwa im Bereich von Krankenhaus und Pflege auf, ein mittlerer Grad in der Kommunalverwaltung etwa in einem Bürgerbüro und ein sehr geringer Integrationsgrad etwa beim Onlinebanking. Je nach Integrationsgrad stehen die Unternehmen vor der Aufgabe, den niemals exakt zu kontrollierenden und zu kalkulierenden Kontakt mit dem Kunden zu steuern und zu gestalten. Hierin liegt eine gravierende Management- und auch Arbeitsaufgabe für die Beschäftigten, die in ihrer Komplexität nicht immer erkannt und auch nicht immer systematisch bearbeitet wird. Gerade im Bereich der Humandienstleistungen könnte ein Grund für dieses Defizit darin liegen, dass erhebliche moralische Bedenken bestehen, Dienstleistungsprozesse unter ökonomischen Gesichtspunkten zu analysieren und nach verbesserten Möglichkeiten der Effizienzsteigerung zu suchen. In vielen Krankenhäusern wird bereits auf den Verweis von Parallelitäten zu Industrieunternehmen (etwa im Bereich der Intralogistik) mit Entrüstung und Sorge vor Imageverlusten reagiert (vgl. aktuell z. B. Pfänder und Fischlein 2008, aber auch bereits Levitt 1972 oder Lovelock und Young 1979).

1.4.2 Mehrere Gegenstandsbereiche: Eine gemeinsame Theorie oder viele verschiedene Theorien?

Produktion und Dienstleistungen stellen zwei deutlich zu trennende Wirtschaftsbereiche dar. Davon zeugen die Statistiken des Statistischen Bundesamtes, wobei gerade hybride Formen das Problem aufwerfen, ob sie der einen oder der anderen Sphäre zuzuweisen sind. Diese Schwierigkeiten werfen in der Theorie die relevante Frage auf, ob Produktion und Dienstleistung bzw. „manufacturing" und „service" (vgl. Bryson 2008) tatsächlich zwei theoretisch zu differenzierende Gegenstandsbereiche darstellen, wenn auch mit vielfältigen Übergängen und Mischformen, die auf der Grundlage spezifischer Kriterien der einen oder anderen Form zuzurechnen sind. Daraus ergibt sich die weitere Frage, ob Produktion und Dienstleistung als theoretische Idealtypen, als empirisch über eindeutige Kriterien voneinander abgrenzbare Realtypen oder aber als konkrete Realisierungen von Leistungen auf einem Kontinuum mit fließenden Übergängen begriffen werden sollten. Daran schließt sich die nächste Frage an, ob alle diese Formen durch eine einzige z. B. Leistungstheorie zu beschreiben und erklären sind oder ob verschiedene Theorien erforderlich sind, um Produktion und Dienstleistung als qualitativ zu trennende Bereiche konzipieren zu können, die dann ja auch noch weitere interne Differenzierungen etwa nach Sach- und Humandienstleistungen sowie im Bereich der Sachdienstleistungen nach z. B. Industrie- oder Handwerksdienstleistungen ermöglichen würden. In diesem Sinne resultieren kritische Fragen nach der Validität von Differenzierungen: Ist eine Pflegeleistung gegenüber einem Demenzkranken ganz anders zu beschreiben und zu erklären, ist sie damit eine qualitativ gänzlich andere Leistung als etwa eine Moderationsleistung in einer Talkshow oder eine Reparaturleistung an einem Staubsauger? Macht es einen qualitativ entscheidenden Unterschied, ob Arbeit an einem Objekt (wie einem TV-Gerät) oder an einem Subjekt (wie einer erkrankten Person in einem OP) ausgeübt wird? Und wenn ja, wo liegt der entscheidende Unterschied, welche zusätzliche Konzepte sind erforderlich? Oder gibt es bei aller oberflächlichen Unterschiedlichkeit des Phänotyps letztlich doch eine hohe Übereinstimmung im Genotyp der Leistungserbringung? Stellt die Integration eines externen Faktors eine qualitativ so gravierende Ergänzung dar, dass sich daraus eine über die Leistungstheorie von Gutenberg (1983) hinausgehende, eigenständige Theorie begründen würde? Die Beantwortung solcher Fragen fällt nicht leicht. Vielleicht kann sie vorläufig nur dadurch erfolgen, dass auf der Ebene der mathematischen Modellbildung und Simulation von Prozessen oder Produkten auf unterschiedliche Variablen zurückgegriffen werden muss, wenn Dienstleistungs- und Produktionsprozesse abgebildet und vorhergesagt werden sollen (vgl. Böttcher 2011).

Von daher wird es niemanden wundern, dass zufriedenstellende Antworten auf diese Fragen bislang nicht gegeben wurden. Einer der Gründe hierfür könnte darin liegen, dass Dienstleistungen bislang wenig untersucht wurden, ein zweiter darin, dass die industrielle Produktion in sich homogener, die Dienstleistung hingegen viel heterogener ist. Ein dritter Grund könnte sein, dass in der Produktion mit ihrem hohen Grad der Standardisierung ein viel geeigneteres Feld für systematische empirische Untersuchungen gesehen wurde als in der Dienstleistung mit ihrer Ausrichtung auf den einmal interaktiven Austausch und dann doch wieder individualisierten Einzelfall. So verwundert es auch kaum, dass in allen relevanten Wissenschaftsdisziplinen die Dienstleistung nur eine randständige Komponente darstellt:

• In der Arbeitswissenschaft wird vornehmlich auf Arbeit in Produktionssystemen Bezug genommen, wodurch Belastungen und Arbeitsschutz, Ergonomie, Prozessgestaltung und Produktivität im Zentrum aller Betrachtungen stehen. Das von Schlick et al. (2011) herausgegebene Kompendium zur Arbeitswissenschaft hat dem Bereich der Dienstleistung folglich auch kein eigenes Kapitel gewidmet. Im Sachregister wird der Begriff Dienstleistung nicht einmal erwähnt.

- In der Arbeitspsychologie beschreibt das Konzept Arbeit fast einzig und allein Produktionsarbeit, wobei die Psychologie entsprechend ihrer individualistischen Ausrichtung insbesondere die Einzelperson fokussiert. Zentraler Aspekt der Arbeit ist die sog. Handlungsregulation, die im tayloristisch zerteilten Produktionsprozess auf unterschiedlichem Niveau abverlangt wird, wodurch Belastungen und Stress entstehen können. Neben Büssing und Glaser (1999) hat sich Hacker (2009) als einer der ersten Arbeitspsychologen systematisch mit Dienstleistungsarbeit vor allem im Bereich der Pflege im Krankenhaus beschäftigt. Allerdings fällt auch hier auf, dass selbst Hacker in seinem 2005 neu aufgelegten Standardwerk zur Produktionsarbeit den Begriff Dienstleistung im Sachregister nicht erwähnt.

- In der Arbeitssoziologie dominieren die klassischen Themen der Industriearbeit, wie sie etwa im Anschluss an Kern und Schumann (1970) verbreitet worden sind. Eine eigenständige deutsche Dienstleistungssoziologie wurde bislang kaum entwickelt, sieht man einmal von interaktionsorientierten Ansätzen im Bereich der Pflege etwa von Böhle, Dörre, Dunkel sowie Voss oder von mehr techniksoziologischen Ansätzen ab, wie sie etwa von Rammert (2007) für die Bereiche der Aktion, Interaktion und hybrider Formen in der Arbeitswelt formuliert wurden.

- In der Betriebswirtschaftslehre herrscht die Produktions- und Leistungslehre im Anschluss an Gutenberg vor, die Dienstleistung findet eher im Bereich des Marketings Erörterung (z. B. Stauss 2009). Das Konzept der Dienstleistungsproduktivität findet hier durchgängig starke Beachtung. Vergleichbares gilt auch für das Konzept der Dienstleistungsqualität. Gerade im Bereich des Gesundheitswesens wurden frühzeitig umfassende Managementsysteme zur Qualitätssicherung und –steigerung eingeführt (vgl. z. B. Donabedian 1980) und spezielle Modelle zur Bestimmung der Dienstleistungsproduktivität entwickelt (vgl. z. B. Corsten 1994), ohne dass diese jedoch in der Praxis von Krankenhäusern oder Pflegeeinrichtungen durchgängig zur Anwendung kämen.

- Dienstleistungen nehmen auch im Bereich der Verwaltungswissenschaft breiten Raum ein (vgl. Brüggemeier und Dovifat 2013), hier allerdings nicht in Abgrenzung von Produktion sondern von hoheitlichen Tätigkeiten. Dies findet seinen Ausdruck im Konzept der Bürgernähe und in der Einrichtung von sog. Bürgerbüros, mit denen das Ziel verfolgt wird, Dienstleistungen für den Bürger so zu organisieren, dass möglichst wenig Kontakte mit möglichst nur einer Kontaktperson (One-stop- und Once-only-Prinzipien) erforderlich sind. Letzteres Prinzip geht auf die EU-Dienstleistungsrichtlinie zurück, die einheitliche Ansprechpartner und den Abbau von unverhältnismäßigen Auflagen bei der Gründung und Niederlassung von Unternehmen fordert. Neuere Ansätze betonen das sog. e-Government, wodurch der zeit- und raumunabhängige Kontakt mit Verwaltungsbehörden ermöglicht wird, allerdings auf Kosten einer zunehmenden Formalisierung. Das gerade in Kraft getretene e-Government-Gesetz zielt darauf ab, Bund, Ländern und Kommunen einfachere, effizientere und nutzerfreundlichere elektronische Verwaltungsdienstleistungen zu ermöglichen.

Insgesamt hat die Forschung den Bereich der Dienstleistung bislang noch nicht so ausgiebig ins Visier genommen, wie das aufgrund ihrer gesamtgesellschaftlichen Bedeutung zu erwarten wäre. Dienstleistung erscheint bis in die 90er Jahre gerade in Deutschland als etwas Besonderes, ohne dass auf theoretischer Ebene eine belastbare systematische Differenz herausgearbeitet worden wäre. Diese Defizitlage war auch expliziter Anlass der Politik, über internationale Monitoring-Projekte oder mit Initiativen wie die 3sR-Bewegung (3sR steht für Social Science Service Research) einen eigenständigen Ansatz der Dienstleistungsforschung im deutschsprachigen Raum zu etablieren, Dienstleistungsforscher besser zu vernetzen und eigene Strukturen der Professionalisierung der Dienstleistungsforschung (im Sinne von Tagungen, Zeitschriften) zu entwickeln. Ergänzt und gestützt wurden diese Anstrengungen durch die administrative Entscheidung seitens des Bundesministeriums für Bildung und Forschung (BMBF), eine eigene Abteilung für die Dienstleistung (neben Arbeit und Produktion) zu gründen und ein gesondertes Programm explizit zur Dienstleistungsforschung (Innovation mit Dienstleistungen) aufzulegen, um insbesondere Bedingungen der Innovation und Produktivität von Dienstleistungen genauer erforschen zu lassen (18 Verbundprojekte zu Service engineering und Service design 1999–2005; 36 Verbundprojekte zu Produktivität von Dienstleistungen 2009–2013).

In dem Bemühen, einen eigenständigen Zweig einer deutschen Dienstleistungsforschung zu etablieren, erfolgte eine enge Orientierung an Forschungsprogrammen aus Skandinavien (Edvardsson, Gummesson, Grönroos) und Nordamerika (Spohrer, Fitzsimmons, Bryson), wo dieser Fokus bereits seit Jahren etabliert ist. Drei dieser Bemühungen seien kurz erwähnt:

• Das MARS-Projekt des Fraunhofer Instituts für Arbeitswirtschaft und Organisation (IAO) in Stuttgart (International Monitoring of Activities and Research in Services) stellte die erste breite Initiative dar, die internationale Dienstleistungsforschung für den deutschen Raum zu präsentieren. Etwa 20 Experten aus Nordeuropa, Nordamerika und Asien wurden seitens des IAO eingeladen, sich über die Dienstleistungsforschung auszutauschen, die aktuellen Trends zu beschreiben und die deutsche Dienstleistungsforschung zu stimulieren. Im Zentrum der Erörterungen standen drei Bereiche und drei zentrale Themenfelder: Im Dreieck von Kunde, Mitarbeiter und Technologie (also einem klassischen Konzept des soziotechnischen Systems) wurden die Bereiche des Service Engineering, der Service Experience und der Service Innovation erörtert, wobei das Service Engineering den Kunden und die Technologie, die Service Experience den Kunden und den Mitarbeiter sowie die Service Innovation das Zusammenspiel aller drei Komponenten umfasst (vgl. Spath und Ganz 2011).

- Das 3sR-Programm (eng assoziiert mit dem Namen Dunkel vom Institut für Sozialwissenschaftliche Forschung, ISF) stellt in Teilen eine Fortführung der inhaltlichen Ansätze aus dem MARS-Projekt dar. Dieses Programm hat sich zum Ziel gesetzt, das im MARS-Projekt aufkeimende Pflänzchen einer weltweit vernetzten Dienstleistungsforschung zu einer ansehnlichen Pflanze fortzuentwickeln und insbesondere die Komponente der Interaktion von Kunde und Mitarbeiter (Service Experience) theoretisch zu vertiefen und empirisch weiter zu erforschen. Im Zentrum der Überlegungen stehen folglich Kontakte und Prozesse im Bereich von „encounter" oder „front-line" (vgl. Frenkel et al. 1999), Prozesse der Ko-Kreation und der Nutzung von Resultaten (vgl. Gummesson 1998) und damit die neuartige service-dominant logic, wie sie von Vargo und Lusch (2008; Vargo et al. 2011) wiederholt ausgearbeitet und präsentiert wurde.
- Ein letztes Symbol für eine Aufwertung der Dienstleistungsforschung liegt in der soeben abgeschlossenen Strategischen Partnerschaft „Produktivität von Dienstleistungen" des Fraunhofer IAO in Stuttgart, in die 36 Verbundprojekte mit zahlreichen Praxispartnern einbezogen waren. Diese Strategische Partnerschaft konzentrierte sich in acht Arbeitskreisen ganz auf die Messung, Gestaltung und Verbesserung verschiedenster Dimensionen der Dienstleistungsproduktivität. Die Arbeitskreise gaben zum Abschluss ihrer Beratungen eine Broschürensammlung heraus, in der die zentralen Beratungsergebnisse entlang eines einheitlichen Leitfadens zusammengetragen sind (Fraunhofer IAO 2013).

Im Ergebnis haben all diese Bemühungen bislang vor allem zu einer grundsätzlichen Differenzierung von zwei Strategien im Bereich der Dienstleistungsforschung geführt. Diese Differenzierung beruht auf der Annahme, dass Dienstleistung und Produktion Tendenzen zur wechselseitigen Anpassung vor allem in der autonomen Gestaltung der Dienstleistung aufweisen, beide aber auch deutliche Differenzen vor allem in der integrativen Prozessgestaltung zeigen. Eine integrative Strategie führt zu einer Zusammenführung von Produktion und Dienstleistung als zwei unterschiedlichen Erscheinungsweisen einer einheitlichen Leistungserstellung, wohingegen eine differenzierende Strategie die Trennung verfolgt, wobei einmal mehr die Besonderheiten der interaktiven Dienstleistung und einmal mehr die Besonderheiten der stärker autonomen Produktion herausgearbeitet werden (vgl. Djellal und Gallouj 2010). An der theoretischen Front herrschen damit weiterhin Unklarheiten und begriffliche Unschärfen vor, das gilt auch und besonders für das Wert- und Nutzenkonzept, das von Grönroos und Voima (2012) als „perhaps most ill-defined and elusive concept in service marketing and management" gekennzeichnet wird (vgl. auch Ng 2013). Solange aber keine theoretische Klarheit besteht, werden weiterhin zahlreiche Begriffe aus der Produktionssphäre mehr oder weniger vergleichbar auf die Dienstleistungssphäre übertragen, wodurch es nicht leichter wird zu entscheiden, ob Integration oder Differenzierung angesagt sind. Praktisch sieht vieles nach Integration aus.

1.4.3 Kosten- und Qualitätsbewusstsein im Gesundheitssystem

Der Gesundheitssektor ist einer der größten Dienstleistungsbereiche und steht bereits seit längerer Zeit im Mittelpunkt vieler theoretischer Ansätze und Modelle. Das hat vor allem damit zu tun, dass dieser Bereich von hoher sozialer Bedeutsamkeit ist, in diesem Markt viel Geld ausgegeben wird und er bislang vornehmlich von Medizinern gestaltet wurde, die jahrelang nach eigenen medizinischen Sachlogiken entschieden haben, jedoch der Ökonomie weder im Bereich der goods- noch der service-dominant logic breiten Raum gaben. Das änderte sich vor allem durch die umfassende Ökonomisierung des Gesundheitswesens, die auch zu gänzlich neuartigen Leitungsstrukturen in den Krankenhäusern geführt hat (Eichhorn 1981). Wo bis vor kurzem noch ein Direktorium aus den Leitern der drei traditionellen Säulen Ärztlicher Dienst, Pflegedienst und Verwaltungsdienst bestand, ist nun in vielen Krankenhäusern ein Geschäftsführer an die Spitze getreten, der vor allem nach ökonomischen Gesichtspunkten steuert (weil dies für die Krankenkassen die entscheidenden Kriterien sind). Krankenhäuser und Pflegeeinrichtungen sind nicht länger allein zu verwaltende Einrichtungen, sondern vor allem Wirtschaftsunternehmen, unabhängig von ihrem rechtlichen Status als private, gemeinnützige oder freigemeinnützige Einrichtungen.

Die Neubesinnung auf die ökonomische Seite ist vor allem in der Einführung der sog. diagnostic related groups (DRG) begründet, mit denen letztlich seitens der Krankenkassen nur noch ein ausgehandelter Target-Preis für Gesundheitsdienstleistungen gezahlt wird. Das Krankenhaus ist damit angehalten, alle seine Prozesse und Leistungen so auszurichten, dass dieser Preis nicht nur gehalten wird, sondern final auch ein Gewinn resultiert. Ein solcher Gewinn ist vor allem dort zu erzielen, wo sich Krankenhäuser spezialisieren und definierte Krankheitsbilder in großer Zahl behandeln, wodurch letztlich wieder Skaleneffekte zu erzielen sind. Wo das Krankenhaus bis zur Einführung von DRG vornehmlich daran gedacht hat, die Qualität der Dienstleistung zu erhöhen (vgl. Donabedian 1980) und dem Patienten hochwertige Hotel- und Versorgungsleistungen anzubieten, um ihn zu Weiterempfehlung und Rückkehr zu veranlassen, geraten nun deutlich stärker die Effizienzaspekte der Organisation von Prozessen ins Visier. Unterstützt werden diese Bestrebungen durch verschiedenste Managementsysteme, die mehr oder weniger stark die Effektivitäts- und Effizienzansätze berücksichtigen (vgl. Zülch, in diesem Band).

Bislang – so geben viele Arbeiten zu erkennen (vgl. Zapp 2010) – fehlt es in zahlreichen Gesundheitseinrichtungen scheinbar noch an Systematik, um gezielt Steigerungen der Produktivität und/oder der Qualität zu bewirken. Qualität ist dabei nicht sui generis Produktivität, jedoch zeigt sich immer wieder, dass dort, wo ein systematisches Qualitätsmanagement praktiziert wird, auch ein Zuwachs an Produktivität zu verzeichnen ist. Das dürfte vor allem darauf zurückzuführen sein, dass im Qualitätsmanagement auch verschiedenste Prozessaspekte zum Gegenstand von einmaligen oder besser noch kontinuierlichen Verbesserungsmaßnahmen werden.

Qualitätsmanagementsysteme sind zwar oftmals sehr transparent in ihrer Erscheinung, allerdings hapert es häufig an der praktischen und kontinuierlichen Umsetzung solcher Systeme. Das liegt wiederum daran, dass die wenigen existierenden Instrumente immer wieder auf die konkreten Situationen zugeschnitten werden müssen, eigene Kennzahlen zu definieren und zu bestimmen sind und die Instrumente oftmals mehr zum Controlling und weniger zur strategischen und operativen Steuerung eingesetzt werden. Damit sind vor allem strukturelle Defizite in der Unternehmensführung von Krankenhäusern angesprochen, die sich wieder und wieder zeigen:

- Unzureichende Prozessanalyseinstrumente: Es gibt nur wenig Instrumente für die systematische, zeitbasierte Prozessanalyse vor allem im OP-Bereich; viele Prozesse sind zudem nur schwach definiert und es gibt nur ganz selten festgelegte Prozessverantwortliche. Die Krankenhaussteuerung erfolgt oftmals ohne expliziten Rekurs auf eindeutige Kennzahlen und Messungen gerade im Bereich der Kernprozesse (vgl. Wiese 2013).
- Planung dominiert die Steuerung: Im Krankenhaus wird immer noch hauptsächlich der OP-Plan als zentrales Koordinationsinstrument eingesetzt. Viele Planungen scheitern jedoch, weil Notfälle dazwischenkommen oder weil das ärztliche Personal nicht rechtzeitig zur Verfügung steht. Je weiter die Planung in die Zukunft reicht, desto größer wird die Wahrscheinlichkeit des Scheiterns von Plänen. Dann ergeben sich Verschiebungen, Verzögerungen oder gar Terminabsagen, die erhebliche Kosten verursachen. Erforderlich sind IT-gestützte Steuerungsinstrumente, die in Echtzeit die dynamische Ressourcensteuerung übernehmen (vgl. Bornewasser 2013).
- Unzureichend herausgearbeitete Dominanz der Kernprozesse gegenüber den untergeordneten Supportprozessen: In Krankenhäusern besteht noch zu häufig Unklarheit darüber, was Kern- und was Supportprozesse sind. Zentraler Kernprozess im Krankenhaus ist eindeutig der OP-Prozess, er verschlingt in der Regel etwa 60 % des DRG-Budgets. Wenn es hier zu Ausfällen oder Verzögerungen kommt, dann entstehen hohe Kosten, die auch nicht mehr z. B. im Bereich der Stationspflege oder des Entlassungsmanagements ausgeglichen werden können. Stationsprozesse, diagnostische Prozesse, Aufnahme- und Entlassprozesse sind sekundäre Prozesse, was gleichzeitig aber auch heißt, dass sie allen OP-Prozessen untergeordnet sind und kontingent auf diese zugeschnitten werden müssen. Es hilft in der Regel nicht weiter, nur einzelne Teilprozesse in einem System interdependenter Prozesse zu optimieren (z. B. nur Transportprozesse, ohne dass die Arbeitszeiten oder Zuständigkeiten etwa auf den Stationen oder in den Funktionsabteilungen mit bedacht werden).
- Kein systematischer Einsatz von Controlling- und Managementinstrumenten: In den Krankenhäusern gibt es oft kein ausreichendes Controlling. Wenn Prozesse nicht definiert sind, Prozesse nicht zeitlich erfasst werden, wenn die Mitarbeiter die Instrumente nicht beherrschen und keine Disziplin bei der Prozessdokumentation herrscht, sind die ermittelten Befunde in der Regel wertlos. Sie sind auch dann wertlos, wenn sie nicht mit anderen Zahlen und Systemen (etwa dem Krankenhausinformationssystem) kompatibel sind oder wenn sie nicht systematisch ausgewertet werden und zum Ansatz für Steuerungsprozesse gemacht werden.

Die Datendokumentation stellt in vielen Dienstleistungsunternehmen eine gravierende Herausforderung dar. Es sollte zukünftig mehr Forschung in moderne Formen der Datenerhebung und Dokumentation investiert werden, die mehr begleitend und ohne spezifischen Aufwand quasi automatisch erfolgen sollte (möglichst orientiert am Konzept der sog. unobtusive measures (vgl. Webb et al. 1966), z. B. durch Sprachaufzeichnungsgeräte, durch einfache Barcodesysteme oder durch Ticketsysteme, die auf Knopfdruck relevante Prozesszeitpunkte registrieren). Ganz besondere Schwierigkeiten schafft dabei die Erfassung und Bewertung von sozialen und emotionalen Interaktionsbemühungen im Bereich des Gesundheitssektors. Gelegentlich wird etwas blauäugig davon ausgegangen, dass jegliche Patientenzuwendung zur Wertschöpfung und zur Kundenzufriedenheit beiträgt. Letzteres mag richtig sein, aber auch im Bereich von Kommunikation und emotionaler Zuwendung gibt es Grenzen, an denen Wertschöpfung in Verschwendung umschlägt, wo zwar Leistung erzeugt wird, die jedoch vom Kunden nicht abgenommen wird. Nicht jede Verbesserung und jede Zusatzfunktion wird vom Kunden honoriert. Aus eigenen betrieblichen Untersuchungen zur Mitarbeiterzufriedenheit in Krankenhäusern über mehrere Jahre hinweg geht hervor, dass viele Pflegekräfte sich immer wieder sehr viel mehr Zeit für den individuellen Umgang mit den Patienten wünschen. Parallel durchgeführten Patientenzufriedenheitsanalysen geben hingegen zu erkennen, dass die Patienten mit der bisherigen Zuwendung bereits hoch zufrieden sind. Unter diesen Bedingungen scheint ein Mehr an Zuwendung wenig produktiv und damit auch wenig wertschöpfend zu sein. Mehr Wertschöpfung könnte auch durch eine weitere Technisierung von Informations- und Kommunikationsvorgängen erzielt werden. Bislang sind Arbeiten zum Einsatz von Technik im Bereich der Interaktion oder zur Professionalisierung von Kommunikation und interaktiver Arbeit aber eher die Ausnahme.

1.5 Vorschau auf die kommenden Artikel

Der vorliegende Band stellt eine Zusammenstellung von Artikeln dar, die auf der 3. Dienstleistungstagung des Instituts für Wirtschaftswissenschaften an der Universität Rostock in zwei Arbeitsgruppen präsentiert und um drei Einführungskapitel zu den Themen Dienstleistungsarbeit, -produktivität und -management ergänzt wurden. Eine Einleitung und eine Ausleitung runden den Band ab. Die einzelnen Artikel werden in drei Teilen zusammengestellt, die die Bereiche Krankenhaus, Pflege und den Übergang zu Sach- und Industriedienstleistungen repräsentieren. Der letzte Bereich wurde einbezogen, um zu dokumentieren, dass die Grenzen zwischen Dienstleistungssektoren fließend sind und viele Erkenntnisse aus der Industrie oder Sachgutproduktion auch für den Gesundheitsbereich und die Humandienstleistung handlungsleitend sein können.

Die hier versammelten Artikel sind überwiegend empirischer Natur. Sie präsentieren die Ergebnisse von diversen Untersuchungen in Krankenhäusern, Pflegeeinrichtungen und Unternehmen, wobei der empirische Ansatz von der Fallstudie über strukturierte Befragungen von Pflegepersonal bis hin zur Prozessbeobachtung reicht. Sie werden ergänzt um Erfahrungsberichte hinsichtlich der Einführung und Nutzung einzelner Managementinstrumente in der beruflichen Praxis.

Arbeit, Produktivität und Management bilden eine eigentlich unauflösbare Einheit eines jeden rational gestalteten, strukturierten Leistungsprozesses: Arbeit erzeugt unter Zeitaspekten Leistung, Leistung bildet einen Input, der in einem produktiven Ansatz durch den Output wertmäßig übertroffen wird und das Management als Steuerungsprozess dient der systematischen Überwachung sowie der output-orientierten Steuerung aller Leistungsprozesse. Dieser Kreislauf ist fast universell gültig und hat seinen Platz in zahlreichen Managementinstrumenten (z. B. im PDCA-Zirkel; vgl. Deming 1982). Sich an diesen Grundüberlegungen auszurichten ist dann um so wichtiger, wenn klare Ziel- oder Target-Werte vorgegeben sind, also z. B. DRG- oder Pflegesätze, die zwar im Einzelfall überschritten werden können, jedoch in der Gesamtsumme (also etwa im Case Mix) unterhalb der Zielwerte bleiben müssen. Nicht jeder Einzelfall muss also unter Produktivitätsgesichtspunkten gesehen werden, wohl aber die Summe aller Einzelfälle. In diesem Sinne liefern die drei Einführungskapitel einen theoretischen Ansatz für den alltäglich zu praktizierenden Kreislauf der Implementation von Anstrengungen, der Erzeugung und Bewertung von Ergebnissen und der steuernden Nachjustierung infolge von negativ zu bewertenden Diskrepanzen zwischen Input und Output.

Es folgt eine kurze Darstellung des Inhalts der Beiträge der verschiedenen Autoren zum vorliegenden Buch. Im ersten einleitenden Teil werden drei grundlegende Positionspapiere präsentiert:

- Bornewasser skizziert in seinem Beitrag „Dienstleistungsarbeit: Autonome, relationale und heteronome Komponenten der Arbeit vom Anbieter für den Kunden" zunächst einmal die Dienstleistung als ein theoretisches Konstrukt, das zentral durch die Konzepte der Integration und der Interaktion zwischen Anbieter und Nachfrager geprägt ist. Das zentrale Merkmal der Dienstleistungsarbeit liegt in der Gestaltung der integrativen und interaktiven Prozesse, die einmal als Koordination der Erbringung von Vorleistungen und Übertragung von Verfügungsrechten an den Anbieter verstanden wird, die andererseits aber auch die Gestaltung des sozialen Umgangs mit dem konkreten Kunden betrifft. Dienstleistungsarbeit wird dabei komponentiell verstanden: Die autonome Komponente betrifft alle Tätigkeiten, die unabhängig vom Kundeneinfluss erfolgen, die relationale Komponente umfasst alle interaktiven Behandlungsschritte und die heteronome Komponente betrifft alle Maßnahmen zur Steuerung des Kunden in der Einflusssphäre des Anbieters.
- Kleinaltenkamp, Danatzis und Wernicke präsentieren im Beitrag „Produktivität im Gesundheitssektor – Wertschöpfung in Nutzungsprozessen" einen Überblick über den Produktivitätsbegriff im Gesundheitssektor. Dieser Überblick konzentriert sich auf die Frage, ob es im Gesundheitsbereich ausreicht, allein operative Kennzahlen des Anbieters heranzuziehen, oder ob nicht auch Kennzahlen aus der Perspektive des Abnehmers in die Produktivitätsbestimmung einzubeziehen sind. Die detaillierte Analyse der

Nutzungsprozesse durch Patienten weist die Autoren als Vertreter des „Value-in-Use"-Ansatzes bzw. als Anhänger der „service-dominant logic" aus. Vor dem Hintergrund dieser theoretischen Position werden abschließend einzelne Managementinstrumente vorgestellt, die dazu beitragen, den Patientennutzen aus Gesundheitsdienstleistungen zu mehren.

- Zülch stellt in seinem Beitrag „Qualitätsorientierte Managementsysteme zur Steuerung und Bewertung gesundheitswirtschaftlicher Dienstleistungen" die Potenziale solcher Instrumente für den klinischen Bereich dar. Es werden die im Gesundheitswesen am häufigsten anzutreffenden Instrumente vorgestellt, wobei ein Schwerpunkt der Beschreibung auf dem Business-Excellence-Ansatz (EFQM-Modell) liegt. Dieser Ansatz wird in zwei weiteren Abschnitten in Verbindung einmal zu Kennzahlen gebracht, die für jegliche Steuerung unerlässlich sind. Sodann wird dafür plädiert, den EFQM-Ansatz mit der Balanced Scorecard zu verbinden, weil so Qualität und Produktivität optimal aufeinander bezogen werden können.

In den Beiträgen des zweiten Teils des Buches wird der Frage nachgegangen, wie Dienstleistungsprozesse im Krankenhaus erfasst und verbessert werden können. Dabei legen vier Texte den Schwerpunkt auf den Aspekt Produktivität und zwei auf den Aspekt Qualität, wobei einmal die Mitarbeiter- und einmal die Kundensicht in den Vordergrund gestellt wird.

- Puliafito, Scher, Radnic und Borradori beschreiben in ihrem Praxisbericht aus einer dermatologischen Klinik in der Schweiz die Erfolgsfaktoren bei der Einführung eines Qualitätsmanagementsystems, das sich aus Komponenten des Lean Management und Kaizen zusammensetzt. Die Ausgangslage des Veränderungsprojekts sowie die Zielsetzungen werden erläutert, die Projektphasen beschrieben und die Rolle der Klinikleitung besonders hervorgehoben.
- Pfannstiel und Bouncken gehen in ihrem Beitrag von der Vorstellung eines Wertschöpfungsprozesses aus, in den Krankenhäuser ihre Lieferanten und Kunden über ein spezielles Beziehungsmanagement einbinden. Dieses als Hospital Relationship Management (HOREMA) bezeichnete Instrument weist eine Customer- und eine Supplier-Relationship-Komponente auf, die sich beide auf die Gestaltung, Pflege und Effektivierung von Kontaktpunkten zwischen Krankenhaus und Lieferanten einerseits und Kunden andererseits beziehen. Neben den Kontaktpunkten ist das Kundeninteraktionssystem mit Back-Office- und Front-Office-Anteilen zu organisieren. Ziel dieses Beziehungsmanagements ist die Gestaltung von kurz-, mittel- und langfristigen Kunden- und Lieferantenbeziehungen, um wirtschaftliche Nachteile abzuwenden. Abschließend wird aufgezeigt, wie das Hospital-Relationship-Management über Kennzahlen beschrieben und dessen Produktivität ermittelt werden kann. Die Produktivitätsbestimmung wird damit zur Basis eines strategischen HOREMA.
- Henning, Wiese, Zach, Meissner und Westphal präsentieren empirische Daten zur Prozessanalyse im Bereich von Anästhesie und OP in einem Universitätsklini-

kum. Dargestellt werden die Erhebungen und Auswertungen von Prozesszeit- und Zufriedenheitsdaten von Mitarbeitern und Patienten. Die Ergebnisse erfahren eine Differenzierung nach Merkmalen der behandelnden Ärzte und der behandelten Patienten, ferner nach Merkmalen der Krankheitsbilder. Aus den Befunden werden Vorschläge für eine Prozessoptimierung abgeleitet, die in unmittelbarer Zukunft umgesetzt und systematisch evaluiert werden sollen.

- Buck und Lubecki-Weschke fokussieren in ihrem Beitrag das professionelle Management der Medikalprodukteversorgung von Krankenhäusern. Die darunter subsumierten logistischen Prozesse werden einem Prozess-Benchmarking unterzogen, wodurch ein Abgleich der eigenen Prozesse mit einem Best-Practice-Standard erfolgt. Der Ablauf eines solchen Benchmarkings wird in seinen Phasen beschrieben und eine empirische Studie zum Benchmarking einschließlich der Bestimmung von Kennzahlen und Messgrößen zur Produktivität und Qualität vorgestellt. Aus den Befunden werden abschließend erste Lehren für die Medikalprodukteversorgung in Kliniken gezogen.

- Stab und Hacker untersuchen in einem systematischen Ansatz die Gestaltung der Stationsorganisation und deren Auswirkung auf das von den Beschäftigten empfundene Arbeitserleben, auf Beanspruchungen und Erschöpfungserlebnisse. Es finden sich klare Hinweise darauf, dass Beanspruchungs- und Erschöpfungserleben stark von den arbeitsorganisatorischen Bedingungen auf den Stationen abhängen. Für alle untersuchten Stationen werden durch die Arbeitsanalysen Reserven für weitere arbeitsorganisatorische Verbesserungen bzw. situative Präventionsmaßnahmen aufgezeigt.

- Paluch widmet sich in ihrem Beitrag sog. ferngesteuerten Dienstleistungen am Beispiel von Diagnostikdienstleistungen im Krankenhaus. Hierunter sind solche Dienstleistungen zu verstehen, die technologievermittelt erstellt werden. So kann etwa ein Computertomograph ferngelenkt modifiziert werden. In einer Interviewstudie werden Anbieter und Kunden hinsichtlich ihrer Erfahrungen und Zufriedenheiten mit ferngelenkten Dienstleistungen befragt. Die Aussagen werden computergestützt ausgewertet und die Ergebnisse entlang spezifischer Topoi dargestellt.

Der dritte Teil des Buches befasst sich mit den Pflegedienstleistungen. In kaum einem anderen Dienstleistungsbereich sind Unternehmen, Beschäftigte, aber auch Abnehmer solchermaßen mit vermeintlich widerstreitenden Ansprüchen konfrontiert: Auf der einen Seite steht der Wille zu humanitärer Arbeit nah am einzelnen Menschen, auf der anderen Seite haben auch hier Rationalisierungs- und Produktivitätsgedanken Einzug gehalten. Die Beiträge dieses Teils beschreiben Dienstleistungsprozesse in der Pflege in diesem Spannungsfeld zwischen Humanität und Rationalisierung.

- Birken und Menz konzentrieren sich auf die Konstellation der Anbieter und Abnehmer von Pflegedienstleistungen. Ausgehend vom arbeitssoziologischen Konzept interaktiver Arbeit wird die Arbeitssituation zwischen Pflegekraft und Pflegepatient analysiert, gleichzeitig aber auch der erweiterte Einfluss von zusätzlichen Akteuren in einer sog.

Kundenkonstellationsanalyse festgestellt. Dabei werden vier verschiedene Funktionen unterschieden und untersucht, welche Folgen sich daraus für die dominanz- und konfliktvermeidende Gestaltung der interaktiven Arbeit ergeben.

- Becke, Wehl und Wetjen richten den Blick auf das Ehrenamt in sozialen Diensten, speziell in der Altenpflege. Ehrenamtliche übernehmen dabei Funktionen der Pflegekräfte und entlasten diese von zeitaufwändigen Tätigkeiten im Bereich der intensiven Zuwendung. Die Autoren gehen davon aus, dass sich diese Tätigkeiten mittels arbeitswissenschaftlicher Konzepte und zudem im Kontext eines dezidiert subjektorientierten Ansatzes beschreiben und erklären lassen. In einer qualitativen Intensivfallanalyse werden Ressourcen und Belastungen der Ehrenamtlichen in der pflegerischen Alltagssituation ermittelt sowie die von Anbietern ergriffenen Koordinationsmaßnahmen zur Vorbereitung und Begleitung der Ehrenamtlichen dargestellt.

- Evers, Krause und Hafkesbrink entfernen sich von der direkten Interaktion zwischen Anbieter und Abnehmer von Pflegedienstleistungen und fokussieren stärker soziale Netzwerke und Kooperationen zwischen Partnern auf der Anbieterseite, um so Produktivitätsvorteile zu erlangen. Dabei stellen sie Kosteneffizienz, Unterstützungsqualität und Arbeitsqualität in Beziehung und präsentieren empirische Ergebnisse aus dem vorambulanten Bereich. Abschließend werden Maßnahmen zur Produktivitätssteigerung durch Kompetenzentwicklung präsentiert und erörtert.

- Unger richtet ihr Augenmerk ganz auf die direkte Interaktion von Pflegekraft und Patient und konzentriert sich dabei vornehmlich auf die Rolle der Emotion. Sie geht davon aus, dass die Emotion einen integralen Bestandteil von Dienstleistungsarbeit im Pflegebereich darstellt, der auch zur Gesundung und damit zum Nutzen des Patienten beiträgt. Dadurch kommt der sog. Emotionsarbeit keine additive Funktion wie etwa im Tourismus zu. Von daher kommt es entscheidend darauf an, professionellen Pflegekräften die Rolle der Emotion im Genesungsprozess aufzuzeigen und sie zu befähigen, ihr expressives und kommunikatives Verhalten gleichzeitig zum Nutzen des Patienten und des Dienstleistungsunternehmens auszurichten, ohne dabei allerdings selbst Schaden zu nehmen.

- Newerla beschreibt aus einer soziologischen Perspektive die Konstitution des Handlungsrahmens der Pflegekräfte in der heutigen Pflegepraxis im Bereich der Behandlung von Patienten mit Demenz. Sie arbeitet die besondere Verletzbarkeit der Patienten in einem asymmetrischen Beziehungsgeflecht heraus, zeigt in einer empirischen Critical-Incident-Analyse besondere Herausforderungen für die Pflegekräfte auf und diskutiert abschließend drei verschiedene Strategien, die seitens der Pflegekräfte angewendet werden, um die an sich konfliktträchtige Pflegesituation zu bewältigen. Als aussichtsreicher Weg zur Wiederherstellung von emotionaler Harmonie zwischen den Interakteuren diskutiert die Autorin die Emotions- und die Gefühlsarbeit, die helfen können, Zwangsanwendungen zu vermeiden.

Im vierten Teil wird dieser integrative Gedanke weitergeführt und Übergänge und Differenzen zwischen Gesundheits- und Industriedienstleistungen thematisiert.

- Halecker, Braun und Eppinger thematisieren am Beispiel der Personalisierten Medizin die Möglichkeiten zur Produktivitätssteigerung im Bereich technologieorientierter Diagnostikdienstleistungen. Personalisierte Medizin wird dabei als eine Kombination aus Dienstleistung (Diagnose) und Produkt (Medikament) gesehen. Zentrale Bearbeitungsfelder sind hierbei die Kundenintegration und die Kundeninteraktion, die in einer qualitativen Fallstudie analysiert und in einer Fallstudiensynthese zusammenfassend dargestellt werden. Abschließend wird die Notwendigkeit herausgestellt, das Produktivitätskonzept genaueren Analysen zu unterziehen.
- Knickmeier, Nottmeier, Albers und Rabsahl untersuchen die Möglichkeiten, bewährte Managementansätze aus der Sachgüterproduktion auf den Gesundheitsbereich zu übertragen. In diesem Sinne führt dann die Philosophie der Lean Production auf direktem Wege zur Schaffung eines Ansatzes zum Lean Hospital oder zur Lean Health Care. Diese Übertragung kann dann zum Erfolg werden, wenn die Gemeinsamkeiten etwa bei der Gestaltung von Arbeitsprozessen herausgekehrt und damit auch vergleichbare Wege zur Steigerung der Dienstleistungsproduktivität akzeptiert werden. Am Beispiel einer Wertstromanalyse im Krankenhaus werden die Steigerungspotenziale aufgezeigt und damit auch Hinweise auf verschwendungsarmes Arbeiten im Dienstleistungsbereich gegeben.
- Rößner und Kramer untersuchen Möglichkeiten von Unternehmen unter anderem im Gesundheitssektor, ihre Dienstleistungsproduktivität systematisch mittels eines Dienstleistungsmanagements zu steigern. Ein hohes Potenzial zur Steigerung der Produktivität wird in der frühzeitigen Einbeziehung des Kunden gesehen, ferner in der detaillierten Analyse der Einbeziehung des Kunden in die Prozesse des Anbieters (Optimale Ressourcenallokation auf Kunden- und Anbieterseite). Hierbei wird einmal Bezug auf das Service Blueprinting und sodann auf einen Ansatz zur Beschreibung von Dienstleistungskomponenten genommen, um die zentralen Produktivitätsstellhebel identifizieren zu können.
- Kieffer-Radwan stellt einen Vergleich der Prozessproduktivität im Produktionsbereich mit der im Dienstleistungsbereich, speziell im Gesundheitssektor dar. Im Zentrum steht die kundenorientierte Prozessproduktivität, die hinsichtlich verschiedener Dimensionen analysiert wird. Als ein wichtiges Instrument zur Steigerung der Produktivität wird die Visualisierung von Prozessen mittels des Service Blueprinting herausgearbeitet. Der Schwerpunkt des Beitrags liegt im Hinweis auf die Übertragbarkeit von Erkenntnissen aus der Produktions- auf die Dienstleistungssphäre.
- Ganz und Tombeil analysieren den Zusammenhang von Dienstleistung und Produktivität und präsentieren ein Plädoyer, Dienstleistungen, hier vor allem auch Humandienstleistungen allgemeinen Produktivitätsüberlegungen zu unterwerfen. Dabei wird davon ausgegangen, dass sich zwar die Erstellung von Produkten und Dienstleistungen in Relation zu autonomen Tätigkeiten kaum, in Relation zu integrativen Tätigkeiten deutlich unterscheiden, dass sich daraus aber keine grundsätzliche Trennung von Produktivitätskonzepten ableiten lässt. Ausgehend von einem Komponentenmodell der Dienstleistungsarbeit werden abschließend Wege vorgestellt und erörtert, wie die Produktivität von Dienstleistungen gesteigert werden kann.

Abschließend erfolgt in der Ausleitung eine Betrachtung zur Problematik der Trennung von Sachgut- und Dienstleistungsproduktion. Unter der Überschrift „Gemeinsamkeiten zur Sachgüterproduktion suchen oder Dienstleistungsbesonderheiten (über-)betonen? Perspektiven für die Produktivitätsforschung" plädieren Kerka und Kriegesmann für eine integrative Position. Sie argumentieren, dass sich aus der Überwindung der Dichotomie von Sach- und Dienstleistungen vielfältige Lernchancen zur Produktivitätssteigerung ergeben. Die starre Abgrenzung verdeckt den breiten Bereich der Überlappungen. Diese Überlappungen gelten auch in Hinsicht auf die vier Disziplinen verschwendungsarmen Arbeitens, die abschließend erörtert werden.

Literatur

Bank für Sozialwirtschaft (2013) Sonderbericht zu Gesundheit und sozialen Dienstleistungen in der EU. EUFIS, Brüssel. http://www.eufis.eu/fileadmin/Dokumente/EU-Politik/Sonderbericht_zu_Gesundheit_und_sozialen_Dienstleistungen_in_der_EU.pdf. Zugegriffen: 25. Aug. 2013

Bölt U, Graf T (2012) 20 Jahre Krankenhausstatistik. Wirtschaft und Statistik, Februar 2012. Statistisches Bundesamt, Wiesbaden

Bornewasser M (2013) Prozessreorganisation im Krankenhaus: Lassen sich auch logistische Konzepte der Industrie im Krankenhaus umsetzen? In: Bouncken RB, Pfannstiel MA, Reuschl AJ (Hrsg) Dienstleistungsmanagement im Krankenhaus I. Springer Gabler, Wiesbaden, S 71–94

Böttcher M (2011) Modellierung von Dienstleistungssystemen. In: Spath D, Ganz W (Hrsg) Am Puls wirtschaflicher Entwicklung. Hanser, München, S 51–68

Brüggemeier M, Dovifat A (2013) E-Government: Der Beitrag der IT zur öffentlichen Aufgabenwahrnehmung. In: Reichard C, Schröter E (Hrsg) Zur Organisation öffentlicher Aufgaben. Effizienz, Effektivität und Legitimität, Festschrift für Manfred Röber zum 65. Geburtstag. u. a, Budrich, Opladen, S 303–327

Bryson RJ (2008) Value chains or commodity chains as production projects and tasks: towards a simple theory of production. In: Spath D, Ganz W (Hrsg) The future of services. Hanser, München, S 265–298

Bundesagentur für Arbeit (2008) Gliederung der Klassifikation der Wirtschaftszweige (WZ 2008). Statistisches Bundesamt, Wiesbaden

Bundesministerium für Bildung und Forschung (BMBF) (2013) Industrie 4.0. http://www.hightech-strategie.de/de/59php. Zugegriffen: 03. Okt. 2013

Bundesministerium für Wirtschaft und Technologie (BMWi) (2012) Schlaglichter der Wirtschaft. Potenziale der Dienstleistungswirtschaft. Perspektiven von Dienstleistungen in Deutschland. Monatsbericht 10-2012

Bundesministerium für Wirtschaft und Technologie (BMWi) (2013) Dienstleistungen. http://www.bmwi.de/DE/Themen/Mittelstand/Mittelstandspolitik/dienstleistungen.html. Zugegriffen: 25. Aug. 2013

Bundesministerium für Wirtschaft und Technologie (BMWi) (2013a) Industrienahe Dienstleistungen. http://www.bmwi.de/DE/Themen/Industrie/Industrienation-Deutschland/industrienahe-dienstleistungen.html. Zugegriffen: 25. Aug. 2013

Bundeszentrale für politische Bildung (2011) Altersstruktur und Bevölkerungsentwicklung. http://www.bpb.de/nachschlagen/zahlen-und-fakten/europa/70503/altersstruktur. Zugegriffen: 25. Aug. 2013

Büssing A, Glaser J (1999) Interaktionsarbeit. Konzept und Methode der Erfassung im Krankenhaus. Z Arb Wiss 53:164–173

Corsten H (1994) Produktivitätsmanagement bilateraler personenbezogener Dienstleistungen. In: Corsten H, Hilke W (Hrsg) Dienstleistungsproduktion, Schriften zur Unternehmensführung. Gabler, Wiesbaden, S 43–77

Deming WE (1982) Out of crisis. Institute of technology. Cambridge, Massachusetts

destatis (2013) Dienstleistungen. https://www.destatis.de/DE/ZahlenFakten/Wirtschaftsbereiche/Dienstleistungen/InfoDienstleistungen.html. Zugegriffen: 25. Aug. 2013

destatis (2013a) Gesundheitspersonal nach Berufen in 1000. https://www.destatis.de/DE/ZahlenFakten/GesellschaftStaat/Gesundheit/Gesundheitspersonal/Tabellen/Berufe.html. Zugegriffen: 25. Aug. 2013

destatis (2013b) Tarifstatistiken. Tarifinformationen zum Gesundheitswesen. Statistisches Bundesamt, Wiesbaden

Deutsche Bundesbank (2013) Die deutsche Zahlungsbilanz für das Jahr 2012. Monatsbericht, März 2013

Djellal F, Gallouj F (2010) Beyond productivity strategies in services. J Innov Econ 5:89–104

Donabedian A (1980) The definition of quality and approaches to its assessment. Health Administration Press, Ann Arbor Michigan

Eichhorn S (1981) Wandel in der Krankenhausorganisation. Aspekte der innerbetrieblichen Versorgungsstruktur. Medizin, Mensch. Gesellschaft 6(3):148–152

Fließ S (2006) Prozessorganisation in Dienstleistungsunternehmen. Kohlhammer, Stuttgart

Fraunhofer IAO (2013) Strategische Partnerschaft. Produktivität von Dienstleistungen. IAO, Stuttgart. http://www.service-productivity.de. Zugegriffen: 03. Okt. 2013

Frenkel SJ, Korczynski M, Shire KA, Tam M (1999) On the front line. Organization of work in the information economy. Cornell University Press, Ithaca

Ganz W, Tombeil A-S, Bornewasser M, Theis P (2012) Produktivität von Dienstleistungsarbeit. Fraunhofer, Stuttgart

Gesundheitsberichterstattung des Bundes (2013) Personal in ambulanten Pflegediensten und Pflegeheimen (absolut und in Prozent). Statistisches Bundesamt, Bonn. http://www.gbe-bund.de/oowa921-install/servlet/oowa/aw92/dboowasys921.xwdevkit/xwd_init?gbe.isgbetol/xs_start_neu/undp_aid=3undp_aid=15196167undnummer=569undp_sprache=Dundp_indsp=5090undp_aid=15208334. Zugegriffen: 25. Aug. 2013

Grönroos C, Voima P (2012) Critical service logic: making sense of value creation and co-creation. J Acad Market Sci 41(2):133–150

Gummesson E (1998) Productivity, quality and relationship marketing in service operations. Int J Contemp Hosp Manag 10(1):4–15

Gutenberg E (1983) Grundlagen der Betriebswirtschaftslehre. Die Produktion. Springer, Berlin

Hacker W (2009) Arbeitsgegenstand Mensch: Psychologie dialogisch-interaktiver Erwerbsarbeit. Pabst, Lengerich

Kern H, Schumann M (1970) Industriearbeit und Arbeitsbewusstheit I und II. Europäische Verlagsanstalt, Frankfurt

Levitt T (1972) Production line approach to service. Harvard Bus Rev 50(4):41–52

Lovelock CH, Young RF (1979) Look to customers to increase productivity. Harvard Bus Rev 57(3):168–178

Ng I (2013) Value and worth: creating new markets in the digital economy. Innovorsa Press, Oxford

Niebel T (2010) Der Dienstleistungssektor in Deutschland – Abgrenzung und empirische Evidenz. Dokumentation Nr. 10-01. Zentrum für Europäische Wirtschaftsforschung GmbH, Mannheim

Pfänder T, Fischlein J (2008) Industrielles Klinikmanagement. FinanzBuch Verlag, München

Rammert W (2007) Die Techniken der Gesellschaft: in Aktion, in Interaktivität und in hybriden Konstellationen. Working Paper 04.2007. Bestell-Nr. TUTS-WP-4-2007

Reichwald R, Piller F (2009) Interaktive Wertschöpfung. Open Innovation, Individualisierung und neue Formen der Arbeitsteilung. Gabler, Wiesbaden

Röthig I (2012) Wahrer Lohn – Was die Beschäftigten in der Altenhilfe tatsächlich verdienen – Wohlfahrt Intern startet den bundesweiten Vergleich der Tarifverträge. Wohfahrt intern 6(9): 16–17

Schlick C, Bruder R, Luczak H (2011) Arbeitswissenschaft. Springer, Berlin

Spath D, Ganz W (2011) (Hrsg) Am Puls wirtschaftlicher Entwicklung. Hanser, München

Statistisches Bundesamt (2013) Gesundheit. Ausgaben 2011. Statistisches Bundesamt, Wiesbaden

Stauss B (2009) Kundenlob – Integration durch positives Feedback. In: Bruhn M, Stauss B (Hrsg) Kundenintegration. Gabler, Wiesbaden, S 315–342

Vargo SL, Lusch RF (2008) Service-dominant logic: continuing the evolution. J Acad Market Sci 36(1):1–10

Vargo SL, Lusch RF, Horbel C, Wieland H (2011) Alternative Logiken für Dienstleistungen: von hybriden Systemen zu Serviceökosystemen. In: Spath D, Ganz W (Hrsg) Am Puls wirtschaflicher Entwicklung. Hanser, München, S 137–153

Webb EJ, Campbell DT, Schwartz RD, Sechrest L (1966) Unobtrusive Measures. Rand Mcnally, Illinois

Wiese C (2013) Prozessmanagement in der Anästhesieambulanz einer Universitätsklinik unter Berücksichtigung von Diversität. In: Bouncken RB, Pfannstiel MA, Reuschl AJ (Hrsg) Dienstleistungsmanagement im Krankenhaus I. Springer Gabler, Wiesbaden, S 273–289

Zapp W (2010) Prozessgestaltung in Gesundheitseinrichtungen – von der Analyse zum Controlling. Economica, Heidelberg

Teil I

Dienstleistungsproduktivität, Dienstleistungsarbeit und Dienstleistungsmanagement

Manfred Bornewasser

Inhaltsverzeichnis

2.1   Theoretisch bedingte Perspektivendifferenzen auf die Dienstleistung 30
     2.1.1   Dienstleistungen aus betriebswirtschaftlicher Perspektive 30
     2.1.2   Dienstleistungen aus sozialwissenschaftlicher Perspektive 36
2.2   Dienstleistungsarbeit: Die interpersonelle Gestaltung des Leistungsprozesses in einem
     Wirtschaftsunternehmen 41
2.3   Komponenten der Dienstleistungsarbeit 43
     2.3.1   Dienstleistungen als Arbeitsprozesse aus Sicht der Anbieter 43
     2.3.2   Dienstleistungen und die Problematik der Einbeziehung des Kunden 45
     2.3.3   Komponentenstruktur von Dienstleistungsarbeit 46
2.4   Dienstleistungsarbeit ist eine besondere, aber keine gänzlich andersartige Form der
     Arbeit 53
Literatur 54

Die Literatur zur Dienstleistung ist multiperspektivisch. Dabei bleibt oftmals unklar, inwieweit naive Theorien und alltagssprachlicher Gebrauch dominieren oder aber elaborierte Theorien und eine eigene wissenschaftliche Sprache z. B. der Betriebswirtschaftslehre, der Soziologie oder der Psychologie die Beschreibung und Erklärung anleiten. Je nach Theorie werden dann ganz unterschiedliche Aspekte des Dienstleistungsgeschehens auf unterschiedlichen Ebenen und über unterschiedliche paradigmatische Beispiele beschrieben. In diesem Sinne nehmen z. B. ökonomische Theorien vor allem auf Konzepte des Austauschs (Dienstleistung als ein Beziehungsgeflecht von Anbietern und Nutzern), sozialwissenschaftliche Ansätze auf das Konzept der interaktiven Arbeit Bezug (Dienstleistung als

M. Bornewasser (✉)
Institut für Psychologie, Abteilung Arbeits- und Organisationspsychologie,
Ernst-Moritz-Arndt-Universität Greifswald
Franz-Mehring-Str. 47, 17489 Greifswald, Deutschland
E-Mail: bornewas@uni-greifswald.de

M. Bornewasser et al. (Hrsg.), *Dienstleistungen im Gesundheitssektor*,
DOI 10.1007/978-3-658-02958-6_2, © Springer Fachmedien Wiesbaden 2014

Interaktion). Ferner wird in den ökonomischen Ansätzen eher die Mesoebene mit dem Austausch zwischen Firmen und Organisationen oder deren Mitarbeitern und Kunden thematisiert, während sozialwissenschaftliche Dienstleistungen oftmals auf der Mikroebene der interpersonellen Beziehung beschrieben werden. Schließlich unterschieden sich häufig die Anwendungsbeispiele. So dominieren in den ökonomischen Betrachtungen häufiger Serviceleistungen im Bereich der Sachgutproduktion, im Handel und im Bankensektor, während in den sozialwissenschaftlichen Ansätzen häufig die interaktive Arbeit in Gesundheits- und Pflegeeinrichtungen, seltener in Hotels und Restaurants überwiegen.

Den Sozialwissenschaften kommt das Verdienst zu, Dienstleistungen nicht allein vom verwertbaren Endergebnis her zu sehen, sondern vor allem das zugrundeliegende prozessuale Geschehen entdeckt, detaillierter beschrieben und die Dienstleistungsarbeit stärker in den Blickpunkt gerückt zu haben. Dienstleistungen basieren auf Arbeitsprozessen, die von Beschäftigten zu erbringen sind bzw. basiert auf einer Arbeitsorganisation, in die diese Arbeitsprozesse eingebunden sind. Dienstleistungsarbeit verbindet sich von daher zu allererst mit Organisation und Prozess, dann erst mit Produkt und Verwertung. In diesem Sinne unterscheiden und ergänzen sich die ökonomische und die sozialwissenschaftliche Perspektive. Hier wird der Versuch unternommen, eine vorläufige Synthese beider Ansätze aufzuzeigen.

2.1 Theoretisch bedingte Perspektivendifferenzen auf die Dienstleistung

2.1.1 Dienstleistungen aus betriebswirtschaftlicher Perspektive

Eine betriebswirtschaftlich orientierte Perspektive fokussiert die ökonomischen Rollen von Anbieter und Nachfrager. Zwei Parteien oder Rolleninhaber mit jeweils eigenen Interessen (z. B. Firmen oder Mitarbeiter und Kunden, „provider" und „customer") treffen an einem spezifisch strukturierten öffentlichen (Markt) oder halböffentlichen Ort (Verkaufsbüro) aufeinander, um sodann in einem organisierten Prozess Wirtschaftsgüter zu tauschen. Der Anbieter unterbreitet z. B. Pflege- oder Planungsangebote, die von bedürftigen Abnehmern nachgefragt werden. Beide erzielen in einem Austauschprozess wechselseitigen Nutzen. Viele Dienstleistungen bilden dabei komplexe Ketten von aufeinander bezogenen Handlungen, die sich über längere Zeiträume und über Netzwerke hinweg erstrecken, wenn die Dienstleistung z. B. zu einer Baugenehmigung oder zu einer Unternehmensfusion führen soll (z. B. sprechen Heskett et al. 1997 von einer service profit chain). Dabei sind der Weg und der Ausgang der Dienstleistung oftmals von erheblicher Unsicherheit geprägt. Von daher verbindet man Dienstleistungen auch gern mit dem Konzept des Vertrauensgutes, welches zum Ausdruck bringt, dass die Beziehung des Anbieters zum Kunden durch ein Informationsgefälle geprägt ist und es keine eindeutigen Kriterien gibt, um die Qualität der Leistung des Anbieters vor oder nach Inanspruchnahme genau zu beurteilen (Balafoutas et al. 2013).

Dienstleistungen lassen sich damit einem allgemeinen Austausch von Gütern zwischen Personen subsumieren, die sich durch kontrolliertes Handeln die für sie jeweils interessanten Ressourcen sichern wollen (vgl. Coleman 1990; Dasgupta 2000). Diese Ressourcen sind knapp und nicht alle Personen verfügen über eine hinreichende Kontrolle, um die erwünschten Ressourcen zu erlangen. Über den Austausch findet eine permanente Umverteilung dieser Ressourcen statt. Dabei werden auch Rechte auf Kontrolle von Ressourcen in den Austausch einbezogen (z. B. bei der Vermietung einer Wohnung oder der Verpachtung eines Ladenlokals). Jeder Austausch erfolgt unter formellen und informellen Regeln und Normen, die jedem Mitglied einer Gemeinschaft sanktionierte Verfügungsrechte zubilligen. Sie beschreiben allgemein das Recht, physische Güter und Leistungen zu gebrauchen bzw. von anderen Personen spezifisches Verhalten zu erwarten, um daraus dann individuellen Nutzen ziehen zu können. In diesem Sinne bedeutet Verfügungsrecht auch, dass einzelne Personen ihre Möglichkeit, Kontrolle über die Umwelt auszuüben, an andere Personen abtreten können (der Dienstleister erhält z. B. das Recht, personenbezogene Unterlagen anzufordern oder eine Person zum Röntgen zu schicken). Ein freiwilliger dauerhafter oder vorübergehender Verzicht erfolgt jedoch nur dann, wenn sich z. B. der Patient darauf verlassen kann, dass er dadurch einen Vorteil erzielt und jeglicher Missbrauch seitens übergeordneter Institutionen sanktioniert wird. In jeder Dienstleistung erfolgt eine begrenzte Abgabe an Kontrolle an andere Personen. In diesem Sinne überlässt etwa ein Kunde dem Dienstleistungsanbieter Dokumente oder Informationen, über die der Anbieter zum Zwecke der erwarteten Resultaterstellung frei verfügen kann (er darf sie also z. B. nicht an Unbefugte weitergeben oder sie gar verbrennen). Dieser Verzicht wird in Kauf genommen, weil nur auf diese Weise mittels eines professionell arbeitenden Dienstleistungsanbieters ein Ergebnis erzielt werden kann, das den eigenen Interessen dienlich ist und ohne selbstbestimmte Einschränkung der eigenen Kontrollrechte nicht zustande käme. Die Professionalität des Anbieters, der gegenüber dem Kunden ein Leistungsversprechen abgibt und für dieses Versprechen haftet (liability), legitimiert die Übertragung von Kontrollrechten seitens des Abnehmers, der die Einlösung des Versprechens dann auch erwarten (verifiability) und das Leistungsergebnis zu seinen eigenen Zwecken nutzen kann (möglich ist es auch, eine Beteiligung am zukünftigen Nutzen auszuhandeln).

Diese Sicht impliziert nicht nur zwei unabhängige Personen, die unter wirtschaftlichen Gesichtspunkten agieren, sondern auch die Bereitstellung eines autonom zu disponierenden Potenzials zu einem professionell gestalteten Leistungserstellungsprozess, der in einem abstrakt vorbestimmten oder geplanten Resultat endet (visualisiert etwa in einem Musterkatalog). In den konkreten Prozess bringt der Anbieter seine Ressourcen (Produktionsfaktoren) ein und aus dem Resultat dieses Prozesses kann der Nachfrager seinen Nutzen ziehen. Diesen Nutzen kann er aber in der Regel nur dann ziehen, wenn er zu Beginn des Leistungserstellungsprozesses einen Teil seiner Kontrolle über verschiedenste in diesem Prozess erforderliche Ressourcen, über die er verfügt, an den Anbieter abtritt. Die bereitgehaltenen Potenziale (Beschäftigte, Qualifikationen, Betriebsmittel) des Anbieters und die Vorleistungen sowie die Verfügbarmachung von Kontrollrechten seitens des nachfragenden Kunden bilden die Basis aller wertschöpfenden Dienstleistungen. Dabei bedeutet die Übertragung von Verfügungsrechten aber nicht nur einen juristischen Akt, sondern umfasst auch die Ausübung einer Vielzahl von konkreten Tätigkeiten seitens des Nachfragers, z. B. sich beim Zahnarzt anzumelden, pünktlich zu erscheinen, auf dem Zahnarztstuhl Platz zu nehmen oder beim Bohren den Kopf still zu halten. Der Zahnarzt ist auf ein (erweitert passives im Sinne von akzeptierendes, widerstandsfreies) Mitmachen des Patienten angewiesen und er kann es nach Vertragsabschluss auch von ihm erwarten. Das ist Teil des impliziten Leistungsvertrags. Das erwartete Verhaltensmuster des Patienten bildet die Basis seiner Kostenkalkulation. Umgekehrt ist der Patient bereit, einen Preis zu zahlen, für den er ein spezifisches Ergebnis von entsprechend hoher Qualität erwartet.

Aus ökonomischer Sicht wird die Dienstleistung somit als eine rechtlich oder institutionell basierte Austauschhandlung zwischen Personen oder Organisationen mit unterschiedlichen Interessen begriffen, wobei einerseits ein ökonomisches Rationalprinzip vorausgesetzt wird und bereitgehaltene Potenziale, Prozesse und Resultate als erbrachte Leistungen unter Effektivitäts-, Effizienz- und Produktivitätsgesichtspunkten gesehen werden. Infolge der Informationsgefälles kann andererseits aber auch opportunistisches Verhalten angenommen werden, weil beide Partner versuchen könnten, ihre unterschiedlichen Interessen maximal und auch auf Kosten des Partners zu befriedigen (z. B. wenn in einer Bauherr-Planer-Beziehung von einem Architekten die Modifizierung eines Planes erwartet wird, ohne dass der Bauherr dafür ein Honorar zahlen will). Begrenzte Rationalität (Nichtwissen), Opportunismus (Nichtwollen) und Risikoneigung bei Entscheidungen stellen wesentliche Verhaltensannahmen eines solchen Ansatzes dar.

Einen geeigneten theoretischen Rahmen zur Beschreibung dieser Verhältnisse liefert die Neue Institutionenökonomie (vgl. Richter und Furubotn 1999), hier insbesondere der Prinzipal-Agenten-Ansatz (Jensen und Meckling 1976; zusammenfassend Göbel 2002). Diese Theorie beschreibt allgemeine Leistungsbeziehungen zwischen ökonomischen Akteuren, insbesondere zwischen Auftraggebern (also dem Kunden) und Auftragnehmern (also den Dienstleistungsunternehmen). Konstitutiv für das Vorliegen einer solchen Prinzipal-Agenten-Beziehung ist, dass die Handlungen des Auftragnehmers nicht nur sein eigenes Wohlergehen, sondern auch die Nutzenerwartungen des Auftraggebers fördern. Hierüber besteht von Anfang an Unsicherheit. Wenn Prinzipal und Agent einander begegnen, dann besteht zunächst einmal Unklarheit darüber, ob der Agent in der Lage ist, den erwarteten Nutzen des Prinzipals zu erzeugen, die erforderlichen Rahmenbedingungen für den Leistungserstellungsprozess zu gestalten, wirtschaftlich zu arbeiten und das Ergebnis zu einem ausgehandelten Preis erstellen zu können. In Prinzipal-Agenten-Beziehungen eröffnen sich über diese Unsicherheit vielfältige Verhaltensspielräume, da beide Partner letztlich keine vollständige Kontrolle über die Lage und das Verhalten des Gegenübers haben. Im Gegenteil, sie können wegen unterschiedlicher Interessenlagen möglicherweise sogar danach trachten, zum eigenen Vorteil und zum Schaden des Gegenübers zu agieren. Um diese negativen Effekte opportunistischen Verhaltens einzugrenzen, bedarf es erheblicher Anstrengungen, die vielfältige Agency- oder Transaktionskosten aufwerfen. Diese setzen sich in gesamtwirtschaftlicher Sicht aus den Signalisierungskosten des Agenten (Reputation: Ich bin ein professioneller Anbieter), aus den Kontrollkosten des

Prinzipals (Absicherung: Ich informiere mich fortlaufend über den Stand der Dinge) und Wohlfahrtsverluste infolge von Koordinations- und Motivationsmängeln zusammen (unzureichende Technik, mangelhafte Aufklärung der Kunden). Ein zentrales Instrument, um Unsicherheit einzuschränken und Verfügungsrechte zu sichern, stellen die relationalen Verträge dar. Solche Verträge regeln die Beziehung zwischen Auftraggeber und Dienstleistungsanbieter und sind darauf ausgelegt, einen längerfristigen Austausch unter Unsicherheitsbedingungen zu steuern. Sie können als Versuche angesehen werden, mögliche Formen des opportunistischen Verhaltens zu erschweren oder gar auszuschließen, sie bieten gleichzeitig auch Chancen auf kontinuierliche Einflussnahme und Abstimmungen.

2.1.1.1 Die Integration des externen Faktors

Dienstleistungen sind zunächst einmal organisierte Leistungsprozesse, die von einem Anbieter auf der Basis eines bereitgestellten Leistungspotenzials nach Anstoß durch einen Abnehmer erbracht werden und zu einem Leistungsergebnis führen, das vom Abnehmer genutzt wird. In diesen Leistungsprozess wird der Kunde an verschiedensten Kontaktpunkten eingebunden bzw. in das Prozessgeschehen einbezogen. Das zentrale Unterscheidungsmerkmal gegenüber der Produktion liegt darin, dass diese vornehmlich organisatorisch gefasste Integration meist über einen Kontakt oder einen punktuellen Tausch Ware/Geld, wie er z. B. im Handel üblich ist, hinausgeht und den Kunden auf der sozialen Ebene auch kommunikativ und interaktiv in das zeitlich ausgedehnte Prozessgeschehen einbezieht.

Dienstleistungen wurden lange Zeit von der Produktion dadurch unterschieden, dass sie als nicht lagerbare, intangible oder immaterielle Leistungen begriffen wurden (vgl. auch das IHIP-Modell: intangibility, heterogeneity, inseparability, perishability; Sampson 2001), die in einem speziellen Vollzug unter direkter Einbeziehung der Kunden in einem Akt (uno actu) erbracht wurden. Auf diese Weise hielt sich lange der Eindruck, der Kunde agiere als jemand, der gleichzeitig produziert und konsumiert (Prosumer). Diese Betrachtungen erscheinen heute weitgehend überholt, zumal es viele Hinweise darauf gibt, dass auch Dienstleistungen, hier vor allem die sog. hybriden Dienstleistungen vielfach materielle Komponenten aufweisen (vgl. Kleinaltenkamp 1998), in zusammengesetzten Leistungsbündeln resultieren (vgl. Engelhardt et al. 1993) und auch nur in langen Wertschöpfungsketten erstellt werden, die von zahlreichen Kontakten zwischen Anbietern und Nachfragern geprägt sind (vgl. Fließ 2006). In diesem Sinne ist jeder Leistungserstellungsprozess gleichzeitig auf Objektives (z. B. die Ausfertigung einer Urkunde) und Subjektives (z. B. der psychische Gesundheitszustand des Patienten) ausgerichtet und kann vom Anbieter und vom Kunden verschiedenen Bewertungen z. B. nach Qualität, Nützlichkeit oder Effizienz unterzogen werden. Zwischen Sach- und Humandienstleistungen klafft dabei in der Regel keine Lücke, sondern besteht eine erhebliche Zone der Überlappung.

2.1.1.2 Der wechselseitige Tausch von Verfügungsrechten

Als das Alleinstellungsmerkmal der Dienstleistung schlechthin gilt gegenwärtig die Integration des Kunden mit seiner individuellen Bedürfnislage, d. h. die Einbeziehung des

Kunden als externer Faktor in den Leistungserstellungsprozess. Diese Integration bedeutet aber nicht, den Kunden aktiv oder gar arbeitend in den Erstellungsprozess einzubeziehen (vgl. dazu kritisch Voß und Rieder 2006), sondern ihn zur Aufgabe spezifischer Verfügungs- und Kontrollrechte zu bewegen und ihm im Gegenzug spezifische Kontrollrechte einzuräumen, die die Entscheidungsfreiheit des Anbieters reduzieren. Von daher beschreibt die Integration ein zweischneidiges Schwert: Sie unterstützt die Prozesse des Anbieters und sie setzt sie einer verstärkten Kontrolle durch den Kunden aus (so hat bspw. der Bauherr nicht nur ein Bestimmungsrecht zu Beginn der Bauphase, sondern auch Anordnungsrechte noch während der Bauphase). Umgekehrt begibt sich der Kunde in die Machtsphäre des Anbieters und erhält im Gegenzug vom Anbieter Rechte eingeräumt, die seine Kontrollmöglichkeiten steigern (z. B. darf nur nach Einverständniserklärung operiert werden). Ein zentrales Problem stellt sich hinsichtlich der Balance der wechselseitigen Einflussnahme während des Dienstleistungsprozesses: Dominiert der Anbieter mit all seinen Vorkombinationen von intern zu steuernden Faktoren das Geschehen oder aber besitzt der Kunde so viel Macht, dass er trotz eingeschränkter Verfügungsrechte seine eigenen Interessen im Leistungserstellungsprozess gegen den Anbieter punktuell durchzusetzen kann? Im Pflegebereich sind die Kontrollmöglichkeiten der Kunden in der Regel weitgehend eingeschränkt, im Bereich von Industriedienstleistungen nehmen Kunden allerdings oftmals massiv Einfluss auf Prozesse (z. B. der Prüfung von Teilen), Material (z. B. die Zusammensetzung von Gussteilen) und Personal (z. B. die qualifikatorischen Voraussetzungen von Materialprüfern). Macht und Machtlosigkeit in Dienstleistungsprozessen stellen ein zentrales Thema der interaktiven Dienstleistungsforschung dar (vgl. Scholl 2012).

2.1.1.3 Der Leistungserstellungsprozess als Faktorkombination

Die Dienstleistungsproduktion wird in der ökonomischen Leistungslehre als eine Faktorkombination betrachtet, die interne und externe Faktoren unterscheidet. Als interne Faktoren gelten all diejenigen Produktionsfaktoren, über die der Anbieter selbst und autonom disponieren kann (z. B. die Arbeitszeiten des Personals). Als externe Faktoren gelten all diejenigen Produktionsfaktoren, die dem Anbieter von einem Kunden zur Verfügung gestellt werden, handele es sich um Materialien (z. B. Beistellungen von Farben), Personen (z. B. die Einbeziehung von Spezialisten), Informationen (z. B. die Krankenakte oder Röntgenbilder) oder auch Verfügungsrechte (z. B. Genehmigungen für riskante Diagnoseverfahren). Kleinaltenkamp und Haase (1999, S. 168) definieren den externen Faktor wie folgt:

X ist ein externer Faktor genau dann, wenn gilt:

a. X wird dem Anbieter vom Nachfrager für einen konkreten Leistungserstellungsprozess zur Verfügung gestellt
b. X unterliegt nicht der autonomen Disposition des Anbieters
c. X wird mit internen Faktoren kombiniert oder
d. X wird in den Leistungserstellungsprozess integriert.

Das erste Definitionsmerkmal beschreibt einen speziellen Vorgang, in dem der externe Faktor vom Kunden aus eigenem Antrieb heraus in die Verfügungsmacht des Anbieters gegeben wird, sodass er vom Anbieter anschließend, meist nur zeitlich befristet und auf einen bestimmten Zweck hin ausgerichtet, in seine Zusammenstellung der endgültigen Faktorkombination eingebaut werden kann. Im einfachsten Fall einer Überlassung von z. B. Informationen (z. B. beim Rechtsanwalt hinsichtlich einer Verkehrsordnungswidrigkeit) und dem anschließenden Rückzug des Kunden findet keine Integration statt. Sie erfolgt erst dann, wenn nach der Überlassung auch noch weitere Einflussnahmen auf die Prozesse des Anbieters erfolgen und dadurch die Verfügungsrechte des Anbieters über den gesamten Prozess hinweg ausgedünnt bleiben. Integration hat hier eine vornehmlich organisatorische Bedeutung. Entscheidend ist, dass der Auftraggeber genau wie der Anbieter autonom bleibt, es jedoch im Sinne seines angestrebten Ziels bevorzugt, kurzfristig auf Eigentumsrechte zu verzichten und dem Anbieter den erforderlichen Support zu gewähren. Ein Zuviel führt ebenso wie ein Zuwenig zu Prozessbehinderungen.

Damit eine Integration in den Leistungserstellungsprozess erfolgen kann, müssen ein Leistungspotenzial, ein Leistungsprozess und ein Leistungsresultat angenommen werden. Das Leistungspotenzial beschreibt die Vorkombination von internen Produktionsfaktoren zur Erstellung der betrieblichen Leistungsbereitschaft. Hierunter werden alle Voraussetzungen verstanden, die ein Anbieter benötigt, um seine Wettbewerbsfähigkeit zu sichern und zu signalisieren (z. B. normale Krankenhausstrukturen). Der Leistungsprozess ist durch die Anwesenheit externer Faktoren und integrativer Prozesse geprägt, wie sie vor allem im Falle individueller Produktgestaltungen z. B. bei der Durchführung einer Operation zu verzeichnen sind. Externe Faktoren sind dabei etwa die Bereitschaft, den Diagnostikbereich aufzusuchen (Mobilität) oder den Arzt über Schmerzsymptome zu informieren (Auskünfte). In der Leistungserstellung erfolgt die Endkombination der internen und externen Faktoren, also z. B. alle mittels Personal und Technik durchgeführten Maßnahmen der Diagnostik, der Eingriffe, der Pflege, der Transporte, der Medikation, der Versorgung und der Dokumentation, auf die sich auch der Patient einlassen muss. Diese Endkombination konstituiert dann auch die Basis für die kontinuierliche Erstellung des finalen Leistungsergebnisses, das meist als ein Bündel von materiellen und immateriellen Teilleistungen erscheint. Dieses Bündel kann Elemente enthalten, die sich erst im Verlauf der Zeit immateriell z. B. in einer Besserung des Allgemeinbefindens oder der vollständigen Wiederherstellung der körperlichen Belastbarkeit zeigen. Das Ergebnis wird für den Kunden zunächst verfügbar gemacht, bevor er selbst sodann Nutzen aus diesem Ergebnis ziehen kann.

Die Dienstleistung basiert somit auf einem abgestimmten Prozess zwischen Anbieter und Nachfrager, wobei diese beiden Funktionen in sehr unterschiedlicher Konstellation auftreten können. Im einfachsten Fall einer Interaktion zwischen einem Unternehmen und einem Kunden ist davon auszugehen, dass beide Partner als autonom handelnde Rechtssubjekte mit jeweils eigener Interessensphäre aufeinander treffen (Grönroos und Voima 2012 unterscheiden die „provider sphere" und die „customer sphere"). Dabei kann zwischen Kontaktaufnahme und Integration unterschieden werden: Die Kontaktaufnahme dient der Orientierung und endet in einem Vertragsabschluss, die Integration beschreibt den Grad der wechselseitigen Einflussnahme bei der Abstimmung, Koordination und Durchführung des Leistungserstellungsprozesses. Beide Akteure haben dabei Kosten, die minimiert werden sollen: Das sind einmal die Produktions- und Koordinationskosten bezüglich der internen und externen Faktoren seitens des Anbieters, das sind auf der anderen Seite die Aufwendungen für die Verfügbarmachung der externen Faktoren, die seitens des Kunden zur Verfügung gestellt werden müssen, um den Leistungserstellungsprozess in Gang zu setzen.

Eine Typisierung von Dienstleistungen kann über die beiden Dimensionen der Materialität des Ergebnisses (hoch vs. gering) und der Integrativität des Prozesses (hoch vs. gering) gebildet werden (vgl. Kleinaltenkamp 1998). Kurative Gesundheitsdienstleistungen in Krankenhäusern, ambulanten Einrichtungen oder Pflegeheimen basieren zumeist auf hoch integrativen Prozessen und gleichzeitig stark immateriell geprägten Ergebnissen. Präventive Gesundheitsdienstleistungen erfolgen häufig ohne starke Integration und reduzieren das Ergebnis oftmals nur auf an Displays abzulesende Daten, die die Leistungsfähigkeit z. B. beim Joggen anzeigen. Die Integrativität würde hier weiter zunehmen, wenn zusätzliche Ferndiagnosen und Beratungsdienstleistungen durch einen Physiotherapeuten erfolgten oder regelmäßige körperliche Untersuchungen in der Praxis des Physiotherapeuten durchgeführt würden.

2.1.2 Dienstleistungen aus sozialwissenschaftlicher Perspektive

2.1.2.1 Arbeitspsychologische Kernannahmen

Dienstleistungen werden aus Sicht der Arbeitspsychologie (Hacker 2009) als dialogisch-interaktive Prozesse zwischen zwei Personen P_1 und P_2, die in naiver Sprache als Anbieter und Abnehmer fungieren können, beschrieben. Im Gegensatz zum monologisch geprägten Prozess der Produktionsarbeit (etwa in einem Industriebetrieb) braucht hier P_1 ein handlungssteuerndes mentales Modell vom mentalen Modell des P_2, welches dann wiederum das Handeln des P_1 steuert. Diese Vorstellung impliziert die Interaktion als ein interaktives Handeln zweier selbständiger Akteure, wodurch Anbieter und Abnehmer nur begrenzt der jeweils einseitigen Handlungskontrolle zu unterwerfen sind und nur eine begrenzte Planbarkeit und Standardisierbarkeit des Vorgehens möglich sind (hierin liegt der zentrale Unterschied zur Produktion, wobei P_1 allerdings auch ein mentales Modell des Objekts braucht, das bei einem angelernten Arbeitnehmer i. d. R. weniger ausgeprägt ist als bei einem gelernten Arbeitnehmer oder gar einem Ingenieur). Interaktion wirkt damit wechselseitig beschränkend und ist stets der Gefahr ausgesetzt, in eine einseitige Dominanz des einen Partners über den anderen Partner überzugehen. Daraus resultieren besondere Regulationserfordernisse und Belastungen: Die Interaktion verlangt spezifische Anforderungen im Bereich von Kommunikation, interpersonellem Umgang, Konfliktbewältigung und Emotion. Aufgrund der Individualität der Partner lassen sich Interaktionen weniger gut prospektiv planen, lassen sich bewährte Vorgehensmuster nicht ohne ein konkretes

Aushandeln und Einverständnis übertragen und entsteht letztlich immer eine kontingent geprägte Leistungserbringung, die Hacker (2009, S. 55) als „opportunistisches Vorgehen mit systematischen Episoden" beschreibt. Ergebnisoffene Aushandlungs- und beidseitig anerkannte Routinephasen wechseln im Leistungsprozess einander ab. Es kommt im Dienstleistungsprozess für den Anbieter darauf an, den Abnehmer für das eigene Vorgehen zu gewinnen, ihn von diesem Vorgehen zu überzeugen und ihn schließlich zu befähigen, sich anerkennend und unterstützend in dieses Vorgehen einzubringen. Hacker (2009) zufolge macht der Anbieter den Abnehmer damit „zum Partner der Koproduktion" (S. 66) eines Dienstleistungsergebnisses. Die Interaktion fällt unterschiedlich aus, je nachdem ob es sich um eine personenverändernde (Friseur, Chirurg), eine personenbeeinflussende (Beratung, Therapie) oder eine personenbezogene Form der Dienstleistungen (Einzelhandel, Restaurant) handelt.

Eng verknüpft mit dieser Konzeption von Dienstleistung ist nicht nur die zwischenmenschliche Interaktion, sondern auch der direkte Austausch von Ressourcen zwischen P_1 und P_2. Austausch impliziert dabei eine Vorstellung des Wechsels eines bewerteten Gutes von P_1 zu P_2 sowie im Gegenzug eines anderen Gutes von P_2 zu P_1. Er wird von Hacker (2009) in Anlehnung an die Klassifikation von Jones und Gerard (1967) als ein zielgerichtetes und an etablierten Verhaltensroutinen ausgerichtetes Handeln zweier gleichberechtigter Partner gesehen, die sich hinsichtlich ihrer verfügbaren Belohnungsressourcen aufeinander abstimmen (symmetric interaction), ohne dass es zu einer Aufnötigung oder zu einem Erzwingen einer spezifischen Handlungsweise durch einen Partner kommt (asymmetric interaction, Informationsasymmetrien spielen allerdings nur eine untergeordnete Rolle). Diese Ausrichtung führt bei Hacker zu einer Fokussierung auf Face-to-Face-Interaktionen, wobei er diese nach den Dimensionen der Häufigkeit und Dauer (viele Kontakte über lange Zeiträume), der persönlichen Nähe (intime Kontakte) und der Konventionalität (Ausführen von Routinehandlungen) differenziert. Das Gesundheitssystem ist durch viele und intime Kontakte geprägt, die definierten medizinischen Pfade der Behandlung umfassen je nach Schweregrad und Planbarkeit mehr oder weniger viele Routineaktionen (Blinddarm, Gallenblase vs. neurologischer Eingriff). Im Gegensatz dazu ist der Internethandel eher durch wenige und distanzierte Kontakte sowie viele Abwicklungsroutinen geprägt.

Charakteristisch für die dyadische Beziehung zwischen zwei Partnern ist, dass beide Akteure frei sind, eigene Ziel-, Zweck- und Nutzenvorstellungen haben, eine Knappheit an Gütern ertragen müssen, die einen interaktiven Austausch lohnend erscheinen lässt, der Tausch ganz unterschiedlichen Nutzen für die Tauschenden hat (der eine erhält Zuwendung, der andere Anerkennung) und bei jedem Tausch auch Alternativen zur Verfügung stehen, was den Tauschpartner oder das Tauschobjekt anbelangt. In diesem Sinne üben beide Partner nur begrenzte autonome Kontrolle über ihre Umwelt aus. Mit dem Tausch wird beabsichtigt, den jeweils eigenen individuellen Nutzen zu mehren, indem Aufwendungen und Belohnungen (reward, cost) vergleichend und gegeneinander aufgerechnet werden. In diesem Sinne genießt ein Partner, der viele nützliche Eigenschaften für einen anderen Partner aufweist, hohe Wertschätzung und Sympathie. Vergleichend werden die

Abb. 2.1 Dienstleistungen als
Episoden der Unterstützung
von autonomen Nachfragern
und autonomen Anbietern

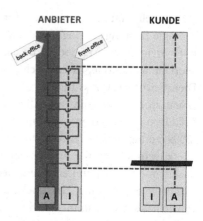

Partner versuchen, ihre wechselseitig belohnenden Verhaltensweisen weiter aufeinander abzustimmen und störende Verhaltensformen zu eliminieren. Auf diese Weise entsteht final ein interaktives Handlungsmuster, das für beide Seiten ein Maximum an Belohnungen und ein Minimum an Belastungen mit sich bringt (vgl. Marlowe und Gergen 1969).

Bereits die beiden sozialpsychologischen Austauschtheoretiker Thibaut und Kelley (1959) warnen davor, diesen sehr seltenen Fall reiner Kooperation mit gleichartigen Interessen und mit einer gleichartigen Outcome- oder Nutzenverteilung für beide Seiten zu weitgehend zu generalisieren. Der Regelfall ist durch ungleiche Interessen und ungleiche Verteilungen von Belohnungsmöglichkeiten, Verhaltenskontrolle und Outcomes geprägt. Die Interaktion zweier autonomer Partner mit unterschiedlichen Motiven (z. B. möchte der Anbieter in der Regel Geld verdienen und nicht allein helfen, während der Nachfrager Hilfe sucht und dafür möglichst wenig Geld bezahlen möchte) mündet selten in eine Kooperation (die vor allem durch gemeinsame Ziele gekennzeichnet ist). Der kurzfristige Kontakt prägt Dienstleistungen, die wie vorübergehende Episoden eines gemeinsamen Stücks an sich getrennter Wege erscheinen. Auf diesem gemeinsamen Stück (Grönroos und Voima 2012 sprechen von einer „joint sphere") bleiben die Partner an sich autonom, versuchen jedoch ihre Interessen koordinativ aufeinander abzustimmen. Abbildung 2.1 stellt einen Versuch dar, diesen Zusammenhang bildlich zu veranschaulichen. Der autonome Kunde begibt sich angesichts eines Hindernisses von seinem autonomen Pfad aus vorübergehend in Behandlung in einem speziell ausgerichteten Bereich bei einem autonomen Anbieter und kehrt nach erfolgreicher Behandlung bzw. nach Übernahme eines Leistungsresultats wieder auf seinen Pfad zurück und zieht dann autonom seinen Nutzen aus diesem Ergebnis.

Hacker (2009) beschreibt damit eine vornehmlich psychologische Sicht auf den dialogisch-interaktiven Arbeitsprozess im Kontext einer zwischenmenschlichen Dienstleistung, wo P_1 und P_2 in eine besondere kommunikative und emotionale Beziehung eintreten, die z. B. im Krankenhaus- oder Pflegebereich traditionell auch durch spontane Menschlichkeit (angedeutet durch Verweise auf die Krankenschwester und den Pflegebruder) und nicht allein durch instrumentelle Interessen geprägt ist. Bei Hacker wird Interaktionsarbeit folglich als Arbeit von Subjekten an und mit Subjekten konzipiert. Dadurch wird die emotional geprägte Menschlichkeit (z. B. Sympathie, Empathie, Altruismus, Fürsorglichkeit) zum zentralen Merkmal von Interaktionsarbeit, gleichzeitig ist sie aber auch der kritische Auslöser von vielfältigen Beanspruchungserlebnissen z. B. im direkten und intimen Kontakt mit kranken, leidenden oder alternden Menschen (Depersonalisierung, emotionale Erschöpfung) und deren Bewältigungsversuchen (Emotionsarbeit, berufliche Distanzierung; vgl. Unger, in diesem Band).

2.1.2.2 Sozialwissenschaftliche Kernannahmen

Diese skizzierte psychologische Position lässt sich weitgehend auch auf die sozialwissenschaftliche Perspektive generalisieren. So skizziert etwa Baethge (2012) aus soziologischer Sicht die Dienstleistungsarbeit als eine Interaktion, bei der sich ein (abstrakter) Aktor bedürfnisbezogen auf ein konkretes Gegenüber richtet, dessen Wille die Richtschnur für das Arbeitshandeln abgibt. Dabei ist dieses Gegenüber aber nicht nur Adressat eines spezifischen, allein vom Aktor gewählten Vorgehens, sondern das Gegenüber wird als Interaktant und Mitproduzent in den kommunikativen Abstimmungs- und Dienstleistungsprozess einbezogen. In diesem Sinne dominiert der Kunde mit seinem Willen nicht den Anbieter, sondern signalisiert ihm den Wunsch nach einer Dienstleistung, die dem Kunden dann auch nicht seitens des Anbieters aufgezwungen werden kann, sondern im Prozess und hinsichtlich des Ergebnisses zum Gegenstand von Abstimmungen gemacht wird. Die Festlegung dessen, was als Abstimmung gilt, steht latent im Hintergrund vieler Definitionsversuche.

Dabei erfährt diese Einbeziehung des Kunden bei Böhle et al. (2006) zudem eine deutliche Qualifizierung: „Mit der Ko-Produktionsthese (. . . .) wird der Klient nicht einfach als Konsument, sondern als ein Ko-Akteur in einer komplexen Beziehung verstanden. Seine Rolle ist in Bezug auf die Qualität und den Erfolg der Dienstleistung fast ebenso wichtig wie die des Dienstleisters" (S. 29). Noch schärfer formuliert es Böhle (2006) in seiner Typologisierung von Interaktionsarbeit. Er postuliert ein asymmetrisches Verhältnis zwischen Dienstleistenden und Dienstleistungsempfängern, „bei dem der Dienstleistende dem Dienstleistungsempfänger untergeordnet ist und dessen Kontrolle und auch Anweisungen unterliegt" (Böhle 2006, S. 333). Gleichwohl diese Sicht bereits eine geringfügige oder sogar stark ausgeprägte Differenz zwischen Anbieter und Kunde andeutet, stellt diesen Autoren zufolge jedoch die kooperative Interaktionsarbeit den Kern der personenbezogenen Dienstleistung dar. Sie setzt sich aus Emotionsarbeit, Gefühlsarbeit und subjektivierendem Arbeitshandeln zusammen. Letzteres steht im Gegensatz zum monologischen, technisch-instrumentellen Handeln in der Produktion, wo es um die Bearbeitung von Objekten geht. Das subjektivierende Arbeitshandeln beschreibt hingegen den menschlichen, meist dialogischen Umgang mit Psychischem und vor allem Körperlich-Physischem, z. B. das An- und Ausziehen, Reinigen, Pflegen und Lagern des Körpers eines bettlägerigen Patienten. Baethge (2012) charakterisiert diesen besonderen Typus interaktiver Arbeit zwar etwas weniger subjektbezogen, aber dennoch ähnlich durch die Merkmale der Bedürfnisbefriedigung individueller Kunden, durch die thematische Kommunikation, durch den dominanten Leistungstyp der Interpretation und Entscheidung, durch die Notwendigkeit der Selbstkontrolle hinsichtlich der eigenen Gefühle und Stimmungen sowie durch die geringe Technisier- und Standardisierbarkeit subjektivierender Arbeit. Prototyp subjektivierender Arbeit ist die Arbeit in der Pflege, wie sie ausführlich etwa in den Readern von Dunkel und Weihrich (2012) oder von Dunkel und Rieder (2003) beschrieben wird.

2.1.2.3 Soziale Rahmenbedingungen der zwischenmenschlichen Interaktion

Es fällt auf, dass diese auf die direkte zwischenmenschliche Interaktion von Subjekten zugeschnittene Sicht jedoch bei allen genannten Autoren immer wieder erhebliche Einschränkungen durch die sozialen Rahmenbedingungen erfährt, in denen die dialogische Interaktionsarbeit auch im Falle von Humandienstleistungen erfolgt bzw. in die sie eingebettet ist. Dialogische Arbeit wird in der Regel nicht in einem sozialen Vakuum geleistet, das allein durch ein individuelles Bedürfnis nach Hilfeleistung geprägt ist, sondern in solchen sozialen, rechtlichen und betrieblichen Strukturen, die Arbeit und auch speziell die Interaktionsarbeit zu Erwerbsarbeit machen. Pflege stellt ein Feld professioneller Arbeit durch ausgebildete Beschäftigte dar, die sich durch Erwerbsarbeit ihren Unterhalt erwirtschaften. Dadurch wird auch die subjektivierende Arbeit z. B. in der Pflege oder der Therapie zum Mittel (oftmals zum schlecht entlohnten und wenig wertgeschätzten Mittel; vgl. ausführlich Reichwald et al. 2012). Das hat zur Konsequenz, dass die grundlegende Subjekt-Subjekt-Beziehung bzw. das Programm der subjektivistischen Arbeit in organisatorischen oder betrieblichen Strukturen aufgeweicht wird. Der Interaktionspartner erscheint dann doch wieder auch als ein Objekt, an dem und mit dem seitens eines Anbieters gearbeitet wird, wobei dieses Arbeiten dann auch unter Beachtung von zeitlichen und ökonomischen Parametern erfolgt. Wo bislang noch theoretisch von gleichberechtigten Aktoren oder Subjekten die Rede war, treten in der betrieblichen Praxis nun Anbieter mit Erwerbsinteressen und Abnehmer mit spezifischen (Betreuungs- oder Kommunikations-) Interessen in Erscheinung, wodurch die sachlichen und die sozialen Aspekte der Interaktion zunehmend in ein verändertes Licht geraten. Die Interaktionsarbeit stellt dann kein beidseitig intrinsisch motiviertes Ziel an sich mehr dar, sondern sie wird Mittel zu einem extrinsischen, ökonomischen Zweck (dabei entsteht für die Pflegekräfte in der Praxis häufig der Konflikt, die Unzufriedenheit über die Entlohnung nicht in die Interaktionsarbeit mit den Patienten einfließen zu lassen). Durch diese Ökonomisierung der menschbezogenen Arbeit inklusive Interaktion und Kommunikation kommt es Hacker (2009) zufolge zu einer deutlichen „Dominanz der Tauschbeziehung", gleichzeitig verschieben sich die „zu erlernenden Berufsrollen vom empathisch-mitmenschlichen Zuwenden zum gewinnorientierten unternehmerischen Handeln mit einem gleichfalls nach wirtschaftlichen Gesichtspunkten ausgewählten Personal" (Hacker 2009, S. 69). Selbst so altruistisch anmutende Tätigkeiten wie Helfen, Pflegen, Heilen, Betreuen und Therapieren erfahren damit eine ökonomische Rahmung.

2.2 Dienstleistungsarbeit: Die interpersonelle Gestaltung des Leistungsprozesses in einem Wirtschaftsunternehmen

Diese kurze Betrachtung möge genügen, um zu verdeutlichen, dass die Dienstleistung von Wirtschafts- und Sozialwissenschaftlern sehr unterschiedlich angegangen wird. Begriffe wie Austausch, Handeln unter Unsicherheit, Abgabe von Verfügungsrechten oder selbst Auftraggeber und Auftragnehmer tauchen in den sozialwissenschaftlichen Theorien eher selten auf. Vielfach werden hier die rechtlichen und ökonomischen Rahmenbedingungen zwar thematisiert, jedoch eher als Störfaktoren oder Restriktionen begriffen und nicht in die theoretischen Positionen eingearbeitet. Andererseits hat der Begriff der Interaktion und haben Konzepte wie Emotion und Kommunikation in den Wirtschaftswissenschaften kaum einen eigenen Stellenwert. Sie werden vornehmlich als kontingente Auslöser von Transaktionskosten begriffen, die es zu minimieren gilt (was dann wiederum seitens der Sozialwissenschaftler als Ökonomisierungsdruck negativ beschrieben wird; vgl. Hacker 2009).

Für Vertreter der Neuen Institutionenökonomie liegt der Ausgangspunkt der Analyse in der durch Regeln geprägten Beziehung zwischen zwei interagierenden Akteuren mit eigenen ökonomischen Interessen sowie mehr oder weniger genau festgelegten Kontrollrechten. Von höchster Relevanz sind dabei die handlungsleitenden Institutionen, die überindividuell wie Skripte oder mentale Repräsentationen das Handlungsfeld einer konkreten Dienstleistung beschreiben, Verhaltenserwartungen festlegen und die Gestaltung der Verfügungsrechte regulieren. Dabei gilt der Kunde (fast immer aus der Perspektive des Anbieters gedacht) als ein externer Faktor, also ein zusätzlicher Leistungsfaktor, auf den der Anbieter im Gegensatz zu den selbst kontrollierten internen Produktionsfaktoren nur wenig direkte Kontrolle ausüben kann. Dadurch wird jede Dienstleistung zu einem riskanten Unterfangen und kann auch an vielfältigen Konflikten scheitern. Je zeitlich länger sich ein Leistungserstellungsprozess erstreckt, desto größer werden die Planungsrisiken, desto mehr Anstrengungen müssen unternommen werden, dass sich Partner wechselseitig an Regeln halten und ihre erwartbaren Beiträge leisten. Die die direkte Interaktion prägenden Erlebens- und Verhaltensweisen (Grönroos und Voima 2012 sprechen in diesem Zusammenhang von service experience), also etwa Freundlichkeit, Warmherzigkeit, Gefühle und Emotionen oder nervliche Beanspruchungen werden hier nur als Randbedingungen einbezogen. Die Dienstleistung erscheint vornehmlich als ein rationales, institutionalisiertes Leistungs- und Beziehungsgeflecht, das von zwischenmenschlichen Vorgängen weitgehend entkernt ist.

Anders stellt sich die Lage in den Sozialwissenschaften dar, wo im Grunde der interpersonelle Kern des alltäglichen kommunikativen und interaktiven Umgangs von Personen beschrieben wird. Hier spielen Emotionen eine zentrale Rolle, die auch dem gesamten Ablauf interaktiver Episoden ihre Prägung gibt. Humanität und Emotionalität stehen im Zentrum dieser Ansätze, sie stellen nicht nur kontingente Randbedingungen dar. Durch diesen Emotionsbezug verlieren sowohl die formellen Beziehungen zwischen Anbietern und Abnehmern von Dienstleistungen ihre Bedeutung als auch die ökonomische Rationalität. In diesem Sinne erscheint die Dienstleistung aus Sicht der Wirtschaftswissenschaften wie eine formalisierte und rationale Hülle, in die unterschiedlichste konkrete Formen der interpersonellen Interaktion mit allen Erscheinungen der zwischenmenschlichen Emotionalität eingebettet sind. Kern der interpersonellen Beziehung ist die direkte soziale Auseinandersetzung von Beschäftigten mit Klienten.

Diesen Kern in der Hülle beschreibt hier das Konzept der Dienstleistungsarbeit, die von Beschäftigten gegenüber den Kunden erbracht wird. Die zunächst neutrale zwischenmenschliche Interaktion wird damit aber zu Arbeit bzw. zu einer sozial geregelten Erwerbsarbeit, die durch besondere Anforderungen an die Kommunikation und den Umgang mit Menschen gebunden ist. Das Dienstleistungsprodukt entsteht über die direkte Abstimmung mit dem Klienten, die dadurch auch einen Teil der professionellen Erwerbsarbeit darstellt. Die daraus entstehenden besonderen Belastungen etwa im Bereich der Betreuung und Emotionalität geben Anlass, auch die Bereiche der Kommunikation und der Emotionalität verstärkt unter Arbeits- und Rationalitätsgesichtspunkten zu konzipieren. Kommunikation stellt dann ebenso Arbeit dar wie das Zeigen oder das Bewältigen von Emotionen. Die Qualifizierung der Beschäftigten ist auf diese beiden Aspekte ebenso auszurichten wie der Arbeitsschutz. Der Begriff der Arbeit im Sinne von Erwerbsarbeit vermittelt zwischen formeller Hülle der Wirtschaftlichkeit von Dienstleistungen und zwischenmenschlichem Kern der Emotionalität der sozialen Begegnung im Prozess der Leistungserstellung. Das Konzept der Dienstleistungsarbeit verweist damit einerseits auf Anknüpfungspunkte im Bereich der Ökonomie (Rationalität, Produktivität, Institutionen), andererseits auf Anknüpfungspunkte im Bereich der sozialwissenschaftlichen Interaktion (Professionalität, Kommunikation, Emotionalität).

Erkennbar wird, dass mit der Perspektive auf Erwerbsarbeit die interpersonelle dyadische Beziehung zwischen sich wechselseitig belohnenden Menschen mehr und mehr aufgehoben und Emotionen und Kommunikationen keine aus der Interaktion resultierenden spontanen Reaktionen mehr darstellen, sondern Kontakt und soziale Interaktion mit dem Kunden wieder stärker als institutionalisierte und nach wirtschaftlichen Kriterien zu bewertende Leistungen verstanden werden. In der Dienstleistung vollzieht sich wirtschaftliches Handeln, wobei der Anbieter als wirtschaftender Unternehmer Potenziale bereitstellt, die seitens des Kunden (einer Firma oder einer Privatperson) aufgrund seiner Auswahlentscheidung abgerufen werden können, sofern er selbst auf einzelne Kontrollrechte verzichtet und sich im Leistungserstellungsprozess unterstützend zur Verfügung stellt. Dadurch werden Dienstleistungen geregelt und Erkenntnisse über Dienstleistungen verallgemeinerbar sowie weitgehend von spontanen und überraschenden Ereignissen befreit, falls sich alle Parteien an den geltenden Institutionen orientierten. Das ist in der Regel jedoch nicht der Fall. Alle in den Dienstleistungsprozess einbezogenen Partner sind frei, ihre eigene Rolle individuell zu gestalten, wobei es aus der Perspektive des wirtschaftlich denkenden Anbieters letztlich darauf ankommt, den Kunden dahingehend zu motivieren, dass er sich auf die Bedingungen des vom Anbieter gestalteten Leistungserstellungsprozesses einlässt. Grönroos und Osajalo (2004, S. 414) sprechen etwas sibyllinisch davon, dass beide in der Dienstleistung ein „aligning" ihrer Ressourcen vornehmen und dadurch auch wechselseitig profitieren. Dies gilt für die Dienstleistung auf der betrieblichen Ebene ebenso wie auf der interpersonellen Ebene. Im Zentrum der Dienstleistung steht die Arbeit des Mitarbeiters eines Unternehmens mit dem konkreten Kunden in einer spezifischen Kontakt- und Interaktionssituation. Diese Situation wird von den Mitarbeitern immer dann, wenn es zu Reibungen oder Konflikten kommt, unter Aufwendung von emotionalen Anstrengungen vollzogen, die es aus ökonomischer Sicht zu vermeiden gilt.

2.3 Komponenten der Dienstleistungsarbeit

Konkrete Interaktionen zwischen einem Akteur und seinem Gegenüber sowie die abstrakte Integration des Kunden beschreiben zweistellige Relationen, allerdings sind diese Relationen durch unterschiedliche Beiträge von Anbieter und Kunde geprägt, wodurch die Integration weit über die Interaktion hinausreicht. Anbieter leisten in dieser Relation Arbeit, während die Kunden Vorleistungen erbringen, die eine Dienstleistung erst ermöglichen, die jedoch nicht als Arbeit zu konzipieren sind. In diesem Sinne erfordern auch die häufig im Kontext der Dienstleistungsforschung verwendeten Konzepte der Kooperation, der Koproduktion oder gar der Ko-Creation eine besondere Beachtung.

2.3.1 Dienstleistungen als Arbeitsprozesse aus Sicht der Anbieter

Dienstleistungen beschreiben ein Verhältnis zwischen einem Anbieter und einem Abnehmer. Dieses Verhältnis ist durch direkte Interaktion geprägt: In einem interaktiven Prozess entsteht ein Geben und Nehmen, das in einem Resultat endet, welches bei positivem Ausgang von beiden Seiten honoriert wird. Der Anbieter überlässt dem Abnehmer ein Produkt, der Abnehmer zahlt an den Anbieter einen Preis, der in der Regel vorher festgelegt wurde und sich an den quantitativen und qualitativen Aufwendungen zur Erstellung des Produkts orientiert.

Anders aber als in der Psychologie oder der Soziologie, wo ein solches Verhältnis aus der Vogelperspektive in der Regel als ein zwischenmenschliches Verhältnis von zwei gleichberechtigten Partnern beschrieben wird, erfolgt im Bereich der betriebswirtschaftlich orientierten Dienstleistungsforschung jedoch eine Festlegung auf eine Perspektive, in der Regel die Perspektive des organisierten, produzierenden Anbieters, der als konkrete Gestalt gegenüber einem abstrakten Kunden fungiert. Dieser bestreitet aus einem vorab bereitgestellten Leistungspotenzial heraus einen Leistungsprozess, dessen Beginn mit einer Beauftragung und dessen Ende mit der Übergabe eines Ergebnisses in die Hände des Kunden gegeben sind. Die Perspektive des nachfragenden Kunden wird seltener eingenommen. In diesem Sinne sind solche Ansätze, die die Vorgänge aus Anbieterperspektive konzipieren, der sogenannten „goods-dominant logic" (GDL) verpflichtet (im Gegensatz zur sogenannten „service-dominant logic" (SDL); vgl. Vargo und Lusch 2008).

Die Konzentration auf die Kundenperspektive oder die „service-dominant logic" erfolgte bislang nur in Ansätzen (vgl. Kleinaltenkamp et al., in diesem Band). Diese Logik (die auch als eine Theorie gekennzeichnet werden könnte) beschreibt eine neuartige Denkweise und einen Rahmen, in dem die Dienstleistung im Sinne eines Prozesses beschrieben wird, in dem mit und für einen Kunden Wertschöpfung betrieben wird. Im Zentrum dieser Logik stehen dabei der Prozess der interaktiven Erstellung und das stark von subjektiven Faktoren beeinflusste Nutzenkonzept, womit der Nutzen gemeint ist, den der Kunde aus dem Dienstleistungsprozess und -ergebnis ziehen kann. An die Stelle von Leistungserstellung und Leistungsprodukt tritt damit die kurz- und längerfristige, dynamische Nutzenstiftung durch den Kunden selbst, bevor und nachdem das Produkt an ihn ausgehändigt wurde. Dienstleistungsanbietern könnte damit verstärkt die Funktion zugeschrieben werden, den Kunden bei seinen Bemühungen zu unterstützen, das in einem interaktiven Prozess erstellte Ergebnis optimal zur Nutzung zu bringen. Damit ist die Qualität von Prozessen und Ergebnissen für den Kunden angesprochen und verlagert sich der gewünschte Beitrag des Anbieters weit in die Zukunft hinein. Wo die GDL also den Abschnitt der Dienstleistungsproduktion ins Auge fasst, konzentriert sich die SDL auf die Phase der Dienstleistungsnutzung. Im ersten Ansatz wird die Leistungserstellung durch den Anbieter thematisiert, wobei der Nachfrager als Auslöser fungiert, im zweiten Ansatz die Verwertung durch den Nachfrager erörtert, wobei der Anbieter als Helfer agiert (Meyer et al. 2000; Macdonald et al. 2011). Dadurch wird in der GDL vor allem die autonome Sphäre des Anbieters hervorgehoben, während in der SDL die autonome Sphäre des Nachfragers fokussiert wird. In der Dienstleistung dominiert im GDL-Modell der Anbieter, der auf die Übertragung von Rechten seitens des Nachfragers angewiesen ist, hingegen dominiert im SDL-Modell der Nutzer, den der Anbieter mit seinen Leistungen unterstützt. Das GDL betont die Ko-Produktion bei der Leistungserstellung, das SDL die Ko-Creation bei der Nutzengenerierung (vgl. Ng 2013).

Zahlreiche betriebswirtschaftliche Ansätze betonen nach wie vor die Konstanz und Dominanz des herausgehobenen Anbieters und seiner Leistungen gegenüber dem weniger profilierten Kunden. In diesem Sinne unterscheiden sich die traditionelle Produktion und die neue Dienstleistung nur marginal. Die Dienstleistung ist konzeptuell stark an der anbieterseitigen Produktion ausgerichtet. Sie wird nach gleichen Überlegungen dargestellt und beschrieben wie die Produktion. Dies wird insbesondere im Bereich der theoretischen Debatte um die Produktivität von Dienstleistungen sichtbar, wo der entscheidende Unterschied in der Aufnahme einer weiteren Produktivitätskomponente für den externen Faktor liegt (vgl. im Überblick Baumgärtner und Bienzeisler 2006). Allerdings bleibt oft unklar, worin genau dieser externe Faktor besteht und vor allem, wie er zu erfassen ist. Geeignete Methoden zur prozessnahen Erfassung von Produktivität finden sich überaus selten. Sie sind oftmals in umfassendere Managementsysteme eingebunden, ohne dass hier jedoch die Beiträge aus autonomer und interaktiver Arbeit genauer differenziert würden.

2.3.2 Dienstleistungen und die Problematik der Einbeziehung des Kunden

Gleichgültig ob von Integration, Dienstleistungsarbeit oder Interaktion gesprochen wird: Der Kunde als externer Faktor wird in den Leistungserstellungsprozess einbezogen, d. h. er stellt entweder Ressourcen (etwa Informationen) zur Verfügung oder er tritt spezifische Verfügungsrechte ab, sodass der Anbieter die gemeinsam ausgehandelte Problemlösung in Teilen autonom, in anderen Teilen stellvertretend für den Kunden oder auch mit Unterstützung des Kunden realisieren kann. Diese Einbeziehung kann dabei vielfältige Formen annehmen und wird in der Literatur immer wieder als ein Prozess der aktiven Mitgestaltung, der Kooperation, der Koproduktion oder der Kollaboration beschrieben. Dabei bleibt der zugrundeliegende Sachverhalt theoretisch meist etwas intransparent:

- Aus der Perspektive der goods-dominant logic sollte erwartet werden, dass der Anbieter den bedürftigen Kunden in seine Prozesse und die konstitutiven Arbeitsvorgänge der Beschäftigten integriert. Auf diese Weise werden Kunden partiell in die Organisation inkludiert (vgl. zum Konzept der „partial inclusion" Allport 1962) und werden Klienten zu partiellen Beschäftigten des Anbieters (vgl. zum Konzept „partial employee" Mills und Morris 1986), wobei davon auszugehen ist, dass „client involvement in service creation" Kosten erzeugt und unter Produktivitätsaspekten zu gestalten ist (Mills und Morris 1986, S. 729). In dieser Hinsicht erschiene es dann auch konsequent zu sein, den Klienten für sich tätig werden zu lassen (vgl. Voß und Rieder 2006) oder aber auf den Klienten Tätigkeiten abzuwälzen, die auch vom Anbieter erledigt werden könnten.
- Aus der Perspektive der service-dominant logic sollte erwartet werden, dass der Kunde dem Anbieter seine Vorgaben unterbreitet und ihn in seine autonomen Prozesse einbindet (vgl. Gummesson 1998). Auf diese Weise würde der Anbieter einer Dienstleistung kurzfristig in die autonome Sphäre des Kunden integriert und zu einem externen Teil des Kunden, der ihn dann kurzfristig bei der Verfolgung seiner Ziele unterstützt. Wo Mills und Morris (1986) noch einer „client participation" das Wort geben, sollte dann von einer „employee participation" die Rede sein.

Die beiden Logiken beschreiben eindeutige Dominanzverhältnisse, die zu Unterordnung und bestenfalls Partizipation, nicht aber zu Zusammenarbeit auf gleicher Statusebene führen. In beiden Ansätzen hat das Konzept der Kooperation eigentlich keinen Platz. Das in vielen Beschreibungen erwähnte Präfix „Ko" deutet von daher nur an, dass in der Dienstleistung in einem kurzfristigen Verbund oder einem Zweckbündnis ein für beide Partner interessantes Ergebnis erzeugt wird, ohne dass damit allerdings gesagt wäre, dass Anbieter und Nachfrager in gleicher Weise Investitionen, Arbeit und Leistung in die Erstellung des Ergebnisses einbringen und gleiche Ziele verfolgen. In der goods-dominant logic macht der Kunde dem Anbieter spezifische Informationen, Verhaltensweisen, Einblicke oder auch Rechte (z. B. der Lagerung des Körpers nach einer OP) verfügbar, ohne dass er dadurch selbst zu einem beschäftigten Angestellten des Anbieters gemacht wird oder gar von ihm

Weisungen entgegenzunehmen hätte. In diesem Sinne wäre etwa die von Vargo und Lusch (2008) geäußerte Auffassung, Dienstleistungen seien als kollaborative Wertschöpfungen zu verstehen, nicht dahin zu interpretieren, als seien beide vorübergehend auf eine Stufe gestellt und würden kooperativ auf ein gemeinsames Ziel hin arbeiten. Der Kunde bleibt auch im Krankenhaus oder in einem Restaurant weitgehend autonom und zwischen Anbieter und Kunde kann es auch zu erheblichen Konflikten (z. B. über den Grad seiner Einbeziehung) kommen, die allerdings nicht durch Weisung, sondern nur durch kommunikative Abstimmung oder schlimmstenfalls durch Auflösung der Beziehung zu bewältigen sind. Dies deutet darauf hin, dass die Anbietersphäre und die Kundensphäre durchgängig als autonome Handlungsbereiche gewertet werden, wohingegen die Integrationssphäre als eine von beiden Seiten kontrollierte, begrenzte Austauschzone von Verfügungsrechten begriffen wird, über die ein mehr oder weniger hohes Maß an Abstimmung erfolgen muss. Im Krankenhaus kann eine Integration durch eine aktive Rolle des Patienten für den Anbieter nützlich sein oder auch nicht (z. B. selbständiges Aufsuchen der Röntgenabteilung ist vorteilhaft, aber häufiges Verlaufen und zu spätes Erscheinen sind nachteilig), das gilt in gleicher Weise auch für den Kunden (er will sich nach einer OP durch Aktivierung viel einbringen, übernimmt sich aber dabei und erleidet Rückfall). Die Gestaltung der Integration stellt für beide Seiten eine unternehmerische Herausforderung dar und ist von einem hohen Maß an Unsicherheit und Risiko geprägt, welches die autonomen Patienten oftmals nicht erkennen.

Unsicherheit und Risiko betreffen aber nicht nur das Ergebnis, sondern auch und insbesondere die angestrebte Produktivität. Die gescheiterte Integration oder Wertschöpfung, z. B. der Rückfall oder eine verminderte Compliance der Patienten, bedeuten nicht nur Gefährdungen des Prozesses und seines Ergebnisses, sondern auch der Kostenkalkulation des Anbieters (vgl. ausführlich im Bereich der sog. Adverse Drug Events sowie der Patientensicherheit Shojania et al. 2001). Jedes Unternehmen strebt eine gewisse Produktivität seines Handelns an, d. h. sein Input und sein Output, operationalisiert über den Erlös oder den gezahlten Preis, müssen in einem solchen Verhältnis stehen, dass der wertmäßige Output den Input übersteigt. Ein ausgelastetes Leistungspotenzial, eine gute Koordination der internen Faktoren und eine gelungene organisatorische und soziale Integration der externen Faktoren sind Voraussetzungen für eine zufriedenstellende Produktivität (vgl. Borchert et al. 2012). Dies gilt nicht nur für Produktion und Industriedienstleistungen, sondern auch für das Krankenhaus und Humandienstleistungen (vgl. Ganz und Tombeil, in diesem Band).

2.3.3 Komponentenstruktur von Dienstleistungsarbeit

Das der Produktions- und Dienstleistung zugrundeliegende Leistungskonzept basiert zentral auf dem Arbeitsbegriff. Dienstleistungsprozesse sind Arbeitsprozesse, wobei Arbeit hier vornehmlich im Sinne von Erwerbsarbeit verstanden wird, die von den Beschäftigten eines erwerbswirtschaftlich orientierten Unternehmens ausgeführt wird. Über Arbeit werden das Leistungspotenzial, der Leistungserstellungsprozess und die Wertschöpfung realisiert. Je nach interner und externer Faktorkombination erfolgt die Arbeit in unterschiedlicher Konstellation von technischen und sozialen Randbedingungen sowie unter mehr oder weniger intensiver Integration des Kunden in die Betriebsorganisation.

Dienstleistungsprozesse werden damit über die Arbeit der Beschäftigten eines jeden Dienstleistungsunternehmens realisiert. Der Kunde leistet in diesem Prozess keine Arbeit, auch wenn er in die Leistungserstellungsprozesse einbezogen wird und sich freiwillig einbringt. Er trägt an verschiedenen Kontaktpunkten notwendige Vorleistungen bei, die die Dienstleistungsarbeit erst ermöglichen und sie auch in Richtung auf die Erstellung eines für ihn passenden Ergebnisses beeinflussen. Die Integration des Kunden erfordert dabei einen ganz besonderen Teil der Arbeit des Anbieters bzw. seiner Beschäftigten.

Der Kunde wendet sich als Externer mit seinem individuellen Problem an das Dienstleistungsunternehmen und erhält auf der Basis der Arbeit seiner Beschäftigten schließlich eine Lösung angeboten, die er zu seinem eigenen Nutzen verwenden kann (wobei es offen ist, ob der Kunde viel oder wenig Nutzen daraus zieht). Zum Ergebnis des Leistungserstellungsprozesses trägt er nur insofern bei, als dass die an sich vorstrukturierten Vorgänge auf seine individuelle Ausgangslage zugeschnitten werden. Die Integration des Kunden beschreibt aus produktionstechnischer Sicht quasi die Rüstvorgänge und Rüstzeiten, die erforderlich sind, um den individuellen Kunden professionell (damit wird ein Standard angesprochen, der eine hohe Qualität der Dienstleistung bzw. einen hohen Customer Value garantiert) und gleichzeitig individuell behandeln zu können. Dabei können die anlogen Rüstvorgänge bzw. Rüstzeiten sehr stark variieren, je nachdem wie gut die Integrationswerkzeuge gestaltet sind und wie bereitwillig sich der Kunde in die im Leistungspotenzial vorgebahnten Prozesse einbringt. In diesem Sinne arbeitet der Kunde im Krankenhaus nicht mit, wenn er sich etwa zu Fuß ins Arztzimmer begibt oder die Anästhesieambulanz aufsucht, sondern er bringt sich selbst so in die laufenden Krankenhausprozesse ein, dass seine Behandlung nicht nur möglich wird (z. B. durch Einverständniserklärungen), sondern auch zu einem qualitativ ansprechenden Ergebnis in vorausberechneter Zeit führen kann (z. B. Heilung nach OP durch Einnahme von Medikamenten, Verzicht auf Alkohol). Der Patient könnte auch einen begleiteten Transport in Anspruch nehmen, was einerseits die Kosten für den Anbieter und damit den Dienstleistungsprozess erhöht, andererseits aber auch das Selbstwertgefühl des Patienten beeinträchtigt. Durch Partizipation und Compliance werden gleichzeitig eine hohe Produktivität und eine hohe Effektivität im Sinne eines hohen zukünftigen Nutzens für den Patienten erzeugt.

Der hier verwendete Begriff der Dienstleistungsarbeit wird definiert als die Summe der geordneten Tätigkeiten eines Anbieters in einem auf Wertzuwachs ausgerichteten Prozess. Dienstleistungsarbeit wird eingesetzt als Mittel zur Erreichung eines Ergebnisses, das dazu eingesetzt werden kann, die Ziele eines Abnehmers zu erreichen. Dieser Abnehmer ist autonomer Auftraggeber und selbst aktiv in den Erstellungsprozess soweit einbezogen, wie es um die Sicherstellung des auf die individuellen Erfordernisse zugeschnittenen Ergebnisses geht. Dienstleistungsarbeit des Anbieters ist damit effektive Arbeit für heteronome (fremdbestimmte, fremden Einflüssen unterliegende) Zwecke unter Einbeziehung heteronomer Mittel, die der Auftraggeber zielgerichtet und befristet unter Aufgabe seiner eigenen Verfügungsrechte bereit stellt.

Diese Charakterisierung knüpft einmal an die gewohnte Definition der Dienstleistung sowohl im produkt- als auch im personenbezogenen Bereich an, andererseits an das traditionelle Konzept der Arbeit, wie es von Hacker (2005) wegweisend entworfen wurde. Dienstleistungsarbeit weist damit eine spezifische Differenzierung in autonome und integrative Anteile auf (Fließ 2006). Die sog. „Line of Visibility" oder „Sichtbarkeitslinie" des Service Blueprinting (Shostak 1985) mit ihren zahlreichen Kontaktpunkten trennt die autonomen und die integrative Anteile des Dienstleistungsprozesses. Seitens des Anbieters wird eine organisierte Infrastruktur vorgehalten, die Technik sowie ausgebildete und angelernte Arbeitskräfte einschließt (das sog. Leistungspotenzial). Die anbieterseitig bereitgestellten Faktoren tragen dazu bei, dass auf Veranlassung durch den Kunden und bei Verfügbarmachung von bereitzustellenden externen Faktoren ein Dienstleistungsprozess ausgelöst wird, der zur mehr oder weniger erfolgreichen Herstellung eines von beiden Akteuren angestrebten Ergebnisses führt, das dann wiederum vom Auftraggeber zur Erreichung der von ihm angestrebten Zielzustände genutzt wird. Dem Anbieter geht es folglich darum, ein Produkt von hoher Qualität zu übergeben und dieses Produkt möglichst produktiv unter erforderlichen Einbeziehungen des Auftraggebers zu erzeugen.

Die integrativen Anteile lassen sich in zwei verschiedene Komponenten aufteilen, die relationale und die heteronome Komponente. Die relationale Komponente umfasst den interaktiven Kern des integrativen Leistungserstellungsprozesses. Hierzu zählen im Gesundheitsbereich alle Elemente der Behandlung, der Kommunikation und der Emotionalität. Fließ (2006) kennzeichnet diese Komponente als das subjektive Kontakterlebnis. Die heteronome Komponente umfasst in Abhebung von diesen interaktiven Kontakten alle Elemente der Steuerung des Patienten hinein in die Einflusssphäre des Anbieters. Durch diese Steuerung wird dem autonomen Kunden seitens des Anbieters der Weg aufgezeigt, wie er sich optimal in die Organisationsstrukturen z. B. des Krankenhauses einbringen kann, um die seinerseits erforderlichen Vorleistungen zu erbringen und sich im Leistungserstellungsprozess zielführend verhalten zu können. In Analogie zum Konzept des Kontakterlebnisses könnte man die heteronome Arbeit als das Steuerungserlebnis des Kunden beschreiben. Jede Dienstleistung ist durch die Integration des externen Faktors (Kunde) gekennzeichnet und weist immer eine einzigartige Kombination von autonomen, relationalen und heteronomen Leistungsbestandteilen auf (vgl. Ganz et al. 2012).

Entscheidend ist hierbei, dass weder in der relationalen noch in der heteronomen Komponente seitens des Kunden eigenständige Arbeitsleistungen erwartet werden. Dienstleistungsarbeit ist allein Angelegenheit des Anbieters. Der Kunde bringt sich lediglich mit eigenen Interessen in den seitens des Anbieters gestalteten Prozess ein, versorgt den Anbieter mit Information, tritt Verfügungsrechte gegenüber dem Anbieter ab und stellt sich für Behandlungen zur Verfügung. Alles das sind Vorleistungen des Kunden, um das von ihm angestoßene, auf sein individuelles Problem zugeschnittene Ergebnis zu erlangen. Durch diese Vorleistungen wird folglich auch kein Kooperationsverhältnis begründet. Über die Vielzahl der Kontakte und Interaktionen entsteht eine Sphäre von wechselseitiger Anpas-

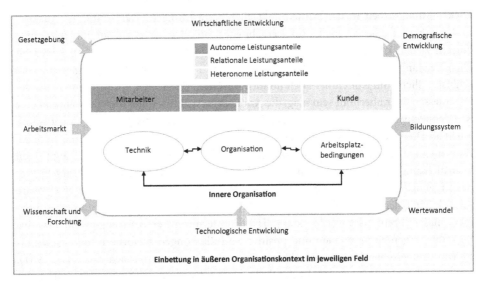

Abb. 2.2 Dienstleistungsarbeit in der Organisation (Quelle: Ganz et al. 2012)

sung bei Aufrechterhaltung der jeweils autonomen Ziele von Anbieter und Kunde. Alle im Leistungsprozess vorgenommen Rückmeldungen, Korrekturen und Abstimmungen dienen letztlich dazu, das „alignment" von standardisiertem und individuell angepasstem Ergebnis zu erzeugen: „Managing productivity is seen as a mutual learning experience, where the service provider and the customer are aligning their resources and production and consumption processes to each other" (Grönroos und Ojasalo 2004, S. 414).

Abbildung 2.2 verdeutlicht die grundlegenden Überlegungen zur Komponentenstruktur der Dienstleistungsarbeit. Im sozialen Kernbereich vollzieht sich ein interaktiver, prozessualer Austausch zwischen Anbietern und Kunden, der in eine koordinierende und steuernde Organisation eingebettet ist und sich aus der Verknüpfung von internen Potenzial- und Verbrauchsfaktoren (autonom), relationalen Faktoren (Kommunikation, Unterstützung, Gefühls- und Emotionsarbeit) und heteronomen Produktionsfaktoren (Information, Sicherung der Verfügungsrechte) ergibt. Dieser interaktive prozessuale Austausch wird durch materielle und soziale Rahmenbedingungen wie die interne Arbeitsorganisation, Prozessgestaltung und Technikbereitstellung erleichtert oder erschwert, wodurch sich die prozessuale Wertschöpfung und auch die Produktivität der Dienstleistungsarbeit jeweils unterschiedlich gestalten können. Weitere Bedingungen ergeben sich durch das gesellschaftlich-regulatorische Umfeld, in das wiederum die Dienstleistungsorganisation eingebettet ist.

Dieser in seinen vorläufigen Grundzügen im Arbeitskreis zur Produktivität von Dienstleistungsarbeit im Kontext der Strategischen Partnerschaft Produktivität von Dienstleistungen erarbeitete Ansatz (vgl. Ganz et al. 2012) betont die traditionelle betriebliche Anbieterperspektive und stellt den Anbieter von Dienstleistungen als den Erbringer von

Dienstleistungsarbeit in den Mittelpunkt aller Betrachtungen. Der Kunde ist Auslöser und Abnehmer eines Dienstleistungsergebnisses, aus dem er einen für ihn relevanten Nutzen ziehen kann. Im betriebswirtschaftlichen Sinne werden nur die Tätigkeiten als Dienstleistungsarbeit gewertet, die von Anbietern und deren Mitarbeitern geleistet und schlussendlich vom Abnehmer auch honoriert werden (wobei der vorgegebene Preis, der angemessen oder überhöht sein mag, die Anbieterperspektive unterstreicht, während eine Kundenperspektive verstärkt durch das Konzept der „willingness-to-pay" geprägt wäre). Nicht als Dienstleistungsarbeit gewertet werden die erforderlichen Verfügbarmachungen, Einbringungen und Abstimmungen, die der Kunde vornehmen muss, um überhaupt einen Dienstleistungsprozess auslösen und ein auf seine individuelle Problemlage zugeschnittenes Ergebnis erhalten zu können. Gleichwohl wird berücksichtigt, dass die erreichbare Produktivität der Arbeit des Anbieters durch zu integrierende Aktivitäten des Abnehmers massiv beeinflusst werden kann. Daher unternimmt er Anstrengungen, negative Beeinflussungen zu vermeiden und positive Beeinflussungen zu fördern (eine ganze Liste von strategischen Maßnahmen hierzu liefert der Contact Approach von Chase 1981). Die Dienstleistungsarbeit selbst ist durch die mehr oder weniger intensive Integration des Kunden sowie die Individualität seines Auftrages stark geprägt (was im Bereich der Produktion ein gewisses Pendant in der Modularisierung von komplexen Produkten erfährt). Wie der Kunde das Ergebnis in seiner von ihm selbst kontrollierten Lebenssphäre schließlich verwendet, liegt aber außerhalb des Einflussbereiches des Anbieters. Das bezahlte Ergebnis lässt eine Nutzung im Sinne des Auftragnehmers zu, ob es zu dieser oder ganz anderen Nutzungen kommt, hängt von der Interessenlage des Kunden nach Übernahme des Ergebnisses in seinen Verfügungsbereich ab.

Abbildung 2.3 verdeutlicht abschließend noch einmal den kompletten Dienstleistungsprozess. Sie zeigt zum ersten die unterschiedlichen Komponenten der Dienstleistungsarbeit, zum zweiten den Prozess von der Auslösung des Dienstleistungsauftrags bis hin zur Endabnahme des Ergebnisses und schließlich die Leistungen des Anbieters von der autonomen Disposition über die Gestaltung der Kontakte und Interaktionen bis hin zur Koordination des externen Faktors sowie die Ausrichtung des Kunden von der Orientierung über die Anpassung bis hin zur vertrauensvollen Abgabe von Verfügungsrechten an den Anbieter (z. B. bei der Operation im Krankenhaus). Zum vierten werden zentrale Arbeitsleistungen ausgewiesen: In der autonomen Komponente etwa Supportleistungen (im Krankenhaus z. B. Transporte, Bearbeitungen der Aufnahme- und Pflegedokumente, Reinigungsleistungen; vgl. Bornewasser 2013), in der relationalen Komponente die Gestaltung von z. B. emotional beanspruchenden Erlebnissen (etwa Mitteilungen über Diagnosebefunde, Risikobelehrungen, negativ verlaufende Operationen, verzögerte Heilungsprozesse) und in der heteronomen Komponente Gestaltungen von Prozesstransparenz und Patientensicherheit. Von entscheidender Bedeutung für den Kunden ist es, dass er den Anbieter in der Sphäre der organisierten Integration („joint sphere") dahingehend beeinflussen kann, die Individualität des Anliegens des Patienten zu erfassen und zu beachten. Umgekehrt ist es für den Anbieter entscheidend, dass der Patient sich mit seiner individuellen Merkmalskonstellation bereitwillig und möglichst vertrauensvoll in die vorgehaltenen

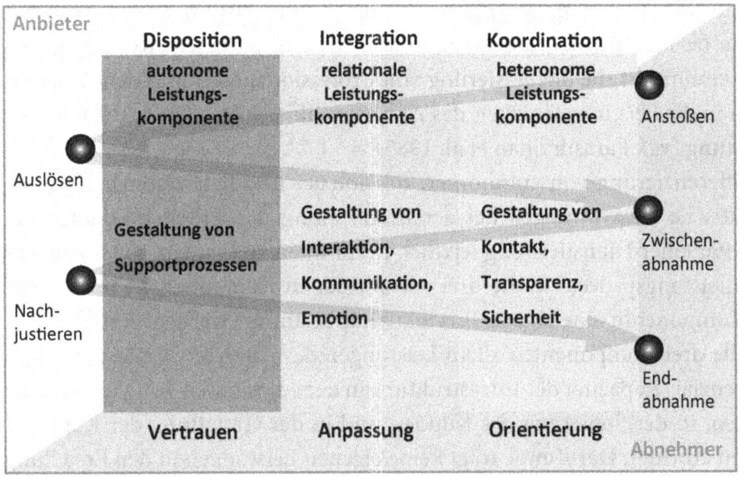

Abb. 2.3 Komponenten der Dienstleistungsarbeit (Quelle: Ganz et al. 2012)

Prozessstrukturen einfügt. Kontakt- und Steuerungsgestaltung seitens des Anbieters und Kontakt- und Steuerungserleben des Kunden tragen zur Kompatibilität beider Interessensphären erheblich bei. Im positiven Fall der vertrauensvollen Übereinstimmung können „provider" und „customer" ihre autonomen Ziele quasi in einer Win-Win-Situation realisieren, im negativen Fall der Diskrepanz können ein- oder beidseitige Verluste an Produktivität oder Ergebnisqualität bzw. an Kosten und Nutzungsqualität auftreten. Der Konfliktbegriff muss hier genügen, um die zentralen Arten der relationalen Arbeit mit Kunden über die normale Kommunikation hinaus anzudeuten: Im Zentrum dieser Arbeit steht vor allem die Bewältigung von emotionalen Herausforderungen sowohl auf der Seite der Kunden als auch der Mitarbeiter. Letztere machen sich selbst über die sogenannte Emotionsarbeit (vgl. Hochschild 2006), aber auch die Kunden/Patienten über die sogenannte Gefühlsarbeit zum Gegenstand von Arbeit. Hieraus resultieren spezifische Belastungen der Dienstleistungsarbeit, die sich im Kontext von Produktion kaum ergeben können.

Was bei Hacker (2009) aus der Sicht des Anbieters als Planung, Exploration und opportunistisches Vorgehen mit systematischen Episoden bezeichnet wird, lässt sich auch als ein sehr komplexer, über einen längeren Zeitabschnitt hinweg ablaufender Prozess der Erarbeitung einer auf den Kunden abgestimmten individualisierten Problemlösung darstellen, die verschiedene Phasen der Problemlösung durchläuft: Problemerkennung in der Sphäre des Kunden, Problemdefinition mit Anbieter, Erkennen und Festlegen einer Problemlösung, vertraglich fixierte Beauftragung zur Herbeiführung der Problemlösung, Durchführung der weiteren Schritte zur Problemlösung, Übergabe der Ergebnisse in den Bereich des Auftraggebers, Bezahlung für Ergebnis, Nutzung des Ergebnisses in der Sphäre des Kunden (vgl. Abb. 2.3). In all diesen Phasen kommt es zu mehr oder weniger intensiven Formen der Interaktion mit dem Kunden. Ziel der Dienstleistung ist es schließlich, dem Kunden ein Mittel bereitzustellen, mit dessen Hilfe er seine eigene Wertschöpfung steigern kann (vgl. Edvardsson et al. 2011; Grönroos und Voima 2012 sprechen diesbezüglich von einer value facilitation). Voraussetzung dafür, dass es zu einem Kontakt und Vertragsabschluss kommt, ist die Signalisierung von Professionalität durch den Anbieter und das Vertrauen in die Leistungsfähigkeit des Anbieters hinsichtlich Quantität und Qualität der Dienstleistung (vgl. Parasuraman et al. 1985).

Die Differenzierung von autonomer, relationaler und heteronomer Komponente hat auch praktische Auswirkungen bei der Bestimmung der Arbeitsproduktivität. Um die Produktivität einer Dienstleistung letztlich bestimmen zu können, muss zunächst einmal der Dienstleistungsprozess in die drei verschiedenen Komponenten zerlegt und sodann für jede Komponente eine eigene Produktivität bestimmt werden. Entscheidend hierbei ist, dass alle drei Komponenten allein Leistungen des Anbieters umfassen, die er im Leistungspotenzial (Kapazität der Infrastruktur), in der autonomen Tätigkeiten ohne Einfluss des Kunden, in der Steuerung des Kunden und in der Gestaltung der Kontakte und Interaktionen erbringt. Der Kunde trägt keine eigenen Leistungen in den Erstellungsprozess hinein, die als Arbeit zu bewerten sind. In Anlehnung an das klassische Modell von Corsten (1994) tritt nun zur Bestimmung der Produktivität neben die Ermittlung der Vorkombination die Produktivität der Endkombination, die sich aus der Vorkombination und den drei Arbeitskomponenten zusammensetzt und den Output bestimmt.

Aus der Produktivitätsbestimmung fällt die Bewertung des Outcome, also des Nutzens des Dienstleistungsergebnisses durch den Nachfrager heraus. Der Nutzen ist Angelegenheit des Kunden in seiner autonomen Sphäre. Er wird auch als Customer Value gekennzeichnet und unterliegt sehr stark der subjektiven Bewertung. Dabei ist umstritten, ob der Wert eines Dienstleistungsprodukts statisch ist und quasi den Wert der in der Vergangenheit in das Ergebnis gesteckten Produktionsfaktoren wiedergibt oder aber sich erst durch die Nutzung in der Zukunft dynamisch entwickelt (z. B. spricht Gummesson 1998, S. 9, von einem value adding circle). Reduziert man die Dienstleistung auf die Erstellung und das Ergebnis, dann bewegt man sich quasi im Value-of Exchange-Ansatz, erweitert man sie auf die Nutzung durch den Kunden, dann bewegt man sich im Value-of-Use-Ansatz (vgl. Vargo und Lusch 2008; Vargo et al. 2011, wobei sich deutliche Parallelen zur goods- und service-dominant logic ergeben). Im ersten Fall wird eine Krankenhausleistung hinsichtlich der eingebrachten Betriebsmittel bewertet, im letzten Fall hinsichtlich der durch die Behandlung ausgelösten Veränderungen im Leben des Patienten. Der eigentliche Wert der Krankenhausleistung liegt damit nicht in den erbrachten Leistungen durch das Krankenhaus, sondern in den Folgen der Behandlung bzw. darin, was der Patient aus den Folgen macht. Hieraus resultieren erhebliche Schwierigkeiten bei der Bestimmung der Produktivität von Dienstleistungen, zumal aus der Psychologie auch bekannt ist, wie rasch sich der wahrgenommene Wert eines Objekts verändern kann (vgl. Eisenführ und Weber 2002, aber auch schon Festinger 1957 mit seinen Verweisen auf sog. Post-Entscheidungskonflikte). Für viele Autoren entstehen bei der Bestimmung der Produktivität von Dienstleistungen bereits Schwierigkeiten infolge der Einflussnahme des Abnehmers auf den Leistungserstellungsprozess (Reckenfelderbäumer 1995). Diese Schwierigkeiten dürften noch erheblich zunehmen, wenn die Bestimmung der einzelbetrieblichen Wertschöpfung nicht am Point of Sale endet, sondern darüberhinausgehend auch die an sich unbegrenzte und vom Anbieter nicht zu kontrollierende Nutzensphäre einschließt.

2.4 Dienstleistungsarbeit ist eine besondere, aber keine gänzlich andersartige Form der Arbeit

Der Dienstleistungssektor entwickelte sich in den letzten Jahren zu einem fast unüberschaubaren Arbeitsmarkt mit äußerst hochwertigen und gleichzeitig auch sehr einfachen Tätigkeiten. Alle diese Tätigkeiten sind dadurch geprägt, dass Anbieter vor der Aufgabe stehen, Nachfrager nach Dienstleistungen mehr oder weniger intensiv in Leistungsprozesse integrieren zu müssen, die aus drei Komponenten bestehen: Einer selbstkontrollierten autonomen Komponente, einer interaktiven, relationalen Komponente sowie einer den Kunden steuernden, auf seine Vorleistungen hin orientierten heteronomen Komponente. Dienstleistungsarbeit umfasst immer alle drei Komponenten in mehr oder minder ausgeprägter Form und Konstellation. Über alle drei Komponenten bestimmt sich die Produktivität der Dienstleistungsarbeit, wobei die Beiträge des Kunden keine Arbeit darstellen und nicht in die Bestimmung der Produktivität der Dienstleistung einfließen. Die Produktivität steigt, wenn der externe Faktor erfolgreich eingebunden wird, wobei die organisatorische Integration und die soziale Interaktion Leistungen des Anbieters darstellen. Integration ergibt sich nicht, sondern wird aktiv vom Anbieter herbeigeführt.

Dienstleistungsarbeit konstituiert nicht nur den integrativen Leistungserstellungsprozess, sondern stellt auch eine Herausforderung für die Beschäftigten hinsichtlich des Umgangs mit den Kunden in der sogenannten „joint sphere" des Dienstleistungsgeschehens oberhalb der sogenannten Line of Visibility dar. Sie vollzieht sich gerade im Gesundheitssektor in engem Kontakt zu Kunden, woraus spezifische Anforderungen an die Beschäftigten resultieren. Sie werden in der Literatur häufig unter den Oberbegriffen Emotionsarbeit und Gefühlsarbeit thematisiert, schließen aber gerade im Gesundheitsbereich auch den sensiblen Umgang mit dem Körper des Patienten ein. Hierauf wird das Personal zwar intensiv vorbereitet, dennoch können daraus erhebliche Belastungen resultieren, die aktuell gern unter dem Label Burnout zusammengefasst werden. Hierunter werden vornehmlich depressive Verstimmungen verstanden, die unterschiedliche Quellen haben: Zu nennen sind hier vor allem die Erkenntnis, dass selbst aufwändigste und engagierteste Anstrengungen nicht immer zu Heilung führen, dass man sich in seiner Tätigkeit wenig wertgeschätzt fühlt und eine zunehmende Distanzierung zur eigenen Berufstätigkeit vor allem in Verbindung mit Zynismus und Resignation empfindet (vgl. Burisch 2006). Hierzu trägt vielfach auch der von vielen Beschäftigten im Bereich von Humandienstleistungen nicht nachvollziehbare und auch kaum akzeptierte Druck hin zu mehr Effizienz bei. Gerade bedingt durch die Enge und Intimität der Kontakte gelingt es vielen Pflegekräften zudem nur unzureichend, eine angemessene Distanz zu ihrer Tätigkeit und eine ausgewogene Worklife-Balance zum eigenen Schutz zu entwickeln. Die Schaffung von angemessenen Arbeitsbedingungen im Gesundheitsbereich stellt gerade unter dem Einfluss der demografischen Entwicklung eine der zentralen Herausforderungen der Zukunft dar (vgl. Reichwald et al. 2012).

Theoretisch betrachtet steht die Dienstleistungsforschung erst relativ am Anfang ihrer Entwicklung (vgl. Spath und Ganz 2011). In der Arbeitspsychologie und der Arbeitswissenschaft fristet sie bislang ein Mauerblümchendasein. Eine der zentralen Forschungsfragen betrifft die Konzeption der Dienstleistung als eigenständige Leistungsform oder aber als eine zwar besondere, aber dennoch durch die allgemeine Produktionslehre abgedeckte Form der Leistungserbringung. Die vielzitierte service-dominant logic wäre dann nur eine Sonderform der goods-dominant logic, aber keine generell andersartige Konzeption. Hier gibt es noch keine erkennbare Tendenz, was sowohl die theoretische Stringenz als auch die praktische Anwendung dieser Konzeption anbelangt. Von entscheidender Bedeutung wird es sein, ob sich beide Ansätze letztlich in simulationsfähigen Modellen unterscheiden oder doch weitgehend überschneiden (vgl. Böttcher 2011). In Verbindung mit dieser Grundsatzfrage stellt sich dann auch die Frage, ob die Produktivität der Dienstleistung und der Dienstleistungsarbeit sich grundsätzlich anders berechnen lassen als die der Produktion und der Produktionsarbeit. Der hier präsentierte Ansatz betont eher die Gemeinsamkeiten und die Möglichkeit, auch Dienstleistungen im Sinne der goods-dominant logic zu erfassen, insbesondere im Bereich der autonomen, aber auch im Bereich der durch den Anbieter zu gestaltenden und zu realisierenden integrativen Komponenten. Dies bedeutet auch, den Kunden in dem Sinne als einen passiven Partner zu begreifen, dass er zwar Vorleistungen und Anpassungsleistungen erbringt, diese jedoch nicht als Arbeit bewertet werden. Externalisierungen von Anbietertätigkeiten auf den Kunden (z. B. im Bereich der Transporte) und Internalisierungen von Kundentätigkeiten auf den Anbieter (z. B. im Bereich der Beschaffung von Dokumenten) erfolgen immer unter doppelten Nutzengesichtspunkten: Kundenseitig nach hedonistischen, anbieterseitig nach ökonomischen Kriterien. Anbieterseitig wird es immer darauf ankommen, Kosten einzusparen, kundenseitig wird das Interesse im Vordergrund stehen, den hedonischen Nutzen zu mehren (z. B. führt der Anbieter ein preisgünstigeres Transportsystem ein, das für den Kunden den Nachteil bringt, dass ein Wechsel der Bezugspersonen – vom Pfleger zum Transporteur – erfolgt). Die Kunst besteht darin, beide Gesichtspunkte zur Zufriedenheit aller Beteiligten zu vereinbaren.

Literatur

Allport GW (1962) A structuronomic conception of behavior: individual and collective. I. Structural theory and the master problem of social psychology. J Abnorm Soc Psych 64(3):3–30

Baethge M (2012) Kompetenzentwicklung und Beruflichkeit – Auf dem Weg zur Professionalisierung der Dienstleistungsarbeit. In: Reichwald R, Frenz M, Hermann S, Schipanski A (Hrsg) Zukunftsfeld Dienstleistungsarbeit. Gabler, Wiesbaden, S 81–101

Balafoutas L, Beck A, Kerschbaumer R, Sutter M (2013) What drives taxi drivers? A field experiment on fraud in a market for credence goods. Rev Econ Stud 80(3):876–891

Baumgärtner M, Bienzeisler B (2006) Dienstleistungsproduktivität. Konzeptuelle Grundlagen am Beispiel interaktiver Dienstleistungen. Fraunhofer, Stuttgart

Böhle F (2006) Typologie und strukturelle Probleme von Interaktionsarbeit. In: Böhle F, Glaser J (Hrsg) Arbeit in der Interaktion – Interaktion in der Arbeit. VS Verlag für Sozialwissenschaften, Wiesbaden, S 325–347

Böhle F, Glaser J, Büssing A (2006) Interaktion als Arbeit – Ziele und Konzept des Forschungsverbundes. In: Böhle F, Glaser J (Hrsg) Arbeit in der Interaktion – Interaktion in der Arbeit. VS Verlag für Sozialwissenschaften, Wiesbaden, S 25–41

Borchert M, Brockhaus N, Jäschke L et al (2012) Dienstleistungsproduktivität in der Krankenhauspflege – Konzeptionelle Grundlagen und Modellentwicklung. IBES, Essen

Bornewasser M (2013) Prozessreorganisation im Krankenhaus: Lassen sich auch logistische Konzepte der Industrie im Krankenhaus umsetzen? In: Bouncken RB, Pfannstiel MA, Reuschl AJ (Hrsg) Dienstleistungsmanagement im Krankenhaus I. Springer Gabler, Wiesbaden, S 71–94

Böttcher M (2011) Modellierung von Dienstleistungssystemen. In: Spath D, Ganz W (Hrsg) Am Puls wirtschaflicher Entwicklung. Hanser, München, S 51–68

Burisch M (2006) Das Burnout-Syndrom. Springer, Berlin

Chase RB (1981) The customer contact approach to services: theoretical bases and practical extensions. Oper Res 29(4):698–706

Coleman JS (1990) Foundations of social theory. Harvard University Press, Cambridge

Corsten H (1994) Produktivitätsmanagement bilateraler personenbezogener Dienstleistungen. In: Corsten H, Hilke W (Hrsg) Dienstleistungsproduktion, Schriften zur Unternehmensführung. Gabler, Wiesbaden, S 43–77

Dasgupta P (2000) Trust as a commodity. In: Gambetta D (Hrsg) Trust. Making and breaking cooperative relations. Basil Blackwell, Oxford, S 49–72

Dunkel W, Rieder K (2003) Interaktionsarbeit zwischen Konflikt und Kooperation. In: Büssing A, Glaser J (Hrsg) Dienstleistungsqualität und Qualität des Arbeitslebens im Krankenhaus. Hogrefe, Göttingen, S 163–180

Dunkel W, Weihrich M (2012) Interaktive Arbeit. Theorie, Praxis und Gestaltung von Dienstleistungsbeziehungen. Springer VS, Wiesbaden

Edvardsson B, Ng G, Zhi Min C, Firth R, Yi D (2011) Does service-dominant design result in a better service system? J Serv Manage 22(4):540–556

Eisenführ F, Weber M (2002) Rationales Entscheiden. Springer, Berlin

Engelhardt WH, Kleinaltenkamp M, Reckenfelderbäumer M (1993) Leistungsbündel als Absatzobjekte. Ein Ansatz zur Überwindung der Dichotomie von Sach- und Dienstleistungen. Z Betriebswirtschaftliche Forsch 45(5):395–426

Festinger L (1957) A theory of cognitive dissonance. Stanford University Press, Stanford

Fließ S (2006) Prozessorganistion in Dienstleistungsunternehmen. Kohlhammer, Stuttgart

Ganz W, Tombeil A-S, Bornewasser M, Theis P (2012) Produktivität von Dienstleistungsarbeit. Fraunhofer, Stuttgart

Göbel E (2002) Neue Institutionenökonomik. Lucius & Lucius, Stuttgart

Grönroos C, Voima P (2012) Critical service logic: making sense of value creation and co-creation. J Acad Mark Sci 41:133–150

Grönroos C, Ojasalo K (2004) Service productivity. Towards a conceptualization of the transformation of inputs into economic results in services. J Bus Res 57(4):414–423

Gummesson E (1998) Productivity, quality and relationship marketing in service operation. Int J Contemp Hosp Manag 10(1):4–15

Hacker W (2005) Allgemeine Arbeitspsychologie. Psychische Regulation von Wissens-, Denk- und körperlicher Arbeit. Huber, Bern

Hacker W (2009) Arbeitsgegenstand Mensch: Psychologie dialogisch-interaktiver Erwerbsarbeit. Pabst, Lengerich

Heskett JL, Sasser WE, Schlesinger LA (1997) The service profit chain. How leading companies link profit and growth to loyalty, satisfaction, and value. The Free Press, New York

Hochschild AR (2006) Das gekaufte Herz. Die Kommerzialisierung der Gefühle. Campus, Frankfurt a. M.

Jensen MC, Meckling WH (1976) Theory of the firm: managerial behavior, agency costs and ownership structure. J Financ Econ 3(4):305–360

Jones EE, Gerard HB (1967) Foundations of social psychology. Wiley, New York

Kleinaltenkamp M (1998) Begriffsabgrenzungen und Erscheinungsformen von Dienstleistungen. In: Meffert H (Hrsg) Handbuch Dienstleistungsmanagement. Von der strategischen Konzeption zur praktischen Umsetzung. Gabler, Wiesbaden, S 31–52

Kleinaltenkamp M, Haase M (1999) Externe Faktoren in der Theorie der Unternehmung. In: Albach N, Eymann E, Luhmer A, Stevens M (Hrsg) Die Theorie der Unternehmung in Forschung und Praxis. Springer, Berlin, S 167–194

Macdonald EK, Wilson H, Martinez V, Toossi A (2011) Assessing value-in-use: a conceptual framework and explanatory study. Ind Mark Manag 40(5):671–682

Marlowe D, Gergen KJ (1969) Personality and social interaction. In: Lindzey G, Aronson E (Hrsg) The handbook of social psychology. Addison-Wesley, Reading, S 590–665

Meyer A, Blümelhuber C, Pfeiffer M (2000) Der Kunde als Co-Produzent und Co-Designer – oder: die Bedeutung der Kundenintegration für die Qualitätspolitik von Dienstleistungsanbietern. In: Bruhn M, Stauss B (Hrsg) Dienstleistungsqualität. Gabler, Wiesbaden, S 50–70

Mills PK, Morris JH (1986) Clients as ‚partial‘ employees: role development in client participation. Acad Manag Rev 11(4):726–735

Ng I (2013) Value and worth: Creating new markets in the digital economy. Innovorsa Press, Oxford

Parasuraman A, Zeithaml VA, Berry LL (1985) A conceptual model of service quality and its implications for future research. J Mark 49(5):41–50

Reckenfelderbäumer M (1995) Marketing-Accounting im Dienstleistungsbereich. Konzeption eines prozesskostengestützten Instrumentariums. Gabler, Wiesbaden

Reichwald R, Frenz M, Hermann S, Schipanski A (Hrsg) (2012) Zukunftsfeld Dienstleistungsarbeit. Gabler, Wiesbaden

Richter R, Furubotn EG (1999) Neue Institutionenökonomik. Mohr Siebeck, Tübingen

Sampson SE (2001) Understanding service businesses: applying principles of unified services theory. Wiley, New York

Scholl W (2012) Machtausübung oder Einflussnahme: Die zwei Gesichter der Machtnutzung. In: Knoblach B, Oltmanns T, Hajnal I, Fink D (Hrsg) Macht in Unternehmen. Gabler, Wiesbaden, S 203–221

Shojania KG, Duncan BW, McDonald KM et al (Hrsg) (2001) Making health care safer: a critical analysis of patient safety practices. Evidence Report/Technology Assessment No. 43 (Prepared by the University of California at San Francisco–Stanford Evidence-based Practice Center under Contract No. 290-97-0013), AHRQ Publication No. 01-E058, Rockville, MD: Agency for Healthcare Research and Quality. July 2001

Shostak GL (1985) Planning the service encounter. In: Czepiel A, Solomon R, Surprenat F (Hrsg) The service encounter. Lexington, New York, S 243–254

Spath D, Ganz W (Hrsg) (2011) Am Puls wirtschaftlicher Entwicklung. Dienstleistungstrends. Hanser, München

Thibaut JW, Kelley HH (1959) The social psychology of groups. Wiley, New York

Vargo SL, Lusch RF (2008) Service-dominant logic: continuing the evolution. J Acad Mark Sci 36(1):1–10

Vargo SL, Lusch RF, Horbel C, Wieland H (2011) Alternative Logiken für Dienstleistungen: Von hybriden Systemen zu Serviceökosystemen. In: Spath D, Ganz W (Hrsg) Am Puls wirtschaftlicher Entwicklung. Hanser, München, S 137–153

Voß G, Rieder K (2006) Der arbeitende Kunde. Wenn Konsumenten zu unbezahlten Mitarbeitern werden. Campus, Frankfurt a. M.

Produktivität im Gesundheitssektor – Wertschöpfung in Nutzungsprozessen

3

Michael Kleinaltenkamp, Ilias Danatzis und Carolin Wernicke

Inhaltsverzeichnis

3.1 Produktivität als Herausforderung für den Gesundheitssektor 60
3.2 Der Produktivitätsbegriff im Gesundheitssektor – Definition & Perspektiven 61
3.3 Nutzungsprozesse im Gesundheitssektor – der Patient im Zentrum der Wertschöpfung . 67
    3.3.1 Vom Value-in-Exchange zum Value-in-Use 67
    3.3.2 Die veränderte Rolle des Patienten in der Wertschöpfung 71
3.4 Produktivitätsmanagement in Nutzungsprozessen des Gesundheitssektors 75
3.5 Gestaltung von Nutzungsprozessen als Chance zur Produktivitätsverbesserung 82
Literatur... 83

M. Kleinaltenkamp (✉)
FB Wirtschaftswissenschaft Marketing-Department, Freie Universität Berlin,
Otto-von-Simson-Str. 13/19, 14195 Berlin, Deutschland
E-Mail: michael.kleinaltenkamp@fu-berlin.de

I. Danatzis
FB Wirtschaftswissenschaften Marketing-Department, Freie Universität Berlin,
Otto-von-Simson-Str. 13, 14195 Berlin, Deutschland
E-Mail: ilias.danatzis@fu-berlin.de;

C. Wernicke
FB Wirtschaftswissenschaften Marketing-Department, Freie Universität Berlin,
Otto-von-Simson-Str. 19, 14195 Berlin, Deutschland
E-Mail: carolin.wernicke@fu-berlin.de

M. Bornewasser et al. (Hrsg.), *Dienstleistungen im Gesundheitssektor*,
DOI 10.1007/978-3-658-02958-6_3, © Springer Fachmedien Wiesbaden 2014

3.1 Produktivität als Herausforderung für den Gesundheitssektor

Im Zuge der globalen Finanzkrise hat der Gesundheitssektor in den meisten OECD-Ländern große Einbußen bezüglich der ihm zuteilwerdenden staatlichen und privaten Gelder verbuchen müssen. Während die Ausgaben für den Gesundheitssektor zwischen 2000 und 2009 jährlich im Durchschnitt um fast 5 % stiegen, verringerte sich dieser Zuwachs in den folgenden Jahren auf jährlich lediglich 0,5 % (OECD 2013). Verglichen mit einigen Nicht-OECD-Ländern sind die Ausgaben für den Gesundheitssektor insgesamt zwar immer noch relativ hoch, dennoch liegt es nahe, dass mit geringeren finanziellen Zuwendungen Kosteneinsparungen und Restrukturierungen in diesem Bereich in Zukunft zunehmen werden. Hinzu kommt, dass der Bedarf an Gesundheitsdienstleistungen aufgrund des demographischen Wandels hin zu einer immer älter werdenden Bevölkerung in den meisten Industriestaaten der Welt eher ansteigen wird (Feldstein 2011, S. 2). Folglich ist es notwendig, die Abläufe und Prozesse der Akteure innerhalb des Gesundheitswesens so produktiv wie möglich zu gestalten, um trotz der sinkenden zur Verfügung stehenden Ressourcen und des stetig zunehmenden Bedarfs einen gewissen Standard aufrechterhalten zu können. So verwundert es nicht, dass die Produktivitätsforschung im Gesundheitssektor – von Wissenschaft und Politik gleichermaßen – als die globale Forschungspriorität des nächsten Jahrzehnts angesehen wird (Ostrom et al. 2010, S. 5). Eng verbunden mit dem Phänomen der Produktivität sind die Fragen, wie medizinische Leistungen entstehen und wie sie wahrgenommen werden. So stellt die Förderung der Wertschöpfung innerhalb des Gesundheitssektors weltweit eines der Hauptziele zahlreicher Gesetzesinitiativen dar und ist Gegenstand vieler Reformanstrengungen, da sie als ein vielversprechender Ansatz angesehen wird, den zuvor erwähnten Herausforderungen zu begegnen (Smith et al. 2009, S. 509). Basierend auf der im Marketing zunehmend vertretenen Auffassung, dass der Wert einer Leistung erst durch dessen Nutzung determiniert wird und der Kunde als aktiver Akteur bei dessen Entstehung stets maßgeblich beteiligt ist (Vargo und Lusch 2004; 2008; Berry und Bendapudi 2007; Bitner und Brown 2008), treten die Nutzungsprozesse des Kunden als primärer Ort der Wertschöpfung verstärkt in den Vordergrund von Produktivitätsüberlegungen. Überträgt man diesen Gedanken auf den Gesundheitssektor, rückt die Produktivität von Patienten in ihrer Rolle als Nutzer einer Gesundheitsleistung zunehmend in den Mittelpunkt der Betrachtung.

Dennoch gibt es bisher wenige empirische Forschungsergebnisse zur Rolle des Patienten in der Wertschöpfung und zu dessen Einfluss auf das Ergebnis und somit die Produktivität einer medizinischen Leistung. So werden Dienstleistungen im Gesundheitssektor hauptsächlich aus Anbieterperspektive betrachtet und entwickelt und Patienten nicht in ausreichendem Maße als aktive Mitgestalter des Wertschöpfungsprozesses angesehen (Elg et al. 2012, S. 329). Die Notwendigkeit der Einnahme einer verstärkten kundenzentrischen Perspektive erscheint umso wichtiger vor dem Hintergrund, dass der Patient mit seiner Krankenhistorie am besten vertraut ist, sowie der Tatsache, dass er den Wert einer medizinischen Leistung für sich am ehesten beurteilen kann (Elg et al. 2012, S. 329). Aus diesem Grund ist es das Ziel des vorliegenden Kapitels, Ansatzpunkte zu verdeutlichen, wie die Produktivität von Patienten durch deren Nutzungsprozesse aktiv gesteuert und gefördert werden kann, um dadurch den entstehenden Wert von Dienstleistungen im Gesundheitssektor für den Patienten zu steigern. Dazu werden in Abschn. 3.2 zunächst der Begriff und die verschiedenen Perspektiven der Produktivität im Allgemeinen sowie innerhalb des Gesundheitssektors dargestellt. Hierbei wird insbesondere auf die Besonderheiten der Dienstleistungsproduktivität aus der Perspektive des Patienten eingegangen. Diese Patientenperspektive setzt ein grundlegendes Verständnis des Wertkonzeptes sowie dessen Entstehung und Determinierung voraus, welches in Abschn. 3.3 thematisiert wird. Hierbei wird zunächst in Abschn. 3.3.1 ein Überblick der divergierenden Auffassungen des Wertkonzeptes gegeben. So wird das auf der „Service Dominant Logic" (SDL) (Vargo und Lusch 2004, 2008) basierende Verständnis von Wert als Value-in-Use mit der traditionellen Auffassung von Wert als Value-in-Exchange gegenübergestellt. Die daraus resultierende veränderte Rolle des Patienten während des Wertschöpfungsprozesses stellt den Gegenstand des Abschn. 3.3.2 dar. Darauf aufbauend zeigt Abschn. 3.4 Ansatzpunkte für das Management der Produktivität in Nutzungsprozessen von Patienten auf.

3.2 Der Produktivitätsbegriff im Gesundheitssektor – Definition & Perspektiven

Der Begriff der Produktivität stellt eine aus der Volkswirtschaftslehre stammende Kennzahl zur Erfassung und Kontrolle der wirtschaftlichen Leistungsfähigkeit eines Unternehmens dar (Corsten 1994, S. 44; Grönroos und Ojasalo 2004, S. 2; Bruhn und Hadwich 2011, S. 5). Produktivitätssteigerungen stellen deshalb seit jeher eine zentrale strategische Aufgabe des Managements dar, da sie maßgeblich den Erfolg oder das Scheitern eines Unternehmens determinieren (Bruhn und Hadwich 2011, S. 9). Trotz seiner hohen Relevanz existiert in der Literatur bisher jedoch keine einheitliche und konsistente Definition des Produktivitätsbegriffes (Pickworth 1987; Johns et al. 1997; Brown und Dev 1999). Innerhalb der Wirtschaftswissenschaften lassen sich vornehmlich zwei Begriffsauffassungen ausmachen (Laßman 1975; Bruhn und Hadwich 2011, S. 5). So beschreibt Produktivität im engeren Sinne die mengenmäßige Relation von Input- und Output-Größen im Sinne einer quantitativen Betrachtung der Transformation der eingesetzten Produktionsfaktoren in eine resultierende Produktionsmenge. Das Verständnis von Produktivität im weiteren Sinne hingegen geht deutlich weiter und berücksichtigt neben reinen mengen- auch nominale wertmäßige Größen (Bruhn und Hadwich 2011, S. 5). Folgt man der letzteren Auffassung, kann eine Produktivitätssteigerung nicht nur zu höheren Erlösen des Anbieters, sondern auch zu einer Wertsteigerung beim Kunden führen (Grönroos und Ojasalo 2004, S. 415).

Insgesamt wird ersichtlich, dass beide Produktivitätsauffassungen ihre Wurzeln im Sachgüterbereich haben. Aufbauend darauf wird auch Dienstleistungsproduktivität als die Relation zwischen einem Input und dem daraus resultierendem Output verstanden

(Kurzmann und Reinecke 2011, S. 355). Allerdings ist die Übertragung der Auffassung von Produktivität auf Dienstleistungen mit gewissen Herausforderungen verbunden. Erstens bedingen typische Charakteristika von Dienstleistungen, wie vor allem deren häufig schwierige (Er-)Fassbarkeit (Intangibiltät) sowie ihre oft gegebene Heterogenität, einen verstärkten Fokus auf eher psychologische Outcome-Größen, welche insbesondere aus der Erfahrung mit der Dienstleistung resultieren (Johnston und Jones 2004, S. 203). Zweitens führt das der Dienstleistungsproduktion und -inanspruchnahme inhärente Uno-actu-Prinzip dazu, dass Input- und Outputgrößen schwieriger zu bestimmen und zu messen sind als dies bei Sachgütern der Fall ist (Grönroos und Ojasalo 2004, S. 3; Bruhn und Hadwich 2011, S. 8). Aus der Parallelität der Erstellungs- und Nutzungsprozesse von Dienstleistungen ergibt sich zudem, dass Inputgrößen nur sehr begrenzt standardisiert, rationalisiert und automatisiert werden können. Folglich sind Inputgrößen als Stellgröße zur Steigerung der Dienstleistungsproduktivität nur sehr bedingt geeignet (Grönroos und Ojasalo 2004, S. 3). Drittens spielen Kunden im Leistungserstellungsprozess von Dienstleistungen eine zentrale Rolle, sodass der vornehmliche Fokus auf die Produktivität von Anbieteraktivitäten irreführend ist, da er dem maßgeblichen Einfluss des Kunden auf die Dienstleistungsproduktivität nicht gerecht wird (Engelhardt et al. 1993; Corsten 1994; Fließ und Kleinaltenkamp 2004; Johnston und Jones 2004, S. 203). Schließlich geht in den meisten Fällen im Sachgüterbereich eine höhere Produktivität des Anbieters mit einer höheren Produktivität des Kunden einher. So führen bspw. niedrigere Kosten der Produktion eines Gutes meistens ebenfalls zu niedrigeren Kundenpreisen. Bei Dienstleistungen hingegen kann eine höhere Anbieterproduktivität häufig zu einer geringeren Produktivität aus Kundensicht führen, die sich vor allem in einer Verschlechterung der wahrgenommenen Erfahrung, Zufriedenheit oder des Wertes für den Kunden ausdrücken kann (Johnston und Jones 2004, S. 203).

Folglich erscheint es insbesondere bei Dienstleistungen sinnvoll, eine generelle Trennung zwischen der Produktivität aus Anbietersicht und der Produktivität aus Kundensicht vorzunehmen. Ersteres wird in der Literatur als operative Produktivität bezeichnet und ist definiert als die Funktion des Verhältnisses zwischen operativen Outputs zu operativen Inputs (Johnston und Jones 2004, S. 205 f.):

$$\text{Operative Produktivität } f^n = \frac{\text{Kunden, Gewinn}}{\text{Material, Mitarbeiter, Kosten}}$$

Operative Inputs stellen hierbei bspw. die zur Erstellung einer Dienstleistung notwendigen Materialien und Ressourcen, benötigte Mitarbeiter oder resultierende Kosten über einen bestimmten Zeitraum dar. Operative Outputs können etwa die Anzahl der Kunden oder die Höhe der Erlöse sein (Johnston und Jones 2004, S. 205 f.). Diese Auffassung von Produktivität geht eng einher mit den in der Literatur oft zu findenden Konzepten der internen Effizienz, welche sich auf das effiziente Management von internen operativen Prozessen des Anbieters bezieht, sowie der Kapazitätseffizienz, die den Grad der Nutzung der vorhandenen Kapazität des Anbieters beschreibt (Grönroos und Ojasalo 2004, S. 415; Nordgren und Eriksson 2009, S. 3).

Im Gegensatz dazu wird Produktivität aus Kundensicht als Kundenproduktivität bezeichnet. Sie wird definiert als eine Funktion des Verhältnisses zwischen kundenseitigen Outputs zu kundenseitigen Inputs innerhalb eines bestimmten Zeitraums (Johnston und Jones 2004, S. 206):

$$\text{Kundenproduktivität } f^n = \frac{\text{Erfahrung, Ergebnis, Wert}}{\text{Zeitaufwand, Arbeitsaufwand, Kosten}}$$

Kundenseitige Inputs können hierbei der Zeit- und Arbeitsaufwand sowie die Kosten des Kunden darstellen, die zur Erstellung und Inanspruchnahme der Dienstleistung benötigt werden. Kundenseitige Outputs können bspw. die vom Kunden wahrgenommene Erfahrung, das Ergebnis oder der sich aus der Dienstleistung ergebende Wert sein (Johnston und Jones 2004, S. 206). Diese kundenseitige Auffassung von Produktivität geht wiederum eng einher mit dem Konzept der externen Effizienz, welches sich auf die wahrgenommene Qualität der Dienstleistung aus Kundensicht fokussiert (Grönroos und Ojasalo 2004, S. 416 ff.; Nordgren und Eriksson 2009, S. 3). Kundenproduktivität stellt somit eine zentrale und nicht zu vernachlässigende Seite der Gesamtproduktivität einer Dienstleistung dar. In der Wissenschaft wie in der Praxis wurde diese Seite der Produktivität bisher allerdings weitestgehend vernachlässigt, sodass konventionelle Kennzahlen zur Messung der Produktivität meistens auf der Perspektive des Anbieters basieren. Dadurch wird nicht nur die maßgebliche und stetig zunehmende Rolle des Kunden bei der Erstellung und Bewertung von Dienstleistungen missachtet, sondern letztendlich auch eine ganzheitliche Bewertung der Produktivität einer Dienstleistung verhindert. Darüber hinaus können Managemententscheidungen, die sich ausschließlich auf operative Produktivitätsmaße beziehen, negative Auswirkungen auf die Kundenproduktivität und somit letztendlich auch auf die Gesamtproduktivität der Dienstleistung haben (Johnston und Jones 2004, S. 206 f.).

Bei der Bestimmung der Produktivität im Gesundheitssektor müssen zudem einige weitere Besonderheiten berücksichtigt werden. So zeichnet sich der Gesundheitssektor durch eine Vielzahl von beteiligten Akteuren aus, die zur Gesamtproduktivität des gesamten Gesundheitssektors beitragen und aus deren Perspektive die Produktivität jeweils bestimmt werden kann. Der Patient ist somit (anders als in einer klassischen Anbieter-Nachfrager-Beziehung) Teil eines spezifischen Netzwerks von öffentlichen und privaten Organisationen, die jeweils eine sektorspezifische Wertschöpfungskette aufweisen (Elg et al. 2012, S. 330). So kann generell eine Unterscheidung zwischen dem primären und dem sekundären Gesundheitssektor vorgenommen werden, wobei der primäre Sektor das gesetzlich geregelte Gesundheitswesen und der sekundäre das private Gesundheitssystem umfasst (Hewing 2013, S. 106). Innerhalb beider Teilsektoren befindet sich ein Netzwerk unterschiedlicher Akteure auf Mikro-, Meso- und Makro-Level. Die Akteure der obersten Ebene, dem Makro-Level, stellen bspw. Ministerien wie das Gesundheitsministerium und diverse staatliche, politische oder private Gesundheitsorganisationen dar, die Gesundheitsrichtlinien und andere Vorgaben entwickeln und durchsetzen. Ihr Ziel ist es, ein hohes Gesundheitsniveau für die Allgemeinheit zu erreichen und eine gerechte finanzielle Verteilung von Mitteln an das staatliche Gesundheitssystem zu gewährleisten. Zu den anbieterseitigen Meso-Level-Akteuren zählen Akteure im Gesundheitswesen, die Gesundheitsrichtlinien und andere Vorgaben und Gelder auf regionaler Ebene verantworten wie bspw. Bezirkskrankenhäuser. Kundenseitige Meso-Level-Akteure stellen hingegen Drittpartei-Vereinigungen wie bspw. Diabetesverbände oder andere Patienten-Communities dar. Zu den anbieterseitigen Mikro-Level-Akteuren zählen bspw. Ärzte und Pflegepersonal, während kundenseitige Mikro-Level-Akteure die individuellen Patienten sowie deren Familie, Freunde und Bekannte darstellen, die im Behandlungsprozess des Patienten mitwirken (Helkkula et al. 2013, S. 6 ff.). Die Akteure auf allen drei Ebenen stehen im direkten Austausch miteinander, welche somit gemein haben, „[. . .] [to be] directly or indirectly linked through sequential or shared participation in value co-creation in order to create, assemble, transform and make resources within the service system" (Layton 2007, S. 230). So wird auf der Meso-Ebene bspw. regional umgesetzt, was auf Makro-Ebene national festgelegt wurde. Weiterhin beeinflusst eine auf Makro-Level initiierte Kampagne zum gesünderen Leben, z. B. die Nichtraucherkampagne vom Bundesministerium für Gesundheit (2013), unmittelbar das Verhalten und damit auch die Produktivität der Akteure auf der Mikro-Ebene. So kann es bei der Bestimmung der Produktivität im Gesundheitssektor zu Interdependenzen, aber gleichzeitig auch zu Interessenskonflikten zwischen den Akteuren der einzelnen Ebenen kommen. Wichtig ist daher für die Produktivitätsbestimmung im Gesundheitssektor, vorab zu klären, welche Ebene im Fokus der Betrachtung liegt und aus welcher Perspektive diese bestimmt werden soll.

Einhergehend mit Empfehlungen aus der Literatur, nach denen Ressourcenkonstellationen und Dienstleistungssysteme generell so gestaltet werden müssen, dass sie den Kunden in seiner Wertschöpfung unterstützen (Edvardsson et al. 2011, S. 331), liegt der Fokus des vorliegenden Beitrages auf den Akteuren der Mikro-Ebene. Hierbei erfolgt die Bestimmung der Produktivität bisher – ähnlich wie im Dienst- und Sachgüterbereich – vornehmlich aus der Anbieterperspektive. Folglich werden hauptsächlich unterschiedliche operative Produktivitätsmaße zur Bestimmung der Produktivität angewendet. So wird bspw. die Produktivität der Krankenhauspflege an der Anzahl der Entlassungen von Patienten pro Pflegekraft bestimmt (Borchert et al. 2012, S. 23). Zwei weitere operative Produktivitätsmaße stellen die Kosten-Effektivitäts-Analyse sowie die Kosten-Nutzen-Analyse dar (Helkkula et al. 2013, S. 7). Ersteres Maß basiert auf der Erfassung von Veränderungen in spezifischen klinischen Kennzahlen, wie z. B. die Todesrate, die Höhe des Blutzuckers von Patienten oder die Anzahl an neuen HIV-, Tuberkulose- oder Malaria-Erkrankungen, sowie den Kosten der Einführung und Implementierung bestimmter medizinischer Leistungen (z. B. Impfungen, blutzuckersenkende Wirkstoffe, Chemotherapie etc.). Letzteres bezieht sich auf die Erfassung der aufgetretenen Gesamtkosten der Implementierung einer bestimmten medizinischen Leistung und dem daraus realisierten positiven in monetären Einheiten gemessenen Nutzen dieser Leistung (Helkkula et al. 2013, S. 4).

Spezifisch für das Krankenhausmanagement in Deutschland ist, dass hier die Kennzahlen Casemix (CM), Casemix Index (CMI) und Verweildauer (VWD) von hoher Relevanz für die Bestimmung der Produktivität einer medizinischen Dienstleistung sind. Diese werden vor dem Hintergrund berechnet, dass für die Vergütung der allgemeinen Krankenhausleistungen gemäß des § 17b Krankenhausfinanzierungsgesetz (KHG)

ein durchgängiges, leistungsorientiertes und pauschalierendes Vergütungssystem eingeführt wurde (Bundesministerium für Justiz 2013). Dieses basiert auf dem G-DRG-System
(German-Diagnosis-Related-Groups-System), welches festlegt, dass jeder stationäre Be-
handlungsfall mittels einer entsprechenden DRG-Fallpauschale zu vergüten ist (InEK
2013). Zur Unterstützung der Vergütung existiert ein Katalog, in der die Punktwerte
der DRGs jährlich vom InEK berechnet und veröffentlicht werden. Diese Punktwerte beziehen sich auf die für die jeweilige DRG vorgegebene Verweildauer, inklusive der unteren,
mittleren und oberen Grenzverweildauer. Halten sich die Patienten nun innerhalb dieses
Zeitrahmens in der Klinik auf, erhält die Einrichtung die vollständige Pauschale. Verbleiben die Patienten über einen kürzeren Zeitraum als die vorgegebene Verweildauer in der
Klinik, verringert sich die Pauschale. Bei längeren Aufenthalten jedoch, die logisch zu
rechtfertigen sind, erhöht sich der Pauschalbetrag. Werden die Punktwerte aller Patienten
addiert, ergibt sich daraus der Casemix, welcher als internes Controlling- und Benchmark-
Instrument genutzt wird und ein häufig in diesem Bereich verwendetes Produktivitätsmaß
darstellt. Aus dem Mittelwert der CM-Punkte ergibt sich dann der Casemix Index (InEK
2013).

Alle hier erwähnten operativen Produktivitätsmaße haben gemeinsam, dass sie die
Relevanz von Patientenaktivitäten zur Leistungserbringung innerhalb des Gesundheitssektors weitestgehend ausblenden (Grönroos und Ojasalo 2004, S. 416). So wird implizit
eine passive Rolle und ein konstanter Aktivitätsgrad des Patienten während der Erstellung und der Inanspruchnahme der Gesundheitsdienstleistung unterstellt (Bloor und
Maynard 2006, S. 1259). Die Gültigkeit dieser Annahme ist insbesondere deshalb frag-
lich, da der Patient (und nicht der Anbieter) für gewöhnlich den einzigen Akteur im
Gesundheitssektor darstellt, der vom Auftreten der ersten Symptome der Erkrankung
bis hin zur Genesung den gesamten Erkrankungs- und Behandlungsprozess vollständig
durchläuft und miterlebt (Elg et al. 2012, S. 329). Weiterhin belegen erste wissenschaftliche Ergebnisse, dass unterschiedliche Typen von Patienten existieren, die jeweils einen
unterschiedlichen Aktivitätsgrad während der Erstellung und Inanspruchnahme von Gesundheitsdienstleistungen aufweisen (McColl-Kennedy et al. 2012, S. 378 ff.). Des Weiteren
werden bei operativen Produktivitätskennzahlen die (wahrgenommene) Qualität der medizinischen Dienstleistungen oder die Auswirkungen auf die Lebensqualität von Patienten
nicht berücksichtigt. So könnte etwa eine hohe Anzahl an Entlassungen von Patienten
pro Pflegekraft vorliegen (und damit eine hohe operative Produktivität gegeben sein),
welche allerdings mit einer Verminderung der wahrgenommenen Qualität der Pflegeleistung pro Patient einhergehen kann (Borchert et al. 2012, S. 23). Analog kann eine
bestimmte Chemotherapie bei Krebserkrankungen die Todesrate senken, simultan jedoch
in einer stark verminderten wahrgenommenen Lebensqualität des Betroffenen resultieren.
Gleichzeitig konnte gezeigt werden, dass verschiedene Aktivitäts- und Mitwirkungsgra-
de von Patienten bei medizinischen Dienstleistungen mit unterschiedlichen Bewertungen
der wahrgenommenen Lebensqualität des Patienten einhergehen (McColl-Kennedy et al.
2012, S. 379 ff.).

So wird insgesamt ersichtlich, dass es vor allem im Gesundheitswesen nicht ausreicht, ausschließlich operative Produktivitätsmaße zur Bestimmung der Produktivität heranzuziehen. „Herkömmliche" Produktivitätsmaße, welche sich primär auf die Perspektive des Anbieters der medizinischen Dienstleistung fokussieren (sog. Inside-Out-Perspektive), müssen daher um Kundenproduktivitätsmaße erweitert werden, die die Perspektive des Patienten bei der Erstellung und Inanspruchnahme der Gesundheitsdienstleistung (sog. Outside-In-Perspektive) in den Fokus rücken (Elg et al. 2012, S. 329). Es existieren zwar erste Ansätze, die darauf abzielen, die Mitwirkung des Patienten bei Gesundheitsdienstleistungen zu fördern (Crawford et al. 2002, S. 2) und eine erweiterte Kundenbetrachtung in der Produktivitätsbestimmung im Gesundheitswesen durchzusetzen (Thomas et al. 2012, S. 3). Die Forschung und die praktische Umsetzung hierzu befinden sich jedoch noch weitestgehend in den Kinderschuhen. So weisen mehrere Wissenschaftler explizit darauf hin, dass die Bestimmung der Produktivität im Gesundheitswesen insgesamt und vor allem im Hinblick auf die Kundenproduktivität noch unterentwickelt ist (Gummesson 2004; Berry und Bendapudi 2007; Nordgren und Eriksson 2009). Als einen ersten Schritt zur Annäherung der Bestimmung der Kundenproduktivität müssen daher zunächst sowohl kundenseitige Inputs als auch kundenseitige Outputs näher konkretisiert und voneinander abgegrenzt werden. Hierbei muss generell beachtet werden, dass die Bestimmung der In- und Outputfaktoren grundsätzlich von der Anwendung objektiver oder subjektiver Kriterien zur Erfassung und Messung der In- und Outputs abhängen (Borchert et al. 2012, S. 3 ff.). Um der Perspektive des Patienten vollständig gerecht zu werden, beziehen sich die folgenden Ausführungen auf subjektiv wahrgenommene Faktoren.

Kundenseitige Inputs können im Gesundheitssektor generell die Quantität und Qualität verschiedener intellektueller, emotionaler sowie physischer Inputs des Patienten zur Erstellung sowie bei der Inanspruchnahme der medizinischen Dienstleistung darstellen (Borchert et al. 2012, S. 61). So stellen intellektuelle Inputs in diesem Kontext insbesondere die Fähigkeit des Patienten zur Angabe, Aufnahme und Verarbeitung von relevanten Informationen zur Erstellung und Inanspruchnahme der medizinischen Dienstleistung dar. Emotionale Inputs hingegen beschreiben die affektive Bereitschaft des Patienten zur Mitwirkung sowie dessen emotionalen Umgang mit Erkrankungs- und Behandlungssituationen. Physische Inputs stellen schließlich der Zeitaufwand, die Anwesenheit sowie die körperliche Kraft des Patienten dar (Borchert et al. 2012, S. 61 ff.). Einen Einfluss auf diese Inputarten können zudem der Lebensstil, der Bildungsgrad sowie soziale Umstände und individuelle Charakterzüge des Patienten haben (Reijonsaari et al. 2011, S. 3).

Kundenseitige Outputs sind bei Gesundheitsdienstleistungen primär das wahrgenommene Ergebnis der Behandlung bzw. Therapie oder Pflege im Sinne einer Veränderung des Gesundheitszustandes des Patienten. Als ein weiterer kundenseitiger Outputfaktor wird zudem sowohl in der Literatur als auch in der Praxis häufig eine Veränderung der empfundenen Lebensqualität des Patienten identifiziert (McColl-Kennedy et al. 2012, S. 379 ff.; Helkkula et al. 2013, S. 4). Die Bestimmung der Höhe der Lebensqualität basiert hierbei oftmals auf der Erfassung von verschiedenen messbaren subjektiven Teildimensionen, wie bspw. der Höhe des wahrgenommenen Schmerzes, der Bewertung der Anzahl der täglichen Stunden Schlaf oder der Erfassung des empfundenen psychischen Wohlbefindens des Patienten (Helkkula et al. 2013, S. 4). Darüber hinaus können die patientenseitige Bewertung der Erfahrung sowie der Qualität der medizinischen Dienstleistung ebenfalls als zwei weitere kundenseitige Outputfaktoren zur Bemessung der Dienstleistungsproduktivität herangezogen werden (Johnston und Jones 2004, S. 206). Als eine Besonderheit bei Gesundheitsdienstleistungen kann es hierbei jedoch aufgrund der unterschiedlichen Bewertungsmöglichkeiten des Outputs oftmals zu Konflikten in der Bewertung des Outputs kommen. So können bspw. bestimmte Verhaltensweisen oder Aktivitäten des Patienten (z. B. übermäßiger Schmerz- oder Schlafmittelkonsum) zu einer wahrgenommenen Verbesserung der Lebensqualität führen, nicht jedoch zu einer Verbesserung des Gesundheitszustandes. Gleichermaßen können analog auch bestimmte für die Behandlung relevante notwendige Maßnahmen des Patienten in einer wahrgenommenen Verbesserung des Gesundheitszustandes resultieren, zeitgleich jedoch ebenfalls zu einer Verminderung der empfundenen Lebensqualität oder der wahrgenommenen Qualität der medizinischen Dienstleistung führen. Dies ist bspw. oftmals bei anstrengenden oder schmerzhaften gesundheitsfördernden Maßnahmen der Fall (Berry und Bendapudi 2007, S. 115).

Insgesamt kann aus dieser Perspektive der Output für den Patienten auch als der eigentliche Wert der medizinischen Dienstleistung interpretiert werden. Somit ist die Kundenproduktivität immer dann höher, wenn der resultierende Wert bei einem gleichbleibenden Level kundenseitiger Inputfaktoren für den Kunden höher ist oder analog wenn bei einem gleichbleibenden Wert der kundenseitige Input geringer ist. Dies setzt ein grundlegendes Verständnis des Wertkonzepts sowie der Rolle des Patienten während des Wertschöpfungsprozesses im Rahmen der Erstellung sowie der Nutzung medizinischer Dienstleistungen voraus. Die veränderte Auffassung von Wert und Wertschöpfung, welche sich im Verlauf der letzten Jahre im (Dienstleistungs-)Marketing herausgebildet hat, scheint einen fruchtbaren Erklärungsansatz für das Verständnis und das Management der Produktivität im Gesundheitssektor zu liefern. Im Folgenden sollen daher diese veränderte Auffassung von Wert und Wertschöpfung und die darin enthaltene Sicht der Rolle des Patienten bei der Wertschöpfung innerhalb seiner Nutzungsprozesse dargestellt werden.

3.3 Nutzungsprozesse im Gesundheitssektor – der Patient im Zentrum der Wertschöpfung

3.3.1 Vom Value-in-Exchange zum Value-in-Use

Innerhalb der Wirtschaftswissenschaften stellt der „Customer Value" im Sinne eines wahrgenommenen Werts für den Kunden samt der damit einhergehenden Wertschöpfung ein zentrales Konzept dar, welches bereits seit mehreren Jahrzehnten ausgiebig in zahlreichen theoretischen sowie empirischen Studien thematisiert wird (Kleinaltenkamp 2013, S. 10). Insbesondere seit dem Aufkommen der SDL im Jahre 2004 (Vargo und Lusch 2004) erfolgte eine erneute kontroverse sowie fundamentale Auseinandersetzung mit beiden Konzepten innerhalb des Marketings (Grönroos und Ravald 2011, S. 5). Zentraler Grund hierfür ist, dass die Vertreter der SDL die traditionelle Auffassung von Wert für den Kunden und die damit einhergehende Wertschöpfung grundlegend in Frage stellen.

So herrschte traditionell die – von den Vertreten der SDL als „Goods-Dominant Logic" (GDL) bezeichnete – Sichtweise vor, dass der Wert eines Produktes oder einer Dienstleistung eine statische Größe darstellt, die für den Nachfrager und den Anbieter zu einem bestimmten Zeitpunkt (z. B. beim Kauf bzw. Verkauf) einen spezifischen Wert einnimmt (Vargo und Lusch 2004, S. 2, 2008, S. 31; Kleinaltenkamp 2013, S. 3). Demzufolge determinieren die Eigenschaften des Produktes oder der Dienstleistung hauptsächlich den Wert der Leistung, welcher somit unabhängig von dessen Nutzung bestimmbar ist und als inhärenter Bestandteil eines Produktes oder einer Dienstleistung aufgefasst wird. Der Wert eines Produktes oder einer Dienstleistung kann folglich innerhalb eines Austauschprozesses (z. B. während des Kaufs) als eine Art Tauscheinheit vom Anbieter auf den Nachfrager am Point of Sale – meistens gegen einen bestimmten Preis – übertragen werden (Jacob et al. 2013, S. 29; Kleinaltenkamp 2013, S. 4 f.). Somit stellt der Wert innerhalb der GDL den Tauschwert (Value-in-Exchange) eines Produktes oder einer Dienstleistung zum Zeitpunkt des Kaufes dar (Vargo und Lusch 2004, S. 5, 2008, S. 30). Bezogen auf den Gesundheitssektor repräsentiert demnach der Preis einer bestimmten Leistung maßgeblich den Wert dieser Leistung für den Kunden. Demzufolge würde bspw. der Preis einer Schönheitsoperation den wahrgenommenen Wert dieses Eingriffes für den Patienten widerspiegeln.

Eine komplett andere Auffassung ergibt sich, wenn man den Wert eines Produktes oder einer Dienstleistung nicht als statische Tauscheinheit, sondern als ein dynamisches Konzept versteht, das maßgeblich erst durch die konkrete Nutzung der Leistung determiniert wird (Kleinaltenkamp 2013, S. 5). Demnach entsteht der Wert einer Leistung, die sich in der Verfügbarkeit des Nachfragers befindet, erst durch die konkrete Verwendung innerhalb der Nutzungsprozesse des Nachfragers. Der alleinige Kauf oder Besitz des Produktes oder der Dienstleistung ist somit für den letztlich realisierten Wert für den Nachfrager nicht ausschlaggebend. Eine Dienstleistung oder ein Produkt, das nicht benutzt wird, hat demnach keinen inhärenten (Geld-)Wert für den Kunden. Der Wert wird folglich erst durch die individuelle Nutzung sowie die Wahrnehmung und Evaluation der Leistung realisiert (Vargo und Lusch 2004, S. 11). Im Gegensatz zur GDL rücken somit der Kunde und seine Nutzungsprozesse in den Fokus der Wertdeterminierung. Aus der SDL-Perspektive wird der Wert als Gebrauchswert (Value-in-Use) aus Kundensicht aufgefasst, welcher innerhalb der Nutzungsprozesse des Verwenders der Leistung entsteht (Vargo und Lusch 2004, S. 7, 2008, S. 30; Kleinaltenkamp et al. 2009, S. 45). Dies geschieht auf eine ähnliche Art und Weise wie bspw. die Bestimmung der wahrgenommenen Dienstleistungsqualität im Laufe des gesamten Dienstleistungsprozesses. Wert entsteht somit nicht erst am Ende der Nutzungsprozesse als deren Resultat, sondern vielmehr dynamisch während des gesamten Verlaufs der Nutzungsprozesse des Kunden (Grönroos 2011, S. 287). Bezogen auf den Gesundheitssektor kann dies bspw. der Wert einer medizinischen Beratung sein. So entsteht der Wert einer Psychotherapie für den Patienten erst im Laufe der Behandlung. Somit ist die aus den therapeutischen Sitzungen resultierende Verhaltensänderung der eigentliche Wert, der sich für den Patienten ergibt. Der Value-in-Exchange zum Zeitpunkt des Kaufes kann folglich lediglich eine Antizipation der darauffolgenden künftigen Verwendung durch den Nachfrager und des daraus resultierenden Value-in-Use für den Kunden widerspiegeln und nicht den eigentlichen Wert der Leistung an sich (Kleinaltenkamp 2013, S. 10). Als eine Konsequenz können Anbieter von Produkten und Dienstleistungen lediglich Wertangebote bzw. Wertversprechen zur Verfügung stellen (Kleinaltenkamp et al. 2009, S. 45). So weiß man bspw. zu Beginn einer ärztlichen Behandlung als Patient nicht, ob diese auch zu dem gewünschten Ergebnis führt. Der Arzt kann somit lediglich ein Versprechen zum erwarteten Erfolg der Behandlung geben.

Die Differenzierung zwischen Tausch- und Gebrauchswert bzw. Value-in-Exchange und Value-in-Use und die damit verbundene Relevanz von Nutzungsprozessen für die Wertschöpfung des Kunden ist allerdings nichts Neues (Alderson 1965, S. 144). Bereits im 18. bzw. 19. Jahrhundert unterschieden Adam Smith, Karl Marx und Carl Menger zwischen diesen beiden Auffassungen von Wert (Smith 1776; Marx 1867; Menger 1871). Seit jener Zeit ist ebenfalls bekannt, dass der Gebrauchswert sich ausschließlich während des Prozesses des Konsums bzw. der Nutzung realisiert, sodass ein hoher Tauschwert einer Leistung nicht zwangsläufig mit einem hohen Gebrauchswert derselben Leistung einhergehen muss (Jacob et al. 2013, S. 29). Dennoch, getrieben durch die einsetzende Industrialisierung sowie die damit verbundene Wichtigkeit der Produktion und des Exports bzw. des Austauschs von Gütern, konzentrierte sich die Forschung in den Wirtschaftswissenschaften eindeutig und fast ausschließlich auf den Value-in-Exchange (Vargo und Lusch 2004).

Durch die stetige Zunahme der Bedeutung von Dienstleistungen, bei denen die maßgebliche Rolle des Kunden bei der Erstellung der Leistung seit mehreren Jahrzehnten in der Forschung thematisiert wird, gewinnen Nutzungsprozesse und der damit verbundene Value-in-Use zusätzlich an Gewicht (Kleinaltenkamp 2009, 2013). Obwohl die traditionelle Auffassung von Wert als Value-in-Exchange in der Forschung immer noch existiert (meistens operationalisiert als der vom Anbieter erzielte Preis oder als die beim Kunden existierende Zahlungsbereitschaft [Willingness-to-Pay]), scheint die Relevanz der SDL-Auffassung von Wert als Value-in-Use insbesondere für das Marketing einen stetig steigenden Zuspruch in der Forschung zu bekommen (Ravald und Grönroos 1996; Woodruff und Gardial 1996; Prahalad und Ramaswamy 2004; Grönroos 2008). Jüngste Forschungsarbeiten versuchen, den Zusammenhang zwischen Value-in-Exchange und Value-in-Use deutlicher herauszuarbeiten. So kann nach Grönroos (2011, S. 287) der Value-in-Exchange als eine Funktion des Value-in-Use aufgefasst werden, da zumindest langfristig der Kunde im Falle einer Nicht-Realisierung des erwarteten Value-in-Use nach dem Kauf der Leistung nicht mehr bereit ist, den vom Anbieter verlangten Value-in-Exchange zu bezahlen. Folglich wird der Kunde entweder eine Anpassung des Value-in-Exchange an seinen erfahrenen Value-in-Use realisieren oder die Leistung nicht erneut beziehen (Grönroos 2011, S. 287). Bezogen auf den Gesundheitssektor könnte dies bedeuten, dass Patienten, die mit der in Anspruch genommenen ärztlichen Leistung unzufrieden sind und einen unzureichenden Wertzuwachs für sich ausmachen können, nicht wieder zur gleichen medizinischen Einrichtung zurückkehren bzw. während der Behandlung keine zusätzlichen Leistungen anfordern.

Trotz seiner hohen Relevanz für das Marketing ist die Forschung hinsichtlich einer Konzeptualisierung und Operationalisierung des Value-in-Use-Konstrukts noch nicht sehr weit fortgeschritten. Einen ersten Hinweis über die Natur und die Charakteristika von Value-in-Use geben die Begründer der SDL Vargo und Lusch selbst. Demnach ist der Value-in-Use „[...] always uniquely and phenomenologically determined by the beneficiary" (Vargo und Lusch 2008, S. 7). Dennoch existieren derzeit verschiedene teilweise konkurrierende Auffassungen darüber, wie Value-in-Use konzeptualisiert werden sollte. Einerseits wird er als das Verhältnis einer kognitiven Bewertung des wahrgenommenen Nutzens (Benefits) einer Leistung und dem damit einhergehenden empfundenen Aufwand (Sacrifices) verstanden (Zeithaml 1988; Day 1990; Bolton und Drew 1991; Woodruff und Gardial 1996; Grewal et al. 1998). Andererseits kann es als eine Bewertung der Leistung hinsichtlich der Erreichung der Ziele des Kunden (innerhalb sog. „Means-End-Chains") betrachtet werden (Gutman 1982; Woodruff und Gardial 1996; Woodruff 1997; Macdonald et al. 2011; Jacob et al. 2013). Darüber hinaus wird Value-in-Use als eine interaktive und relativistische Erfahrung verstanden, die sich auf die unterschiedlichen Typen von Wert fokussieren, die der Kunde während der Nutzung erfährt (z. B. hedonistischer, monetärer, funktionaler oder sozialer Wert), die aus der Nutzung für den Kunden entstehen können (Holbrook und Hirschman 1982; Sheth et al. 1991; Sweeney und Soutar 2001). Insgesamt wird somit ersichtlich, dass die Frage nach der Konzeptualisierung und Operationalisierung von Value-in-Use zum heutigen Zeitpunkt als noch nicht geklärt angesehen werden kann.

Hinsichtlich der Entstehung des Value-in-Use gibt es bereits zwei vielversprechende Ansätze, die als Basis für eine einheitliche Konzeptualisierung dienen könnten. Hier sind die beiden Studien von Macdonald et al. (2011) und von Lemke et al. (2011) zu nennen. Macdonald et al. (2011) haben ein konzeptionelles, multi-dimensionales Modell entwickelt, mit dem der Gebrauchswert aus Kundenperspektive evaluiert werden kann. In ihrer Fallstudie stellen sie fest, dass Individuen die Qualität ihrer Nutzungsprozesse und den resultierenden Value-in-Use auf individuellem und organisationalem Level durchaus artikulieren können. Konkret können die wahrgenommene Service- und Nutzungsprozessqualität verbalisiert werden, welche beide einen direkten Einfluss auf den Value-in-Use aufweisen. Besonders wichtig ist dabei, dass die Bewertung der Qualität auf den Zielen des Kunden basiert und sich analog zu diesen verändert (Macdonald et al. 2011, S. 679). Lemke et al. (2011, S. 15) betrachtet den Value-in-Use in seinem konzeptionellen Modell als Mediator zwischen der Erfahrungsqualität und den Beziehungsergebnissen („relationship outcome") der Kunden. Dabei wird unter Kundenerfahrung die subjektive Reaktion auf die direkten und indirekten Begegnungen mit dem Unternehmen verstanden. Erfahrungsqualität bezieht sich wiederum auf die wahrgenommene Exzellenz oder Überlegenheit dieser Begegnungen. Der Value-in-Use ergibt sich demnach aus der wahrgenommenen

Qualität der verschiedenen Zusammentreffen mit einem Anbieter und wirkt sich direkt auf das Beziehungsergebnis, z. B. Loyalität oder Wiederkauf, aus (Lemke et al. 2011, S. 15). Beide Modelle bilden auf anschauliche Weise ab, wie der Value-in-Use aus Kundenperspektive entsteht und können somit als mögliche Ansätze für weitergehende Forschung zur Messung von Value-in-Use dienen.

3.3.2 Die veränderte Rolle des Patienten in der Wertschöpfung

Die veränderte Auffassung von Wert als Value-in-Use hat weitreichende Implikationen für die Auffassung von Wertschöpfung und der damit einhergehenden Rolle des Kunden und des Anbieters innerhalb des Wertschöpfungsprozesses. Dem traditionellen Marketingverständnis innerhalb der GDL zufolge laufen anbieter- und nachfrageseitige Prozesse weitestgehend isoliert voneinander ab. Die Anbieter entwickeln Leistungen in einem geschlossenen Umfeld und stellen diese dann dem Nachfrager nach erfolgter Leistungserstellung mithilfe der verfügbaren Marketinginstrumente zur Verfügung (Kleinaltenkamp 2013, S. 6). So wird deutlich, dass die Wertschöpfung traditionell innerhalb der Anbieterprozesse verortet wurde, sodass die Prozesse und die Perspektive des Anbieters bei der Schaffung von Wert für den Nachfrager im Vordergrund stand. In der Literatur wird diese Perspektive der Wertschöpfung auch als „Firm Value Creation" bezeichnet (Gummerus 2013, S. 5). Innerhalb dieser Perspektive können unter anderem die Überlegungen von Wertschöpfungsketten von Porter (1985), die Vertreter der ressourcenbasierten Sicht (Barney 1991), der Resource-Advantage-Theorie (Hunt und Morgan 1996) sowie der Geschäftsprozessperspektive (Business Process View) (Srivastava et al. 1999) eingeordnet werden. Sie alle vertreten die gemeinsame Auffassung, dass die Wertschöpfung anbieterzentrisch erfolgt, sodass der Wert für den Kunden innerhalb der Prozesse und der Aktivitäten des Anbieters geschaffen wird, mit dem Ziel, einen nachhaltigen Wettbewerbsvorteil gegenüber anderen Anbieterunternehmen zu schaffen. Der Kunde und seine Aktivitäten stehen somit nicht im Vordergrund der Wertschöpfung. Vielmehr wird der Kunde als ein relativ passiver Akteur während der Wertschöpfung betrachtet (Gummerus 2013, S. 5). Bezogen auf den Gesundheitssektor wären demzufolge die Anbieter einer Gesundheitsleistung (z. B. Krankenhäuser oder Ärzte) diejenigen, die den Wert einer Leistung maßgeblich determinieren. Der Einfluss der Patienten auf die Wertschöpfung wird somit weitestgehend vernachlässigt.

Selbst im Dienstleistungsmarketing sowie in der Dienstleistungsökonomik, innerhalb derer der maßgebliche Beitrag des Nachfragers als Mitwirkender während des Leistungserstellungsprozesses explizit anerkannt wird, liegt der Fokus der Betrachtung auf den Anbietern (Kleinaltenkamp 2013, S. 4). So wird zwar der Einfluss des Kunden auf das Ergebnis der Leistung explizit thematisiert, da bei der Erstellung von Dienstleistungen im Gegensatz zur Produktion von Gütern von einem offenen System gesprochen wird, in welchem der Kunde aktiv in den Entwicklungs- und Herstellungsprozess integriert wird (Grönroos und Ojasalo 2004, S. 414 f.). Allerdings wird deutlich, dass der Kunde und seine Aktivitäten lediglich als „externer Faktor" außerhalb der Anbieterprozesse verstanden werden, die es im Zuge des Leistungserstellungsprozesses des Anbieters zu integrieren gilt, um damit eine Wertschöpfung zu ermöglichen (Engelhardt et al. 1993; Kleinaltenkamp 2005; Meffert und Bruhn 2006). Folglich werden nur die Teile der Prozesse des Nachfragers berücksichtigt, die vom Anbieter und vom Nachfrager gemeinsam vollzogen werden. Etwaige Nutzungsprozesse, die vom Nachfrager allein erst nach der Erstellung der Dienstleistung stattfinden, bleiben somit ausgeblendet (Kleinaltenkamp 2013, S. 4 f.). Demzufolge werden die patientenseitigen Aktivitäten und Abläufe, die nach einer Behandlung unabhängig vom Arzt stattfinden, z. B. die tägliche patientenseitige Verabreichung von Insulin bei Diabeteserkrankungen, nicht explizit betrachtet.

Versteht man aber Wertschöpfung als einen Vorgang, der nicht beim Anbieter bzw. mit dem Abschluss eines Austauschprozesses endet, sondern sich vielmehr in den vom Anbieter unabhängigen Prozessen der Nachfrager fortsetzt und erst dort abgeschlossen wird (Kleinaltenkamp 2013, S. 5), resultiert daraus eine fundamentale Transformation des Wertschöpfungsansatzes. Die Wertschöpfung beginnt innerhalb der Interaktionsprozesse zwischen Anbieter und Nachfrager, in der als Resultat einer gemeinsamen Ressourcenintegration und deren Bewertung innerhalb der Nutzungsprozesse des Nachfragers Wert geschaffen wird (Kleinaltenkamp et al. 2012, S. 201 ff.). Da es insbesondere bei Dienstleistungen zu einem iterativen Wechsel zwischen der Erstellung und der Nutzung der Leistung kommt bzw. die Erstellung der Leistung sehr häufig mit ihrer Nutzung einhergeht, fallen die Prozesse der Leistungserstellung mit den Nutzungsprozessen des Kunden zusammen. Das ist insbesondere bei Gesundheitsdienstleistungen der Fall, bei denen die Erstellung und die Nutzung einer ärztlichen Behandlung parallel stattfinden. So kann die Behandlung nur dann realisiert werden, wenn der Patient aktiv mitwirkt, indem er bspw. behandlungsrelevante Informationen bereitstellt (Gersch et al. 2011, S. 740). Hierbei kann als Kern der Wertschöpfung der Ressourcenintegrationsprozess angesehen werden. Sowohl Anbieter als auch Nachfrager agieren darin als proaktive Ressourcenintegratoren, die die jeweils in ihrer Verfügung stehenden operanten sowie operanden Ressourcen gemeinsam kombinieren und damit zur Wertschöpfung beitragen (Vargo und Lusch 2008, S. 7; Kleinaltenkamp et al. 2012, S. 202). Zu den operanden Ressourcen zählen statische, meist tangible Ressourcen, wie bspw. Rohstoffe, die nur durch eine Weiterverarbeitung Wert schaffen. Operante Ressourcen hingegen stellen dynamische, meist intangible Ressourcen dar, die auf operande und andere operante Ressourcen einwirken (Constantin und Lusch 1994, S. 143 ff.). Der Anbieter als auch der Nachfrager zählen zu den operanten Ressourcen, da sie mit ihren Kompetenzen andere Ressourcen verändern und somit Wert schaffen (Lusch et al. 2007, S. 6).

Folglich ändert sich das Verständnis der Rolle des Kunden radikal: Der Kunde wird nicht mehr als passiver und als ein zu integrierender Bestandteil der Anbieterprozesse verstanden. Stattdessen wird er stets als „Co-Creator of Value" (Vargo und Lusch 2008, S. 7) und somit als proaktiver Akteur in der Wertschöpfung angesehen, dessen Aktivitäten, Motivation, Wissen, Fähigkeiten und Ziele maßgeblich zur Bestimmung des endgültigen Wertes beitragen (Hibbert et al. 2012, S. 250 ff.). Seine Aktivitäten können hierbei direkt auf den Leistungserstellungsprozess zielen oder auch erst während der Nutzung eben dieser Leistung stattfinden (Karpen und Bove 2008, S. 221). So steuert der Kunde einerseits in seiner Rolle als Ressourcenintegrator die Integration von operanten und operanden Ressourcen während der Interaktion mit dem Anbieter mit und ist schließlich innerhalb seiner Nutzungsprozesse für die endgültige Determinierung von Wert verantwortlich (Kleinaltenkamp et al. 2012, S. 201 ff.; Grönroos und Voima 2013, S. 137 f.).

Die veränderte Rolle des Kunden hat jedoch gleichermaßen zur Folge, dass der Anbieter den Wert einer Leistung nicht mehr allein bestimmen kann, sondern dass die Kunden der Leistung erst innerhalb ihrer Nutzungsprozesse einen individuellen Wert zuweisen. Da die Wahrnehmung von Wert eine persönliche wertende Einschätzung ist und von jedem Akteur für sich selbst vorgenommen wird, wird Wert in diesem Sinne nicht kokreiert. Vielmehr kann er als Ergebnis des Kokreationsprozesses angesehen werden (Hilton et al. 2012, S. 1509). So kann der Anbieter zwar als Co-Creator fungieren, während er in der Interaktion mit dem Kunden steht, er ist aber nicht in der Lage, im Alleingang Wert für den Kunden zu generieren. Ist eine Interaktion hingegen zwischen Anbieter und Nachfrager überhaupt nicht gegeben, kann demzufolge auch nicht von einer Kokreation von Wert gesprochen werden (Grönroos 2011, S. 290 ff.). Grundsätzlich lässt sich somit feststellen, dass der Kunde in seinem Nutzungs- und Ressourcenintegrationsprozess Wert schafft, während der Anbieter die Wertschöpfung lediglich ermöglicht und begünstigt.

Grönroos und Voima (2013, S. 140 ff.) verdeutlichen diesen Sachverhalt durch die Benennung und Beschreibung verschiedener Sphären, die den Rahmen des Wertschöpfungsprozesses bilden. Sie ordnen die Aktivitäten der Kunden einer „Customer Sphere", die der Anbieter der „Provider Sphere" und die gemeinsamen Wertschöpfungsaktivitäten der „Joint Sphere" zu. In der Kundensphäre entsteht der Wert für den Kunden allein durch eine Ressourcenintegration des Kunden, an der der Anbieter nicht beteiligt ist. Das bedeutet jedoch nicht, dass der Kunde allein aktiv ist. In seinem „Customer Ecosystem" (Grönroos und Voima 2013, S. 142) können sich unabhängig vom anbietenden Unternehmen Akteure, bspw. Familienmitglieder, befinden, die ebenfalls Einfluss auf die Leistungserstellung nehmen können. So trägt bspw. die Unterstützung der Familie und enger Vertrauter von Patienten oft maßgeblich zum Erfolg der ärztlichen Behandlung bei. Die rein dyadische Beziehung zwischen Anbieter und Kunde wird somit aufgelöst und erweitert (McColl-Kennedy et al. 2012, S. 375). Die Anbietersphäre zeichnet sich durch die Bereitstellung potenziellen Wertes aus. Hier vollzieht der Anbieter Aktivitäten, die den Kunden bei seiner Wertschöpfung unterstützen, z. B. das Design und die Entwicklung von Ressourcen, die vom Kunden integriert werden. Diese Unterstützung der Wertschöpfung zählt demnach noch nicht zum eigentlichen Wertschöpfungsprozess des Kunden. In der gemeinsamen Sphäre findet dann die bereits erwähnte Interaktion zwischen Anbieter und Kunde statt, welche es dem anbietenden Unternehmen ermöglicht, die Rolle des Co-Creators zu übernehmen. Allerdings begünstigt eine Interaktion nicht unbedingt das Schaffen von Wert für den Kunden, sondern ist abhängig von der Qualität der Interaktion und der Kenntnis und dem Verständnis des Kunden. Sind alle Faktoren niedrig ausgeprägt, kann dies durchaus auch zu einer Wertzerstörung bzw. nicht zur gewünschten

Wertschöpfung führen. Hinsichtlich der verschiedenen Sphären ist zu beachten, dass es sich um ein dynamisches Konzept handelt. So kann der Kunde durch gesteigerte Aktivität durchaus die Grenze zur Anbietersphäre verschieben und die gemeinsame Sphäre vergrößern, wie dies auch umgekehrt durch den Anbieter erfolgen kann (Grönroos und Voima 2013, S. 144 ff.).

Wie aus dieser Darstellung ersichtlich wird, liegt die primäre Rolle des Anbieters in der Unterstützung der Wertschöpfung des Kunden (Gummesson 2007, S. 128). Er muss dafür Sorge tragen, dass die Anbieter- und Kundenprozesse koordiniert und dialogorientiert ablaufen können (Grönroos und Voima 2013, S. 145). Dazu ist es für den Anbieter zunächst wichtig, den Beitrag und die Rolle des Kunden tatsächlich zu erkennen und zu verstehen. Der Kunde sollte daher als wesentliches Element in der Angebots- und Wertschöpfungsstruktur des Unternehmens wahrgenommen werden und durch seine „[. . .] zentrale Rolle bei der Bestimmung des Tauschwerts angebotener Leistungen [. . .] eine exponierte Stellung" einnehmen (Kleinaltenkamp et al. 2009, S. 48). Ravald (2010) fordert diesbezüglich sogar, dass ein Anbieter so weit gehen müsse, dass er seine Prozesse an die Wertschöpfungsprozesse des Kunden anpasst. So ließe sich einerseits eine Verminderung des Ressourceneinsatzes seitens des Anbieters erzielen. Darüber hinaus würde dies in einem höheren Wert für den Kunden resultieren, welcher zu einer höheren Erfolgswahrscheinlichkeit der gemeinsam erbrachten Leistung führen würde. All dies setzt ein großes Verständnis der Art des Kundenbeitrags, der Motivation sowie der Fähigkeiten und des Wissens des Kunden voraus, was nachfolgend aufgezeigt werden soll.

Hinsichtlich des Kundenbeitrages lassen sich drei verschiedene Arten von Beiträgen ausmachen – physische, mentale und emotionale (z. B. Larrson und Bowen 1989; Risch-Rodie und Schultz-Kleine 2000; Xie et al. 2008; Kurzmann und Reinecke 2011). Physisch können sich Kunden bspw. durch Aktivitäten wie „[. . .] procuring, assorting, moving, combining, and changing inputs" (Xie et al. 2008, S. 110) einbringen. Der Erwerb verschriebener Medikamente in der Apotheke stellt bspw. einen solchen physischen Patientenbeitrag dar. Unter mentalen Beiträgen werden planende, wertende, prüfende oder regulierende Tätigkeiten verstanden, wie bspw. die Auswahl einer medizinischen Einrichtung oder einer bestimmten Behandlungsform seitens des Patienten (Kurzmann und Reinecke 2011, S. 357 f.). Schließlich existieren emotionale Beiträge, die vor allem dann auftreten, wenn die Kunden der Meinung sind, dass die Vorteile die Nachteile bzw. Kosten überwiegen (Risch-Rodie und Schultz-Kleine 2000). Z. B. könnte dies der Fall sein, wenn ein Patient trotz mangelnder Zufriedenheit mit der ärztlichen Behandlung sachlich und freundlich gegenüber dem Anbieter bleibt. Die Intensität der Kundenbeiträge ist wiederum von mehreren Faktoren abhängig. Zum einen nimmt das Involvement des Kunden – also die wahrgenommene Wichtigkeit der Transaktion für den Kunden – Einfluss auf seinen Beitrag. Des Weiteren ist der Grad der Autonomie ausschlaggebend. Ein dritter relevanter Punkt sind kundenbezogene Eigenschaften wie die Motivation und Expertise (Kurzmann und Reinecke 2011, S. 358).

Bezüglich der Motivation der Kunden, sich aktiv in den Leistungserstellungsprozess einzubringen, sind im Wesentlichen zwei Gründe auszumachen. Dabholkar (1996, S. 41 ff.)

zeigt, dass der Kunde zum einen Freude an der Aktivität haben kann und sie als intrinsisch attraktiv empfindet. Larrson und Bowen (1989, S. 218) hingegen machen das Gefühl der Notwendigkeit, sich zu beteiligen, um eine gewisse Leistungsqualität zu erreichen, als zweiten Motivator aus. Dies ist besonders auch im Gesundheitssektor festzustellen. So fragen Patienten die ärztliche Dienstleistung meistens nicht freiwillig nach, sondern sind aufgrund von Erkrankung oder deren Vorbeugung zur Inanspruchnahme von medizinischen Dienstleistungen gezwungen (Berry und Bendapoudi 2007, S. 111 ff.) und haben deshalb eine hohe Motivation, sich aktiv am Behandlungsprozess zu beteiligen. Wie ausgeprägt Kunden motiviert sind, ist gemäß der Self-Determination-Theorie auf drei Faktoren zurückzuführen: Verbundenheit, Kompetenz und Autonomie (Ryan und Deci 2000, S. 73 f.). Auf den organisationalen Kontext bezogen, bedeutet das, dass je mehr sich der Kunde dem anbietenden Unternehmen zugehörig oder verbunden fühlt, desto höher seine Motivation ist, selbst Leistungen zu erbringen. Weiterhin sind die Aussichten, die Leistung erfolgreich erbringen sowie unabhängig entscheiden zu können, ob und in welchem Ausmaß sich beteiligt wird, relevante Motivationsindikatoren (Ryan und Deci 2000, S. 73 f.). An dieser Stelle sei außerdem erwähnt, dass zwischen zwei Richtungen der Motivation des Kunden, nämlich der „Co-Creation for Use" und der „Co-Creation for Others" (Humphreys und Grayson 2008) differenziert werden kann. Während im Falle von „Co-Creation for Use" der Kunde motiviert ist, seinen eigenen Nutzen zu erhöhen, hat der Kunde im Falle von „Co-Creation for Others" die Intention, Nutzen für andere zu schaffen (Witell et al. 2011). So stellt er im letzten Fall bspw. Ideen zur Verfügung, teilt sein Wissen oder nimmt auf eine Art und Weise an der Dienstleistungserstellung teil, sodass andere Patienten davon profitieren können (Elg et al. 2012, S. 330).

Neben der Motivation sind auch das Wissen und die Fähigkeit des Kunden, sich in der Erstellung und Nutzung der Leistung einzubringen, ausschlaggebend für die Wertschöpfung. Messgrößen wie z. B. die Kundeneffizienz, bei der die physischen Beiträge eines Kunden gemessen werden, oder die Kundeneffektivität, welche den Zielerreichungsgrad des Kunden repräsentiert, stellen Möglichkeiten dar, diese Fähigkeiten zu überprüfen und zu verbessern (Kurzmann und Reinecke 2011, S. 358 ff.). Als Basis dieser Kundenkompetenzen sind sogenannte kognitive Skripte zu verzeichnen. Darunter werden die konkreten Vorstellungen des Kunden verbunden, wie ein Leistungserstellungsprozess auszusehen hat. Je besser dieser Prozess mit den Skripten des Kunden übereinstimmt, umso effizienter und effektiver ist sein Verlauf (Frauendorf 2006, S. 204 ff.; Eichentopf et al. 2011, S. 655 ff.).

3.4 Produktivitätsmanagement in Nutzungsprozessen des Gesundheitssektors

Eine patientenzentrische Betrachtung von Produktivität (vgl. Abschn. 3.2) und Wertschöpfung (vgl. Abschn. 3.3) eröffnet eine völlig neue Perspektive, den Wert einer medizinischen Dienstleistung für den Patienten zu verstehen. Für den Anbieter einer Gesundheitsdienstleistung eröffnen sich dadurch einerseits komplett neue Möglichkeiten, die Produktivität der Wertschöpfung beim Kunden innerhalb seiner Nutzungsprozesse entscheidend zu unterstützen und damit positiv zu beeinflussen. Andererseits bieten sich neue Ansatzpunkte, dem Patienten seine Rolle in der Wertschöpfung der medizinischen Leistung bewusst zu machen und ihn schließlich zu befähigen, seine Nutzungsprozesse produktiv (d. h. output-maximierend im Sinne einer Steigerung des wahrgenommenen Wertes der medizinischen Dienstleistung) zu gestalten.

Basis hierfür ist ein grundlegendes Verständnis des Zusammenhanges zwischen den Konzepten der (Kunden-)Produktivität und dem der Nutzungsprozesse von Patienten. Aufbauend auf den bisherigen Ausführungen kann davon ausgegangen werden, dass die Transformation kundenseitiger Inputs zu kundenseitigen Outputs zur Bestimmung der Produktivität des Patienten im Rahmen seiner Nutzungsprozesse stattfindet. Entsprechend dem dynamischen, patientenzentrischen Verständnis des Wertschöpfungsprozesses (vgl. Abschn. 3.3) wird dabei der Wert einer Gesundheitsleistung erst während ihrer Nutzung durch den Patienten endgültig determiniert. Die Erstellung der Gesundheitsleistung ist durch eine stetige Ressourcenintegration gekennzeichnet, bei der neben anbieterseitigen Inputfaktoren maßgeblich kundenseitige Inputfaktoren in die Leistungserstellung einfließen. Diese Ressourcenintegration ist die Basis für die Bewertung der Leistung innerhalb der Nutzungsprozesse des Patienten. Somit stellt der wahrgenommene Wert einer Leistung für den Patienten das Ergebnis der Bewertung der kundenseitigen Outputfaktoren innerhalb der Nutzungsprozesse des Patienten dar. Das wiederum bedeutet, dass die Produktivität einer medizinischen Leistung für den Kunden von der Umwandlung dieser kundenseitigen In- und Outputfaktoren während der Erstellung und der Nutzung der Dienstleistung abhängt. Je mehr kundenseitiger Output (Wert) bei einer konstanten Höhe des kundenseitigen Inputs innerhalb der Nutzungsprozesse des Patienten generiert wird, desto höher ist die Produktivität der Gesundheitsleistung für den Patienten. Analog ist die Produktivität höher, wenn der gleiche oder sogar ein höherer kundenseitiger Output (Wert) innerhalb der Nutzungsprozesse des Patienten mit weniger kundenseitigem Input realisiert wird.

Daraus folgt, dass über je mehr Wissen und Know-how ein Patient im Hinblick auf seine Rolle, seine Aktivitäten und die Abläufe während der Erstellung und der Nutzung der Gesundheitsleistung verfügt, er sich umso effizienter an der Erstellung und der Inanspruchnahme der Leistung beteiligen kann, da sich seine Handlungen routinierter und schneller vollziehen. So muss der Patient gegebenenfalls weniger Zeit, Kraft und kognitive Anstrengung aufwenden (geringerer kundenseitiger Input), um einen ähnlich hohen oder höheren Wert (kundenseitiger Output) aus der Leistung zu erfahren. Weiterhin lässt sich die Produktivität des Patienten ebenfalls durch eine verstärkte Anpassung der anbieterseitigen Prozesse auf die Nutzungsprozesse des Patienten erhöhen. Dadurch lässt sich eine effizientere Transformation des kundenseitigen Inputs innerhalb der Nutzungsprozesse des Patienten realisieren, die schließlich in einem höheren kundenseitigen Output im Sinne eines höher wahrgenommenen Wertes der Gesundheitsleistung führt. Die Produktivität einer Leistung wird somit maßgeblich durch die Nutzungsprozesse des Patienten bestimmt. Folglich kann die Produktivität gesteuert werden, indem vor allem umfassendes

Wissen über die Nutzungsprozesse und die darin inhärenten Aktivitäten, Interaktionen und Abläufe des Patienten während der Nutzung der Leistung gewonnen werden. Denn nur so lassen sich Ansatzpunkte erkennen, in denen der Anbieter den Nutzungsprozess des Patienten (und damit die Produktivität der Gesundheitsleistung) durch unterstützende Maßnahmen oder durch eine erhöhte Befähigung (im Sinne einer Wissens- und Know-how-Vermittlung) der Patienten beeinflussen kann.

Einen ersten wichtigen empirischen Beitrag zum Verständnis der patientenseitigen Nutzungsprozesse während der Erstellung und der Nutzung medizinischer Gesundheitsleistungen stellen die fünf „Value Cocreation Practice Styles" nach McColl-Kennedy et al. (2012, S. 379 ff.) dar. So gelang es den Autorinnen und Autoren in einer umfassenden mehrjährigen qualitativen Untersuchung von Patienten, die sich einer Krebsbehandlung unterzogen, verschiedene Patiententypen zu identifizieren. Abhängig vom Aktivitäts- und Interaktionsgrad während der Erstellung und Inanspruchnahme der Krebsbehandlung können die Patienten auf einer Art Kontinuum den fünf Kokreationsstilen „Team Management", „Insular Controlling", „Partnering", „Pragmatic Adapting" und „Passive Compliance" zugeordnet werden. Patienten, die bspw. den „Team Management"-Stil aufweisen, bringen sich sehr aktiv in den Leistungserstellungsprozess mit ein und pflegen intensiven Kontakt zu einer Vielzahl an Akteuren des Gesundheitswesens neben dem des Anbieters der Gesundheitsleistung. Zu den Aktivitäten, die sie verfolgen, gehören das Zusammentragen von Informationen, das Kooperieren mit den verantwortlichen Akteuren, z. B. Ärzten oder Pflegern, oder das Kombinieren von komplementären Therapien, wie etwa neben der eigentlichen Krebsbehandlung Diät zu halten und Sport zu treiben. So sehen diese Patienten ihr Umfeld als eine Art Team an, welches sie proaktiv steuern und für ihre Genesung einsetzen. Im Gegensatz dazu ist „Insular Controling" ein anderer Kokreationsstil, bei dem die Patienten, ähnlich wie beim Stil des „Team Management", ein hohes Maß an Aktivität aufweisen. Das Ausmaß ihrer Interaktionen begrenzt sich jedoch auf Akteure innerhalb ihres privaten und medizinischen Umfelds. So geben sie nicht viele Details zu ihrer Krankheit preis, führen aber dennoch sehr ähnliche Aktivitäten wie die Patienten des „Team Management"-Stils durch. Generell sehen sie sich somit als Akteure an, die aus einer gewissen Distanz ihren Prozess der Behandlung und Genesung zu kontrollieren versuchen. Im scharfen Kontrast dazu weisen bspw. Patienten des Typs „Passive Compliance" weder ein hohes Aktivitätsniveau auf noch beteiligen sie sich an einer Interaktion. Sie vertrauen ihrem Arzt bzw. Pfleger vollkommen und sehen keine Notwendigkeit, selbst die Initiative zu ergreifen und bspw. andere Akteure in ihren Behandlungsprozess miteinzubeziehen (McColl-Kennedy et al. 2012, S. 379 ff.). Interessanterweise konnten die Autoren weiterhin zeigen, dass sich dieser unterschiedliche Aktivitäts- und Interaktionslevel der Patienten sehr stark auf deren jeweils wahrgenommene Lebensqualität auswirkt. So berichten bspw. die Patienten des Kokreationstils „Team Management" über eine deutlich höher empfundene Lebensqualität als die Patienten des Kokreationstils „Passive Compliance".

Diese Erkenntnisse haben für das Management der Produktivität von Gesundheitsdienstleistungen wichtige Implikationen. So konnte erstmals gezeigt werden, dass unterschiedliche Patiententypen mit verschiedenen Nutzungsprozessen (manifestiert in unterschiedlichen Aktivitäts- und Interaktionsgraden) während derselben medizinischen Leistung (in diesem Fall einer Krebsbehandlung) existieren, welche wiederum einen Einfluss auf den wahrgenommenen Wert der Leistung (in diesem Fall die wahrgenommene Lebensqualität) haben (McColl-Kennedy et al. 2012, S. 379 ff.). So weisen Patienten mit einem hohen Bewusstsein bezüglich ihrer Nutzungsprozesse und einem höheren Wissen hinsichtlich dessen Steuerung (z. B. „Team Management") einen effizienteren Einsatz kundenseitiger Inputfaktoren auf. Dies schlägt sich schließlich in einem höheren Wert und damit in einer höheren Produktivität für den Patienten nieder, verglichen mit den Patienten, die lediglich passiv den Anweisungen ihres Arztes Folge leisten und weniger reflektiert mit ihren Nutzungsprozessen während der Behandlung und ihrer Rolle darin umgehen (z. B. „Passive Compliance"). Folglich eröffnet das Wissen über die Ausgestaltung der Nutzungsprozesse der Patienten Ansatzpunkte für den Anbieter der Gesundheitsdienstleistung, bestimmte Aktivitäten und Interaktionen während der Nutzung der Leistung zu fördern, um dadurch die Produktivität der Leistung für den Patienten zu erhöhen und die empfundene Lebensqualität zu verbessern. Bspw. können behandlungsrelevante Informationen je nach Nutzungstyp bedarfsgerecht zur Verfügung gestellt werden und explizit auf die positiven Auswirkungen eines aktiven Mitwirkens des Patienten auf dessen Produktivität während des Behandlungsprozesses hingewiesen werden.

Zwei erste Methoden, die darauf abzielen, diese kundenseitigen Aktivitäten und Abläufe während der Erstellung und Nutzung einer Leistung aus Kundenperspektive systematisch abzubilden, stellen einerseits der erweiterte Service Blueprint (Frauendorf 2006, S. 49 ff.; Eichentopf et al. 2011, S. 652 f.) und andererseits das sogenannte Business Process Blueprinting (BP[2]) (Gersch et al. 2011; Hewing 2013) dar. Beide Methoden haben gemeinsam, dass sie sich anders als im traditionellen Service Blueprinting (Shostack 1982; Fließ und Kleinaltenkamp 2004) nicht nur auf die Abbildung und Modellierung von Anbieterprozessen, sondern auch auf die der Prozesse des Kunden fokussieren. Im Gegensatz zum erweiterten Service Blueprint, welcher primär eine analoge Spiegelung des traditionellen Service Blueprints aus der Kundenperspektive darstellt (Kleinaltenkamp 2013, S. 15), verbindet die Methode des BP[2] die Marketingperspektive auf Kundenprozesse mit der Modellierungssprache und Systemarchitektur der Geschäftsprozessmodellierung (z. B. EPC, UML, BPMN) aus der Wirtschaftsinformatik (Gersch et al. 2011, S. 736 f.). Ziel der Methode ist es, durch die Visualisierung der Kundenprozesse Möglichkeiten darzulegen, wie der Kunde vor allem in den Prozessen der Leistungserstellung und -nutzung, die unabhängig vom Anbieter ablaufen, IT-gestützt unterstützt werden kann. Somit hat diese Methode der Prozessabbildung das Potenzial, einen Einblick in die sonst für den Anbieter nicht sichtbaren Kundenaktivitäten während der Nutzung einer Leistung zu geben (Hewing 2013).

In zwei Fallstudien im Gesundheitssektor konnte die Relevanz dieser Methode für das Management der Produktivität einer Gesundheitsleistung aufgezeigt werden (Gersch et al. 2011; Hewing 2013). So wurde in der ersten Fallstudie durch eine Visualisierung der Nutzungsprozesse von Patienten in einem der größten europäischen Krankenhäuser Optimierungspotenzial sowohl hinsichtlich der Anbieter- als auch der Kundenproduktivität identifiziert, welches durch ein Redesign der Kundenprozesse realisiert werde könnte (Gersch et al. 2011, S. 740 f.). Der Kontext der Studie fand in der sogenannten Phase der präoperativen Evaluation statt, d. h. der Phase der Registrierung des Patienten vor der anästhetischen Konsultation durch den behandelten Arzt (Registrierung, manuelles Ausfüllen des Anamnesebogens) und der Phase der anästhetischen Konsultation an sich. Es konnte gezeigt werden, dass durch eine Digitalisierung und eine automatisierte Auswertung des vom Patienten manuell auszufüllenden standardisierten Anamnesebogens ein Optimierungspotenzial innerhalb der Nutzungsprozesse des Patienten besteht, seine wahrgenommene Wartezeit zwischen den beiden Phasen zu reduzieren, um dadurch seine Produktivität zu steigern (Gersch et al. 2011, S. 740 f.). So können diese Maßnahmen zu einer Optimierung der Nutzungsprozesse führen, da sie bei einem ähnlichen Level kundenseitiger Inputs (ähnlicher kognitiver sowie zeitlicher Aufwand beim Ausfüllen des Anamnesebogens) zu einem deutlich höheren Output (im Sinne einer wahrgenommenen Qualität der ärztlichen Behandlung) führen. In einer zweiten Fallstudie, die die Analyse und die Visualisierung von Nutzungsprozessen von Patienten mit elektronischen kardiovaskularen Implantaten umfasste, konnten ebenfalls durch die Anwendung der BP^2-Methode Optimierungspotenzial bei den Nutzungsprozessen – und damit Möglichkeiten zur Verbesserung der Kundenproduktivität – identifiziert werden. Hierbei beginnt die Prozesskette der Kundenaktivitäten mit der Feststellung der kardiovaskularen Erkrankung des Patienten und endet in verschiedenen Folgebehandlungen, die der Patient nach der ersten hauptsächlichen medizinischen Behandlung wahrnimmt. Um den Prozess der Behandlung gegebenenfalls umzustellen, wurde neben der Prozess- auch die Wertschöpfungskette des Kunden illustriert. Anhand beider Darstellungen konnten schließlich gemeinsam mit den Patienten mögliche Veränderungen innerhalb seiner Nutzungsprozesse identifiziert werden, die schließlich zu einem höheren Wert im Sinne einer schnelleren Genesung des Kunden führen können. Durch die Remodellierung der Nutzungsprozesse des Kunden kann somit ein Empowerment des Kunden während seiner Wertschöpfungsaktivitäten gewährleistet werden, welches besonders im Gesundheitssektor eine hohe Relevanz für die Produktivität des Kunden aufweist (Hewing 2013, S. 99 ff.).

Neben der umfassenden Kenntnis der Nutzungsprozesse des Kunden stellt ein grundsätzliches Verständnis der Entstehung von Value-in-Use einen weiteren Ansatzpunkt zur Verbesserung der Produktivität dar. Hierbei sind insbesondere die beiden bereits erwähnten Ansätze von Macdonald et al. (2011) und Lemke et al. (2011) zu nennen (Abschn. 3.3.2). So ermöglicht eine tiefergehende Kenntnis der Zusammenhänge zwischen wahrgenommener Service- und Nutzungsprozessqualität, den Zielen der Nutzer der Leistung, den Beziehungsergebnissen sowie die Differenzierung zwischen individuellem und organisationalem Value-in-Use die Identifikation der entsprechenden Stellen innerhalb der Nutzungsprozesse von Patienten, an denen seitens des Anbieters Maßnahmen zur Verbesserung der Produktivität der Patienten angesetzt werden können.

Umfassende Kenntnis bezüglich der patientenseitigen Nutzungsprozesse und der Entstehung von Wert allein sind allerdings nicht ausreichend, um eine hohe Patientenproduktivität zu erzielen. Der Patient muss außerdem befähigt und motiviert werden, einerseits aktiv an der Leistungserstellung mitzuwirken sowie andererseits produktiv die Leistung innerhalb seiner Nutzungsprozesse zu verwenden. Ein Ansatz, mit dem die Fähigkeit und das Wissen von Patienten bezüglich ihrer Aktivitäten und Abläufe während der Erstellung und der Inanspruchnahme der Leistung dargestellt werden kann, sind die kognitiven Kundenskripte nach Abelson (1976). Wie bereits in Abschn. 3.3.2 erwähnt, handelt es sich hierbei um die „[...] konkreten Vorstellungen der Kunden davon, wie ein Leistungserstellungsprozess abläuft und an welcher Stelle sie sich in welcher Form einbringen sollten" (Kleinaltenkamp et al. 2008, S. 42). Kundenskripte stellen somit kognitive Schemata im Gedächtnis von Patienten dar, die Sequenzen von Ereignissen oder Verhaltensweisen für eine bestimmte Situation beschreiben (Schank 1975; Graesser et al. 1979). Folglich können kognitive Skripte von Patienten als implizite Vorstellung von patientenseitigen Nutzungsprozessen verstanden werden (Kleinaltenkamp 2013, S. 18 f.). Hauptsächlich basieren sie auf zurückliegenden Erfahrungen der Patienten, die bei der Leistungserstellung und Inanspruchnahme identischer oder ähnlicher medizinischer Dienstleistungen im Zeitablauf gemacht wurden. Je besser der Nutzungsprozess somit als kognitives Skript beim Patienten verankert ist, umso effizienter und effektiver ist dessen Verlauf und Ergebnis (Kleinaltenkamp et al. 2008, S. 42 f.). Somit wird die hohe Relevanz einer Ausgeprägtheit von kognitiven Skripten des Patienten bezüglich seiner Nutzungsprozesse für seine Produktivität deutlich. Daher sollte zur Förderung der Verankerung patientenseitiger Skripte – und damit der Produktivität des Patienten – anbieterseitig sichergestellt werden, dass der Patient die nötigen Informationen und Hilfestellungen bezüglich der Erstellung und der Inanspruchnahme der Leistung erhält.

Darüber hinaus sollte der Anbieter der Gesundheitsleistung dafür Sorge tragen, dass der Patient motiviert ist, während des Leistungserstellungsprozesses aktiv mitzuwirken. So haben mehrere Studien gezeigt, dass besonders die Partizipation am Leistungserstellungsprozess positive Auswirkungen auf die Kunden bzw. Patientenwahrnehmung des durch die Leistung entstehenden Wertes hat (Crawford et al. 2002; Mochon et al. 2012, Norton et al. 2012). So zeigten Crawford et al. (2002, S. 2) in ihrem umfassenden Literatur-Review, dass Patienten, die an der Erstellung der Gesundheitsdienstleistung mitwirkten, die Möglichkeit, sich zu involvieren, begrüßten und ihr Selbstbewusstsein dadurch gesteigert wurde. Weiterhin werteten sie eine Studie der US-amerikanischen Health Systems Agencies aus, in der 75 % der 154 Studienteilnehmer bestätigten, dass eine Patientenintegration sowohl die Qualität der Dienstleistung als auch die Gesundheit der mitwirkenden Patienten verbesserte (Crawford et al. 2002, S. 2). Ein möglicher Grund hierfür könnte sein, dass die Patienten sich durch ihre Partizipation weniger ihrer Krankheit ausgeliefert fühlen und durch ihr Mitwirken eine gewisse Kontrolle hinsichtlich ihres Gesundheitszustandes empfinden. Somit ist es notwendig, dass der Patient bewusst und aktiv in diesen Prozess eingebunden wird, um ein zufriedenstellendes Ergebnis zu erzielen.

Um die Mitwirkung des Patienten zu fördern, müssen einige Voraussetzungen erfüllt sein. So ist es essenziell, dass der Patient eine gewisse Kompetenz hinsichtlich der von ihm ausgeführten Aktivität empfindet. Sowohl Norton et al. (2012, S. 454 ff.) als auch Mochon et al. (2012, S. 364 f.) haben in Experimenten die „[...] crucial role that competence plays, as both a mediator and a moderator, in creating consumer interest in self-created products and in making their efforts feel rewarding" (Mochon et al. 2012, S. 367) nachgewiesen. Dieses auch als „Ikea-Effekt" bezeichnete Phänomen beschreibt die Tatsache, dass Produkte, an deren Erstellung sich der Kunde selbst beteiligt hat, eine höhere Wertschätzung erfahren (Norton et al. 2012, S. 454 ff.). Dieser Umstand trifft auch auf Dienstleistungen zu (Bendapudi und Leone 2003, S. 18 ff.) und erlaubt die Annahme, dass die aktive Beteiligung von Patienten im Gesundheitssektor zu einer verbesserten Evaluierung der Dienstleistung führen kann. Dennoch muss beachtet werden, dass aufgrund der selbstwertdienlichen Verzerrung (Self-Serving Bias) ein negativ empfundenes Ergebnis, bspw. die als negativ wahrgenommene Qualität einer Therapie oder Gesundheitsbehandlung, den „Ikea-Effekt" abschwächt, auch wenn der Patient sich an der Leistungserstellung aktiv beteiligt hat (Norton et al. 2012, S. 454 ff.). Dies hat zur Folge, dass die aktive Mitwirkung des Patienten bei der Erstellung und Inanspruchnahme der medizinischen Leistung sich nicht immer positiv auf den daraus resultierenden Wert auswirkt und somit die Produktivität des Patienten vermindern kann (höherer kundenseitiger Input führt zu niedrigerem Output). Daher sollte der Anbieter der Gesundheitsleistung auf eine enge, vertraute Beziehung zu dem Patienten achten sowie mit ihm ein geeignetes Mitwirkungsniveau bestimmen, sodass solche möglichen selbstwertdienlichen Verzerrungen und deren negative Auswirkungen auf die Produktivität verringert werden (Bendapudi und Leone 2003, S. 22 f.).

Darüber hinaus sollten Rahmenbedingungen geschaffen werden, in denen der beteiligte Patient befähigt wird, seinen Nutzungsprozess optimal zu gestalten, um einer verminderten Produktivität vorzubeugen. Engström (2012, S. viii) empfiehlt diesbezüglich: „We should give patients an invitation to contribute to their own health, on their own terms, in a relationship in which patient and caregiver can co-create value constructively". Da jeder Patient ein unterschiedliches Wertverständnis aufweist, ist es notwendig, die wertschöpfenden Aktivitäten der jeweiligen Rolle, die der Patient übernimmt, anzupassen. Der Fokus muss dabei auf einer stetigen Interaktion zwischen Dienstleister und Patient liegen (Nordgren und Eriksson 2009, S. 3 f.). In dieser müssen die Informationen vermittelt werden, die dem Patienten ermöglichen, seine Aktivitäten im Leistungserstellungsprozess kompetent zu übernehmen. Das kann bspw. durch Patientenschulungen oder traditionelle und moderne Medien erfolgen. Doch nicht nur die Bereitstellung von Informationen, sondern vor allem auch die Bereitschaft des Gesundheitsdienstleisters, die Krankengeschichte und Vorschläge der Patienten in einem Dialog aufzunehmen und zu verarbeiten, ist von größter Wichtigkeit. Diese kommunikative Wertschöpfung ermöglicht es dem Anbieter, für die Leistungserstellung relevante Ressourcen in Form von Patientenkenntnis zu erhalten (Nordgren und Eriksson 2009, S. 4 f.). Ein vertrauensvoller Dialog zwischen Patient und seinem Arzt oder Pfleger stellt somit die Basis der Wertschöpfung dar. Mit dem daraus gewonnen Wissen können die Prozesse und Aktivitäten des Patienten ergänzt, angepasst und unterstützt werden, um ihn bestmöglich in seiner Wertschöpfung innerhalb seiner Nutzungsprozesse zu unterstützen mit dem Ziel, seine Produktivität zu erhöhen (Nordgren und Eriksson 2009, S. 3 f.).

3.5   Gestaltung von Nutzungsprozessen als Chance zur Produktivitätsverbesserung

Ziel des vorliegenden Kapitels war es, Ansatzpunkte zu verdeutlichen, wie die Produktivität innerhalb des Gesundheitssektors durch eine patientenzentrische Perspektive und einen Fokus auf die Produktivität des Patienten sowie seine Wertschöpfung innerhalb von Nutzungsprozessen gesteuert und gefördert werden kann. Dadurch ergibt sich eine neue Sichtweise, wie den aktuellen Herausforderungen des Gesundheitswesens (vgl. Abschn. 3.1) besser begegnet werden kann. Grundlegend für das Verständnis des Zusammenhangs zwischen der Patientenproduktivität und den patientenseitigen Nutzungsprozessen einer medizinischen Leistung ist die veränderte Auffassung des Wertbegriffs als Value-in-Use. Demnach ergibt sich der Wert einer Leistung für den Patienten erst während dessen Nutzung. Der Patient und nicht der Anbieter ist somit maßgeblich verantwortlich für die Wertbestimmung einer Gesundheitsleistung. Das Verständnis seiner Rolle innerhalb des Wertschöpfungsprozesses ändert sich demnach grundlegend, da seine Nutzungsprozesse den Ort der eigentlichen Wertdeterminierung darstellen. Je besser das Verhältnis des aus den Nutzungsprozessen resultierenden wahrgenommenen Wertes (patientenseitiger Output) sowie seiner mit der Erstellung und Nutzung der Leistung verbundenen zeitlichen, kognitiven sowie sonstigen Aufwendungen (patientenseitiger Input) ist, desto höher kann die Produktivität des Patienten angesehen werden.

Um die Produktivität des Patienten entscheidend beeinflussen zu können, kommt dem Anbieter einer medizinischen Leistung vor allem die Rolle zu, die Nutzungsprozesse des Patienten zu unterstützen und gegebenenfalls durch passende Maßnahmen im Sinne einer erhöhten Produktivität für den Patienten zu verändern. Hierzu bedarf es zum einen umfassender Kenntnisse hinsichtlich der Form und der konkreten Ausgestaltung der Nutzungsprozesse des Patienten. Zum anderen benötigt der Anbieter Wissen bezüglich der Stellschrauben im jeweiligen Nutzungsprozess, die entscheidend für die Entstehung von Wert für den Patienten sind. So lassen sich einerseits verschiedene Typen von Patienten klassifizieren, die unterschiedliche Nutzungsprozesse mit verschiedenen Aktivitäts- sowie Interaktionsniveaus besitzen, auf die dann je nach Nutzungstyp anbieterseitig reagiert werden muss, um eine Steigerung der Produktivität zu bewirken. Andererseits lassen sich mit Hilfe einer umfassenden Darstellung und Modellierung der Nutzungsprozesse Ansatzpunkte zu deren Optimierung identifizieren und umsetzen. Neben einer umfassenden Kenntnis der Nutzungsprozesse des Patienten ist es für den Anbieter einer Gesundheitsleistung vor allem wichtig, den Patienten zur wertsteigernden sowie aufwandsmindernden Ausgestaltung seiner Nutzungsprozesse und zur proaktiven Mitwirkung beim Leistungserstellungsprozess zu befähigen und gleichermaßen zu motivieren. Dazu müssen anbieterseitig gewisse Rahmenbedingungen geschaffen werden, wie bspw. die Sicherstellung von patientenseitigem Wissen hinsichtlich der Aktivitäten und der Abfolge von Ereignissen innerhalb seiner Nutzungsprozesse.

Insgesamt lässt sich daher festhalten, dass das Management von Nutzungsprozessen des Patienten viele Ansatzpunkte für einen wesentlichen Beitrag zur Förderung der Produktivität des Patienten und damit zur Erhöhung der Gesamtproduktivität im Gesundheitssektor liefern kann. Erste empirische Ergebnisse in diesem Bereich sind sehr vielversprechend. Dennoch sollten sich künftige Forschungsanstrengungen zur Produktivität im Gesundheitssektor viel stärker als bisher auf die Erhöhung der Produktivität von Patienten und die damit eng verbundene Wertschöpfung innerhalb patientenseitiger Nutzungsprozesse konzentrieren.

Literatur

Abelson RP (1976) Script processing in attitude formation and decision making. In: Carroll JS, Payne JW (Hrsg) Cognition and social behavior. Wiley, Hillsdale, S 33–45

Alderson W (1965) Dynamic marketing behaviour: a functionalist theory of marketing. Homewood, Illinois

Badcott D (2005) The expert patient: valid recognition or false hope? Med Health Care Philos 8:173–178

Barney J (1991) Firm resources and sustained competitive advantage. J Manag 17:99–120. doi:10.1016/S0742-3322(00)17018-4

Bendapudi N, Leone RP (2003) Psychological implications of customer participation in co-production. J Mark 67:14–28

Berry LL, Bendapudi N (2007) Healthcare: a fertile field for service research. J Serv Res 10(20):111–122. doi:10.1177/1094670507306682

Bitner MJ, Brown SW (2008) The service imperative. Bus Horiz 51:71–84. doi:10.1016/j.bushor.2007.09.003

Bloor K, Maynard A (2006) The productivity of health care. Health Econ 15:1257–1259

Bolton RN, Drew JH (1991) A longitudinal analysis of the impact of service changes on customer attitudes. J Mark 55(1):1–10

Borchert M et al (2012) Dienstleistungsproduktivität in der Krankenhauspflege – Konzeptionelle Grundlagen und Modellentwicklung. IBES Diskussionsbeitrag Nr. 196. Essen

Brown JR, Dev CS (1999) Looking beyond RevPAR; productivity consequences of hotel strategies. Cornell Hotel Restaur Adm Q 4:23–33. doi:10.1016/S0010-8804(99)80021-4

Bruhn M, Hadwich K (2011) Dienstleistungsproduktivität – Einführung in die theoretischen und praktischen Problemstellungen. In: Bruhn M, Hadwich K (Hrsg) Dienstleistungsproduktivität. Gabler, Wiesbaden, S1–33

Bundesministerium für Gesundheit (2013) Nichtraucher-Kampagne. http://www.bmg.gv.at/home/Presse/Presseunterlagen/Kampagnen/Nichtraucher_Kampagne. Zugegriffen: 11. Jun. 2013

Bundesministerium für Justiz (2013) Gesetz zur wirtschaftlichen Sicherung der Krankenhäuser und zur Regelung der Krankenhauspflegesätze. http://www.gesetze-im-internet.de/khg/BJNR010090972.html. Zugegriffen: 25. Jul. 2013

Capunzo M et al (2013) Advances in service research for the understanding and the management of service in healthcare networks. Naples Forum on Service, Italien, 18.–21. Juni

Caridà A et al (2013) Interactive health technologies and value co creation: the Mayo clinic experience. Naples Forum on Service, Italien, 18.–21. Juni

Carrubbo L et al (2013) New „Smarter" solutions for the healthcare complex service system. Naples Forum on Service, Italien, 18.–21. Juni

Constantin J, Lusch RF (1994) Understanding resource management. How to deploy your people, products, and processes for maximum productivity. The Planning Forum, Oxford

Corsten H (1994) Produktivitätsmanagement bilateraler personenbezogener Dienstleistungen. In: Corsten H, Hilke W (Hrsg) Dienstleistungsproduktion. Gabler, Wiesbaden, S 43–77

Crawford et al (2002) Systematic review of involving patients in the planning and development of health care. BMJ 325: 1263–1268. doi:10.1136/bmj.325.7375.1263

Dabholkar PA (1996) Consumer evaluations of new technology-based self-service options: an investigation of alternative models of service quality. Int J Res Mark 13(1):29–51. doi:10.1016/0167-8116(95)00027-5

Day GS (1990) Market-driven strategy: processes for creating value. The Free Press, New York

Drummond MF et al (2005) Methods for the economic evaluation of healthcare programmes. Oxford University Press, Oxford

Edvardsson B et al (2011) Does service-dominant design result in a better service system? J Serv Manag 22(4):540–556

Eichentopf T et al (2011) Modelling customer process activities in interactive value creation. J Serv Manag 22(5):650–663

Elg M et al (2012) Co-creation and learning in health-care service development. J Serv Manag 23(3):328–343. doi:10.1108/09564231211248435

Engelhardt W et al (1993) Leistungsbündel als Absatzobjekte – Ein Ansatz zur Überwindung der Dichotomie von Sach- und Dienstleistungen. Z für betriebswirtschaftliche Forsch 45:395–426

Engström J (2012) Co-creation in healthcare service development – a diary-based approach. Dissertation, Linköping Universität

Feldstein P (2011) Health care economics. Delmar Cengage Learning, Clifton Park

Fließ S, Kleinaltenkamp M (2004) Blueprinting the service company – Managing service processes efficiently. J Bus Res 57(4):392–404. doi:10.1016/S0148-2963(02)00273-4

Frauendorf J (2006) Customer processes in business-to-business service transactions. Springer, Wiesbaden

Gersch M et al (2011) Business process blueprinting – an enhanced view on process performance. Bus Proc Manag J 17(5):732–747. doi:10.1108/14637151111166169

Graesser AC et al (1979) Recognition memory for typical and atypical actions in scripted activities: tests of a script pointer + tag hypothesis. J Verb Learn Verb Behav 18(3):319–332

Grewal D et al (1998) The effects of price-comparison advertising on buyers' perceptions of acquisition value, transaction value, and behavioral intentions. J Mark 62(2):46–59

Grönroos C (2008) Service logic revisited: who creates value? And who co-creates? Eur Bus Rev 20(4):298–314. doi:10.1108/09555340810886585

Grönroos C (2011) Value co-creation in service logic: a critical analysis. Mark Theor 11(3):279–301 doi:10.1177/1470593111408177

Grönroos C, Ojasalo K (2004) Service productivity: towards a conceptualization of the transformation of inputs into economic results in services. J Bus Res 57(4):414–423. doi:10.1016/S0148-2963(02)00275-8

Grönroos C, Ravald A (2011) Service as business logic: implications for value creation and marketing. J Serv Manag 22(1):5–22. doi:10.1108/09564231111106893

Grönroos C, Voima P (2013) Critical service logic: making sense of value creation and co-creation. J Acad Mark Sci 41(2):133–150. doi:10.1007/s11747-012-0308-3

Gruber T, Frugone F (2011) Uncovering the desired qualities and behaviours of general practitioners (GPs) during medical (service recovery) encounters. J Serv Manag 22:491–521. doi:10.1108/09564231111155097

Gummerus J (2013) Value creation processes and value outcomes in marketing theory. Strangers or siblings? Mark Theor 13(1):19–46. doi:10.1177/1470593112467267

Gummesson E (2004) From one-to-one to many-to-many marketing. In: Edvardsson B, Gustafsson A, Johnston R, Brown S (Hrsg) Service excellence in management: interdisciplinary contributions, Karlstad Universität, Karlstad, S 16–25

Gummesson E (2007) Exit services marketing–enter service marketing. J Custom Behav 6(2):113–141. doi:10.1362/147539207X223357

Gutman J (1982) A means-end chain model based on consumer categorization processes. J Mark 46(1):60–72

Helkkula A et al (2013) Health, cost, prevention and cure – value and value co-creation in public healthcare. Naples Forum on Service, Italien, 18.–21. Juni

Hewing M (2013) Business process blueprinting – a method for customer-oriented business process modeling. Unveröffentlichte Dissertation, Freie Universität Berlin

Hibbert S et al (2012) Customers as resource integrators: toward a model of customer learning. J Serv Res 15(3):247–261. doi:10.1177/1094670512442805

Hilton et al (2012) Service co-creation and value realization. J Mark Manag 28:1504–1519. doi:10.1080/0267257X.2012.736874

Holbrook M, Hirschman E (1982) The experiential aspects of consumption: consumer fantasies, feelings, and fun. J Consum Res 9(2):132–140

Humphreys A, Grayson K (2008) The intersecting roles of consumer and producer: a critical perspective on co-production, co-creation and prosumption. Sociol Compass 2(3):963–980. doi:10.1111/j.1751-9020.2008.00112.x

Hunt SD, Morgan RM (1996) The resource-advantage theory of competition: dynamics, path dependencies, and evolutionary dimensions. J Mark 60(4):107–14

Iandolo F et al (2013) Towards a value co-creation based healthcare system. Naples Forum on Service, Italien, 18.–21. Juni

InEK (2013) InEK – Institut für das Entgeltsystem im Krankenhaus. http://www.gdrg.de/cms/Das_Institut. Zugegriffen: 25. Jul. 2013

Jacob F, Bruns K, Sievert J (2013) Value in Context – Eine ressourcen-dynamische Perspektive. In: Schmitz G (Hrsg) Theorie und Praxis des Dienstleistungsmarketing. Fokus Dienstleistungsmarketing. Springer, Wiesbaden, S 28–50

Johns N, Howcroft B, Drake L (1997) The use of data envelopment analysis to monitor hotel productivity. Progr Tourism and Hosp Res 3(2):119–127. doi:10.1002/(SICI)1099-1603(199706)3:2<119::AID-PTH74>3.0.CO;2-2

Johnston R, Jones P (2004) Service productivity: towards understanding the relationship between operational and customer productivity. Int J Product Perform Manag 53(3):201–213. doi:10.1108/17410400410523756

Karpen IO, Bove LL (2008) Linking S-D logic and marketing practice: toward a strategic service orientation. Otago Forum, Neuseeland, 8.–12.Dezember

Kleinaltenkamp M (2005) Integrativität als Baustein einer Theorie der Dienstleistungsökonomie. In: Corsten H, Gössinger R (Hrsg) Dienstleistungsökonomie. Beiträge zu einer ökonomischen Fundierung. Duncker & Humblot, Berlin, S 55–83

Kleinaltenkamp M (2013) Nutzungsprozesse – die vernachlässigte Seite der Wertschöpfung. In: Schmitz G (Hrsg) Theorie und Praxis des Dienstleistungsmarketing. Aktuelle Konzepte und Entwicklungen. Springer Gabler, Wiesbaden, S 1–25

Kleinaltenkamp M et al (2008) Wie Kundenintegration effizient gelingt. Mark Review St. Gallen 25(2):40–43

Kleinaltenkamp M et al (2009) Der Kundenintegrationsbegriff im (Dienstleistungs-)Marketing. In: Bruhn M, Stauss B (Hrsg) Kundenintegration. Gabler, Wiesbaden, S 35–62

Kleinaltenkamp M et al (2012) Resource integration. Mark Theor 12(2):201–205

Kurzmann H, Reinecke S (2011) Kundenbeiträge und Dienstleistungsproduktivität: Unterscheidung von „produktiven" und „unproduktiven" Kunden. In: Bruhn M, Hadwich K (Hrsg) Dienstleistungsproduktivität. Gabler, Wiesbaden, S 353–373

Larrson R, Bowen DE (1989) Organization and customer: managing design and coordination of services. Acad Manag Rev 14(2):213–233

Laßmann G (1975) Produktivität. In: Grochla E, Wittmann W (Hrsg) Handwörterbuch der Betriebswirtschaft. Poeschel, Stuttgart, S 3164–3169

Layton RA (2007) Marketing systems: a core macro-marketing concept. J Macromark 7(3):227–242

Lemke F, Clark M, Wilson H (2011) Customer experience quality: an exploration in business and consumer contexts using repertory grid technique. J Acad Mark Sci 39:846–869. doi:10.1007/s11747-010-0219-0

Lusch RF, Vargo SL, O'Brien M (2007) Competing through service: insights from service-dominant logic. J Retailing 83(1):5–18. doi:10.1016/j.jretai.2006.10.002

Macdonald E, Wilson H, Martinez V, Toossi A (2011) Assessing value-in-use: a conceptual framework and exploratory study. Ind Mark Manag 40(5):671–682. doi:10.1016/j.indmarman.2011.05.006

Marx K (1867) Das Kapital. Kritik der politischen Ökonomie. Verlag von Otto Meissner, Hamburg

McColl-Kennedy JR et al (2012) Health care customer value cocreation practice styles. J Ser Res 15(4):370–389. doi:10.1177/1094670512442806

Meffert H, Bruhn M (2006) Dienstleistungsmarketing. Gabler, Wiesbaden

Menger C (1871) Grundsätze der Volkswirtschaftslehre. Scientia-Verlag, Aalen (Neudr. d. 2. Aufl Wien 1923)

Mochon S, Norton MI, Ariely D (2012) Bolstering and restoring feelings of competence via the IKEA effect. Int J Res Mark 29:363–369. doi:http://dx.doi.org/10.1016/j.ijresmar.2012.05.001

Nordgren L, Eriksson A (2009) Matchmaking of healthcare – supporting the patient (customer). Naples Forum on Service, Italien, 16.–19. Juni

Norton IM, Mochon D, Ariely D (2012) The IKEA effect: when labor leads to love. J Consum Psychol 22:453–460. doi:10.1016/j.jcps.2011.08.002

OECD (2013) Health spending continues to stagnate. Resource document. http://www.oecd.org/els/health-systems/health-spending-continues-to-stagnate-says-oecd.htm. Zugegriffen: 25. Jul. 2013

Ostrom AL et al (2010) Moving forward and making a difference: research priorities for the science of service. J Ser Res 13(1):4–36. doi:10.1177/1094670509357611

Pickworth J (1987) Minding the P's and Q's: linking quality and productivity. Cornell Hotel Restaur Adm Q 28(1):40–47

Porter ME (1985) Competitive advantage. The Free Press, New York

Prahalad CK, Ramaswamy V (2004) The future of competition: co-creating unique value with customers. HBS Press, Cambridge

Ravald A (2010) The customer's process of value creation, Mercati e Competetitivita 1(1):41–51. doi:10.3280/MC2010-001005

Ravald A, Grönroos C (1996) The value concept and relationship marketing. Eur J Mark 30(2):19–30. doi:10.1108/03090569610106626

Reijonsaari K, Helkkula A, Linna M (2011) Co-creating health. Naples Forum on Service, Italien, 14.–17. Juni

Risch-Rodie A, Schultz-Kleine S (2000) Customer participation in services production and delivery. In: Swartz TA, Iacobucci D (Hrsg) Handbook of services marketing & management. Thousand Oaks, S 111–125

Ryan RM, Deci EL (2000) Self determination theory and the facilitation of intrinsic motivation, social development, and well-being. Am Psychol 50(1):68–78. doi:10.1037/0003-066X.55.1.68

Schank RC (1975) The structure of episodes in memory. In: Bobrow DG, Collins A (Hrsg) Representation and understanding: studies in cognitive science. Academic Press, New York, S 237–309

Sheth JN, Newman BL, Gross BL (1991) Why we buy what we buy – a theory of consumer behavior. J Bus Res 22:159–170

Shostack LG (1982) How to design a service. Eur J Mark 16(1):49–63. doi:10.1108/EUM0000000-004799

Smith A (1776) An inquiry into the wealth of nations. Strahan and Cadell, London

Smith P, Mossialos E, Leatherman S, Papanicolas I (2009) WHO. Performance measurement for health system improvement – experiences, challenges and prospects. Cambridge University Press, Cambridge

Srivastava RK, Shervani T, Fahey L (1999) Marketing, business processes, and shareholder value: an organizationally ermbedded view of marketing activities and the discipline of marketing. J Mark 63(Sonderausgabe):168–79

Sweeney JC, Soutar GN (2001) Consumer perceived value: the development of a multiple item scale. J Retailing 77(2):203–220. doi:http://dx.doi.org/10.1016/j.bbr.2011.03.031

Thomas D, Trachte N, Wasem J (2012) Dienstleistungsproduktivität in der Krankenhauspflege – Konzeptionelle Grundlagen einer Produktivitätsbetrachtung. http://www.dgsmp.de/files/jahrestagung/2012/vortraege/mittwoch/session1/Thomas_Dominik.pdf. Zugegriffen: 25. Jul. 2013

Vargo SL, Lusch RF (2004) Evolving to a new dominant logic for marketing. J Mark 68(1):1–17

Vargo SL, Lusch RF (2008) Service-dominant logic: continuing the evolution. J Acad Mark Sci 36(1):1–10. doi:10.1007/s11747-007-0069-6

Witell L, Kristensson P, Gustafsson A, Löfgren M (2011) Idea generation: customer co-creation versus traditional market research techniques. J Ser Manag 22(2):140–159. doi:10.1108/09564-231111124190

Woodruff RB, Gardial SF (1996) Know your customers – new approaches to understanding customer value and satisfaction. Blackwell, Oxford

Woodruff, RB (1997) Customer value: the next source for competitive advantage. J Acad Mark Sci 25:139–153. doi:10.1007/BF02894350

Wu H, Liu C, Hsu W (2008) An integrative model of customers' perceptions of healthcare services in Taiwan. Serv Ind J 28(9):1307–1319. doi:10.1080/02642060802230130

Xie C, Bagozii RP, Troye SV (2008) Trying to prosume: toward a theory of consumers as co-creators of value. J Acad Mark Sci 36(1):109–122. doi:10.1007/s11747-007-0060-2

Zeithaml, VA (1988) Consumer perceptions of price, quality, and value: a means-end model and synthesis of evidence. J Mark 52(3):2–22

Qualitätsorientierte Managementsysteme zur Steuerung und Bewertung gesundheitswirtschaftlicher Dienstleistungen

4

Über die Potenziale von Qualitätsmanagementmodellen im klinischen Bereich

Joachim Zülch

Inhaltsverzeichnis

4.1 Einleitung 89
4.2 QM-Modelle im Rahmen gesundheitswirtschaftlicher Dienstleistungen 91
4.3 Die Rolle von Kennzahlen 102
4.4 Integration kennzahlenbasierter Ansätze in das EFQM-Modell über die Balanced
Scorecard zur Schaffung eines umfassenden Managementansatzes................... 107
4.5 Fazit und Ausblick 110
Literatur... 110

4.1 Einleitung

Die Qualität gesundheitswirtschaftlicher Dienstleistungen kann maßgeblichen Einfluss auf den Wohlstand einer Volkswirtschaft haben (vgl. Schönberg 2012, S. 192). Der auch vor der Gesundheitsbranche nicht halt machende Fachkräftemangel, zum Teil bedingt durch den demographischen Wandel, erfordert den Einsatz innovativer und integrativer Qualitätsmanagementsysteme (QM-Systeme), um Prozesse vor allem sicher zu gestalten. Gleichzeitig ist es wichtig, möglichst effizient alle Anspruchsgruppen (z. B. Patienten oder deren Versicherungen) zu befriedigen, die durch Zertifizierungen standardisierte Informationen erhalten. Im folgenden Artikel sollen die für die Erbringung gesundheitswirtschaftlicher Dienstleistungen mit Fokus auf den klinischen Bereich wichtigen

J. Zülch (✉)
Fakultät für Maschinenbau, Lehrstuhl für Industrial Sales Engineering,
Ruhr-Universität Bochum, Universitätsstr. 150, 44801 Bochum,
Deutschland
E-Mail: joachim.zuelch@ise.ruhr-uni-bochum.de

M. Bornewasser et al. (Hrsg.), *Dienstleistungen im Gesundheitssektor*,
DOI 10.1007/978-3-658-02958-6_4, © Springer Fachmedien Wiesbaden 2014

Qualitätsmanagementmodelle vorgestellt werden. Besonderes Augenmerk liegt hier auf dem EFQM-Modell mit seinem Excellence Ansatz. Daraufhin wird die Relevanz des Controllings erörtert und darauf eingegangen, wie Kennzahlensysteme als qualitätsorientiertes Steuerungssystem den Einsatz von Qualitätsmanagementmethoden im Krankenhaus unterstützen und bewerten. Schlussendlich wird noch auf die Schwierigkeit des Erkennens von Wirkzusammenhängen in dynamischen Organisationen wie einem Krankenhaus eingegangen.

Auch wenn die heutigen QM-Modelle seit noch gar nicht so langer Zeit eine große Bedeutung in deutschen Krankenhäusern haben, so lässt sich bei dem Qualitätsbegriff an sich auf eine lange Historie zurückblicken. Bereits im 4. Jahrhundert vor Christus hat Lao-Tse den Qualitätsbegriff der Güte vertreten. Bei Sokrates und Platon stellt Qualität eine Aufgabe dar (vgl. Ertl-Wagner et al. 2013, S. 2). Aristoteles unterscheidet 384 vor Christus zwischen objektiver und subjektiver Qualität. Florence Nightingale führte 1860 standardisierte Formulare für Krankenhausdaten ein. Ignaz Semmelweis senkte 1845 die Müttersterblichkeit indem er sich für Qualitätssicherung durch Händedesinfektion einsetzte. Nach 1945 gab es eine Reihe Vorarbeiten für das moderne QM (vgl. Langmann et al. 2011, S. 351). Nennenswert für den klinischen Bereich ist hier insbesondere Avedis Donabedian, welcher die Unterscheidung zwischen Struktur-, Prozess- und Ergebnisqualität einführte und seine Bemühungen als Erster auf den medizinischen Bereich bezog (vgl. Zollondz 2011, S. 170). Ab 1954 vertrat Joseph Moses Juran erfolgreich ein ganzheitliches QM-Konzept mit seinem „Managing for Quality"-Konzept (vgl. Schneider et al. 2008, S. 164).

Die Notwendigkeit eines gut funktionierenden QM-Konzept zur qualitätsorientierten Planung und Steuerung gesundheitswirtschaftlicher Dienstleistungen in Krankenhäusern ist ersichtlich: Zum einen lassen sich, rein ökonomisch formuliert, Kosten sparen, die im Nachhinein durch nicht genügende Qualität entstehen können. Hendricks und Singhal (1997) weisen nach, dass sich der Einsatz von Qualitätsmanagementsystemen positiv auf das Unternehmenswachstum auswirkt. Dies passt zu der Feststellung von Pöhls (2012, S.14 ff.), dass das Konzept „Lean Hospital", d. h. die Idee des Lean Managements angewendet auf Krankenhäuser, sich durch die im Laufe dieses Textes noch zu erläuternden QM-Modelle dadurch unterscheidet, dass es nicht auf eine Zertifizierung ausgerichtet ist. Das bedeutet, die Bemühungen für QM beeinflussen auch die Wertschöpfung im Krankenhaus. Daneben kann die Patientensicherheit, die die oberste Priorität im Krankenhaus haben sollte, durch Qualitätsbemühungen maßgeblich beeinflusst werden. Auch gesetzlich gibt es mittlerweile die Verpflichtung zum Qualitätsmanagement (vgl. Ertl-Wagner et al. 2013, S. 19 ff.): So schreibt das fünfte Sozialgesetzbuch die Erfordernis (§ 135 SGB V) des Qualitätsmanagement für Krankenhäuser (§ 108 SGB V) fest. Weiterhin ist alle zwei Jahre ein strukturierter Qualitätsbericht nach § 137 SGB V erforderlich. Der Bericht soll für Patienten, deren Vertragsärzte und Versicherungen eine Entscheidungs- bzw. Orientierungshilfe für die Wahl eines Krankenhauses bieten. So stellt Hahne (2011, S. 35) richtig fest, dass der Qualitätsbericht auch als Marketinginstrument genutzt werden kann (im Rahmen der Kommunikationspolitik aus dem Marketingmix), weswegen es auch Bemühungen gibt, diesen für Patienten besonders leserlich zu gestalten. Weiterhin soll der Bericht ermöglichen, die Leistungen und Qualität der Krankenhäuser nach außen transparent zu präsentieren.

Bevor auf das erste QM-Modell genauer eingegangen wird, soll eine kurze begriffliche Differenzierung zwischen den Begriffen Qualität, Qualitätsmanagement und Qualitätsmanagementsystem erfolgen: Qualität kann, einfach formuliert, als „Maßstab der Übereinstimmung zwischen geforderter und geleisteter Arbeit" (Langmann et al. 2011, S. 351) verstanden werden oder alternativ als „Grad, in dem ein Satz inhärenter Merkmale Forderungen erfüllt" (Leonhard et al. 2009, S. 55 ff. mit Bezug auf DIN EN ISO 9000). Qualitätsmanagement beinhaltet „aufeinander abgestimmte Tätigkeiten zum Leiten und Lenken einer Organisation bezüglich Qualität". Unter einem Qualitätsmanagementsystem versteht man ein „Managementsystem zum Lenken und Leiten einer Organisation bezüglich der Qualität".

4.2 QM-Modelle im Rahmen gesundheitswirtschaftlicher Dienstleistungen

Das wohl bekannteste QM-Modell stammt von der International Organization for Standardization (**ISO**) und wird branchenunabhängig verwendet. Die Organisation ist bereits seit 1947 aktiv und mittlerweile weltweit vertreten (Sitz ist in Genf). Das Deutsche Institut für Normung e. V. fungiert hier als deutsche Vertretung. Die publizierten Normen mit dem Präfix „DIN" beziehen sich auf nationalen Normen, die europäischen (dann folgt der Zusatz „EN") Ursprungs sind, die wiederum direkt von der ISO übernommen wurde (dann folgt der weitere Zusatz „ISO").

Qualitätsbezogene Normen werden durch die DIN EN ISO 9000 Familie definiert. Hier gibt es folgende Aufteilung:

- DIN EN ISO 9000:2005-12: Qualitätsmanagementsysteme – Grundlagen und Begriffe: Hier geht es primär um Definitionen.
- DIN EN ISO 9001:2009-12: Qualitätsmanagementsysteme – Anforderungen: Die Inhalte der QM-Systeme werden hier näher erläutert inklusive den Anforderungen an Organisationen um Zertifizierungen zu ermöglichen.
- DIN EN ISO 9004:2009-12: Leiten und Lenken für den nachhaltigen Erfolg einer Organisation – Ein Qualitätsmanagementansatz: In dieser Norm stehen Möglichkeiten zur Leistungsverbesserung im Mittelpunkt (auch über Total Quality Management, worauf später in diesem Beitrag noch näher eingegangen wird). Diese Norm ist keine Grundlage einer Zertifizierung.

Da die Anwendbarkeit der Normen durch die speziellen Anforderungen in der Gesundheitsversorgung teilweise erschwert wird, gibt es zusätzlich die Norm „Health care

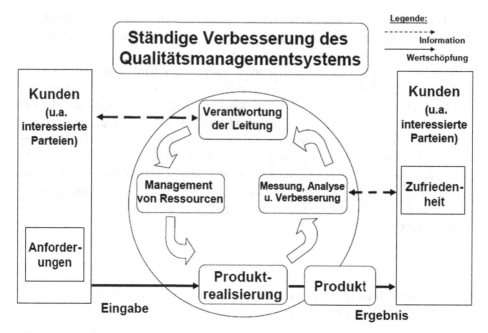

Abb. 4.1 Modell der DIN EN 9001 (Hahne 2011, S. 69 – Symposion Publishing GmbH)

services - Quality management systems - Requirements based on EN ISO 9001:2008", die in ihrer aktuellen Fassung DIN EN 15224:2012-12 genannt wird. Hier werden Anforderungen an das Qualitätsmanagement von bspw. einem Krankenhaus festgelegt. Dazu gehört es, gleichbleibende gesundheitswirtschaftliche Dienstleistungen der Gesundheitsversorgung zu erbringen, die Anforderungen der Kunden zu erfüllen und die Kundenzufriedenheit ständig zu verbessern. Weiterhin müssen gesetzliche und behördliche Anforderungen erfüllt werden. Das Managementsystem muss einer ständigen Verbesserung unterliegen. Selbstverständlich müssen bestimmte Qualitätsmerkmale bei den Prozessen der Gesundheitsversorgung eingehalten werden. Dabei spielt auch die Patientensicherheit und das Risikomanagement eine wichtige Rolle. Die Rechtzeitigkeit und Zugänglichkeit einer Behandlung sind zu gewährleisten und die Forderungen einer wissensbasierten Versorgung von Patienten zu nennen.

Die ISO 9001 Norm, welche grundlegend für Zertifizierung von Organisationen bzw. Organisationseinheiten (z. B. einzelne Abteilungen) ist, ist modellartig in Abb. 4.1 dargestellt.

Es ist ersichtlich, dass eine Organisation, die eine Zertifizierung anstrebt, die Anforderungen von Kunden und weiteren interessierten Anspruchsgruppen erkennen muss. Im nächsten Schritt wird festgelegt, welche Verantwortlichkeiten und Aufgaben die Führung des Unternehmens übernehmen muss, um mit effektiver und effizienter Nutzung von Ressourcen die Unternehmensaufgaben qualitativ hochwertig zu erfüllen. Mit der

Produktrealisierung sind die Kernprozesse der Organisation gemeint, im Falle eines Krankenhauses normalerweise die Behandlung von Patienten.

Der Erhalt und das Halten der Zertifizierung erfordert diverse Audits. Zudem muss zur Zertifizierung ein QM-Handbuch vorgelegt werden, was die konkreten Ausprägungen des QM-Systems der Organisation darlegt und im Wesentlichen „Angaben zur Qualitätspolitik, Organigramme zur Unternehmens- und QM-Struktur und Funktionsbeschreibungen enthalten" (Ertl-Wagner et al. 2013, S. 119).

Positiv ist die explizite Prozessorientierung im ISO-Modell herauszustellen. Gleiches gilt für die Förderung eines kontinuierlichen Verbesserungsprozesses (vgl. Töpfer und Großekatthöfer 2006, S. 392). Die Internationalität des Modells bietet erweiterte Möglichkeiten bezüglich Vergleichbarkeiten, auch wenn die Allgemeingültigkeit an einigen Stellen mehr oder minder große Anpassungen erfordert.

Ein weiteres dem internationalen Bereich entspringende QM-Modell stammt aus den USA von der Joint Commission on Accreditation of Health Care Organizations (JCAHO). Als Tochter fungiert die Joint Commission International (**JCI**), die für die Akkreditierung deutscher Krankenhäuser bzw. Gesundheitseinrichtungen verantwortlich ist (im Jahr 2000 wurde das erste Krankenhaus zertifiziert). Die für die JCI relevanten Kriterien teilen sich in patientenbezogene und organisationsbezogene Standards auf (vgl. Ertl-Wagner et al. 2013, S. 36 f.). Eine Prüfung erfolgt durch eine Begutachtung, bei der Gespräche mit Patienten und Angestellten geführt werden, patientenbezogene Prozesse erfasst werden, Richtlinien u. ä. geprüft werden und schließlich Befunde einer Selbstbeurteilung aufgenommen werden. Die Standards teilen sich in drei Teile auf (vgl. Hahne 2011, S. 106). Als erstes spiegelt der Standard selbst das Prinzip wider. Daneben gibt es die Absicht, die auf die Rationale des Standards zielt. Zuletzt gibt es messbare Elemente, die die konkreten Anforderungen des Standards und dessen Zweck darlegen und in einer Bewertung münden. Am Ende muss zur erfolgreichen Akkreditierung eine Mindestpunktzahl erreicht werden, die auf Grundlage eines komplexen Bewertungsschemas errechnet wird. JCI erlaubt nur die Akkreditierung ganzer Krankenhäuser, einzelne Abteilungen können nicht akkreditiert werden. Anzumerken bleibt, dass das Wort „Akkreditierung" hier nicht eindeutig ist (vgl. Töpfer und Großekatthöfer 2006, S. 390), sodass hier nicht unbedingt etwas anderes gemeint sein muss wie bei anderen Modellen bei denen von Zertifizierung die Rede ist.

Ein weiteres QM-Modell ist **KTQ**, was für „Kooperation für Transparenz und Qualität im Gesundheitswesen" steht. Hierbei handelt es sich um ein Modell, welches sich klar auf die Gesundheitsbranche bezieht (Krankenhäuser, Rehabilitationskliniken und Praxen). Nach einigen Vorarbeiten und einer Pilotphase existiert das KTQ-Modell offiziell erst seit 2001 und wird von der gemeinnützigen Organisation KTQ-gGmbH verwaltet (vgl. Bieback 2004, S. 154). Die Gesellschafter sind hier die Spitzenverbände der Krankenkassen und Ersatzkassen, die Bundesärztekammer, die Deutsche Krankenhausgesellschaft, der Deutsche Pflegerat und der Hartmannbund. Es handelt sich allerdings, im Gegensatz zur ISO-Familie, nicht um ein QM-System (vgl. Langmann et al. 2011, S. 361). Es ist lediglich ein Zertifizierungsverfahren für Krankenhäuser. D. h. ein hoher Qualitätsstandard muss im Moment der Zertifizierung erreicht sein. Ein kontinuierlicher Verbesserungsprozess, wie es bei QM-Systemen üblich ist, wird nicht erwartet. Letztlich ist es aber notwendig ein funktionierendes QM-System zu haben, um die hohen KTQ Anforderungen erfüllen zu können (vgl. Franke 2007, S. 51). KTQ hat einen sehr hohen Verbreitungsgrad in Deutschland, was vor allem darauf zurückzuführen ist, dass dieses Modell direkt für den deutschen Gesundheitsmarkt geschaffen wurde und es daher keine Barrieren gibt, was die Übertragbarkeit auf andere Industrien oder Rechtssysteme angeht (vgl. Albrecht und Töpfer 2006, S. 388). Ob eine gesamte Institution zur Zertifizierung herangezogen wird oder nur Abteilungen, steht, wie bei dem ISO-System, den „Bewerbern" frei. Zudem werden die Varianten Verbundzertifizierung (bei verschiedenen Standorten gleicher Versorgungsform) und vernetzte Zertifizierung (bei Einrichtungen unterschiedlicher Versorgungsformen) angeboten (vgl. Ertl-Wagner et al. 2013, S. 39). Bei der Bewertung über den KTQ-Katalog werden sechs Kategorien herangezogen die mehrere Subkategorien und Kriterien enthalten. Diese sechs Kategorien sind:

- Patientenorientierung
- Mitarbeiterorientierung
- Sicherheit
- Informations- und Kommunikationswesen
- Führung
- Qualitätsmanagement

Diese Kriterien, bei denen der Patient immer im Mittelpunkt stehen sollte, werden durch die Verwendung des PDCA-Zyklus nach Deming gesteuert (siehe auch Schneider et al. 2008, S. 69 f.). Die Abkürzung steht für Plan, Do, Check und Act. In der Planphase werden Ziele und Prozesse inklusive der Regelung der Verantwortlichen erörtert. Die Do-Phase ist die folgende Umsetzung. In der Check-Phase werden die Ergebnisse und zugehörigen Kennzahlen mit Bezug auf die vorigen Phasen kontrolliert. Schließlich ist die Act-Phase dafür bestimmt auf die Ergebnisse der Check-Phase zu reagieren. Schlussendlich werden alle Kriterien bezogen auf die vier Phasen mit Punkten auf einer bestimmten Skala bewertet. D. h. eine Organisation bzw. Organisationseinheit muss darlegen, wie sie entsprechend in den einzelnen Bereichen handelt und welche Systeme dazu bestehen. Insgesamt müssen 55 % der Maximalpunktzahl erreicht werden, um eine erfolgreiche Zertifizierung abschließen zu können. Abbildung 4.2 zeigt das Modell der KTQ.

Eine Erweiterung von KTQ stellt **ProCum Cert** dar. Hierbei handelt es sich um ein Modell, um kirchliche Krankenhäuser unter Berücksichtigung derer Besonderheiten zu zertifizieren. Dafür wird der KTQ-Katalog um die Kategorien Spiritualität und Kirchlichkeit, Verantwortung gegenüber der Gesellschaft und Trägerverantwortung erweitert. Zudem werden auch bestehende Kategorien erweitert (vgl. Fischer 2012, S. 324). Der Name ProCum Cert lässt sich folgendermaßen aufschlüsseln, was gewissermaßen auch die dahinterliegende Philosophie wiederspiegelt (Ertl-Wagner et al. 2013, S. 43):

Abb. 4.2 Das KTQ Modell
(KTQ 2013)

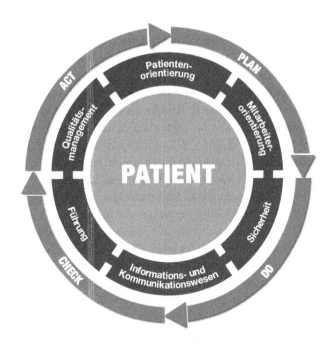

Pro (für):

- Für den Patienten
- Für die kirchlichen Krankenhäuser
- Für gute und nachweisbare Qualität in kirchlichen Krankenhäusern
- Für die Institution Krankenhaus

Cum (mit):

- Mit den Patienten, ihren Anliegen, Erwartungen und Wünschen
- Mit den anderen katholischen und evangelischen Krankenhäusern als Interessensge-
  meinschaft
- Mit den Mitarbeitern aller Berufe in den Krankenhäusern und in den vernetzten
  Diensten
- Mit den anderen Partnern im Gesundheitswesen, insbesondere Deutsche Krankenh-
  ausgesellschaft, Krankenkassen, Bundesärztekammer und Deutscher Pflegerat

Cert:

- Strukturen, Normen, Abläufe usw., die vorhanden sein müssen, werden erarbeitet und
  zertifiziert

ProCum Cert tritt als eigene Gesellschaft auf, welche von KTQ akkreditiert ist. Die Gesellschafter sind der Katholische Krankenhausverband Deutschland (KKVD), der Deutsche

Evangelische Krankenhausverband (DEKV), der Wohlfahrtsverband der Caritas (DCV) und Diakonie (DWdEKD) und deren Versicherungsdienst Ecclesia (vgl. Hahne 2011, S. 90 f.). Da ProCum Cert KTQ lediglich erweitert, kann eine Zertifizierung auch nur in Kombination erfolgen. Nicht notwendigerweise, aber optional, kann eine KTQ/ProCum Cert Zertifizierung mit einer ISO Zertifizierung verbunden werden.

Das **Qualitätsmodell Krankenhaus** ist ein Modell, welches speziell für den Behandlungserfolg der Inneren Medizin im stationären Bereich entwickelt wurde (vgl. Ertl-Wagner et al. 2013, S. 52 f.). Zwischen 1999 und 2001 gab es eine Pilotphase. Seit Beendigung dieser steht ein Instrumentarium bereit, um die Leistungen des Krankenhauses bewerten zu können. Der Fokus liegt auf häufigen Diagnosen der Inneren Medizin (Tracer Diagnosen), die zu Lasten bestimmter Kostenträger fallen.

Für Reha Einrichtungen gibt es ein spezielles QM-System mit dem Namen **DEMEGED** (Deutsche Gesellschaft für Medizinische Rehabilitation e. V.). DEGEMED wurde 1996 gegründet und bildet einen Spitzenverband für Einrichtungen der Medizinischen Qualitäts-Rehabilitation. Ziel des QM-Systems von DEGEMED ist zum einen die konkrete Leistungsdarstellung und zum anderen die kontinuierliche Verbesserung (vgl. Ertl-Wagner et al. 2013, S. 54). Dabei wird neben dem individuellen auch Wert auf den betriebs- und volkswirtschaftlichen Nutzen gelegt. Das System beinhaltet zwei Schwerpunkte, die selbst festgelegten Qualitätskriterien und das hier bereits erläuterte System der ISO. D. h. die DIN EN ISO 9001 bietet eine Grundlage, die durch die speziellen Anforderungen im Reha-Bereich modifiziert wird. Das Zertifizierungsverfahren, welches auch ambulanten Reha-Einrichtungen offen steht (zumindest seit 2006/2007), wird von DEGEMED akkreditierten Zertifizierungsunternehmen organisiert und durchgeführt. Eine wissenschaftliche Begleitung erfährt das Zertifizierungsverfahren durch IQEM (Institut für Qualitätsmanagement und Qualitätssicherung in der Medizinischen Rehabilitation e. V.). Dies ist ein von der DEGEMED mit Unterstützung von dem Institut für Sozialmedizin, Epidemiologie und Gesundheitssystemforschung (Witten) initiiertes Institut. IQEM stellt zudem ein QM-Bewertungssystem zur Verfügung, um valide Daten zur Prozess- und Ergebnisqualität generieren zu können. Hierauf aufbauend können auch Benchmarking-Vergleiche gemacht werden.

Ein speziell für Einrichtungen der Suchttherapie entstandenes Modell ist **deQus** (Deutsche Gesellschaft für Qualitätsmanagement in der Suchttherapie e. V.), welches hier kurz erwähnt werden soll. Das Modell der deQus strebt hauptsächlich die Forderungen der DIN ISO 9001 an. Gleichzeitig werden aber auch Grundlagen gelegt, die die Zertifizierungen nach DEGEMED, KTQ oder EFQM (s. u.) erleichtern soll. Die Ausbildung eines QM-Beauftragten hat bei deQus einen besonders hohen Stellenwert (vgl. Ertl-Wagner et al. 2013, S. 55 f.).

Total Quality Management (TQM) ist weniger ein konkretes Qualitätsmanagementsystem als ein übergeordneter Ansatz, um in einer Organisation den Qualitätsmanagementgedanken tiefgreifend zu implementieren. Qualität soll das oberste Unternehmensziel sein und von der Geschäftsführung entsprechend klar demonstriert werden. Der Qualitätsgedanke muss bei jedem einzelnen Mitarbeiter vorhanden sein und mit Überzeugung

Dauerhaft herausragende
Ergebnisse erzielen

Nutzen für Kunden schaffen

Die Zukunft nachhaltig
gestalten

Durch Mitarbeiterinnen und
Mitarbeiter erfolgreich sein

EFQM

Die Fähigkeiten der
Organisation entwickeln

Veränderungen aktiv managen

Mit Vision, Inspiration & Integrität führen

Innovation und Kreativität fördern

Abb. 4.3 Die Grundkonzepte der EFQM (Moll 2013b, S. 40 – Symposion Publishing GmbH)

vertreten werden. Auch Kunden und Lieferanten müssen in die Denkweise miteinbezogen werden, um ein möglichst hohes Commitment zu erreichen. Eine weitere besonders
wichtige Säule des TQM ist das Streben nach kontinuierlicher Verbesserung/Kaizen (vgl.
Ertl-Wagner et al. 2013, S. 50).

Der TQM Ansatz findet auch im **EFQM-Modell** Verwendung. EFQM steht für Euro-
pean Foundation for Quality Management. Hierbei handelt es sich um eine gemeinnützige
Organisation, die 1988 von 14 führenden Unternehmen aus Europa gegründet wurde.
Das EFQM-Modell lässt sich als praktisches Werkzeug betrachten, dass einer Unterneh-
mung (nicht branchenbezogen, d. h. es handelt sich nicht um ein Krankenhausspezifisches
QM-Modell) auf folgender Weise einen Mehrwert bietet (vgl. Hahne 2011, S. 75 f.):

- Werkzeug zur Selbstbewertung
- Grundlage für eine gemeinsam Sprache und Art zu denken
- Rahmen zur Einordnung vergangener Initiativen und Projekte

„Ein zentraler Begriff des EFQM-Modells ist die ‚Excellence‘, mit der ein Anspruch auf
das dauernde Bemühen um Spitzenleistungen charakterisiert wird" (Ertl-Wagner et al.
2013, S. 44). Excellence wird durch acht Grundprinzipien erreicht, welche untereinander
verknüpft sind (Abb. 4.3).

Das eigentliche EFQM-Modell besteht aus neun Hauptkriterien und 32 Teilkriterien.
Diese Kriterien lassen sich in Befähiger- und Ergebniskriterien unterteilen. Zu den Befähigerkriterien gehören Führung, Politik, Mitarbeiter, Partnerschaften und Ressourcen sowie
Prozesse, Produkte und Dienstleistungen. Die Befähigerseite des EFQM-Modells stellt also
die Elemente dar, die die folgenden Ergebnisse ermöglichen, bzw. für diese verantwortlich
sind. Die Ergebnisseite lässt sich aufteilen in mitarbeiterbezogene Ergebnisse, kundenbezogene Ergebnisse, gesellschaftsbezogene Ergebnisse und Schlüsselergebnisse. Im Folgenden
(Abb. 4.4) ist das EFQM-Modell abgebildet:

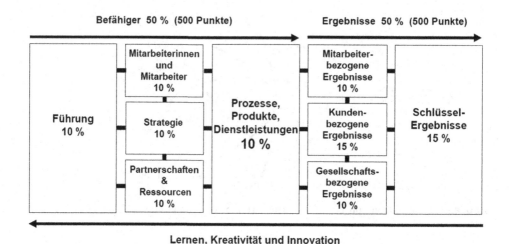

Abb. 4.4 Das EFQM-Modell (Hahne 2011, S. 78 – Symposion Publishing GmbH)

Die abgebildeten Kriterien lassen sich folgendermaßen im Hinblick des Strebens nach Excellence verstehen (vgl. Hahne 2011, S. 78 ff.):

- **Führung**: Führungskräfte sind Vorbild für Werte und Moral und schaffen Vertrauen. Dabei gestalten und verwirklichen sie die Zukunft. Zusätzlich erlaubt eine ausreichende Flexibilität vorausschauend zu reagieren um den kontinuierlichen Erfolg eines Unternehmens sicherzustellen.
- **Politik und Strategie:** Die Mission und Vision einer Organisation wird durch eine auf die Interessensgruppe spezifizierte Strategie verwirklicht, unter Hinzunahme entwickelter Leitlinien, Pläne, Zielsetzungen und Prozesse.
- **Mitarbeiter:** Mitarbeiter werden wertgeschätzt und arbeiten in einer Kultur der Fairness und Gleichberechtigung wichtig ist und wo gemeinsam an den Organisationszielen gearbeitet wird. Das Engagement der Mitarbeiter wird gefördert und kann im Sinne der Organisation und ihrer Ziele eingesetzt werden.
- **Partnerschaften und Ressourcen:** Das Managen externer Partnerschaften, der Lieferanten und eigener Ressourcen wird so angestellt, dass die wirkungsvolle Durchführung geplanter Prozesse sichergestellt ist. Der Einfluss auf Umwelt und Gesellschaft wird wirksam gesteuert.
- **Prozesse, Produkte und Dienstleistungen:** Prozesse, Produkte und Dienstleistungen werden so entworfen, gemanagt und verbessert dass Wertschöpfung für die Kunden und weitere Interessensgruppen ermöglicht wird.
- **Kundenbezogene Ergebnisse:** Ein Set von Leistungsindikatoren/Ergebnismessgrößen wird entwickelt, um basierend auf den Erwartungen und Bedürfnissen der Kunden die Umsetzung der Strategie bewerten zu können. Die Ursachen bestimmter Gegebenheiten und den Einfluss auf Kennzahlen und andere Ergebnisse können nachvollzogen

werden. Zudem findet ein Vergleich zu ähnlichen Organisationen statt. Die letzten beiden Aussagen lassen sich auch auf alle anderen Ergebniskriterien übertragen und werden nicht noch einmal einzeln genannt.

- **Mitarbeiterbezogene Ergebnisse:** Ein Set von Leistungsindikatoren/Ergebnismessgrößen wird entwickelt, um basierend auf den Erwartungen und Bedürfnissen der Mitarbeiter die Umsetzung der Strategie bewerten zu können.
- **Gesellschaftsbezogene Ergebnisse:** Ein Set von Leistungsindikatoren/Ergebnismessgrößen wird entwickelt, um basierend auf den Erwartungen und Bedürfnissen aller externen Stakeholder die Umsetzung der umfeldbezogenen Strategie bewerten zu können.
- **Schlüsselergebnisse:** Ein Set von zum Teil finanziellen Leistungsindikatoren/Ergebnismessgrößen wird entwickelt, um basierend auf den Erwartungen und Bedürfnissen relevanter Interessensgruppen die Umsetzung der Strategie bewerten zu können.

Ein wichtiger Teil des EFQM-Modells ist die Selbstbewertung, d. h. die Organisation analysiert sich selbst. Hier gibt es mehrere methodische Möglichkeiten der Umsetzung. Einfache Möglichkeiten stellen die Fragebogenmethode, der Workshop und das „Standardformular" dar. Eine komplexere Methode ist die Selbstbewertung über die RADAR-Logik. Radar steht für:

- **R**esults (Ergebnisse)
- **A**pproach (Vorgehen)
- **D**eployment (Umsetzung)
- **A**ssessment and **R**eview (Bewertung und Überprüfung)

Es wird eine Simulation durchgeführt, die ein entsprechendes Bewerbungsdokument, gegliedert nach Teilkriterien des EFQM-Modells, verlangt. Die RADAR-Logik lehnt sich stark an Demings PDCA-Zyklus an (vgl. Schneider et al. 2008, S. 287). Über die RADAR-Matrix kann jedes Kriterium eine prozentuale Bewertung erhalten. Zudem werden dazugehörige Stärken und Schwächen offengelegt.

Zu jedem der 9 Haupt- und 32 Teilkriterien lässt sich die RADAR-Logik anwenden (vgl. Moll 2013a, S. 93 ff.). Auf der Befähigerseite gibt es drei Bewertungselemente: Das Vorgehen, die Umsetzung und die Bewertung und Verbesserung. Auf der Ergebnisseite werden zwei Bewertungselemente herangezogen: Relevanz und Nutzen sowie Leistung. Es ist ersichtlich und auch logisch, dass die Unterteilung im Sinne von RADAR so gestaltet ist, dass „Approach", „Deployment" und „Assessment and Review" über die Befähigerkriterien weiter aufgeteilt werden. „Results" wird auf der Ergebnisseite so wie oben beschrieben zusätzlich unterteilt. Eine weitere Untergliederung findet in zwei bis vier Attribute statt, sodass sich folgendes Bild ergibt (Abb. 4.5 und 4.6):

Standardmäßig wird eine Periode von vier Jahren betrachtet, um Glücksfaktoren weitestgehend zu eliminieren, die zu bestimmten Ergebnissen geführt haben. Das Assessment

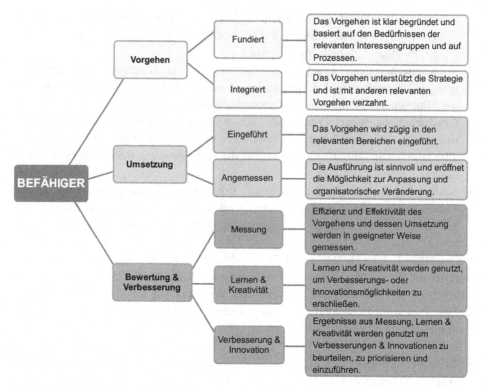

Abb. 4.5 Die Elemente und Attribute der RADAR-Bewertungslogik für die Befähiger (Moll 2013a, S. 95 – Symposion Publishing GmbH)

wird intern durchgeführt. Für Wettbewerbe im Sinne der EFQM-Preisverleihungen wird das Verfahren von externen Assessoren benutzt.

Das EFQM-Anerkennungsprogramm beinhaltet drei Stufen. Die erste Ebene wird als „Committed to Excellence" bezeichnet. Hier ist die erreichte Punktzahl irrelevant. Es geht hauptsächlich darum nachzuweisen, dass eine Selbstbewertung stattgefunden hat und Maßnahmen abgeleitet worden sind. Nach eintägiger Validierung erhält das Unternehmen einen Feedbackbericht und ggf. eine Urkunde. Die nächste Stufe, „Recognised for Excellence" stellt höhere Anforderungen. Eine Dokumentation zu allen Teilkriterien des EFQM-Modells muss erstellt werden und eine vollständige RADAR-Bewertung wird von einem externen Assessorenteam vorgenommen. In Abhängigkeit der erreichten Punktzahl bekommt das Unternehmen eine Urkunde, die befristet gültig ist und auch für Werbezwecke eingesetzt werden darf. Die nächste Stufe sind regionale/nationale/internationale Auszeichnungen. Auf internationaler Ebene wird der EFQM Excellence Award vergeben. Die Initiative Ludwig-Erhard-Preis verleiht auf Grundlage des EFQM-Modells einen nationalen Preis in Deutschland.

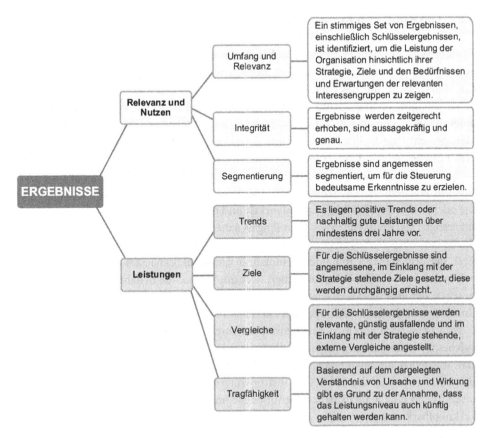

Abb. 4.6 Die Elemente und Attribute der RADAR-Bewertungslogik für die Ergebnisse (Moll 2013a, S. 96 – Symposion Publishing GmbH)

Töpfer und Großekatthöfer (2006, S. 395) bewerten das EFQM-Modell folgendermaßen: Positiv ist zu bewerten, dass es sich um ein ganzheitliches Modell handelt, indem es Befähiger- und Ergebniskriterien miteinbezieht. Zudem werden Ursachen-Wirkungs-Beziehungen betrachtet, die ebenso positiv hervorzuheben sind. Gut ist weiterhin der Ansatz kontinuierlicher Verbesserung. Die branchenübergreifende Einsetzbarkeit des EFQM-Modells hat Vor- und Nachteile, im Sinne dieses Artikels ist dies aber als negative Eigenschaft zu nennen. Schließlich ist das Modell nicht auf die Organisation Krankenhaus abgestimmt, sodass es vereinzelt Anpassungsprobleme geben kann. Nicht zu vermeiden ist außerdem ein recht aufwändiger Bewertungsprozess. Ein letzter Kritikpunkt ist, dass keine konkreten Instrumente für den geforderten kontinuierlichen Verbesserungsprozess offeriert werden.

4.3 Die Rolle von Kennzahlen

Es stellt sich die wichtige Frage, was Krankenhäuser tun müssen, um den Einsatz eines QM-Systems effektiv und effizient zu gestalten. In der Verantwortung stehen hier das Management und das Controlling. Die Begriffe Management und Controlling sind in der Literatur nicht eindeutig differenziert, weswegen hier kurz klargestellt wird, was unter den Begriffen im Kontext dieses Beitrages zu verstehen ist: Die Verantwortung des Management liegt in der Erstellung von Strategien und zugehörigen Strukturen sowie dem Entscheiden von Umsetzungsmaßnahmen. Das Controlling ist für die entsprechende Bereitstellung relevanter Informationen verantwortlich, was auch der Einführung und Nutzung von bestimmten Methoden und Instrumenten entspricht. Zudem werden mögliche oder notwendige Maßnahmen entwickelt und bewertet sowie Verbesserungspotential aufgezeigt. Das (Krankenhaus-)Controlling ist daher als „im Großen und Ganzen operativ" (Busse et al. 2010, S. 356) zu betrachten. Dies passt auch zu dem Beispiel von Pufahl (2012, S. v), der den Manager mit einem Autofahrer vergleicht, der letztlich die Entscheidung treffen muss, wie er das Fahrzeug steuert. Der unterstützende Beifahrer ist als Controller zu sehen, der über das Lesen einer Landkarte o. ä. wertvolle Hinweise liefern kann, die die Grundlage für die Entscheidungen des Fahrers sein können.

Nun ist es wichtig, einen Bezug zwischen einem instrumentellen Steuerungssystem, welches in Verantwortung des Controllings liegt, und den Qualitätsmanagementansätzen bzw. -modellen, die zuvor beschrieben worden sind, zu stellen. Um dies zu erreichen, wird als nächstes ein Teil des etablierten Instrumentariums vom Controlling vorgestellt, um anschließend die Qualitätsmanagementmodelle im Hinblick von Gemeinsamkeiten und Verknüpfbarkeiten zu bewerten.

Kennzahlen haben eine zentrale Bedeutung für das Controlling. Sie lassen sich als „quantitative Daten, die als bewusste Verdichtung der komplexen Realität über zahlenmäßig erfassbare betriebswirtschaftliche Sachverhalte informieren sollen" (Weber und Schäffer 2008, S. 174), definieren. Kennzahlen ermöglichen es, „Aussagen zur Beurteilung und zur Führung von Betrieben abzuleiten" (Stelling 2005, S. 275). Es ist somit naheliegend, Kennzahlen als besonders relevant zu sehen und sie entsprechend im Folgenden näher zu erläutern: Als erste Kennzahlenart sind statistische Kennzahlen zu nennen, die sich in absolute und relative Kennzahlen aufspalten. Absolute Kennzahlen (Grundzahlen) sind die Folgenden:

- Einzelzahlen (wie z. B. die Anzahl der Entlassungen im letzten Monat)
- Summen
- Differenzen
- Mittelwerte

Relative Kennzahlen (Verhältniszahlen) ermöglichen es leichter Vergleiche durchzuführen. Sie teilen sich folgendermaßen auf:

- Gliederungszahlen messen den Anteil einer Zahl an einer übergeordneten Größe (z. B. Anteil Personalkosten an Gesamtkosten in einem Krankenhaus)
- Beziehungszahlen setzten begrifflich unterschiedliche Größen zueinander ins Verhältnis (z. B. Verhältnis von ambulanten zu stationären Patienten)
- Indexzahlen sind gleiche Kennzahlen, die zu unterschiedlichen Zeitpunkten an unterschiedlichen Orten aufgenommen wurden und über die Zuordnung einer Zahl zum Indexwert 100 vergleichbar gemacht werden können (z. B. zur sinnvollen Vergleichbarkeit der Umsatzentwicklung in einem Krankenhaus) (vgl. Zapp et al. 2010, S. 3; Dillerup und Stoi 2013, S. 738)

Zusätzlich zu den statistischen Kennzahlen sind anwendungsorientierte Kennzahlen abzugrenzen. Hier ist zwischen finanzwirtschaftlichen, leistungswirtschaftlichen, qualitäts- und wertorientierten Kennzahlen zu unterscheiden. Die finanzwirtschaftlichen Kennzahlen lassen sich typischerweise in vier Analysebereiche unterteilen (Zapp et al. 2010, S. 4 mit Verweis auf Perridon und Steiner 2004, S. 554; Schierenbeck 2003, S. 627 ff.):

- Investition: Vermögensstruktur, Umsatzrelationen, Umschlagskoeffizienten, Investitions- und Abschreibungspolitik (z. B. Anlageintensität, Investitionsquote, Abschreibungsquote)
- Finanzierung: Kapitalaufbringung und -struktur, Sicherheit und Fristigkeit (z. B. Eigen-/Fremdkapitalquote, Verschuldungsgrad)
- Liquidität: Zahlungsfähigkeit, Liquidierbarkeit von Vermögensgütern, Vermögensdeckung (z. B. Liquiditätsgrade I bis III, Cash-Flow)
- Ertrag: Gegenwärtiger und zukünftiger Ertrag in absoluten und relativen Größen (z. B. Umsatz, Deckungsbeitrag, EBIT, Eigen-/Gesamtkapitalrendite, Umsatzrendite, Return on Investment)

Leistungswirtschaftliche Kennzahlen beziehen sich auf Output/Input-Verhältnisse, zielen daher auf Produktivität ab. Im Sinne des Krankenhauses ist der übergeordnete Output der Status der Patienten (z. B. „geheilt"). Da dies objektiv kaum bewertbar ist, liegt der Fokus auf messbaren Sekundärleistungen die die Organisation Krankenhaus durch Behandlung, Pflege usw. realisiert (vgl. Zapp et al. 2010, S. 4). Trotzdem liegt die Schwierigkeit vor, dass der im Krankenhaus erzielte Output schwer quantifizierbar ist und auch die Vergleichbarkeit aufgrund der Individualität der Fälle schwierig ist. Durch das DRG-System (Diagnosis Related Groups, ein Klassifikationssystem das die einheitliche Abrechnung von Leistung der Krankenhäuser möglich machen soll) begründet ist der CMI-Index (Case-Mix-Index) von Bedeutung (vgl. Schlüchtermann 2009, S. 152). Hinzu kommen weitere durch DRG wichtige Kennzahlen, wie die durchschnittliche Verweildauer der Patienten usw., aber auch traditionelle und in allen Branchen genutzte Zahlen zur Produktivität (vgl. Zapp et al. 2010, S. 5).

In der Kategorie Qualitätskennzahlen lässt sich die Unterteilung zwischen Struktur-, Prozess- und Ergebnisqualität heranziehen (vgl. Haeske-Seeberg 2008, S. 144):

- Strukturqualität: Dies kann sich bspw. auf die Verfügbarkeit von adäquaten Räumen oder die Funktionstüchtigkeit bestimmter Geräte beziehen.
- Prozessqualität: Hier kann bspw. die richtige Wahl einer Therapiemethode oder die korrekte Durchführung einer diagnostischen Prozedur gemeint sein.
- Ergebnisqualität: Hier geht es im Krankenhaus primär um das medizinische Ergebnis (den Erfolg einer Behandlung), aber auch Dinge wie das wirtschaftliche Ergebnis oder die subjektive Kundenzufriedenheit können als Qualitätsindikatoren dienen.

Die konkreten Ausprägungen der Kennzahlen können natürlich zahlenmäßig wiedergegeben werden, wie z. B. die durchschnittliche Verweildauer der Patienten im Rahmen der Prozessqualität.

Es ist zu beachten, dass Struktur-, Prozess- und Ergebnisqualität als autonom zu behandeln sind, d. h. die Struktur- und Prozessqualität müssen nicht zwingend die Ergebnisqualität determinieren. Auch die Strukturqualität muss nicht unbedingt die Prozessqualität beeinflussen. Auf Grundlage des Bewusstseins für diese Unabhängigkeiten, welches erst seit kurzer Zeit besteht, gibt es Bemühungen, Qualitätsbetrachtungen verstärkt auf die Ergebnisqualität zu lenken und ebenso kennzahlengestützte QM-Systeme aufzubauen, die die Ergebnisqualität ins Zentrum setzen (vgl. Zapp et al. 2010, S. 6). Die Konzentration auf Qualitätskennzahlen erfolgt nicht nur freiwillig aus Eigeninteresse des Krankenhauses, sondern wird auch durch das Sozialgesetzbuch impliziert (siehe § 137a SGB V).

Als letzte Unterteilung der anwendungsorientierten Kennzahlen werden kurz die wertorientierten Kennzahlen erläutert: Wertorientierte Kennzahlen sind vor allem im Sinne des Value based Managements wichtige Größen und geben insbesondere den Anteilseignern (aktuelle und zukünftige Investoren) bedeutende Hinweise über den Wert ihrer Beteiligungen. Alle wertorientierte Kennzahlen bedienen sich kapitalmarkttheoretischer Erkenntnisse und lenken Ressourcen in die für Anteilseigner vorteilhafte Aktivitäten. Sie helfen jedoch auch zur unternehmensinternen Leistungsbeurteilung und ermöglichen die Abschätzung des Anteils einzelner Geschäftsbereiche am Gesamtwert eines Unternehmens. Die bekanntesten wertorientierten Kennzahlen sind der EVA (Economic Value Added) und CVA (Cash Value Added). Bei der Berechnung beider Kennzahlen wird die Kapitalrendite ihren Kapitalkosten gegenübergestellt (vgl. Weber und Schäffer 2008, S. 177 ff.). In der Praxis ist ein nicht unerheblicher Operationalisierungs- und Abgrenzungsbedarf zur Ermittlung der Kennzahlen nötig. Aufgrund der Komplexität der Berechnung wird auf eine detaillierte Darstellung an dieser Stelle verzichtet. Lachmann (2011, S. 134) bekräftigt die sich ergebende Vermutung, dass wertorientierte Kennzahlen insbesondere in Krankenhäusern privater Trägerschaft eine starke Verbreitung aufweisen.

Da einzelne Kennzahlen oft nur eine begrenzte Aussagekraft haben, werden Kennzahlensysteme genutzt, um den Informationsgehalt zu erhöhen (vgl. Weber und Schäffer 2008, S. 186). Grundsätzlich lässt sich bei Kennzahlensystemen zwischen Rechen- und Ordnungssystemen differenzieren. Bei ersterem weisen die Kennzahlen innerhalb des Rechensystems mathematische Verknüpfungen auf. Ordnungssysteme bringen ihre Kenn-

Abb. 4.7 Das DuPont-
Kennzahlensystem
(QZ 2013 – Carl Hanser
Verlag)

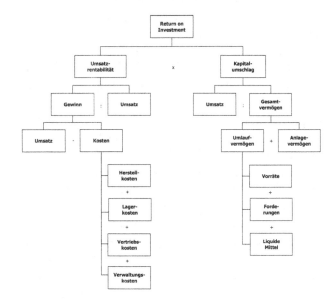

zahlen lediglich in eine „Ordnung“, d. h. es besteht eine rein logische Verknüpfung, die
jedoch nicht quantifizierbar ist.

Das bekannteste Kennzahlensystem ist das DuPont-Kennzahlensystem. Hier wird der
Return on Investment (ROI) als Spitzenkennzahl in einem pyramidalen Rechensystem gesetzt. Somit erscheint die Kapitalrentabilität als oberstes Unternehmensziel. Abbildung 4.7
zeigt die Struktur des DuPont-Schemas.

Der Aufbau bzw. die Struktur des Systems erlaubt eine Führung im Sinne des „Management by Objectives“ (vgl. Stelling 2005, S. 277), verleitet allerdings auch zu kurzfristigem
und bereichsbezogenem Handeln.

Ein weiteres bekanntes Kennzahlensystem ist das ZVEI-Kennzahlensystem. Dieses System teilt sich in eine Wachstums- und Strukturanalyse auf (vgl. Barth und Barth 2004,
S. 144 f.; Preißler 2008, S. 51 f.; Wilken 2006, S. 112 ff.): Bei der Wachstumsanalyse
lässt sich durch einen Vergleich von Absolutzahlen mit der Vorperiode ein Überblick
über die Effizienz, Entwicklung und Erfolgsindikatoren des Unternehmens beschaffen.
Die Analysekategorien sind hier Vertriebstätigkeit, Ergebnis, Kapitalbindung und Wert-
schöpfung/Beschäftigung. Der zweite Teil des ZVEI-Kennzahlensystems besteht aus einer
Strukturanalyse, einem pyramidalen Rechensystem mit der Eigenkapitalrentabilität als
Spitzenkennzahl. In den Unterkategorien werden hauptsächlich die Risikobelastung und
Ertragsfähigkeit der Organisation dargestellt. Das ZVEI-Kennzahlensystem ist zwar inhalt-
lich breiter aufgestellt als das DuPont-Schema, der Umfang vieler Kennzahlen inklusive

Hilfskennzahlen (zur Verbindung einzelner Kennzahlen) macht die Anwendung jedoch schwerfällig und der Einsatz in der Praxis ist eher gering.

Das RL-Kennzahlensystem (Rentabilitäts-Liquiditäts-Kennzahlensystem), was auch eine große Bekanntheit besitzt, ist ein reines Ordnungssystem. Es teilt sich auf in einen jeweils gleichwertigen Teil zur Berechnung der Rentabilität (Spitzenkennzahl: Jahresüberschuss) und der Liquidität (Spitzenkennzahl: Liquide Mittel). Auch wenn beide Teile getrennt dargestellt werden ist zu beachten, dass gewöhnlicher Weise auch hier eine Verbindung besteht, so sollte der Aufbau liquider Mittel normalerweise zu Lasten der Rentabilität gehen. Vorteilhaft ist hier die Übersichtlichkeit des Systems, die aber durch die fehlende mathematische Verknüpfung der Kennzahlen getrübt wird. Beide Teile des Kennzahlensystems enthalten neben einem allgemeinen auch einen Sonderteil. Dieser erlaubt es, das Kennzahlensystem durch Inklusion von bestimmten Branchenerfordernissen, Unternehmensstrukturen oder Marktsituationen individuell anzupassen, was als bedeutender Vorteil gesehen werden kann (vgl. Zapp et al. 2010, S. 15 f.).

Die Balanced Scorecard lässt sich auch als Kennzahlensystem kategorisieren, auch wenn es oft im Kontext der strategischen Unternehmensführung vorgestellt wird (vgl. Pietsch und Memmler 2003, S. 167). Hierbei handelt es sich um ein Instrument, welches sich komplett von mathematischen Zusammenhängen gelöst hat. Stattdessen gibt es vier Kategorien („Perspektiven"), dessen inhaltliche Gestaltung relativ flexibel ist und die schließlich auf die gesetzte Unternehmensstrategie zielen.

- Finanzperspektive
- Kundenperspektive
- Prozess- bzw. interne Perspektive
- Lern und Entwicklungsperspektive (bzw. Potentialperspektive)

Die vier Kategorien sind nicht strikt vorgegeben, sondern lassen sich ändern oder erweitern. Andererseits ist diese vorgeschlagene Unterteilung auch nicht rein zufällig, sondern bildet die Wertschöpfungskette ab und beachtet wichtige Entwicklungen des Managements des zwanzigsten Jahrhunderts (vgl. Weber und Schäffer 2008, S. 192). Bei der Finanzperspektive ist eine starke inhaltliche Überschneidung zu den bereits vorgestellten Kennzahlensystemen festzustellen, nur dass die konkreten Zielgrößen frei festgelegt werden. Die Kundenperspektive befasst sich mit den Eigenschaften und dem Verhalten der angestrebten Kundengruppe. Hier sind Kennzahlen wie z. B. der Marktanteil üblich. Die interne Perspektive befasst sich mit betrieblichen Prozessen, d. h. hier kann Bezug auf den Anteil an Standardisierungen u. ä. vorgenommen werden. Die Lern und Entwicklungsperspektive beinhaltet Kennzahlen zur Förderung einer lernenden Organisation und bezieht sich im Endeffekt auf das Humankapital und die Infrastruktur. Für jede Perspektive werden die (strategischen) Ziele festgelegt, die dafür notwendigen Kennzahlen definiert, ein zugehöriger Zielwert festgesetzt und schließlich die Angabe gemacht, welche strategische

Tab. 4.1 Vergleich zwischen dem EFQM-Modell und der Balanced Scorecard (Lang 2009, S. 266 mit Verweis auf Schmutte 2000, S. 5)

EFQM Excellence Modell	Balanced Scorecard
Qualitative Bewertung	Weitgehend quantitative Messungen
Bewertung der Leistungen eines Unternehmens, die periodisch durchgeführt wird	Kontinuierliche und ganzheitliche Ermittlung der Leistungstreiber eines Unternehmens sowie deren Überprüfung und Steuerung
Europäischer Standard	Unternehmensspezifische Gestaltung
Das EFQM-Modell bildet häufig die Orientierung für die Gestaltung der Balanced Scorecard	Die gewonnen Kennzahlen können für EFQM-Assessments eingesetzt werden

Aktion notwendig ist, um diesen zu erreichen. Weiterhin kann ein hierarchisches Verhältnis zwischen den einzelnen Perspektiven ausgemacht werden: Die Finanzperspektive ist das Oberziel, welches hauptsächlich durch die Kundenperspektive determiniert wird, die wiederum stark abhängig ist von der Prozessperspektive, welche letztlich maßgeblich von der Potentialperspektive beeinflusst wird. Auf Grundlage dieser Reihenfolge lässt sich eine Ursache-Wirkungskette/strategische Landkarte verbildlichen (vgl. Kaplan und Norten 1996, S. 31).

Auch das EFQM-Modell kann als Kennzahlensystem im Sinne eines Ordnungssystems vorgestellt werden. Die Parallelen zur Balanced Scorecard sind nicht zu übersehen. „Es werden [in beiden Ansätzen] die Zufriedenheit aller relevanten Interessensgruppen und ein ausgewogenes Gesamtbild angestrebt [. . .]" (Weber und Schäffer 2008, S. 196). Grundsätzlich sind die in Tab. 4.1 dargestellten relevanten Unterschiede zu identifizieren.

Die Unternehmensspezifische Gestaltung bei der Balanced Scorecard impliziert, dass der Ansatz als wertneutral zu sehen ist. Das EFQM-Modell vertritt jedoch bewusst nachhaltiges Handeln. D. h. bei der Anwendung des EFQM-Modells unterwirft man sich einem bestimmten Wertemodell, was z. B. die Ausgewogenheit von Arbeit und Freizeit sowie Ressourcenschonung fördert (vgl. Behrens-Otto 2013, S. 197). Weber und Schäffer (2008, S. 197) warnen davor, das EFQM-Modell als alleiniges internes Steuerungssystem zu nutzen, da die Gefahr besteht, dass die besonderen Gegebenheiten des eigenen Geschäftssystem vernachlässigt werden könnten.

4.4 Integration kennzahlenbasierter Ansätze in das EFQM-Modell über die Balanced Scorecard zur Schaffung eines umfassenden Managementansatzes

Letztendlich kann man aus den bisherigen Ausführungen schließen, dass das EFQM-Modell eine ideale Schnittstelle zwischen kennzahlbasierter Unternehmenssteuerung und der Weiterführung der Qualitätsbemühungen auf der strategischen Managementebene

Abb. 4.8 Vernetzung der
Systeme (Hahne 2011, S. 112)

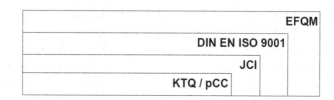

bietet. Kein anderes der hier vorgestellten QM-Modelle ist so umfassend und bietet sich als Grundlage zur Unternehmenssteuerung und -führung an. Das Ergebnis einer Studie der University of Leicester bestärkt diesen Gedanken indem hier der Nachweis erbracht wurde, dass das EFQM-Modell zu einer Leistungssteigerung in Unternehmen führt (vgl. The Centre of Quality Excellence, the University of Leicester, 2005). Hinsichtlich der anderen hier erörterten QM-Modellen ist es wichtig zu verstehen, dass das EFQM-Modell die anderen QM-Modelle nicht ausschließt, sondern die Möglichkeit bietet diese ohne Hindernisse als untergeordnetes System ebenfalls zu implementieren. Die Vernetzung der QM-Modelle für Krankenhäuser kann wie in Abb. 4.8 dargestellt werden.

So argumentiert Hahne (2011, S. 182 ff.) zudem, dass das TQM, dessen Ziel es ist, den Qualitätsgedanken als integralen Bestandteil einer Organisation durchzusetzen, sich ideal mit den Kriterien des EFQM-Modells vereinbaren lässt. Hier schlägt Hahne zu Beginn die Einführung von KTQ vor, woraufhin über die Einführung von ISO und JCI das EFQM-Modell erfolgreich genutzt werden kann.

Ergänzt man das EFQM-Modell mit der Balanced Scorecard, erhält ein Krankenhaus oder eine ähnliche Gesundheitseinrichtung einen Rahmen, der ein qualitätsorientiertes Management erlaubt. Die eigentlichen Nachteile die sich durch die Fixierung auf die QM-Modelle ergeben könnten, werden durch die zusätzliche Nutzung einer Balanced Scorecard eliminiert. So können organisationsindividuelle Gegebenheiten und Anforderungen leicht in das Managementkonzept integriert werden. Weiterhin kann das klassische und damit insbesondere finanzbezogene Controlling über die Balanced Scorecard integriert werden. So spricht nichts dagegen, jegliche finanzbezogenen Kennzahlen bzw. -systeme über den Finanzteil der Balanced Scorecard einzugliedern. Die Offenheit der Balanced Scorecard erlaubt natürlich auch die indirekte Einbindung anderer Kennzahlen oder Handlungs-implikationen über die zugehörigen Perspektiven der Balanced Scorecard. Versteht man aber das EFQM-Modell als richtunggebend für die Unternehmenssteuerung, so sollten derartige Aktivitäten sich nur darauf beschränken, das EFQM-Modell an den Stellen zu ergänzen, an denen sonst Unternehmensspezifika vernachlässigt werden würden. Wie die Ergänzung des EFQM-Modells durch die Balanced Scorecard konkret auszusehen hat, ist individuell zu beurteilen. Trotzdem gibt es einige Veröffentlichungen, die sich konkret mit der Ausgestaltung der Zusammenführung des EFQM-Modells mit dem Balanced Score-card Ansatz befassen. So stellen bspw. Bühner und Akitürk (2000) ein Ablaufschema vor, um beide Modelle zu kombinieren und damit das Qualitätscontrolling zu erweitern. Selke und Kückelmann (2009) zeigen die Möglichkeiten einer Verbindung von EFQM-Modell und Balanced Scorecard im Rahmen des Personalcontrollings.

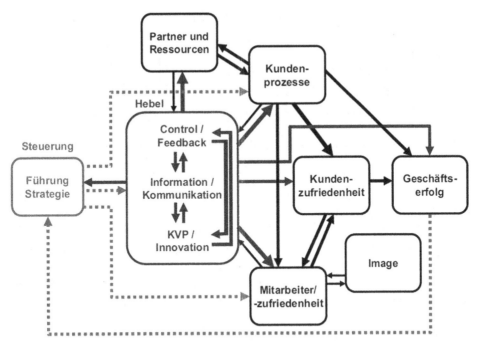

Abb. 4.9 Vernetzungen und Wirkzusammenhänge (Freisl 2013, S. 258 – Symposion Publishing GmbH)

Zuletzt bleibt anzumerken, dass auch wenn eine Krankenhausorganisation es geschafft hat, das für sich ideal gestaltete Steuerungssystem zu installieren, es immer noch nicht bedeuten muss, dass die erwarteten Ergebnisse die Folge sind. Der Grund hierfür müssen nicht unvorhersehbare Ereignisse o. ä. sein, sondern schlicht die Erkenntnis, dass jede Organisation einem sozialen System unterliegt, dessen Wirkzusammenhänge äußerst schwer erkennbar sind. Relevante Beziehungsmuster wichtiger Variablen bei Dienstleistungsunternehmen konnten in einer Studie (vgl. Freisl 2011) sichtbar gemacht werden. So können die komplexen Zusammenhänge innerhalb einer Organisation mittels empirischer und kausalanalytischer Untersuchung entsprechend Abb. 4.9 dargestellt werden.

Typische Strukturen von Beziehungen zeigt beispielhaft die folgende Abb. 4.10.

Ohne Details aufzugreifen wird hier deutlich, dass die praktische Anwendung eines QM-Systems eine Reihe an Herausforderungen beinhaltet, da die konkreten Zusammenhänge den verantwortlichen Führungskräften nicht klar sind. Daher wird dafür plädiert, das QM um ein systematisches Management zu erweitern, unter Hinzunahme von Techniken des Komplexitätsmanagements (vgl. Zülch und Freisl 2012).

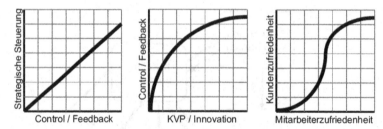

Abb. 4.10 Beziehungsmuster zwischen Variablen (Freisl 2013, S. 258 – Symposion Publishing GmbH)

4.5 Fazit und Ausblick

Die Steuerung einer Organisation im klinischen Bereich auf Basis des richtigen Managementansatzes wird auch in Zukunft eine Herausforderung bleiben. Trotzdem gibt es einige Ansätze, die gerade für gesundheitswirtschaftliche Dienstleistungen angemessene Modelle bereitstellen, um sie als Leitfaden zum Management einer Organisation zu gebrauchen. So wurden in diesem Artikel die aktuell relevantesten Qualitätsmanagementmethoden vorgestellt, die in ihrer ersten Funktion zwar lediglich eine Qualitätssicherungsfunktion innehaben, aber unter dem Dach des EFQM-Ansatzes auch Implikationen zur strategischen Unternehmensführung bieten. Dieser qualitätsorientierte Ansatz kann insbesondere durch die Balanced Scorecard vervollständigt werden, um weitere individuelle Notwendigkeiten einer einzelnen Institution zu integrieren und um ergänzende (klassische) Controlling-Aufgaben über die Balanced Scorecard einbinden zu können. Es muss allerdings auch erkannt werden, dass die Umsetzung dessen in der Praxis durch die Organisation als natürliches System erschwert wird. Hier ist sicherlich weiterer Forschungsbedarf zu identifizieren, um komplexe Ursache-Wirkungs-Zusammenhänge besser zu verstehen. Auf Basis dessen kann die Umsetzung der oben genannten Ansätze wesentlich sinnvoller gestaltet werden. Ein weiteres Themenfeld, welches sich aus den vorigen Ausführungen eröffnet, ist die Untersuchung von Changemanagement-Ansätzen hinsichtlich der internen Akzeptanz von Mitarbeitern, die notwendig ist, um entsprechende Veränderungen in einem Krankenhaus o. ä. zu realisieren. Weiterhin kann die Auswirkung der Veränderungen des Managementansatzes auf die Patientenbindung untersucht werden.

Literatur

Albrecht M, Töpfer A (2006) Erfolgreiches Changemanagement im Krankenhaus. 15-Punkte Sofortprogramm für Kliniken. Springer, Heidelberg
Barth T, Barth D (2004) Controlling. Oldenbourg, München
Behrens-Otto B (2013) EFQM und BSC im Vergleich. In: Moll A, Kohler G (Hrsg) Excellence-Handbuch. Grundlagen und Anwendung des EFQM Excellence Modells. Symposion, Düsseldorf
Bieback KJ (2004) Qualitätssicherung in der Pflege und im Sozialrecht. Müller, Heidelberg

Busse R, Schreyögg J, Tiemann O (2010) Management im Gesundheitswesen. Springer, Berlin

Bühner R, Akitürk D (2000) Führen mit Kennzahlen. Führungs-Scorecard in Verbindung mit dem EFQM-Modell bringt kontinuierliche Verbesserung. QZ 45(2):155–158

Dillerup R, Stoi R (2013) Unternehmensführung. Vahlen, München

Ertl-Wagner B, Steinbrucker S, Wagner BC (2013) Qualitätsmanagement und Zertifizierung. Springer, Berlin

Fischer M (2012) Das konfessionelle Krankenhaus. Begründung und Gestaltung aus theologischer und unternehmerischer Perspektive. LIT, Münster

Franke DH (2007) Krankenhaus-Management im Umbruch. Kohlhammer, Stuttgart

Freisl J (2011) Entwicklung eines systematischen Managementansatzes zur Bewertung von Wirkzusammenhängen in unternehmerischen Strukturen mittels kausalanalytischer Methoden. Dissertation, Ruhr-Universität Bochum

Freisl J (2013) Erfolgsfaktoren für Excellence im Dienstleistungsbereich. In: Moll A, Kohler G (Hrsg) Excellence-Handbuch. Grundlagen und Anwendung des EFQM Excellence Modells. Symposion, Düsseldorf

Haeske-Seeberg H (2008) Handbuch Qualitätsmanagement im Krankenhaus. Strategien – Analysen – Konzepte. Kohlhammer, Stuttgart

Hahne B (2011) Qualitätsmanagement im Krankenhaus. Konzepte, Methoden, Implementierungshilfen. Symposion, Düsseldorf

Hendricks KB, Singhal VR (1997) Does implementing an effective TQM program actually improve operating performance? Empirical evidence from firms that have won quality awards. Manag Sci 43(9):1258–1274

Kaplan RS, Norten DP (1996) Translating strategy into action: the balanced scorecard. Harvard Business Review, Boston

KTQ (2013) Das KTQ-Modell für Patientensicherheit und Risikomanagement. http://www.ktq.de/fileadmin/media/info/3021307_KTQ-Risikomanagement_a.pdf. Zugegriffen: 7. Aug. 2013

Lachmann M (2011) Der Einsatz von Controllinginstrumenten in Krankenhäusern. Verbreitung, Kontextfaktoren und Erfolgspotenziale. Gabler, Wiesbaden

Lang H (2009) Neue Theorie des Management. Bewähren sich die Managementtheorien in der Finanzkrise? Europäischer Hochschulverlag, Bremen

Langmann G, Maier R, Theisl A, Bauer H, Klug U, Foussek C, Hödl R, Wedrich A, Gliebe W (2011) Erfolgreiche Umsetzung des EFQM-Management-Modells an der Universitätsaugenklinik Graz. Der Ophthalmologe 108(4):351–363. doi: 10.1007/s00347-010-2297-2

Leonhard KW, Naumann P, Odin A (2009) Managementsysteme – Begriffe. Ihr Weg zu klarer Kommunikation. Beuth, Berlin

Moll A (2013a) Die RADAR-Bewertungslogik 2013. In: Moll A, Kohler G (Hrsg) Excellence-Handbuch. Grundlagen und Anwendung des EFQM Excellence Modells. Symposion, Düsseldorf

Moll A (2013b) Die Grundkonzepte der Excellence. In: Moll A, Kohler G (Hrsg) Excellence-Handbuch. Grundlagen und Anwendung des EFQM Excellence Modells. Symposion, Düsseldorf

Perridon L, Steiner M (2004) Finanzwirtschaft der Unternehmung. Vahlen, München

Pietsch T, Memmler T (2003) Balanced Scorecard erstellen. Kennzahlenermittlung mit Data Mining. Erich Schmidt, Berlin

Pöhls K (2012) Lean Management in Krankenhäusern. Erfolgsfaktoren für die Umsetzung. Gabler, Wiesbaden

Preißler PR (2008) Betriebswirtschaftliche Kennzahlen. Formeln Aussagekraft Sollwerte Ermittlungsintervalle. Oldenbourg, München

Pufahl M (2012) Vertriebscontrolling. So steuern Sie Absatz, Umsatz und Gewinn. Springer Gabler, Wiesbaden

QZ (2013) ohne Titel. http://www.qz-online.de/_storage/asset/267105/storage/chv-zoom/file/ 1435036/694230.jpg. Zugegriffen: 7. Aug. 2013

Schierenbeck H (2003) Grundzüge der Betriebswirtschaftslehre. Oldenbourg, München

Schlüchtermann J (2009) Kennzahlen zur Leistungsmessung. In: Ansorg J, Diemer M, Heberer J, Tsekos E, von Eiff W (Hrsg) OP-Management. MWV, Berlin, S 149–154

Schmutte AM (2000) Das Managementkonzept der Balanced Scorecard. Bundesverwaltungsamt (Hrsg) INFO 1614. München

Schneider G, Geiger IK, Scheuring J (2008) Prozess- und Qualitätsmanagement. Grundlagen der Prozessgestaltung und Qualitätsverbesserung mit zahlreichen Beispielen, Repetitionsfragen und Antworten. Compendio, Zürich

Schönberg G (2012) Netzwerke im demografischen Wandel. In: Glücker J, Dehning W, Janneck M, Armbrüster T (Hrsg) Unternehmensnetzwerke. Architekturen, Strukturen und Strategien. Springer Gabler, Berlin, S 185–202

Selke M, Kückelmann K (2009) Die Total-Quality-Manangement-Scorecard. Eine praxisrelevante Weiterentwicklung (FOM-Schriftenreihe: Beiträge für die Wirtschaftspraxis, Nr. 14). Akademie, Essen

Stelling JN (2005) Kostenmanagement und Controlling. Oldenbourg, München

The Centre of Quality Excellence, the University of Leicester (2005) Bericht zur Studie „Auswirkungen einer wirksamen Implementierung von Excellence-Strategien im Unternehmen auf die Schlüsselleistungsergebnisse". EFQM, BQF. http://www.qualityaustria.com/uploads/media/ EFQM_Studie_IoES_de.pdf. Zugegriffen: 6. Aug. 2013

Töpfer A, Großekatthöfer J (2006) Arten, Ziele und Entwicklungsstufen von Qualitätsmanagementkonzepten. In: Albrecht DM, Töpfer A (Hrsg) Erfolgreiches Changemanagement im Krankenhaus. 15-Punkte Sofortprogramm für Kliniken. Springer, Heidelberg, S 381–398

Weber J, Schäffer U (2008) Einführung in das Controlling. Schäffer-Poeschel, Stuttgart

Wilken C (2006) Controlling mit Kennzahlensystem. In: Müller A, Uecker P, Zehbold C (Hrsg) Controlling für Wirtschaftsingenieure, Ingenieure und Betriebswirte. Hanser, München, S 106–126

Zapp W, Oswald J, Karsten E (2010) Kennzahlen und Kennzahlensysteme im Krankenhaus – Empirische Erkenntnisse zum Status Quo der Kennzahlenpraxis in Niedersächsischen Krankenhäusern. In: Zapp A (Hrsg) Kennzahlen im Krankenhaus. EUL, Köln, S 1–66

Zollondz, HD (2011) Grundlagen Qualitätsmanagement. Einführung in Geschichte, Begriffe, Systeme und Konzepte. Oldenbourg, München

Zülch J, Freisl J (2012) Komplexität und Dynamik als Herausforderung der Zukunft. Die nächste Generation. QZ 57(5):130–133

Teil II

Erfassung und Management von
Dienstleistungsprozessen im Krankenhaus

Steigerung der Produktivität durch Lean Management in der Universitätsklinik für Dermatologie

Sandra Puliafito, Pascal Scher, Slavka Radnic und Luca Borradori

Inhaltsverzeichnis

5.1 Herausforderungen für das Gesundheitswesen – Umbruch im Schweizerischen Spitalwesen und Aufbau des Bereichs Prozessmanagement im Inselspital 116
5.2 Zwei Managementansätze: Lean Management und KAIZEN 117
    5.2.1 Lean Management 117
    5.2.2 KAIZEN 120
5.3 Einführung von Lean Management in der Dermatologischen Poliklinik 122
    5.3.1 Ausgangslage, Herausforderungen und Zielsetzungen der Pilotklinik 122
    5.3.2 Projekt Prozessoptimierung nach den Prinzipien des Lean Managements und KAIZEN 124
    5.3.3 Die vier Projektphasen 125
5.4 Zusammenfassung und Erkenntnisse 131
Literatur 133

S. Puliafito (✉) · S. Radnic
Bereich Prozessmanagement, Direktion Pflege/MTT, INSELSPITAL,
Universitätsspital Bern, Freiburgstraße 44a, 3010 Bern, Schweiz
E-Mail: sandra.puliafito@insel.ch

S. Radnic
E-Mail: slavka.radnic@insel.ch

P. Scher
Operations/Management-Support, INSELSPITAL, Universitätsspital Bern, Freiburgstrasse 10,
UPD 4.OG/B460c, 3010 Bern, Schweiz
E-Mail: pascal.scher@insel.ch

L. Borradori
Klinikdirektor Dermatologie, INSELSPITAL, Universitätsspital Bern, Freiburgstraße 10,
3010 Bern, Schweiz
E-Mail: luca.borradori@insel.ch

M. Bornewasser et al. (Hrsg.), *Dienstleistungen im Gesundheitssektor*,
DOI 10.1007/978-3-658-02958-6_5, © Springer Fachmedien Wiesbaden 2014

5.1 Herausforderungen für das Gesundheitswesen – Umbruch im Schweizerischen Spitalwesen und Aufbau des Bereichs Prozessmanagement im Inselspital

Der Wandel in den Schweizer Spitälern ist in vollem Gang. Die treibenden Kräfte für Veränderungen sind steigender Kostendruck, zunehmender Wettbewerb durch die freie Spitalwahl der Patienten, knappe finanzielle Mittel sowie Zusammenschlüsse zu Spital-gruppen (Kappler 2009). Die im Jahr 2012 schweizweit eingeführte leistungsorientierte Abgeltung von Spitalleistungen mit einer Fallpauschale nach dem DRG-Tarifsystem (DRG: Diagnosis Related Groups) erhöhen den Druck zur Kostenoptimierung, was die Orientie-rung an effizienten Spitalprozessen fördert. Zudem erhöht DRG die Transparenz über die Kosten eines Spitals im Vergleich zur Konkurrenz. Durch DRG werden die Kosten zu einem zentralen Thema und das Effizienzbewusstsein gefördert (Kappler 2009).

Dadurch stellt sich für das Spitalmanagement immer dringender die Frage nach not-wendigen Anpassungen in den Bereichen Strategie, Führung und Organisation sowie in der Gestaltung der Leistungsprozesse. Hier bietet sich der Managementansatz des Lean Managements als erfolgreiche Methode zur Einführung kundenorientierter, effizienter und qualitätssichernder Prozesse an (Kappler 2009). Im Fokus stehen sowohl die effiziente Leistungserbringung als auch die Kunden- und Mitarbeiterorientierung. Grundsätzlich verfügen die Mitarbeitenden in Spitälern eine überdurchschnittlich hohe Veränderungs-bereitschaft, was eine grosse Chance für geplante Veränderungen bedeutet (Angerer et al. 2012).

Die im Zusammenhang mit der Einführung der veränderten Leistungsabrechnung nach DRG treibenden Kräfte der Kostenreduktion sowie der Effizienz- und Produktivitätsstei-gerung bei gleichbleibend hoher Qualität stellten die Unternehmensleitung des Inselspitals vor große Herausforderungen. Das strategische Ziel beinhaltet einerseits die konsequente Ausrichtung aller Unternehmensaktivitäten auf den Kundennutzen. Andererseits soll ein Teil der Kosten in Form von Prozessoptimierungen in den Kliniken reduziert werden. Die Entscheidung, das strategische Ziel „Prozesse optimieren" in die Balanced Score Card (BSC) als strategisches Steuerungsinstrument einzubinden, zog den Aufbau des Bereichs Prozessmanagement nach sich. Die einzelnen Kliniken müssen bei der Prozessoptimierung gezielt gefördert und unterstützt werden. Dazu braucht es ein systematisches Vorgehen, welches durch den Bereich Prozessmanagement gesichert werden soll. Es werden ein-heitliche Prozessmanagement-Methoden und Qualitätsstandards zur Verfügung gestellt, welche Transparenz und Vergleichbarkeit schaffen sollen. In einem ersten Schritt wur-den die Mitarbeitenden des Bereichs Prozessmanagement durch externe Berater in Lean Management qualifiziert (KVP-Trainer). Im zweiten Schritt wurde das erworbene Wissen praktisch erprobt. Die Einführung von Lean Management erfolgte im Rahmen eines ersten Pilotprojektes mit Unterstützung der externen Berater.

5.2 Zwei Managementansätze: Lean Management und KAIZEN

In diesem Kapitel werden die zwei Philosophien Lean Management (schlankes Management) und KAIZEN (kontinuierlicher Verbesserungsprozess) beschrieben.

Lean Management ist eine aus der Industrie stammende Management-Philosophie. Die Methode wurde von Toyota, dem bekannten Automobilhersteller, in den 1950er Jahren entwickelt. Toyota befand sich zu dieser Zeit wirtschaftlich am Boden und steckte in einer tiefen Krise. Interessant ist, dass sich Toyota damals in einer vergleichbaren Situation wie das Spitalwesen heute befand. Toyota hatte ähnliche Herausforderungen zu bewältigen wie bspw. stetig anspruchsvollere Kunden, steigende Kosten und knappe finanzielle Mittel. Dank der konsequenten Umsetzung der Lean-Management-Methode entwickelte sich Toyota zu einem der weltweit führenden Automobilkonzerne (Kappler 2009).

5.2.1 Lean Management

Anfang der 1990er Jahre haben sich viele unterschiedliche Branchen dieser Methode zugewandt und sie in ihren Unternehmen weiterentwickelt und erfolgreich umgesetzt. Lean Management hat sich im Laufe der Zeit auch im Dienstleistungsbereich etabliert und so Einzug im Gesundheitswesen gehalten.

Lean Management wird in der Literatur und der Praxis oft als „schlankes Management" oder „schlanke Prozesse" bezeichnet. Womack und Jones (2013) präzisieren den Begriff. Sie sehen in Lean Management eine Philosophie, die zum Ziel hat, alle Unternehmensaktivitäten auf den Kundennutzen auszurichten und alle Tätigkeiten, die keinen Beitrag zum Kundennutzen leisten oder nicht absolut notwendig sind, auf ein Minimum zu reduzieren. Im Kern geht es darum, den Kunden konsequent in den Fokus der Leistungserbringung zu stellen und alle Arbeitsabläufe einer Organisation auf den Kunden bzw. den Patienten abzustimmen. Dabei gilt es, die Prozessschritte zu identifizieren, die aus Sicht der Kunden bzw. der Patienten nur indirekt oder überhaupt nicht wertschöpfend sind. Diese Aktivitäten werden zugunsten wertschöpfender Tätigkeiten optimiert oder sogar eliminiert.

Damit werden mit der Einführung von Lean Management die Effektivität und die Effizienz der Leistungserbringung erhöht. Dies äußert sich in reduzierten Prozesskosten und einem beschleunigten Durchlauf (Pöhls 2012). Dabei gilt es, die gesamte Arbeit in wertschöpfende Tätigkeiten und Verschwendung zu unterteilen (Jones und Mitchell 2006). Die Vermeidung nicht wertschöpfender Tätigkeiten setzt bisher gebundene Ressourcen frei, dadurch werden die Kosten der Leistungsprozesse reduziert und die Gewinnsituation des Unternehmens verbessert.

5.2.1.1 Unterscheidung zwischen wertschöpfenden Tätigkeiten und Verschwendung

Grundsätzlich wird in der Literatur zwischen Wertschöpfung und Verschwendung unterschieden. Zu den wertschöpfenden Tätigkeiten in Spitälern zählen alle Tätigkeiten, die zur Genesung des Patienten beitragen wie bspw. Anamnese, Diagnostik, Behandlung oder

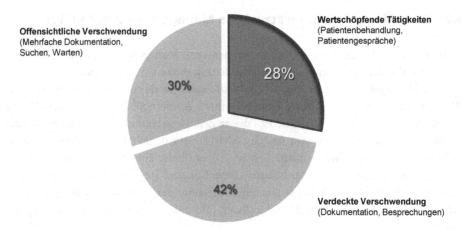

Abb. 5.1 Anteile an Wertschöpfung und Verschwendung der Tätigkeiten eines Stationsarztes

Patientengespräche. Hier ist es wichtig, den Wert der Dienstleistung am Patienten genau zu ermitteln. Nur so können bedürfnisorientierte Dienstleistungen bereit- und der Patient zufriedengestellt werden.

Womack und Jones (2013) bezeichnen Verschwendung als jede menschliche Aktivität, die Ressourcen verbraucht, aber keinen Wert erzeugt. Unterschieden wird zwischen verdeckten und offensichtlichen Verschwendungen. Beispiele von verdeckter Verschwendung aus der Spitalwelt sind Tätigkeiten wie das Suchen von Unterlagen oder Material, unnötiges Warten, ineffiziente Besprechungen oder Fehler, die korrigiert werden müssen. Zur offensichtlichen Verschwendung zählen unnötiges Warten, unnötige Doppeluntersuchungen oder zu korrigierende Fehler. Solche Tätigkeiten verschwenden nicht nur die kostbare Zeit der Ärzte, Pflegefachpersonen, Therapeuten und anderen Spitalmitarbeitenden, sondern auch diejenige der Patienten und sollten vermieden werden. Ziel der Reduzierung nicht wertschöpfender Tätigkeiten ist, mehr Zeit für die Patientenbehandlung und -betreuung zu haben, was sich wiederum positiv auf die Patienten- und Mitarbeiterzufriedenheit auswirken kann (Pöhls 2012).

Das heißt aber nicht, dass jede Art von Verschwendung wie bspw. die Dokumentation oder Besprechungen nicht mehr ausgeführt werden muss. Vielmehr geht es um die Optimierung von Tätigkeiten mit verdeckter Verschwendung (z. B. ineffiziente Besprechungen) und die Eliminierung von offensichtlicher Verschwendung (z. B. unnötige Doppeluntersuchungen).

Eindrücklich zeigen Studien, dass nur 28 % der Tätigkeiten der Stationsärzte für Wertschöpfung genutzt werden (Pfitzer 2009). Die restlichen 72 % können der Verschwendung zugeordnet werden, wobei 42 % der verdeckten und 30 % der offensichtlichen Verschwendung zuzurechnen sind (Abb. 5.1).

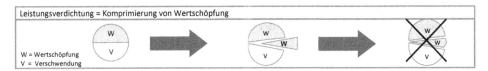

Abb. 5.2 Konsequenz bei Komprimierung von Wertschöpfung (Quelle: Pfitzer 2012)

Abb. 5.3 Ergebnis nach Eliminierung von Verschwendung (Quelle: Pfitzer 2012)

Die Trennung von Wertschöpfung und Verschwendung bildet also die Basis für Optimierungen. Ziel ist, wertschöpfende Aktivitäten zu maximieren, verdeckte Verschwendung zu optimieren und offensichtliche Verschwendung zu eliminieren.

5.2.1.2 Verschwendungsarten im Spital

Taiichi Ohno (1912–1990), Führungskraft bei Toyota, identifizierte sieben Verschwendungsarten, die bis heute nicht an Bedeutung verloren haben. Verständnishalber werden hier die sieben Arten der Verschwendung in das Spitalwesen übertragen. Ziel ist bei der Einführung von Lean Management, den Blick auf diese Verschwendungsarten zu schärfen.

Beispiele der sieben potenziellen Verschwendungsarten aus dem Spitalwesen:

1. Überproduktion: vermeidbare Doppeluntersuchungen
2. Bestände: hohe Medikamenten- und Materialbestände
3. Flächen: Unbelegte Räume und Patientenzimmer
4. Wege und Transport: Lange Lieferzeiten; Transport von Material zum Ort des Bedarfs
5. Wartezeiten: Warten der Patienten auf den Arzt; Warten des Arztes auf den Patienten
6. Nacharbeiten/Fehler: vermeidbare Rehospitalisationen und Reoperationen
7. Schnittstellen: Häufige interne Patientenverlegungen; Übergaben zwischen verschiedenen und innerhalb von Berufsgruppen

5.2.1.3 Ergebnis nach Eliminierung von Verschwendung

Bei der Prozessoptimierung geht es darum, Verschwendung zu beseitigen und mit wertschöpfenden Tätigkeiten zu ersetzen. Die Abb. 5.2 und 5.3 zeigen diesen Mechanismus auf. Bei der Eliminierung von Verschwendung geht es nicht darum, mehr Aufgaben zu bewältigen (Abb. 5.2), sondern die frei werdenden Kapazitäten mit wertschöpfenden Tätigkeiten zu füllen (Abb. 5.3).

Dementsprechend soll nicht mehr gearbeitet werden, nicht zusätzlich Stress und Druck erzeugt werden. Im Gegenteil, mit Hilfe der Optimierung soll Hektik abgebaut und Zeit gewonnen werden, um sich vermehrt den Kerntätigkeiten, nämlich der Arbeit am Patienten widmen zu können.

5.2.1.4 Optimierung der Qualität, Kosten und Termintreue

Die Zielsetzung von Lean Management ist auf die Optimierung der wesentlichen Wettbewerbsfaktoren (Qualität, Kosten, Termintreue) von Unternehmen ausgerichtet (Pöhls 2012). Der Fokus richtet sich immer gleichzeitig auf die Optimierung der Qualität, der Kosten und der Termintreue, was sich letztendlich positiv auf die Kundenzufriedenheit auswirken sollte. Dabei sollen bei gleichzeitigem Streben nach bestmöglicher Qualität Fehler und unnötige Kosten vermieden sowie die Termintreue eingehalten werden. Der Erfolg von Lean Management liegt demzufolge im Zusammenspiel und in der Integration dieser drei Einzelelemente. Eine wesentliche Kernaussage besteht darin, dass zwischen diesen Erfolgsfaktoren kein konkurrierendes Verhältnis bestehen muss, sondern eine komplementäre Beziehung bestehen kann. Die Leistungsfähigkeit von Lean Management beruht demzufolge auf der konsequenten Umsetzung der folgenden Faktoren:

- Kontinuierlicher Verbesserungsprozess und damit Qualitätssteigerung
- Kostenoptimierung
- Einhaltung der Termintreue und damit
- konsequente Orientierung an der Kundenzufriedenheit in allen Unternehmensbereichen

---

Zusammenfassung

Lean Management zielt darauf ab, alle nicht wertschöpfenden Tätigkeiten zu eliminieren und dadurch die Prozesseffizienz zu steigern.

Ausgehend vom Patienten und dessen Behandlung muss in einem ersten Schritt gefragt werden, was aus Sicht der Patienten wertschöpfende Tätigkeiten sind, d. h. zu dessen Genesung beitragen, und welche Tätigkeiten zur Verschwendung gehören. In einem zweiten Schritt geht es um die Eliminierung von offensichtlicher und um die Optimierung von verdeckter Verschwendung. Kern der Philosophie Lean Management ist, alle Unternehmensaktivitäten auf den Kundennutzen auszurichten und somit den Kunden in den Fokus der Leistungserbringung zu stellen und sämtliche Prozesse auf ihn abzustimmen.

5.2.2 KAIZEN

KAIZEN ist eine in Japan entwickelte Managementphilosophie und bedeutet Veränderung zum Besseren. Sie ist eher unter dem Begriff KVP (kontinuierlicher Verbesserungsprozess) bekannt. Im Mittelpunkt steht das Streben nach kontinuierlichen Verbesserungen in kleinen Schritten unter dem Einbezug der Mitarbeitenden (Schmelzer und Sesselmann 2008).

5.2.2.1 Merkmale von KAIZEN

Die Eckpunkte der KAIZEN-Philosophie sind in Anlehnung an Schmelzer und Sesselmann (2008):

- Konsequente Orientierung an den Anforderungen und Bedürfnissen der Kunden.
- Der Weg zum Erfolg erfolgt mit schrittweiser Perfektionierung eines Produkts oder einer Dienstleistung.
- Der Fokus liegt auf der Verbesserung der Prozess- und Arbeitsschritte, die zum Ergebnis führen, und weniger auf dem Ergebnis selbst.
- Einbindung der Mitarbeitenden und damit Nutzung ihrer Fähigkeiten zur Lösung vorhandener Verbesserungspotenziale (Ideen und Verantwortung durch Mitarbeitende).
- Institutionalisierung von Verbesserungsteams (Qualitätszirkel, KAIZEN-Boards)
- Erfolg messen und optimieren mit Hilfe systematischer Reviews und eines Kennzahlensystems.

5.2.2.2 Kombination von Lean Management und KAIZEN

Der Hauptakzent des Lean Managements liegt auf der Steigerung wertschöpfender Tätigkeiten und der Vermeidung von Verschwendung. Die Prinzipien von KAIZEN konzentrieren sich nicht primär auf Termintreue und Kosten, sondern fokussieren in erster Linie die schrittweise und nachhaltige Verbesserung der Qualität unter Einbindung und Mitbestimmung der Mitarbeitenden. Da der Fokus von Lean Management auf einer konsequenten Kundenorientierung und kontinuierlichen Verbesserung der Unternehmung liegt, macht es Sinn, die zwei Philosophien Lean Management und KAIZEN in Ergänzung zueinander anzuwenden. Darüber hinaus kann die konsequente Umsetzung dieser zwei Philosophien die Nachhaltigkeit der Verbesserungen gewährleisten. Deshalb ist die Kombination dieser Methoden äußerst fruchtbar und gibt dem Lean Management eine unverzichtbare nachhaltige Wirkung (Abb. 5.4).

Zusammenfassung

Lean Management endet nicht mit der Umsetzung einzelner Prozessoptimierungsprojekte. Mit der Etablierung einer Verbesserungskultur nach dem KAIZEN-Prinzip (Veränderung zum Besseren) strebt KAIZEN die Erzielung immer weiterer Verbesserungen an. KAIZEN erfolgt in kleinen, kontinuierlichen Schritten und basiert auf dem Engagement der Mitarbeitenden. Es erweist sich langfristig als erstaunlich wirkungsvolle Methode, welche die Nachhaltigkeit zu sichern vermag.

Abb. 5.4 Verknüpfung von
Lean Management und
KAIZEN

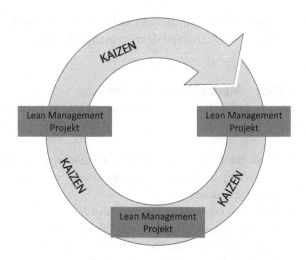

5.3   Einführung von Lean Management in der Dermatologischen Poliklinik

Im Rahmen des Projektes Prozessoptimierung in der Poliklinik der Universitätsklinik für Dermatologie wurde KAIZEN als integrierter Bestandteil von Lean Management gesehen und somit beide Philosophien eingeführt.

5.3.1   Ausgangslage, Herausforderungen und Zielsetzungen der Pilotklinik

Die Kliniken des Inselspitals konnten bisher auf keine Erfahrungen betreffend Lean Management zurückgreifen. Für die Auswahl einer für ein Pilotprojekt geeigneten Klinik wurden vom Bereich Prozessmanagement Erfolgsfaktoren eruiert. Die Kliniken sollten die Prinzipen von Lean Management einführen wollen und gewillt sein, sich betreffend der Methoden Lean Management und KAIZEN zu qualifizieren. Ein weiterer bedeutender Erfolgsfaktor zeigt sich im Commitment der Klinikleitung. Für den Erfolg ist maßgeblich, dass die Klinikleitung das Projekt aktiv vorantreibt, als Vorbild agiert und die definierten Verbesserungsmaßnahmen aktiv umsetzt.

Folgende Kriterien wurden für die Auswahl der Pilotklinik eingesetzt:

- Freiwilliger Antrag der Klinikleitung an den Bereich Prozessmanagement für die Teilnahme am Pilotprojekt.
- Interesse, sich in den Methoden Lean Management und KAIZEN zu qualifizieren.
- Vorhergehendes Gespräch mit der Klinikleitung, um Vorgehen, Zielsetzungen und Commitment zu vereinbaren.
- Bereitschaft, Ressourcen für die Projektarbeit zur Verfügung zu stellen.

- Die Klinik soll als „Leuchtturm", als Aushängeschild dienen und hohe Beachtung innerhalb des Spitals erreichen.

Zudem zeigte sich, dass eine in den Jahreszielvereinbarungen mit der Unternehmens-leitung des Inselspitals geforderte Kostenoptimierung und Ergebnissteigerung einen positiven Einfluss auf das Engagement und Interesse der Klinikleitung hat.

Nach der sorgfältigen Eignungsevaluation fiel die Wahl für die Durchführung des Pilotprojektes auf die Universitätsklinik für Dermatologie. Dieses Auswahlverfahren schuf für die Einführung von Lean Management und KAIZEN eine gute Basis.

5.3.1.1 Ausgangslage der Universitätsklinik für Dermatologie

Die Universitätsklinik für Dermatologie besteht aus einem ambulanten (Poliklinik) und einem stationären (Bettenstation) Bereich mit 14 Betten. Im Jahr 2012 erzielte die Klinik 538 stationäre Austritte und betrieb 67 Vollzeitstellen (106 Beschäftigte). 2012 wurden im ambulanten Bereich der Dermatologischen Klinik 33.000 ambulante Patientenbesu-che registriert. Zusätzlich sind 3.600 Patientenbesuche in der Wundambulanz, 5.500 Phototherapie-Sitzungen und 2.300 dermatochirurgische Eingriffe inklusive Mikrochir-urgie nach Mohs zu verzeichnen. Seit 2012 ist das dermatopathologische Laboratorium (Diagnostik im Bereich der Histopathologie und Immunpathologie der Haut) nach der Norm ISO/IEC 17025 akkreditiert. Die Universitätsklinik für Dermatologie ist seit 2006 nach den Concret-Normen (Qualitätsmanagementsystem in der Pflege) zertifiziert. Mit dem Einsatz eines Qualitätsmanagementsystems wird sichergestellt, dass die Pflege- und Betreuungsqualität laufend überprüft und verbessert wird.

5.3.1.2 Herausforderungen der Dermatologischen Poliklinik

Nach gemeinsamer Absprache mit der Klinikleitung wurde entschieden, die Prozes-soptimierung in der Dermatologischen Poliklinik durchzuführen. Die Dermatologische Poliklinik stellt das Kerngeschäft der Universitätsklinik für Dermatologie dar. Aufgrund der Wirksamkeit der heutigen therapeutischen Ansätze mit signifikanter Verkürzung der Aufenthaltsdauer der Patienten im stationären Bereich und des veränderten Abgeltungs-systems für stationäre Leistungen (Fallpauschalen) werden dermatologische Patienten zunehmend ambulant und damit kosteneffizienter betreut. Das Leistungsangebot nimmt dadurch qualitativ und quantitativ stetig zu. Die Planung und Koordination der am-bulanten Sprechstunden, die Personaleinsatzplanung sowie die Gewährleistung eines reibungslosen, patientenzentrierten Ablaufs werden somit immer komplexer und wich-tiger und stellen für die Klinikleitung große Herausforderungen dar. Zudem erschweren die räumlichen Gegebenheiten und die Infrastruktur effiziente Abläufe in hohem Maße. Das Sicherstellen der Konkurrenzfähigkeit mit dem privaten Sektor (neue Dermatologische Praxisgemeinschaften, Walk-In-Zentrum, Erweiterung des Angebots von privaten Klini-ken mit dermatologischen Sprechstunden) stellt eine weitere bedeutende Herausforderung dar.

Aus dieser Vielzahl von Herausforderungen wurden vor dem Projektstart in Zusam-menarbeit mit der Klinikleitung folgende Zielsetzungen formuliert:

- Verankerung der Philosophie Lean Management und KAIZEN bei Führungskräften und Mitarbeitenden in Form eines Schulungstages
- Einführung kontinuierlicher Verbesserungsprozesse in Form eines „KAIZEN-Boards"
- Aufbau eines Kennzahlensystems zur Ergebnisüberprüfung und Sicherstellung der Nachhaltigkeit
- Verbesserung der Ressourcenausnutzung durch stabile Planungsprozesse
- Steigerung der Termintreue in den Sprechstunden
- Steigerung der Sprechstundenauslastung
- Steigerung der Patienten- und Mitarbeiterzufriedenheit

5.3.2 Projekt Prozessoptimierung nach den Prinzipien des Lean Managements und KAIZEN

Zum Zeitpunkt der Verfassung dieses Buchbeitrages war das Projekt noch nicht abgeschlossen. Das Projekt befand sich in der Umsetzungsphase. Somit werden hier keine Projektergebnisse, dafür aber das Projektvorgehen, die geplanten Optimierungsmaßnahmen, die zu erreichenden Potenziale sowie Implikationen aus dem Projekt dargestellt. Bevor auf die konkreten Projektphasen eingegangen wird, sollen hier Erfolgsfaktoren und der Umgang mit Widerständen beschrieben werden.

Widerstand gegenüber Veränderungen ist ein häufiges Phänomen in der Projektarbeit. Deshalb wurde bereits bei der Projektplanung auf einige in der Literatur unbestrittene Erfolgsfaktoren geachtet. Das Prozessmanagement hat sich diese zunutze gemacht. Um bei den Mitarbeitenden Angst vor Veränderungen und Widerstand gegenüber dem Projekt abzubauen sowie ein hohes Engagement und Commitment zu erzielen, alles Voraussetzungen für eine erfolgreiche Umsetzung, wurden alle Mitarbeitenden bereits frühzeitig in das Projekt eingebunden. Es wurde darauf geachtet, eine gute Informations- und Wissensbasis zu schaffen. Dies wurde einerseits in Form von Schulungen zu den Themen Lean Management und KAIZEN umgesetzt. Andererseits wurde regelmäßig über den Projektstand informiert. Berücksichtigt wurde ebenfalls, dass die von der Veränderung betroffenen Mitarbeitenden schnell einen Nutzen in der Veränderung erkennen müssen, damit sich der Umsetzungsaufwand aus ihrer Sicht lohnt. Dies konnte durch schnelle Umsetzungserfolge erzielt werden (quick wins). Des Weiteren wurden die Rahmenbedingungen für die Projektarbeit seitens der Klinikleitung eindeutig kommuniziert und die entsprechenden Ressourcen freigesetzt.

Aufgrund dieser Voraussetzungen musste sich die Projektleitung nur in geringem Ausmaß mit Herausforderungen wie Angst vor Veränderungen oder Widerstand auseinandersetzen. Trotzdem traten während der Projektphasen bei den Mitarbeitenden eine gewisse Angst vor Neuem und Unbekanntem oder Zweifel an der Umsetzbarkeit der Maßnahmen auf. Teilweise versuchten die Mitarbeitenden, sich den Optimierungsmaßnahmen zu widersetzen, und wollten immer wieder zu den „altbewährten" Gewohnheiten zurückkehren. Dies zeigt die enorme Wichtigkeit auf, mit entsprechenden Maßnahmen diesen potenziellen Kräften entgegenzuwirken.

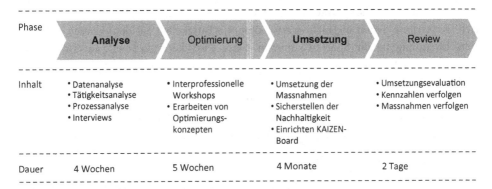

Abb. 5.5 Die vier Projektphasen des Pilotprojektes

5.3.3   Die vier Projektphasen

Ausgehend von den Prinzipien des Lean Managements und KAIZEN wurden zuerst die ambulanten Patientenprozesse in der Poliklinik analysiert. Darauf aufbauend erfolgten die Optimierung dieser Prozesse und die Definition entsprechender Maßnahmen in fünf interprofessionellen Workshops. Im Anschluss daran folgte die Umsetzungs- und Implementierungsphase, ebenfalls mit Unterstützung des Bereichs Prozessmanagement. Sechs Monate nach Umsetzung der Maßnahmen ist die Durchführung eines zweitägigen Reviews geplant.

Das Projekt wurde in vier Projektphasen abgewickelt (Abb. 5.5):

1. Analyse
2. Optimierung
3. Umsetzung und Implementierung
4. Review

Das Projekt startete mit einer Kick-Off-Veranstaltung mit aktiver Unterstützung des Klinikdirektors. Alle Mitarbeitenden waren eingeladen. Auf der Veranstaltung wurde das Projektvorgehen vorgestellt, die Ziele erläutert sowie Fragen beantwortet.

Anschließend folgte eine vierwöchige Analysephase, bestehend aus Daten-, Prozess- und Tätigkeitsanalysen sowie standardisierten Interviews.

5.3.3.1   Analyse

Um sich von der Dermatologischen Poliklinik ein detailliertes Bild zu verschaffen, wurden vor Projektstart alle wichtigen Kennzahlen beigezogen. Diese beinhalteten die Ergebnisrechnung (MIS: Management Information System), Anzahl Überstunden, wöchentliche Verteilung des Patientenaufkommens, Untersuchungsdauer pro Spezialsprechstunde, Anteil verschobener Termine zur Gesamtanzahl, Wartezeiten der Patienten, Raumauslastung, Durchlaufzeiten der Patienten sowie Auswertungen der Patienten- und Mitarbeiterzufriedenheit.

Tätigkeits- und Prozessanalyse Wie in der Theorie von Lean Management beschrieben, zielt die Analyse darauf ab, nicht-wertschöpfende Tätigkeiten zu identifizieren, um der Verschwendung auf die Spur zu kommen. Dazu wird das Augenmerk auf Tätigkeiten gelegt, die keinen Kundennutzen schaffen, aber Ressourcen und Zeit verbrauchen und daher unnötig sind.

Tätigkeitsanalyse Für die Ermittlung der Anteile an wertschöpfenden Tätigkeiten und Verschwendung wurden an fünf Arbeitstagen die verschiedenen Vertreter der am Prozess beteiligten Mitarbeitenden begleitet, um ihre Tätigkeiten inhaltlich und anteilsmäßig zu analysieren. Der Fokus lag hierbei sowohl auf den wertschöpfenden Tätigkeiten als auch auf der Verschwendung. Als Hilfsmittel dienten standardisierte Erfassungsbögen, mit denen der Anteil wertschöpfender Tätigkeiten und Verschwendung ausgewertet und dargestellt werden konnte. Zusätzlich wurde die Arbeitsauslastung der verschiedenen Funktionen erhoben und analysiert, ob die Personalkapazität dem Patientenaufkommen ausgerichtet ist.

Prozessanalyse Um eine Vertrauens- und Motivationsbasis zu schaffen, wurden die Mitarbeitenden von Beginn an in den Veränderungsprozess miteinbezogen. So wurde die Analyse des ambulanten Patientenprozesses in interprofessionellen Workshops durchgeführt. Das Workshopteam setzte sich aus Ärzten, Pflegefachpersonen, medizinischen Praxisassistentinnen (MPA), administrativen Mitarbeiterinnen sowie der Departements- und Klinikmanagerin zusammen. Der Patientenprozess inklusive Schwachstellen wurde gemeinsam mit den Prozessbeteiligten aufgenommen und in einem Ablaufdiagramm dokumentiert.

Standardisierte Interviews Für die Durchführung der Interviews wurde ein selbst entwickelter standardisierter Interviewleitfaden eingesetzt. Es wurden 20 Personen interviewt. Die Interviews umfassten Themen wie Strategie, Struktur und Organisation, Arbeitszufriedenheit und Behandlungsqualität. Ganz besonderes Augenmerk lag auf der Abfrage von Informationen zu Verbesserungspotenzial und -vorschlägen, da die Mitarbeitenden oft genau wissen, wo Optimierungspotenzial vorhanden ist und die besten Ideen für Verbesserungen haben.

5.3.3.2 Identifikation von Handlungsfeldern

Aus der umfassenden Analyse konnten gemeinsam mit der Klinikleitung Handlungsfelder eruiert werden. Diese wurden mittels Priorisierungsmatrix hinsichtlich „Quantitativem Potenzial" und „Umsetzungsgeschwindigkeit" bewertet (Abb. 5.6). Zusätzlich wurden Zielsetzungen für die Optimierungsworkshops definiert. Neben den maßgebenden Handlungsfeldern im Sinne der Prozessoptimierung zeigte die Analyse deutlich auf, dass die vorhandene Infrastruktur (räumliche Gestaltung, Behandlungs- und Arbeitsplätze) großes Verbesserungspotenzial beinhaltet und verbessert werden muss. Insgesamt brachte die Analyse acht Handlungsfelder hervor. Aufgrund der Priorisierung wurden vier Handlungsfelder in den Optimierungsworkshops bearbeitet.

Handlungsfelder

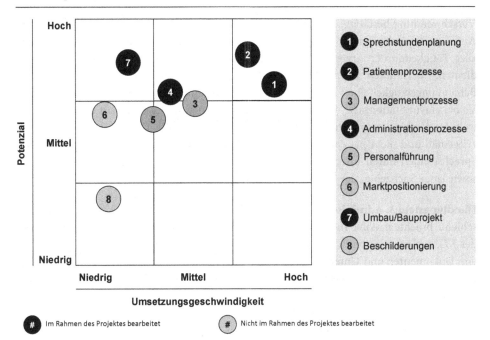

Abb. 5.6 Priorisierungsmatrix

Handlungsfeld 1: Sprechstundenplanung Eine zu kurzfristige Personaleinsatzplanung der Ärzte und die unkoordinierte, intransparente Planung der Abwesenheiten der Ärzte führten zu hohem Planungs- und Abstimmungsaufwand in Form von häufigen Planungskorrekturen, konstanten Terminverschiebungen und Schwierigkeiten in Zusammenhang mit dem Aufgebot der Patienten. Folglich waren unzureichende Personalressourcen für die effektive und effiziente Sprechstundendurchführung vorhanden. Diese Ineffizienzen äußerten sich in einer reduzierten Sprechstundenauslastung und somit fehlender Potenzialausschöpfung. Die Terminplanung war dem Patientenaufkommen im Wochenverlauf nicht ausgerichtet, was sich in einer Überlastung der Mitarbeitenden und in Wartezeiten für die Patienten äußerte.

Handlungsfeld 2: Patientenprozess Im Patienten- und Behandlungsprozess konnten verschiedene Schwachstellen aufgedeckt werden. Eine unkoordinierte und ineffiziente Aufgabenverteilung der MPA (Medizinische Praxisassistentin) sowie eine ungünstige Gestaltung der Arbeitsplätze führten zu massiven Verzögerungen im Ablauf. Die inhaltliche Tätigkeitsanalyse zeigte zudem, dass die Aufgabenverteilung nicht an das Qualifikationsniveau der Berufsgruppen angepasst und nicht an der für eine Tätigkeit tatsächlich benötigten Zeit orientiert war. Es konnten wichtige Arbeiten wie bspw. das Bedienen der Patientenanrufe, die effektive und effiziente Patientenbetreuung und die Unterstützung der Ärzte in der Patientenbehandlung nur unzureichend erfüllt werden.

Oftmals konnten Patienten ihre Termine nicht vereinbaren, was zum Verlust von Patiententerminen führte. Das Resultat der anteilsmäßigen Auswertung von Wertschöpfung und Verschwendung bestätigte zwar nicht ganz den in der Theorie beschriebenen geringen Anteil an wertschöpfender Tätigkeit eines Stationsarztes. Die Analyse zeigte, dass 43 % aller Tätigkeiten der Ärzte in der Poliklinik der Patientenbehandlung und -betreuung dienten. Vermutlich ist der Anteil der geplanten, zeitlich definierten ambulanten Behandlungstätigkeit eines Arztes mit Unterstützung einer MPA in einer Poliklinik höher als bei einem Stationsarzt, der die stationären Patienten weniger geplant behandelt. Ein weiteres Verbesserungspotenzial lag in den Öffnungszeiten. Diese waren nicht mehr zeitgemäß und nicht patientenfreundlich. Zudem dauerte der Vorbereitungsprozess der Sprechstunden durch unvollständige Triageangaben, verspätete Triagedurchführungen sowie lange Suchzeiten der Krankengeschichten (KG) zu lange.

Handlungsfeld 3: Administrationsprozess Das Fehlen einer elektronischen Krankengeschichte brachte massive Ineffizienzen hervor. Zu nennen sind hier die langen Suchzeiten der KG, den erschwerten Überblick über alle relevanten Patientenakten sowie das Fehlen von Dokumenten und Untersuchungsresultaten. Dies führte zu Qualitätseinbußen in der Patientenbehandlung, zu einem erhöhten Risiko, relevante medizinische Informationen zu verpassen, zu Doppelspurigkeiten und zu unnötiger Zeitverschwendung während der Sprechstunde. Die nicht standardisierte Dokumentenablage löste zudem eine uneinheitliche Dokumentation und Rückfragen zwischen den einzelnen Berufsgruppen aus. Die Analyse des Berichtswesens zeigte, dass die Erstellung eines Berichtes zu lange dauert und deshalb zu Unzufriedenheit der internen und externen zuweisenden Stellen führte.

Handlungsfeld 4: Umbau der infrastrukturellen Gegebenheiten Bei hohem Patientenaufkommen beeinträchtigen die begrenzten und inadäquaten Räumlichkeiten den Behandlungsprozess, was sich in einer unruhigen Atmosphäre und in Unzufriedenheit der Patienten und Mitarbeitenden niederschlägt. Zu enge Warte- und Empfangsverhältnisse sowie zu kleine Untersuchungszimmer erschwerten einen reibungslosen Ablauf in beträchtlichem Maße. Wenn ein solcher Zustand beibehalten würde, müsste die Klinik mit schweren und unvermeidbaren Konsequenzen rechnen: Leistungseinbußen, ineffiziente Prozesse, ineffiziente und ungleichmäßige Personalauslastung, Reduktion der Zufriedenheit der Patienten und Mitarbeitenden sowie Verlust der Konkurrenzfähigkeit mit anderen Anbietern. Zudem waren die Behandlungszimmer nur minimal standardisiert. Formulare und Verordnungsblätter waren nicht einheitlich angeordnet oder nicht vorhanden. Dies verzögerte den Ablauf zusätzlich.

Ausgehend von diesen Handlungsfeldern wurden in Zusammenarbeit mit der Klinikleitung Messgrößen der Ziele definiert:

- Wertschöpfungsanteil ist gesteigert, Wartezeiten sind gesenkt
- Personalkapazitäten sind dem Patientenaufkommen angepasst
- Anzahl Terminverschiebungen sind reduziert
- Sprechstundenauslastung umfasst > 90 % und ist über den Wochenverlauf nivelliert
- Schlanker und standardisierter Planungsprozess ist eingeführt

- Durchlaufzeit der Patienten ist verkürzt
- Aufgabenverteilung ist an verfügbarer Zeit und Qualifikation der Mitarbeitenden orientiert
- Interdisziplinäre Zusammenarbeit ist gesteigert
- Mitarbeiter- und Patientenzufriedenheit sind gesteigert

5.3.3.3 Optimierung: Neukonzeption der ambulanten Prozesse in der Poliklinik

Die vier identifizierten Handlungsfelder und die Zielsetzungen bildeten die Basis für die Konzeption der neuen Prozesse im Sinne von Lean Management. Insgesamt dauerte die Optimierungsphase fünf Wochen und beinhaltete sieben Workshops. Am Ende jedes Optimierungsthemas wurden die Konzepte der Klinikleitung zur Diskussion und Genehmigung vorgelegt.

Optimierung der Sprechstundenplanung Der Personaleinsatz wurde dem Patientenaufkommen und den real zur Verfügung stehenden Personalkapazitäten angepasst. Die Einbestellung der Patienten ist getaktet, Zeitfenster für Notfälle sind in der Planung integriert. Die Öffnungszeiten der Poliklinik wurden erweitert und das Angebot der Sprechstunden ausgebaut. Durch diese Maßnahmen erhöht sich das Potenzial an zusätzlichen Patiententerminen in hohem Maß und sollte sich positiv auf die Ergebnisrechnung auswirken. Insgesamt sollten diese Veränderungen zu einer gesteigerten Effektivität und Effizienz führen.

Optimierung des Patientenprozesses Der gesamte Sprechstundenprozess wurde standardisiert und in Ablaufdiagrammen dokumentiert. Um den Patientenfluss optimal steuern zu können, wurden die Inhalte der Tätigkeiten der MPA neu definiert sowie qualifikations- und kapazitätsmäßig neu verteilt. Die entsprechende Beschreibung der Aufgaben, Kompetenzen und Verantwortlichkeiten liegen vor. Durch die Umverteilung der Aufgaben konnten redundante Tätigkeiten abgebaut und wertschöpfende Tätigkeiten erweitert werden. Aufgaben, die nicht dem Qualifikationsniveau eines Arztes oder einer Pflege/MPA entsprechen, wurden umverteilt und werden nicht mehr von diesen ausgeführt. Durch die optimierte Aufgabenverteilung kann mit einer verkürzten Durchlaufzeit und sinkenden Wartezeiten der Patienten gerechnet werden. Die Patientenaufnahme und -koordination wurde zentralisiert. Dadurch können Doppelspurigkeiten, Informations- und Koordinationsverluste maßgebend reduziert werden.

Optimierung der Administrationsprozesse Optimierungsziel war hier die Einführung einer elektronischen Dokumentation (e-KG), um den Sprechstunden-Vorbereitungsprozess, insbesondere die Suchzeiten und das Fehlen von wichtigen Dokumenten, zu eliminieren und die Qualität der Patientenbehandlung und -betreuung zu erhöhen. Um das Projekt Einführung der e-KG in naher Zukunft starten zu können, wurden sämtliche Schritte eingeleitet. Die Reduzierung der Arbeitsschritte und damit des zeitlichen Aufwands zur Erstellung der Berichte kann mit Hilfe einer Erweiterung des Klinikmanagementsystems (KIS) erreicht werden.

Optimierung der infrastrukturellen Gegebenheiten Die Ausstattung der Behandlungs-räume wurde standardisiert. Zudem wurden sie neu verteilt und bedarfsgerecht eingeteilt. Anträge für die notwendige bauliche Erweiterung der Poliklinik und Anpassung der Räum-lichkeiten wurden erarbeitet. Dazu zählen der Neubau einer zentralen Patientenaufnahme und -koordination und einer Telefonzentrale. Ein für die Ärzte notwendiges Büro, um in Ruhe gegenseitige Supervision und Telefonate durchzuführen, wurde ebenfalls eingerich-tet. Damit wird auch der Forderung nach Patientendatenschutz Rechnung getragen. Für die Ausweitung des Sprechstundenangebots stehen zwei zusätzliche Behandlungsräume zur Verfügung.

5.3.3.4   Umsetzung und Implementierung

Die Umsetzungsphase ist auf vier Monate geplant. Die Dermatologische Poliklinik wird in dieser Zeit vom Bereich Prozessmanagement begleitet. Zur Unterstützung der nach-haltigen Implementierung der definierten und standardisierten Prozesse werden jeweils prozessverantwortliche Personen ernannt.

Aufbau KAIZEN-Board und Prozessverantwortliche Die Etablierung eines konti-nuierlichen Verbesserungsprozesses (KAIZEN-Board) sichert den nachhaltigen Erfolg von Veränderungen. Diesem Grundsatz entsprechend wurden für jeden Teilprozess (Sprechstundenplanung, Patientenprozess, Administrationsprozess) prozessverantwort-liche Personen bestimmt. Darüber hinaus wurde ein interprofessionelles KAIZEN-Board bestehend aus Ärzten, Pflegefachpersonen, MPA und administrativen Mitarbeiterinnen mit den dafür notwendigen Strukturen gebildet. Es wurde eine Jahresplanung mit drei-monatlichen Sitzungen entwickelt und ein Kennzahlensystem definiert. Eine Agenda und ein Maßnahmenblatt inklusive Terminvorgabe und Verantwortlichkeiten dienen der Überprüfung der Umsetzung. Es ist geplant, dass diese Kennzahlen und der Stand der Umsetzung monatlich an die Klinikleitung weitergeleitet werden.

Definition Kennzahlensystem Mit Hilfe einer standardisierten Kennzahlenauswertung kann die kontinuierliche Weiterentwicklung sichergestellt werden. Die Kennzahlen sind in Tab. 5.1 festgehalten. Die Definition der Zielwerte sowie der Verantwortlichkeiten für die Aufbereitung der Kennzahlen befinden sich momentan in Erarbeitung. Die Autoren empfehlen, die Kennzahlen regelmäßig in einem definierten Zyklus auszuwerten und mit dem Zielwert zu vergleichen sowie an einem für alle Mitarbeitende einsehbaren Ort zu kommunizieren.

Erkenntnis

Die Verwendung von Kennzahlen und deren kontinuierliche Überwachung durch KAIZEN-Boards sind neben der vorbildlichen Leitung zentral für eine nachhaltige Um-setzung der Optimierung. In diesem Pilotprojekt haben sich genau diese Aspekte als Erfolgsfaktoren herausgestellt, wie z. B. die aktive Unterstützung des Projektes durch die Klinikleitung. Der Direktor hat mit seiner aktiven Präsenz an den Informationsveran-staltungen und positiver Einstellung bei der Umsetzung der Maßnahmen maßgeblich

Tab. 5.1 Kennzahlensystem

Thema	Kennzahl	Messzyklus	Ziel	Verantwortung
Sprechstunden-planung	Auslastung pro Spezialsprechstunde	Monatlich		
	Anteil Terminverschiebungen	3-monatlich		
	Dauer der Sprechstunden	6-monatllich		
Patienten- prozess	Wartezeiten der Patienten	Jährlich		
	Durchlaufzeiten der Patienten	Jährlich		
Administrations-prozess	Erstellungsdauer der Berichte	6-monatlich		
	Zeit, bis Bericht verschickt	6-monatlich		
Allgemeine Kennzahlen	Ergebnisrechnung (MIS)	Monatlich		
	Patientenzufriedenheit	Jährlich		
	Mitarbeiterzufriedenheit	Jährlich		

zum Erfolg beigetragen. Ausschlaggebend war daneben, dass die Klinik vom Bereich Prozessmanagement während des gesamten Projektes, insbesondere aber auch in der Implementierungsphase eng begleitet wurde.

5.3.3.5 Review

Die Projektplanung beinhaltete die Durchführung einer Review sechs Monate nach Umsetzung der Optimierungsmaßnahmen. Ziel ist, den Projekterfolg mittels Kennzahlen (Vorher-Nachher-Messung), Befragungen und „Vor-Ort-Besuchen" zu evaluieren. Die Review beinhaltet Gruppeninterviews mit den Prozess- und Workshopbeteiligten, dem KAIZEN-Board sowie Prozessbeobachtungen vor Ort. Als Abschluss des Projektes ist geplant, von der Klinikleitung eine Rückmeldung zum Projektvorgehen einzuholen und den Erfolg mit allen Mitarbeitenden mit einem Fest zu krönen.

5.4   Zusammenfassung und Erkenntnisse

Aus der intensiven Zusammenarbeit mit der Dermatologischen Poliklinik im Rahmen der Einführung von Lean Management und KAIZEN lassen sich wesentliche Implikationen für eine erfolgreiche Umsetzung im Spital ableiten.

Einige in der Literatur viel zitierte Erfolgsfaktoren wie Commitment und Engagement der obersten Führungsebene, die frühzeitige Einbeziehung der Mitarbeitenden in den Veränderungsprozess, die Bereitstellung der notwendigen Ressourcen und die Notwendigkeit der Sicherung der Weiterentwicklung der Organisation haben sich auch in diesem Projekt als äußerst bedeutsame Voraussetzung für eine erfolgreiche Implementierung erwiesen.

Ein wesentlicher Faktor für den bisherigen Projekterfolg bestand darin, dass Führungskräfte und Mitarbeitende mit dem richtigen Wissen und der richtigen Einstellung zu Lean Management gefunden werden konnten. Diese Mitarbeitenden waren in der Analyse-, Optimierungs- und Umsetzungsphase maßgebend beteiligt und sind zukünftig verantwortlich für die kontinuierliche Weiterentwicklung der Poliklinik (KAIZEN-Board).

Als zentraler Erfolgsfaktor für die Einführung von KAIZEN und damit für die Sicherstellung der Nachhaltigkeit und kontinuierlichen Weiterentwicklung stellten sich die Bestimmung von Prozessverantwortlichen und die Etablierung eines KAIZEN-Boards heraus. Womack und Jones (2013) konnten bestätigen, dass eine für die Einführung von Lean Management wirksame Maßnahme darin besteht, dass die Klinikleitung ihre Vorbildfunktion wahrnimmt und die ersten Verbesserungsmaßnahmen selbst durchführt. Dies konnte in diesem Projekt bestätigt werden. Dieses Vorbildverhalten hat sich auf die Mitarbeitenden übertragen und bildete die notwendige Vertrauens- und Motivationsbasis.

Die durch Lean Management und KAIZEN bedingten Veränderungen werden nur nachhaltig erfolgreich sein, wenn die Mitarbeitenden die Prinzipien des Lean Managements und KAIZEN als Teil ihrer Unternehmenskultur sehen und diese anwenden. So bildete die Qualifizierung der Führungskräfte und Projektmitarbeitenden die Grundlage für die bisher erfolgreiche Implementierung. Pöhls (2012) konnte zeigen, dass die Einstellung der Mitarbeitenden, welche durch das Wissen über die Methode Lean Management positiv beeinflusst wird, einen direkten Einfluss auf deren Umsetzungsverhalten ausübt.

Die Einrichtung eines professionellen Projektmanagements ist außerordentlich wichtig. Hier hat es sich als sehr sinnvoll erwiesen, Personen außerhalb der betroffenen Organisation mit dieser Aufgabe zu beauftragen. So konnte mit der Rolle als Experten, der notwendigen Distanz und Neutralität sowie wertvollen Außensicht agiert werden. Nur dadurch konnte eine hohe Akzeptanz für die Erarbeitung und Einführung von Verbesserungen erreicht werden.

Zuletzt sei noch die Wichtigkeit erwähnt, kurzfristig realisierbare Maßnahmen (quick wins) zeitnah umzusetzen, damit die Mitarbeitenden schnell eine positive Aufwand-Nutzen-Bilanz erfahren. Damit wird Engagement für die weitergehende Einführung von Lean Management erzeugt. Wenn Mitarbeitende aktiv wahrnehmen, dass Prozesse reibungsfreier gestaltet und Effizienzpotenziale für eine intensivere Patientenbetreuung genutzt werden können, dann kann deren Motivation gesteigert und Widerstand gegenüber Veränderungen verringert werden.

Alle Bemühungen nützen nichts, wenn wir zwar die Methoden Lean Management und KAIZEN kennen und die Strukturen dafür eingerichtet haben, letztendlich aber nicht bereit sind, die mit der Anwendung der Methoden einhergehenden Veränderungen umzusetzen. Es geht um Verhaltens- und Einstellungsänderungen der Mitarbeitenden und damit um die Schaffung einer positiv veränderten Unternehmenskultur. Eine solche Veränderung braucht Zeit und kann nicht von heute auf morgen erfolgen. Kommt es aber zu diesem positiven Kulturwandel und zur konsequenten Implementierung der Prinzipien von Lean Management und KAIZEN, dann ist dies die optimale Basis für eine erfolgreiche Prozessoptimierung.

Literatur

Angerer A, Auerbach H, Früh M (2012) SpitalPuls 2012. Prozess- und Changemanagement in Schweizer Spitälern: eine Studie. ZHAW, Zürich

Jones D, Mitchell A (2006) Lean thinking for the NHS. NHS confederation, London

Kappler A (2009) Lean Management auch für Spitäler und Kliniken. http://www.kappler-manage ment.ch/documents/database/seiten/51490.pdf. Zugegriffen: 8. Jul. 2013

Pfitzer D (2009) Porsche Presse-Information. Nr. 107/09. Bietigheim-Bissingen

Pfitzer D (2012) JIT Grundlagenschulung Porsche Akademie. Bietigheim-Bissingen

Pöhls K (2012) Lean Management in Krankenhäusern. Erfolgsfaktoren für die Umsetzung. Gabler, Wiesbaden

Schmelzer HJ, Sesselmann W (2008) Geschäftsprozessmanagement in der Praxis. Kunden zufrieden stellen, Produktivität steigern, Wert erhöhen. Hanser, München

Womack JP, Jones DT (2013) Lean Thinking. Ballast abwerfen, Unternehmensgewinne steigern. Campus, Frankfurt a. M.

Ermittlung der holistischen Produktivität beim Customer und Supplier Relationship Management im Krankenhaus

6

Mario A. Pfannstiel und Ricarda B. Bouncken

Inhaltsverzeichnis

6.1 Einleitung 135
6.2 Begriff „Hospital Relationship Management" 136
6.3 Kontaktpunkte beim HOREMA im Krankenhaus 140
6.4 Zielvorgaben zur Produktivitätssteigerung beim HOREMA......................... 142
6.5 Lebenszyklus beim HOREMA im Krankenhaus 143
6.6 Kennzahlen zur Produktivitätssteigerung beim HOREMA......................... 146
6.7 Bedeutung von Kennzahlen beim HOREMA 147
6.8 Ermittlung der Produktivität beim HOREMA 147
6.9 Aussagekraft der Gesamtproduktivität beim HOREMA 149
6.10 Barrieren bei der Produktivitätssteigerung beim HOREMA......................... 150
6.11 Schlussbetrachtung 151
Literatur.. 152

6.1 Einleitung

Maßnahmen zur Ermittlung der Produktivität stoßen in deutschen Krankenhäusern auf viele Widerstände. Betriebsräte geben oft keine Zustimmung zu Produktivitätsanalysen, da sie um Arbeitsplätze von Mitarbeitern fürchten. Es wird häufig nicht gesehen,

M. A. Pfannstiel (✉) · R. B. Bouncken
LS für Strategisches Management und Organisation, Universität Bayreuth,
Universitätsstr. 30, 95440 Bayreuth, Deutschland
E-Mail: mario.pfannstiel@uni-bayreuth.de

R. B. Bouncken
E-Mail: bouncken@uni-bayreuth.de

M. Bornewasser et al. (Hrsg.), *Dienstleistungen im Gesundheitssektor*,
DOI 10.1007/978-3-658-02958-6_6, © Springer Fachmedien Wiesbaden 2014

dass gerade diese Produktivitätsanalysen auch Handlungsempfehlungen geben können, wie Produkte, Dienstleistungen und Beziehungen zwischen Personen verbessert werden können. Produktivitätsanalysen sind nicht einfach und die Ergebnisse können große Veränderungen nach sich ziehen. Die Schwierigkeit bei Produktivitätsanalysen besteht darin, eine allumfassende Produktivitätsaussage zu einem zuvor definierten Handlungsfeld zu treffen. Teilproduktivitäten müssen immer im Zusammenhang gesehen und auf ein ganzes System bezogen werden. In Krankenhäusern wird die Produktivität entscheidend vom Kunden und Lieferanten mitbestimmt. Nicht jeder Kunde/Lieferant ist gleich und trägt gleich viel zur Produktivität bei, daher sind Kunden- und Lieferantenpotenziale genau zu analysieren, zu bewerten und das langfristige Potenzial ist genau einzuschätzen. Die Produktivität bei Beziehungen zwischen verschiedenen Personen hängt von vielen Einflussfaktoren ab, z. B. vom Kommunikationskanal, dem Kommunikationsstil, dem Zeitpunkt der Kommunikation und dem Produkt- bzw. Dienstleistungsangebot. Da auf Kunden oder Lieferanten ausgerichtete Systeme zum Hospital Relationship Management stark individualisiert sein können, soll nachfolgend allgemein und nur beispielhaft dargestellt werden, wie die Produktivität beim Kunden- und Lieferantenbeziehungsmanagement ermittelt werden kann. Bei der Ermittlung der Produktivität sind die gesetzten Rahmenbedingungen, die Kenntnisse von beteiligten Personen und die vorhandenen Ressourcen im Krankenhaus mitzuberücksichtigen. Es soll aufgezeigt werden, welche Kennzahlen bei der Produktivitätsberechnung berücksichtigt werden können und wie ein holistischer Produktivitätsindex aufgestellt werden kann. Jedes Krankenhaus muss individuell prüfen, ob eine Produktivitätsermittlung im Bereich Kunden- und Lieferantenbeziehungsmanagement anhand von bestehenden Kennzahlen durchführbar ist und welche Aussagekraft den Ergebnissen zugeschrieben werden kann. In vielen Krankenhäusern steht die breite Einführung und konsequente Überwachung eines umfassenden und ganzheitlichen Kunden- und Lieferantenmanagements sowie die Entwicklung eines holistischen Frameworks noch aus (Mettler und Rohner 2008a, S. 92).

6.2 Begriff „Hospital Relationship Management"

Die beiden übergreifenden Ansätze Customer Relationship Management (CRM) und Supplier Relationship Management (SRM) sind in der Literatur recht unterschiedlich beschrieben (zu einer Auflistung von Definitionen zum CRM vgl. Appelfeller und Buchholz 2011, S. 4 f.; zu einer Auflistung von Definitionen zum SRM vgl. Merzenich 2005, S. 7 f.). In den einzelnen Begriffsklärungen unterscheiden sich Anforderungen und Eigenschaften. Mettler und Rohner konkretisieren den Begriff „SRM" wie folgt:

> Supplier Relationship Management (...) is a comprehensive approach to managing an organization's interactions with the firms that supply the products and services it uses. (Mettler und Rohner 2009, S. 59)

SRM combines traditional operational purchasing and procurement activities together with organizational and in particular strategic aspects of sourcing such as supply chain monitoring, supplier controlling, contract management, or collaborative procurement planning. (Mettler und Rohner 2008b, S. 2)

Corsten berücksichtigt in seiner Definition weitere Aspekte und geht auf die produktive Ausgestaltung von Beziehungen ein:

Supplier Relationship Management (SRM) ist die produktive Gestaltung aller Lieferantenbeziehungen eines Unternehmens über alle Geschäftsbereiche mit dem Ziel, durch eine bessere Zusammenarbeit mit Lieferanten und Vorlieferanten Produkte besser, schneller und zu niedrigeren Kosten zu entwickeln, zu beschaffen und herzustellen. SRM betrachtet sowohl das Prozessmanagement in Lieferantenbeziehungen als auch strategische Beschaffungsaufgaben wie Strategieentwicklung, Outsourcingentscheidungen, Lieferantenintegration und Materialgruppenmanagement. (Corsten und Gössinger 2001, S. 130)

Eine viel zitierte Begriffserklärung zum CRM stammt von Wehrmeister, der die Kundenorientierung beim CRM aufgreift und in den Mittelpunkt stellt:

Customer Relationship Management handelt von dem Ausbau und dem Erhalt einer möglichst persönlichen Kundenbeziehung und von der Nutzung dieser Beziehung zum Vorteil des Kunden und des Unternehmens. (Wehrmeister 2001, S. 16)

Schumacher und Meyer berücksichtigen und greifen den Gestaltungsaspekt bei Geschäftsbeziehungen auf und formulieren zusammenfassend:

Unter CRM wird im Allgemeinen die umfassende Gestaltung der Anbieter-Kunden-Beziehungen eines Unternehmens zu dessen Kunden und Interessenten verstanden. (Schumacher und Meyer 2004, S. 19)

Hippner verweist in seinen Ausführungen darauf, dass Kundenbeziehungen profitabel sein müssen:

CRM ist eine kundenorientierte Unternehmensstrategie, die mit Hilfe moderner Informations- und Kommunikationstechnologien versucht, auf lange Sicht profitable Kundenbeziehungen durch ganzheitliche und individuelle Marketing-, Vertriebs- und Servicekonzepte aufzubauen und zu festigen. (Hippner 2006, S. 18)

Die unterschiedlichen Begriffsauffassungen verursachen Missverständnisse, heben aber auch Gemeinsamkeiten hervor. Gemeinsam ist den Begriffserklärungen z. B., dass sie versuchen, die Ganzheitlichkeit beim CRM und SRM zu betonen. Auch werden CRM und SRM auf die Prozessorientierung und die organisatorische Ausgestaltung im Krankenhaus zurückgeführt. Laut Mettler und Rohner werden CRM und SRM bisher nur in wenigen Krankenhäusern als ein ganzheitliches System betrachtet, mit dem Kunden- und Lieferantenbeziehungen und Produkte und Dienstleistungen systematisch entwickelt und verbessert werden können (Mettler und Rohner 2008a, S. 92). Werden CRM und SRM im Krankenhaus gemeinsam betrachtet, können beide zum Hospital Relationship Management (HOREMA) zusammengefasst werden. Ferner sind sie Teil einer Krankenhaus-Supply-Chain und des damit verbundenen Supply Chain Managements

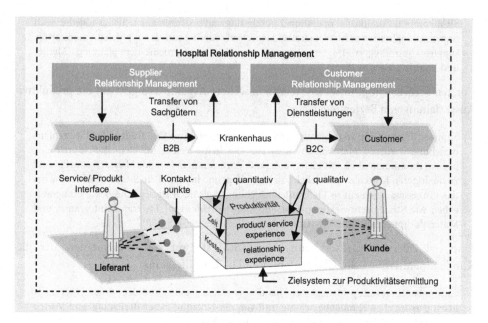

Abb. 6.1 Produktivitätsermittlung beim HOREMA im Krankenhaus (Quelle: Mario Pfannstiel 2013)

(Appelfeller und Buchholz 2011, S. 6). Anzumerken ist, dass beim HOREMA auch noch andere Beziehungsverhältnisse bestehen (z. B. zu Vorlieferanten, Wettbewerbern, Vermittlern etc.), die in diesem Beitrag nicht weiter betrachtet werden. Das HOREMA in diesem Beitrag bezieht sich auf die primär einstufige Anbindung von Kunden und Lieferanten. Relevant für die weiteren Ausführungen ist, dass im CRM alle Kunden und im SRM alle Lieferanten eines Krankenhauses erfasst werden. Die Beziehungskonstellation zu Lieferanten kann als Business-to-Business (B2B) und die Beziehungskonstellation zu Kunden kann als Business-to-Consumer (B2C) beschrieben werden (Link 2001, S. 79 ff., Abb. 6.1). Beide Beziehungskonstellationen weisen individualisierte und personalisierte Geschäftsprozesse auf. Das Transaktionsvolumen ist bei einzelnen B2C-Transaktionen im Krankenhaus niedrig bis mittel, verbunden mit einer eher schwachen Bindung zwischen den Geschäftspartnern. Bei B2B-Transaktionen ist das Transaktionsvolumen häufig mittel bis groß, verbunden mit einer langfristigen, eher engen Geschäftsbeziehung. Während bei der B2C-Konstellation beim CRM die Kunden im Mittelpunkt des Interesses stehen, steht bei der B2B-Konstellation beim SRM die Aushandlung von Konditionen und Verträgen im Mittelpunkt. Ausgangspunkt für Produktivitätsanalysen sind beim CRM und SRM die Prozesse. Holistisch gesehen wird die Produktivität beim HOREMA bestimmt durch Primärprozesse, die direkt mit dem Kunden- oder Lieferantenkontakt im CRM bzw. SRM verbunden sind, aber auch durch Sekundärprozesse, die ausschließlich innerhalb des Krankenhauses ablaufen (Schumacher und Meyer 2004, S. 49 ff., S. 297). Bei

Produktivitätsanalysen ist zu klären, welche Prozesse zum CRM/SRM gehören und welche bei einer Produktivitätsbetrachtung einzuschließen sind. Das Verständnis von CRM und SRM differiert von Krankenhaus zu Krankenhaus, daher ist auch eine Vergleichbarkeit von verschiedenen Konzepten erschwert und teilweise sehr komplex. Die Produktivität beim CRM und SRM ist abhängig vom Umfang und der Intensität der zugrundeliegenden Prozesse.

Zu den Aufgaben beim CRM zählen u. a. die Kundengewinnung, die Kundenbindung und die Kundenrückgewinnung (Schumacher und Meyer 2004, S. 19). Die Aufgaben beim SRM sind ähnlich orientiert und beziehen sich auf den Aufbau und den Erhalt eines Lieferantenstamms und der Lieferanten-Abnehmer-Beziehung (Colberg et al. 2000, S. 51). Das Ziel von CRM und SRM ist die Optimierung der bestehenden Beziehungen zu Kunden und Lieferanten. Einkaufs- und Bedienprozesse sind kontinuierlich zu kontrollieren und zu analysieren. Bezogen auf die Prozesse bedeutet dies, dass Prozesskosten gesenkt, die Prozessqualität gesteigert und die Durchlaufzeit reduziert werden muss.

Der Produkt- und Dienstleistungscharakter beim CRM und SRM erzwingt direkten Kunden- und Lieferantenkontakt im Tagesgeschäft, sei es punktuell zur Abstimmung und Rücksprache oder während des ganzen Leistungserstellungsprozesses. Um die Effizienz und Effektivität bei Kunden- und Lieferantenbeziehungen zu steigern, wird ein systematisches CRM und SRM benötigt, in dem Aussagen zur Produktivität gemacht werden können. Es gibt zwei Gründe, warum es sinnvoll ist, die Produktivität beim CRM und SRM zu ermitteln. Einerseits können sich aus einer guten Beziehung zwischen zwei Parteien Vorteile entwickeln, die zur Produktivitätssteigerung beitragen können, andererseits ergeben sich bei geschäftlichen Beziehungen sowohl quantitative als auch qualitative Einflussfaktoren auf eine Beziehung, die kontrolliert und gesteuert werden müssen (Wiedmann und Dunz 2000, S. 42). Die holistische Sichtweise zur Produktivitätsermittlung berücksichtigt alle Prozesse beim CRM und SRM. Eine Systematisierung kann helfen, ein differenziertes Kennzahlensystem für die bestehenden Aufgabenfelder beim CRM und SRM zu erstellen. Die holistische Produktivitätsermittlung setzt dabei ein Zielsystem voraus, dass sowohl quantitative als auch qualitative Kennzahlen mitberücksichtigt (Link et al. 2011, S. 171; Uebel und Helmke 2013, S. 323, vgl. Abb. 6.1). Auf der qualitativen Seite sind zwei Konzepte von Bedeutung, um die holistische Perspektive beim CRM und SRM zu vervollständigen. Das erste Konzept „relationship experience" besteht aus einer Reihe von interaktiven Episoden zwischen dyadischen Parteien (Kunden-Anbieter- und Lieferanten-Abnehmer-Beziehungen) über eine bestimmte Zeit (Verhoef et al. 2009, S. 32 f., Gentile et al. 2007). Das zweite Konzept „product/service experience" ist verbunden mit der Nutzung und der Inanspruchnahme von Produkten und Dienstleistungen und bezieht sich auf den gesamten Interaktionsprozess (Meyer und Schwager 2007; Pareigis et al. 2012). Neben diesen beiden Konzepten, aus denen Kennzahlen zur Effizienz und Effektivität bei Kunden- und Lieferantenbeziehungen zu ziehen sind, um die holistische Produktivität zu ermitteln, sind auch kosten- und zeitorientierte Kennzahlen mitzuberücksichtigen. Kunden- und Lieferantenbeziehungen sind als Geschäftsbeziehungen aufzufassen, die es

zu gestalten und zu optimieren gilt. Diller formuliert den Begriff „Geschäftsbeziehung"
wie folgt:

> Unter Geschäftsbeziehungen sind dabei alle von ökonomischen Zielen zweier Organisationen
> geleiteten Interaktionsprozesse zwischen je einer oder mehreren Personen auf beiden Seiten
> zu verstehen. (Diller 1995, S. 116)

Es kommt so gesehen auf die Art und Weise der Zusammenarbeit in einer Beziehungskonstellation an, aber auch auf die wirtschaftliche Komponente mit klaren Zielsetzungen zur
Zielerreichung.

6.3   Kontaktpunkte beim HOREMA im Krankenhaus

Kunden- und Lieferantenkontaktpunkte entstehen überall da, wo Kunden und Lieferanten
mit einem Krankenhaus in Berührung kommen (Schüller 2012a; Schüller 2012b; Schüller
2010; Spengler und Wirth 2009; Kracklauer et al. 2009). Beispiele für Kundenkontaktpunkte sind Informationsbroschüren, Veranstaltungsflyer, der Aufritt des Krankenhauses
im Internet, Presseberichte oder Mundpropaganda. Zu den Lieferantenkontaktpunkten
gehören bspw. die Verhandlung, die Bestellung, die Auslieferung und die Beratung sowie Produkt- und Dienstleistungsverbesserungen oder die Zusendung einer Rechnung.
An jedem Kontaktpunkt kann es für Kunden und Lieferanten zu positiven wie auch negativen Erlebnissen kommen, die eine Beziehung stärken oder schwächen (Schüller 2010,
S. 2). Daher sind die Kunden- und Lieferantenerlebnisse an den einzelnen Kontaktpunkten
regelmäßig im Hinblick auf Verbesserungsmaßnahmen zu analysieren und zu bewerten.
Zu vermeiden sind Enttäuschungen und Fehleinschätzungen bei Kunden und Lieferanten.
Ein Gefühl von Diskretion, Zuverlässigkeit und Professionalität sollte von den eigenen
Mitarbeitern im Krankenhaus bei der Interaktion und Kommunikation mit Kunden und
Lieferanten vermittelt werden. Es muss im Interesse eines Krankenhauses liegen, die Be-
ziehung zu Kunden und Lieferanten zu festigen, aufrechtzuerhalten und zu intensivieren.
Kunden und Lieferanten müssen von der Leistungsfähigkeit des Krankenhauses über-
zeugt werden, um langfristige Beziehungen mit einer starken Kundenbindung aufbauen
zu können (Kracklauer et al. 2009, S. 2 ff.).

Mit Kontaktpunktanalysen lässt sich die Wirksamkeit bestehender Kommunikationskanäle aufzeigen (zu den Arbeitsschritten beim Touchpoint-Management vgl. Spengler
und Wirth 2009, S. 48 ff.; Schüller 2010, S. 2 f.). Bei der systematischen Analyse und Bewertung von Kontaktpunkten sind alle Mitarbeiter der betreffenden Bereiche miteinzubinden,
damit nicht nur eine objektive Beurteilung gegeben ist, sondern auch ein Informationsaustausch, der den Beurteilungshorizont erweitert (Wiedmann und Dunz 2000, S. 41). Die
angebotenen Kontaktpunkte zu Produkten und Dienstleistungen sind aus der eigenen und
aus der Perspektive von Kunden und Lieferanten heraus zu analysieren. Relevant ist, was
Kunden erwarten, auf welche Art und Weise sie Produkte und Dienstleistungen erhalten,

annehmen und darauf reagieren. Bei Lieferanten ist relevant, wie sie Produkte und Dienstleistungen liefern, diese entgegengenommen werden und welche Abstimmung daraufhin erfolgt. Für Maßnahmen zur Produktivitätssteigerung ist wichtig zu wissen, welche Kontaktpunkte von Kunden und Lieferanten bevorzugt werden. Von Bedeutung ist auch, wie die eigenen Mitarbeiter die bestehenden Kontaktpunkte und die Beziehungen zu Kunden und Lieferanten wahrnehmen. Die Aufzeichnung und Analyse von Kontaktpunkten hat den Vorteil, dass diese mit bestehenden Zielsetzungen verbunden werden können, um den Nutzen zu heben und die Produktivität zu steigern. Detailliert beschriebene Kontaktpunkte mit entwickelten Kennzahlen können helfen, die Produktivität zu untersuchen und zu bestimmen. Von vornherein sind Kontaktpunkte nicht erfolgskritisch, d. h. maßgeblich am Erfolg eines Krankenhauses beteiligt. Es müssen relevante Kontaktpunkte im Hinblick auf ihren Mehrwert analysiert und bewertet werden. Gegebenenfalls sind neue zu suchen, alte anzupassen oder zu verwerfen und doppelte zu kombinieren. Durch Priorisierung können wichtige von weniger wichtigen getrennt werden. Die unterschiedlichen Kontaktpunkte müssen reibungslos zu einem kunden- und lieferantenfreundlichen Gesamterlebnis verbunden werden. Multiple Kontaktpunkte entscheiden in ihrer Gesamtheit und im Zusammenspiel über die Performance und die Produktivität beim Kunden- und Lieferantenmanagement. Kunden- und Lieferantenkontaktpunkte sind so gesehen der Dreh- und Angelpunkt für alle Produkt- und Dienstleistungsaktivitäten im Krankenhaus. Sie sind an den verschiedenen Zielgruppen von Kunden und Lieferanten auszurichten und zu optimieren. Optimierte Kontaktpunkte verbessern die Wahrnehmung und steigern den Nutzen von Kunden/Lieferanten und einem Krankenhaus selbst. In einflussreiche Kontaktpunkte ist zu investieren, um potenzielle und bestehende Kunden und Lieferanten zu aktivieren und zu binden (Spengler und Wirth 2009, S. 49). Ein Kontaktpunkt-Vergleich mit anderen Krankenhäusern kann innovative Kontaktpunkt-Lösungen zur Produktivitätssteigerung aufzeigen. In der Literatur besteht bisher kein holistisches Framework, um Kontaktpunkte und Aktivitäten des CRM und SRM beim HOREMA aufzuzeigen. Abb. 6.2 zeigt ein auf Basis der Literatur (Mettler und Rohner 2008a, S. 89 ff.; Kincaid 2003, S. 29 ff.; Appelfeller und Buchholz 2011, S. 7 ff.; Schumacher und Meyer 2004, S. 19 ff.; Merzenich 2005, S. 15 ff.; Mettler und Rohner 2009, S. 62 ff.; Rababah et al. 2011, S. 24; Mettler und Rohner 2008b, S. 2) eigens entwickeltes Framework. Das CRM und SRM kann für den Krankenhausbereich in vier Komponenten mit unterschiedlichen Aktivitäten unterteilt werden. Das kollaborative CRM/SRM steht für die Steuerung, Unterstützung und Synchronisierung aller Kommunikationsinstrumente und die Zusammenarbeit mit Kunden und Lieferanten. Kontaktpunkte sind der Ausgangspunkt für produktives Handeln. Beim operativen CRM/SRM wird sich mit Aktivitäten und Anwendungen zur Optimierung der direkten Kunden- und Lieferantenkontakte auseinandergesetzt. Im analytischen CRM/SRM werden kunden- und lieferantenbezogene Daten gewonnen und ausgewertet. Das strategische CRM/SRM beschäftigt sich mit der Gewinnung, Bindung, Pflege und Rückgewinnung von Kunden und Lieferanten.

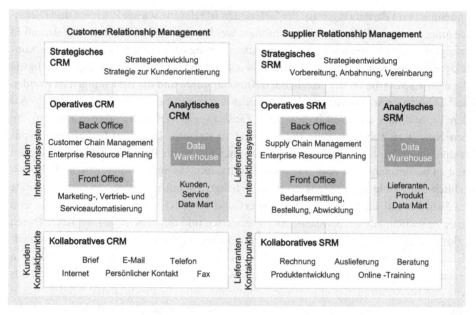

Abb. 6.2 Customer und Supplier Relationship Management im Krankenhaus (Quelle: Mario Pfannstiel 2013)

6.4 Zielvorgaben zur Produktivitätssteigerung beim HOREMA

Beim Zusammenarbeiten mit Kunden und Lieferanten ist ein ganzheitliches Denken und Handeln in den Dimensionen Zeit, Kosten und Qualität erforderlich (Appelfeller und Buchholz 2011, S. 4; Merzenich 2005, S. 14). Die Qualität von Produkten oder einer Dienstleistung wird durch die Zeit bestimmt. Das Aufbringen von Zeit für ein Produkt oder eine Dienstleistung beinhaltet wiederum einen großen Kostenanteil, damit liegt der ökonomische Vorteil der Bewertung von Zeit und Qualität auf der Hand. Es gilt, die drei Dimensionen so zu optimieren, dass Qualitätsverbesserungen nicht zu Kostenerhöhungen führen, eine Verkürzung der Durchlaufzeiten keine Kostensteigerungen bewirken und Kosteneinsparungen nicht zu Lasten der Qualität gehen (Schmelzer und Sesselmann 2004). Kunden- und Lieferantenbedürfnisse können durch die Wechselbeziehungen und durch eine Optimierung der drei Dimensionen erfüllt werden. Die Dimensionen werden in den Beziehungen (Kunde – Krankenhaus, Lieferant – Krankenhaus) unterschiedlich wahrgenommen, daher ist für jede Beziehungskonstellation eine eigene Bewertung durchzuführen. Für jede Beziehungskonstellation ist ein individueller Index zu erstellen, der die drei Dimensionen mitberücksichtigt. Mit der Zuordnung von Kennzahlen auf die Dimensionen können neue Potenziale erschlossen, Wettbewerbsvorteile gehalten und ausgebaut sowie Handlungsempfehlungen für Verbesserungen und Veränderungen gegeben werden.

Gleichbleibende Zielsetzungen im Krankenhaus stehen dabei im Spannungsfeld mit den beiden Beziehungskonstellationen. Um den Nutzen für Kunden und Lieferanten steigern zu können und um die Kunden- und Lieferantenbindung zu stärken, müssen Ziele gesetzt werden. Krankenhäuser, die Produkte und Dienstleistungen nachfragen und anbieten, müssen sich eine Reihe von Fragen stellen: Wie kann die Produktivität gesteigert werden? Wie und wann sollen die bestehenden Ziele erreicht werden? Welche Haupt- und Nebenziele bestehen und wie wirksam sind die festgelegten Ziele? Ein Zielsystem steht in unmittelbaren Zusammenhang mit den drei Dimensionen. Quantitative und qualitative Zielvorstellungen sind zu erfassen. Zu beachten ist, dass sich nicht immer alle Ziele gleichzeitig verwirklichen lassen, da Zielkonflikte bestehen. Die Ableitung von Haupt- und Nebenzielen muss sehr sorgfältig erfolgen und am Gesamtziel ausgerichtet werden. Nur so ist es möglich, die Produktivität beim HOREMA zu Kunden und Lieferanten zu messen. Entscheidend und von operativer und strategischer Bedeutung sind klare Zielvorgaben, welche in den drei Dimensionen messbar sind. Nur so kann ein Höchstmaß an Effizienz und Effektivität auf Kunden- und Lieferantenseite erreicht und die Produktivität gesteigert werden.

6.5 Lebenszyklus beim HOREMA im Krankenhaus

Der Lebenszyklus beim Beziehungsmanagement ist in der Literatur vielfach beschrieben und kann auf Krankenhäuser übertragen werden (Stoelzle 2000, S. 12 ff.; Schumacher und Meyer 2004, S. 34 ff.; Stauss und Seidel 2007, S. 25 ff.; Stauss 2000, S. 15 ff.; Heinrich 2006, 717 f.). Beim Lebenszyklus von Kunden und Lieferanten wird die Beziehungsdauer ins Verhältnis zur Beziehungsintensität gesetzt (Garcia und Rennhak 2006, S. 10). Unterteilen lässt sich der Lebenszyklus in fünf Beziehungsphasen: potenzielle Beziehung, neue Beziehung, stabile Beziehung, gefährdete Beziehung und verlorene Beziehung. Abhängig von der aktuellen Phase sind verschiedene kunden- und lieferantenorientierte Maßnahmen zu berücksichtigen. Um bspw. potenzielle Interessenten zu gewinnen, muss Aufmerksamkeit erregt werden. Bei neuen Kunden und Lieferanten ist das Vertrauen zu fördern, um die Bindung zum Krankenhaus zu stärken. Ausgangspunkt für die Kunden- und Lieferantenbindung ist eine hohe Kunden- und Lieferantenzufriedenheit (zu Ursachen-Wirkungs-Konzepten der Kundenbindung vgl. Töpfer 2008, S. 82 f.). Stabile Kunden und Lieferanten sind von Produkten und Dienstleistungen überzeugt, hier gilt es, Zusatzleistungen anzubieten. Die Gründe für gefährdete Beziehungen sind vielfältig, so kann es z. B. sein, dass kein Interesse mehr an einem Produkt oder einer Dienstleistung besteht, vielleicht existiert auch ein besseres Angebot, vielleicht wird das Krankenhaus aber auch aus Enttäuschung über ein Produkt oder eine Dienstleistung verlassen. Im letzteren Fall ist der genaue Grund zu analysieren, denn nur so können Abwanderungen und ein falsches Bild vom Krankenhaus in der Öffentlichkeit vermieden werden. Verspüren Kunden oder Lieferanten das Verlangen nach Abwechslung, dann haben sie den Wunsch nach Verän-

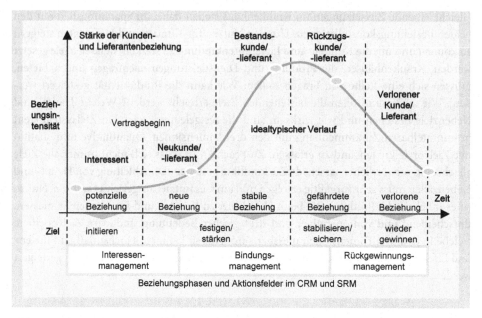

Abb. 6.3 Lebenszyklus beim HOREMA im Krankenhaus (Quelle: Eigene Darstellung in Anlehnung an Stauss und Seidel (2007, S. 26); Stauss (2000))

derung und dies kann zum Verlust bzw. zum Abbruch der Geschäftsbeziehung führen (Stauss und Seidel 2007, S. 31). Es ist daher wichtig, die Anzeichen für den Rückgang der Beziehungsintensität immer im Blickfeld zu behalten, um schnellstmöglich reagieren zu können. Nicht alle Kunden und Lieferanten sind durchgängig in den einzelnen Phasen mit gleicher Intensität zu betreuen. Jeder Kunde und jeder Lieferant im Krankenhaus durchläuft aber früher oder später die beschriebenen Phasen. Um Kunden und Lieferanten zu halten, können jeder Phase Zielanforderungen und Aktionsfelder zugeordnet werden, damit es nicht zu Produktivitätsverlusten kommt (vgl. Abb. 6.3). Bruhn unterscheidet in drei Aktionsfelder: Interessenmanagement, Bindungsmanagement und Rückgewinnungs-management (Bruhn 2001, S. 47 ff.). Für ein Krankenhaus sind alle Aktionsfelder und alle Kunden und Lieferanten wichtig, nicht nur profitable, aber diese im Besonderen (Uebel und Helmke 2013, S. 315). Ist der Ruf eines Krankenhauses z. B. durch Mundpropaganda beeinträchtigt, ist es schwer, Vertrauen aufzubauen und neue Kunden und Lieferanten zu gewinnen. Verliert ein Krankenhaus langfristige Kunden oder Lieferanten, dann ist der Wertverlust größer als bei Beziehungen zu kurzfristigen Kunden oder Lieferanten (Stauss und Seidel 2007, S. 31).

Damit es nicht dazu kommt, ist bspw. die Kunden- und Lieferantenbindung zu stärken. Bedarfsorientiertes Vorgehen ist gefragt mit der Ausrichtung auf Individualität und Kunden- und Lieferantendifferenzierung sowie eine Multikontaktstrategie bei der Kommunikation. Die genaue Identifikation der einzelnen Phasen bei Kunden und Lieferanten ist von großer Relevanz für die operative, strategische und kollaborative Ausrichtung. Die Beziehungen zwischen Personen beim CRM und SRM bestehen mit unterschiedlicher Intensität und müssen unterschiedlich gestaltet und optimiert werden, um Produktivitätsgewinne einzufahren und bestehende Kunden- und Lieferantenpotenziale zu nutzen. Der Nachteil des Lebenszyklus ist, dass dieser nur den idealtypischen Verlauf von Geschäftsbeziehungen darstellt und mit den Wachstumsraten der Beziehungsintensität verbunden ist. Die Beziehungsintensität kann nicht direkt ermittelt werden, sondern nur über verschiedene Determinanten ausgedrückt werden (zu Determinanten der Kundenbindung vgl. Garcia und Rennhak 2006, S. 4 ff.).

Ziel des Beziehungsmanagements ist die Gestaltung von kurz-, mittel- und langfristigen Kunden- und Lieferantenbeziehungen, um wirtschaftliche Nachteile abzuwenden (Stauss und Seidel 2007, S. 24). Die umfassende Gestaltung der Anbieter-Kunden-Beziehungen und der Abnehmer-Lieferanten-Beziehungen über den gesamten Lebenszyklus hinweg können einerseits beim Konzept des CRM und andererseits beim Konzept des SRM angewendet werden. Beziehungsmanagement heißt aber auch, Beziehungen zu Kunden und Lieferanten in Bezug auf die gesetzten Beziehungsziele hin zu analysieren und zu bewerten. Damit Ziele erreicht werden, muss Einfluss auf personenbezogene Aspekte bei Beziehungen genommen werden. Ferner ist der Transaktionsprozess bei der Inanspruchnahme von Produkten und Dienstleistungen zu untersuchen, damit rechtzeitig reagiert werden kann, um Produktivitätsdefizite zu vermeiden. Das Beziehungsmanagement eines Krankenhauses zu Kunden und Lieferanten ist ein ganzheitliches Konzept und kann von jeder personenbezogenen Perspektive aus betrachtet und optimiert werden. Krankenhäuser gehen insgesamt bei der Kunden- und Lieferantenperspektive und beim HOREMA davon aus, dass der Kunden- und Lieferantenwert (Halfmann und Rennhak 2006, S. 15 ff.) mit zunehmender Bindungsdauer und Intensität steigt. Neben dem Kunden- und Lieferantenwert ist der Unternehmenswert von Interesse. Das CRM und das SRM verfolgen das Ziel, den Unternehmenswert durch eine höhere Kundenzufriedenheit und -bindung zu erreichen. Starke Bindungen werden somit zum Schlüssel für Erfolg und sind neben den Prozessen und der eingesetzten Technologie mit für die Produktivität verantwortlich (Garcia et al. 2006, S. 131). Bestehende Kunden- und Lieferantenbeziehungen sind kontinuierlich zu verbessern. Die einzelnen Kunden- und Lieferantenkontaktpunkte müssen alle in das CRM/SRM integriert werden, um Kunden und Lieferanten ein ganzheitliches und umfassendes Konzept zur Verfügung zu stellen, auf das sie zugreifen können und auf das sie sich verlassen können (Garcia et al. 2006, S. 133). Hinter jedem Kunden- und Lieferantenkontakt eines Krankenhauses steht ein Geschäftsprozess, dessen Ergebnis für Kunden und Lieferanten direkt wahrnehmbar und bewertbar ist und somit einen unmittelbaren Einfluss auf die Zufriedenheit und die Bindung hat (Merzenich 2005, S. 14). CRM- und SRM-Kontaktpunkte sind von der ersten Kontaktaufnahme bis zur letzten Kontaktaufnahme wettbewerbsrelevant und können die Effizienz und Effektivität steigern (zu den Erfolgsfaktoren beim CRM vgl. Garcia et al. 2006, S. 136).

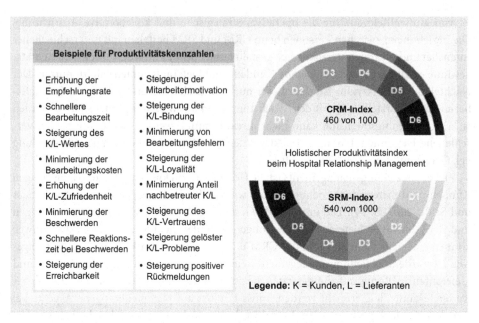

Beispiele für Produktivitätskennzahlen

- Erhöhung der Empfehlungsrate
- Schnellere Bearbeitungszeit
- Steigerung des K/L-Wertes
- Minimierung der Bearbeitungskosten
- Erhöhung der K/L-Zufriedenheit
- Minimierung der Beschwerden
- Schnellere Reaktionszeit bei Beschwerden
- Steigerung der Erreichbarkeit

- Steigerung der Mitarbeitermotivation
- Steigerung der K/L-Bindung
- Minimierung von Bearbeitungsfehlern
- Steigerung der K/L-Loyalität
- Minimierung Anteil nachbetreuter K/L
- Steigerung des K/L-Vertrauens
- Steigerung gelöster K/L-Probleme
- Steigerung positiver Rückmeldungen

CRM-Index
460 von 1000

Holistischer Produktivitätsindex
beim Hospital Relationship Management

SRM-Index
540 von 1000

Legende: K = Kunden, L = Lieferanten

Abb. 6.4 Produktivitätskennzahlen und Zielsystem beim HOREMA im Krankenhaus (Quelle: Mario Pfannstiel 2013)

6.6 Kennzahlen zur Produktivitätssteigerung beim HOREMA

Kennzahlen zum HOREMA können einen Ist-Zustand beschreiben und die Frage „Wie hoch ist die Produktivität?" beantworten. Werden Produktivitätsanalysen in regelmäßigen Abständen wiederholt, kann zudem die Frage „Wie verändert sich die Produktivität?" beantwortet werden. Um die Frage zu klären „Wie kommt es zu dieser Produktivität?", sind Erklärungen für Ursachen und Wirkungen zu entwerfen und empirisch zu überprüfen. Die Frage „Wie kann die Produktivität beeinflusst werden?" ist durch die Kennzahlen nicht zu beantworten. Systematisch und strukturiert aufbereitete Kennzahlen dienen somit als Hilfsmittel zur frühzeitigen Identifikation der Produktivität, zu deren Verbesserung im Zeitverlauf und zur Einordnung des Erreichten im Hinblick auf die gesetzten Ziele (Link et al. 2011, S. 172). Die Beurteilung der Zielerreichung bietet die Möglichkeit, die erreichte Produktivität mit einem höheren Zielerreichungsgrad zu verstärken und so für die Zukunft neue Ziele und Verbesserungsmaßnahmen zu vereinbaren. Wurden die gesetzten Produktivitätsziele erreicht, sind neue anspruchsvollere Zielvorgaben mit neuen Zielwerten zu setzen. Entscheidungsträger im Krankenhaus werden im Allgemeinen immer die Kennzahlen zur Produktivitätssteigerung für eine Verbesserungsmaßnahme auswählen, die in Bezug auf das formulierte Zielsystem den größten Zielerreichungsgrad versprechen. Kennzahlen geben konkrete Zielvorgaben und eine Richtung bzw. einen Handlungsbereich für Verbesserungen vor (Funktion der Handlungsempfehlung). Abb. 6.4 zeigt beispielhaft verschiedene Produktivitätskennzahlen, die beim Customer und Supplier Relationship Management für ein Zielsystem relevant sein können. Bevor diese in einem holistischen Produktivitätsindex, bestehend aus verschiedenen Dimensionen (z. B. D1 bis D6) angewendet werden, sind diese im Hinblick auf die festgelegten Ziele zu priorisieren und zu gewichten.

6.7   Bedeutung von Kennzahlen beim HOREMA

Durch Kennzahlen können Produktivitätsabnahmen und -zunahmen in den beiden Handlungsfeldern CRM und SRM aufgedeckt werden. Die Gesamtproduktivität kann als Konstrukt aus einer unterschiedlichen Anzahl von verschiedenen Kennzahlen beschrieben werden. Der aktuelle Produktivitätsstand kann durch die Kennzahlen für ein Handlungsfeld konkretisiert werden. Zudem können mit Hilfe der Kennzahlen quantitative und qualitative Ziele bewertet und ein Soll-Ist-Vergleich der Zielsetzung durchgeführt werden. Da mit Kennzahlen geprüft werden kann, inwieweit ein Ziel erreicht wurde, sind diese für ein Krankenhaus steuerungsrelevant. Neben den Kennzahlen für ein Handlungsfeld können auch sozio-demografische Daten von Kunden und Lieferanten wichtige Informationen zur Produktivität liefern. Die Daten geben bspw. darüber Aufschluss, welche weiteren Faktoren die Produktivität beeinflussen. Im Ergebnis zeigt der ermittelte Produktivitätsindex für ein Handlungsfeld die Produktivität an. Da mit beiden Handlungsfeldern Kunden und Lieferanten und somit das gesamte CRM und SRM im Krankenhaus einbezogen werden, kann der Index zur Ermittlung der Produktivität als „holistisch" bezeichnet werden. Kennzahlen, Ziel- und Indexwerte und Handlungsfelder können zur Beurteilung der Zielerreichung in Beziehung gesetzt werden. Somit dienen sie als Erfolgskriterium, um Verbesserungsmaßnahmen einzuleiten. Festzuhalten ist, dass die Ermittlung eines Produktivitätsindexes eine ganzheitliche Methode zur Ermittlung und Verbesserung der Produktivität beim HOREMA im Krankenhaus darstellt.

6.8   Ermittlung der Produktivität beim HOREMA

Um einen Produktivitätsindex für ein relevantes Handlungsfeld ermitteln zu können, ist die nachfolgend beschriebene Vorgehensweise umzusetzen (Riggs und Felix 1984; Felix und Riggs 1983). Die ermittelten Produktivitätswerte (Verhältnis- oder Absolutzahlen), bspw. von 6 Kennzahlen (oder 6 Dimensionen, die sich aus verschiedenen Kennzahlen zusammensetzen können), sind in ein Berechnungsgitter einzutragen (Abb. 6.5, Schritt 1 und 2). Anschließend erfolgt eine Beurteilung der Produktivitätswerte durch ein Punktesystem entsprechend ihres Produktivitätsniveaus (Schritt 3). Das Produktivitätsniveau beinhaltet einen Basis- und einen Zielwert und stellt gleichzeitig eine Ziel-Skala dar (Sink et al. 1984; Rahman und Ismail 2004; Erni 2009; Balkan 2011). Der Basiswert (0) zeigt

(1) Kennzahlen		K1	K2	K3	K4	K5	K6
(2) Produktivität		0,90	9	18	6	620	18
(3) Produktivitäts-punktzahl	Basiswert 0	1,10	21	20	12	700	22
	1	1,00	19	19	11	690	20
	2	**0,90**	17	**18**	10	680	**18**
	3	0,80	15	17	9	670	16
Produktivitäts-niveau	4	0,70	13	16	8	660	14
	5	0,60	11	15	7	650	12
	6	0,50	**9**	14	**6**	640	10
	7	0,40	7	13	5	630	8
	8	0,30	5	12	4	**620**	6
	9	0,20	3	11	3	610	4
Zielwert	10	0,10	1	10	2	600	2
(4) Gegenwertpunktzahl		2	6	2	6	8	2
(5) Gewichtung		20	15	5	20	10	30
(6) Produktivitätswerte		40	90	10	120	80	60
(7) Produktivitätsindex	460						

Abb. 6.5 Beispielhafte Ermittlung der Produktivität beim HOREMA im Krankenhaus (Quelle: Mario Pfannstiel 2013)

die niedrigste Ebene und der Zielwert (10) die höchste Ebene eines Produktivitätswertes in einer Auswertungsperiode unter normalen Betriebsbedingungen an (Dervitsiotis 1995; Tatum et al. 1996; Rahman und Ismail 2004). Die Ziel-Skala unterstützt die Einstufung der erreichten Produktivität und definiert einen Zielbereich mit unterschiedlichen Zielerreichungsgraden, auf der sich die Produktivität abbilden und hinsichtlich der gesetzten Ziele bewerten lässt. Ermittelt wird die Ziel-Skala wie folgt: Der höchste Produktivitätswert einer Kennzahl ergibt sich aus dem höchsten Zielwert für eine Auswertungsperiode und der niedrigste Produktivitätswert einer Kennzahl ergibt sich aus dem niedrigsten Basiswert für eine Auswertungsperiode. Die möglichen Ausprägungen des Zielerreichungsgrades ergeben sich aus den möglichen Produktivitätswerten zwischen dem höchsten und niedrigsten Produktivitätswert einer Kennzahl. Mögliche Zielerreichungsgrade sind anhand einer Ziel-Skala von 1 bis 10 zu normieren und so für alle Kennzahlen vergleichbar. Der ermittelte Produktivitätswert für eine Kennzahl wird auf der Ziel-Skala abgebildet. Somit wird sichtbar, in welchem Ausmaß ein Produktivitätsziel erreicht wurde. Durch Gegenüberstellung von aktuellem Produktivitätswert und Produktivitätsniveau ergibt sich die Produktivitätspunktzahl (z. B. Kennzahl K1 = 0,90 ≙ 2). Die Gegenwertpunktzahl entspricht der ermittelten Produktivitätspunktzahl und wird unterhalb des aktuellen Produktivitätswertes als realer Produktivitätswert in die Tabelle eingetragen (Schritt 4). Durch die Gewichtung der bestehenden Kennzahlen wird die relative Bedeutung einer Kennzahl in Bezug auf alle Kennzahlen unterstrichen (Schritt 5). Insgesamt sind auf die 6 beispielhaft dargestellten Kennzahlen 100 Gewichtungspunkte zu verteilen. Ein kleines Gewicht impliziert eine kleine Bedeutung, wohingegen ein großes Gewicht eine große Bedeutung der Kennzahl im Kennzahlenspektrum darstellt (Sink et al.1984; Balkan 2011). Die subjektive Gewichtung ist von mehreren Personen unabhängig voneinander durchzuführen, um einen möglichst objektiven Durchschnittswert zu erhalten. Indem die Gegenwertpunktzahl mit den Gewichtungspunkten multipliziert wird, lassen sich die absoluten Produktivitätsbeiträge (z. B. K1 = 2 × 20 = 40) ermitteln (Dervitsiotis 1995; Tatum et al. 1996, Schritt 6). Durch das Subtrahieren der bestehenden absoluten Produktivitätsbeiträge ergibt sich der ganzheitliche aktuelle Produktivitätsindex für alle Kennzahlen (Schritt 7). Ob die Produktivität bezogen auf die 6 Kennzahlen gesunken oder gestiegen ist, lässt sich durch Vergleich von monatlich oder quartalsweise ermittelten Indexwerten feststellen (Jääskeläinen 2009). Die ermittelte Produktivität gibt Aufschluss über positive und negative Auswirkungen von eingeleiteten Verbesserungsmaßnahmen zur Produktivitätssteigerung (Tatum et al. 1996). In das beschriebene Berechnungsgitter können viele Kennzahlen aufgenommen werden. Werden sehr viele Kennzahlen in das Berechnungsgitter aufgenommen, dann empfiehlt es sich, Kennzahlen zu Kategorien zusammenzufassen und eine Gewichtung der Kategorien vorzunehmen.

6.9   Aussagekraft der Gesamtproduktivität beim HOREMA

Die Verwendung des Begriffs „Gesamtproduktivität" ist praktisch und problematisch zugleich, weil er zwar die Gesamtproduktivität beschreibt, aber den Anschein erweckt, als werde diese nur von den festgelegten Kennzahlen bestimmt. Trotzdem ist die Verwendung des Begriffs „Gesamtproduktivität" geeignet, um eine holistische Produktivitätsaussage für ein Handlungsfeld zu beschreiben. Erst durch die Ergebnisse des Zielerreichungsgrades einer Kennzahl werden Entscheidungsträger angeregt, um über Verbesserungsmaßnahmen nachzudenken und um entsprechende Verbesserungsmaßnahmen gezielt zu entwickeln. Eine ganzheitliche Aussage in Bezug auf Holistik kann nur getroffen werden, wenn quantitative und qualitative Kennzahlen gemeinsam für ein Handlungsfeld beschrieben werden. Für die beiden Handlungsfelder CRM und SRM können getrennte Produktivitätsindexe erstellt werden, wobei auch ein Produktivitätsindex mit den gleichen Kennzahlen theoretisch möglich ist. Der maximale Indexwert für die Produktivität in einem Handlungsfeld beträgt 1000, der maximale Indexwert für die Gesamtproduktivität von zwei Handlungsfeldern (CRM und SRM) würde folglich 2000 betragen.

6.10   Barrieren bei der Produktivitätssteigerung beim HOREMA

Die Steigerung der Produktivität in der Beziehung zu potenziellen und gegenwärtigen Kunden und Lieferanten hängt von vielen Faktoren ab. Beziehungen entstehen durch Vertrauen, Transparenz und Autonomie (Stoelzle 2000, S. 9). Verschiedene Marketinginstrumente sind einzusetzen, um z. B. ein Vertrauensverhältnis aufzubauen und um über die bestehenden Produkt- und Dienstleistungsangebote zu informieren. Unterschiedliche Kommunikationskanäle beeinflussen das Bindungsverhalten. Der persönliche Kontakt hinterlässt einen stärkeren Eindruck als z. B. ein Telefonat oder ein Brief. Kunden und Lieferanten achten auf Details und suchen ein Krankenhaus mit entsprechender Reputation und Qualitätstransparenz. Krankenhäuser hingegen versuchen, Kosten und den zeitlichen Aufwand zu reduzieren. Die Interessen von Kunden/Lieferanten und Krankenhäusern sind nicht zwangsläufig identisch. Kunden werden sich für ein Krankenhaus entscheiden, in dem z. B. Zusatzleistungen angeboten werden. Lieferanten werden sich für ein Krankenhaus entscheiden, dass partnerschaftlich eingestellt ist und dabei unterstützt, eigene Produkte zu verbessern. Durch gezielte Verfügbarkeit und das Anbieten von Produkten und Dienstleistungen kann die Produktivität gefördert und gesteigert werden. Die Akzeptanz von Dienstleistungen bei Kunden kann hingegen nur gesteigert werden, wenn die Anliegen und Erwartungen von Kunden je nach Alter, Bildungsstand und Lebenslage mitberücksichtigt werden. Bei der Produktbeschaffung von Lieferanten ist zu beachten, dass technische Neuerungen zu einer Aufwandsreduktion führen sollten. Einzelne Produkte oder Dienstleistungsangebote sind je nach Bedarf von Kunden und Lieferanten anzupassen und zu verändern. Je mehr Zusatzleistungen ein Kunde im Dienstleistungsangebot erkennt, umso weniger wird er versuchen, sich für ein alternatives Krankenhaus zu entscheiden. Lieferanten hingegen werden das Krankenhaus wählen, bei dem Produkte in Verbindung mit Kunden mit minimalem Aufwand weiterentwickelt und verbessert werden können. Kunden und Lieferanten müssen Ihre Wünsche, Bedürfnisse und Präferenzen verwirklicht sehen, um eine Geschäftsbeziehung einzugehen. Jeder Kunde und Lieferant hat einen Wert, der sich in Folgeaufträgen und einer nicht zu unterschätzenden Multiplikatorwirkung im privaten, öffentlichen und beruflichen Umfeld widerspiegelt. Um Kunden und Lieferanten zu halten, ist ein intensives und nachhaltiges Beziehungsmanagement notwendig. Je genauer die Kunden- und Lieferantenbelange bekannt sind, desto genauer kann auf diese eingegangen werden, was wiederum die Bedeutung von CRM und SRM zur Produktivitätssteigerung im Krankenhaus unterstreicht (Abb. 6.6). CRM und SRM im Krankenhaus beziehen sich auf die Gesamtheit der unternehmerischen Maßnahmen beim HOREMA. Das bedeutet, dass das HOREMA für die systematische Anbahnung, Entwicklung und Optimierung von Beziehungen, Produkten und Dienstleistungen im Krankenhaus steht. Ausgangspunkt zur Überwindung von Barrieren ist die Anbahnung (Schritt 1). In diesem Schritt werden erste Kontakte geknüpft. Es werden allgemeine Informationen zu Zielvorstellungen und Handlungsbereichen zwischen Kunden/Lieferanten und dem Krankenhaus ausgetauscht. Informiert wird über Produkte, Dienstleistungen und Preise. Die Entwicklung (Schritt 2) zielt auf das Zustandekommen einer verbindlichen

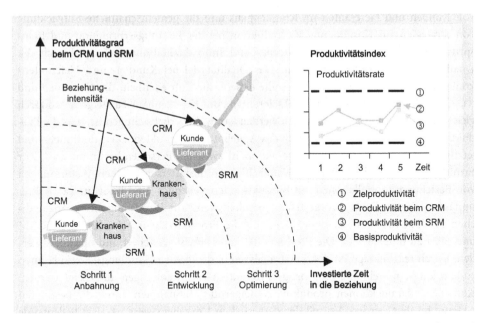

Abb. 6.6 Entwicklung von produktiven Beziehungen im Krankenhaus (Quelle: Mario Pfannstiel 2013)

Geschäftsbeziehung ab. Dieser Schritt beinhaltet u. a. die Festlegung von Verpflichtungen und Aktivitäten zur Koordination. Die Optimierung (Schritt 3) berücksichtigt die Planung, Kontrolle, Sicherung und Steuerung der Geschäftsbeziehung (Wiedmann und Dunz 2000, S. 46). Der Produktivitätsgrad lässt sich z. b. steigern, wenn Beziehungen im Hinblick auf Schnelligkeits- und Effizienzaspekte verbessert werden. Die Produktivitätsermittlung kann helfen, das HOREMA zu steuern, zu überwachen und zu kontrollieren. Veränderungen im Produktivitätsgrad haben Auswirkungen auf die ermittelte Gesamtproduktivität bzw. die Teilproduktivitäten von CRM und SRM. Die Ausführungen verdeutlichen, dass dem Beziehungsaufbau und dem Beziehungserfolg eine ganz besondere Bedeutung im HOREMA zukommt. Erfolgreiches Beziehungsmanagement beruht auf der Entwicklung von Sympathie, der Darstellung von Vertrauenswürdigkeit und der Demonstration von Kompetenz. Beziehungsmanagement betrifft somit Kunden, Lieferanten und ein Krankenhaus gleichermaßen.

6.11   Schlussbetrachtung

Eine aktive und differenzierte Gestaltung der Beziehung zu Kunden und Lieferanten wird in Zukunft immer mehr an Bedeutung gewinnen. Im Bereich der Kunden- und Lieferantenorientierung steht der Aufbau von langfristigen partnerschaftlichen und gewinnbringenden Beziehungen im Vordergrund. Ziel ist die frühzeitige Einbindung von Kunden und Lieferanten im Krankenhaus und die gemeinschaftliche Entwicklung von Strategien zur Kosten- und Zeitreduktion bei der Leistungserbringung und Inanspruchnahme. Neben dem Transparenz- und Individualitätsanspruch wird auch der Qualitätsanspruch weiter zunehmen. Das Qualitätsziel bei Kunden- und Lieferantenkontaktpunkten im CRM und SRM sollte es sein, die Zufriedenheit, das Vertrauen und das Commitment von Kunden und Lieferanten zum Krankenhaus zu steigern, wodurch gleichzeitig die Produktivität gehoben werden kann. Zu berücksichtigen ist, dass die Produktivität beim CRM und SRM durch das Angebot von Produkten, Dienstleistungen und letztlich durch die Beziehungen (Interaktionen) zwischen Personen bestimmt wird. Zur Ermittlung der Produktivität dienen Kennzahlen, die die unterschiedlichen Ausformungen von Beziehungskonstellationen mit Produkt-, Dienstleistungs- und Beziehungscharakter umfassen. Die im Beitrag vorgestellte Vorgehensweise zur Ermittlung eines ganzheitlichen Produktivitätsindexes eignet sich, um die Produktivität im Handlungsfeld CRM und SRM zu untersuchen. Die Produktivität kann erfasst, gesteuert und optimiert werden. Durch regelmäßige Produktivitätsanalysen in den beiden Handlungsfeldern können zudem kurz-, mittel- und langfristige Produktivitätsschwankungen aufgezeigt werden. Aufbauend darauf können produktivitätssteigernde Maßnahmen durch die beteiligten Akteure initiiert werden. Vorteil der dargestellten Vorgehensweise ist, dass bedeutende Produktivitätsbeiträge in Ausrichtung auf konkrete operative und strategische Ziele beim CRM und SRM Berücksichtigung finden können. Nachteil der Vorgehensweise ist, dass unterstützende und verschwenderische Aktivitäten nicht betrachtet werden. Produktive Aktivitäten und erreichte Produktivitätsziele können durch Produktivitätskennzahlen und deren Messwerte dargestellt werden und zur Motivationssteigerung bei Verbesserungs- und Veränderungsvorhaben beitragen. Abhängig ist die Produktivitätssteigerung von den Fähigkeiten, Erfahrungen und Kenntnissen von verantwortlichen Entscheidungsträgern. Mit der Überwachung verschiedener Produktivitätsperioden können Kosten-, Zeit- und Qualitätsbeiträge genau analysiert werden. Ziel ist es, Beziehungen optimal auszugestalten, sei es auf Beziehungsebene oder auf Ebene der Inanspruchnahme von Produkten und Dienstleistungen.

Literatur

Appelfeller W, Buchholz W (2011) Supplier relationship management. Springer Gabler, Wiesbaden

Balkan D (2011) Enterprise productivity measurement in services by OMAX (Objective Matrix) method and an application with Turkish emergency service. Reser Conference, Productivity of Services Next Gen – Beyond Output/Input. Hamburg, S 1–13

Bruhn M (2001) Relationship Marketing – Das Management von Kundenbindung. Vahlen, München

Colberg W, Hoffmann J, Kosmol T (2000) Beziehungsmanagement mit Lieferanten: Konzepte, Instrumente und Erfolgsmessung am Beispiel des Programms competeS der Borsch-Gruppe. In: Hildebrandt H, Koppelmann U (Hrsg) Beziehungsmanagement mit Lieferanten, Konzepte Instrumente, Erfolgsnachweise. Schäffer-Poeschel, Stuttgart, S 49–68

Corsten H, Gössinger R (2001) Einführung in das Supply Chain Management. Oldenbourg Wissenschaftsverlag, München

Dervitsiotis KN (1995) The objectives matrix as a facilitating framework for quality assessment and improvement in education. Total Qual Manag 6(5):563–570

Diller H (1995) Beziehungsmanagement. In: Tietz B, Köhler R, Zentes J (Hrsg) Handwörterbuch des Marketing, Bd 4. Schäffer-Poeschel, Stuttgart, S 285–300

Erni N (2009) Productivity measurement using OMAX and Fuzzy Logic at PT. AMD, Proceedings, International Seminar on Industrial Engineering and Management, Inna Kuta Beach Hotel, Bali, S E67–E74

Felix GH, Riggs JL (1983) Productivity measurement by objectives. Natl Prod Rev 2(4):386–393

Garcia AG, Rennhak C (2006) Kundenbindung – Grundlagen und Begrifflichkeiten. In: Rennhak C (Hrsg) Herausforderung Kundenbindung. Deutscher Universitätsverlag, Wiesbaden, S 3–14

Garcia AG, Rennhak G, Seidel G (2006) CRM und Kundenbindung. In: Rennhak C (Hrsg) Herausforderung Kundenbindung. Deutscher Universitätsverlag, Wiesbaden, S 129–139

Gentile C, Spiller N, Noci G (2007) How to sustain the customer experience: an overview of experience components that co-create value with the customer. European Manage J 25(5):395–410

Halfmann M, Rennhak C (2006) Kundenwert. In: Rennhak C (Hrsg) Herausforderung Kundenbindung. Deutscher Universitätsverlag, Wiesbaden, S 15–24

Heinrich B (2006) Transforming strategic goals of CRM into process goals and activities. Bus Proc Manage 11(6):709–723

Hippner H (2006) CRM – Grundlagen, Ziele und Konzepte. In: Hippner H, Wilde KD (Hrsg) Grundlagen des CRM. Konzepte und Gestaltung. Gabler, Wiesbaden, S 15–44

Jääskeläinen A (2009) Identifying a suitable approach for measuring and managing public service productivity. Electron J Knowl Manage 7(4):447–458

Kincaid JW (2003) Customer relationship management, getting it right! Prentice Hall PTR, New Jersey

Kracklauer AH, Gutsmann M, Karas C (2009) Customer Touchpoint Management – Wie können im Rahmen des CRM die erfolgsrelevanten Kundenkontaktpunkte persönlicher gestaltet werden? HNU Working Paper Nr. 8. Hochschule für Angewandte Wissenschaften Neu-Ulm, Neu-Ulm, S 1–28

Link J (2001) Customer Relationship Management. Erfolgreiche Kundenbeziehungen durch integrierte Informationssysteme. Springer, Berlin

Link J, Münster J, Gary A (2011) CRM-Controlling. In: Hippner H et al (Hrsg) Grundlagen des CRM. Springer Gabler, Wiesbaden, S 158–181

Merzenich M (2005) Prozessmanagement im Customer Relationship Management, Gestaltung und Implementierung kundenorientierter Geschäftsprozesse. Logos, Berlin

Mettler T, Rohner P (2008a) Supplier Relationship Management im Krankenhaus. HMD – Praxis der. Wirtschaftsinformatik 259:87–95

Mettler T, Rohner P (2008b) Supplier relationship management in health care practice – a case study. Proceedings of the 6th CollECTeR Iberoamérica, Madrid, Spain, Jun. 25–27. Madrid Polytechnical University, S 1–6

Mettler T, Rohner P (2009) Supplier relationship management: a case study in the context of health care. J Theor Appl Elect Com Res 4(3):58–71

Meyer C, Schwager A (2007) Understanding customer experience. Harvard Bus Rev 85(2):116–126

Pareigis J, Echeverri P, Edvardsson B (2012) Exploring internal mechanisms forming customer servicescape experiences. J Ser Manage 23(5):677–695

Pfannstiel MA (2013) Ascertaining of the holistic service productivity of hospitals' customer and supplier relationship management (Oral Presentation, 20 min), Theme: service imperatives in the new economy – enhancing customer experience. The 4th International Research Symposium in

Service Management, Place: Marian International Institute of Management, Kuttikanam, Kerala, India, 02.07.–06.07.2013

Rababah K, Mohd H, Ibrahim H (2011) Customer relationship management (CRM). Processes from theory to practice: the pre-implementation plan of CRM system. Int J e-Educ, e-Bus, e-Manage e-Learn 1(1):22–27

Rahman AA, Ismail N (2004) Designing individual productivity measures in service sector. Seminar Sains Pemutusan, Holliday Inn Resort, Penang, S 1–8

Riggs JL, Felix GH (1984) Productivity by objectives, results-oriented solutions to the productivity puzzle. Prentice-Hall, Inc., Englewood Cliffs

Schmelzer HJ, Sesselmann W (2004) Geschäftsprozessmanagement in der Praxis – Produktivität steigern, Wert erhöhen, Kunden zufrieden stellen. Carl Hanser, München

Schüller AM (2010) Customer Touchpoint Management: Alles dreht sich um den Kunden. Wirtschaftsmagazin perspektive: blau, S 1–3

Schüller AM (2012a) Touchpoints. Auf Tuchfühlung mit dem Kunden von heute. Managementstrategien für unsere neue Businesswelt. Gabal, Offenbach

Schüller AM (2012b) Den Kunden berühren: Customer Touchpoint Management. managerSeminare 175:18–24

Schumacher J, Meyer M (2004) Customer Relationship Management strukturiert dargestellt: Prozesse, Systeme, Technologie. Springer, Berlin

Sink DS, Tuttle TC, DeVries SJ (1984) Productivity measurement and evaluation: what is available? Natl Prod Rev 3(3):265–287

Spengler C, Wirth W (2009) Wirkung von Marketing und Vertrieb steuern: Die Wirkung von Marketing und Vertriebsmaßnahmen maximieren. i-o new management 3:46–51

Stauss B (2000) Perspektivenwandel: Vom Produkt-Lebenszyklus zum Kundenbeziehungs-Lebenszyklus. Thexis – Fachzeitschrift für Marketing 17(2):15–18

Stauss B, Seidel W (2007) Beschwerdemanagement – Unzufriedene Kunden als profitable Zielgruppe. Carl Hanser Verlag, München

Stoelzle W (2000) Beziehungsmanagement – Konzeptverständnis und Implikationen für die Beschaffung. In: Hildebrandt H, Koppelmann U (Hrsg) Beziehungsmanagement mit Lieferanten – Konzepte, Instrumente, Erfolgsnachweise. Schäffer-Poeschel, Stuttgart, S 1–24

Tatum BC, Nebeker DM, Young PHD (1996) Using performance indexing to measure organizational gains in white collar environments. Navy Personnel Research and Development Center, San Diego, S I–X und 1–25

Töpfer A (2008) Ursachen-Wirkungs-Konzepte für Kundenloyalität und Kundenbindung. In: Töpfer A (Hrsg) Handbuch Kundenmanagement – Anforderungen, Prozesse, Zufriedenheit, Bindung und Wert von Kunden. Springer, Wiesbaden, S 81–103

Uebel M, Helmke S (2013) Analyse der Wirtschaftlichkeit von CRM-Lösungen. In: Helmke S et al (Hrsg) Effektives Customer Relationship Management. Springer, Wiesbaden, S 312–324

Verhoef PC, Lemon KN, Parasuraman A, Roggeveen A, Tsiros M, Schlesinger LA (2009) Customer experience creation: determinants, dynamics and management strategies. J Retailing 85(1):31–41

Wehrmeister D (2001) Customer Relationship Management: Kunden gewinnen und an das Unternehmen binden. Deutscher Wirtschaftsdienst, Köln

Wiedmann H, Dunz R (2000) LIKE – Beziehungsmanagement in der Automobilzulieferindustrie am Beispiel der Sachs AG (Atecs Mannesmann). In: Hildebrandt H, Koppelmann U (Hrsg) Beziehungsmanagement mit Lieferanten – Konzepte, Instrumente, Erfolgsnachweise. Schäffer-Poeschel, Stuttgart, S 25–48

Prozessoptimierung und Produktivitätssteigerung in der Anästhesie eines modernen Krankenhauses

Esther Henning, Claudia Wiese, Maria Zach, Konrad Meissner und Kristin Westphal

Inhaltsverzeichnis

7.1   Hintergrund 156
7.2   Dienstleistung, Dienstleistungsprozesse und Dienstleistungsarbeit in Krankenhäusern .. 157
7.3   Analyse der Dienstleistungsprozesse 157
7.4   Methode 158
7.5   Ergebnisse.. 160
       7.5.1   IST-Analyse Anästhesie-Ambulanz 160
       7.5.2   IST-Analyse OP 164
7.6   Diskussion 168
       7.6.1   Befunde aus der Anästhesiesprechstunde 168
       7.6.2   Befunde im OP-Bereich 169
7.7   Ausblick 171
Literatur.. 172

E. Henning (✉) · C. Wiese
Institut für Psychologie, Abteilung für Sozialpsychologie/Arbeits- und Organisationspsychologie, Ernst-Moritz-Universität Greifswald Franz-Mehring-Straße 48, 17489 Greifswald, Deutschland
E-Mail: esther.henning@uni-greifswald.de

C. Wiese
E-Mail: claudia.wiese@uni-greifswald.de

M. Zach
Stabsstelle Strategisches Controlling, Medizincontrolling, Universitätsmedizin Greifswald, Fleischmannstraße 8, 17475 Greifswald, Deutschland
E-Mail: maria.zach@uni-greifswald.de;

K. Meissner · K. Westphal
Klinik und Poliklinik für Anästhesiologie und Intensivmedizin, Universitätsmedizin Greifswald, Ferdinand-Sauerbruch-Straße, 17475 Greifswald, Deutschland
E-Mail: konrad.meissner@uni-greifswald.de

K. Westphal
E-Mail: chrwestp@uni-greifswald.de

M. Bornewasser et al. (Hrsg.), *Dienstleistungen im Gesundheitssektor*,
DOI 10.1007/978-3-658-02958-6_7, © Springer Fachmedien Wiesbaden 2014

7.1 Hintergrund

Krankenhäuser sehen sich spätestens seit Einführung der Fallpauschalen verstärkt der Notwendigkeit ausgesetzt, ihre Produkte und Prozesse unter ökonomischen Gesichtspunkten
zu überdenken. Stand bislang vornehmlich aber die Effektivität als Maß der Zielerreichung und damit die Qualität der eigenen Leistung im Mittelpunkt, so zielen die jüngsten
Anstrengungen vermehrt auf eine gesteigerte Effizienz, wodurch die vom Krankenhaus
erbrachten Leistungen unter dem wirtschaftlichen Aspekt von Input-Output-Relationen
thematisiert werden. Die Effizienz betrifft die Art und Weise, mit der bestimmte (qualitativ vom Patienten zu bewertende) Ergebnisse nunmehr auch von Ökonomen mittels
quantitativ mess- und bewertbarer Kriterien evaluiert werden. Eine angestrebte Steigerung der Produktivität beschreibt folglich den Versuch, den kontrollierbaren Input des
Krankenhauses und Gewinn seitens des Krankenhauses und des Patienten genauer zu beleuchten und die Ergiebigkeit der eingesetzten Ressourcen zu optimieren. Angestrebt wird
dabei in der Regel eine Kombination von Anbieter- und Kundenvorteil, die beide zusammen den Wettbewerbsvorteil des Krankenhauses konstituieren (Plinke 2000). Diejenigen
Krankenhäuser werden diesen Überlegungen zufolge überleben, die eine hohe Effizienz
im Sinne einer kostengünstigen Leistungserbringung und eine hohe Effektivität im Sinne
eines hohen Kundennutzens erzeugen können.

  Die Analyse der eingesetzten Ressourcen – hierunter werden eingesetzte und quantitativ bestimmte Mengen an Arbeitsleistungen, Betriebsmittelnutzungen, Werkstoffen
und dispositiven oder koordinativen Leistungen verstanden – basiert auf der generellen
Annahme, dass Krankenhäuser eine bewusst herbeigeführte Auswahl der aus ihrer Sicht
besten Alternative der Leistungserstellung treffen. Die Leistungserstellung erfolgt in einem
Leistungsprozess und das Krankenhaus realisiert den Leistungsprozess im Sinne einer
Wertschöpfung, wobei der Prozess entweder ausgehend von gegebener Einsatzmenge an
Ressourcen ein Maximum an Ertragsmenge realisiert oder bei gegebener Ertragsmenge
ein möglichst geringes Maß an Einsatzmenge der Ressourcen benötigt. Jegliche Art der
Verschwendung von Ressourcen mindert die Produktivität. Von daher resultiert als ei-
ne zentrale Kernaufgabe aller Krankenhäuser zunächst einmal, die bislang realisierten
Leistungserstellungsprozesse detailliert zu erfassen und zu analysieren, um quantitative
Messungen und Bewertungen von In- und Output und Aussagen zur Produktivität sowie
zur Produktivitätssteigerung zu ermöglichen. Um dieses Ziel an einer Universitätsmedizin
zu erreichen, hat sich ein Expertenteam mit Psychologen, Medizinern und Betriebswirten
gebildet, damit auf der Basis von aufwändigen Prozessanalysen Vorschläge für Veränderungen der Strukturen und Abläufe entwickelt werden können. Ziel ist der optimale Einsatz
von Ressourcen, um Kosten einzusparen, ohne die Qualität der Behandlung im Rahmen
der Patienten- und Mitarbeiterzufriedenheit zu reduzieren. Neben den reinen Prozessab-
läufen wurden ebenfalls Aspekte der Diversität einbezogen, um ungenutzte Potenziale zu
identifizieren und zu nutzen. Im Rahmen dieser Maßnahmen wird angestrebt, einen holistischen Produktivitätsindex zu entwickeln, welcher die materiellen Aspekte ebenso wie
die weichen Aspekte, d. h. Patienten- und Mitarbeitersicht umfasst. Die zentrale Frage lautet dann: Was kann das Krankenhaus im Kernbereich tun, um seine eigene Produktivität
durch verbesserte Strukturen, Technik und Abläufe zu steigern?

7.2 Dienstleistung, Dienstleistungsprozesse und Dienstleistungsarbeit in Krankenhäusern

Krankenhäuser sind Dienstleistungsunternehmen. Daraus ergibt sich die besondere Problematik der Kontrolle über die ablaufenden Prozesse. Krankenhäuser können nicht – anders als Industriebetriebe – einen im Kern unabhängig gesteuerten Produktionsprozess gestalten, sondern müssen den Patienten mit in den Arbeitsablauf integrieren. Dies bedeutet, dass der durch einen Patienten ausgelöste Leistungserstellungsprozess nur über eine zu gestaltende und zu koordinierende Integration des Patienten erfolgen kann. Interne und externe Faktoren werden dabei in betrieblicher Perspektive vom Dienstleistungsanbieter zu einer Einheit integriert (Fließ 2006). Dies bedeutet, dass sich der Patient in dem Sinne in den Leistungserstellungsprozess einbringt, dass er dem Krankenhaus gegenüber vorübergehend auf Kontrollrechte verzichtet und ihm sogar das Recht einräumt, partiell über ihn zu verfügen. Der Patient ordnet sich in der Regel freiwillig und auf eigenen Wunsch hin der Rationalität der vom Krankenhaus gestalteten Leistungsprozesse unter. Dieser Rationalität entspricht es sodann, z. B. Unterlagen über den bisherigen Krankheitsverlauf beizubringen, sich in die Anästhesieambulanz zu begeben und dort auf ein Arztgespräch zu warten. Jeder Leistungserstellungsprozess lässt sich damit hinsichtlich der zugrundeliegenden Aktivitäten sowie des zeitlichen Anfangs und Endes bestimmen.

Dienstleistungsprozesse beschreiben damit eine Kombination von internen und externen Faktoren: Über die internen Faktoren verfügt das Krankenhaus dauerhaft. Als externe Faktoren gelten nach Engelhardt et al. (1993) solche Faktoren, „die zeitlich begrenzt in den Verfügungsbereich eines Dienstleistungsanbieters gelangen und mit den internen Produktionsfaktoren in einen Verarbeitungsprozess integriert werden" (S. 401). Dienstleistungsarbeit ist damit Arbeit des Krankenhauses für und mit dem Patienten. Traditionelle Analysen des Leistungserstellungsprozesses sollten dahingehend erweitert werden, dass auch die Anteile des Patienten in den jeweiligen Teilprozessen systematisch erfasst werden (aber nicht begriffen als Arbeit, sondern als Bereitschaft, der vom Krankenhaus vorgegebenen Prozessrationalität mit letztlich selbst veranlassten Beiträgen möglichst störungsfrei zu folgen). Sodann besteht die Aufgabe darin, den traditionellen Produktivitätsbegriff auf diese Dienstleistungen charakterisierende Integration von internen und externen Faktoren hin zu erweitern, die Produktivität dabei jedoch weiterhin als eine betriebswirtschaftliche Kennzahl des ausführenden Unternehmens zu begreifen.

7.3 Analyse der Dienstleistungsprozesse

Der OP-Bereich ist eine der kostenintensivsten Abteilungen in jedem Krankenhaus. Aufgrund seiner wichtigen Funktion mit vielen Schnittstellen zu anderen Abteilungen wird der OP zu einem Kristallisationspunkt bestehender Prozessmängel. Aus diesem Grund strebt die Universitätsmedizin Greifswald eine Neuorganisation ihrer OP-Prozesse an. Im Gegensatz zu früheren Konzepten wird vornehmlich angestrebt, eine effektive Holding Area mit

27 Betten einzurichten, in der die von einem Monitoringsystem überwachte Ein- und Ausleitung der OPs erfolgt. Das zentrale Management der OPs liegt bei einem OP-Manager,
der die Patienten über die Stationen einbestellt, der die erforderlichen Kapazitäten von
Anästhesiepflegekräften und Anästhesisten berechnet, der die Vorbereitung und Durchführung der OP-Aktivitäten steuert und bei Abweichungen diese Tätigkeiten dynamisch
nachsteuert und der das erforderliche Sicherheitsmonitoring überwacht. Diese Holding
Area bildet das Zentrum aller Steuerungen und wird durch eine adäquate IT-Technik gestützt. Dabei wird angestrebt, ein neues Patientendatenmanagementsystem zu etablieren,
das neben den Patientendaten eine prozessuale Sicht im OP umfasst. Dadurch ist eine
patientenbezogene Steuerung des Leistungserstellungsprozesses Operation (Anästhesie-
einleitung, OP-Vorbereitung, Operation, OP-Nachbereitung, Anästhesieausleitung und
Überwachung) möglich. Dies bietet insbesondere bei der dynamischen Steuerung der OP-
Prozesse zeitliche Vorteile. Abschließend kann die Arbeitserfahrung des OP-Personals mit
in die Planung einbezogen werden. Die grafische Darstellung und Bedienung der Benutze-
roberflächen soll so erfolgen, dass beide mit den Ansprüchen des Krankenhauses ebenso
in Übereinstimmung zu bringen sind wie mit den Kompetenzen der Patienten (z. B. durch
altersgerechte Gestaltung, durch Mehrsprachigkeit, durch verständliche Einweisung).

Im Zentrum der vorliegenden Untersuchung stehen die Erfassung und Dokumentation von Leistungserstellungsprozessen rund um die Operation von Patienten, beginnend
mit Prozessen in der Anästhesieambulanz und endend mit Prozessen im Aufwachraum
des OPs der Universitätsmedizin Greifswald. Dabei wurden einerseits die Prozesszeiten
für Teilaktivitäten erfasst, andererseits wurden diese Teilaktivitäten den verschiedenen
beteiligten Rollen an diesem Prozess zugeordnet und grafisch veranschaulicht. Die Ergebnisse der bisher erfolgten Ist-Analysen – einschließlich einzelner differenzierender
Befunde zu Diversitätseinflüssen – werden im Ergebnisteil des Beitrages vorgestellt. In
einem kurzen zweiten Teil werden die vorliegenden Ist-Analysen unter Aspekten einer Or-
ganisationsänderung erörtert und in eine Soll-Analyse überführt. Ermöglicht werden diese
Veränderungen durch den Einsatz einer verbesserten Informationstechnik und einer work-
flowgesteuerten Neugestaltung der Abläufe. Parallel zu den prozessbezogenen Erhebungen
wurden im Rahmen der weichen Aspekte die Patienten- und Mitarbeiterzufriedenheit in
der Anästhesieambulanz und im OP-Bereich erfasst und analysiert.

Ziel ist es, auf Basis dieser Daten zukünftig einen holistischen Produktivitätsindex im
Rahmen einer Balanced Scorecard zu entwickeln.

7.4   Methode

Die erfolgten Prozessanalysen in der Anästhesie-Ambulanz und im Bereich der Holding Area des Universitätsklinikums der Universitätsmedizin Greifswald sind Teil
einer systematischen Vorher-Nachher-Analyse im Kontext eines umfassenden Change-
Management-Prozesses im Universitätsklinikum. Dieser geht mit der baulichen und
technischen Neugestaltung des Universitätsklinikums und der Zentralisierung aller Abteilungen und Stationen in einem Gebäudekomplex mit zwei zentralen OP-Bereichen einher.

Gleichzeitig ist damit die Aufgabe zahlreicher dezentraler Kliniken mit eigenen dezentralen OP-Strukturen verknüpft. Im Frühjahr 2012 wurde der anfängliche Ist-Zustand in den neuen Strukturen hinsichtlich Prozessen sowie Patienten- und Mitarbeiterzufriedenheit erhoben.

Die Erhebung des Ist-Zustandes basierte in einem ersten Schritt auf einer Prozessanalyse. Die Prozessanalyse umfasste mehrere Expertengespräche und Verhaltensbeobachtungen zur Definition der Teilaktivitäten, teilweise unter Nutzung der Service-Blueprinting-Methode (Kingman-Brundage 1989; Fließ 2006). Der Gesamtprozess sowie die Teilprozesse wurden im Anschluss detailliert dokumentiert und mittels der Softwareprogramme Visio und Viflow über verschiedene Rollen – abgebildet über verschiedene Schwimmbahnen – in einem Diagramm visualisiert.

Auf Basis der definierten Teilprozesse wurden mittels einer standardisierten Beobachtung die einzelnen Prozesszeiten der verschiedenen Aktivitäten des vollständigen Dienstleistungsprozesses in der Ambulanz erfasst. In der Anästhesie-Ambulanz wurden für alle Patienten, die zwischen dem 23. und dem 27. Januar 2012 in der regulären Sprechzeit der Anästhesie-Ambulanz von den Anästhesisten aufgeklärt wurden, die Prozesszeiten per Stoppuhr von geschulten Beobachtern erhoben. Im OP-Bereich wurden im Zeitraum vom 23. April bis 7. Mai 2012 an acht Tagen die Prozesszeiten für Patienten aus 6 ausgewählten OP-Sälen erhoben. Die Auswahl der OP-Säle richtete sich nach der geplanten Anzahl von OPs. Es wurden diejenigen OP-Säle (Fachrichtungen Gynäkologie, Chirurgie, Orthopädie, Urologie, Innere Medizin und Neurologie) ausgewählt, die die höchste Anzahl an OPs an den ausgewählten Tagen aufwiesen.

Parallel zur Prozesszeitenerhebung wurden Zufriedenheitsbefragungen zu den einzelnen Prozessschritten bei den Patienten mittels eines standardisierten Fragebogens durchgeführt. Der Patientenfragebogen für die Anästhesie-Ambulanz umfasste 14 standardisierte Fragen, welche auf einer 6-stufigen Likert-Skala (1 = „Trifft voll und ganz zu" bis 6 = „Trifft überhaupt nicht zu") beantwortet werden konnten. Alle Patienten wurden nach der Prämedikation in der Ambulanz gebeten, den Fragebogen vor Ort auszufüllen und zurückzugeben. Der Patientenfragebogen für den OP umfasste auf einer 4-stufigen Likert-Skala (1 = „Trifft nicht zu" bis 4 = „Trifft zu") 68 standardisierte Fragen zu den Themen Zufriedenheit mit der Betreuung durch das Personal und Befindlichkeit während des OP-Aufenthaltes. Die Patientenbefragung bezüglich der OPs fand bei stationären OPs am ersten postoperativen und bei ambulanten OPs am OP-Tag im Anschluss an den OP-Aufenthalt auf den Stationen statt.

Neben der Prozesszeitenerfassung und der Zufriedenheitsbefragung der Patienten wurden die Mitarbeiter, d. h. die Anästhesisten und Anästhesiepfleger, bezüglich der Themenbereiche Rahmenbedingungen, Koordination und Zusammenarbeit sowie Betreuung befragt. Der standardisierte Fragebogen umfasste 75 geschlossene und drei offene Fragen. Die Befragung fand im Zeitraum vom 23. April bis zum 23. Mai 2012 statt. Die Anästhesisten erhielten je einen Fragebogen in ihren ärztlichen Briefkasten. Die Fragebögen für die Pflegekräfte wurden in den beiden Aufwachräumen der Zentral-OPs ausgelegt. Die Rückgabe erfolgte über zwei Briefkästen in den beiden Aufwachräumen der Zentral-OPs. Alle Patienten ebenso wie die Mitarbeiter wurden durch ein kurzes Informationsschreiben über den Zweck der Befragung aufgeklärt, ebenso wurde auf die Freiwilligkeit der Teilnahme und die Anonymität der Auswertung verwiesen.

Die Auswertung der Daten wurde mittels SPSS 20 durchgeführt. Diese Auswertung umfasste die Analyse der Patienten- und Mitarbeiterbefragung sowie die zeitliche Analyse der Prozessschritte. Weiterführend wurden erste differenzierende Analysen zur Diversität von Mitarbeitern und Patienten durchgeführt. Die mitarbeiterbezogene Diversität umfasste das Alter, das Geschlecht, die Berufserfahrung, Arbeitsumfang und den Ort des Arbeitseinsatzes. Im Bereich der patientenbezogenen Diversität wurden das Alter, das Geschlecht, die Station/der Fachbereich sowie die ASA-Klassifikation hinsichtlich ihrer Auswirkungen auf Prozesszeiten untersucht.

In einem weiteren Schritt wurde damit begonnen, Aspekte eines Change Managements herauszuarbeiten, die eine Steigerung der Produktivität der betrieblichen Prozesse erwarten lassen. Konkret bedeutete dies einmal eine Analyse der Schwachstellen in den bis dahin analysierten Prozessen. Sodann wurden mit Experten und ausgehend von den aufgedeckten Schwachstellen erste Optimierungsstrategien entwickelt, welche die Prozessorganisation sowie den Einsatz von innovativer Technik betrafen. Auf dieser Basis entwickelte das Kernteam des Projektes eine Art Soll-Strategie, welche die zukünftigen erwarteten Abläufe zeitlich widerspiegelt. Die Ergebnisse dieses Arbeitsschrittes werden kurz vorgestellt.

7.5 Ergebnisse

7.5.1 IST-Analyse Anästhesie-Ambulanz

Insgesamt wurden bei 233 Patienten in der Anästhesie-Ambulanz der Prozessablauf und die Prozesszeiten erfasst und ausgewertet. Im Durchschnitt waren die Patienten zum Zeitpunkt der Erhebung 46 Jahre (SD = 22 Jahre) alt, wobei die Patienten ein Alter von 0 bis 82 Jahren aufwiesen. Kinder unter 18 Jahren wurden von Ihren Erziehungsberechtigten begleitet.
Die prozessanalytischen Befunde (Abb. 7.1) zeigen auf, dass:

1. die Prämedikation grundsätzlich in drei Teile zu zergliedern ist, diese umfassen die Patientenaufnahme, das Warten auf das Arztgespräch und das Aufklärungsgespräch mit dem Arzt, das sich aus Anamnese, Aufklärung (über Verfahren, Verhalten, Risiken) und Dokumentation zusammensetzt;
2. aktuell die Durchschnittsdauer der Prämedikation in der Anästhesieambulanz bei etwa 51 min liegt, diese teilen sich auf in 19 min Aufnahme, 19 min Warten und 13 min Arztgespräch. Der Beitrag des Patienten zur Dienstleistungsarbeit wird im Wesentlichen durch das Warten bestimmt.

Insgesamt konnten im Bereich der Anästhesieambulanz 138 Patienten über ihre Zufriedenheit befragt werden. Die Patientenbefragung ergab auf einer Skala von 1 = sehr unzufrieden

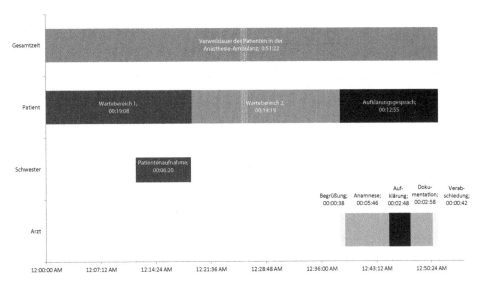

Abb. 7.1 Zeitanalyse Anästhesiesprechstunde (Quelle: Wiese 2013)

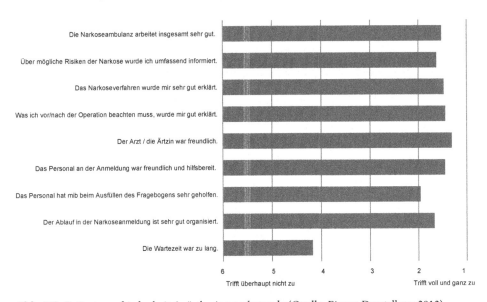

Abb. 7.2 Patientenzufriedenheit Anästhesiesprechstunde (Quelle: Eigene Darstellung 2012)

bis 6 = sehr zufrieden eine im Mittel 2,82 (SD 1,76) relativ hohe Unzufriedenheit mit den Wartezeiten. Alle anderen Bereiche wurden von den Patienten im Mittel 5,04–5,70 als zufriedenstellend bewertet (Abb. 7.2).

In Abb. 7.3 wird der von einem Expertenteam identifizierte aktuelle Prozessverlauf präsentiert. Dieser ist durch eine hohe Arzttätigkeit geprägt. In Abb. 7.4 ist der angestrebte Prozess in der Anästhesiesprechstunde des Universitätsklinikums abgebildet, in dem die Tätigkeit des Anästhesisten auf ein Minimum reduziert wird.

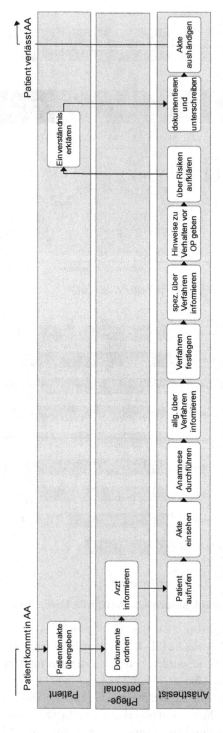

Abb. 7.3 Aktueller Prozess der Anästhesiesprechstunde (Quelle: Eigene Darstellung 2012)

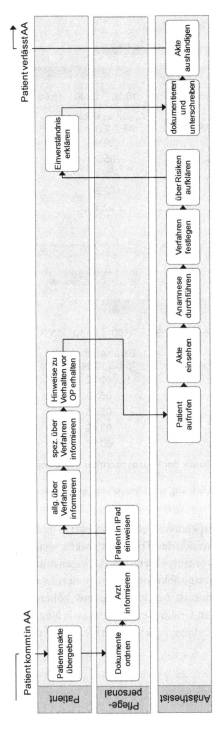

Abb. 7.4 Angestrebter Prozess der Anästhesiesprechstunde (Quelle: Eigene Darstellung 2012)

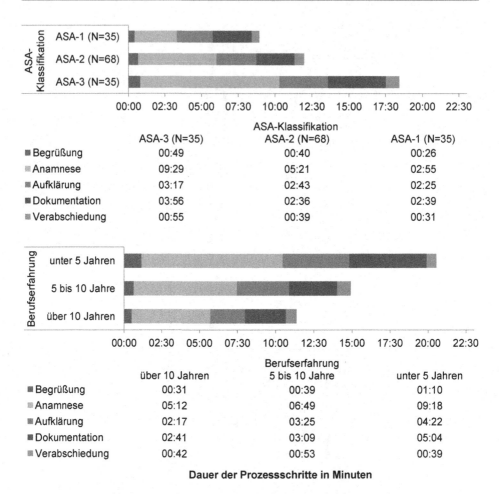

| | ASA-Klassifikation | | |
	ASA-3 (N=35)	ASA-2 (N=68)	ASA-1 (N=35)
■ Begrüßung	00:49	00:40	00:26
▦ Anamnese	09:29	05:21	02:55
■ Aufklärung	03:17	02:43	02:25
■ Dokumentation	03:56	02:36	02:39
▨ Verabschiedung	00:55	00:39	00:31

| | Berufserfahrung | | |
	über 10 Jahren	5 bis 10 Jahre	unter 5 Jahren
■ Begrüßung	00:31	00:39	01:10
▦ Anamnese	05:12	06:49	09:18
■ Aufklärung	02:17	03:25	04:22
■ Dokumentation	02:41	03:09	05:04
▨ Verabschiedung	00:42	00:53	00:39

Dauer der Prozessschritte in Minuten

Abb. 7.5 Zeitanalyse unter Berücksichtigung von Diversität (Quelle: Wiese 2013)

Die in Abb. 7.5 aufgezeigten Ergebnisse stellen Mittelwerte hinsichtlich des zeitlichen Ablaufes in der Anästhesiesprechstunde dar. Diese Mittelwerte wurden bezüglich des körperlichen Zustands des Patienten vor einer Operation, der sogenannten ASA-Klassifikation von der American Society of Anesthesiologists, und der Berufserfahrung der Anästhesisten spezifiziert. In diesem Sinne ist bei Patienten mit höherer ASA-Klassifikation, d. h. mit schlechterem allgemeinem Gesundheitszustand, mit längeren Zeiträumen beim Arztgespräch zu rechnen, ebenso bei jungen, eher unerfahrenen Ärzten.

7.5.2 IST-Analyse OP

Bei der Beobachtung von 111 Patienten im April und Mai 2012 im Zentral-OP 1 und 2 der Universitätsmedizin konnten folgende Befunde zu den Prozesszeiten (Abb. 7.6) erfasst werden:

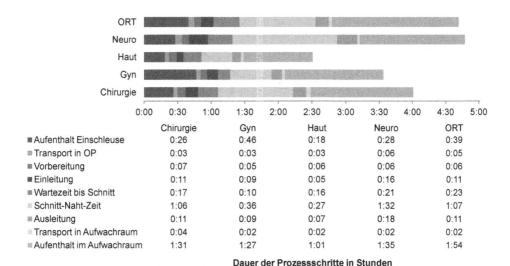

	Chirurgie	Gyn	Haut	Neuro	ORT
▪ Aufenthalt Einschleuse	0:26	0:46	0:18	0:28	0:39
▪ Transport in OP	0:03	0:03	0:03	0:06	0:05
▪ Vorbereitung	0:07	0:05	0:06	0:06	0:06
▪ Einleitung	0:11	0:09	0:05	0:16	0:11
▪ Wartezeit bis Schnitt	0:17	0:10	0:16	0:21	0:23
▪ Schnitt-Naht-Zeit	1:06	0:36	0:27	1:32	1:07
▪ Ausleitung	0:11	0:09	0:07	0:18	0:11
▪ Transport in Aufwachraum	0:04	0:02	0:02	0:02	0:02
▪ Aufenthalt im Aufwachraum	1:31	1:27	1:01	1:35	1:54

Dauer der Prozessschritte in Stunden

Abb. 7.6 Aktuelle Prozesszeiten OP-Bereich (Quelle: Eigene Darstellung 2013)

Der gesamte OP-Prozess lässt sich aktuell in maximal 10 Prozessteile zergliedern. Diese Teile umfassen zentral den Aufenthalt in der Einschleuse, den Transport in den OP, die Einleitung, die Operation, die Ausleitung, den Rücktransport aus dem OP sowie den Aufenthalt in der Ausschleuse. Die Durchschnittsdauer des Patienten im OP-Bereich beträgt aktuell etwa 4:14:34 h, wobei die längsten Zeiten für Aufenthalte in der Ein- und Ausschleuse (M = 46:38 min und M = 1:31:12 min) sowie im OP-Bereich (M = 1:42:45 min) benötigt werden.

Die längste Zeit im Operationsbereich befinden sich Patienten aus dem Fachbereich der Neurochirurgie. Sie verbringen im Mittel 4:48 h (SD 1:08; Median 4:36; Min. 3:19, Max. 6:02) im OP-Bereich. Die reine Belegungszeit des Operationssaals beläuft sich im Mittel auf 2:36 h (SD 1:49; Median 1:44; Min. 0:53; Max. 4:55).

Patienten des Fachgebietes der Orthopädie verbringen im Mittel 4:42 h (SD 1:33; Median 4:48; Min. 2:18, Max. 7:45) im OP-Bereich. Die Belegungszeit des Operationssaals beträgt im Mittel 2:00 h (SD 0:49; Median 1:53; Min. 0:52; Max. 4:23).

Im Fachbereich Chirurgie verbringen die Patienten im Mittel 4:01 h (SD 1:08; Median 3:57; Min. 1:44:10, Max. 6:29:08) im gesamten OP-Bereich. Die reine Belegungszeit des Operationssaals beläuft sich im Mittel auf 1:55 h (SD 1:09; Median 1:40; Min. 0:18; Max. 5:35).

Gynäkologische Patienten befinden sich im Durchschnitt 3:34 h (SD 1:20; Median 3:37; Min. 1:25; Max. 7:44) im OP-Bereich. Während dieser Zeit verbringt der Patient im Mittel 1:13 h (SD 0:55; Median 1:01; Min. 0:15; Max. 5:34) im Operationssaal.

Die kürzeste Liegezeit im OP weisen Patienten der Fachrichtung Dermatologie auf. Sie verbringen im Mittel 2:31 h (SD 0:13; Median 2:37; Min. 2:11, Max. 2:46) im OP-Bereich.

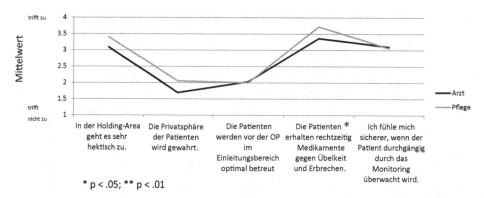

Abb. 7.7 Mitarbeiterzufriedenheit mit der Betreuung des Patienten. (Quelle: Eigene Darstellung 2012)

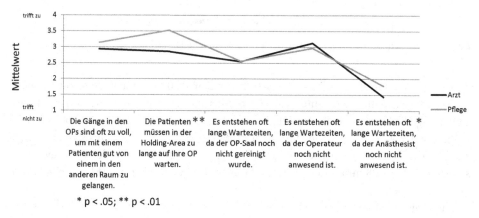

Abb. 7.8 Mitarbeiterzufriedenheit mit den Rahmenbedingungen (Quelle: Eigene Darstellung 2012)

Die reine Belegungszeit des Operationssaals beläuft sich im Mittel auf 1:04 h (SD 0:27; Median 1:00; Min. 0:33; Max. 1:47).

An den Zufriedenheitsuntersuchungen nahmen 207 Patienten und 68 Mitarbeiter mit auswertbaren Fragebögen teil.

Bei der Mitarbeiterbefragung nahmen 68 Mitarbeiter mit auswertbaren Fragebögen teil. Dies umfasst 82 % der gesamten Belegschaft an Anästhesisten und Anästhesiepflegekräften.

Aus Mitarbeitersicht wird die Betreuung der Patienten je nach Bereich sehr unterschiedlich bewertet (Abb. 7.7). Als kritisch wird sowohl von Anästhesisten als auch von Pflegekräften vor allem die Wahrung der Privatsphäre genannt. Die Meinung von Ärzten und Pflegekräften variieren kaum. Einzig und allein die rechtzeitige Medikamentengabe gegen Übelkeit und Erbrechen im Aufwachraum wird von den Pflegekräften besser bewertet als von den Ärzten.

Die Rahmenbedingungen inklusive Wartezeiten für den Patienten werden im Allgemeinen als unzufriedenstellend angesehen, wie in der Abb. 7.8 verdeutlicht wird. Vor allem die Pflegekräfte monieren zu lange Wartezeiten für die Patienten in der Holding Area. Die

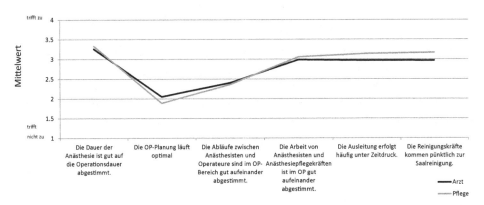

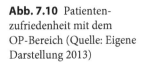

Abb. 7.9 Mitarbeiterzufriedenheit mit der Koordination und Zusammenarbeit (Quelle: Eigene Darstellung 2012)

Abb. 7.10 Patienten-zufriedenheit mit dem OP-Bereich (Quelle: Eigene Darstellung 2013)

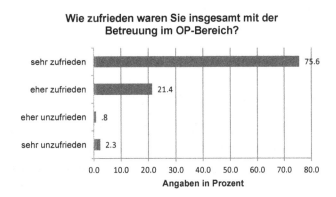

Wartezeiten, die durch ein Zuspätkommen der Anästhesisten entsteht, werden insgesamt als eher unkritisch gesehen, jedoch von den Pflegekräften deutlicher wahrgenommen als von den Ärzten. Die Wartezeiten auf die Operateure werden sowohl vom Pflegepersonal als auch von den Anästhesisten als unangenehm empfunden.

Im Bereich der Koordination und Zusammenarbeit ist festzustellen, dass sowohl die Anästhesisten als auch die Anästhesiepflegekräfte zwar noch Potenzial für eine Verbesserung der Zusammenarbeit sehen, sie aber schon jetzt insgesamt als eher positiv bewerten (Abb. 7.9). Die Bewertung der Abstimmung von Anästhesisten und Operateuren fällt dagegen eher negativ aus, was sich jedoch zum Glück nicht ungünstig auf die Anpassung der Anästhesie an die Operationsdauer auswirkt. Probleme werden insbesondere in der OP-Planung gesehen.

Die Patientenbefragung für den OP-Bereich ergab, dass die meisten Patienten insgesamt zufrieden mit der Betreuung im OP-Bereich waren (Abb. 7.10).

Eine detaillierte Auswertung bezüglich Verbesserungspotenzialen ergab, dass 19,1 % der Patienten in der Einschleuse (auch Holding Area genannt) lange warten mussten. Des

Weiteren gaben 17,1 % der Patienten an, im OP-Saal zu frieren, während 14,5 % angaben, nicht über den Ablauf informiert worden zu sein.

Die Frage „Kam es, während Sie im Krankenhaus aufgenommen waren, zur Verschiebung des Operations-Termins auf einen anderen Tag?" verneinten 76,9 % der Patienten, währenddessen 20,8 % dies bejahten. 2,3 % der Patienten enthielten sich dieser Frage.

Auf die Frage „Kam es, während Sie im Krankenhaus aufgenommen waren, zur Verschiebung des Operations-Beginns am geplanten Operationstag?" antworteten 70,8 % der Patienten mit Nein, 25,4 % mit Ja und 3,8 % machten keine Angaben.

7.6   Diskussion

Aus den vorgestellten Ergebnissen können viele Erkenntnisse und Optimierungspotenziale für die Zukunft gewonnen werden.

7.6.1   Befunde aus der Anästhesiesprechstunde

Bei der Bewertung der Befunde aus Abschn. 7.5.1. fallen verschiedene Faktoren auf:

1. Der aktuell benötigte durchschnittliche Zeitraum für die Prämedikation erscheint sehr lang angesichts der Tatsache, dass das eigentliche Arztgespräch nur insgesamt 13 min umfasst. Die zentrale Aufklärung nimmt dabei nur knapp drei Minuten in Anspruch.
2. Die Patientenaufnahme umfasst zwar nur gut 6 Minuten, allerdings wird dieser Zeitraum dadurch erheblich aufgebläht, dass zahlreiche Patienten nur unvollständige Unterlagen beibringen, die dann über verschiedene Telefonate mit den Stationen nachgefordert werden müssen.
3. Die Wartezeiten der Patienten fallen mit durchschnittlich 36 Minuten enorm hoch aus und werden von diesen auch moniert. Dies spricht für eine unzureichende Koordination der Zusammenarbeit zwischen den Stationen und der Anästhesieambulanz sowie dann auch innerhalb der Ambulanz zwischen Pflegekräften und Ärzten. Nur 24 % aller Patienten kommen pünktlich zum angemeldeten Termin ($+/-$ 15 min) in die Ambulanz und rund 40 % der Patienten kommen zu früh. Im Mittel kommen die zu früh kommenden Patienten 101 Minuten (SD = 104 min) zu früh. Zu spät kommen 36 % der Patienten zu ihrem Termin, wobei diese im Durchschnitt 59 Minuten zu spät kommen (SD = 82 min). Dadurch entstehen einmal Staus von Patienten und dann wieder erhebliche Leerzeiten für das Personal.
4. Das Pflegepersonal in der Aufnahme erledigt nur die Überprüfung der Vollständigkeit und tätigt bei festgestellten Mängeln die Nachbesserung. Schon während dieser Zeit wartet der Patient, ohne dass er sich sinnvoll einbringen könnte. Sodann wartet der Patient auf das Arztgespräch, welches die Prämedikation abschließt.

5. Die Ergebnisse der Patientenbefragung bestätigen die Unzufriedenheit mit den hohen Wartezeiten (1 = sehr unzufrieden bis 6 = sehr zufrieden). Alle anderen Bereiche wie z. B. der Kontakt zum Personal werden von den Patienten als zufriedenstellend bewertet (Abb. 7.2).

6. Die in Abb. 7.5 gezeigten Befunde aus der Zeitanalyse hinsichtlich diversitärer Aspekte deuten darauf hin, dass die Produktivität dieses Arbeitsschrittes, der von einem Anfangszustand „unaufgeklärt" zu einem Endzustand „aufgeklärt" führt, sehr unterschiedlich ausfällt. So ist festzustellen, dass sich sowohl die Höhe der ASA-Klassifikation der Patienten als auch die Berufserfahrung der Ärzte auf die Dauer des Arztgespräches auswirkt. Diese Befunde besitzen eine enorme Relevanz für die Personal- und Zeitplanung von Prämedikationen.

7. Das Einbeziehen von Diversität beim Prozessmanagement ist unerlässlich, um die optimale Balance zwischen Standardisierung der Prozesse und Individualisierung zu finden.

Ein vorläufiges Fazit im Hinblick auf Produktivitätsgewinne kann nur lauten: Es sind deutliche Steigerungspotenziale hinsichtlich einer Reduktion der Wartezeiten zu erkennen. Als kritisch erweist sich die unzureichende Gestaltung der Schnittstelle hin zu den Stationen, die dazu führt, dass Termine nicht eingehalten und vielfach Nachbesserungen der Unterlagen vorgenommen werden. Dies führt nicht nur zu langen Wartezeiten für die Patienten, sondern auch zu erheblichen Leerzeiten mit Unterauslastungen sowie zu Zeiten mit Überauslastungen gerade für das ärztliche Personal. Von einer gleichmäßig verteilten Auslastung ist man weit entfernt, stattdessen müssen Ärzte oftmals Überstunden machen, um bei den in der Anästhesieambulanz anwesenden Patienten das Prämedikationsgespräch am geplanten Tag durchführen zu können.

Produktivitätsgewinne sind vor allem dann zu erreichen, wenn die Auslastungen des Personals verbessert werden können. Ferner können Zeiten für die Aufklärung verkürzt werden, wenn die Patienten dazu veranlasst werden, über einen geeigneten Technikeinsatz selbst eine aktivere Rolle im Prozess der Prämedikation zu spielen. Dadurch verschieben sich Anteile der ärztlichen Aufklärung auf den Patienten sowie auf das kostengünstigere Pflegepersonal, welches die Einweisung in den Gebrauch der Technik vornehmen muss. Die Abb. 7.3 und 7.4 vermitteln einen Eindruck davon, wie sich die Anteile des Leistungserstellungsprozesses in der Anästhesieambulanz verschieben könnten.

7.6.2 Befunde im OP-Bereich

Der gesamte OP-Bereich ist durch hohe Wartezeiten für den Patienten geprägt.

1. Viele Patienten müssen eine Verschiebung des Operation Termins während ihres Krankenhausaufenthaltes hinnehmen. Diese Verschiebungen beziehen sich auf den Operationstag sowie die bekannte Operationsuhrzeit (siehe Abschn. 7.5.2). Dies be-

deutet einen erheblichen Zeitaufwand für die Patienten ebenso wie einen Mehraufwand und Mehrkosten für den Stationsbereich.

2. Einen Großteil der Wartezeit der Patienten im OP selbst entfällt auf die Aufenthalte in der Einschleuse (Abb. 7.6). Im Normalfall werden in der Einschleuse oder hier auch Holding Area ausschließlich die Patientenidentität und die Operation aus Sicherheitsgründen geklärt. Dieser Vorgang nimmt im Regelfall nur wenige Momente in Anspruch. Die Einschleusedauer liegt hier jedoch bei über 45 min, was eine lange Zeit für den Patienten bedeutet. Dies spiegelt sich in der Patientenbefragung wider.

3. Weitere Wartezeiten entstehen durch das Warten auf Operationsteilnehmer, wie die Operateure und Anästhesisten. Dies bedeutet einen zusätzlichen Kostenfaktor, da ein fast vollständiges Operationsteam auf eine Person wartet. Außerdem birgt es ein erhöhtes Risiko für den Patienten, falls dieser bereits eine Narkose erhalten hat. Die Kapazitäten der OP-Säle werden aufgrund dieser Wartezeiten geschmälert.

Die aktuelle Organisation im OP-Bereich kann durch folgende zwei Punkte deutlich optimiert werden:

1. Einen essenziellen Beitrag zur optimierten OP-Planung leistet die frühzeitige Weiterleitung von OP-relevanten Informationen an das OP-Management. Dies ist besonders wichtig, da Informationen z. B. zur Narkoseform, zu speziellen Venenzugängen, zur OP-Form sowie zum Qualifikationsstatus des Operateurs wichtige vorbereitende Hinweise über die OP-Vorbereitung und die voraussichtliche OP-Dauer geben (Schubert 2013). In der aktuellen OP-Planung erhält der OP-Manager diese Informationen über das Krankenhausinformationssystem meist viel zu spät, da die Informationsweitergabe nicht automatisiert und standardisiert wurde. Die Planung von unrealistischen Belegungszeiten für einen OP ist ebenso an der Tagesordnung. Auch die Informationsweitergabe von der Anästhesieambulanz zum OP verläuft nicht optimal und führt immer wieder zu Verzögerungen. Dies führt zu erheblichen Problemen in der OP-Organisation, zu hohen Wartezeiten in der Einschleuse oder gar zur Verschiebung von OP-Terminen. Dieses Problem hat zur Konsequenz, dass die vorgehaltenen Kapazitäten der OP-Säle nicht ausgelastet und Personalkapazitäten verschwendet werden.

2. Die Kapazitäten der OP-Säle können zudem durch eine Auslagerung der Ein- und Ausleitung weiter erhöht werden (Krieg et al. 2007). Aus medizinischer Sicht müssen beide nicht in den OP-Sälen durchgeführt werden, sondern können bei Vorliegen entsprechender Information auch bereits bzw. anschließend in der Holding Area parallel erfolgen. Auf diese Weise ließen sich weitere erhebliche Zeitanteile für auszuführende Operationen gewinnen. Dies setzt natürlich voraus, dass der Zustrom an Patienten über Transportsysteme (aktuell über Betten, demnächst nur noch über sog. Stretcher), das Monitoring der Patienten in der Holding Area und die Planung der Personalkapazitäten für die Operationen sowie die Vorbereitung der Säle (Reinigung, Bereitstellung von Sieben) besser als bisher aufeinander abgestimmt sind und das Personal darauf eingestimmt wird, parallel statt wie bisher vornehmlich seriell zu arbeiten. Hier könnte eine

dynamische Prozesssteuerungssoftware zum Einsatz gebracht werden. Erste Berechnungen haben ergeben, dass auf diese Weise täglich deutlich mehr OPs durchgeführt werden können bzw. dass das Personal für mindestens zwei OP-Säle eingespart bzw. im Bereich der Holding-Area eingesetzt werden kann.

Die zu erwartenden Produktivitätsgewinne bei einer Umstellung von seriellen auf parallele Prozesse und die Einführung eines neuen Dokumentationssystems sind einerseits beträchtlich, sollten andererseits jedoch nicht übersehen, dass dies mit zusätzlichen Belastungen für das Personal einhergeht. Zu erwähnen sind hier insbesondere zu erwartende Verluste an Autonomie sowie an Zunahmen der Verdichtung von Arbeitsvorgängen. Demgegenüber könnten Zufriedenheitsgewinne der Patienten stehen, die nur kürzere Zeit in der Holding Area verbringen müssten und dabei auch stärker interaktiv betreut werden könnten.

7.7 Ausblick

Die Kernprozesse der Anästhesiesprechstunde und des zentralen OP-Bereiches werden aktuell vielfältigen Veränderungen unterworfen, sodass das Ziel darin besteht, diese Veränderungen zu bewerten und aus den empirischen Befunden weitere Anregungen abzuleiten. Unabhängig von dieser praktischen Ausrichtung ergeben sich theoretisch höchst interessante Herausforderungen, die vor allem vier Themengebiete betreffen:

Zum ersten wird davon ausgegangen, dass Krankenhäuser als Dienstleistungsanbieter fungieren und der Leistungserstellungsprozess durch Dienstleistungsarbeit erbracht wird. Diese Arbeit impliziert auf verschiedenen Ebenen die Integration des Patienten in die vorgegebenen Krankenhausabläufe. Dabei wird es zentral darauf ankommen, die Integration des externen Faktors theoretisch genauer zu identifizieren und die Abläufe diesbezüglich anzupassen. Gerade empirische Studien und selbst Fallanalysen bilden häufig noch immer die Ausnahme und nicht die Regel.

Zum zweiten wird davon ausgegangen, dass Dienstleistungsanbieter mit der Integration eines externen Faktors eine hohe Produktivität anstreben. Dabei wird von einer produktionsorientierten Produktivität ausgegangen, die um das Spezifikum des externen Faktors zu erweitern ist. Diese Erweiterung führt einmal zu einer Identifikation aller Transaktionskosten, die der Anbieter in die Steuerung und Koordinierung des externen Faktors steckt, sie führt zum anderen dazu, das Patientengut danach systematisch zu differenzieren, inwieweit es in der Lage ist, der Steuerung nachzukommen und sich mehr oder weniger störungsfrei und kompatibel in die vom Anbieter etablierten (und ihre von konkreten Ärzten mit konkreten Merkmalen auszuübenden Prozesse) einzubringen. Daraus resultieren unterschiedlich zu erwartende Produktivitätsniveaus. Schließlich ist auch zu prüfen, ob spezifische Beiträge unter ökonomischen Gesichtspunkten besser vom Nachfrager oder vom Anbieter zu erbringen sind, ob also der Patient Unterlagen transportiert – mit dem Risiko, dass er sie verliert oder verlegt – oder ob dies durch einen Warentransportdienst des Krankenhauses organisiert wird (Lasshof 2006). Intention der Interventionen ist es schließlich, ökonomische Produktivität und extern bewertete Effektivität miteinander zu kombinieren. Hierzu bestehen bereits Ansätze, die es zukünftig detaillierter auf ihre Machbarkeit hin zu untersuchen gilt. Dabei kommt es auch entscheidend darauf an, ein valides Maß der Patientenzufriedenheit zu bestimmen. Patienten befinden sich gerade im OP-Bereich in einer Krisensituation, die eine objektive Sicht auf die konkreten Verhältnisse kaum zulässt bzw. den Blick einzig und allein (tunnelartig oder myopisch) auf den Erfolg der OP richtet.

Ziel ist es, im Rahmen des Projektteams einen Produktivitätsindex auf Basis der Balanced Scorecard zur Steuerung der Effizienz und betriebsrelevante Daten der qualitativ geprägten Effektivität unter Berücksichtigung der Sicht von Mitarbeitern und Patienten zu bilden. Dabei sollen im Gesamtsystem gleichzeitig Produktivitätsgewinne (z. B. Reduktion der Durchlaufzeiten, Reduzierung der Verschwendung von Qualifikationsressourcen, Verbesserung der Auslastungen) und Zuwächse an Zufriedenheit bei Patienten und Mitarbeitern erzeugt werden (Zapp 2010).

Der letzte Punkt betrifft die Sicht auf das Krankenhaus. Das mental von Ärzten und Krankenpflegern geteilte Bild des Krankenhauses ist das eines Handwerksbetriebs, in dem Ärzte und Pfleger ihre Kunst am individuellen Patienten praktizieren. Diese Sicht lässt sich nur bedingt mit Ideen des Dienstleistungsmanagements oder gar der Prozessoptimierung verknüpfen, führt häufig zur Ablehnung von Begriffen aus der ökonomischen Sphäre und ruft enorme Widerstände gegen jede Form der Industrialisierung und Standardisierung von Abläufen hervor. Dabei lassen sich bereits heute zahlreiche Parallelen zwischen industriellen und klinischen Prozessen aufzeigen, man denke an die Verkürzung von Liegezeiten, an die Vermeidung von Doppeluntersuchungen, an die Auslastung von OP-Sälen oder technischen Geräten oder an die Vermeidung von Verlegungen (Bornewasser 2013). Gerade viele logistische Vorgänge könnten zum Gegenstand von Verbesserungsprozessen werden. Auch die zentralen Instrumente der Prozessoptimierung lassen sich auf das Krankenhaus übertragen (Pfänder und Fischlein 2008). An dieser Stelle wird es entscheidend darauf ankommen, bei jeglicher Form der „Industrialisierung" des Krankenhauses die Mitarbeiter frühzeitig auf das mentale Change Management einzustimmen und in Einstellungsänderungen zu investieren.

Literatur

Bornewasser M (2013) Prozessreorganisation im Krankenhaus: Lassen sich auch logistische Konzepte der Industrie im Krankenhaus umsetzen? In: Bouncken RB, Pfannstiel M, Reuschl A (Hrsg) Dienstleistungsmanagement im Krankenhaus I. Springer, Wiesbaden, S 71–94

Engelhardt WH, Kleinaltenkamp M, Reckenferlderbäumer M (1993) Leistungsbündel als Absatzobjekte. Ein Ansatz zur Überwindung der Dichotomie von Sach- und Dienstleistungen. Zeitschrift für betriebswirtschaftliche Forschung 45:395–426

Fließ S (2006) Prozessorganisation in Dienstleistungsunternehmen. Kohlhammer, Stuttgart

Kingman-Brundage J (1989) The ABC's of service system blueprinting. In: Bitner MJ, Crosby LA (Hrsg) Designing a winning service strategy. American Marketing Association, Chicago, S 30–33

Krieg H, Schröder T, Große J, Hensel M, Volk T, Heymann C, Bauer K, Bock R-W, Spies C (2007) Zentrale Einleitung: Personalneutrale Reduktion der Wechselzeiten. Anaesthesist 56(8):812–819

Lasshof B (2006) Produktivität von Dienstleistungen. Mitwirkung und Einfluss des Kunden. Gabler, Wiesbaden

Pfänder T, Fischlein J (2008) Industrielles Klinikmanagement. Effektive Managementprinzipien übertragen auf aktuelle Herausforderungen in Kliniken. Finanzbuch Verlag, München

Plinke W (2000) Grundlagen des Marktprozesses. In: Kleinaltenkamp M, Plinke W (Hrsg) Technischer Vertrieb. Grundlagen des Business to Business Marketing. Springer, Berlin, S 3–99

Schubert E (2013) Die Prozessanalyse mittels Service Blueprinting als Grundlage für ein Redesign der Prozesse eines OP-Bereiches. In: Bouncken RB, Pfannstiel M, Reuschl A (Hrsg) Dienstleistungsmanagement im Krankenhaus I. Springer, Wiesbaden, S 35–69

Wiese C (2013) Prozessmanagement in der Anästhesieambulanz einer Universitätsklinik unter Berücksichtigung von Diversität. In: Bouncken RB, Pfannstiel M, Reuschl A (Hrsg) Dienstleistungsmanagement im Krankenhaus I. Springer, Wiesbaden, S 273–290

Zapp W (2010) Prozessgestaltung in Gesundheitseinrichtungen. Economica, Heidelberg

Prozessbenchmarking der Medikalprodukteversorgung

8

Moike Buck und Nicole Lubecki-Weschke

Inhaltsverzeichnis

8.1   Professionelles Management der Medikalprodukteversorgung von Kliniken 175
8.2   Prozessbenchmarking als Lösungsansatz 176
    8.2.1   Begriff und Arten des Prozessbenchmarkings 176
    8.2.2   Ablauf des Prozessbenchmarkings 178
8.3   Konzeption der Benchmarkingstudie zur Medikalprodukteversorgung 179
    8.3.1   Ziele und Teilnehmer der Benchmarkingstudie 179
    8.3.2   Arbeitsdefinition und Referenzprozess der Medikalprodukteversorgung 180
    8.3.3   Leistungsmessgrößen und Einflussfaktoren der Medikalprodukteversorgung ... 181
8.4   Ergebnisse der Benchmarkingstudie zur Medikalprodukteversorgung 183
    8.4.1   Leistungsportfolio der Messgrößen Produktivität, Qualität und Kosten 183
    8.4.2   Einflussfaktoren als Ursachen für Leistungsunterschiede 185
8.5   Erste Lehren für die Medikalprodukteversorgung 188
Literatur 190

8.1 Professionelles Management der Medikalprodukteversorgung von Kliniken

Professionalisierung hält spätestens seit Einführung des DRG-Systems Einzug in den deutschen Klinikalltag. Hierbei rücken nicht nur die medizinische Behandlung von Patienten, sondern auch unterstützende Dienstleistungsprozesse wie Entsorgung, Apotheke und

M. Buck (✉) · N. Lubecki-Weschke
Fraunhofer SCS, Nordostpark 93, 90411 Nürnberg, Deutschland
E-Mail: moike.buck@scs.fraunhofer.de

N. Lubecki-Weschke
E-Mail: nicole.lubecki-weschke@scs.fraunhofer.de

M. Bornewasser et al. (Hrsg.), *Dienstleistungen im Gesundheitssektor*,
DOI 10.1007/978-3-658-02958-6_8, © Springer Fachmedien Wiesbaden 2014

auch die Medikalprodukteversorgung in den Fokus des Managements. Gerade logistische Versorgungsprozesse bergen ein enormes Potenzial durch richtiges Management.

Wenn Dienstleistungsprozesse im Klinikkontext professionell gemanagt werden sollen, muss man sich mit modernen Managementmethoden auseinandersetzen. Eine Methode, die sich in den letzten 15 bis 20 Jahren im Management von Industrie-, Handels- und Dienstleistungsunternehmen etabliert hat, ist das Benchmarking (vgl. Rigby und Bilodeau 2011, S. 7). Mittlerweile gehört in fast allen Branchen das Benchmarking zur Standardausstattung der Managementinstrumente, um die Leistung der Funktionen, Produkte und insbesondere der Prozesse durch „Lernen von den Besten" zu beurteilen und zu steigern.

Das Benchmarking von Dienstleistungsprozessen bringt besondere Herausforderungen mit sich, die es zu beachten gilt, wenn das Instrument erfolgreich im Klinikbereich angewendet werden soll. So ist bei der Beurteilung der Medikalprodukteversorgung neben den logistischen Tätigkeiten vor allem auch die Schnittstelle zur Pflege und somit zum Kunden der Dienstleistung zu berücksichtigen, um im Anschluss an die logistische Versorgung einen reibungslosen Ablauf des Kernprozesses einer Klinik, die Behandlung von Patienten, zu gewährleisten. Das produktionsorientierte Benchmarking kommt dabei oftmals zu kurz. Das vom Bundesministerium für Bildung und Forschung geförderte Verbundprojekt BELOUGA – Benchmarking logistischer Unterstützungs- und Dienstleistungsprozesse im Gesundheitswesen und in industriellen Anwendungen – mit einer dreijährigen Laufzeit bis Mitte 2014 schafft hier Abhilfe. BELOUGA überprüft den in der Praxis angewandten Benchmarkingansatz auf seine Eignung für die Bewertung von Dienstleistungsprozessen der Anwendungsfelder Kliniken und Kontraktlogistikdienstleister und entwickelt ihn weiter. Dabei konzentriert sich das Projekt auf vier ausgewählte Dienstleistungsprozesse: die Patiententransportlogistik, die Medikalprodukteversorgung, die OP-Personaleinsatzplanung und das Ausschreibungsmanagement bei der Fremdvergabe von logistischen Dienstleistungen. Für jeden einzelnen der im Projekt betrachteten Prozesse wird gemeinsam mit der Praxis eine eigene Benchmarkingstudie konzipiert und durchgeführt. Die Benchmarkingstudie der Medikalprodukteversorgung und die ersten Lehren für ein professionelles Management sind im Folgenden dargestellt.

8.2 Prozessbenchmarking als Lösungsansatz

8.2.1 Begriff und Arten des Prozessbenchmarkings

Robert C. Camp definierte Ende der 1980er Jahre Benchmarking als die Suche nach den besten zu Spitzenleistungen führenden Praktiken (vgl. Camp 1989, S. 16). Benchmarking ist demnach kein klassischer Unternehmensvergleich, sondern zielt darauf ab, beste Praktiken zu finden, die zu nachhaltigen Verbesserungen am eigenen Untersuchungsobjekt führen (vgl. Mertins und Kohl 2009, S. 19 f.). In der Praxis fand Benchmarking als Managementmethode seine Anfänge im produzierenden Gewerbe beim Fotokopierhersteller Xerox, um auf die vorhandenen Leistungsdefizite gegenüber der japanischen Konkurrenz zu reagieren. Neben seiner Funktion zum Auffinden von besten Praktiken liefert Benchmarking

Tab. 8.1 Arten des
Benchmarking

Art	Teilnehmer	Ziel
Internes Benchmarking	Betriebseinheiten, Geschäftseinheiten	Leistungsverbesserung im Unternehmen
Wettbewerbs-Benchmarking	Direkte Konkurrenten	Wettbewerbsvorteil
Funktionales Benchmarking	Branchenfremde Unternehmen	Wettbewerbsvorteil und Erreichung funktionaler Spitzenleistungen
Generisches Benchmarking	Unternehmen mit Bestlösungen	Innovationspotenziale aufdecken

weiterhin eine Reihe Erkenntnisse, die indirekt für Nutzen beim Unternehmen sorgen. So können interne Fragen, die die eigenen Abläufe und Ziele betreffen, beantwortet und bei den Mitarbeitern ein kontinuierlicher Lernprozess erzeugt werden. Dieser Lerneffekt kann bereits zum erfolgreichen Auffinden und Beseitigen von Leistungsdefiziten führen.

Seit den Anfängen durch Xerox wurde die Entwicklung und Verbreitung des Benchmarking weiter vorangetrieben. Benchmarking wird für unterschiedliche Untersuchungsobjekte wie Produkte, Funktionen, Strukturen oder im hier vorliegenden Fall Prozesse herangezogen (vgl. Wrobel und Vierhaus 2012, S. 26). Auch existieren verschiedene Benchmarkingarten und Ansätze diese zu differenzieren. Tabelle 8.1 zeigt eine pragmatische Einteilung zwischen internem Benchmarking, Wettbewerbsbenchmarking, funktionalem und generischem Benchmarking (vgl. Krupp 2006, S. 57 f.; Camp 1994, S. 77 f.):

Beim internen Benchmarking werden verschiedene Betriebs-, Geschäftseinheiten, Filialen oder Tochtergesellschaften eines Unternehmens miteinander verglichen. Die in erfolgreicheren Einheiten identifizierten Abläufe und Praktiken sollen von schwächeren Einheiten adaptiert werden, um Verbesserungen zu erzielen. Hier gestaltet sich der Zugang zu Informationen relativ leicht, allerdings ist das Verbesserungspotenzial begrenzt.

Wettbewerbsbenchmarking beinhaltet Vergleiche zwischen direkten Konkurrenten, was zwar den Blick über den Tellerrand des eigenen Unternehmens ermöglicht, aber mit diversen Problemen z. B. bei der Gewinnung von Benchmarkingpartnern und bezüglich kartellrechtlicher Einschränkungen verbunden ist.

Beim funktionalen Benchmarking werden vornehmlich branchenfremde Unternehmen miteinander verglichen. Hierdurch sollen funktionale Spitzenleistungen in den Abläufen ermittelt werden. Aufgrund der unterschiedlichen Branchen existieren gegenüber Datenbekanntgabe wenig Vorbehalte.

Das generische Benchmarking vergleicht elementare Prozesse und Abläufe über Unternehmens- und Branchengrenzen hinweg. Es bietet die Chance innovative, unkonventionelle Verbesserungsmöglichkeiten zu finden und somit entsprechend größere Innovationspotenziale zu erschließen, gerade weil man Partner aus fremden, zunächst nicht vergleichbar erscheinenden Branchen einbezieht. Die Komplexität bei der Durchführung dieser Variante ist dabei die höchste.

1 Konzeption	2 Daten-erhebung	3 Daten-auswertung	4 Ergebnis-darstellung	5 Umsetzung
• Bestimmung und Aufnahme der Dienstleistungs-prozesse • Festlegung der Teilnehmer • Bestimmung und Definition der Leistungsmess-größen • Festlegung der relevanten Einflussfaktoren • Erstellung eines Fragebogens	• Versand des Fragebogens • Datenerhebung durch die Teilnehmer • Erfassung der Daten in einer Datenbank • Plausibilitäts-prüfung & ggfs. Nacherhebung • Informations-sammlung von verfügbaren Sekundärquellen	• Positionierung der Teilnehmer anhand der Leistungsmess-größen • Neutralisierung der strukturellen Unterschiede • Bestimmung der Leistungslücken • Identifizierung von Ursache-Wirkungs-Zusammenhängen • Ermittlung von Benchmarks und beste Praktiken	• Darstellung des Status Quo und der Leistungslücken • Bestimmung von Verbesserungs-ansätzen • Vorstellung der anonymisierten Ergebnisse in einem Workshop • Diskussion und Interpretation der Ergebnisse mit den Teilnehmern	• Ermittlung von konkreten Handlungs-empfehlungen • Ableitung eines Maßnahmenplans • Umsetzung der Verbesserungs-ansätze • Durchführung einer Erfolgskontrolle

Abb. 8.1 Ablauf des Prozessbenchmarkings

8.2.2   Ablauf des Prozessbenchmarkings

Aufgrund der Komplexität eines Benchmarkingprojektes ist ein systematisches Vorgehen von entscheidender Bedeutung. Der Ablauf eines Prozessbenchmarkings findet unabhängig von der gewählten Benchmarkingart in fünf unterschiedlichen Phasen statt (vgl. z. B. Wrobel und Vierhaus 2012, S. 28 ff.), welche in Abb. 8.1 dargestellt sind.

Das Prozessbenchmarking stellt selbst einen Prozess dar, welcher von der Konzeption über die Datenerhebung und -auswertung zur Ergebnisdarstellung führt.

Konzeption: In der Konzeptionsphase wird der betrachtete Dienstleistungsprozess bestimmt, aufgenommen und in Form eines Referenzprozesses abgebildet. Die Leistungsmessgrößen und Einflussfaktoren der Leistung werden entwickelt und definiert. Ein Fragebogen zur Ermittlung der benötigten Daten wird erstellt. Auch werden die an der Benchmarkingstudie beteiligten Unternehmen und Personen in dieser Phase festgelegt.

Datenerhebung: Die Datenerhebung erfolgt durch die Teilnehmer mit Hilfe des entwickelten Fragebogens. Anschließend folgt eine Plausibilisierung der Daten und gegebenenfalls nötige Nacherhebungen. Die so erhobenen Primärdaten werden in einer Datenbank erfasst. Ergänzend werden Informationen aus verfügbaren Sekundärquellen gesammelt.

Datenauswertung: Im Anschluss an die Erhebung der Daten erfolgt die Auswertung. Die Teilnehmer werden anhand der jeweiligen Leistungsmessgrößen positioniert. Falls nötig und möglich werden strukturelle Unterschiede neutralisiert. Hieraus ergeben sich die Leistungslücken innerhalb der Teilnehmer. Die hinter den Leistungen stehenden

Ursache-Wirkungs-Zusammenhänge werden analysiert und Ursachen für Leistungsunterschiede herausgearbeitet. Auch werden Benchmarks und beste Praktiken des untersuchten Prozesses abgeleitet.

Ergebnisdarstellung: Die Ergebnisse werden in dieser Phase zusammengeführt, aufbereitet und in anonymisierter Form in einem Workshop mit allen Beteiligten diskutiert und interpretiert. Auch werden Verbesserungsansätze festgehalten.

Umsetzung: Auf Basis der vorherigen Schritte gilt es nun, individuelle Handlungsempfehlungen abzuleiten und konkrete Maßnahmenpläne zur Umsetzung der Verbesserungsansätze zu entwerfen. Die Umsetzung der allgemeinen und individuellen Verbesserungsansätze liegt in den Händen der Teilnehmer. Auch ist es ratsam, nach Implementierung der Maßnahmen eine Erfolgskontrolle durchzuführen und einen erneuten Anstoß für ein Benchmarking des Prozesses zu geben.

8.3 Konzeption der Benchmarkingstudie zur Medikalprodukteversorgung

8.3.1 Ziele und Teilnehmer der Benchmarkingstudie

Untersuchungsobjekt der in diesem Beitrag vorgestellten Benchmarkingstudie ist die Medikalprodukteversorgung von Kliniken. Die Medikalprodukteversorgung stellt einen logistischen Dienstleistungsprozess dar, der sowohl von Kliniken selber, „Make", als auch von Dienstleistern, „Buy", durchgeführt werden kann. Auch eine teilweise Vergabe des Prozesses an Dienstleister, „Mix", ist möglich. Dazu findet der logistische Materialversorgungsprozess nicht nur im Klinikbereich, sondern auch branchenübergreifend in der Automobilindustrie Anwendung (vgl. Buck und Jehle 2013, S. 56 f.). Die Benchmarkingstudie verfolgt daher neben einer Leistungsbeurteilung der einzelnen Teilnehmer noch weitere Ziele: einen Vergleich der Dienstleistungstypen „Make", „Mix" und „Buy" und die Ermittlung von branchenfremden Praktiken der Materialversorgung. Darüber hinaus sollen Ursachen für Leistungsunterschiede der Teilnehmer ermittelt und Handlungsempfehlungen für Kliniken und Dienstleister abgeleitet werden. Es handelt sich hierbei somit um ein generisches Prozessbenchmarking.

An der von März bis Juli 2013 durchgeführten Benchmarkingstudie haben insgesamt sieben Unternehmen teilgenommen. Wie in Abb. 8.2 ersichtlich, sind dies vier Kliniken und drei Dienstleister, wobei einer der Dienstleister im Geschäftsfeld der Automobilindustrie tätig ist.

Auch sind alle Dienstleistungstypen vertreten: Zwei Teilnehmer führen die Medikalprodukteversorgung selber durch, bei drei Teilnehmern wird die Medikalprodukteversorgung komplett von einem Dienstleister erbracht und bei zwei Teilnehmern in Gemeinschaft von Klinik und Dienstleister.

Abb. 8.2 Teilnehmer der
Benchmarkingstudie

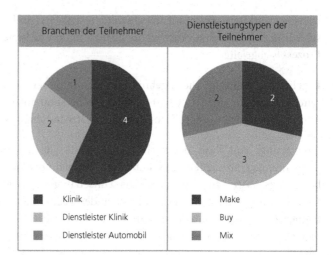

8.3.2 Arbeitsdefinition und Referenzprozess der Medikalprodukteversorgung

Als Grundlage der Untersuchung wurden durch Prozessaufnahmen und Interviews mit Praxispartnern aus dem Klinikumfeld und der Kontraktlogistik Arbeitsdefinitionen und ein Referenzprozess für die Medikalprodukteversorgung entwickelt.

Arbeitsdefinition: Medikalprodukte sind Umlauf- und Verbrauchsgüter in Kliniken, die neben Investitions- und Anlagegütern zu den Medizinprodukten zählen. Es werden zudem einfache Medikalprodukte, wie Verbandsmaterial und Spritzen, von speziellen Medikalprodukten, wie Implantaten, unterschieden. Die vorliegende Studie konzentriert sich hierbei auf die einfachen Medikalprodukte, da die Versorgung von Kliniken mit Implantaten häufig in einem separaten Prozess abgewickelt wird. Einfache Medikalprodukte sind (Einweg-)Verbrauchswaren, die einen hohen Durchsatz und einen relativ niedrigen Stückwert aufweisen. Medikalprodukte sind demnach mit relativ hohen Logistikkosten verbunden und somit von hoher logistischer Bedeutung (vgl. Kriegel et al. 2009, S. 27 ff.).

Referenzprozess: Referenzprozesse dienen zur Abgrenzung und Zuordnung der zu vergleichenden Aktivitäten. Sie bilden die Grundlage für das Benchmarking unterschiedlicher Prozessabwicklungen, indem sie als Strukturierungsraster von individuellen Besonderheiten abstrahieren (vgl. Otto 1999, S. 23 f.). In erster Linie geht es darum, den Anfang und das Ende des Prozesses klar abzugrenzen und die Aktivitäten dem betrachteten Prozess zuzuordnen, und weniger um die konkrete Form und Reihenfolge, in der diese ausgeübt werden. So wird eine für alle Teilnehmer nachvollziehbare Abgrenzung des Prozesses erreicht und gleichzeitig die Grundlage für eine vergleichbare Erhebung der Leistungsmessgrößen geschaffen.

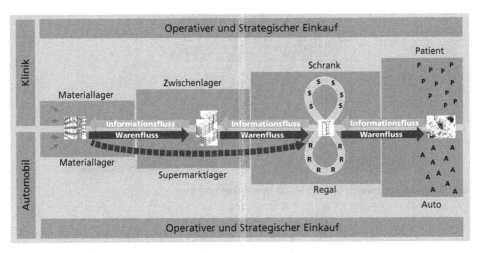

Abb. 8.3 Referenzprozess der Medikalprodukteversorgung

Der Prozess der Medikalprodukteversorgung beginnt bei der Anlieferung der Ware durch mehrere Lieferanten in ein räumlich vom Verbrauchsort (OP-Bereiche, Stationen, Funktionen und Ambulanzen einer Klinik) entferntes Materiallager der Klinik oder des Dienstleisters und wird mit der Entnahme der Medikalprodukte durch die Pflege aus dem Schrank oder Lagerraum am Verbrauchsort beendet. Gegebenenfalls wird die Ware zusätzlich in einem Zwischenlager umgeschlagen. Der Informationsfluss läuft dem Warenfluss entgegen: Meist setzt das Unterschreiten einer Sollmenge an Medikalprodukten im Schrank oder Lagerraum den Nachschubprozess in Gang. Die benötigten Medikalprodukte werden kommissioniert, bereitgestellt und über definierte Routen auf die einzelnen OP-Bereiche, Stationen, Funktionen und Ambulanzen verteilt und die Schränke oder Lagerräume wieder aufgefüllt.

Der vorgestellte Referenzprozess in Abb. 8.3 findet auch in der Automobilindustrie Anwendung. Die Versorgung von OEMs mit Kleinteilen, ebenfalls Produkte mit hoher Verbrauchsanzahl und niedrigem Stückpreis, läuft ähnlich ab – vom Eingang der Ware im Materiallager über die Kommissionierung und Versorgung der Produktion mittels Routenzügen bis hin zur Entnahme der Kleinteile aus dem Regal und Verwendung durch den Werker am Arbeitsplatz – und ermöglicht somit einen Vergleich mit der Medikalprodukteversorgung von Kliniken.

8.3.3 Leistungsmessgrößen und Einflussfaktoren der Medikalprodukteversorgung

Ein systematisches, zielgerichtetes und vor allem aussagekräftiges Kennzahlensystem bildet die Grundlage des Prozessbenchmarking (vgl. Krupp 2006, S. 36 f.).

Abb. 8.4 Leistungsmessgrößen der Medikalprodukteversorgung

Ziel der Medikalprodukteversorgung ist die Verfügbarkeit der Ware zum richtigen Zeitpunkt an allen Verbrauchsorten (OP-Bereiche, Stationen, Funktionen und Ambulanzen einer Klinik) zum vereinbarten Qualitätsniveau und zu definierten Kosten. Die Leistung des logistischen Versorgungsprozesses wird deshalb anhand der Dimensionen Produktivität, Qualität und Kosten unter Berücksichtigung des Gesamtprozesses der Medikalprodukteversorgung und der Schnittstelle zur Pflege, dem Kunden der Dienstleistung, bewertet. Die in Abb. 8.4 dargestellten Leistungsmessgrößen beziehen sich auf einen Betrachtungszeitraum von einem Jahr, damit Verzerrungen durch saisonale Spitzen vermieden werden.

Die Produktivität wird gemessen in der Anzahl der gelaufenen Routen pro eingesetzter Mannstunde im gesamten Prozess. Die Qualität wird über die Anzahl der Fehler oder Reklamationen pro gelaufener Route bestimmt. Die Kosten für Personal und Technik werden auf die eingesetzten Mannstunden für den gesamten Prozess bezogen. Ursprünglich sollte als Bezugsgröße für die Spitzenkennzahlen der Durchsatz der Medikalprodukteversorgung (Aufträge, Positionen, Handlingseinheiten) herangezogen werden, da dieser die größte logistische Relevanz hat. Es stellte sich jedoch im Laufe der Untersuchung heraus, dass die Informationen über diese Mengengrößen bei den Teilnehmern entweder nur sehr schwer zu ermitteln waren oder überhaupt nicht vorlagen.

Um einen aussagekräftigen Vergleich durchzuführen und die Leistungsunterschiede der Teilnehmer zu erklären, muss zudem abgeschätzt werden, inwieweit sich die Spitzenkennzahlen tatsächlich über bessere Abläufe und Praktiken („Treiberfaktoren") erklären lassen oder inwieweit diese auf unterschiedliche Rahmenbedingungen („Strukturfaktoren") zurückzuführen sind. So kann beispielsweise ein Teilnehmer, der im absoluten Vergleich nicht die beste Leistung erbringt, unter Berücksichtigung der ungünstigen strukturellen Rahmenbedingungen eine sehr gute Leistung aufweisen. Beispiele hierfür sind die Gebäudestruktur einer Klinik oder der Anteil an Medikalprodukteversorgung für den OP-Bereich. Um die Wirkung der Einflussfaktoren auf die Medikalprodukteversorgung systematisch festzuhalten, werden Ursache-Wirkungs-Beziehungen im sogenannten Ishikawa- oder Fischgräten-Diagramm in Abb. 8.5 dargestellt.

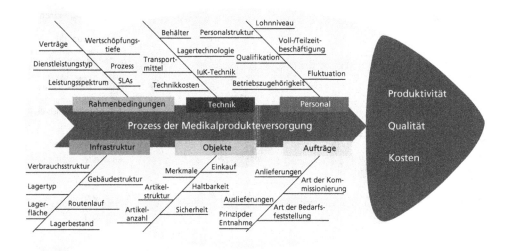

Abb. 8.5 Einflussfaktoren der Medikalprodukteversorgung

An den Ästen sind die Einflussfaktoren (Ursachen) nach den Kategorien Rahmenbedingungen, Objekte, Aufträge, Personal, Infrastruktur und Technik eingetragen. Die Treiber- und Strukturfaktoren sind ebenfalls für die Plausibilisierung und Interpretation der Ergebnisse von hoher Bedeutung. Die Strukturierung der Ursache-Wirkungs-Beziehungen mit Hilfe von Ishikawa-Diagrammen hat sich in zahlreichen anderen Benchmarking-Projekten bewährt (vgl. Krupp und Lubecki-Weschke 2013, S. 288 f.).

Der gemeinsam mit Praxispartnern aus dem Klinikbereich und der Kontraktlogistik in mehreren Workshops entwickelte Fragebogen zum Prozessbenchmarking der Medikalprodukteversorgung orientiert sich ebenfalls an den zuvor genannten Kategorien der Einflussfaktoren und fragt darüber hinaus die einzelnen Bestandteile der Leistungsmessgrößen und die allgemeinen Unternehmensdaten der Teilnehmer ab. Der Fragebogen wurde in einer etwa zweimonatigen Datenerhebungsphase von den Teilnehmern ausgefüllt.

8.4 Ergebnisse der Benchmarkingstudie zur Medikalprodukteversorgung

8.4.1 Leistungsportfolio der Messgrößen Produktivität, Qualität und Kosten

Die Ergebnisse der Leistungsmessgrößen Produktivität, Qualität und Kosten der Medikalprodukteversorgung werden in einem Leistungsportfolio gegenübergestellt. Das Portfolio

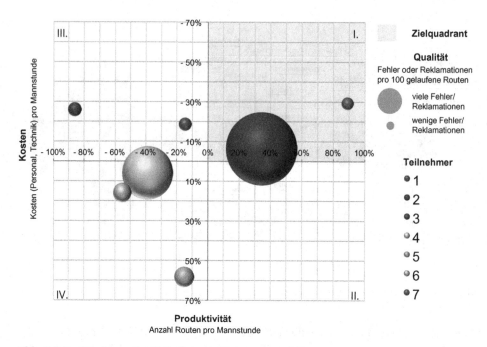

Abb. 8.6 Positionierung der Teilnehmer im Leistungsportfolio

zeigt den Teilnehmern ihre eigene Leistung anhand der Abweichung vom Mittelwert der Spitzenkennzahlen der Vergleichsgruppe auf einen Blick. Die Produktivität ist auf der horizontalen Achse des Portfolios abgetragen. Umso weiter rechts sich ein Teilnehmer auf der horizontalen Achse befindet, desto besser ist die Produktivität. Auf der vertikalen Achse ordnet sich der Teilnehmer hinsichtlich der Kosten ein. Diese sind umso niedriger, desto weiter oben sich der Teilnehmer auf der vertikalen Achse befindet. Die Kreise im Portfolio visualisieren zum einen die sieben Teilnehmer und zum anderen die dritte Dimension Qualität. Je größer der Kreis, desto mehr Fehler oder Reklamationen treten pro 100 Routen auf und desto schlechter ist dementsprechend die Qualität. Ziel sollte es daher für die Teilnehmer sein, möglichst weit oben rechts mit einem möglichst kleinen Kreis im Portfolio zu landen.

In der Abb. 8.6 wird deutlich, dass erhebliche Leistungsunterschiede der einzelnen Teilnehmer existieren. Es gibt sowohl sehr gute Teilnehmer als auch Teilnehmer mit großen Verbesserungspotenzialen. Wobei die Streuung der Kosten wesentlich geringer ist als die der Produktivität. Bei der Qualität ist zu erwähnen, dass hier teilweise nur auf Schätzwerte zurückgegriffen wurde, da eine Erfassung von Fehlern oder auch Reklamationen der Medikalprodukteversorgung nicht bei allen Teilnehmern vorhanden ist.

Für eine faire Leistungsbewertung sind insbesondere die Strukturfaktoren näher zu beleuchten. Strukturfaktoren sind Rahmenbedingungen, die nur langfristig von den Teilnehmern zu verändern sind und einen maßgeblichen Einfluss auf die Leistungsmessgrößen der Medikalprodukteversorgung haben. Diese strukturellen Rahmenbedingungen können zu Leistungsunterschieden führen, die jedoch nicht von den Teilnehmern selbst beeinflussbar sind. Strukturfaktoren sind daher bei der Positionierung im Leistungsportfolio zu neutralisieren. In der Medikalprodukteversorgung kommt hier insbesondere die Gebäudestruktur ins Spiel. Es zeigt sich, dass die Länge der durchschnittlichen Route in km mit zunehmender Komplexität der Gebäudestruktur wächst. Wird die Route über mehrere Stockwerke und Gebäudeteile hinweg gelaufen, ergibt sich eine längere Routenstrecke als bei einem einfachen einstöckigen Gebäude. Ein direkter Zusammenhang zwischen Gebäudestruktur und Leistungsmessgrößen besteht jedoch nicht. Teilnehmer mit einer mittelschweren Gebäudestruktur weisen beispielsweise Produktivität auf. Teilnehmer mit einer sehr einfachen Gebäudestruktur kostet die Medikalprodukteversorgung mehr als Teilnehmer mit einer mittelschweren Gebäudestruktur. Eine einfache Struktur ist also keine Garantie für eine gute Leistung. Und auch schwere Aufgaben lassen sich in der Medikalprodukteversorgung gut lösen. Eine Neutralisierung der Leistungsmessgrößen ist daher nicht notwendig.

Ein Vergleich der Dienstleistungstypen „Make", „Mix" und „Buy" zeigt, dass im Falle einer Fremdvergabe des gesamten Prozesses, aber auch lediglich von Teilprozessschritten wie beispielsweise der Lagerhaltung an einen Dienstleister die Medikalprodukteversorgung wesentlich produktiver abläuft. Der Typ „Buy" ist zudem nach Berücksichtigung der zusätzlich anfallenden Transportkosten und Mehrwertsteuern auch kostengünstiger als der Typ „Make". Jedoch ist der Kostenvorsprung bei weitem nicht so deutlich wie der Produktivitätsvorteil. Eine Fremdvergabe von Teilprozessschritten, der Typ „Mix", ist sogar in der hier betrachteten Vergleichsgruppe leicht kostenintensiver als die anderen beiden. Eine Make-or-Buy-Entscheidung der Medikalprodukteversorgung sollte daher immer individuell geprüft werden.

8.4.2 Einflussfaktoren als Ursachen für Leistungsunterschiede

Im Folgenden werden die Einflussfaktoren Rahmenbedingungen, Objekte, Aufträge, Personal, Infrastruktur und Technik der Medikalprodukteversorgung ausgewertet und Ursachen für Leistungsunterschiede gesucht.

Rahmenbedingungen der Medikalprodukteversorgung: Die Medikalprodukteversorgung macht einen relativ geringen Anteil des Gesamtumsatzes der Teilnehmer aus, im Mittel der Vergleichsgruppe unter 1 %. Absolut fallen jedoch Dienstleistungskosten der Medikalprodukteversorgung bis größer 1 Mio. € zzgl. Artikelkosten an.

Objekte der Medikalprodukteversorgung: Im Mittel werden rund 1 100 unterschiedliche Lagerartikel der Medikalprodukteversorgung von den Teilnehmern im Lager geführt, angesprochen werden im Zeitraum von einem Jahr fast alle. Es lässt sich erkennen, dass gerade die Teilnehmer mit einer eher niedrigen Artikelanzahl und somit strafferem

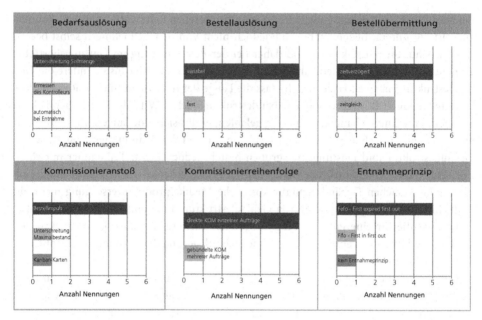

Abb. 8.7 Praktiken der Medikalprodukteversorgung

Sortiment eine bessere Leistung aufweisen. Denn mit zunehmender Anzahl an Lagerartikeln steigen die Kosten der Medikalprodukteversorgung tendenziell an. Fast jeder der Lagerartikel weist zudem ein besonderes Merkmal auf, wobei „eingeschränkte Haltbarkeit" und „Hygienevorschriften" am häufigsten vertreten sind. Diese Merkmale führen zu erhöhten Anforderungen in der Prozessabwicklung. Jedoch stehen alle Teilnehmer der Vergleichsgruppe der gleichen Herausforderung gegenüber. Der Einkauf wird in zwei Fällen vorrangig von einem Dienstleister übernommen. Unterstützend sind Dienstleister bei der Artikelstammpflege und Sortimentsbereinigung beteiligt. Gerne wird auch über Einkaufsverbände eingekauft.

Aufträge und Praktiken der Medikalprodukteversorgung: Auftragsstruktur und Durchsatz der Medikalprodukteversorgung, die Anzahl der eingegangenen, kommissionierten und ausgelieferten Sendungen, Positionen und Handlingseinheiten konnten von den meisten Teilnehmern nicht erhoben und daher auch nicht ausgewertet werden. Dies weist darauf hin, dass Mengendaten der Medikalprodukteversorgung bisher nur wenig erfasst werden. Die am häufigsten im Prozess eingesetzten Praktiken sind folgende: Der Bedarf an Medikalprodukten wird am Schrank über die Unterschreitung einer festgelegten Sollmenge festgestellt. Die Bestellmenge wird je nach Bedarf variabel festgelegt. Die Bestellübermittlung findet anschließend meist zeitverzögert nach Kontrolle aller Schränke statt. Über den Bestellimpuls wird im Lager die Kommissionierung der benötigten Medikalprodukte angestoßen. Hierbei werden die Kommissionieraufträge einzeln der Reihe nach abgearbeitet und über definierte Routen an die Schränke verteilt. Die Entnahme der Medikalprodukte aus dem Schrank wird von den Pflegern nach dem Prinzip der kürzesten Haltbarkeit durchgeführt. Eine Übersicht der Praktiken ist der Abb. 8.7 zu entnehmen.

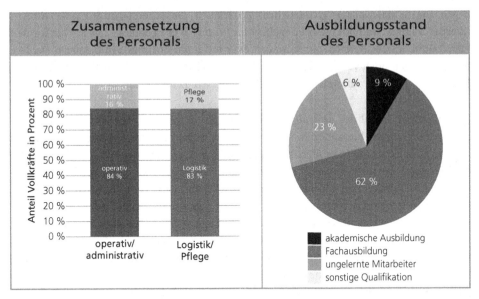

Abb. 8.8 Personal der Medikalprodukteversorgung

Personal: Das in der Medikalprodukteversorgung beschäftigte Personal setzt sich aus logistischem und pflegerischem sowie aus administrativem und operativem Personal zusammen, siehe Abb. 8.8. Ein Großteil des Personals führt operative Tätigkeiten des Prozesses durch. Der Anteil des eingesetzten operativen Personals gemessen in Vollkräften liegt im Mittel bei 84 %. Logistikpersonal wird zudem weitaus häufiger eingesetzt als Pflegepersonal. Der Anteil des eingesetzten Pflegepersonals beträgt im Mittel 17 %. Tendenziell hat ein hoher Anteil administratives Personal und ein niedriger Anteil pflegerisches Personal einen positiven Effekt auf die Leistung. Der Ausbildungsstand des Personals stellt sich wie folgt dar: Überwiegend werden Mitarbeiter mit einer Fachausbildung eingesetzt. Aber auch ungelernte Mitarbeiter führen Tätigkeiten aus. Akademisches Personal wird eher weniger in der Medikalprodukteversorgung eingesetzt. Tendenziell weisen Teilnehmer mit einem relativ hohen Anteil an akademischem und ausgebildetem Fachpersonal eine bessere Leistung auf. Eine leistungsorientierte Entlohnung wird bei etwa der Hälfte der Teilnehmer eingesetzt.

Infrastruktur: Das Materiallager der Medikalprodukteversorgung wird bei vier von sieben betrachteten Prozessen der Medikalprodukteversorgung von einem Dienstleister in einem Logistikzentrum geführt. Die Kapazitätsauslastung des Materiallagers ist im Durchschnitt mit 90 % etwas höher als das normale Maß. Dies lässt sich aus zahlreichen von der Fraunhofer SCS durchgeführten Lagerbenchmarkingprojekten ableiten: Die mittlere Kapazitätsauslastung der bereits 160 untersuchten Lager liegt bei etwa 83 % und ist somit niedriger als in der hier betrachteten Untersuchung. Ein Grund für die hohe Kapazitätsauslastung könnte u. a. in der Breite des Artikelsortiments der Medikalprodukteversorgung liegen. Die im Materiallager genutzte Bruttolagerfläche, die Grundfläche des Lagers für Artikel der Medikalprodukteversorgung, liegt im Mittel bei etwa 800 m². Die Schränke oder Lagerräume im OP-Bereich, auf Stationen oder in Funktionen und Ambulanzen werden in vielen Fällen noch von den Kliniken selber verwaltet. Ein vom Dienstleister geführtes Lager oder auch Schrank weist tendenziell eine bessere Leistung auf.

Technik: Der Anteil der gesamten Technikkosten an den Gesamtkosten der Medikalprodukteversorgung beträgt im Mittel der Vergleichsgruppe rund 13 % und ist wesentlich niedriger als der Anteil der Personalkosten an den Gesamtkosten. Die am häufigsten eingesetzten Lagertechniken sind Paletten- und Fachbodenregale. Auch kommen vereinzelt Modulschränke zum Einsatz. Die im Prozess von allen Teilnehmern verwendeten Transportmittel sind Stapler, Hubwagen und Kommissionierwagen. Als Informations- und Kommunikationsmittel werden neben einer Lagersoftware vor allem Scannertechnologien zur Unterstützung des Prozesses genutzt. Auffällig ist, dass von vielen Teilnehmern in einigen Bereichen noch Papier eingesetzt wird. Bei den Behältern kommt es ebenso nicht unbedingt auf einen hohen Technisierungsgrad an: Erfolgreich werden Einwegverpackungen wie Kartons in der Prozessabwicklung verwendet. Aber auch Mehrwegbehälter wie Versorgungskörbe kommen zum Einsatz. Entscheidend ist es vielmehr, die passende Technik für den jeweiligen Anwendungsfall zu finden.

Im Vergleich zum Automobildienstleister wird deutlich, dass die Prozesse der Produktionsversorgung eines OEM mit Kleinteilen weitaus standardisierter ablaufen und die ausgewählte Technik durchgängig über alle Prozessschritte hinweg eingesetzt wird. Eine auch für die Medikalprodukteversorgung interessante Praktik aus der Automobilbranche ist die Kanban-Steuerung.

8.5   Erste Lehren für die Medikalprodukteversorgung

Die Benchmarkingstudie hat gezeigt, dass das Management der Medikalprodukteversorgung häufig noch in den Kinderschuhen steckt. Allein die erheblichen Schwierigkeiten, mit denen die Praxispartner bei der Ermittlung der grundlegenden Kennzahlen wie z. B. dem Durchsatz zu kämpfen hatten, ist ein Indiz, dass die Medikalprodukteversorgung bislang nur selten im Fokus des Klinikmanagements stand.

Angesichts des prozentual geringen Anteils der Kosten der Medikalprodukteversorgung am Gesamtbudget einer Klinik ist das auch nicht weiter verwunderlich. Bedenkt man aber, dass allein die Dienstleistungskosten der Medikalprodukteversorgung in den untersuchten Kliniken teils bei über einer Mio. Euro pro Jahr und Klink lagen, handelt es sich jedoch keineswegs um einen zu vernachlässigenden Bereich.

Der erste Schritt für die Professionalisierung der Medikalprodukteversorgung sollte deshalb sein, die entsprechenden Prozesse transparent zu gestalten und eine einheitliche Datenlage zu schaffen. Diese Erkenntnis ist keineswegs ungewöhnlich: Auch in Benchmarkinguntersuchungen in anderen Bereichen zeigt sich immer wieder, dass der erste Nutzen aus dem Benchmarkingprojekt schon lange vor Abschluss gezogen werden kann, nämlich dadurch, dass man sich die eigenen Abläufe bewusst macht und erkennt, wie wenig man eigentlich über sie weiß. Auf der Grundlage dieser Einsicht kann eine Prozessorganisation geschaffen und standardisiert werden. Damit einher geht eine Stärkung des Controllings und des Qualitätsmanagements.

Die vergleichsweise guten Ergebnisse der Kliniken, bei denen Dienstleister im Einsatz waren, erklären sich zu einem gewissen Grad bereits dadurch, dass bei Fremdvergabe von Leistungen definiert werden muss, was geleistet werden muss und wie dies grob geschehen soll. Außerdem vermeidet der Einsatz eines Dienstleisters im entsprechenden Bereich automatisch, dass Aktivitäten der Medikalprodukteversorgung durch das Pflegepersonal erledigt werden müssen. Letzteres wird nicht nur von seiner eigentlichen Aufgabe abgehalten, sondern erledigt die logistischen Leistungen auch weniger effizient als ausgebildetes logistisches Fachpersonal. Im Bereich Personal zeigt sich auch, dass der Einsatz von administrativen Kräften keineswegs einen überflüssigen Overhead darstellt, sondern seine Kosten durch Organisationsvorteile mehr als aufwiegt.

Weitere Lehren aus dem Prozessbenchmarking der Medikalprodukteversorgung stimmen ebenfalls mit Erfahrungen aus anderen Benchmarkingprojekten in der Logistik überein: Es kommt weniger darauf an, welche Praktiken und IT-Technik (z. B. Scannung) eingesetzt werden, sondern vielmehr auf einen durchgängigen Einsatz der gewählten Vorgehensweisen über Schnittstellen hinweg (vgl. Jehle et al. 2013, S.178 ff.).

Die Straffung der Sortimente ist ebenfalls ein branchenübergreifendes Thema und das nicht nur wegen der Bestandskosten von „Schläferartikeln". Je umfangreicher ein Sortiment ist, desto komplexer sind die Anforderungen an das Logistiksystem und eine Komplexitätsreduktion zahlt sich bei entsprechender Organisation durch bessere Leistungen aus. Eine solche Sortimentsstraffung sollte jedoch keine einmalige Aktion sein. Auch im Medikalproduktebereich werden die Produktlebenszyklen kürzer und Produktinnovationen verändern das Angebot permanent. Der Druck zur Sortimentsausweitung ist somit groß. Wer sich ihm widersetzen will muss dafür sorgen, nicht nur neue Produkte ins Sortiment aufzunehmen, sondern auch alte auszusondern. Das gelingt nur, wenn der Artikelumschlag laufend überwacht wird, womit sich der Kreis zum Controlling schließt.

Es bleibt also beim professionellen Management der Medikalprodukteversorgung noch reichlich Spielraum für Fortschritte. Zwar sind einige „Best Practices" bereits in einzelnen Kliniken umgesetzt, doch eröffnet das Benchmarking auch für die Besten noch Möglichkeiten zur Prozessverbesserung. Denn selbst wer heute gut ist, muss in Zukunft in der Lage sein, sich an verändernde Bedingungen anzupassen. Und dies kann nur dem gelingen, der seine Prozesse kennt, versteht, ständig überwacht und regelmäßig in Frage stellt.

Literatur

Buck M, Jehle F (2013) Mehr Drive auf Station. Logistik Heute 7(8):56–57

Camp R (1989) Benchmarking. Hanser, München

Camp R (1994) Benchmarking. Hanser, München

Jehle F, Buck M, Hastreiter S (2013) Besser von A nach B. f&w führen und wirtschaften im Krankenhaus 2:178–181

Kriegel J, Dieck M, Walther M (2009) Krankenhauslogistik: Potentiale, Chancen und Risiken für Kontraktlogistikdienstleister in der Medikalprodukteversorgung. Fraunhofer, Stuttgart

Krupp T (2006) Benchmarking als Controlling-Instrument für die Kontraktlogistik. Lohmar, Köln

Krupp T, Lubecki-Weschke N (2013) Benchmarking als Instrument zum Kostenmanagement im Lager. In: Schneider C (Hrsg) Controlling für Logistikdienstleister: Konzepte, Instrumente, Anwendungsbeispiele, Trends. DVV Media Group, Hamburg, S 280–294

Mertins K, Kohl H (2009) Benchmarking – der Vergleich mit den Besten. In: Mertins K, Kohl H (Hrsg) Benchmarking. Leitfaden für den Vergleich mit den Besten. Symposion, Düsseldorf, S 19–60

Otto A (1999) Referenzmodelle als Basis des Benchmarking. io management 4:23–29

Rigby D, Bilodeau B (2011) Management tools & trends 2011. Bain & Company. http://www.bain.com/Images/BAIN_BRIEF_Management_Tools.pdf. Zugegriffen: 22. Aug. 2013

Wrobel H, Vierhaus T (2012) Benchmarking im Vertrieb des technischen Handels – Ergebnisse einer mehrjährigen Studienreihe. Fraunhofer, Stuttgart

Arbeitsorganisation von Krankenhausstationen – Bedarf für Verhältnisprävention?

Nicole Stab und Winfried Hacker

Inhaltsverzeichnis

9.1   Arbeitsorganisation in der stationären Krankenpflege 192
9.2   Fragestellungen 195
9.3   Methode 196
    9.3.1   Stichprobe 196
    9.3.2   Vorgehen 197
    9.3.3   Variable und Untersuchungsverfahren 197
    9.3.4   Auswertung 198
9.4   Ergebnisse 199
    9.4.1   Faktorielle Struktur der Merkmale der Stationsorganisation 199
    9.4.2   Können mit dem Merkmalssystem Unterschiede sowie Hinweise auf eine beanspruchungsgünstigere Gestaltung der Arbeitsorganisation unterschiedlicher Stationen ermittelt werden? 200
    9.4.3   Beziehung zwischen dem Arbeitserleben des Pflegepersonals und der mittels Arbeitsstudien ermittelten Stationsorganisation 201
    9.4.4   Beziehung zwischen der Güte der Stationsorganisation und dem Beanspruchungserleben sowie der emotionalen Erschöpfung 203
    9.4.5   Einfluss von Kovariablen auf die Beziehung zwischen der bedingungsanalytisch ermittelten Güte der Arbeitsorganisation von Stationen und dem Ausmaß der Erschöpfung der Mitarbeiter 205

N. Stab (✉)
FB Psychologie, AG Wissen-Denken-Handeln, Technische Universität Dresden,
Helmholtzstraße 10, 01069 Dresden, Deutschland
E-Mail: stab@psychologie.tu-dresden.de

W. Hacker
FB Psychologie, Technische Universität Dresden, Helmholtzstraße 10,
01069 Dresden, Deutschland
E-Mail: hacker@psychologie.tu-dresden.de

M. Bornewasser et al. (Hrsg.), *Dienstleistungen im Gesundheitssektor*,
DOI 10.1007/978-3-658-02958-6_9, © Springer Fachmedien Wiesbaden 2014

9.4.6   Beitrag unterschiedlicher Gruppen von arbeitsorganisatorischen Merkmalen zur
          emotionalen Erschöpfung... 206
9.5   Diskussion der Ergebnisse.. 208
Literatur.. 211

9.1 Arbeitsorganisation in der stationären Krankenpflege

Die Krankenpflege hat zunehmend Wirtschaftlichkeitskriterien Rechnung zu tragen (Simon 2008). Ein Aspekt dieser Entwicklung ist die Vergütung auf der Grundlage diagnosebezogener Fallgruppen. Des Weiteren wachsen die Patientenzahlen je examinierter Pflegekraft und die Verweildauer der Patienten sinkt. Auf eine Pflegekraft entfallen derzeit 23 % mehr Patienten als 1995 (Glaser und Höge 2005; Grabbe et al. 2005; Isfort und Weidner 2007). Zudem steigt im Zusammenhang mit dem zunehmenden Anteil älterer Patienten auch der Anteil chronischer und degenerativer Erkrankungen und der Pflegeaufwand wächst. Der beträchtliche Zeitaufwand der Dokumentations- und Abrechnungsaktivitäten ist trotz des Einsatzes moderner Informationstechnologien nicht gesunken (Bartholomeyczik et al. 2008).

Insgesamt liegt beim Pflegepersonal eine wachsende Leistungsverdichtung vor (Bartholomeyczik et al. 2008; Isfort und Weidner 2007), die mit steigenden Fehlbeanspruchungen, krankheitsbedingten Ausfallzeiten und vorzeitigem Ausscheiden aus den Pflegeberufen einhergeht (Hasselhorn et al. 2005; Nolting et al. 2006; Tummers et al. 2002). Hinsichtlich der Fehlbeanspruchungen ist in Pflegeberufen aufgrund der hohen psychosozialen Anforderungen (Näring et al. 2007) die (emotionale) Erschöpfung, der Hauptfaktor des Burnout-Syndroms, besonders verbreitet (Gelsema et al. 2005; Tummers et al. 2006). Gleichzeitig wird aufgrund der sinkenden Anzahl von Jugendlichen das Gewinnen von ausreichendem geeignetem Nachwuchs für Pflegeberufe schwieriger (Waldmann und Zerbst 2010), sodass auch deshalb künftig eine Entspannung in der Arbeitsverdichtung durch Personalzuwachs wenig wahrscheinlich ist.

Aus diesen Gründen gehen pflege- und arbeitswissenschaftliche Untersuchungen der Frage nach, ob Veränderungen in der Arbeitsorganisation der Stationen Möglichkeiten zur Verringerung von arbeitsbedingten Fehlbeanspruchungen eröffnen könnten (Escribà-Agüir et al. 2006; Lindström und Kivimäki 1999; Tummers et al. 2003). Die bisherigen Untersuchungen legen nahe, dass arbeitsorganisatorische Veränderungen als Möglichkeiten zur Belastungs- und Beanspruchungsreduktion tatsächlich in Frage kommen. Allerdings weisen die Studien Vertiefungserfordernisse auf:

Es genügt nicht, lediglich relativ komplexe Merkmale wie Pflegeprinzipien und -organisationsformen (nursing modes) zu berücksichtigen, weil in der Realität Merkmale verschiedener Pflegeorganisationssysteme häufig kombiniert werden und weil weitere Tätigkeitsmerkmale dabei unberücksichtigt bleiben (Mäkinen et al. 2003). Sie gehen des

Weiteren in der Wahl der untersuchten Arbeitsmerkmale nicht ausdrücklich auf das System von Forderungen an beanspruchungsoptimale, gut gestaltete Arbeitsaufgaben ein, das in den arbeits- und gesundheitswissenschaftlich begründeten internationalen und nationalen Normen (DIN EN ISO 6385 (2004) zu gut gestalteten Arbeitsaufgaben sowie auch DIN EN ISO 10075/1-3 (2000) zu psychischer Belastung und Beanspruchung im Arbeitsprozess) verbindlich festgelegt ist. Diese Forderungen sind empirisch umfassend begründet sowie mit theoretisch verallgemeinerten Erkenntnisbeständen vereinbar. Die geforderten Aufgabenmerkmale sind ausschlaggebend bestimmt durch die Arbeitsorganisation, darin insbesondere durch die Arbeitsteilung bzw. Arbeitskombination, die zu unterschiedlichen Formen der Ganzheitlichkeit oder Vollständigkeit von Arbeitstätigkeiten führt. Das Kernmerkmal der Ganzheitlichkeit (task identity) bestimmt wesentlich die eigenständigen inhaltlichen und zeitlichen Zielstellungs- und Entscheidungsmöglichkeiten (Tätigkeitsspielraum bzw. control), die Anforderungsvielfalt (variety), die Kooperationsmöglichkeiten, die Möglichkeiten zur trainierenden Anwendung der erworbenen Qualifikation und zum Weiterlernen sowie die arbeitsbezogene Kommunikation bzw. den Informationsfluss zwischen Mitarbeitern. Diese Aufgabenmerkmale (Merkmale des Arbeitsinhalts) hängen mit einigen Ausführungsbedingungen (Merkmalen des Arbeitskontexts) eng zusammen, bspw. mit der Organisation des Schichtsystems, der Arbeitswege als Folge räumlicher Bedingungen oder der Verfügbarkeit von Arbeits- bzw. Hilfsmitteln.

Des Weiteren konzentrieren sich die vorliegenden Studien auf Befragungen (Tab. 9.1). Deshalb ist der Einwand nicht zu entkräften, dass subjektive Meinungen über arbeitsorganisatorische Lösungen, weniger deren tatsächliche Beschaffenheit ermittelt wurden. Darüber hinaus ist der Aufbau der eingesetzten Untersuchungsverfahren meist nicht ausgelegt für das arbeitswissenschaftlich begründete Ableiten von spezifischen arbeitsorganisatorischen Verbesserungsmaßnahmen. Es herrscht ein Untersuchungsvorgehen vor, das Erleben und Befinden ermittelt, aber kaum erforderliche Umgestaltungsmaßnahmen der Arbeitsbedingungen und der Arbeitsorganisation anzuleiten vermag. Der Einsatz von bedingungsbezogenen, „objektiven" Analyseverfahren (Oesterreich und Volpert 1987) wurde unlängst von Rau et al. (2010) erneut begründet. Mit Hilfe derartiger Verfahren wird es möglich, eventuelle Wahrnehmungsverzerrungen (distorted response behaviour) und Verzerrungen der wahrgenommenen Beziehungen von Arbeits- und Beanspruchungsmerkmalen (common method bias) zurückzudrängen. Sofern diese bedingungsbezogenen Arbeitsanalysen „verankerte Skalen" aufweisen, wird des Weiteren subjektiven Verzerrungen durch die Untersucher vorgebeugt und die Untersucherübereinstimmung (interrater reliability) erhöht. Bei verankerten Skalen ist jede Skalenstufe inhaltlich beschrieben (Voskuijl und van Sliedregt 2002).

Die im Folgenden vorgestellten Untersuchungen versuchen, diese Einschränkungen zu überwinden, um erforderlichenfalls stichhaltige Argumente und Instrumente für arbeitsorganisatorische Veränderungen – u. a. im Rahmen der in Deutschland gesetzlich geforderten Gefährdungsbeurteilungen (§§ 4 und 5 ArbSchGes) – im Interesse der Pflegenden und ihrer Patienten bereitstellen zu können.

Tab. 9.1 Vorhandene Instrumente zur Erfassung der Arbeitsorganisation in der Pflege

Autoren	Instrument	Art	Gütekriterien
Bowman et al. 1991	Ward Nursing Work Method Assessment	BB	Inhaltsvalidität
Mead 1991	Ward Sister Questionnaire	PB	Inhaltsvalidität
Adams et al.1995	Ward Organizational Feature Scales (WOFS)	PB	Inhalts-, Kriterienvalidität, Retestreliabilität, Halbierungsreliabilität/Interne Konsistenz
Ryan und Logue 1998	Quality Assurance Audit Tool (Quasar)	BB	keine Angabe
Laubach et al.1999	Dimensionen der Arbeitsbelastung und Arbeitszufriedenheit in der psychiatrisch-psychotherapeutischen Pflege (FAAP)	PB	keine Angabe
Aiken und Patrician 2000	Revised Nursing Work Index (NWI-R)	PB	Inhalts-, Konstrukt-, Kriterienvalidität, Retestreliabilität, Halbierungsreliabilität/Interne Konsistenz
Windel et al. 2000	Fragebogen zur Einschätzung des Pflegesystems (FEP)	PB	Inhaltsvalidität, Halbierungsreliabilität/Interne Konsistenz
Lake 2002	Practice Environment Scale of the Nursing Work Index (PES-NIW)	PB	Inhalts-, Konstruktvalidität, Halbierungsreliabilität/Interne Konsistenz, doppelte Fragebogenuntersuchung
Büssing et al. 2002	Tätigkeits- und Arbeitsanalyseverfahren für das Krankenhaus (TAA-KH-S)	PB	Inhalts-, Konstrukt-, Kriterienvalidität, Retestreliabilität, Halbierungsreliabilität/Interne Konsistenz, doppelte Fragebogenuntersuchung
Berufsgenossenschaft für Gesundheitsdienst und Wohlfahrtspflege (BGW) 2002	Mitarbeiterbefragung psychische Belastung und Beanspruchung in der stationären Krankenpflege (MAB-stK)	PB	keine Angabe
Abderhalden et al. 2006	Instrument zur Erfassung von Pflegesystemen (IzEP)	PB	Inhalts-, Konstrukt-, Kriterienvalidität, Retestreliabilität

PB = Personenbezogenes Verfahren, BB = Bedingungsbezogenes Verfahren

9.2 Fragestellungen

Aus dem Standard DIN EN ISO 6385 (2004) zu Merkmalen gut gestalteter Arbeitsaufgaben, den zugrundeliegenden Untersuchungen und theoretischen Konzeptionen (Humphrey et al. 2007; Morrison et al. 2005; Parker 2003) und aus den Studien zur Übertragung dieser Merkmale auf die stationäre Krankenpflege (Glaser 1997, 2006; Glaser und Büssing 1996) ergibt sich eine beträchtliche Zahl möglicherweise zu berücksichtigender arbeitsorganisatorischer Merkmale.

Deshalb ermitteln wir zunächst, welche Merkmale die Arbeitsorganisation von Krankenhausstationen kennzeichnen und zu welchen Merkmalsgruppen die Einzelmerkmale der Arbeitsorganisation zusammengefasst werden können (Frage 1).

Dazu wird die Arbeitsorganisation von Stationen mit Hilfe bedingungsbezogener Arbeitsstudien mit der Methode des Beobachtungsinterviews (Hacker 1995; Kuhlmann 2002) untersucht. Dieses sogenannte bedingungsbezogene Untersuchen der Arbeitsorganisation mittels Arbeitsstudien wird genutzt, weil erforderlichenfalls begründete konkrete arbeitsorganisatorische Verbesserungsmaßnahmen der Stations- bzw. auch Krankenhausorganisation abgeleitet werden sollen, aber nicht das Verändern von Meinungen über die Arbeitsorganisation im Vordergrund steht.

Sodann ist zu untersuchen, ob sich die Arbeitsorganisation verschiedener Krankenhausstationen in diesen Merkmalsgruppen unterscheidet (Frage 2).

Im nächsten Arbeitsschritt fragen wir, ob die Beschreibungen der Stationsorganisation, die anhand von Arbeitsstudien ermittelt wurden, dem Erleben der Stationsmitarbeiter entsprechen oder nicht (Frage 3). Diese Frage wird erforderlich, weil es naheliegt, dass die Auswirkungen möglicher arbeitsorganisatorischer Mängel modifiziert werden durch das Arbeitserleben der Betroffenen (Dollard et al. 2007).

Die Kernfrage ist, ob zwischen Stationen mit unterschiedlich günstiger Arbeitsorganisation im Sinne der Forderungen des ISO Standards 6385 auch signifikante Unterschiede im Beanspruchungserleben der Mitarbeiter und in dem Ausmaß der resultierenden emotionalen Erschöpfung vorliegen (Frage 4). Die emotionale Erschöpfung als wesentlichster Faktor des Burnout-Syndroms (Maslach und Leiter 2008) wird einbezogen, weil in Humandienstleistungen das Entstehen und erforderlichenfalls Beherrschen von Gefühlen besonders ausgeprägt sein kann. Bei einem Widerspruch zwischen erlebtem Gefühl und konventionell zu zeigendem Gefühlsausdruck ist das Entstehen von emotionaler Dissonanz mit der mittelfristigen Folge von emotionaler Erschöpfung möglich.

Sofern das zutrifft, entstehen weitere Fragen: Zu prüfen ist dann, ob diese Unterschiede zwischen den Mitarbeitern verschiedener Stationen auch dann bestehen bleiben, wenn einrichtungsbezogene (bspw. Krankenhaus- und Stationsmerkmale) sowie personenabhängige Kovariablen (bspw. das Alter oder die Fähigkeit, sich von fremdem Leid zu distanzieren; Hacker und Looks 2007) ausgeschlossen werden (Frage 5).

Sofern die Unterschiede im Ausmaß emotionaler Erschöpfung bei Mitarbeitern von Stationen mit unterschiedlicher Arbeitsorganisation nach Ausschluss von Kovariablen bestehen bleiben, wird eine weitere Frage möglich: Welchen Beitrag am Vorliegen emotionaler Erschöpfung haben die verschiedenen Gruppen arbeitsorganisatorischer Merkmale

Tab. 9.2 Klinikspezifische Charakteristika der fünf beteiligten Krankenhäuser

Einrichtung (Krankenhaus)	Trägerschaft	Bettenzahl (Betten)	Versorgungsstufe	Untersuchte Stationen
A	Frei- gemeinnützig	240	Regelversorgung	8
B	Öffentlich	724	Regelversorgung	3
C	Privat	371	Regelversorgung	11
D	Öffentlich	1399	Maximalversorgung	10
E	Öffentlich	284	Fachkrankenhaus	2

Tab. 9.3 Untersuchte Stationen (Anzahl) und einbezogene examinierte Pflegende

Einrichtung	Chirurgie	Innere	Geburtsst	Intensiv-Th	Interdiszipl. S	Andere	Teilnehmende exam. Pflegende
A	2	2	2	1	–	1	71
B	1	1	–	–	–	1	33
C	4	2	1	1	2	1	98
D	6	1	–	2	–	1	48
E	–	–	–	1	1	–	12
Summen	13	6	3	5	3	4	262

(Frage 6)? Die Größe dieser Beiträge verweist auf die Wichtigkeit verschiedener Merkmalsgruppen bei Veränderungen der Arbeitsorganisation im Interesse der Beschäftigten und ihrer Patienten.

9.3 Methode

9.3.1 Stichprobe

Untersucht wurden 34 somatische Stationen von 5 Krankenhäusern der Region Dresden unterschiedlicher medizinischer Fachgebiete (Tab. 9.2 und 9.3).

Die Auswahl der Stationen und der Pflegenden hing ab von der freiwilligen Beteiligung an den Untersuchungen. An der Befragung zum Arbeitserleben und der emotionalen Erschöpfung wirkten je Station ca. 3 bis 21 examinierte Pflegekräfte mit. Insgesamt waren 262 examinierte Pflegekräfte einbezogen. 94 % der Beteiligten waren Frauen, das entspricht dem Anteil am Pflegefachpersonal der Einrichtungen. Das Lebensalter ist im Mittel $39,3 \pm 10,3$ Jahre, dass mittlere Berufsalter $17,9 \pm 10,4$ Jahre und das mittlere Arbeitsplatzalter $10,1 \pm 7,6$ Jahre. 81,1 % der Beteiligten waren mindestens 30 Stunden je Woche beschäftigt. Die Mehrheit (41 %) der Beteiligten sind auf chirurgischen, weitere 21 % auf inneren und 12 % auf Intensivtherapiestationen beschäftigt.

In den untersuchten Stichproben differenziert das Personmerkmal der Distanzierungsfähigkeit von fremdem Leid (reaktives Abschirmen, detached concern; Hacker und

Tab. 9.4 Pflegeprinzip [(sequentielle) Arbeitsteilung als Kernmerkmal der Arbeitsorganisation]

	Reine Funktionspflege [meist Abarbeitung einer/zweier Tätigkeitsgruppen am Patienten je Rundgang]	Vorwiegend Funktionspflege [meist Abarbeitung weniger Tätigkeitsgruppen am Patienten je Rundgang]	Vorwiegend patientenzentrierte Pflege [meist Abarbeitung mehrerer/der meisten Tätigkeitsgruppen am Patienten bei einem Rundgang]	Reine Patientenzentrierte Pflege [meist Abarbeitung (fast) aller Tätigkeitsgruppen bei einem Rundgang]
A Frühschicht		Station 1	Station 2	
B Spätschicht	Station 1		Station 2	
C Nachtschicht	Station 1	Station 2		

Reinhold 1999; Lampert 2011) nicht signifikant zwischen dem Personal der untersuchten Stationen.

9.3.2   Vorgehen

Der Zweck der Untersuchung wurde zunächst der Pflegedienstleitung, den Stationsleitungen und sodann den Pflegenden der interessierten Stationen mündlich vorgestellt. Die Untersuchungen begannen jeweils mit den Arbeitsstudien. Während dieser Studien, die jeweils 5 Arbeitstage in Anspruch nahmen, erfolgte die schriftliche Befragung zum Arbeitserleben (Stab 2011) und zum Burnout-Faktor „emotionale Erschöpfung". Durch die Anwesenheit der Untersucherin waren erforderlichenfalls Erläuterungen möglich. Anonymität bei der Auswertung und Rückmeldung der Ergebnisse an die Einrichtungen wurde gewährleistet.

9.3.3   Variable und Untersuchungsverfahren

Die unabhängige Variable „Arbeitsorganisation der Stationen" wurde mittels leitfadengestützter Arbeitsstudien erfasst. Als Untersuchungsleitfaden wurde die Liste der Einzelmerkmale der Arbeitsorganisation von Krankenhausstationen genutzt, die aus dem erwähnten ISO-Standard 6385 und seinen empirischen und konzeptionellen Grundlagen sowie aus der internationalen Literatur abgeleitet ist (dargestellt in Stab 2009).

Zur Verdeutlichung des Vorgehens sind in der Tab. 9.4 Beispielitems zum „Pflegeprinzip" als Merkmale sequentieller Arbeitsteilung mit den Zuordnungen zweier somatischer Stationen dargestellt.

Die Merkmale sind kategorial abgestuft und ordinal geordnet; ihre Abfolge ist nicht vertauschbar. Hypothetisch steigt jeweils von links nach rechts die Patientenfreundlichkeit und fällt der potenzielle Beitrag zur Arbeitsbelastung. Zur vereinheitlichten Betrachtung aller Merkmale der Stationsorganisation werden die Merkmalsausprägungen auf eine einheitliche Länge (0 bis 3) transformiert, dabei bezeichnet die Stufe 0 eine eher ungünstige und die Stufe 3 eine günstige Stationsorganisation.

Die Erhebung folgte dem Drei-Stufen-Konzept von Arbeitsuntersuchungen (Hacker 1995), das stufenweise die Untersuchungsgegenstände einengt. Die Untersuchung beginnt mit der Analyse relevanter Dokumentationen (bspw. zur Dienstplangestaltung), schreitet fort mit einem Gespräch mit der Stationsleitung (bspw. zur Pflegeprozessorganisation) und schließt ab mit den Arbeitsstudien als Beobachtungsinterviews bei der Begleitung der beteiligten Pflegenden bei ihrer Tätigkeit. Sofern erforderlich, wird diese Beobachtung mit erbetenen Erläuterungen zu Vorgehensweisen und Zielen ergänzt bzw. korrigiert. Je Station wurden Beobachtungsinterviews jeweils an 5 Tagen in unterschiedlicher Schichtlage jeweils über eine Schicht ausgeführt.

Als abhängige Variablen wurden die Wahrnehmung der Stationsorganisation und der erlebten Beanspruchung durch die examinierten Pflegekräfte (FEAB-Fragebogen; Stab 2011) erfragt. Der FEAB-Fragebogen erfragt Merkmale des Arbeitsinhalts (bspw. „Können Sie die Reihenfolge der Arbeitsgänge beeinflussen?") in Anlehnung an die DIN ISO EN 6385 sowie der Ausführungsbedingungen der Arbeitstätigkeiten (bspw. „Können Sie selbst bestimmen, wann Sie eine Pause machen?"). Unmittelbar nach diesen Fragen zu den Merkmalen des Arbeitserlebens wird gefragt, ob man sich durch das jeweilige Merkmal beansprucht fühlt (bspw. „Werden bei Ihrer Arbeit widersprüchliche Anforderungen gestellt?") und danach „Fühlen Sie sich dadurch beansprucht?". Die Antwort erfolgt auf einer vierstufigen Likert-Skala zwischen „nein" (0) und „ja, stark" (3).

Des Weiteren werden der Faktor „emotionale Erschöpfung" und die puffernde Befähigung zum Distanzieren von fremdem Leid (Faktor reaktives Abschirmen) mittels des BHD-Verfahrens (Hacker und Reinhold 1999) während der Arbeitsuntersuchungen erfragt. Weiterhin wurden Klinik- und Stationsmerkmale (Größe, Fachgebiete) sowie soziodemographische Daten (Geschlecht, Alter, Berufsalter, Arbeitsplatzalter) als mögliche Kovariablen erhoben. Alle Personaldaten wurden anonymisiert.

9.3.4 Auswertung

Zur Beantwortung der Fragen wurden die Merkmale der Stationsorganisation faktorenanalytisch verdichtet. Zuvor werden die Merkmalsstufen auf eine einheitliche Stufenzahl (0 bis 3) transformiert. Die Häufigkeiten des Auftretens unterschiedlicher Kategorien der abhängigen Variablen wurden ausgezählt. Die statistische Auswertung erfolgte regressionsanalytisch mit SPSS 19.0.

Zur Vertiefung wurde eine Mehrebenenanalyse mit HLM 6.01 durchgeführt (Hierarchical Linear and Nonlinear Modeling; vgl. Raudenbush und Bryk 2002).

Die einzelnen Verfahren werden in Zusammenhang mit der Beantwortung der jeweiligen Fragen benannt.

9.4 Ergebnisse

9.4.1 Faktorielle Struktur der Merkmale der Stationsorganisation

Für Darstellungszwecke ist das Bilden von Merkmalsgruppen zweckmäßig. Das erfolgt faktorenanalytisch, nachdem zuvor aus Sicht von Pflegeexperten die Vollständigkeit bzw. Erlässlichkeit von Merkmalen, die Verständlichkeit der Merkmalsbenennungen und ihrer Stufungen sowie die Differenzierungsfähigkeit der Skalen gesichert wurden.

9.4.1.1 Voruntersuchungen zur Vollständigkeit, Verständlichkeit und Differenzierungsfähigkeit der Merkmale des Untersuchungsleitfadens

Die Vollständigkeit bzw. Erlässlichkeit einzelner Merkmale und ihre Verständlichkeit wurden von 27 Pflegedienstleitern und Stationsleitern beurteilt und konsensual modifiziert. Insgesamt enthält der Untersuchungsleitfaden 88 Einzelmerkmale (Stab 2009).

Als Forderung an die Differenzierungsfähigkeit für das Unterscheiden der Qualität der Stationsorganisation verschiedener Stationen wurde festgelegt, dass höchstens 75 % der untersuchten Stationen auf zwei benachbarte Stufen einer Merkmalsskala entfallen dürfen. Zu beachten ist jedoch bei Arbeitsanalysen: Nichtdifferenzierende Merkmale tragen zwar nicht zur Unterscheidung von Organisationseinheiten bei, aber sie sind aus der Perspektive der Bewertung bzw. Umgestaltung von organisatorischen Maßnahmen möglicherweise unverzichtbar. Sie könnten umgestaltungsbedürftige Organisationsmerkmale, die alle betrachteten Stationen aufweisen, betreffen. Daher verbleiben sie im Untersuchungsleitfaden.

Entfernt man – nur für den Zweck des Bildens von Stationsgruppen mit verschiedener Arbeitsorganisation – die nichtdifferenzierenden Merkmale, so entfallen dadurch 26 Items.

9.4.1.2 Faktorielle Struktur der verbleibenden Stationsorganisationsmerkmale

Aufgrund uneindeutiger Zuordnung zu Faktoren entfallen weitere 13 Einzelmerkmale beim Bilden von Merkmalsgruppen mittels Faktorenanalyse. Auch Sie verbleiben jedoch aus den benannten Gründen im Untersuchungsleitfaden. Eine exploratorische Faktorenanalyse ergibt (nach Berücksichtigung des Fürntratt-Kriteriums und des Screetests; Fürntratt 1969; Rudolf und Müller 2004) eine 6-Faktorenlösung, die 63,5 % der Varianz aufklärt und deren Faktoren eine gute innere Konsistenz aufweisen (Tab. 9.5). Damit ist das Merkmal der faktoriellen Validität, d. h. der Möglichkeit, die Einzelmerkmale für eine zusammenfassende Beschreibung in sinnvolle Gruppen ordnen zu können, erfüllt.

9.4.1.3 Reliabilität der Untersuchungsergebnisse

Die wiederholte Untersuchung mit dem Itemsystem von 3 Stationen durch einen Untersucher in einem Abstand von 4 Wochen ergab eine Wiederholungsreliabilität von $\kappa = 0{,}72$ bis $\kappa = 0{,}90$. Die Prüfung der Stabilität der Ergebnisse erfolgte durch die Berechnung des Kappa-Koeffizienten für die sechs Faktoren. Diese Werte sind als zufriedenstellend zu bewerten (Wirtz und Caspar 2002).

Tab. 9.5 Gruppierung der Merkmale der Stationsorganisation mittels Faktoren (exploratorische Faktorenanalyse); innere Konsistenz (in der Diagonale Cronbachs Alpha), Interkorrelationen der Faktoren sowie Faktorenkennwerte

Nr. Skalen – Bezeichnung	1	2	3	4	5	6	Item – anzahl	M ± SE	Erklärte Varianz (%)
1 Pflegeprinzip und -organisation	0,78	0,32	0,27	0,36*	0,52**	0,08	9	1,29 ± 0,09	23,5
2 Org. Voraussetzungen der Patienten-freundlichkeit		0,79	0,51*	0,52**	0,20	−0,12	13	1,83 ± 0,06	14,8
3 Mögliche Partizipation an der Stationsorga-nisation			0,84	0,43*	0,22	−0,03	7	1,87 ± 0,06	7,9
4 Kooperations-möglichkeiten im Team				0,85	0,27	0,01	10	1,95 ± 0,06	7,1
5 Vorhersehbar-keit/Planbarkeit der Tätigkeiten					0,75	0,22	5	1,78 ± 0,13	5,3
6 Informations-flusssicherung						0,65	5	2,18 ± 0,05	4,8
M ± SE: Mittelwert ± Standardfehler Σ							49		63,4

0 = ungünstige Organisation; 3 = günstige Organisation
*$p < 0,05$; **$p < 0,01$; ***$p > 0,001$

Die unabhängige Untersuchung von 6 Stationen durch jeweils zwei Untersucher, näm-lich arbeitswissenschaftlich geschulte Beobachter, ergab die Untersucherunabhängigkeit von $\kappa = 0,76$ bis $\kappa = 0,92$. Diese Werte sind als zufriedenstellend zu bewerten (Bortz und Döring 2005).

9.4.2 Können mit dem Merkmalssystem Unterschiede sowie Hinweise auf eine beanspruchungsgünstigere Gestaltung der Arbeitsorganisation unterschiedlicher Stationen ermittelt werden?

9.4.2.1 Einordnung

Die eingangs benannte Leistungsverdichtung nach Wirtschaftlichkeitskriterien im Ge-sundheitswesen könnte bereits zu einer weitgehenden Ausschöpfung von arbeitsorganisa-torischen Verbesserungsmöglichkeiten der Stationsorganisation und damit auch zu einer Angleichung der Arbeitsorganisation verschiedener Stationen geführt haben.

Daher wird geprüft, (a) ob sich die arbeitsanalytisch ermittelte Arbeitsorganisation der untersuchten Stationen überhaupt nennenswert unterscheidet, und (b) ob anhand des

Merkmalssystems Möglichkeiten für eine beanspruchungsgünstigere Gestaltung ermittelt werden können.

Das wird zunächst zusammenfassend für alle Merkmale und sodann für die dargestellten Merkmalsbereiche (Skalen) untersucht.

9.4.2.2 Vorgehen

Nach einer Transformation, die die unterschiedliche Stufenzahl der Merkmale berücksichtigt, wird für jede Station ein Gesamtwert der arbeitsorganisatorischen Gestaltungsgüte gebildet, der zwischen 0 für einen pessimale und 100 für eine optimale Gestaltung der Merkmale variieren kann. Analog wird verfeinernd für die Merkmalsbereiche (Faktoren) verfahren. Auch hier wird die mögliche Spannweite auf 0 bis 100 transformiert.

9.4.2.3 Ergebnisse

Die Tab. 9.6 zeigt die Verteilung der untersuchten 34 Stationen für den Gesamtwert über alle Merkmalsbereiche (letzte Zeile) sowie für die in Abschn. 9.4.1.2 abgeleiteten sechs Merkmalsbereiche (Faktoren).

Man erkennt: In allen Merkmalsbereichen und dementsprechend auch im Gesamtwert der arbeitsorganisatorischen Gestaltungsgüte bestehen deutliche Unterschiede zwischen den untersuchten Stationen.

Die unterschiedliche Gestaltungsgüte der untersuchten Stationen ist nicht abhängig von deren unterschiedlichen Fachgebieten (z. B. Chirurgie, Innere Medizin, Frauenheilkunde und Geburtshilfe, Interdisziplinäre Stationen) (Chi-Quadrat $= 9{,}2 <$ Chi-Quadrat$_{8;0,05} = 15{,}5$).

Zur zusammenfassenden Grobklassifikation seien Gesamtpunktwerte kleiner bzw. gleich 50 % eines möglichen Optimalwerts als „weniger gut gestaltet" bezeichnet, 51 bis 74 % als „bedingt gut gestaltet" und solche ab 75 % als „gut gestaltet".

Von den 34 untersuchten Stationen wären demgemäß 9 bzw. 26,5 % als „weniger gut", 18 bzw. 53,0 % als „bedingt gut" und 7 bzw. 20,5 % als „gut gestaltet" einzuordnen.

Bezüglich Frage 2 ergibt sich mithin, dass die Arbeitsorganisation von Krankenhausstationen mit dem gewählten Vorgehen differenzierend beschrieben werden kann.

9.4.3 Beziehung zwischen dem Arbeitserleben des Pflegepersonals und der mittels Arbeitsstudien ermittelten Stationsorganisation

9.4.3.1 Einordnung

Im nächsten Schritt wird untersucht, inwieweit die von den Arbeitenden selbst erlebte und ausgesagte Beschaffenheit ihrer Arbeitsprozesse, das Arbeitserleben, übereinstimmt mit den Ergebnissen der bedingungsbezogenen Arbeitsuntersuchungen. Aus verschiedenen Gründen (bspw. dem Fehlen von Vergleichsmöglichkeiten oder Abneigungen gegen Vorgesetzte oder Kollegen) ist diese Übereinstimmung nicht zwingend gegeben. Im Falle deutlicher Unterschiede wäre im Folgenden zu beachten, dass die ausgesagten Arbeitsbeanspruchungen häufig enger mit dem ausgesagten Arbeitserleben übereinstimmen als mit der beobachteten und dokumentierten Beschaffenheit der Arbeitsprozesse (common method bias).

Tab. 9.6 Verteilung der untersuchten Stationen (transformierte Werte) auf Stufen der arbeitsorganisatorischen Gestaltungsgüte ($N = 34$)

Nr.	Merkmalsbereich/Faktor	0–10	11–20	21–30	31–40	41–50	51–60	61–70	71–80	81–90	91–100
1	Pflegeprinzip und -organisation	0	4	7	8	5	3	1	3	3	0
2	Org. Voraussetzungen der Patientenfreundlichkeit	1	1	2	2	1	7	8	6	5	1
3	Mögliche Partizipation an der Stationsorganisation	0	4	2	2	1	4	7	5	5	4
4	Kooperationsmöglichkeiten im Team	0	1	3	3	2	7	3	3	6	6
5	Vorhersehbarkeit/Planbarkeit der Tätigkeiten	0	0	2	6	3	9	4	1	3	6
6	Informationsflusssicherung	0	1	0	3	4	5	1	10	4	6
	Gesamtwert	0	0	1	3	5	5	11	7	2	0

Tab. 9.7 Arbeitsanalytisch ermittelte und von den Beschäftigten wahrgenommene Beschaffenheit der Stationsorganisation

Arbeitsanalytisch ermittelte Gestaltungsgüte (Gesamtwert; vgl. Tab. 5)	Anzahl der Stationen	Anzahl der Befragten	Arbeitserleben Mittelwert ± Standardfehler	Signifikanz des Unterschieds
„gut"	7	39	1.9 ± .06	⎫
„bedingt gut"	18	127	1.8 ± .03	⎬ p<.01 (eins.)
„weniger gut"	9	36	1.7 ± .06	⎭

Der Mittelwert des Arbeitserlebens beschreibt den Grad der Zustimmung zu den Feststellungen zur Stationsorganisation (vgl. Fragebogen in Anlage b, wobei 0... „nein", 1... „eher nein", 2... „eher ja" und 3... „ja" bedeuten).

9.4.3.2 Vorgehen

Das Arbeitserleben wurde mit Hilfe des FEAB-Fragebogens (Stab 2011) ermittelt.

Das Ausmaß der Zustimmung zu den Feststellungen, die jeweils eine gute Gestaltung der Merkmale beschreiben, wurde mittels einer vierstufigen Likert-Skala (0 ... 3) ermittelt.

Aus den Antworten zu den einzelnen Fragen wurde pro Befragtem ein Gesamtwert über die Merkmale gebildet und für die Gruppe aller Befragten gemittelt. Die befragten Gruppen umfassen Pflegende aus arbeitsorganisatorisch gut gestalteten Stationen, bedingt gut gestalteten Stationen und weniger gut gestalteten Stationen. Diese Stationeneinteilung fußt auf einer Gruppierung der Gesamtwerte in Tab. 9.6.

9.4.3.3 Ergebnisse

Im Mittel wird die arbeitsanalytisch als gut bewertete Arbeitsorganisation auch von den Beschäftigten der Stationen besser wahrgenommen als die weniger gut gestaltete (Tab. 9.7):

Die subjektive Bewertung der arbeitsanalytisch als „gut gestaltet" bezeichneten Stationen ist signifikant besser als die der als „weniger gut gestaltet" bezeichneten. Inhaltlich ist dieser Effekt allerdings wenig relevant: Beide Bewertungen betreffen die gleiche Antwortkategorie.

Bezüglich der Frage 3 gilt somit, dass die Arbeitsgestaltung von arbeitsanalytisch insgesamt als „gut gestaltet" klassifizierten Stationen auch von den Stationsmitarbeitern im Mittel als besser erlebt wird als die arbeitsanalytisch als „weniger gut" klassifizierte.

9.4.4 Beziehung zwischen der Güte der Stationsorganisation und dem Beanspruchungserleben sowie der emotionalen Erschöpfung

9.4.4.1 Einordnung und Vorgehen

Die Pflegenden der untersuchten Stationen wurden nicht nur befragt, wie sie ihre Arbeitsanforderungen wahrnehmen, sondern auch, ob und wie stark sie sich durch die erfragten Merkmale der Arbeitsorganisation beansprucht erleben (vgl. Abschn. 9.3.3).

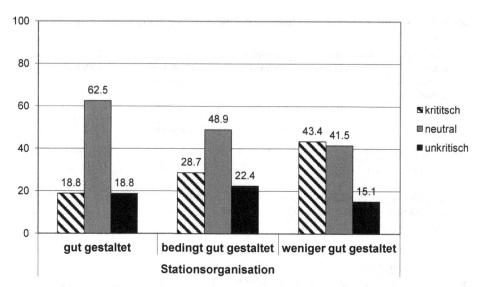

Abb. 9.1 Ausprägungsstufen emotionaler Erschöpfung in Abhängigkeit von der Güte der Stationsorganisation: Anteile der Pflegenden (Stanine-Skala „Erschöpfung des BHD-Systems"; Quelle: Hacker und Reinhold 1999)

9.4.4.2 Ergebnisse

Bei allen zwischen den Stationen differenzierenden Merkmalen der Pflegetätigkeit ist der Anteil der sich als „stark beansprucht" erlebenden Pflegenden auf weniger gut gestalteten Stationen größer als auf gut gestalteten. Dieser Befund ist statistisch signifikant im Vorzeichentest (Bortz et al. 2008) bei $p < 0{,}01$.

Damit ist zu erwarten, dass auf weniger gut gestalteten Stationen auch der Anteil von Pflegenden größer ist, der hohe Ausmaße mittelfristiger Beanspruchungsfolgen aussagt.

Die Abb. 9.1 zeigt, dass auf weniger gut gestalteten Stationen der Anteil von Pflegenden mit einem hohen Ausmaß emotionaler Erschöpfung – dem Hauptfaktor des Burnout-Syndroms – mehr als doppelt so groß ist (43,4 % vs. 18,8 %) als auf gut gestalteten Stationen. Dieser Unterschied ist signifikant ($p < 0{,}01$).

Bezüglich der Frage 4 gilt somit, dass die Mitarbeiter der arbeitsgestaltungsbezogen „weniger gut gestalteten" Stationen sich durch die ungünstige Beschaffenheit aller Arbeitsmerkmale mehr beansprucht erleben sowie ein signifikant höherer Anteil der Mitarbeiter ein höheres Ausmaß an Erschöpfung berichtet als die Mitarbeiter der „gut gestalteten" Stationen. Ungünstige Qualität der Arbeitsgestaltung von Stationen geht also mit ausgeprägteren arbeitsbedingten psychischen Belastungen einher.

Diese Beziehung könnte durch denkbare Kovariablen verzerrt sein. Wir prüfen diese Frage für die mittelfristig entstehende Erschöpfung.

Abb. 9.2 Beziehung zwischen Stationsorganisation und Erschöpfung mit Mediation durch das Arbeitserleben

9.4.5 Einfluss von Kovariablen auf die Beziehung zwischen der bedingungsanalytisch ermittelten Güte der Arbeitsorganisation von Stationen und dem Ausmaß der Erschöpfung der Mitarbeiter

Damit wird die Frage wesentlich, ob die Beziehung zwischen der Gestaltungsgüte der Stationsorganisation und der ausgesagten Erschöpfung auch bestehen bleibt, wenn mögliche einrichtungsbezogene (bspw. Klinikgröße) sowie personenbezogene (bspw. Alter oder Geschlecht) Kovariablen ausgeschlossen werden.

Eine Regressionsanalyse (rückwärts; abhängige Variable ist die emotionale Erschöpfung) zeigt, dass signifikante Beziehungen zwischen Merkmalen der Stationsorganisation und der emotionalen Erschöpfung auch dann vorliegen, wenn Klinikmerkmale, nämlich Größe und Fachgebiete, und Personenmerkmale, nämlich Alter, Arbeits- und Berufsalter und Geschlecht, sowie wenig patientenbezogene Merkmale der Arbeitsorganisation (vgl. unten) ausgeschlossen werden. Die aufgeklärte Varianz verringert sich dabei von $R_2 = 0,19$ auf $0,13$, sie verbleibt jedoch bei mittlerer Effektgröße.

Bezüglich der Frage 5 gilt somit: Die signifikante Beziehung zwischen der bedingungsanalytisch ermittelten Güte der Arbeitsorganisation und der Erschöpfung liegt auch dann vor, wenn der Einfluss möglicher einrichtungsbezogener sowie personenbezogener Kovariablen ausgeschlossen wird.

Diese signifikante Beziehung zwischen der Arbeitsorganisation der Stationen und dem mittelfristigen Beanspruchungserleben kann auf zwei Wegen entstanden sein: Sie kann vermittelt sein durch das Arbeitserleben, das sich, wie in Abschn. 9.4.3 gezeigt, zwischen Stationen mit bedingungsanalytisch als unterschiedlich ermittelter Arbeitsgestaltung gleichfalls unterscheidet. Wir vermuten, dass außerdem ein direkter Einfluss der Arbeitsorganisation auf die Erschöpfung vorliegt.

Beide Wege sind wirksam:

Die naheliegende mediierende Rolle der wahrgenommenen Arbeitsanforderungen für das Erleben emotionaler Erschöpfung wird durch die lineare Regression zur Überprüfung von Mediatoreffekten bestätigt: Ohne Berücksichtigung der Mediation ist für die Beziehung der Stationsorganisation zur emotionalen Erschöpfung $R_2 = 0,05$ (Beta $= -0,22$ bei $F(2,78) = 12,0$, $p < 0,01$). Bei Berücksichtigung der erlebten Arbeitsanforderungen als Mediator beträgt $R_2 = 0,24$ ($\Delta R_2 = 0,19$, $F(2,78) = 29,8$, $p < 0,000$) mit Beta $= -0,44$ ($p < 0,00$) für die Beziehung zwischen dem Erleben der Anforderungen und der emotionalen Erschöpfung und Beta $= -0,15$ ($p < 0,05$) für die Beziehung zwischen der Stationsorganisation und der emotionalen Erschöpfung (Tab. 9.8; Abb. 9.2). Das reduzierte Beta-Gewicht

Tab. 9.8 Beziehung zwischen Stationsorganisation und Erschöpfung mit Mediation durch das Arbeitserleben

Regressionsmodelle	Beta	Korrigiertes R^2
Einfache Regression		
Stationsorganisation[a] – Emotionale Erschöpfung[b]	−0,22**	0,05
Stationsorganisation – Arbeitserleben[c]	−0,19**	0,05
Mediierte Regression		
Stationsorganisation – Emotionale Erschöpfung	−0,15*	–
Arbeitserleben – Emotionale Erschöpfung	−0,43**	−0,24

[a]Faktor 1 bis 6 (Stab 2009); [b]Faktor des BHD-Systems (Hacker und Reinhold 1999); [c]Stab 2011
$*p < 0,05$; $**p < 0,01$; $***p < 0,001$

erweist sich als signifikant, sodass von einer partiellen mediierenden Wirkung des Erlebens der Stationsorganisation ausgegangen werden kann (Sobel-Test: $Z = 3,07$, $p < 0,01$; 95 % CI [0,04–0,28]).

9.4.6 Beitrag unterschiedlicher Gruppen von arbeitsorganisatorischen Merkmalen zur emotionalen Erschöpfung

Die Faktoren, welche die Stationsorganisation beschreiben, tragen unterschiedlich stark zur Prädiktion der emotionalen Erschöpfung bei: Signifikante Beiträge liefern nur die beiden Faktoren mit den größten Beiträgen zur Varianzaufklärung. Sie erklären in der exploratorischen Faktorenanalyse zusammen 38,4 % der Varianz. Diese beiden Faktoren beschreiben das Pflegeprinzip und die Pflegeorganisation (Faktor 1) und die Patienten-freundlichkeit der Vorgehensweisen (Faktor 2) ($R_2 = 0,13$, $\Delta R_2 = 0,06$, $F(2, 77) = 5,45$, $p < 0,01$, $Beta_{F1} = -0,22$ and $Beta_{F2} = -0,25$, $p < 0,05$). Die Einzelitems mit den höchsten Ladungen sind beim Faktor 1 die Pflegeorganisation und das Pflegeprinzip in allen Schichten sowie die Kooperation mit Funktionsdiensten. Im Faktor 2 sind das die Planung der Zimmerbelegung und das Einführen der Patienten in die Zimmer, die pflegerische Beratung der Ärzte bei der Visite, das Heranziehen Dritter bei Patientenkrisen und die Möglichkeiten der psychosozialen Zuwendung zu den Patienten.

Beim Aufnehmen der vom Pflegepersonal wahrgenommenen Arbeitsanforderungen ergeben sich in einer Regressionsanalyse (rückwärts) mit der abhängigen Variable emotionale Erschöpfung zwei signifikante Prädiktoren ($R_2 = 0,26$, $p < 0,01$), nämlich die mittels Arbeitsstudien ermittelte Pflegeorganisation und das Pflegeprinzip (Faktor 1; $Beta = -0,31$) und die vom Personal wahrgenommenen Arbeitsanforderungen ($Beta = -0,43$). Der arbeitsanalytisch ermittelte Faktor 2 (Patientenfreundlichkeit) wird bei dieser Regressionsanalyse nicht mehr signifikant.

Dieses Ergebnis wird durch eine mehrebenenanalytische Prüfung bestätigt (Tab. 9.9). Die in das Modell einbezogenen Variablen wurden vor Durchführung der Berechnungen Z-standardisiert. Der Mehrebenenansatz wird gewählt, da Daten vorliegen, die nicht von vollständig unabhängigen Probanden stammen, sondern von Mitarbeitern auf Pflegesta-tionen erfasst wurden. Somit besteht die Möglichkeit, dass sowohl das mittlere Niveau der

Tab. 9.9 Mehrebenenanalyse mit emotionaler Erschöpfung als Kriterium

	Modell 0	Modell 1	Modell 2
Feste Effekte	B (SE)	B (SE)	B (SE)
Level 1			
γ_{00} = Intercept	39,01*** (1,55)	39,21*** (1,22)	39,30*** (0,98)
γ_{10} = Arbeitserleben		− 0,57*** (0,07)	− 0,56*** (0,07)
Level 2			
Faktor 1 ‚Pflegeprinzip und -organisation'			− 3,53* (1,43)
Faktor 2 ‚Org. Voraussetzungen der Patientenfreundlichkeit'			− 0,42 (1,21)
Faktor 3 ‚Mögliche Partizipation an der Stationsorganisation'			− 1,16 (0,82)
Faktor 4 ‚Kooperationsmöglichkeiten im Team'			− 0,42 (0,86)
Faktor 5 ‚Vorhersehbarkeit /Planbarkeit der Tätigkeiten'			0,08 (0,84)
Faktor 6 ‚Informationsflusssicherung'			1,41 (0,90) [3pt]
Zufällige Effekte	Varkomp.	Varkomp.	Varkomp.
T_0^2 = Var (u_{0j})	41,74***	22,85***	18,72**
σ^2 = Var (r_{1j})	124,64	103,34	102,88
ICC	0,25	0,18	0,15
R^2_{Level1}		0,17	0,17
R^2_{Level2}		0,45	0,55

***$p < 0,001$; *$p < 0,05$; R^2 nach Raudenbush und Bryk (2002)

emotionalen Erschöpfung innerhalb der Stationen als auch die Stärke des Zusammenhangs von Arbeitserleben und emotionaler Erschöpfung zwischen den Stationen variieren kann. In die Analyse wurden auf Level 1 184 Pflegende und auf Level 2 24 Stationen einbezogen. Die schrittweise Hinzunahme der Prädiktoren (Nullmodell bis Modell 2) führt dazu, dass die Vorhersagbarkeit von emotionaler Erschöpfung auf Individual- und auf Kontextebene differenziert analysiert werden kann. Das Nullmodell ermöglicht Aussagen darüber, inwieweit sich die Gesamtvarianz des Kriteriums, also der emotionalen Erschöpfung, in die Varianz innerhalb der Gruppen (Level 1– Personenunterschiede) und der Varianz zwischen den Gruppen (Level 2– Stationsunterschiede) zerlegen lässt. Im Modell 1 wird ein Level-1-Prädiktor, das Erleben der Arbeit durch die Mitarbeiter, hinzugenommen. Es werden somit Varianzanteile im Kriterium bestimmt, die durch potenzielle individuelle Einflussgrößen erklärbar sind. Im Modell 2 werden Level-2-Prädiktoren hinzugefügt und bestimmt, welchen Einfluss Merkmale, die die Beschaffenheit der Stationen beschreiben (Faktorwerte der Faktoren 1 bis 6), zudem Varianz in der emotionalen Erschöpfung aufklären.

Tabelle 9.9 zeigt die Ergebnisse der Mehrebenenanalyse mit emotionaler Erschöpfung als Kriterium. Der Anteil der Gruppenvarianz an der Gesamtvarianz beträgt.25 (ICC), d. h. dass 25 % der Gesamtvarianz auf Gruppenebene, also auf Ebene der Stationen ohne Kontrolle individueller Effekte erklärbar sind. Das Erleben der Arbeit durch die Pflegenden prädiktiert im Modell 1 die emotionale Erschöpfung signifikant. Das Modell 1 klärt auf Individualebene 17 % der Varianz (R2 – Level 1) auf. Signifikante Unterschiede im Zusammenhang emotionale Erschöpfung und Arbeitserleben können zwischen den Stationen nicht gefunden werden, d. h. also, dass dieser Zusammenhang auf den Stationen ähnlich ausgeprägt ist.

Im Modell 2 hat der Faktor 1 „Pflegeprinzip und -organisation" den stärksten Effekt auf emotionale Erschöpfung ($\beta = -0{,}3.53$, $p < 0{,}05$). Durch das Modell werden 17 % der Varianz auf Individualebene erklärt und 55 % der Varianz auf Gruppenebene, also auf Ebene der Stationen.

Signifikante Beziehungen zum Auftreten von emotionaler Erschöpfung liefern besonders patienten- bzw. pflegerelevante organisationale Merkmale, nämlich die Pflegeorganisation und das Pflegeprinzip sowie die Patientenfreundlichkeit der Arbeitsprozessorganisation. Dagegen tragen Partizipationsmöglichkeiten bei der Arbeitsorganisation, die Kooperation im Pflegeteam, die Planbarkeit und damit Vorhersehbarkeit der Arbeitsabläufe und die Gestaltung des Informationsflusses nicht signifikant zur Erklärung des möglichen Ausmaßes von emotionaler Erschöpfung bei (Frage 6).

9.5 Diskussion der Ergebnisse

Die in der internationalen Literatur (Humphrey et al. 2007; Morrison et al. 2005; Parker 2003; Ulich 2003), im branchenübergreifenden Standard (DIN EN ISO 6385 (2004)) sowie in eigenen Untersuchungen (Stab 2009; Stab und Hacker 2010) identifizierten Merkmale zur Beschreibung der Arbeitsorganisation des Pflegeprozesses auf Krankenhausstationen können faktorenanalytisch zu einer Faktorenstruktur mit befriedigenden Kennwerten verdichtet werden. Diese Skalen betreffen in der Reihenfolge ihre Anteile an der Aufklärung der Gesamtvarianz: Das Pflegeprinzip und die Pflegeorganisation, die organisatorischen Festlegungen zu patientenfreundlichem Arbeiten, die mögliche Partizipation an der Gestaltung der Stationsorganisation, die Kooperationsmöglichkeiten im Pflegeteam, die Vorhersehbarkeit und damit Planbarkeit der Arbeitsabläufe sowie die Sicherung des erforderlichen Informationsflusses zwischen allen Beteiligten.

Beim Nutzen dieser Merkmalsgruppen als Leitaspekte für mehrtägige Arbeitsstudien konnten deutliche Unterschiede zwischen der Arbeitsorganisation verschiedener Krankenhausstationen ermittelt werden. Bei allen untersuchten Stationen werden durch die Arbeitsanalyse Reserven, d. h. Bedarf für weitere arbeitsorganisatorische Verbesserungsmöglichkeiten als Verhältnisprävention im Sinne der Frage im Titel dieses Beitrags erkennbar gemacht. Damit bewährt sich auch das gewählte Itemformat, das in Form „verankerter Skalen" (Voskuijl und van Sliedregt 2002) zwischen der pessimalen und der optimalen Ausprägung jedes Items stuft, als Instrument des Aufdeckens und inhaltlichen Beschreibens weiterer Verbesserungsmöglichkeiten konkreter Merkmale der Arbeitsorganisation von Stationen. Im Sinne des „Mere Measurement Effect" kann das Instrument dabei erste Ansätze zu Veränderungen der Arbeitssituation durch die an der Untersuchung Beteiligten auslösen (Morwitz und Johnson 1993). Dazu müssen die Faktoren als zusammenfassender Hinweis untersetzt werden durch ihre Items unter Beachtung von deren Ladungen.

Die Arbeitsorganisation von Krankenhausstationen kann also mit dem erprobten Merkmalssystem differenziert und unter Optimierungsaspekten beschrieben werden.

Das mittels Fragebogen erfragte Arbeitserleben der Stationsmitarbeiter stimmt mit der mittels Arbeitsstudien ermittelten bedingungsbezogenen Beschreibung der Arbeitsorganisation ihrer Stationen im Mittelwert der Stationsangehörigen überein: Die subjektive Bewertung der bedingungsbezogen als „gut gestaltet" ermittelten Stationen ist im Durchschnitt über die Befragten signifikant besser als die der arbeitsanalytisch als „weniger gut gestaltet" beschriebenen Stationen.

Auf objektiv „weniger gut" gestalteten Stationen ist im Einklang damit bei allen Merkmalsgruppen auch der Anteil der Pflegekräfte, die sich durch die Beschaffenheit der einzelnen arbeitsorganisatorischen Merkmale als „stark beansprucht" erleben, signifikant größer als auf „gut gestalteten". Damit stimmt überein, dass auch der Anteil Pflegender mit einem hohen Ausmaß der mittelfristig entstehenden emotionalen Erschöpfung – dem Hauptfaktor des Burnout-Syndroms – mehr als doppelt so groß ist wie auf arbeitsorganisatorisch gut gestalteten Stationen. Diese Beziehung gilt auch beim Ausschluss möglicher einrichtungsbezogener und personenbezogener Kovariablen.

Diese Befunde belegen – hinausgehend über die durch die Expertenbewertung der Itemauswahl und der Itemformulierung gegebene Inhaltsvalidität – die gesicherte Kriterienvalidität des arbeitsanalytischen Untersuchungsinstruments, die mit Hilfe der Technik der bekannten Gruppen (Bortz und Döring 2005, S. 186) ermittelt wurde.

Die arbeitsorganisatorischen Merkmalsgruppen unterscheiden sich in ihren Beiträgen zum Entstehen emotionaler Erschöpfung: Signifikante Erklärungsbeiträge liefern nur die beiden unmittelbar patientenbezogenen Faktoren der Arbeitsorganisation, nämlich „Pflegeprinzip und Pflegeorganisation", womit die Ganzheitlichkeit des Pflegeprozesses beschrieben ist (Faktor 1) sowie „Patientenfreundlichkeit von Arbeitsprozessen" (Faktor 2). Die zugehörigen Einzelmerkmale mit den jeweils höchsten Ladungen sind im erstgenannten Faktor die Pflegeorganisation und das Pflegeprinzip in allen Schichten, die Kooperation der Pflegenden mit Funktionsdiensten sowie im zweiten Faktor das patientenorientierte Planen der Zimmerbelegung, das Einführen der Patienten in die Station, das Heranziehen Dritter bei der Patientenbetreuung in Situationen, die dies erfordern, die pflegerische Beratung der Ärzte bei der Visite und die Möglichkeiten psychosozialer Zuwendung zu den Patienten.

Dagegen leisten jene Merkmalsgruppen keine signifikanten Erklärungsbeiträge für die emotionale Erschöpfung, die weniger direkt patientenbezogen sind. Das sind die mögliche Partizipation an der Stationsorganisation, generelle Kooperationsmöglichkeiten im

Team, die Vorhersehbarkeit der Arbeitsabläufe und der Informationsfluss zwischen den am Arbeitsprozess Beteiligten.

Im Rahmen der Mehrebenenanalyse wird deutlich, dass starke Unterschiede im mittleren Niveau der emotionalen Erschöpfung auf den unterschiedlichen Stationen vorliegen. Dieses Ergebnis weist auf die Mehrebenenanalyse als adäquate statistische Auswertungsmethode hin. Weiterhin wird bei Berücksichtigung der Mehrebenenstruktur das Ergebnis bestätigt, dass das Erleben von Arbeitsmerkmalen durch die Mitarbeiter die emotionale Erschöpfung prädiktiert, wobei ein ungünstiges Erleben der Arbeit (niedrige Werte) mit hohen Erschöpfungswerten einhergeht. Dieser Zusammenhang ist auf allen Stationen vergleichbar, wobei sich das mittlere Niveau der emotionalen Erschöpfung auf den Stationen signifikant unterscheidet und insbesondere vom Faktor 1, also der Beschaffenheit von Pflegeprinzip und Pflegeorganisation auf einer Station, abhängig ist. Mit diesem Modell können 55 % der Varianz auf Level-2-Ebene erklärt werden.

Der erzielte Erkenntnisgewinn im Vergleich zum Erkenntnisstand in der Literatur besteht zum einen im Schließen einer Lücke im internationalen Bestand an Instrumenten zur Erfassung der Arbeitsorganisation in der stationären Krankenpflege. Der Stand hierzu wurde detailliert dargestellt in Tab. 9.1. Es fehlten bisher Instrumente für die bedingungsbezogene (objektive) Untersuchung mit ausreichenden Gütekriterien.

Des Weiteren wird die ausschlaggebende Bedeutung des Merkmalskomplexes „Pflegeprinzip und Pflegeorganisation" für das Vorliegen psychischer Fehlbeanspruchungen im Unterschied zu patientenferneren Arbeitsmerkmalen gezeigt.

Damit sind auch Schwerpunkte für solche Vorhaben ausgewiesen, die im Sinne der primären Verhältnisprävention – möglicherweise in Zusammenhang mit der in Deutschland gesetzlich vorgeschriebenen Gefährdungsbeurteilung – die Arbeitsorganisation der Krankenhausstationen zu verbessern beabsichtigen.

Mehrere praktische Implikationen ergeben sich aus den Ergebnissen: Das arbeitsanalytische Vorgehen ist geeignet, um detaillierte Unterschiede in der Stationsorganisation mit möglichen Folgen für Fehlbeanspruchungen beim Pflegepersonal zu identifizieren. Darüber hinaus zeigt es detailliert konkrete Verbesserungsmöglichkeiten der Arbeitsorganisation in der stationären Krankenpflege auf, die Hinweise auf mögliche Entlastungen des Pflegepersonals und eine noch patientenfreundlichere Pflege liefern können. Es ermöglicht dabei primäre Verhältnisprävention.

Das Verfahren bewährt sich aufgrund seines Aufbaus inzwischen in mehreren deutschen Universitätskliniken beim Einsatz durch die Pflegedienstleitungen, Stationsleitungen und das Pflegepersonal selbst ohne Unterstützung durch arbeitswissenschaftliches Fachpersonal. Es schließt eine Lücke bei der Realisierung der verbindlichen Gefährdungsbeurteilung.

Die Untersuchung hat mehrere Grenzen und verlangt weitere Untersuchungen. Zur Identifikation kausaler Beziehungen zwischen Arbeitsmerkmalen und Beanspruchungsfolgen sind Längsschnittuntersuchungen erforderlich. Diese werden derzeit durchgeführt.

Die Stichprobe ist zu vergrößern; die Besonderheiten der psychiatrischen Pflege bedürfen der Untersuchung.

Das benutzte arbeitsanalytische Vorgehen muss hinausgehend über die als Untersuchungsleitfaden dargestellten Items durch ein Manual ergänzt werden. Dieses Manual muss das arbeitsanalytische Vorgehen beschreiben und dabei auch für arbeitswissenschaftlich nicht Vorgebildete nutzbar sein. Ein Entwurf befindet sich derzeit in der Erprobung.

Literatur

Abderhalden C, Boekler U, Dobrin Schippers A, Feuchtinger J, Schaepe C, Schori E, Welscher R (2006) Ein Instrument zur Erfassung von Pflegesystemen (IzEP): Vorgehen bei der Instrumentenentwicklung. Angewandte Pflegeforschung 8(7–8):420–424

Adams A, Bond S, Arber S (1995) Development and validation of scales to measure organizational, features of acute hospital wards. Int J Nurs Stud 32(6):616–627

Aiken LH, Patrician PA (2000) Measuring organizational traits of hospitals: the revised nursing work index. J Nurs Res 49(3):146–153

Bartholomeyczik S, Donath E, Schmidt S, Rieger MA, Berger E, Wittich A, Dieterle WE (2008) Arbeitsbedingungen im Krankenhaus. Bundesanstalt für Arbeitsschutz und Arbeitsmedizin (BauA), Dortmund

Berufsgenossenschaft für Gesundheitsdienst und Wohlfahrtspflege (bgw) (2002) Mitarbeiterbefragung psychische Belastung und Beanspruchung in der stationären Krankenpflege (MAB-stK). bgw, Hamburg

Bortz J, Döring N (2005) Forschungsmethoden und Evaluation für Human- und Sozialwissenschaftler. Springer, Berlin

Bortz J, Lienert GA, Boehnke K (2008) Verteilungsfreie Methoden in der Biostatistik. Springer, Berlin

Bowman GS, Webster RA, Thompson DR (1991) The development of a classification system for nurses' work methods. Int J Nurs Stud 28(2):175–187

Büssing A, Glaser J, Höge T (2002) Screening psychischer Belastungen in der stationären Krankenpflege (Belastungsscreening TAA-KH-S). Manual und Materialien. Schriftenreihe der Bundesanstalt für Arbeitsschutz und Arbeitsmedizin, Sonderschrift. Wirtschaftsverlag NW, Bremerhaven, S 66

DIN EN ISO 6385 (2004) Grundsätze der Ergonomie für die Gestaltung von Arbeitssystemen. Beuth, Berlin

DIN EN ISO 10075 (2000) Ergonomische Grundlagen bezüglich psychischer Arbeitsbelastung. Beuth, Berlin

Dollard MF, LaMontagne AD, Caulfield N, Blewett V, Shaw A (2007) Job stress in the Australian and international health and community services sector: a review of the literature. Int J Stress Manag 14(4):417–445

Escribà-Agüir V, Martín-Baena D, Perez-Hoyos S (2006) Psychosocial work environment and burnout among emergency medical and nursing staff. Int Arch Occup Environ Health 80(2):127–133

Fürntratt E (1969) Zur Bestimmung der Anzahl interpretierbarer gemeinsamer Faktoren in Faktorenanalysen psychologischer Daten. Diagnostica 15:62–75

Glaser J (2006) Arbeitsteilung, Pflegeorganisation und ganzheitliche Pflege – arbeitsorganisatorische Rahmenbedingungen für Interaktionsarbeit in der Pflege. In: Böhle F, Glaser J (Hrsg) Arbeit in der Interaktion. Interaktion als Arbeit. Arbeitsorganisation und Interaktionsarbeit in der Dienstleistung. VS Verlag, Wiesbaden, S 43–58

Glaser J (1997) Aufgabenanalyse in der Krankenpflege. Eine arbeitspsychologische Analyse und Bewertung pflegerischer Aufgaben. Waxmann, Münster

Glaser J, Büssing A (1996) Ganzheitliche Pflege. Präzisierung und Umsetzungschancen. Pflege 9(3):221–232

Glaser J, Höge T (2005) Spezifische Anforderungen und Belastungen personenbezogener Kranken- hausarbeit. In: Badura B, Schellschmidt H, Vetter C (Hrsg) Fehlzeiten-Report 2004. Zahlen, Daten, Analysen aus allen Branchen der Wirtschaft. Springer, Berlin, S 51–64

Gelsema TI, van der Doef M, Maes S, Akerboom S, Verhoeven C (2005) Job stress in the nursing profession: the influence of organizational and environmental conditions and job characteristics. Int J Stress Manag 12(3):222–240

Grabbe Y, Nolting HD, Loos S (2005) DAK-BGW Gesundheitsreport. Stationäre Krankenpflege. BGW, Hamburg

Hacker W (1995) Arbeitstätigkeitsanalyse. Asanger, Heidelberg

Hacker W, Looks P (2007) Knowledge work in human services a cross-sectional pilot study. In: Richter P, Peiró P, Schaufeli WB (Hrsg) Psychosocial resources in health care systems. Rainer Hampp, Mering, S 195–214

Hacker W, Reinhold S (1999) Beanspruchungsscreening bei Humandienstleistungen: BHD-System. Harcourt Test Services GmbH, Frankfurt a. M.

Hasselhorn HM, Müller BH, Tackenberg P, Kümmerling A, Simon M (2005) Berufsausstiege bei Pflegepersonal. Arbeitsbedingungen und beabsichtigter Berufsausstieg bei Pflegeperso- nal in Deutschland und Europa. Schriftenreihe der Bundesanstalt für Arbeitsschutz und Arbeitsmedizin. Wirtschaftsverlag NW, Bremerhaven

Humphrey SE, Nahrgang JD, Morgeson FP (2007) Integrating motivational, social and contextual work design features: a meta-analytic summary and theoretival extention of the work design literature. J Appl Psychol 92:1332–1356

Isfort M, Weidner F (2007) Pflege-Thermometer. Eine bundesweite repräsentative Befragung zur Situation und zum Leistungsspektrum des Pflegepersonals sowie zur Patientensicherheit im Krankenhaus. Dip, Köln

Kuhlmann M (2002) Das Beobachtungsinterview als Methode der Organisationsforschung. In: Kühl S, Strodtholz P (Hrsg) Methoden der Organisationsforschung. Rowohlt, Reinbek, S 103–138

Lake ET (2002) Development of the practice environment scale of the nursing work index. Res Nurs Health 25(3):176–188

Lampert B (2011) Detached concern. Eine emotionsregulierende Bewältigungsstrategie in der Altenpflege. Papst Science, Lengerich

Laubach W, Milch W, Ernst R (1999) Dimensionen der Arbeitsbelastung und Arbeitszufriedenheit in der psychiatrisch-psychotherapeutischen Pflege. Psychother Psychosom Med Psychol 49(2): 38–47

Lindström K, Kivimäki M (1999) Organizational interventions and employee well-being in health care settings. In: Le BPM, Peters MCW, Bussing A, Shaufeli WB (Hrsg) Organizational psychology and health care: European contributions. Hampp, München, S 135–151

Mäkinen A, Kivimäki M, Elovainio M, Virtanen M (2003) Organization of nursing care and stressful work characteristics. J Adv Nurs 43(2):197–205

Maslach C, Leiter MP (2008) Early predictors of job burnout and engagement. J Appl Psychol 93(3):498–512

Mead D (1991) An evaluation tool for primary nursing. Nrs Stand 6(1):37–39

Morrison D, Cordery J, Girardi A, Payne R (2005) Job design, opportunities for skill utilisation and job-related affective well-being. Eur J Work Organiz Psychol 14(1):59–79

Morwitz UG, Johnson E (1993) Does measuring intent change behavior? J Consum Res 20(1):46–61

Näring G, Briët M, Brouwers A (2007) Validation of the Dutch questionnaire on emotional labor (D- QEL) in nurses and teachers. In: Richter P, Peiro JM, Schaufeli WB (Hrsg) Psychosocial resources in human services work. Hampp, München, S 135–145

Nolting HD, Grabbe Y, Genz HO, Kordt M (2006) Beschäftigtenfluktuation bei Pflegenden: Ein Vergleich der Bedeutung von arbeitsbedingtem Stress, organisationalen und individuellen Faktoren für die Absicht zum Berufswechsel und zum innerberuflichen Arbeitsplatzwechsel. Pflege 19(2):108–115

Oesterreich R, Volpert W (1987) Handlungstheoretisch orientierte Arbeitsanalyse. In: Kleinbeck U, Rutenfranz J (Hrsg) Enzyklopädie der Psychologie. Bd D/III/1. Arbeitspsychologie. Hogrefe, Göttingen, S 43–73

Parker SK (2003) Longitudinal effects of lean production on employee outcomes and the mediating role of work characteristics. J App Psychol 88:620–634

Rau R, Morlin K, Rösler U (2010) Is there a relationship between major depression and both objectively assessed and perceived demands and control? Work & Stress: 24(1):88–106

Raudenbush SW, Bryk AS (2002) Hierarchical linear models, 2. Aufl. Thousand Sage, Oaks

Rudolf M, Müller J (2004) Multivariate Verfahren. Eine praxisorientierte Einführung mit Anwendungsbeispielen in SPSS. Hogrefe, Göttingen

Ryan AA, Logue HF (1998) Developing an audit tool for primary nursing. J Clin Nurs 7:417–423

Simon M (2008) Stellenabbau im Pflegedienst der Krankenhäuser: Mindestanforderungen als Ansatz zur nachhaltigen Sicherung einer ausreichenden Personalbesetzung. Studie im Auftrag der Hans-Böckler-Stiftung. http://gesundheitspolitik.verdi.de/gesundheit_von_a-z/krankenhaeuser/personalbemessung/data/simon_-_personalbemessung_pflegedienst_2_.pdf. Zugegriffen: 30. Jun. 2009

Stab N (2009) Form und Wirkung der Arbeitsorganisation in der stationären Pflege. Erfahrungen für die Praxis. SVH, Saarbrücken

Stab N (2011) Entwicklung und Erprobung eines Fragebogens zur Erfassung der arbeitsorganisatorischen Bedingungen in der stationären Krankenpflege (FEAB). Sierke, Göttingen

Stab N, Hacker W (2010) Entwicklung und Erprobung eines bedingungsbezogenen Verfahrens zur Untersuchung und Verbesserung der stationären Krankenpflege. In: Rigotti T, Korek S, Otto K (Hrsg) Gesund mit und ohne Arbeit. Papst, Lengerich, S 189–202

Tummers GER, van Merode GG, Landeweerd JA, Candel M (2003) Individual-level and group-level relationships between organizational characteristics, work characteristics, and psychological work reactions in nursing work: a multilevel study. Int J Stress Manag 10(2):183–206

Tummers GER, Landeweerd JA, Janssen PPM, van Merode GG (2006) Organizational characteristics, work characteristics, and relationships with psychologic work reactions in nursing: a longitudinal study. Int J Stress Manag 13(2):201–227

Tummers GER, Landeweerd JA, van Merode GG (2002) Organization, work and work reactions: a study of the relationship between organizational aspects of nursing and nurses' work characteristics and work reactions. Scand J Car Sci 16(1):52–58

Ulich E (Hrsg) (2003) Arbeitspsychologie in Krankenhaus und Arztpraxis. Arbeitsbedingungen, Belastungen, Ressourcen. Huber, Bern

Voskuijl OF, van Sliedregt V (2002) Determinants of interrater reliability of job analysis: a metaanalysis. Eur J Psychol Assess 18:52–62

Waldmann W, Zerbst M (2010) Pflege – die Seele eines Krankenhauses. Esslinger Gesundheitsmagazin 1:24–25

Windel A, Wolf DC, Teichert C, Zimolong B (2000) Messinstrumente zur Einschätzung des Pflegesystems (FEP) und zur Erfassung der pflegerischen Dienstleistungsqualität (BESD). Klassifikationen und Konsequenzen von Pflegesystemen und Auswirkungen von Pflegesystemen auf die Dienstleistungsqualität. Bochumer Berichte zur Angewandten Psychologie, Nr. 20/00. Ruhr-Universität Bochum, Bochum

Wirtz M, Caspar F (2002) Beurteilerübereinstimmung und Beurteilerreliabilität. Hogrefe, Göttingen

Kundenzufriedenheit mit ferngesteuerten Dienstleistungstechnologien

10

Am Beispiel von diagnostischen Dienstleistungen im Krankenhaus

Stefanie Paluch

Inhaltsverzeichnis

10.1 Ferngesteuerte Dienstleistungen 216
10.2 Vorteile für Kunden und Anbieter.. 217
10.3 Herausforderungen für Kunden und Anbieter 219
10.4 Konzeptioneller Hintergrund 221
10.5 Datenerhebung und Analyse.. 222
    10.5.1 Datenerhebung... 222
    10.5.2 Datenanalyse mit GABEK 223
10.6 Ergebnisse der empirischen Studie 225
    10.6.1 Technologie.. 225
    10.6.2 Interaktion... 227
    10.6.3 Ökonomischer Wert 229
    10.6.4 Informationsaustausch 229
    10.6.5 Individualisierung 230
    10.6.6 Fernwartungsprozess.. 231
    10.6.7 Zusätzliche Dienstleistungen 232
10.7 Zusammenfassung und Fazit 233
Literatur... 235

S. Paluch (✉)
Wirtschafts- und Sozialwissenschaftliche Fakultät, Technische Universität Dortmund,
Martin-Schmeißer-Weg 12, 44227 Dortmund, Deutschland
E-Mail: stefanie.paluch@tu-dortmund.de

M. Bornewasser et al. (Hrsg.), *Dienstleistungen im Gesundheitssektor*,
DOI 10.1007/978-3-658-02958-6_10, © Springer Fachmedien Wiesbaden 2014

10.1   Ferngesteuerte Dienstleistungen

Während des letzten Jahrzehnts waren Dienstleistungen insbesondere in Bezug auf die Art ihrer Erbringung, ihrer Erstellung und ihrer Wahrnehmung starken Veränderungen ausgesetzt (Bitner et al. 2000; Curran und Meuter 2005; Dabholkar 1994). So ließen Veränderungen auf Seiten der Märkte, der Konsumenten und der Entwicklung der Technologie gänzlich neue Geschäftsmodelle entstehen. Bspw. wandelten sich produzierende Unternehmen zu ganzheitlichen Lösungsanbietern, indem sie neben ihrem Kernproduktgeschäft ihren Kunden auch Dienstleistungen anbieten. Die zunehmende Nutzung von Informationssystemtechnologie verändert dabei nicht nur die Natur der Dienstleistung und ihren Erbringungsprozess (Bitner et al. 2000), sondern auch die Interaktion an der Schnittstelle zwischen dem Dienstleistungsanbieter und dem Kunden. Diese Technologien ermöglichen Dienstleistungstransaktionen und die Erbringungen über das Internet ohne jeglichen persönlichen Kontakt. Ferngesteuerte Dienstleistungen konstituieren somit einen neuen Typus ferngesteuerter Dienstleistungen im Industriegüterbereich und sind Gegenstand des vorliegenden Beitrags.

▶ Unter ferngesteuerten Dienstleistungen versteht man *„Absatzleistungen, die in einem technologisch vermittelten Erstellungsprozess unabhängig von der räumlichen Distanz zwischen Anbieter und Kunde erbracht werden und bei denen das räumlich entfernte Dienstleistungsobjekt über eine Steuerungskomponente mit Rückkopplungsprozess verändert wird."* (Wünderlich et al. 2007)

Eine Studie von McKinsey & Co. schätzt, dass rund 11 % der Dienstleistungen weltweit fernerbracht werden können (Farrel et al. 2005). Speziell in technologie-intensiven Industrien wie IT, Medizintechnik und Maschinenbau sind ferngesteuerte Dienstleistungen bereits etabliert und werden zur Fernwartung, Ferndiagnose und Reparatur genutzt (Biehl et al. 2004). Diese neuen Dienstleistungen verändern maßgeblich den Erbringungsprozess, da sie in einem interaktiven technologie-vermittelten Produktionsprozess erbracht werden und ausschließlich dem Dienstleistungsanbieter Zugriff gestatten, der die Systeme des Kunden dann aus der Distanz modifizieren kann. Produkt und Systemhersteller erweitern ihr Angebot mit ferngelenkten Dienstleistungen für die Fernwartung von medizintechnischen Geräten (z. B. Kernspintomographen (CT)). Die Systeme der Kunden sind über eine IT-Infrastruktur mit dem Dienstleistungsanbieter verbunden, welche eine Überwachung der Systeme in Echtzeit erlaubt. Im Fall von technischen Problemen oder Abweichungen, die durch die Fernüberwachung entdeckt werden, wird der Dienstleistungsanbieter alarmiert.

Beispiel

Der Techniker im Service Center kann nun umgehend auf das System der Kunden zugreifen, bspw. auf einen Kernspintomographen in einem US-amerikanischen Krankenhaus, das Problem diagnostizieren und ferngelenkt das Problem aus der Distanz beheben, ohne einen lokalen Ingenieur einzubinden oder einen Techniker zum Kunden zu senden. In rund 50 % der Fälle können Probleme aus der Ferne gelöst werden, bevor Sie zu ernsthaften Schäden führen. Abbildung 10.1 zeigt den Ablauf einer ferngesteuerten Dienstleistung.

Obwohl ferngesteuerte Dienstleistungen einen neuen technologie-mediierten Dienstleistungstypus konstituieren und vorausgesagt wird, dass sie zu den am schnellsten wachsenden technologie-basierten Dienstleistungen in den nächsten Jahren gehören (DuBay 2009), existiert wenig empirische Forschung, die den Umgang mit dieser Technologie aus Kundenperspektive untersucht (Parasuraman 1998).

10.2   Vorteile für Kunden und Anbieter

Ferngesteuerte Dienstleistungen sollen Dienstleistungskunden und Anbieter gleichermaßen profitieren lassen, insbesondere hinsichtlich gesteigerter Flexibilität in Bezug auf die Erbringung der Dienstleistung, Zeitersparnis hinsichtlich der Problemlösung und Kosteneinsparungen bei der Entsendung von Technikern sowie hinsichtlich reduzierter ungeplanter Systemausfälle. Zunächst erhöht sich bedingt durch die Technologie die Reichweite der Dienstleistung. Da Anbieter und Kunden nicht länger räumlichen Restriktionen unterliegen und die Services ohne physisches Aufeinandertreffen produziert werden, ist die Erbringung von ferngesteuerten Dienstleistungen **über Landesgrenzen hinaus** möglich (Wünderlich et al. 2007). Ferngesteuerte Dienstleistungen besitzen eine **globale Reichweite** und können von jedem Punkt der Welt aus überall an jeden Ort übermittelt werden (Wünderlich 2009). Einzige Voraussetzung ist die **technologische Anbindung der Systeme** (Paluch und Wagner 2010). Ist bspw. ein radiologisches System in einem amerikanischen Krankenhaus remote mit einem ServiceCenter in Bangalore, Indien verbunden, so werden die Systeme von Indien aus überwacht und z. B. anstehende Software Updates von dort aus via remote Infrastruktur übermittelt. Service Center stellen eine zentrale Schnittstelle für ferngelenkte Einsätze dar. Von dort aus werden Systeme und Geräte zentral überwacht und koordiniert. Da Eingriffe der Service Techniker hauptsächlich über die online Verbindung vorgenommen werden, ist es nicht länger erforderlich Techniker zum Kunden zu schicken, um Geräte vor Ort zu untersuchen. Somit bringen ferngesteuerte Dienstleistungen **Zeit- und Kosteneinsparungen** mit sich (Wünderlich 2009). Techniker können zeitgleich für mehrere Kunden tätig sein. Meldet ein System einen Fehler, kann der Techniker umgehend auf das Gerät zugreifen und den Fehler analysieren und vom Service Center aus beheben. Die **Problemdiagnose und die Lösungsfindung können remote effizienter und schneller** vorgenommen werden. Sollte die Problemlösung einmal nicht ferngesteuert möglich sein, ist der Service Techniker bereits über das Problem informiert und kann entsprechende Maßnahmen einleiten und nötige Ersatzteile zum Kunden mitnehmen. Somit sind auch Einsätze der Service Techniker durch **gezielte Planung, Koordination und Vorbereitung** effizienter (Paluch und Wagner 2010).

Ferngesteuerte Dienstleistungen werden in den meisten Fällen individuell auf sehr spezifische Anforderungen und Situationen der Kunden abgestimmt und zugeschnitten, angefangen von unterschiedlichen Vertragsleveln (Überwachung, Problemdiagnose, Echtzeit-Überwachung, proaktive Überwachung, Beratung etc.), Kundenintegrations- und Sicherheitskonzepten bis hin zum Angebot von **kompletten Lösungen**[1] (Geräte, Systeme und produktbegleitende Dienstleistungen). Dadurch entsteht für Anbieter die Möglichkeit, sich als innovativer **Solution Seller** zu präsentieren, von den Wettbewerbern zu differenzieren und Kunden auf sie abgestimmte „customer solutions" (Tuli et al. 2007) anzubieten.

Für den Kunden bieten ferngesteuerte Dienstleistungen demzufolge ebenso eine Vielzahl von Vorteilen. Kunden sind in der Lage nicht nur Geräte und Systeme von einem Hersteller zu beziehen, der Hersteller bietet eine Reihe von **produktbegleitenden Dienstleistungen** an, die den produktiven Einsatz und die Laufzeit der Geräte unterstützen sollen. Kommt es mit den Geräten zu Problemen, so kann der Kunde sich direkt an den Anbieter wenden. Serviceverträge können individuell ausgestaltet werden, sodass der **Kunde „alles aus einer Hand"** bekommt und nicht verschiedene Anbieter und Techniker koordinieren muss. Problembehandlung kann aus dem Service Center heraus durchgeführt werden, sodass der Betrieb der Systeme und Geräte zum Teil gar nicht oder wenn, nur für sehr kurze Zeit unterbrochen werden muss. Ferngesteuerte Dienstleistungen garantieren somit **weniger Ausfallzeiten bzw. mehr „Uptime"** der Systeme. Kunden können also durch den Einsatz von ferngesteuerten Dienstleistungen ihre **Produktivität** erhöhen. Speziell der Einsatz von proaktiven Services bietet eine Vielzahl von Vorteilen für den Kunden. Die vorbeugende Wartung der Systeme beinhaltet zunächst eine **schnelle (proaktive) Problemerkennung bzw. Diagnose**. Im Optimalfall können Probleme gelöst werden, bevor der Kunde sie überhaupt bemerkt. **Ungeplante Systemausfälle** können durch proaktive Dienstleistungen verhindert werden. Stellt ein Techniker proaktiv ein Problem fest, wie z. B. eine überhitze Röhre im Kernspintomographen, die erneuert werden muss, kann der Techniker das benötigte Ersatzteil bestellen, den Kunden informieren und mit ihm zusammen die Auswechselung planen. Da das Problem bereits erkannt und analysiert ist, sind **Techniker** in der Regel **besser informiert** und mit dem **benötigten Equipment** ausgestattet, sodass Fehler beim ersten Besuch des Technikers gelöst werden können. Für diesen Austausch einer Röhre ist ein Techniker sowie für kurze Zeit ein Stillstand der Systeme erforderlich. Es ist also möglich, Systemausfälle zu planen und außerhalb von *peak times* durchzuführen, sodass in einem Krankenhaus bspw. eine **gezielte Patientenplanung mit erhöhtem Patientendurchsatz** möglich ist und Mitarbeiter effizienter eingesetzt werden (Paluch und Blut 2013).

---

[1] In ihrem Beitrag über Remote Services und Solution Selling diskutieren Paluch und Wagner (2010) unterschiedliche Angebote und Möglichkeiten eines Solution Seller im Healthcare Bereich.

10.3   Herausforderungen für Kunden und Anbieter

Die technologische Vermittlung von ferngelenkten Dienstleistungen stellt Anbieter und Kunden auch vor neue Herausforderungen. Die technologische Anbindung der Systeme und Geräte an die Infrastruktur des Anbieters ist zwingende Voraussetzung, um ferngesteuerte Dienstleistungen zu erbringen. Problematisch wird es zum Teil bei der **Kompatibilität der Systeme**, insbesondere auch durch den globalen Einsatz der Services bedingt. Nicht überall auf der Welt herrschen gleiche **technologische Bedingungen und Standards**. Folglich muss zunächst die technologische Kompatibilität der Systeme zwischen Kunden und Anbieter geprüft werden und gemeinsame Standards definiert werden, um einen erfolgreichen Einsatz von ferngesteuerten Dienstleistungen zu garantieren.

Aus Kundensicht gibt es nicht nur Bedenken bei der **Technologiekompatibilität**, sondern auch beim Einsatz der ferngesteuerten Dienstleistungen. Durch die technologische Anbindung hat der Anbieter nahezu **unbeschränkten Zugriff** auf die Systeme des Kunden, verstärkt werden diese Bedenken dadurch, dass der Anbieter auf die Geräte der Kunden zugreifen kann, ohne dass der Kunde etwas davon bemerkt oder darüber informiert wird. Die **Sicherheitsbedenken** beziehen sich auf den Umgang mit vertraulichen Daten wie bspw. elektronischen Patientenakten oder Röntgenbilder, die auf den Geräten gespeichert werden. Zusätzlich existieren nicht nur Bedenken im Umgang mit **vertraulichen und sensiblen Daten**, sondern Kunden befürchten auch **Übergriffe auf ihre Systeme** durch Dritte, da für eine remote-Anbindung wichtige Sicherheitsports geöffnet werden müssen und dadurch eine **externe Bedrohung** für die Kunden darstellen (Wünderlich und Paluch 2013). Die technologisch-vermittelten Dienstleistungen sehen häufig keine persönliche Interaktion zwischen Kunden und Anbieter vor. Doch einige Kunden empfinden diese **unpersönliche Art** der Dienstleistungserbringung bzw. Vermittlung als Nachteil. Sie sind persönliche Interaktion über Jahre hinweg gewohnt und die Umstellung auf **Mensch-Maschine-Interaktion** ist für sie ungewohnt und neu und bedeutet eine Umstellung ihrer bisherigen Gewohnheit. Proaktive Services können gänzlich ohne Interaktion und Integration des Kunden erstellt werden. Diese Situation **erschwert zusätzlich die Nachvollziehbarkeit des Prozesses** und der erbrachten Leistung. Demzufolge wird die Erfassung der Dienstleistungsqualität für den Kunden nahezu unmöglich und von einem **hohen Maß an Unsicherheit und Unwissen** geleitet. Proaktive ferngesteuerte Dienstleistungen erkennen im optimalen Fall Fehler, bevor sie auftreten und vom Kunden bemerkt werden. Diese Fehler können größtenteils behoben werden, ohne dass der Kunde darüber informiert wird oder Systeme beeinflusst werden. Diese Situation erschwert zusätzlich die **Wahrnehmung des Leistungsausmaßes und der Service Qualität** (Paluch 2011).

Beispiel

Abbildung 10.1 zeigt den beispielhaften Verlauf einer ferngesteuerten Dienstleistung. Ausgangspunkt ist ein Defekt auf dem System des Kunden, der durch die Fernüberwachung diagnostiziert wird. Das Service Center informiert nun unverzüglich den Kunden über das Problem. Alternativ kann sich auch der Kunde zuerst an die ServiceHotline

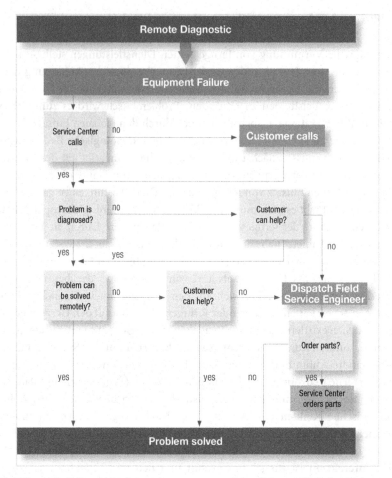

Abb. 10.1 Exemplarischer Ablauf einer ferngesteuerten Dienstleistung (Paluch 2011)

wenden, wenn er das Problem erkennt, bevor es diagnostiziert wird. In beiden Fällen ist das Service Center die zentrale Schnittstelle. Der nächste Schritt ist die Problemdiagnose. Wenn das Problem ferngesteuert ohne die Einbindung des Kunden diagnostiziert werden kann, bspw. wenn eine Software auf dem System veraltet ist, kann aus der Ferne eine neue Version aufgespielt und installiert werden. Damit ist die ferngesteuerte Dienstleistung abgeschlossen. Für den Fall, dass die Störung nicht aus der Ferne erkannt wird, muss der Kunde in den Diagnoseprozess eingebunden werden. Der Kunde kann bspw. Kontrollaufgaben übernehmen, Verbindungen überprüfen oder die Stromversorgung kontrollieren. Sollte das Problem trotz Überprüfung aus dem Service Center und Einbindung des Kunden nicht identifiziert bzw. behoben werden können, wird der Außendienstmitarbeiter eingeschaltet und über den Systemstatus informiert. Der Techniker kann aus der Ferne, wenn notwendig, bereits Ersatzteile bestellen und dem Kunden den Reparaturtermin mitteilen.

10.4 Konzeptioneller Hintergrund

Ferngesteuerte Dienstleistungen stellen einen eigenen Dienstleistungstypus dar, der wie folgt definiert ist: Ferngesteuerte Dienstleistungen sind Dienstleistungen, die technologie-mediiert erstellt werden, unabhängig von der physischen Separation zwischen Kunden und Anbieter. Hierbei kann das Dienstleistungsobjekt ferngelenkt modifiziert werden. Derzeit existieren nur wenige Untersuchungen, die sich mit dem Einsatz von ferngesteuerten Dienstleistungen auseinandersetzen. Es gibt vereinzelte technische Reports, die sich mit den technologischen Vorteilen dieses Dienstleistungstypus beschäftigen, oder aber auch deskriptive Fallstudien wie die von Jonsson et al. (2008). Die Autoren untersuchen dabei die Wertschöpfungskette und den Einfluss von Computertechnologien auf Unternehmen im produzierenden Gewerbe. Sie kommen zu dem Ergebnis, dass ferngelenkte Diagnosesysteme als Basis für den Wertschöpfungsprozess dienen können (Jonsson et al. 2008). Eine weitere Studie aus dem Bereich des operativen Controllings beschäftigt sich mit ferngelenkten Diagnosesystemen als integrierte Lösungsangebote auf der Basis von Fallstudien. Die Autoren kommen zu dem Ergebnis, dass der Mehrwert von integrierten Lösungen auf der kollaborativen Zusammenarbeit zwischen Anbieter und Kunden stammt (Brax und Jonsson 2009). Es existieren nur wenige empirische Studien, die über eine deskriptive Beschreibung hinausgehen.

Einige Literaturströmungen stellen allgemeine Vorteile und Potenziale von neuen Dienstleistungstechnologien heraus, die es ermöglichen qualitativ bessere Dienstleistungen anzubieten (Bitner 2001; Colby und Parasuraman 2003), allerdings adressieren andere Autoren auch die Schattenseiten der Technologie. Mick und Fournier (1998) identifizieren acht „Paradoxes of Technology", mit denen sie zeigen, dass der Einsatz von Technologie positive und negative Gefühle auf Seiten der Kunden hervorrufen kann. Bspw. kann Technologie auf der einen Seite zu mehr Kontrolle führen und auf der anderen Seite zu mehr Chaos, es kann die Aktivität und die Einbindung des Kunden fördern oder zu Passivität und dessen Trennung führen (Mick und Fournier 1998). In Bezug auf ferngesteuerte Dienstleistungen ist es somit wichtig zu untersuchen, wie Kunden diese spezielle Technologie wahrnehmen, um mögliche Barrieren und Problemfelder zu identifizieren.

Parasuraman (2000, S. 307) stellt heraus, dass durch den Technologieeinsatz „the nature of company customer interactions is undergoing fundamental transformations with far reaching implications for both companies and customers". Ferngesteuerte Dienstleistungen begrenzen oder ersetzen die persönliche sowie menschliche Interaktion zwischen dem Dienstleistungsanbieter und dem Kunden. Diese neue technologie-mediierte Interaktion stellt beide Seiten nun vor unvorhergesehene Herausforderungen (Zeithaml et al. 2002). Insbesondere in B2B-Kundenbeziehungen erfüllen zwischenmenschliche Faktoren wichtige Funktionen (z. B. Informationsaustausch, Beurteilung der Leistung und soziale Rollen) (Bhappu und Schultze 2006; Leek et al. 2003). Speziell der zwischenmenschliche Austausch bedingt den Erfolg der Dienstleistung, vermittelt einen Eindruck über die Qualität und unterstützt die Entwicklung von starken persönlichen Beziehungen mit der

Organisation (Grönroos 1990; Parasuraman et al. 1985). Aus den oben genannten Gründen ist es notwendig zu verstehen, wie der Einsatz von ferngesteuerten Dienstleistungen
Geschäftsbeziehungen verändert und wie die Transformation von engem persönlichem
Kontakt hin zu technologie-mediierter Interaktion die Kundenzufriedenheit beeinflusst.

Trotz dieser potenziellen Vorteile von ferngesteuerten Dienstleistungen ist die Akzeptanz bei den Kunden immer noch gering. Da jedoch immer mehr Anbieter diese neuen
Dienstleistungen offerieren, ist es wichtig zu verstehen, welche Aspekte die Zufriedenheit
mit ferngesteuerten Dienstleistungen beeinflussen. Obwohl Determinanten der Kundenzufriedenheit in klassischen Kontexten gut dokumentiert sind (Oliver 1997; Szymanski
und Henard 2001; Yi 1990), wurde die Kundenzufriedenheit in Bezug auf ferngesteuerte
Dienstleistungen bisher weder konzeptionell noch empirisch untersucht. Es existiert bisher
keine empirische Studie, obwohl die Ergebnisse einer solchen Studie einen Mehrwert für
das Verständnis von ferngesteuerten Dienstleistungen liefern und die Kundenzufriedenheit steigern würden. Vor diesem Hintergrund werden ferngesteuerte Dienstleistungen als
ein Bereich mit hoher Forschungspriorität bezeichnet und Forscher fordern ausdrücklich
mehr empirische Untersuchungen auf diesem Gebiet (Ostrom et al. 2010).

Ziel dieser Studie ist daher, erste Erkenntnisse zu den Determinanten der Kundenzufriedenheit mit ferngesteuerten Dienstleistungen zu präsentieren. Hierzu untersuchen
und dokumentieren wir die Rolle der (1) Technologie, (2) des Fernwartungsprozesses,
(3) des ökonomischen Werts, (4) des Informationsaustauschs, (5) der Interaktion, (6) der
Individualisierung und (7) zusätzlicher Dienstleistungen bei der Entstehung von Kundenzufriedenheit. Unsere Untersuchung basiert auf qualitativen Interviews, mit deren Hilfe
wir ein konzeptionelles Modell aufstellen, das die Determinanten der Zufriedenheit enthält.
Diese Studie schließt mit einer Diskussion der Implikationen und weiteren Forschungen
in dem Bereich.

10.5   Datenerhebung und Analyse

Die Grundidee hinter dieser Studie ist die Exploration eines bisher nahezu unerforschten
und neuen Phänomens der Technologie ferngesteuerter Dienstleistungen und deren
Zufriedenheitsfaktoren, weshalb ein qualitatives Forschungsdesign für die Beantwortung
unserer Forschungsfragen gewählt wurde (De Ruyter und Scholl 1998; Denzin und
Lincoln 2005).

10.5.1   Datenerhebung

Diese Studie wurde in Kooperation mit einem Hersteller von medizintechnischen Systemen
realisiert. Das globale Unternehmen produziert hochtechnologische medizintechnische

Systeme für Krankenhäuser und bietet gleichzeitig Wartungsverträge für die Geräte und Systeme in Form von ferngesteuerten Dienstleistungen an. Das Unternehmen hat weltweit im Gesundheitssektor ca. 51.000 Mitarbeiter in 130 Ländern. Im Jahr 2012 wurden Umsätze in Höhe von 13,64 Mrd. € und Gewinne in Höhe von 1,8 Mrd. € im Gesundheitssektor realisiert. Die empirische Studie wurde im Bereich der bildgebenden Diagnostik durchgeführt. Magnetresonanztomographen (MRT) oder Computertomographen (CT) werden häufig in Kombination mit Fernwartungsverträgen angeboten, diese Verträge beinhalten z. B. die Fernüberwachung, Diagnose und Reparatur der verbundenen Systeme.

In einem Zeitraum von einem Jahr wurden insgesamt 25 qualitative Interviews mit 20 Kunden und Nutzern von ferngesteuerten Dienstleistungen sowie 10 Interviews mit Angestellten des Dienstleistungsanbieters in drei Ländern und elf verschiedenen Krankenhäusern durchgeführt. Im Allgemeinen dauerten die Interviews 60 bis 120 Minuten und basierten auf einem halbstrukturierten Leitfaden, der konzipiert wurde, um Informationen über den Interviewpartner und seine Position im Unternehmen, seine Wahrnehmung in Bezug auf ferngesteuerte Dienstleistungen und insbesondere die Veränderung von Prozessen vor und nach deren Einführung zu erheben sowie die Identifikation von Aspekten, die die Zufriedenheit beeinflussen. Fragen über die allgemeine Zufriedenheit mit der Dienstleistung und der Service Performance wurden im Stil der Critical-Incident-Technik erhoben (Flanagan 1954). Die Methode der kritischen Ereignisse eignet sich besonders für die Evaluation von Dienstleistungen im Marketingkontext: „This method is adopted to identify the sources of both satisfactory and dissatisfactory service encounters from the customer's point of view" (Bitner et al. 1990, S. 72).

10.5.2 Datenanalyse mit GABEK

Die große Datenmenge und die unterschiedlichen Sprachen der Texte erfordern eine Analysemethode, die systematisch große Textmengen analysiert und unterstützend in den Interpretationsprozess eingebracht wird (Alam 2005). Eine computergestützte Auswertung (CAQDAS) scheint insbesondere wegen der großen Datenmenge angemessen (Alam 2005; Craig und Douglas 2001). Der Kodierungsprozess erfolgte induktiv, d. h. das Datenmaterial wurde in einem iterativen Prozess analysiert, dabei wurden 799 Texteinheiten, die aus einem oder mehreren Sätzen bestehen, kodiert, die zu 7 Kategorien und 33 Subkategorien zusammengefasst wurden. Die identifizierten Kategorien werden nun im Folgenden präsentiert.

GABEK (Ganzheitliche Bewältigung sprachlich erfasster Komplexität) ist ein qualitatives Textanalyseverfahren und dient der Organisation von Wissen. Die GABEK-Methode basiert auf der Theorie der Wahrnehmungsgestalten von Stumpf (1939) und wurde von Zelger (1999) zur Theorie der sprachlichen Gestalten weiterentwickelt. Als verbale Datenbasis dienen umgangssprachliche Äußerungen aus offenen Befragungen. Die persönlichen

Ansichten der befragten Personen werden durch GABEK vernetzt, übereinander gelegt und geordnet. Das PC-gestützte Verfahren GABEK/WinRelan ist besonders geeignet, um Erfahrungen, Wissen und Einstellungen von Personen zu verarbeiten, Wissen zu organisieren und zu repräsentieren. Notizen, Zitate, Texte oder ganze Wissensgebiete werden zu einem transparenten Meinungsnetz verdichtet, das Meinungen, Erfahrungen, Wissen, Werthaltungen und emotionale Einstellungen in Form von „Begriffsgraphen", „sprachlichen Gestalten", „Gestaltenbäumen", „Wirkungsnetzen" und „Bewertungsprofilen" miteinander verknüpft. Wie Landkarten ermöglichen diese eine sinnvolle Orientierung über die gesamte Meinungslandschaft. Die Tiefenstruktur wird transparent, sodass Zusammenhänge verstanden, Optionen bewertet, Ziele bestimmt und trendhafte Entwicklungen frühzeitig erkannt werden können (Zelger und Oberprantacher 2002). GABEK ermöglicht somit die Erfassung und Darstellung komplexer Zusammenhänge und verknüpft Erfahrungswissen von Mitarbeitern, Kunden oder Entscheidungsträgern zu einem kohärenten Ganzen (Zelger 2000, 2008). Ziel von GABEK ist es „to obtain a holistic integrated view of individual aspects of the particular investigated ‚situation' (e.g. opinions and attitudes)" (Buber und Kraler 2000, S. 112). Das GABEK-Verfahren orientiert sich an den vier Komponenten qualitativer Datenanalyse nach Miles und Huberman (1994) (data collection, data reduction, data display and conclusion).

▶ Die Methode bietet überzeugende Vorteile, aufgrund derer GABEK den anderen computergestützten Auswertungsmethoden vorgezogen wird:

Regelbasierter Kodierungsprozess:
Gabek folgt einem strikt regelbasierten Kodierungsprozess für jeden Kodierungsschritt in der Analyse. Jeder Satz auf der Indexkarte wird einzeln analysiert, um relevante Begriffe zu identifizieren. Dieser Prozess wird für die Evaluationskodierung und für die Kausalkodierung wiederholt und unterstützt somit die systematische und strukturierte Analyse des Datenmaterials (Paluch und Wittkop 2010).

Intersubjektive Nachvollziehbarkeit:
Qualitativer Forschung wird oftmals vorgeworfen, nicht replizierbar, reliabel und valide zu sein (Sinkovics et al. 2005; Pratt 2009). Zudem fehlt die Erklärung und Erkenntnis, wie Forscher vom Datenmaterial zu ihren Ergebnissen kommen (Pratt 2009). Mit GABEK kann dieser Kritikpunkt aufgehoben werden. Jeder Schritt der Datenanalyse ist transparent und für alle Beteiligten nachvollziehbar. Die Kodierungsschritte in GABEK sind ein standardisierter Prozess und ermöglichen an jeder Stelle, einen direkten Bezug zum Originaldatenmaterial herzustellen (Buber und Kraler 2000), um Unsicherheiten und Missverständnisse im Analyseprozess zu vermeiden.

Nähe zu den Originaldaten:
GABEK ermöglicht zu jedem Zeitpunkt und an jeder Stelle der Analyse, durch einfaches Anklicken zu den Originaltextstellen des Interviewmaterials zurückzukehren, um bei Unklarheiten das Originalzitat des Probanden nachlesen zu können bzw. die Aussage in einen situativen Kontext einzuordnen. Diese Möglichkeit verhindert, dass Aussagen falsch verstanden und interpretiert werden (Buber und Kraler 2000). Zudem schränkt es den Interpretationsspielraum des Auswerters ein.

Verwendung der Probandenexpertise:
Eine andere Besonderheit in GABEK ist, dass Aussagen der Interviewpartner gezielt auf Ziel-Mittel-Beziehungen untersucht werden. Diese Ziel-Mittel-Beziehungen werden dann für die Formulierung von praktischen Handlungsempfehlungen benutzt und basieren ausschließlich auf den von den Befragten geäußerten Maßnahmen. Mit diesem Verfahren soll der Einfluss und die Interpretation des Forschers reduziert werden, um die Akzeptanz der Maßnahmen bei den Interviewpartnern zu erhöhen (Zelger 1999).

10.6   Ergebnisse der empirischen Studie

In diesem Abschnitt werden die sieben Kategorien diskutiert, die die Zufriedenheit der Kunden und Nutzer von ferngesteuerten Dienstleistungen beeinflussen (vgl. Tab. 10.1). Als erstes Ergebnis ist festzuhalten, dass die ferngesteuerten Dienstleistungen generell eher schlecht evaluiert wurden, da 65,5 % der kodierten Begriffe negativ seitens der Interviewpartner bewertet wurden.

10.6.1   Technologie

Die Interviews zeigen, dass Kunden die Technologie generell wertschätzen und diese Dienstleistungen als essenzielle und unverzichtbare Voraussetzung für den Betrieb von hoch technologischen Produkten im wettbewerbsintensiven Gesundheitssektor sehen. Die Technologie bietet Vorteile für den Kunden wie bspw. erhöhte Laufzeiten und Zuverlässigkeit der Maschinen, schnellen Zugriff bei der Problemdiagnose und 24/7 Support durch das Service Center. Unternehmen sparen zusätzlich Arbeitskräfte, da der Techniker vor Ort durch die Technologie substituiert wird. Dementsprechend äußern sich einzelne Kunden wie folgt:

Tab. 10.1 Übersicht über die Zufriedenheitskategorien

Häufigkeiten der Nennungen	Kategorie	Definition
723	Technologie	*Technologie* bezieht sich auf die wahrgenommene Nützlichkeit der Technologie und beinhaltet Vor- und Nachteile sowie den Mehrwert der Technologie aus Kundensicht
191	Fernwartungsprozess	*Fernwartungsprozess* beschreibt die Art und Weise, wie ferngesteuerte Dienstleistungen und Eingriffe ausgeführt werden, in Bezug auf die Fernüberwachung, Diagnose, Wartung und Reparatur. Die technologiebasierten Prozesse sollen die Effizienz der Kunden und Anbieter steigern
604	Ökonomischer Wert	*Ökonomischer Wert* bezieht sich auf den relativen Vorteil der Dienstleistungstechnologie und beinhaltet die System- und Maschinenauslastung, basierend auf höherer Verfügbarkeit, Zeitersparnisse aufgrund schnelleren Supports und die Preisbildung, die sich in unterschiedlichen Vertragslevel reflektiert
536	Informationsaustausch	*Informationsaustausch* bezieht sich auf die Informationspolitik des Dienstleistungsanbieters gegenüber dem Kunden. Bspw. wie er einen Kunden über Aktivitäten informiert und wie transparent die Prozesse für den Kunden dadurch werden. Diese Kategorie umfasst auch den Nachweis der erbrachten Dienstleistung sowie die Dokumentation der Störungen in der Systemhistorie
617	Interaktion	*Interaktion* bezieht sich auf den wechselseitigen Austausch zwischen Anbieter und Kunde und beinhaltet regelmäßige Kommunikation, die Entwicklung zwischenmenschlicher Beziehungen und die Integration des Kunden in den Erstellungsprozess der Dienstleistung
326	Individualisierung	*Individualisierung* bezieht sich auf den Wunsch der Kunden, eine individuelle, auf sie persönlich zugeschnittene Behandlung durch den Dienstleistungsanbieter zu erfahren, insbesondere bei Notfällen
144	Zusätzliche Dienstleistungen	*Zusätzliche Dienstleistungen* spiegeln die Erkenntnisse und die Forderung der Kunden und Nutzer von ferngesteuerten Dienstleistungen wider, an speziell entwickelten Trainings teilnehmen zu können, um die Technologie selbständig und in ihrem vollen Umfang nutzen zu können. Zusätzlich zeigt sich, dass Nutzer ein hohes Interesse daran haben, Probleme selber zu identifizieren und lösen zu können

Zugriff aus der Ferne, bei ferngesteuerten Dienstleistungen geht es in erster Linie um den proaktiven Eingriff, der es dem Service Team ermöglicht, Lösungen zu finden, bevor sie zu reaktiven Anbietern werden. [zufriedener Kunde] [IC:M24]
Sie wissen sofort, wenn etwas passiert ist und rufen uns an und lösen das Problem. Das ist genau das, was wir brauchen. 80 bis 90 % der Probleme können so einfach innerhalb einer halben Stunde gelöst werden, ohne dass der Endkunde jemals erfährt, dass da ein Problem war. Das ist das was ich will. Ich will, dass Probleme gefunden und gelöst werden, bevor ich als Endkunde überhaupt ein Problem erkenne. Das ist auch ein Versprechen, das der Anbieter macht. [zufriedener Kunde] [IC:B07]

Für die Interviewpartner ist die Datensicherheit das Hauptbedenken in Bezug auf die Technologie. Sie haben ein erhöhtes Risikoempfinden insbesondere durch die permanente Verbindung zum Dienstleistungsanbieter, der vollen Zugriff auf die Systeme hat. Kunden geben an, durch die Komplexität der Dienstleistung überwältigt zu sein, obwohl sie selber einen technischen Hintergrund und jahrelange Erfahrung mit technologischen Produkten haben. Untersuchungen zum Thema Self-Service-Technologien zeigen, dass die Benutzerfreundlichkeit einer Technologie zu Kundenzufriedenheit führen kann (Ding et al. 2010; Meuter et al. 2000). Hier merkt ein Kunde treffend an:

Ein Nachteil ist natürlich, dass man sein Netzwerk öffnen muss. Und immer wenn man sein Netzwerk öffnet, besteht die Möglichkeit für jemanden das zu missbrauchen und das schadet mir und ist ein großes Problem. Es hängt vom Anbieter ab, aber alle Anbieter haben das gleiche Problem mit dem Öffnen der Netzwerke und sie müssen eine Menge öffnen. Es ist nicht nur ein kleiner Port, man muss wirklich viele Ports öffnen. [unzufriedener Kunde] [IC:Q07]

Die Mehrheit der Nutzer ist sich über die zwei größten Vorteile der Technologie bewusst: Auf der einen Seite können durch ferngesteuerte Dienstleistungen ungeplante Systemausfälle vermieden werden und auf der anderen Seite gibt es schnelle Hilfe und Problemlösung von Seiten des Anbieters. Die unbemerkten Eingriffe des Anbieters und die technischen Bedenken aufgrund der IT-Verbindung zeigen, dass ferngesteuerte Dienstleistungen nicht nur mit Vorteilen assoziiert werden. Dementsprechend formulieren wir die folgende Proposition:

Proposition 1

Die Wahrnehmung der Technologie ferngesteuerter Dienstleistungen übt einen positiven Einfluss auf die Zufriedenheit der Kunden aus.

10.6.2   Interaktion

Interaktion bezieht sich auf die wechselseitige Kommunikation zwischen Anbieter und Kunde. Im Fokus stehen dabei der gegenseitige Austausch sowie eine wechselseitige Interaktion. Momentan berichten Kunden von einem Kommunikationsdefizit mit ihrem Anbieter, welches die negative Wahrnehmung der Technologie forciert. Die Intangibilität der Dienstleistung und die fehlende Kommunikation haben einen negativen Einfluss auf die Zufriedenheit mit der Dienstleistung. Nutzer gehen davon aus, dass eine kontinuierliche Kommunikation die Wahrnehmung der Leistung und der Anbieteraktivitäten positiv beeinflusst, was bedeutet, dass Technologievorteile besser verstanden werden, wenn diese persönlich kommuniziert werden. Das wiederum reduziert die Unsicherheit und das Risikoempfinden der Kunden:

> Bei nicht-persönlichem Kontakt, ich meine, das mag zwar alles technisch korrekt sein, aber ich weiß immer noch nicht warum der Fehler passiert ist. Die Erklärung mag zwar im System stehen, wenn ich dem Techniker aber persönlich gegenüberstehe, muss er mir eine Antwort darauf geben. [unzufriedener Kunde] [IC:K30]
>
> Ich habe keine Angst davor. Ich bin misstrauisch und hasse Telefonsysteme, wissen Sie, drücken Sie 2 dafür, drücken Sie 3 dafür. Manchmal möchte ich mit einer lebendigen Person sprechen. Und ich glaube viele andere wollen das auch, weil das die menschliche Natur ist [...] Die menschliche Interaktion ist meines Erachtens der beste Teil von ferngesteuerten Dienstleistungen. Ich möchte einfach keine Computer-Ausdrucke, die mir einfach mitteilen, wir senden Ihnen neue Teile, weil Sie die alten ersetzen müssen. Ich will einfach ein paar Erklärungen haben. [unzufriedener Kunde] [IC:K58]

Erkenntnisse aus der Self-Service-Technologie-Literatur bestätigen, dass der Wunsch nach persönlichem Kontakt das Verhalten der Kunden beeinflussen kann, wenn sie die Technologie nutzen (Bateson 1985; Dabholkar 1996). Der Wunsch oder die Ablehnung von persönlicher Interaktion bei der Leistungserstellung beeinflusst die Nutzung der Technologie (Dabholkar und Bagozzi 2002; Walker et al. 2002; Zeithaml und Gilly 1987) und hängt von der Präferenz des Kunden nach „tech" oder „touch" ab (Makarem et al. 2009). Im Vergleich zur Technologie sind Menschen vertrauenswürdiger, können Fehler besser korrigieren und haben die Fähigkeit, auf Probleme angemessen zu reagieren, um ein qualitativ hochwertigeres Ergebnis zu erzielen (Dabholkar und Bagozzi 2002).

Speziell proaktive ferngesteuerte Dienstleistungen kennzeichnen die Erstellung ohne Koproduktion des Kunden, was diese Dienstleistung außergewöhnlich im Hinblick auf aktuelle Forschung zur Kundenintegration erscheinen lässt. Durch ihre Einbringung bei der Leistungserstellung können Kunden direkten Einfluss auf die Qualität, ihre Zufriedenheit und den Wert der Dienstleistung ausüben (Bitner et al. 1997). „The role of the consumer in the industrial system has changed from isolated to connected, from unaware to informed, from passive to active" (Prahalad und Ramaswamy 2004, S. 4). Kunden drücken ihre Unzufriedenheit hinsichtlich der Interaktion wie folgt aus:

> Nein, ich möchte mit einbezogen werden. Ich denke, das ist ein Vorteil und ich gehe davon aus, dass das zur Kundenbeziehung dazu gehört. Ich meine, warum wird mir nicht erlaubt, ein Teil des Erstellungsprozesses zu werden? Warum werde ich ausgeschlossen? Ich möchte ein Koproduzent der Dienstleistung werden, ja das ist mein Konzept. Ich weiß nicht, ob jeder so denkt, aber das ist einfach meine Meinung. [unzufriedener Kunde] [IC:A49]

Proposition 2

Die Wahrnehmung der Interaktion im Rahmen ferngesteuerter Dienstleistungen übt einen positiven Einfluss auf die Zufriedenheit der Kunden aus.

10.6.3 Ökonomischer Wert

Ferngesteuerte Dienstleistungen werden aus einem ökonomischen Blickwinkel kritisch untersucht. Kliniken sind sich darüber bewusst, wie wichtig Technologie ist, damit ihre High-Tech-Systeme fehlerfrei laufen. Laufende Systeme bedeuten einen höheren Patientendurchsatz, was sie wiederum wettbewerbsfähig macht. Kliniken erwarten, dass die Technologie sie vor finanziellen Einbußen bewahrt. Zusätzlich wollen sie, dass die Kosten und Ausgaben der Technologie nicht die Verluste überschreiten:

> Nun ja, wenn ich 10,000 USD im Monat ausgebe und ich dann 10,000 USD spare, ergibt das Sinn? Ich möchte nicht 10,000 USD für eine Art Sicherheitskontrolle ausgeben und dafür, dass mir jemand über die Schulter schaut. Für die 10,000 USD muss der Anbieter mir belegen können, dass ich auf der anderen Seite 10,000 USD gespart habe. [unzufriedener Kunde] [IC:A62]
>
> Wenn man so viel extra Geld für eine Funktion ausgeben muss, bleibt die Frage, ob man die Funktion wirklich braucht, ob man das wirklich will oder ob man auch ohne auskommt. Das ist der ökonomische Teil, denke ich und definitiv spielt der Kostenfaktor eine Rolle. [unzufriedener Kunde] [IC:O40]

Der wichtigste ökonomische Faktor für den Kunden ist der Zeitfaktor, der durch die Fernerbringung realisiert wird. Diese Erkenntnis wird durch Meuter et al. (2000) gestützt, die empirisch gezeigt haben, dass Zeitersparnis zu den wichtigsten zufriedenstellenden Ereignissen in Self-Service-Beziehungen gehören.

> Weniger Stillstand der Maschinen und Systeme. Nur darum geht es. Minimale Ausfallzeit, maximale Auslastung, Weniger Ausfallzeit oder mehr Auslastung. Ist das Glass halb voll oder halb leer? Wir haben tatsächlich mehr Auslastung, seitdem wir Remote Diagnostics haben. [zufriedener Kunde] [IC:E09]

Proposition 3

Die Wahrnehmung des ökonomischen Wertes ferngesteuerter Dienstleistungen übt einen positiven Einfluss auf die Zufriedenheit der Kunden aus.

10.6.4 Informationsaustausch

Die Informationskategorie zielt auf die Informationspolitik und das Informationsverhalten des Anbieters ab, z. B. wie er Kunden und Nutzer über vorgenommene Aktivitäten informiert. Kunden nehmen die Technologie oftmals als intransparent wahr, was wiederum die

Unsicherheit des Kunden in Bezug auf den erhaltenen Leistungsumfang fördert. Der Kunde hat Schwierigkeiten, die Aktivitäten des Anbieters zu beurteilen, was möglicherweise in einer erhöhten Risikowahrnehmung endet, die auf dem uneingeschränkten Zugriff des Anbieters basiert.

> Das Beste ist, und ich kann Ihnen das sagen, wenn man Transparenz schafft, dann ist man erfolgreich. [unzufriedener Kunde] [IC:M24]
> Für mich ist es sehr wichtig, dass der Anbieter dem Kunden einen Beweis bringt, wie und in welchem Umfang die Dienstleistung wirklich erbracht wird und welchen Nutzen der Kunde davon hat. Ich möchte auch Referenzen sehen und die Möglichkeit bekommen Kunden zu kontaktieren, die diese Technologie anwenden, um sie zu fragen wie zufrieden sie wirklich sind. [unzufriedener Kunde] [IC:B56]

Zusätzlich wird die Qualitätswahrnehmung und der Mehrwert kompliziert. Bei traditionellen persönlichen Dienstleistungen war die Erbringung der Dienstleistung für den Kunden dagegen offensichtlicher (Bitner 1993). Hier konnten Kunden die Aktivitäten beobachten und auch nachvollziehen. Das Verhalten des Mitarbeiters vermittelt einen ersten Eindruck über die Qualität der Dienstleistung (Parasuraman et al. 1988). Im Kontext der Fernerbringung ist der „Evidence of Service" (Bitner 1993) aus Kundensicht ebenfalls wichtig, obwohl er durch die Erbringung aus der Distanz komplizierter nachzuvollziehen ist und somit einen negativen Einfluss auf die Zufriedenheit haben könnte.

Proposition 4

Die Wahrnehmung der Information bei ferngesteuerten Dienstleistungen übt einen positiven Einfluss auf die Zufriedenheit der Kunden aus.

10.6.5   Individualisierung

Ein überraschendes Ergebnis der qualitativen Interviews ist der Wunsch der Kunden nach Individualisierung der Dienstleistungen sowie nach spezieller Behandlung bei der Fernerbringung der Dienstleistung. Die Zitate zeigen, dass Kunden durch die Fernerbringung und Standardisierung der Prozesse und der Technologie bislang kaum individuelle und auf sie zugeschnittene Behandlungen erfahren. Ferngesteuerte Dienstleistungen bestehen zum großen Teil aus Routineprozessen und aus diesem Grund beschweren sich Kunden und Nutzer oftmals, dass alle Beteiligten gleich behandelt werden. Insbesondere wenn Kunden sich als gute und langjährige Kunden betrachten, erwarten sie eine entsprechend bevorzugte Behandlung, speziell in Notfällen:

> ... und das, was ich jetzt sage, wird sich sehr arrogant anhören, aber es gibt unterschiedliche Niveaus bei den Anrufern. Wenn man einen Anruf von einer unerfahrenen Person bekommt, die das System erst seit einem Monat nutzt, dann ist das eine andere Qualität als von jemandem, der seit 30 Jahren im Geschäft ist und das System seit 5 Jahren hat. Denn was ich bei ferngesteuerten Dienstleistungen feststelle ist, dass jeder in die gleiche Kategorie

kommt. Jedes Mal wenn man anruft, stellen die einem die gleichen Fragen, egal wer anruft und man wird immer gleich behandelt. [unzufriedener Kunde] [IC:A52]

Und außerdem, das bezieht sich mehr auf eine persönliche Ebene. Wenn ein Service Techniker hier hin kommt und sieht, dass das Wartezimmer voll ist und ich in Panik gerate, ist das etwas anderes als jemand der 300 Meilen weit weg sitzt und völlig ausgeschlossen ist. Dann hat das Problem eine ganz andere Dringlichkeit. [unzufriedener Kunde] [IC:A20]

Aus der Kundenbeziehungsliteratur und aus der Dienstleistungsforschung ist bekannt, dass Kunden drei Arten von Beziehungsvorteilen erfahren: (1) Vertrauen, (2) soziale Vorteile und (3) Sonderbehandlungen (Gwinner et al. 1998). Die Sonderbehandlung ist definiert als „the benefit of the doubt, being given a special deal or price, or getting preferential treatment" (Zeithaml et al. 2006, S. 184). Empirische Überprüfungen zeigen, dass die Beziehungsvorteile einen Einfluss auf die Loyalität, das Weiterempfehlungsverhalten und die Verbundenheit des Kunden gegenüber der Organisation und der Zufriedenheit mit dem Dienstleistungsanbieter haben (Gwinner et al. 1998; Hennig-Thurau et al. 2002).

Proposition 5

Die Wahrnehmung der Individualisierung der ferngesteuerten Dienstleistungen übt einen positiven Einfluss auf die Zufriedenheit der Kunden aus.

10.6.6 Fernwartungsprozess

Der Fernwartungsprozess bezieht sich auf den Prozess und die Erstellung der ferngesteuerten Dienstleistung sowie auf Abläufe, die durch die Technologie beeinflusst werden. Fehler während des Prozesses führen zu Unzufriedenheit bei den Kunden und können möglicherweise das zukünftige Verhalten und die Nutzung der Technologie beeinflussen (Meuter et al. 2000). Aus den Kundeninterviews kann man folgern, dass die Prozessabläufe derzeit noch nicht ihr volles Potenzial erreicht haben. Verglichen mit traditionellen Dienstleistungen, haben Kunden bei ferngesteuerten Dienstleistungen höhere Erwartungen in Bezug auf die Prozesseffizienz. Es existieren Schwierigkeiten in der Koordination zwischen Online- und Offline-Dienstleistungen, des Weiteren zeigt sich, dass Kunden leichter menschliche Fehler tolerieren als Probleme, die durch die Technologie verursacht wurden:

Ich denke, eines der schwierigsten Dinge ist ein Problem zu lösen, es bis zum Ende nachzuverfolgen. Ein Problem taucht auf, wird erkannt und man arbeitet daran. Wenn da aber keine Lösung ist, was oft passiert ist, dass das Problem bleibt und es keiner mehr nachverfolgt, warum es nicht gelöst wurde. Meine größte Sorge ist dann, dass die Last auf mich zurückkommt und ich dafür verantwortlich bin, dass das Problem bis zum Schluss verfolgt wird. [unzufriedener Kunde] [IC:A09]

Es funktioniert nicht gut, wenn es schwierig oder kompliziert wird. Es geht durch den normalen Prozess, dann kommt ein Punkt, an dem es stoppt, das ist ok. Aber dann wird nicht mehr gemacht und niemand ruft mich an und teilt mir einen Zwischenstand oder ungefähren Zeitrahmen mit. Ich erwarte einen Plan, der besagt, wir haben das gemacht und planen das und das zu machen. Nein, der Prozess stoppt und wird nicht mehr verfolgt. Dann liegt es an mir, den Service neu zu starten und das Problem zu erklären. Ich würde mich einfach besser fühlen, wenn ich kontaktiert werde und mir erklärt wird, was das Problem ist. [unzufriedener Kunde] [IC:A09]

Proposition 6

Die Wahrnehmung des Fernwartungsprozesses übt einen positiven Einfluss auf die Zufriedenheit der Kunden aus.

10.6.7 Zusätzliche Dienstleistungen

Eingriffe von Kunden führen manchmal zu einem unbefriedigenden Ergebnis bei der Dienstleistungserstellung (Meuter et al. 2000), wenn Kunden nicht in der Lage sind, die Technologie einwandfrei zu bedienen. An diesem Punkt benötigen sie zusätzliche Hilfe und Unterstützung des Anbieters oder erwarten entsprechende Schulungen für die Systeme. Der Wunsch der Kunden nach zusätzlichem Training zeigt deutlich die Komplexität der Dienstleistungstechnologie und belegt gleichzeitig die Motivation des Kunden, in den Leistungserstellungsprozess integriert zu werden, um den Umfang der Dienstleistung nachvollziehen zu können.

> Ich verstehe die Technologie und ich versuche gelegentlich damit zu arbeiten, aber ich bin kein Angestellter des Anbieters, also lassen sie mich nicht auf das System zugreifen, obwohl ich Trainings besucht habe und verstehe, was diese Logs zu bedeuten haben. Trotzdem habe ich keinen Zugriff auf die Systeme. Manchmal wünsche ich mir ich hätte mehr Rechte, das wäre einfacher für mich. [unzufriedener Kunde] [IC:K03]
> Je besser die Techniker auf diese Systeme trainiert sind und je mehr Erfahrung sie im Umgang mit den Informationen haben, desto schneller kann auch die Reparatur durchgeführt werden. Diese Techniker sind dann Gold wert. Alle Technologie auf dieser Welt ist nutzlos, wenn sie nicht richtig angewendet wird. [unzufriedener Kunde] [IC:M13]

Kunden zeigen ein großes Interesse an Weiterbildung und Schulungsmaßnahmen in Bezug auf neue Dienstleistungstechnologien und technische Weiterentwicklungen. Zusätzlich gelangen Kunden und Nutzer durch Schulungen in die Position, Probleme selbständig zu lösen und somit die Abhängigkeit zum Anbieter zu lösen. Kunden erhalten dadurch einen gewissen Grad an Autonomie und Kontrolle über die Technologie und ihre Systeme zurück. Es ist davon auszugehen, dass Kunden Fehler, die durch falsche Nutzung entstehen, minimieren wollen, die wiederum die allgemeine Zufriedenheit mit der Technologie beeinflussen (Meuter et al. 2000).

Proposition 7

Die Wahrnehmung zusätzlich angebotener Dienstleistungen übt einen positiven Einfluss auf die Zufriedenheit der Kunden aus.

10.7   Zusammenfassung und Fazit

Obschon die Fähigkeit eines Anbieters von ferngesteuerten Dienstleistungen, seine Kunden zufrieden zu stellen, wesentlich für dessen Wettbewerbsfähigkeit ist, hat sich bislang noch keine Studie den Determinanten der Zufriedenheit mit ferngesteuerten Dienstleistungen gewidmet. Dementsprechend versucht die vorliegende Studie diese Forschungslücke zu schließen. Im Ergebnis können wir zusammenfassend festhalten, dass die Technologie, der Fernwartungsprozess, der ökonomische Wert, der Informationsaustausch, die Interaktion, die Individualisierung und zusätzliche Dienstleistungen der ferngesteuerten Dienstleistungen wesentlich für die Kundenzufriedenheit sind. Die Relevanz unserer Ergebnisse zur Vertiefung bestehender Erkenntnisse und Managementpraktiken wollen wir nachfolgend diskutieren.

Erstens erwarten Kunden, welche mit der Technologie konfrontiert werden, dass diese einfach zu handhaben, bedienen und zu installieren ist, da andernfalls dessen volles Potenzial sich nicht entfaltet (Gordon et al. 1993). Die Benutzerfreundlichkeit der ferngesteuerten Dienstleistungen ist wesentlich für die Zufriedenheit der Kunden (Davis 1989). Der Zugriff sollte sicher und kontrollierbar für den Nutzer sein; aus diesem Grund wird teilweise auch der Zugriff des Anbieters auf das System des Kunden beschränkt. Entweder dies ist nur auf Anfrage möglich oder aber der Kunde wünscht, die Verbindung jederzeit beenden zu können. Hinsichtlich der für die Technik und die Erbringung der ferngesteuerten Dienstleistungen verantwortlichen Service Techniker und des Service Center Personals wünschen sich die interviewten Kunden lediglich einen gleichbleibenden Ansprechpartner, den sie im Fall von Notfällen kontaktieren können. Obgleich der direkte Kontakt zwischen Kunde und Anbieter durch ferngesteuerte Dienstleistungen beschränkt ist, könnte durch diese Maßnahme zumindest eine etwas engere Bindung aufgebaut werden. So betonen die Kunden in unseren Interviews, dass auch bei ferngesteuerten Dienstleistungen das Service Personal und die Techniker wesentlich für den Erfolg sind. Hier stehen die Anbieter vor der Herausforderung, die Effizienz des Einsatzes der Techniker vor Ort zu verbessern, indem diese sukzessive durch den Online-Support ersetzt werden und dabei gleichzeitig die reibungslose Erbringung der Dienstleistung zu wahren.

Zweitens trägt der Fernwartungsprozess ebenfalls zur Zufriedenheit der Kunden mit ferngesteuerten Dienstleistungen bei. Ferngesteuerte Dienstleistungen werden vielfach zur Umsetzung effizienterer Prozesse auf Seiten der Kunden etabliert. Da teilweise jedoch noch Defizite in der Integration von ferngesteuerten Dienstleistungen in die Prozesse der Kunden zu identifizieren sind, bedarf es einer ausführlichen Analyse der Fehler bei der Integration insbesondere auf Seiten des Anbieters. Basierend auf unseren Interviews ist zu empfehlen, dass die Prozesse sich nahtlos beim Kunden integrieren und schnelle Reaktionen auf Kundenprobleme ermöglichen sollten.

Drittes erwarten die Kunden, dass der Anbieter durch Installation von ferngesteuerten Dienstleistungen dem Kunden einen ökonomischen Mehrwert bietet. Obwohl ferngesteuerte Dienstleistungen grundsätzlich sowohl für den Anbieter als auch für den Kunden von Vorteil sein können, sind viele Kunden bislang von diesem Potenzial nicht überzeugt –

vermutlich aufgrund der besonders hohen Intangibilität dieser Dienstleistungen. Der Kunde ist dementsprechend von den Vorteilen dieser neuen Technologien und Dienstleistungen zu überzeugen und insbesondere sollte er die Kostenvorteile wertschätzen. Hier ist der Anbieter aufgefordert, durch Demonstrationen der ferngesteuerten Dienstleistungen den Kunden zu überzeugen. Dabei sollte auch das Pricing-Model dem Kunden transparent präsentiert werden und dessen Preiskenntnis und Sensitivität für ferngesteuerte Dienstleistungen verbessern.

Viertens stellt der Informationsaustausch eine Determinante dar. Die Kunden bestehen mit Nachdruck auf den Erhalt von Informationen seitens des Anbieters über getätigte Eingriffe in das eigene System. Dieser Austausch an Informationen würde einerseits mehr Transparenz hinsichtlich der für die Kunden nicht unmittelbar sichtbaren Eingriffe ermöglichen und andererseits erlaubt es dem Kunden besser einzuschätzen, welcher Mehrwert durch die ferngesteuerten Dienstleistungen geboten wird und ob die vertraglich vereinbarten Leistungen des Anbieters auch tatsächlich eingehalten werden. Die getätigten Eingriffe in das System könnten regelmäßig durch zusammenfassende Berichte und deren Sammlung in Online-Datenbanken dokumentiert werden (Zolkiewski et al. 2007). Falls Probleme auftreten, kann der Kunde zudem auf diese Wissensbasis zurückgreifen und das Problem vielleicht sogar selbst lösen.

Fünftens ist die Interaktion zwischen dem Kunden und dem Anbieter eine weitere Quelle der Kundenzufriedenheit. Die Kunden erwarten oftmals, sich mit dem Anbieter über mehrere Kommunikationskanäle, z. B. Telefon, E-Mail oder Video Chat austauschen zu können. Insbesondere verlangen die Kunden hinsichtlich der Kommunikationskanäle nach solchen, die eine Face-to-Face-Kommunikation erlauben, um eine persönlichere und engere Beziehung zu den Mitarbeitern des Anbieters aufbauen zu können. Auf diese Weise entsteht ein Vertrauensverhältnis zwischen dem Unternehmen und dem Kunden, wodurch auch die Loyalität steigt. Die Personalisierung der Interaktion könnte bspw. durch das Bereitstellen von Fotos vom Mitarbeiter, dessen Lebenslauf und Qualifikationen sowie dessen Eingriffe in das System im Zeitablauf erreicht werden.

Sechstens sollte der Anbieter die Individualisierung der ferngesteuerten Dienstleistungen erwägen. Die individuelle Behandlung von Kunden bei technologie-mediierten Dienstleistungen scheint wesentlich für die Kundenzufriedenheit zu sein. Die Kunden betonten in den Interviews, dass dieser Bereich Verbesserungspotenzial bietet. Der Anbieter muss zunächst ein Bewusstsein für die Dringlichkeit der Kundenprobleme insbesondere bei Kunden aus dem Gesundheitswesen entwickeln und bspw. Notfallpläne beim Ausfall des Systems und Versagen der Fernwartung parat halten. Auch die Auswertungen der Systemleistung und der Ausfälle sollten individualisiert erfolgen, um bspw. den Mehrwert der ferngesteuerten Dienstleistungen zu veranschaulichen. Weiterhin sollte der Anbieter den Kunden als „Koproduzenten" in den Prozess der Serviceverbesserung einbinden, dessen Anregungen aufgreifen und dessen Erwartungen erheben.

Letztlich sollten auch die zusätzlichen Dienstleistungen stets verbessert werden. Die Kunden erwarten vielfach, dass sie entsprechend in der Technologie seitens des Anbieters geschult werden, um dessen Mehrwert zu verstehen. In diesem Zusammenhang wurden mehrfach Workshops angesprochen, die mit unterschiedlichen Mitarbeitern des Anbieters besetzt sind, um regelmäßig die Leistungsfähigkeit der ferngesteuerten Dienstleistungen zu beurteilen und weitere Strategien zu deren Nutzung zu entwickeln.

Literatur

Alam I (2005) Fieldwork and data collection in qualitative marketing research. Qual Market Res Int J 8(1):97–112. doi:10.1108/13522750510575462

Bateson JEG (1985) Self-service consumer: an exploratory study. J Retailing 61(3):49–76

Bhappu AD, Schultze U (2006) The role of relational and operational performance in business-to-business customers' adoption of self-service technology. J Serv Res-Us 8(4):372–385. doi:10.1177/1094670506286571

Biehl M, Prater E, McIntyre JR (2004) Remote repair, diagnostics and maintenance. An overview and comparison of the U.S. Japanese and German machine tool industry. Commun ACM 47(11):101–106. doi:10.1145/1029496.1029501

Bitner MJ (1993) Managing the evidence of service. In: Scheuing EE, Christopher WF (Hrsg) The service quality handbook. American Management Association, New York, S 358–370

Bitner MJ (2001) Service and technology: opportunities and paradoxes. Manag Serv Qual 11(6):375–379. doi:10.1108/09604520110410584

Bitner MJ, Brooms BH, Tetreault MS (1990) The service encounter: diagnosing favorable and unfavorable incidents. J Marketing 54(1):71–84. doi:10.2307/1252174

Bitner MJ, Faranda WT, Hubbert AR, Zeithaml VA (1997) Customer contributions and roles in service delivery. Int J Serv Ind Manag 8(3):193–205. doi:10.1108/09564239710185398

Bitner MJ, Brown SW, Meuter ML (2000) Technology infusion in service encounters. J Acad Market Sci 28(1):138–149. doi:10.1177/0092070300281013

Brax SA, Jonsson K (2009) Developing integrated solution offerings for remote diagnostics: a comparative case study of two manufacturers. Int J Oper Prod Man 29(5):539–560. doi:10.1108/01443570910953621

Buber R, Kraler C (2000) How GABEK and WinRelan support qualitative research. In: Buber R, Zelger J (Hrsg) GABEK II. Zur Qualitativen Forschung. On qualitative research. Studienverlag, Innsbruck, S 111–138

Colby CL, Parasuraman A (2003) Technology still matters never mind the doomsayers. E-services are alive, well, and positioned for growth. Market Manag 12(4):28–33

Craig CS, Douglas SP (2001) Conducting international marketing research in the twenty-first century. Int Market Rev 18(1):80–90. doi:10.1108/02651330110398413

Curran JM, Meuter ML (2005) Self-service technology adoption: comparing three technologies. J Serv Mark 19(2):103–113. doi:10.1108/08876040510591411

Dabholkar PA (1994) Technology-based service delivery: a classification scheme for developing marketing strategies. Adv Serv Mark Manag 30(3):241–271

Dabholkar PA (1996) Consumer evaluations of new technology-based self-service options: an investigation of alternative models of service quality. Int J Res Mark 13(1):29–51

Dabholkar PA, Bagozzi RP (2002) An attitudinal model of technology-based self-service: moderating effects of consumer traits and situational factors. J Acad Market Sci 30(3):184–201

Davis FD (1989) Perceived usefulness, perceived ease of use, and user acceptance of information technology. Mis Quart 13(3):319–340

Denzin NK, Lincoln YS (2005) The sage handbook of qualitative research. Sage, Thousand Oaks de Ruyter K, Scholl N (1998) Positioning qualitative market research: reflections from theory and practice. Qual Market Res: Int J 1(1):7–14. doi:10.1108/13522759810197550

Ding DX, Paul JHH, Verma R, Wardell DG (2010) The impact of service system design and flow experience on customer satisfaction in online financial services. J Serv Res-Us 13(1):96–110. doi:10.1177/1094670509350674

DuBay JW (2009) Remote service reduces maintenance costs. Applied Automation. http://www05.abb.com/global/scot/scot267.nsf/veritydisplay/a2a69da10ee7770785257625006ee6a8/$ffil/plant%20engineering%207.09%20remote%20service%20reduces%20maintenance%20costs.pdf. Zugegriffen: 19. Sep. 2013

Farrel D, Laboissiere MA, Rosenfeld J (2005) Sizing the emerging global labor market. In: The mckinsey quarterly 2005 Number 3. S93–103. http://www.amenezes.uac.pt/macroeconomiaII/papers/McKinsey%20Economic%20Studies%20-%20Sizing%20the%20emerging%20global%20labor%20market.pdf. Zugegriffen: 19. Sep. 2013

Flanagan JC (1954) The critical incident technique. Psychol Bull 51(4):327–358

Gordon GL, Roger JC, Anthony CDB (1993) Business-to-business service marketing: how does it differ from business-to-business product marketing. J Bus Ind Mark 8(1):45–57. doi:10.1108/08858629310027605

Grönroos C (1990) Relationship approach to marketing in service contexts: the marketing and organizational behavior interface. J Bus Res 20(1):3–11. doi:10.1016/0148-2963(90)90037-E

Gwinner KP, Gremler DD, Bitner MJ (1998) Relational benefits in service industries: the customer's perspective. J Acad Market Sci 26(2):106–114. doi:10.1177/0092070398262002

Hennig-Thurau T, Gwinner KP, Gremler DD (2002) Understanding relationship marketing outcomes: an integration of relational benefits and relationship quality. J Serv Res-Us 4(3):230–247. doi:10.1177/1094670502004003006

Jonsson K, Westergren UH, Holmström J (2008) Technologies for value creation: an exploration of remote diagnostic systems in the manufacturing industry. Inform Syst J 18(3):227–245. doi:10.1111/j.1365-2575.2007.00267.x

Leek S, Turnbull PW, Naudé P (2003) How information technology affecting business relationships? Results from a UK survey. Ind Market Manag 32(2):119–126. doi:10.1016/S0019-8501(02)00226-2

Makarem SC, Mudambi SM, Podoshen JS (2009) Satisfaction in technology-enabled service encounters. J Serv Mark 23(3):134–144. doi:10.1108/08876040910955143

Meuter ML, Ostrom AL, Roundtree RI, Bitner MJ (2000) Self-service technologies: understanding customer satisfaction with technology-based service encounters. J Marketing 64(3):50–64. doi:10.1509/jmkg.64.3.50.18024

Mick DG, Fournier S (1998) Paradoxes of technology: consumer cognizance, emotions, and coping strategies. J Consum Res 25(2):123–144. doi:10.1086/209531

Miles MB, Huberman MA (1994) Qualitative data analysis: an expanded sourcebook. Sage, Thousand Oaks u. a.

Oliver RL (1997) Satisfaction: a behavioral perspective on the consumer. The McGraw-Hill, New York

Ostrom AL, Bitner MJ, Brown SW, Burkhard KA, Goul M, Smith-Daniels V, Demirkan H, Rabinovich, E (2010) Moving forward and making a difference: research priorities for the science of service. J Serv Res-Us 13(1):4–36. doi:10.1177/1094670509357611

Paluch S (2011) Remote service technology perception and its impact on customer-provider relationships – an empirical exploratory study in a B2B-setting. Gabler, Wiesbaden

Paluch S, Blut M (2013) Service separation and customer satisfaction: assessing the service separation/customer integration paradox. J Serv Res-Us 16(3):415–427. doi:10.1177/1094670513475870

Paluch S, Wagner M (2010) Healthcare solutions und remote services: Praxisbeispiel Siemens AG. In: Woisetschläger D, Michaelis M, Evanschitzky H, Eiting A, Backhaus C (Hrsg) Marketing von solutions – Innovative Ansätze und best practices. Gabler, Wiesbaden, S 243–264

Paluch S, Wittkop T (2010) Qualitative data analysis with GABEK-WinRelan – using the example of intercultural competences of German expatriates in China, Rio de Janeiro. In: Proceedings of the academy of international business annual meeting

Parasuraman A (1998) Customer service in business-to-business markets: an agenda for research. J Bus Ind Mark 13(4/5):309–321. doi:10.1108/08858629810226636

Parasuraman A (2000) Technology readiness index (TRI): a multiple item scale to measure readiness to embrace new technologies. J Serv Res-US 2(4):307–320. doi:10.1177/109467050024001

Parasuraman A, Zeithaml VA, Berry LL (1985) A conceptual model of service quality and its implications for future research. J Marketing 49(4):41–50. doi:10.2307/1251430

Parasuraman A, Zeithaml VA, Berry LL (1988) SERVQUAL: a multiple-item scale for measuring consumer perceptions of service quality. J Retailing 64(1):12–40

Prahalad CK, Ramaswamy V (2004) Co-creating unique value with customers. Strategy Leadersh 32(3):4–9. doi:10.1108/10878570410699249

Pratt MG (2009) For the lack of a boilerplate: tips on writing up (and reviewing) qualitative research. Acad Manage J 52(5):856–862

Sinkovics RR, Penz E, Pervez G (2005) Analysing textual data in international marketing research. Qual Market Res: Int J 8(1):9–38. doi:10.1108/13522750510575426

Stumpf C (1939) Erkenntnislehre. Dustri, Leipzig

Szymanski DM, Henard DH (2001) Customer satisfaction: a meta-analysis of the empirical evidence. J Acad Market Sci 29(1):16–35. doi:10.1177/009207030102900102

Tuli KR, Kohli A, Sundar GB (2007) Rethinking customer solutions: from product bundles to relational processes. J Marketing 71(3):1–17. doi:10.1509/jmkg.71.3.1

Walker RH, Craig-Lees M, Hecker R, Francis H (2002) Technology-enabled service delivery: an investigation of reasons affecting customer adoption and rejection. Int J Serv Ind Manag 13(1):91–106. doi:10.1108/09564230210421173

Wünderlich NV (2009) Acceptance of remote services – perception, adoption, and continued usage on organizational settings. Gabler, Wiesbaden

Wünderlich NV, Paluch S (2013) Risk perception of technology-based service usage in inter-organizational settings. In: Proceedings of American Marketing Association Summer Marketing Educators' Conference zum Thema „Innovating and collaborating in a global marketplace" in Boston, MA

Wünderlich NV, Schumann J, v. Wangenheim F, Holzmüller HH (2007) Ferngesteuerte Dienstleistungen. Betriebswirtschaftliche Spezifika, Terminologie und Herausforderungen für das Management. In: Holtbrügge D, Holzmüller HH, von Wangenheim F (Hrsg) Remote services – Neue Formen der Internationalisierung von Dienstleistungen. Gabler, Wiesbaden, S 3–26

Yi Y (1990) A critical review of customer satisfaction. In: Zeithaml VA (Hrsg) Review of marketing. American Marketing Association, Chicago, S 68–123

Zeithaml VA, Gilly MC (1987) Characteristics affecting the acceptance of retailing technologies: a comparison of elderly and nonelderly consumers. J Retailing 63(1):49–68

Zeithaml VA, Parasuraman A, Malhotra A (2002) Service quality delivery through web sites: a critical review of extant knowledge. J Acad Market Sci 30(4):362–375. doi:10.1177/009207002236911

Zeithaml VA, Bitner MJ, Gremler DD (2006) Services marketing integrating customer focus across the firm. McGraw-Hill, Singapore

Zelger J (1999) Wissensorganisation durch sprachliche Gestaltbildung im qualitativen Verfahren GABEK. In: Zegler J, Maier M (Hrsg) GABEK: Verarbeitung und Darstellung von Wissen. Studienverlag, Innsbruck, S 41–87

Zelger J (2000) Twelve steps of GABEK WinRelan: a procedure for qualitative opinion research, knowledge organization and systems development. In: Buber R, Zelger J (Hrsg) GABEK II. Zur Qualitativen Forschung. On qualitative research. Studienverlag, Innsbruck u. a., S 205–220

Zelger J (2008) The respresentation of verbal data by GABEK-Nets. In: Zelger J, Raich M, Schober P (Hrsg) GABEK III: Organisationen und ihre Wissensnetze. Studienverlag, Innsbruck, S 95–122

Zelger J, Oberprantacher A (2002) Processing of verbal data and knowledge representation by GABEK-WinRelan. Forum Qualitative Sozialforschung, Vol 3, No. 2, Art. 27. http://www.qualitative-research.net/index.php/fqs/article/view/866/1883. Zugegriffen: 18. Sep. 2013

Zolkiewski J, Lewis B, Yuan F, Yuan J (2007) An assessment of customer service in business-to-business relationships. J Serv Mark 21(5):313–325. doi:10.1108/08876040710773624

Teil III

Dienstleistungsprozesse in der Pflege zwischen Rationalisierung und Humanität

Die Kunden der Pflegekräfte

11

Zur Kundenkonstellation in der stationären Altenhilfe und ihren Auswirkungen auf die Praxis interaktiver Pflegearbeit

Thomas Birken und Wolfgang Menz

Inhaltsverzeichnis

11.1 Von der interaktiven Arbeit zur Kundenkonstellationsanalyse 241
11.2 Arbeitssoziologische Analyseperspektive(n) auf interaktive Arbeit 243
11.3 Kundenfunktionen und ihre Träger – die Analyse von Kundenkonstellationen 244
11.4 Die Kundenkonstellation in der stationären Altenhilfe und ihre Auswirkungen auf die
    interaktive Pflegearbeit 247
    11.4.1 Die Träger der Kundenfunktionen in der stationären Altenhilfe 248
    11.4.2 Ansprüche der Akteure und Machtbeziehungen 250
    11.4.3 Konflikte und Widersprüche 253
11.5 Ausblick 255
Literatur.. 256

11.1 Von der interaktiven Arbeit zur Kundenkonstellationsanalyse[1]

Pflegearbeit ist interaktive Arbeit: Sie findet in Auseinandersetzung – in Kooperation, in wechselseitiger Abstimmung, manchmal auch in Konflikt – mit einem immer konkreten Gegenüber statt: mit den zu Pflegenden als Interaktionspartnern der Beschäftigten. Natürlich arbeiten nicht nur Pflegekräfte interaktiv. Arbeit in unmittelbarem Kundenkontakt ist

---

[1] Für den Beitrag im vorliegenden Band haben wir unser ursprüngliches Modell der Kundenkonstellationsanalyse (vgl. Birken et al. 2012) um eine machttheoretische Perspektive ergänzt und das daraus resultierende erweiterte Analyseraster anschließend auf das Praxisfeld der stationären Altenhilfe angewendet.

T. Birken (✉) · W. Menz
ISF München, Jakob-Klar-Str. 9, 80796 München, Deutschland
E-Mail: thomas.birken@isf-muenchen.de

W. Menz
E-Mail: wolfgang.menz@isf-muenchen.de

M. Bornewasser et al. (Hrsg.), *Dienstleistungen im Gesundheitssektor*,
DOI 10.1007/978-3-658-02958-6_11, © Springer Fachmedien Wiesbaden 2014

in modernen Dienstleistungsgesellschaften weit verbreitet: In einer aktuellen ver.di-Studie geben 65 % der Beschäftigten an, immer oder zumindest oft im direkten Kontakt mit Kunden, Klienten, Mandanten oder Patienten zu arbeiten (vgl. ver.di 2011). Gleichwohl ist Pflegearbeit gewissermaßen ein Paradefall für interaktive Arbeit. Während etwa in technischen Berufen interaktive Arbeit (z. B. die Verständigung mit dem Kunden über den Inhalt einer technischen Dienstleistung) als zusätzliches Element zu verschiedenen nicht-interaktiven Tätigkeiten hinzutritt (z. B. der Erstellung einer Software), bildet in der Pflege Interaktion den wesentlichen Kern der Tätigkeit. Es wird nicht nur über einen Arbeitsgegenstand interaktiv verhandelt, sondern der Arbeitsgegenstand selbst ist ein Mensch: Pflegearbeit findet somit mit und „am Menschen" statt. Nicht ohne Grund gelten die klassischen Kontaktberufe im Gesundheits- und Sozialwesen als besonders anschaulicher Fall für interaktive Arbeit.

Da es sich bei **Interaktion** und **Arbeit** zunächst einmal um recht allgemeine Begriffe handelt, wollen wir zu Beginn unseres Beitrags zunächst kurz skizzieren, was in der sozialwissenschaftlichen Dienstleistungsforschung auf einer theoretisch-konzeptionellen Ebene gemeint ist, wenn von interaktiver Arbeit die Rede ist (Abschn. 11.2). Im nächsten Schritt wollen wir die Perspektive dann noch einmal erweitern: Bei näherer Betrachtung wird deutlich, dass es nicht nur die zu Pflegenden sind, die auf der Kundenseite der interaktiven Pflegearbeit stehen. Vielmehr treten weitere personale und institutionelle Akteure – direkt oder indirekt – in der Rolle von Kunden in Erscheinung und prägen den konkreten Arbeitsverlauf mit. Eine solche Vielfalt an Kunden, deren Handlungen und Handlungsfolgen in der interaktiven Arbeit wirksam werden, lässt sich auch für andere Dienstleistungstätigkeiten erkennen. Wir haben daher die **Analyse von Kundenkonstellationen** als heuristisches Hilfsmittel für die empirische Erschließung der Rahmenordnung vorgeschlagen, in der sich die unmittelbare interaktive Arbeitspraxis in ihrem je spezifischen Praxisfeld vollzieht (vgl. Birken et al. 2012). Im dritten Abschnitt skizzieren wir die Dimensionen einer solchen „Kundenkonstellationsanalyse" und entwickeln sie fort im Hinblick auf eine machtsensible Analyse interaktiver Arbeit. Anschließend wenden wir diesen Ansatz exemplarisch auf das Praxisfeld der stationären Altenpflege an (Abschn. 11.4). Ein besonderer Schwerpunkt liegt dabei auf der Darstellung der (teilweise systematisch angelegten) Spannungsverhältnisse und Widersprüche, die aus der spezifischen Kundenkonstellation in der stationären Pflege für die interaktive Arbeit in diesem Feld resultieren.

Den empirischen Hintergrund unseres Beitrags bilden das Projekt „Professionalisierung interaktiver Arbeit aus der Beschäftigtenperspektive"[2] und insbesondere Fallstudien in zwei Seniorenzentren[3].

---

[2] Das Projekt wurde vom Institut für Sozialwissenschaftliche Forschung e. V. – ISF München durchgeführt, vom Bundesministerium für Bildung und Forschung und dem Europäischen Sozialfonds (ESF) unter dem Kennzeichen 01FB08005 von 2008 bis 2012 gefördert und ist Teil des Verbundvorhabens „Professionalisierung interaktiver Arbeit", an dem darüber hinaus die Hochschule Aalen, die Universität Augsburg, die Technische Universität Chemnitz sowie mehrere Praxispartner beteiligt waren. Zu den Projektergebnissen siehe ausführlich die Beiträge in Dunkel und Weihrich (2012b). Zum Praxisfeld Pflege siehe insbesondere Weihrich et al. (2012).

[3] Dabei wurden insgesamt 36 Interviews mit Beschäftigten, Bewohnerinnen und Bewohnern der Seniorenzentren sowie Vertretern aus Seniorenbeirat, Heimaufsicht sowie Bildungsträgern geführt. Hinzu kommen 46 Beobachtungen und Aufgabenanalysen.

11.2   Arbeitssoziologische Analyseperspektive(n) auf interaktive Arbeit

In den vergangenen Jahren hat sich die Arbeit an und mit Menschen zunehmend zu einem eigenständigen Forschungsgegenstand innerhalb der sozialwissenschaftlichen Dienstleistungsforschung entwickelt. Einen besonderen Schwerpunkt bildet dabei die Frage, mit welchen besonderen Herausforderungen und Chancen personenbezogene Dienstleistungsarbeit und die darin eingelassenen Dienstleistungsinteraktionen für die Beschäftigten verbunden sind (vgl. Böhle und Glaser 2006; Hacker 2009). Allerdings hat die die Subjektnatur des Arbeitsgegenstands in der interaktiven Arbeit auch zur Folge, dass der Kunde nicht einfach „bearbeitet" werden kann, sondern systematisch in den Produktionsprozess der Dienstleistung integriert werden muss, was immer auch eigene Beiträge des Kunden beinhaltet. Dieser Kerngedanke ist der Ausgangspunkt einer Konzeption interaktiver Arbeit, in der ganz explizit nach der Rolle und den Leistungen der Kunden im Dienstleistungsprozess gefragt wird (vgl. Dunkel und Voß 2004; Dunkel und Weihrich 2006, 2010, 2012a; Dunkel und Kleemann 2013). Aus einer theoretisch-analytischen Perspektive erscheint interaktive Arbeit hier als ein komplexes Geschehen, in dem Beschäftigte und Kunde gemeinsam eine Reihe von grundlegenden Anforderungen lösen müssen, damit der Dienstleistungsprozess zu einem erfolgreichen Ende geführt werden kann (vgl. Weihrich und Dunkel 2003). Zunächst geht es dabei um die Frage der Definition des Problems und damit um die Frage, was eigentlich Gegenstand der Dienstleistung sein soll. Im nächsten Schritt gilt es zu klären, auf welchem Weg das Problem gelöst werden kann, wie sich der Prozess der Problembearbeitung also in der Praxis vollziehen soll. Dabei geht es immer auch gleichzeitig um die Frage, welche Beiträge von den Beteiligten – Beschäftigten und Kunden – zu erbringen sind und wie diese in ein Passungsverhältnis zueinander gebracht werden können. Zu guter Letzt muss eine Einigung darüber erzielt werden, wann ein Problem als gelöst betrachtet werden kann und der Prozess der koproduktiven Dienstleistungserstellung damit als zu einem guten Ende gebracht zu begreifen ist. Vor diesem konzeptuellen Hintergrund stellt sich interaktive Arbeit also als ein facettenreicher Forschungsgegenstand dar: Sie fordert die Beschäftigten in einem umfassenden Sinne und kommt gleichzeitig nicht ohne Beiträge der Kundenseite aus.

Die internationale sozialwissenschaftliche Dienstleistungsforschung liefert verschiedene Anschlussmöglichkeiten für die Untersuchung interaktiver Arbeit. Zu der umfangreichen Diskussion um die Rolle der Emotionen in der Dienstleistungsarbeit, die sich im Anschluss an die Arbeiten von Arlie Hochschild (1979, 1983) entwickelt hat, haben sich mit der Thematisierung der habituellen Dispositionen auf der Seite der Beschäftigten im Rahmen des Aesthetic-Labour-Ansatzes (vgl. Warhurst et al. 2000; Witz et al. 2003; Nickson et al. 2005; Warhurst und Nickson 2007) und der Diskussion der Rolle des Körpers in der Dienstleistungsarbeit (vgl. Wolkowitz 2006; McDowell 2009) theoretisch vielfältig fundierte Forschungsperspektiven gesellt, die deutlich machen, wie universell sich die Einbindung der Dienstleistungsbeschäftigten in ihre Arbeit darstellt.

Gemeinsam ist den theoretischen Ansätzen, dass sie in erster Linie auf die konkrete interaktive Arbeitspraxis fokussieren und dabei überwiegend Fragen nach dem subjektiven Erleben der Dienstleistungsbeschäftigten, den notwendigen Voraussetzungen und Kompetenzen und den vielfältigen Belastungsformen in der Arbeit an und mit Kunden in den Mittelpunkt stellen.

Die betrieblichen Rahmenbedingungen der Arbeit werden dabei zwar vielfach mitdiskutiert, die Dienstleistungsunternehmen selbst spielen als Forschungsgegenstand in der sozialwissenschaftlich orientierten Dienstleistungsforschung jedoch häufig eine eher untergeordnete Rolle. Eine Ausnahme bildet in diesem Zusammenhang Marek Korczynskis Konzept der „costumer-oriented bureaucracy". Korczynski arbeitet unter Rückgriff auf den Bürokratieansatz von Max Weber heraus, dass sich Dienstleistungsunternehmen grundsätzlich mit dem Anspruch konfrontiert sehen, zwischen betrieblichen Rationalitätsansprüchen und den immer subjektiven Ansprüchen der Kunden im Dienstleistungsprozess zu vermitteln. Während mit Blick auf eine möglichst rationale Form der Dienstleistungserbringung eine weitreichende Standardisierung von Dienstleistungsinteraktionen zielführend erscheine, müsse mit Blick auf die Erwartung der Kunden, möglichst individuell und als souveräner Akteur behandelt zu werden, ein – letztendlich kontrafaktischer – „enchanting myth of customer souveignty" aufrecht erhalten werden (vgl. Korczynski 2002, 2009). Allerdings bildet die Darstellung dieses Grundwiderspruchs auch bei Korczynski in erster Linie den Hintergrund für die (natürlich durchaus berechtigte) Frage nach den daraus resultierenden Anforderungen für die Beschäftigten. Diese sehen sich mit dem Problem konfrontiert, die systematisch angelegten Spannungen, die aus dem Konflikt der unterschiedlichen Zielsetzungen resultieren, in der konkreten Arbeit an der „front line" (vgl. Frenkel et al. 1999) wenn nicht zu lösen, so doch zumindest zu bearbeiten.

So überzeugend die Darstellung des Grunddilemmas von Dienstleistungsunternehmen bei Korczynski auch ist, sie verbleibt doch (ihrem allgemeinen Anspruch entsprechend) auf einem sehr abstrakten Niveau. Die jeweils konkreten und in der Regel komplexen Anforderungskonstellationen, denen sich Dienstleistungsunternehmen und ihre Beschäftigten in ihren spezifischen sozialen, ökonomischen, rechtlichen und organisationsstrukturellen Umwelten ausgesetzt sehen, lassen sich in diesem Modell daher kaum erschöpfend abbilden. Wir haben daher vorgeschlagen, das sozialwissenschaftliche Instrumentarium zur Untersuchung interaktiver Arbeit um eine zusätzliche Perspektive zu erweitern: die Analyse von Kundenkonstellationen (Birken et al. 2012).

11.3 Kundenfunktionen und ihre Träger – die Analyse von Kundenkonstellationen

Wenn in der anglo-amerikanischen Service-Work-Debatte und der deutschen Dienstleistungsdebatte (einschließlich der Theorie interaktiver Arbeit) von Kunden die Rede ist, dann sind in der Regel (implizit oder explizit) die personalen Adressaten von (überwiegend

personenbezogenen) Dienstleistungen gemeint: die Gäste in der Hotellerie und Gastronomie, die Kunden im Einzelhandel und an der Hotline von Call-Centern, die Patienten und
Bewohner in Krankenhäusern und Altenpflegeeinrichtungen usw. Diese stellen einerseits
das Objekt der Leistungserbringung dar (den zu bedienenden Gast, den zu informierenden
Kunden, den zu pflegenden Patienten bzw. Bewohner), sind aber gleichzeitig als Subjekt
am interaktiven Arbeitsprozess beteiligt und erbringen in diesem Zusammenhang notwendige Leistungen, ohne die die entsprechenden Dienstleistungen gar nicht zustande
kommen könnten (vgl. Weihrich und Dunkel 2003). Gleichzeitig sind sie aber auch die leistungsbewertende Instanz, d. h. der Gradmesser der Kundenzufriedenheit: Sie beurteilen
den Dienstleistungsgeber und seine Arbeit (woraus ihre zentrale Rolle im Dienstleistungsmarketing resultiert, vgl. z. B. Grönroos 2000). Schließlich sind sie darüber hinaus auch
noch der ökonomische Kunde, also der Partner in einer Marktbeziehung, in der Geld gegen
(Dienst-)Leistung eingetauscht wird.

Auf einer analytischen Ebene lassen sich also **vier unterschiedliche Funktionen** unterscheiden, in denen der Kunde aus der Sicht der Dienstleistungsunternehmen als relevanter
Bezugspunkt in Erscheinung tritt:

- der Kunde als **Objekt der Dienstleistungserbringung**, also die Einheit, an der, mit der
  oder für die Leistungen erbracht werden,
- der Kunde als **Subjekt der Dienstleistungserbringung**, also als Koproduzent, der eigene Beiträge einbringen muss, damit personenbezogene Dienstleistungsarbeit gelingen
  kann,
- der Kunde als **leistungsbewertende Instanz**, also als diejenige Einheit, die auf der
  Basis je spezifischer Qualitätsmaßstäbe und -indikatoren ein Urteil darüber fällt, ob die
  erbrachte Leistung den an sie gestellten Erwartungen entspricht,
- der Kunde als **ökonomischer Tauschpartner**, also als diejenige Einheit, die für
  erbrachte Leistungen zahlt.

Allerdings ist es keineswegs selbstverständlich, dass sich die beschriebenen Funktionen
in einer konkreten Dienstleistungskonstellation tatsächlich in einer Person bzw. in einem
personalen Kunden (und nur diesem einen) konzentriert wiederfinden.

Bei genauerem Hinsehen stellt dieses Ineinanderfallen sämtlicher Kundenfunktionen
in einer Person eher einen Spezialfall dar, der vielleicht deshalb gerade nicht als Spezialfall
erscheint, weil er in vielen Alltagsdienstleistungsbereichen fast idealtypisch in Erscheinung tritt. Beim Restaurantbesuch, beim (privaten) Einkauf im Einzelhandel und als
(privat reisender) Hotelgast (um nur drei Lieblingsgegenstände der sozialwissenschaftlichen Dienstleistungsforschung zu nennen) erscheint es selbstverständlich, dass man als
– eben personaler – Kunde alles zugleich ist: „Zielobjekt" der Beschäftigten und des gesamten Dienstleistungssystems, Kooperationspartner im Prozess der Leistungserbringung,
derjenige, der nach dem Essen, nach dem Einkauf oder nach dem Aufenthalt zufrieden ist
(oder eben nicht) und dann für die in Anspruch genommenen Leistungen aufzukommen
hat.

Geht man aber über den engen Bereich dieser alltagsnahen Dienstleistungen hinaus, wird schnell deutlich, dass nicht jede Dienstleistungskonstellation diesem Muster entspricht. An die Stelle eines relativ simplen Modells, in dem es aus der Sicht der Dienstleistungsunternehmen lediglich darum geht, Kunden, die als konkrete Personen adressiert werden können, gerecht zu werden, tritt dann ein komplexes Beziehungsgeflecht, in dem die unterschiedlichen Kundenfunktionen auf verschiedene Akteure verteilt und teilweise sogar mehrfach vergeben sein können. Daraus ergeben sich wiederum besondere Anspruchs- und Anforderungskonstellationen für die Dienstleistungsunternehmen wie auch für die Dienstleistungsfachkräfte als konkrete Akteure an der Schnittstelle zwischen Unternehmen und den verschiedenen Kunden.

Eine Analyse der Kundenkonstellation zielt zunächst auf die Beantwortung der Frage, welche personalen und institutionellen Träger der vier beschriebenen Kundenfunktionen im jeweiligen Dienstleistungsfeld identifiziert werden können. Im zweiten Schritt lässt sich dann die Frage stellen, welche Konsequenzen die Ausdifferenzierung der unterschiedlichen Kundenfunktionen und ihre Verteilung auf verschiedene Akteure für die Abstimmungs- und Aushandlungsprozesse interaktiver Arbeit „vor Ort" in den Organisationen, in denen die Dienstleistungsfachkräfte auf die Kunden treffen, hat. Dabei kann nun genauer betrachtet werden: Welche Ansprüche formulieren die verschiedenen Akteure vor dem Hintergrund ihrer jeweiligen Kundenfunktion, und über welche Machtpotenziale verfügen sie, um diese erfolgreich in die Aushandlungsprozess einzubringen? Welche „Unsicherheitszonen" (Crozier und Friedberg 1979) des Dienstleistungsunternehmens und der Dienstleistungsfachkräfte, aber auch der weiteren Kunden können sie kontrollieren? Welche Ressourcen können sie mobilisieren? Damit kann nicht zuletzt deutlich gemacht werden, wie typische konfligierende Ansprüche in der Interaktionspraxis entstehen, die aus den unterschiedlichen Kundenfunktionen resultieren. Es kann also unter Umständen aufgezeigt werden, welche systematischen Spannungsverhältnisse und Widersprüche sich aus der Aufteilung der Kundenfunktionen auf unterschiedliche personale und institutionelle Träger ergeben und welche Auswirkungen diese wiederum auf die Praxis interaktiver Arbeit haben.

Die Kundenkonstellationsanalyse mag auf den ersten Blick durchaus gewisse Ähnlichkeiten mit Analyseverfahren aus dem strategischen Management haben, unterscheidet sich von diesen aber nicht zuletzt in der Zielperspektive: Umweltanalyseverfahren, wie die Branchenstrukturanalyse (vgl. Porter 1980) oder die Stakeholderanalyse (vgl. Freeman 1984), zielen im Kern darauf ab, das relevante Kräfte- und Koordinatensystem eines Feldes, in dem sich ein Unternehmen engagiert oder engagieren möchte, möglichst präzise zu kartieren, um darauf aufbauend strategische Entscheidungen fällen zu können. Der Anspruch besteht dabei also darin, möglichst viele relevante Informationen zusammenzutragen, um damit Managemententscheidungen auf eine möglichst breite und sichere Basis zu stellen. Der Anspruch der von uns vorgeschlagenen Kundenkonstellationsanalyse besteht hingegen darin, die relevanten Rahmenbedingungen für die unmittelbare interaktive Arbeit zu analysieren und damit die übergeordneten Arbeitsbedingungen der Beschäftigten und ihrer Kunden im interaktiven Dienstleistungsprozess beschreibbar zu machen. Der Anspruch ist also auch ein anderer als bei herkömmlichen Formen der Kundenanalyse, bei denen es primär darum geht, aktuelle und potenzielle Kunden zu clustern und für die einzelnen Kundengruppen oder -segmente dann unter Umständen noch einen spezifischen Kundenwert zu ermitteln.

11.4   Die Kundenkonstellation in der stationären Altenhilfe und ihre Auswirkungen auf die interaktive Pflegearbeit

Will man das Werkzeug der Kundenkonstellationsanalyse auf das Feld der Altenpflege anwenden, stellt sich zunächst einmal die Frage nach der organisationalen Einheit, die – jenseits konkreter Dienstleistungsinteraktionen – als Gegenpart zur Kundenseite[4] begriffen werden soll. Die Einrichtungen der stationären Altenhilfe, die im Rahmen unseres Forschungsprojekts untersucht wurden, sind (durchaus branchentypisch) als Betriebe in der Trägerschaft eines „Sozialmultis" der freien Wohlfahrtspflege organisiert, der direkt oder über eine Tochtergesellschaft 22 Seniorenzentren betreibt. Entsprechend müssen die einzelnen Einrichtungen sich nicht nur an den allgemeinen gesetzlichen Bestimmungen orientieren, sondern zusätzlich an den Standards des Trägers, der seinerseits wiederum wichtige Aufgaben im Bereich der Organisation von allgemeinen Rahmenbedingungen (z. B. die Verhandlung von Pflegesätzen) übernimmt. Unabhängig von dieser engen Einbindung in die Strukturen des Trägers wirtschaften die einzelnen Einrichtungen allerdings weitgehend wie selbstständige Unternehmen und sind dabei sowohl für die Deckung ihrer Kosten über eine ausreichende Belegung – wirtschaftlich notwendig ist eine Belegung jedes Bettes an ca. 350 Tagen pro Jahr – als auch für die Organisation ausreichender Personalressourcen verantwortlich. In den Worten eines Einrichtungsleiters:

> Wir sind wirtschaftlich vollkommen selbstständig. Das heißt, ich stelle Personal ein, ich entlasse Personal selbstständig, bin verantwortlich für die Ausrichtung der Einrichtung, für die Vollbelegung der Einrichtung und dass ich entsprechendes Personal habe. Unterstützt werden wir von der Hauptverwaltung mit den Stabsstellen; also mit Juristerei, EDV, Pflegesatzverhandlungen, Bauplanungen, da unterstützen uns die Stabsstellen von der Hauptverwaltung.

---

[4] Interessanterweise wird im Feld der Begriff des „Kunden" von allen Beteiligten weitgehend abgelehnt, weil er zu sachlich klingt für ein insgesamt sehr persönliches, durch das „Ethos fürsorglicher Praxis" (Senghaas-Knobloch 2008) und nicht durch „kalte Marktbeziehungen" geprägtes Verhältnis. Auf der anderen Seite unterstellt der Kundenbegriff aber auch ein Einflusspotenzial der Bewohner, die ihrer Stellung in dem Organisations- und Interaktionsgeflecht Seniorenzentrum in der Realität nur selten entspricht: die Rolle des „König Kunde". Der in der Praxis verwendete Begriff der Bewohner macht zugleich klar: Während das Heim für die Dienstleistungsfachkräfte „nur" Arbeitsstätte ist, ist es für die Bewohner Lebenswelt und damit eine noch umfassendere Institution (vgl. Weihrich et al. 2012).

Aufgrund dieser weitgehend eigenständigen Handlungsfähigkeit der Seniorenzentren gehen wir bei der Frage nach der spezifischen Kundenkonstellation im Folgenden von der
einzelnen Einrichtung als zentralem Akteur aus. Wem steht dieser Akteur nun gegenüber?

11.4.1 Die Träger der Kundenfunktionen in der stationären Altenhilfe

Die Frage nach dem **Leistungsobjekt,** also an wem im Bereich der stationären Altenpflege
(Dienst-) Leistungen erbracht werden, scheint auf den ersten Blick schnell beantwortet:
Natürlich stellen die Bewohner und Bewohnerinnen in den Einrichtungen den Haupt-
bezugspunkt für die Tätigkeit der Pflegekräfte und der anderen Beschäftigtengruppen
(Hauswirtschaft, soziale Betreuung, Haustechnik, Verwaltung und Leitung) dar. Allerdings
können auch die Angehörigen der Bewohner in vielen Fällen zu den Leistungsadressaten gerechnet werden, etwa wenn diese im Vorfeld über die Modalitäten eines Umzugs
eines zukünftigen Bewohners und über die notwendigen Vorbereitungen dazu informiert, im Verlauf des Aufenthalts über den Gesundheitszustand des Angehörigen auf
dem Laufenden gehalten oder im Rahmen von Angehörigenweiterbildungsmaßnahmen
über Krankheitsbilder oder Neuerungen im Bereich der Pflege in Kenntnis gesetzt werden.
Die Betreuungsleistungen für die Bewohner und ihre Angehörigen werden von den Altenhilfeeinrichtungen dabei im Auftrag von Leistungsträgern erbracht, die vom Gesetzgeber
mit der Sicherstellung eben jener Leistungsbereiche betraut wurden: den Kranken- und
Pflegekassen sowie den Trägern der staatlichen Grundsicherung, die damit ebenfalls als
Leistungsobjekt aus der Sicht der Einrichtungen fungieren.

Die Kundenfunktion des **Leistungssubjekts,** also die aktive Teilnahme am koproduktiven Prozess der Leistungserstellung, wird im Bereich der stationären Altenhilfe wiederum
zentral von den Bewohnern, aber teilweise auch von deren Angehörigen übernommen.
Die Bewohner in den Einrichtungen stellen sich auf Ablaufroutinen und strukturelle Vorgaben der Pflege ein, bemühen sich in vielen Fällen um einen möglichst reibungsfreien
Ablauf der Pflegetätigkeiten und verfügen manchmal sogar über eine regelrechte Einrich-
tungsexpertise, die sie neuen Bewohnern oder Pflegekräften zur Verfügung stellen (vgl.
Weihrich et al. 2012). Eine Mitarbeit bei Pflegeleistungen, etwa bei der Körperpflege, zählt
im Übrigen auch zu den expliziten pflegerischen Zielen, um die Bewohner aktiv zu halten
und damit gesundheitlich zu stärken: Soviel Selbstpflege wie möglich, lautet das Prinzip –
auch dann, wenn dies für die Pflegekräfte teilweise aufwändiger ist als eine rein stellvertretende Handlung (weshalb in der eng getakteten Arbeitspraxis nicht immer ausreichend
Zeit dafür bleibt).

Die Angehörigen beteiligen sich ebenfalls an der „Kundenarbeit" (vgl. Birken et al. 2012;
Weihrich et al. 2012): Sie erledigen Besorgungen für die Bewohner, sie übernehmen (in
der Regel informell und häufig auch nicht direkt intendiert) soziale Betreuungsleistungen,
bspw. in Form von Gesprächen oder Spaziergängen, sie nehmen aber auch an pflegerischen
Tätigkeiten Teil, z. B. durch verschiedene Aktivierungsarbeiten wie Geh-, Sprech- und Ge-
dächtnisübungen. Auch kleinere grundpflegerische Versorgungsleistungen werden von

manchen Angehörigen ausgeführt. Darüber hinaus engagieren sich die Angehörigen z. B. im Rahmen des Heimbeirats in Fragen der Planung und Problemlösung in der „Heimfamilie" und unterstützen andere Angehörige bei der Umstellung auf die neue Lebenssituation, die der Einzug eines Angehörigen in eine Einrichtung der stationären Pflege mit sich bringt.

Im Hinblick auf die **Leistungsbewertung** lassen sich im Bereich der Altenpflege eine ganze Reihe unterschiedlicher Anspruchsgruppen unterscheiden, die die Leistungserbringung der Einrichtungen bewerten und deren jeweilige Vorstellungen von „guter Pflege" sich keineswegs zwingend decken müssen. Auf der einen Seite überprüft der Medizinische Dienst der Krankenkassen (MDK), ob die Leistungen, die mit den Einrichtungen abgerechnet werden, auch tatsächlich erbracht und ob dabei die pflegefachlichen Standards eingehalten wurden. Die eingenommene Perspektive ist dabei in erster Linie verrichtungsorientiert: Es geht primär um die Frage, ob alle pflegewissenschaftlich als notwendig und sinnvoll erachteten Leistungen auch in der entsprechenden fachlichen Qualität erbracht worden sind. Auf der anderen Seite stehen die Bewohner selbst und deren Angehörige, die ebenfalls ein hohes Interesse an der Leistungserbringung durch die Einrichtung haben, allerdings in ihren Bewertungskriterien teilweise andere Schwerpunkte setzen: Hier steht in der Regel eher die Art und Weise der Leistungserbringung im Vordergrund, also die qualitative Frage nach dem zwischenmenschlichen Umgang mit den Bewohnern. Dazu kommen primär lebensweltlich fundierte (und sich zunehmend ausdifferenzierende) Vorstellungen davon, wie eine gute Einrichtung, ein adäquates Zimmer und ein wohl umsorgter Bewohner auszusehen haben. Pflegefachliche Aspekte können auch hier eine Rolle spielen, allerdings ist die Qualität von Pflege im Hinblick auf fachliche Gütekriterien von Laien schwierig zu beurteilen. Eine gewisse Mittelposition nehmen (zumindest in Bayern) die staatlichen Aufsichtsorgane (Fachstellen für Pflege- und Behinderteneinrichtungen – Qualitätsentwicklung und Aufsicht: FQA) ein, die gerade dabei sind, auf eine eher hermeneutisch orientierte Bewertung der Betreuungsqualität in Einrichtungen umzustellen. Dabei nehmen sie sowohl pflegefachliche als auch subjektiv-emotionale Aspekte der Betreuung in den Blick.

Recht komplex ist die Frage nach der **ökonomischen Tauschpartnerschaft**. Die oben dargestellte Kombination unterschiedlicher Anspruchsgruppen bzw. Leistungsbewertungsinstanzen im Bereich der stationären Altenhilfe hängt unmittelbar mit den sehr speziellen Finanzierungsstrukturen in diesem Bereich zusammen. Zunächst einmal fungieren die Einrichtungen und deren Bewohner (bzw. deren Bevollmächtigte, etwa im Falle dementer Bewohner) als Vertragspartner, die über einen privatrechtlichen Wohn- und Betreuungsvertrag Art und Umfang der Leistungen sowie die dafür zu entrichtenden Entgelte vereinbaren. Allerdings werden die Entgelte sowie die zentralen Leistungsmerkmale nicht individuell verhandelt, sondern über Rahmenvereinbarungen zwischen dem Träger der Einrichtungen und den Pflegekassen bzw. Sozialhilfeträgern vereinbart. Durch diese Doppelstruktur kommt es zu einer Art von Funktionssplitting: Die Bewohner bzw. deren Angehörige stellen zwar durchaus Kunden im Sinne einer ökonomischen Tauschpartnerschaft dar, da der Einzug in die jeweilige Einrichtung und der Abschluss des entsprechenden Wohn- und Betreuungsvertrags die Voraussetzungen für den darauf folgenden kontinuierlichen Tausch von Pflege-, Betreuungs-, Unterkunfts- und Verpflegungsleistungen gegen die entsprechenden Entgelte darstellen. Die Entscheidung über die Wahl des Heims treffen Bewohner und Angehörige – natürlich in Abhängigkeit vom bestehenden Angebot – eigenständig. Die Leistungsträgerschaft, also die konkrete Bezahlung der Leistungen, verteilt sich jedoch, je nach Konstellation, auf die Bewohner bzw. deren Angehörige (Eigenanteil), die Pflegekassen (in Abhängigkeit von der Pflegestufe) und die Sozialhilfeträger (im Fall einer Sozialhilfeberechtigung). Kunden im Sinne einer ökonomischen Tauschpartnerschaft sind im Falle der Altenpflege also unterschiedliche Parteien, die, wie oben dargestellt, zusätzlich auch in der Frage nach der Bewertung als adäquat angesehener Leistungen jeweils eigene Schwerpunkte einbringen.

Im Folgenden möchten wir nun exemplarisch darstellen, welche Folgen die Ausdifferenzierung der Kundenfunktionen und ihre Verteilung auf unterschiedliche personale und institutionelle Akteure für die konkreten Interaktionsbeziehungen im Arbeits- und Lebensalltag der stationären Altenhilfe hat. Es geht uns also nicht um eine vollständige Rekonstruktion sämtlicher Austausch-, Verhandlungs- und Machtbeziehungen zwischen allen im Feld von Pflegedienstleistungen aktiven Akteuren (die z. B. auch das Verhältnis des Trägers zu Pflegekassen, politischen Entscheidungsträgern usw. umfassen müsste), sondern um die Folgen der Kundendifferenzierung für die Interaktionsprozesse, an denen die Pflegekräfte in den Einrichtungen unmittelbar beteiligt sind. Dazu beschränken wir uns auf einzelne Beispiele. Unser Ziel ist in diesem Zusammenhang also keine möglichst umfassende Beschreibung der interaktiven Pflegepraxis. Es geht uns vielmehr darum, aufzuzeigen, welchen möglichen Beitrag der Ansatz der Kundenkonstellationsanalyse bei der systematischen Erschließung von Praxisfeldern der interaktiven Dienstleistungsarbeit leisten kann.

11.4.2 Ansprüche der Akteure und Machtbeziehungen

Einige der wichtigsten Besonderheiten und Charakteristika von interaktiver Pflegearbeit ergeben sich aus der (partiellen) Entkopplung von ökonomischer Tauschbeziehung und interaktiver Leistungserstellung. Die Macht des Kunden in einer „konventionellen" Dienstleistungsbeziehung resultiert ja daraus, dass der Nutznießer der Dienstleistung – als **Leistungsobjekt** – zugleich derjenige ist, der für sie bezahlt, also als **ökonomischer Tauschpartner** auftritt. Seine zentrale Machtressource liegt darin, dass der Dienstleister nie sicher sein kann, ob der Kunde die Zahlung vollzieht oder – wenn er unzufrieden ist – diese ganz oder teilweise verweigert (oder – was in bestimmten Dienstleistungen eine besondere Rolle spielt – auf das Trinkgeld verzichtet). Die Dienstleistungsbeziehung kann von der Kundenseite also abgebrochen oder – bei solchen Dienstleistungen, die typischerweise wiederholt in Anspruch genommen werden – nicht wieder aufgenommen werden: Das Restaurant oder der Friseur werden künftig nicht mehr aufgesucht, eine Übernachtung wird künftig in einem anderen Hotel gebucht.

In Altenhilfeeinrichtungen sieht die Situation zumeist anders aus. Auch wenn die Bewohner formal die Vertragspartner der Einrichtung sind, haben sie in der Regel kaum Einfluss auf den Geldfluss und können im Fall der Unzufriedenheit mit dem Ergebnis der Dienstleistung nicht einfach spontan die Zahlung verweigern. Zentral für die Bewohner (bzw. ihre Angehörigen) in ihrer Funktion als Tauschpartner ist die – in der Regel einmalige – Auswahl der Einrichtung. Hier sind die Einrichtungen, weil sie auf gute Belegungszahlen angewiesen sind und weil die Auswahlmöglichkeiten unter verschiedenen Häusern und Trägern in den letzten Jahren deutlich angestiegen sind, zunächst in einer ähnlichen Situation wie die Anbieter anderer Dienstleistungen: Sie müssen sich den potenziellen Kunden in günstigem Licht präsentieren.

Bei der – folgenschweren – Auswahl der Einrichtung spielen ganz besonders die Angehörigen eine Rolle, die intensive Kundenarbeit leisten, „sich einarbeiten", wie eine Befragte formuliert: Sie eignen sich systematisch umfangreiches Wissen an und tauschen dies auch mit anderen Kunden (Angehörigen) aus:

> Muss man sich natürlich einarbeiten, doch. Und da muss man sich halt auch Informationen von verschiedenen Stellen holen. Jeder kennt nur einen Ausschnitt dann und dann muss man [...] schauen sozusagen, dass man sich ein Gesamtbild macht, weil es halt immer nur Ausschnitte sind, die man kriegt.

Ist die Wahl getroffen und der zu Pflegende in das Sozialsystem eines bestimmten Seniorenheims integriert worden, ist diese Entscheidung nur unter hohen Kosten zu revidieren. Die „Exit-Option" (vgl. Hirschman 1970) ist viel schwieriger als in anderen Dienstleistungsbeziehungen wahrnehmbar: Die Pflegeeinrichtung ist nicht kurzfristiger Aufenthaltsort wie Hotel, Restaurant oder Friseursalon, sondern Zentrum der gesamten Lebenswelt der Bewohner. Das Seniorenzentrum ist zwar insofern keine „totale Institution" (vgl. Goffman 1973), dass der Kontakt zur Außenwelt weitgehend gekappt wäre, dass die internen Regeln vollkommen eigenständig wären und dass die Insassen einer eigenen Identität vollständig beraubt würden, aber in ihm spielt sich ein sehr großer Teil des Alltagslebens ab, und es kann dauerhaft nur unter hohen Transaktionskosten verlassen werden. Ein Umzug ist körperlich, psychisch und sozial gerade für ältere Menschen ausgesprochen belastend. Damit verliert der Kunde wesentliche Einflusspotenziale, über die er in seiner Rolle als ökonomischer Tauschpartner üblicherweise verfügen kann.[5]

Das heißt aber keineswegs, dass die Bewohner vollkommen machtlos wären. Vielmehr gewinnen die zentralen Aushandlungs- und Abstimmungsprozesse in den vielfachen Interaktionsprozessen im Alltag eine wichtige Bedeutung. Hier können die Bewohner durchaus verschiedene Ressourcen mobilisieren, denn die Pflegekräfte sind grundsätzlich auf die Kooperation durch die Bewohner angewiesen. Ein bloßes passives Tolerieren der Arbeit der Pfleger würde kaum ausreichen – und selbst dies ist voraussetzungsreich. Dass die

---

[5] Man könnte entsprechend folgern, dass die Kontrollinstrumente, mit denen die Pflegekassen und die verantwortlichen staatlichen Stellen die Pflegequalität zu sichern versuchen, gerade zur Kompensation dieser fehlenden Machtpotenziale auf der Seite der personalen Leistungsadressaten dienen.

Pflegeleistungen zustande kommen, wird wiederum extern kontrolliert: von der Heimlei-
tung, der Heimaufsicht, den Angehörigen usw. Die Pflegekräfte sind also keineswegs frei,
ihre Leistungen im Fall des Widerstands einfach zu verweigern, vielmehr müssen sie die
Bewohner zur Zusammenarbeit bewegen. Auch sie können die Dienstleistungsbeziehung
– anders als bspw. ein Restaurantmitarbeiter, der missliebige Kunden im Zweifelsfall vor
die Tür setzen kann – nicht einfach aufkündigen.

Die Bewohner schildern aber auch gezielte Strategien, die Laune und Motivation der
Beschäftigten zu beeinflussen (etwa durch Scherze, durch private Gespräche, um schwierige
Situationen aufzulockern). Denn allgemein gilt: Sie sind natürlich selbst angewiesen auf
die Kooperation und in gewissen Maß auch auf das Wohlwollen der Pflegekräfte.

> Was würden wir jetzt machen, wenn es so etwas nicht gäbe? Da muss man halt auch ein
> bisschen zu den Schwestern nett sein.

Nicht nur die Beschäftigten leisten **Gefühlsarbeit** (vgl. Strauss et al. 1985; Dunkel 1988),
sondern auch die Bewohner und Bewohnerinnen: Sie versuchen, durch bestimmte Inter-
aktionsstrategien – etwa das Zurückhalten von Kritik – die Emotionen der Pflegekräfte
positiv zu beeinflussen.

Die Interaktionsbeziehungen in der Pflege sind allerdings nicht grundsätzlich durch
Interessenhandeln und Machtkämpfe geprägt; ein wichtiger Koordinationsmechanismus
besteht in der wechselseitigen Perspektivenübernahme. Bei der Sicherung der Motivation
der Bewohner zur Mitarbeit spielt deren Einsicht in die Zwänge der Pflegekräfte, die den
Ansprüchen weiterer Akteure gerecht werden müssen, eine wichtige Rolle. So schildert eine
Bewohnerin, wie sie auf die Durchsetzung ihrer Wünsche verzichtet, um die Mitarbeiter
nicht in die Verlegenheit zu bringen, ihre vorgegebenen Regeln und Standards verletzen
zu müssen. Sie antwortet folgendermaßen auf die Frage, wie sie sich verhält, wenn sie nicht
möchte, dass eine bestimmte Pflegehandlung ausgeführt wird:

> Dann sagt man, heute nicht, ich bin heute nicht gut drauf, machen wir das nächste Mal.
> Aber da weiß man dann schon, jetzt sollte man das machen. Denn vermutlich werden die
> auch kontrolliert. Die müssen ja Reporte schreiben, was sie, und jeden Abend diese Übergabe
> durch den Tagdienst in den Nachtdienst, da wird gesagt, was ist bei wem schon gemacht, was
> muss noch gemacht werden.

Auch der umgekehrte Fall ist nicht selten. Die Bewohnerin wünscht sich eigentlich eine
ausführliche Körperpflege, stellt diesen Anspruch aber zurück, weil sie die Perspektive der
Pfleger und deren enge Zeitbudgets kennt:

> Und da hat jetzt schon ein paar Mal eine Schwester [gesagt]: ‚Jetzt duschen wir heute nicht,
> weil ich heute wieder Kaffee machen muss, dann schaffe ich das nicht mehr'. Dann sage ich:
> ‚Dann machen wir es halt an einem anderen Tag'.

Auf der Beschäftigtenseite spielt eine solche Perspektivenübernahme ebenfalls eine zentrale Rolle. Zum Kern der professionellen Orientierungen der Pflegefachkräfte zählt ein
Handeln im Sinne des Wohls der zu Pflegenden – und zwar auch jenseits der Kontrolle

durch Aufsichtsbehörden, Dokumentationspflichten usw. Rein instrumentelle Arbeitsorientierungen auf der Seite der Pflegekräfte sind – zumindest in den von uns untersuchten Einrichtungen – nicht vorzufinden, die Beschäftigten präsentieren sich vielmehr als „Überzeugungstäter" mit einer hohen intrinsischen Arbeitsmotivation. Allerdings heißt dies nicht automatisch, immer zu tun, was sich die Bewohner gerade wünschen. Es geht vielmehr um das „wohlverstandene Interesse" der Bewohner, das durch die Fachkräfte ihrer Meinung nach teilweise besser beurteilt werden kann als durch die Bewohner selbst. Damit kommen wir – ebenfalls nur beispielhaft – zur Frage der Widersprüche und Konflikte zwischen unterschiedlichen Ansprüchen und Akteuren.

11.4.3 Konflikte und Widersprüche

Wie wir gesehen haben, ist die Kundenfunktion der Leistungsbewertung in der stationären Altenpflege auf mehrere Akteure verteilt. Daraus können typische Konflikte entstehen, die sich aus der jeweiligen Interessenlage der verschiedenen Träger von Kundenfunktionen deuten lassen. Während die Aufsichtsorgane in der Regel eher eine fachlich-verrichtungsorientierte Perspektive einnehmen, sind die Vorstellungen einer „guten Dienstleistung" aus Bewohnersicht stärker lebensweltlich orientiert (Weihrich et al. 2012). Was fachlich gesehen als angemessen erscheint und was aus der Sicht von Bewohnern individuell gesehen zu einer erhöhten Lebensqualität beiträgt muss nicht zwingend deckungsgleich sein. Besonders kritisch tritt dieser Widerspruch in Erscheinung, wenn angenommen werden kann, dass die Bewohner nur bedingt in der Lage sind, ihren eigenen längerfristigen Interessen gemäß handeln zu können und ihr unmittelbar artikulierter Wille diesen sogar entgegensteht. Am Beispiel der Flüssigkeitseinnahme bei einer demenziell erkrankten Bewohnerin beschreibt dies eine Pflegekraft folgendermaßen:

> Und die nerven wir in Anführungszeichen gewaltig, wo man sagt: ‚Trinken Sie einen Schluck!'
> – (Imitiert eine schreiende Bewohnerin:) ‚Ich will aber nicht mehr.' Also das ist ein Kampf zwischen Wohlwollen und sie sollen es und sie wollen aber nicht. Also dem Anerkennen und dem Respektieren, dass sie es nicht mehr wollen, aber andererseits auch das Wissen da drum, dass sie es gar nicht mehr geistig einsehen. Das ist immer so gewissermaßen eine Gratwanderung.

Hier wird deutlich, dass es aus der Sicht der Beschäftigten im Rahmen ihrer Arbeit nicht nur darum geht – und auch nicht gehen kann –, jeden Wunsch der Kunden zu erfüllen, soweit es die Ressourcen zulassen, wie dies z. B. als Leitbild in der Gastronomie dienen mag. Der Arbeitsauftrag und das Selbstverständnis der Fachkräfte ist grundlegend anders: Es geht darum, einen lebensweltlich orientierten Alltag **im Rahmen des pflegefachlich Gebotenen** herzustellen, und das bedeutet im Zweifel eben auch, dass die subjektiven Wünsche und Bedürfnisse der Bewohner nicht aus sich heraus Geltung beanspruchen können, sondern stets vor dem Hintergrund fachlicher Kriterien dahingehend überprüft werden müssen, ob man ihnen nachkommen kann (vgl. dazu ausführlich Kotsch und Hitzler 2013). Die Ansprüche der Bewohner finden ihre Begrenzung an fachlichen Standards und rechtlichen

Regelungen – und diese Begrenzung durchzusetzen und die daraus entstehenden Konflikte auszuhalten, gehört wiederum zu den integralen Bestandteilen der Arbeit.

Eine eigene Position können wiederum die Angehörigen in ihrer Funktion als Leistungsbewerter einnehmen, häufig stellvertretend für die Bewohner, häufig vermittelnd zwischen den Positionen von Bewohnern und Fachkräften, manchmal aber auch in Konflikt mit den Fachkräften, die dies als Missachtung ihrer professionellen Orientierungen interpretieren. Eine Angehörige schildert:

> Und man versucht auch, wenn man jetzt denkt, dass man vielleicht … ein bisschen was anders machen könnte oder so, dann versucht man das natürlich auch über die Pflegekräfte, wobei das manchmal dann auch schwierig ist, wobei die Pflegekräfte eigentlich dann gelegentlich empfindlich sind natürlich. Oder das als Eingriff sehen.

Konflikte und Widersprüche entstehen aber auch ganz besonders dort, wo die knappen Zeitkalkulationen, die sich aus den Personalschlüsseln ergeben und die primär an den pflegerischen Notwendigkeiten orientiert sind, auf die konkreten, nicht nur physischen, sondern auch sozialen Bedürfnisse der Bewohner treffen. Daraus entsteht ein typischer Konflikt zwischen den konkreten **Bedürfnissen** und abstrakten **Bedarfen** (ausführlicher Weihrich et al. 2012), wie er von den Beschäftigten selbst erlebt wird, wie im folgenden Zitat einer Mitarbeiterin deutlich wird.

> … es werden Statistiken erhoben, es wird Zeitmanagement gemacht. Für die Grundpflege bei Frau Müller darf man nur zwölf Minuten brauchen. Ob jetzt die weint und ihre Krise hat oder nicht, das spielt vom Zeitmanagement überhaupt keine Rolle. Das heißt, wenn solche Krisen sind, die einfach bei jedem jeden Tag irgendwann sind, was mache ich damit? Und da kommt man einfach in die Bredouille.

Vor dem Hintergrund der vorgenommenen Feinanalyse wird deutlich, dass sich Einrichtungen der stationären Altenpflege nicht nur mit dem Anspruch konfrontiert sehen, gute Pflegeleistung zu einem konkurrenzfähigen Preis anzubieten und die Bewohner als personale Leistungsadressaten auf möglichst rationellem Wege zufriedenzustellen. Mit der Ausdifferenzierung unterschiedlicher Leistungsbewertungsinstanzen (Bewohner, Angehörige, MDK, FQA) geht, wie weiter oben schon dargestellt, eine Ausdifferenzierung von Qualitätsindikatoren einher, die von einer eher verrichtungsorientiert-pflegefachlichen Ausrichtung im Falle des Medizinischen Dienstes der Krankenkassen bis zu primär lebensweltlich-individuell fundierten Vorstellungen eines lebenswerten Heimalltags auf der Seite der Bewohner reichen.

Dass diese unterschiedlichen Ansprüche in der alltäglichen Praxis der Pflege in vielen Fällen nicht miteinander in Einklang zu bringen sind, wirkt sich dann für beide Seiten der Pflegekoproduktion belastend aus: für die Bewohner, weil diese zwar die primären Adressaten der Pflegeleistung darstellen, aber keineswegs frei und autonom darüber entscheiden können, welche Leistungen wie an ihnen erbracht werden; für die Pflegekräfte, weil diese nicht nur mit in der Regel knapp bemessenen Ressourcen auskommen, sondern sich im Zweifel immer auch an Vorgaben orientieren müssen, die aus einer Sphäre stammen, die von der praktischen Arbeit vor Ort weitgehend entkoppelt ist.

Damit wird deutlich, dass vieles von dem, was als alltägliche Pflegepraxis in den Einrichtungen empirisch vorzufinden ist, erst vor dem Hintergrund eines breiteren Kundenverständnisses nachvollziehbar wird, das über eine enge Fokussierung auf die unmittelbar an der interaktiven Leistungserbringung beteiligten Akteure hinausgeht. Interaktive Arbeit heißt damit immer auch ein sensibles Austarieren zwischen den unterschiedlichen Ansprüchen und den widersprüchlichen Anforderungen – bei gleichwohl knappen Ressourcen.

11.5 Ausblick

Die konkrete Praxis interaktiver Arbeit lässt sich nicht hinreichend begreifen, wenn man nicht systematisch die Bedingungen, unter denen die beteiligten Akteure handeln, in die Untersuchung einbezieht. Zum Verständnis dieser Bedingungen möchte die Kundenkonstellationsanalyse einen Beitrag leisten, indem sie ein heuristisches Raster bietet, mit dessen Hilfe sich die Rahmung, in der sich die konkrete interaktive Arbeit vollzieht, systematisch beschreiben lässt.

Aus dieser Perspektive wird deutlich, dass Unternehmen und Beschäftigte nicht nur eine Vielfalt von Kunden haben (dies ließe sich auch mit einer relativ einfachen Kundenanalyse erkennen, die die Kunden in unterschiedliche Segmente einsortiert), sondern dass „die Kunden" in ganz unterschiedlichen Funktionen auftreten (in unserer Differenzierung: als Objekte und Subjekte der Dienstleistung, als Tauschpartner, als Leistungsbewerter) und dass diese Funktionen wiederum aufgesplittet und auf unterschiedliche personale und institutionelle Akteure verteilt sein können.

Diese unterschiedlichen Kundenrollen wirken unter Umständen auch dann in die konkreten Interaktionssituationen hinein, wenn ihre Träger „vor Ort" gar nicht als konkrete Akteure auftreten. Auch ohne personale Anwesenheit strukturieren sie die Bedingungen mit, unter denen die Interaktionen stattfinden, etwa durch Ressourcen und Zwänge, durch Vorgaben, Richtlinien oder professionelle Handlungsgrundsätze.

Zugleich leistet die Kundenkonstellationsanalyse einen Beitrag zur Erklärung der konkreten Ansprüche und Motivationen wie auch der Machtpotenziale der Akteure, die eine Dienstleistung unter den jeweiligen Rahmenbedingungen gemeinsam aushandeln und erstellen. Die Formulierung abstrakter Grundwidersprüche, wie des eingangs im diskutierten „customer-oriented bureaucracy approach" postulierten Spannungsverhältnisses zwischen organisationalen Effizienzanforderungen und dem Anspruch von Kunden auf individuelle Behandlung mögen für den analytischen Einstieg in empirische Felder nützlich sein. Sie ersetzen aber nicht die differenzierte Feinanalyse der spezifischen Anforderungs- und Anspruchs- und Machtkonstellationen, in denen sich die Akteure interaktiver Arbeit bewegen.

Die Kundenkonstellationsanalyse kann also als analytisches Hilfsmittel dienen, um das häufig komplexe Gefüge unterschiedlicher Kundenfunktionen und ihre personalen wie institutionellen Träger in den vielfältigen Praxisfeldern interaktiver Arbeit systematisch zu erschließen. Auf diesem Wege kann sie zudem einen Beitrag zur Klärung der Ansprüche und Machtpotenziale unterschiedlicher Anspruchsgruppen in der Dienstleistungsarbeit leisten und genutzt werden, um systematisch angelegte Konflikte und Widersprüche deutlich zu machen.

Über die Analyse von Kundenkonstellationen lässt sich somit eine Brücke zwischen der unmittelbaren interaktiven Arbeitswirklichkeit der Beschäftigten und der Kunden und den Rahmenbedingungen dieser Arbeit auf der organisationalen Ebene und darüber hinaus auf der Ebene der ökonomischen, rechtlichen und organisationsstrukturellen Umwelt schlagen, in der sich die Dienstleistungsunternehmen bewegen. Erst dieser wechselseitige Bezug der verschiedenen Sphären ermöglicht ein tiefer gehendes Verständnis empirisch vorfindbarer Praxisfelder und damit die Schaffung eines soliden Fundaments für weitergehende Fragen nach Gestaltungsbedarfen und Gestaltungspotenzialen für die interaktive Arbeit in den jeweiligen Branchen und Tätigkeitsfeldern.

Die Kundenkonstellationsanalyse kann damit nicht zuletzt dazu beitragen, die Analyse interaktiver Arbeit stärker an organisationale, politische und gesellschaftliche Strukturbedingungen zurückzubinden.

Literatur

Birken T, Kratzer N, Menz W (2012) Wem dienen Dienstleistungsunternehmen? Kundenkonstellationen und ihre Konsequenzen für die Praxis interaktiver Arbeit. In: Dunkel W, Weihrich M (Hrsg) Interaktive Arbeit. Theorie, Praxis und Gestaltung von Dienstleistungsbeziehungen. Springer, Wiesbaden, S 139–157

Böhle F, Glaser J (Hrsg) (2006) Arbeit in der Interaktion – Interaktion als Arbeit. Arbeitsorganisation und Interaktionsarbeit in der Dienstleistung. VS Verlag, Wiesbaden

Crozier M, Friedberg E (1979) Macht und Organisation. Die Zwänge kollektiven Handelns. Athenäum, Königstein i. T.

Dunkel W (1988) Wenn Gefühle zum Arbeitsgegenstand werden. Gefühlsarbeit im Rahmen personenbezogener Dienstleistungen. Soziale Welt 39(1):66–85

Dunkel W, Kleemann F (Hrsg) (2013) Customers at work. New perspectives on interactive service work. Palgrave, Houndmills

Dunkel W, Voß GG (Hrsg) (2004) Dienstleistung als Interaktion. Beiträge aus einem Forschungsprojekt Altenpflege – Deutsche Bahn – Call Center. Rainer Hampp, München

Dunkel W, Weihrich M (2006) Interaktive Arbeit. Ein Konzept zur Entschlüsselung personenbezogener Dienstleistungsarbeit. In: Dunkel W, Sauer D (Hrsg) Von der Allgegenwart der verschwindenden Arbeit. Edition sigma, Berlin

Dunkel W, Weihrich M (2010) Arbeit als Interaktion. In: Böhle F, Voß GG, Wachtler G (Hrsg) Handbuch Arbeitssoziologie. VS Verlag, Wiesbaden, S 177–200

Dunkel W, Weihrich M (2012a) Interaktive Arbeit – das soziologische Konzept. In: Dunkel W, Weihrich M (Hrsg) Interaktive Arbeit. Theorie, Praxis und Gestaltung von Dienstleistungsbeziehungen. Springer, Wiesbaden, S 29–59

Dunkel W, Weihrich M (Hrsg) (2012b) Interaktive Arbeit. Theorie, Praxis und Gestaltung von Dienstleistungsbeziehungen. Springer, Wiesbaden

Freeman RE (1984) Strategic management. A stakeholder approach. Pitman, Boston

Frenkel S, Korczynski M, Shire K, Tam M (1999) On the front line. Organization of work in the information economy. Cornell University Press, New York

Goffman E (1973) Asyle. Über die soziale Situation psychiatrischer Patienten und anderer Insassen. Suhrkamp, Frankfurt a. M.

Grönroos C (2000) Service management and marketing. A customer relationship management approach. Wiley, Chichester

Hacker W (2009) Arbeitsgegenstand Mensch. Psychologie dialogisch-interaktiver Erwerbsarbeit. Pabst, Lengerich

Hirschman AO (1970) Exit, voice, and loyalty. Responses to decline in firms, organizations, and states. Harvard University Press, Cambridge

Hochschild AR (1979) Emotion work, feeling rules, and social structure. Am J Sociol 85(3):551–575

Hochschild AR (1983) The managed heart. Commercialization of human feeling. University of California Press, Columbia

Korczynski M (2002) Human resource management in service work. Palgrave, London

Korczynski M (2009) Understanding the contradictory lived experience of service work: the customer-oriented bureaucracy. In: Korczynski M, MacDonald CL (Hrsg) Service work. Critical perspectives. Routledge, London, S 73–90

Kotsch L, Hitzler R (2013) Selbstbestimmung trotz Demenz? Ein Gebot und seine praktische Relevanz im Pflegealltag. Beltz Juventa, Weinheim

McDowell L (2009) Working bodies. Interactive service employment and workplace identities. Wiley-Blackwell, Chichester

Nickson D, Warhurst C, Dutton E (2005) The importance of attitude and appearance in the service encounter in retail and hospitality. Manag Serv Qual 15(2):195–208

Porter M (1980) Competitive strategy: techniques for analyzing industries and competitors. Free Press, New York

Senghaas-Knobloch E (2008) Care-Arbeit und das Ethos fürsorglicher Praxis unter neuen Marktbedingungen am Beispiel der Pflegepraxis. Berl J Soziol 18:221–243

Strauss AL, Fagerhaugh S, Suczek B, Wiener C (1985) Social organization of medical work. University of Chicago Press, Chicago

Ver.di – Vereinigte Dienstleistungsgewerkschaft (Hrsg) (2011) Arbeit mit Kunden, Patienten, Klienten. So bewerten die Beschäftigten in den Dienstleistungs-Branchen die Arbeitsbedingungen. Berlin

Warhurst C, Nickson D, Witz A, Cullen AM (2000) Aesthetic labour in interactive service work: some case study evidence from the ‚new' Glasgow. Serv Ind J 20(3):1–18

Warhurst C, Nickson D (2007) Employee experience of aesthetic labour in retail und hospitality. Work Employ Soc 21(1):103–120

Weihrich M, Dunkel W, Rieder K, Kühnert I, Birken T, Herms I (2012) Interaktive Arbeit in der Altenpflege: zwischen Arbeitswelt und Lebenswelt. In: Dunkel W, Weihrich M (Hrsg) Interaktive Arbeit. Theorie, Praxis und Gestaltung von Dienstleistungsbeziehungen. Springer, Wiesbaden, S 181–217

Weihrich M, Dunkel W (2003) Abstimmungsprobleme in Dienstleistungsbeziehungen. Ein handlungstheoretischer Zugang. Kölner Zeitschrift für Soziologie Sozialpsychologie 55(4):758–781

Witz A, Warhurst C, Nickson D (2003) The labour of aesthetics and the aesthetics of organization. Organization 10(1):33–54

Wolkowitz C (2006) Bodies at work. Sage, London

Überforderung im Ehrenamt sozialer Dienste: Gesundheitsförderung durch professionelle Koordination?

12

Guido Becke, Raphaela Wehl und Anna Wetjen

Inhaltsverzeichnis

12.1 Die gesundheitliche Situation von Ehrenamtlichen – ein neues Forschungsfeld für die
Arbeitswissenschaft.. 259
12.2 Ehrenamt in sozialen Diensten 261
12.3 Methodisches Vorgehen im Rahmen der qualitativen Intensivfallstudie 263
12.4 Ressourcen und Belastungen der Ehrenamtlichen in der Alltagsbegleitung von
Seniorinnen und Senioren 264
12.5 Gesundheitsförderung durch professionelle Koordinationsarbeit 268
12.6 Weiterer Forschungsbedarf zu ehrenamtlicher Tätigkeit und Gesundheit............. 272
Literatur... 273

12.1 Die gesundheitliche Situation von Ehrenamtlichen – ein neues Forschungsfeld für die Arbeitswissenschaft

Seit den 1990er Jahren befinden sich soziale und insbesondere pflegebezogene Dienstleistungen in Deutschland unter einem anhaltend starken Ökonomisierungsdruck, der Strukturreformen im Bereich der Sozialversicherungen, der Finanzkrise öffentlicher

G. Becke (✉) · R. Wehl · A. Wetjen
Universität Bremen, artec Forschungszentrum Nachhaltigkeit, Enrique-Schmidt-Str. 7 (SFG),
28359 Bremen, Deutschland
E-Mail: becke@artec.uni-bremen.de

R. Wehl
E-Mail: wehl@uni-bremen.de

A. Wetjen
E-Mail: anna.wetjen@uni-bremen.de

M. Bornewasser et al. (Hrsg.), *Dienstleistungen im Gesundheitssektor*,
DOI 10.1007/978-3-658-02958-6_12, © Springer Fachmedien Wiesbaden 2014

Haushalte sowie der Zunahme pflegebedürftiger hochaltriger Menschen geschuldet ist (Stolz-Willig 2011; Voges 2008). Träger sozialer Dienste sind in Anbetracht ökonomischer Zwänge zunehmend darauf angewiesen, einen Teil ihres Angebotsspektrums durch Ehrenamtliche abzudecken (Notz 2006). Ehrenamtliches Engagement bezieht sich auf organisierte gemeinnützige Tätigkeiten, die Menschen freiwillig, unentgeltlich und verbindlich außerhalb ihres persönlich-familialen Kontexts ausüben (Mühlpfordt 2006; Wouters und Rosenkranz 2011). Es handelt sich dabei um Tätigkeiten, die auch als Erwerbsarbeit verrichtet werden könnten (Mösken et al. 2010). Sie können sowohl komplementär als auch zur Substituierung von Erwerbsarbeit genutzt werden (Keupp 2011; Notz 2006). Neue empirische Studien zur Erwerbsarbeit im Bereich sozialer Dienste verweisen auf zunehmend problematische Arbeits- und Beschäftigungsbedingungen (Fuchs 2011). Hingegen besteht erheblicher Forschungsbedarf zur Qualität ehrenamtlicher Tätigkeiten aus arbeitswissenschaftlicher Perspektive: In Anbetracht der vielfältigen Tätigkeitsfelder ehrenamtlichen Engagements mangelt es an (vergleichend angelegten) arbeitswissenschaftlichen Studien, welche die Qualität dieser Tätigkeiten feldspezifisch differenzieren und unter Berücksichtigung ihrer organisatorischen Einbindung analysieren. Insbesondere zur gesundheitlichen Dimension ehrenamtlicher Tätigkeit in sozialen Diensten liegen kaum empirische Erkenntnisse vor.

Der vorliegende Beitrag knüpft an diesen Forschungsbedarf an. Auf Basis einer explorativ angelegten qualitativen Intensivfallstudie ehrenamtlicher Tätigkeit im Bereich sozialer Dienste (hier: Alltagsbegleitung von Seniorinnen und Senioren) wird analysiert, mit welchen psychosozialen Beanspruchungen und gesundheitlichen Ressourcen diese Tätigkeit verbunden ist und welche Bedeutung einer professionellen Ehrenamtskoordination für die Gesundheitsförderung von Ehrenamtlichen zukommt. Der Beitrag ist wie folgt strukturiert: Zunächst wird die Bedeutung ehrenamtlichen Engagements in sozialen Diensten reflektiert und für eine arbeitswissenschaftliche Analyse ehrenamtlicher Tätigkeiten plädiert (Abschn. 12.2). Danach wird der Forschungsansatz der explorativen betrieblichen Intensivfallstudie vorgestellt und das damit verbundene methodische Vorgehen erläutert (12.3). Daran schließt sich die Analyse der gesundheitlichen Situation von Ehrenamtlichen im Rahmen der Alltagsbegleitung von Seniorinnen und Senioren an (Abschn. 12.4). Auf dieser Grundlage wird eruiert, welche Relevanz professionelle Koordinationsarbeit für eine Gesundheitsförderung von Ehrenamtlichen aufweist und welche organisatorischen Voraussetzungen dafür erfüllt sein müssen (Abschn. 12.5). Der Beitrag schließt mit einem Ausblick auf weiteren Forschungsbedarf ab (Abschn. 12.6).

12.2 Ehrenamt in sozialen Diensten

In diesem Beitrag richten wir den Blick auf das Ehrenamt[1] in sozialen Diensten, insbesondere im Bereich der sozialen Unterstützungsdienstleistungen im Alter. Ehrenamt hat in der Altenhilfe bereits eine lange Tradition mit vielschichtigen Aufgabenfeldern, die meist eine Entlastung für Hauptamtliche durch die Übernahme von Hilfstätigkeiten mit einer intensiveren Zuwendung für die Pflegebedürftigen verbinden.

Als wichtiger Faktor für die gestiegene Bedeutung des Ehrenamts ist der demografische Wandel zu nennen. Aus der Zunahme pflegebedürftiger hochaltriger Menschen (Voges 2008) lässt sich zukünftig ein stark steigender Bedarf an Pflege- und sozialen Unterstützungsdienstleistungen prognostizieren (z. B. für ältere Menschen mit Demenz-Erkrankungen oder Behinderungen). Der zunehmenden Zahl an Pflegebedürftigen steht jedoch keine adäquat steigende Ausweitung des privaten und professionellen Unterstützungspotenzials gegenüber (Becke et al. 2011). Freie Träger sozialer Dienste versuchen deshalb zunehmend, den erhöhten sozialen Unterstützungsbedarf alter Menschen auch mit ehrenamtlichem Engagement abzudecken (Notz 2006).

Die Bedeutungszunahme ehrenamtlichen Engagements erklärt sich auch vor dem Hintergrund der seit den 1990er Jahren forcierten Ökonomisierung des Bereichs gesundheitsbezogener und sozialer Dienste, der die Trägerorganisationen unter einen erhöhten Effizienz- und Wettbewerbsdruck setzt (Nikles 2008). Träger sozialer Dienste reagieren darauf oft mit einer Ausweitung atypischer Beschäftigungsformen sowie Personal- und Stellenabbau (Fuchs 2011; Stolz-Willig 2011). Sie sehen Ehrenamtliche in diesem Zusammenhang als Kostenersparnispotenzial und nutzen diese teilweise als (kostengünstigeren) Ersatz für hauptamtliches Personal (Zegelin 2007). Vor allem im Pflegebereich haben die Ausweitung gesetzlicher Dokumentationsanforderungen und eine Standardisierung der Pflegeleistungen zur Folge, dass nur noch die Grund- und Behandlungspflege abrechnungsfähig sind und für „unsichtbare Tätigkeiten" (Kumbruck et al. 2011) wie emotionale und psychosoziale Zuwendung, auch aufgrund von Arbeitsintensivierung, zu wenig Zeit bleibt (Bornheim 2008; Kumbruck et al. 2011). Für diese Tätigkeiten setzen Träger sozialer Dienste daher zunehmend auf Ehrenamtliche (Evers 2002).

Die gesellschaftliche Bedeutungszunahme ehrenamtlichen Engagements erweist sich für die Arbeitswissenschaft als Herausforderung, da sie jahrzehntelang auf die Analyse und Gestaltung von Erwerbsarbeit fokussiert war. Mittlerweile erfahren Tätigkeiten außerhalb der Erwerbsarbeit in der Arbeitswissenschaft eine größere Aufmerksamkeit: Inzwischen wurden erste empirische Studien zur Analyse und Gestaltung von Tätigkeiten außerhalb

---

[1] Ehrenamtliches Engagement unterliegt gesellschaftlichen Veränderungsprozessen (Keupp 2011), in denen traditionelles ehrenamtliches Engagement, das durch Langfristigkeit, Altruismus, Pflichtethik und Opferbereitschaft geprägt ist, ergänzt wird durch neue, projektförmige Engagementformen, für die Handlungsmotive des Erfahrungsgewinns und der persönlichen Weiterentwicklung zentral sind (Schlaugat 2010). Die in diesem Beitrag untersuchte ehrenamtliche Tätigkeit entspricht annähernd der traditionellen Engagementform. Daher verwenden wir im Weiteren den Begriff des Ehrenamts.

der Erwerbsarbeit, insbesondere zur Qualität der Haus- und Familienarbeit (Resch 1999), aber auch zu ehrenamtlichen Tätigkeiten (Mösken et al. 2010; Mühlpfordt 2006) realisiert.

Diese Studien rekurrieren bei der arbeitswissenschaftlichen Analyse und Gestaltung dieser Tätigkeiten auf etablierte arbeits- und tätigkeitspsychologische Konzepte (Ulich 2001; Richter et al. 2011), wie die Handlungsregulationstheorie und das Job-Demand-Control-Modell sowie Kriterien humaner Arbeitsgestaltung. Die Forschungsgruppe um Theo Wehner (Mösken et al. 2010; Wehner und Mieg 2011) geht insoweit über diese Perspektive hinaus, als sie ehrenamtliche Tätigkeiten nicht nur nach objektiven Faktoren analysiert, sondern dezidiert die subjektive Perspektive der Ehrenamtlichen einbezieht. Dabei zeigt sich, dass Ehrenamtliche mit Erwerbsarbeit und ehrenamtlichem Engagement gemeinsame, aber teilweise auch differente Bedeutungen verbinden. So ist ehrenamtliche Tätigkeit aus Sicht der interviewten Ehrenamtlichen in stärkerem Maße mit Sinnhaftigkeit, Moralität und Gemeinschaft konnotiert (Mösken et al. 2010). An diese empirischen Studien knüpfen wir in diesem Beitrag in zweifacher Hinsicht an: Erstens gehen wir davon aus, dass sich ehrenamtliche Tätigkeiten mit Hilfe arbeitswissenschaftlicher Konzepte und Kriterien humaner Arbeit analysieren lassen. Zweitens verfolgen wir einen dezidiert subjektorientierten Zugang bei der Erhebung der tätigkeitsspezifischen Situation von Ehrenamtlichen in der Alltagsbegleitung von Seniorinnen und Senioren. Von besonderer Bedeutung ist für uns der feldspezifische Kontext ehrenamtlicher Tätigkeit. Die Alltagsbegleitung ist eine ehrenamtliche Tätigkeit im Bereich der sozialen Unterstützungsdienstleistungen (Becke et al. 2011). Als solche ist sie in ihrem Tätigkeitskern durch Interaktionsarbeit als Arbeit mit und am Menschen (zum Konzept: Böhle et al. 2006) geprägt. Daraus ergeben sich für Ehrenamtliche spezifische psychosoziale Belastungskonstellationen, z. B. durch die Bewältigung eines hohen Maßes an Unplanbarkeit und Unwägbarkeit im Umgang mit den zu begleitenden Menschen, für die feldspezifische gesundheitsförderliche Gestaltungslösungen zu entwickeln sind.

Unter arbeitswissenschaftlicher Betrachtung des Ehrenamts wird damit auch die Beantwortung folgender Frage dringlich: Was benötigen Ehrenamtliche seitens der Trägerorganisationen sozialer Dienste, um gesund und motiviert weiter tätig zu sein? Angesichts eines wachsenden Bedarfs an Ehrenamtlichen sowie der Pluralisierung und des Wandels des Ehrenamts (Keupp 2011) gewinnen auch die Bindung der Ehrenamtlichen und deren Zufriedenheit mit der Organisation zunehmend an Bedeutung. Die Qualität der ehrenamtlichen Tätigkeit erhält unseres Erachtens einen hohen Stellenwert für das (fortgesetzte) ehrenamtliche Engagement. Bisher liegen kaum empirische Befunde zur Analyse und gesundheitsförderlichen Gestaltung ehrenamtlicher Tätigkeiten in sozialen Diensten vor. Und diese konzentrieren sich oft auf psychosoziale Belastungen von Ehrenamtlichen, die bei der Zusammenarbeit zwischen Haupt- und Ehrenamtlichen in einer Organisation entstehen (Meier-Gräwe und Sennlaub 2011). Wir knüpfen in diesem Beitrag an diese Forschungslücke an, indem erstens die psychosozialen Belastungen und gesundheitsförderlichen Ressourcen ehrenamtlicher Tätigkeit sowie zweitens die Bedeutung einer professionellen Koordination für eine gesundheitsförderliche Gestaltung ehrenamtlichen Engagements untersucht werden.

12.3 Methodisches Vorgehen im Rahmen der qualitativen Intensivfallstudie

In unserer Studie wurde das Tätigkeitsfeld der ehrenamtlichen Alltagsbegleitung von Seniorinnen und Senioren exemplarisch ausgewählt, da es sich hierbei um einen spezifischen Typus helfender und unterstützender ehrenamtlicher Tätigkeit handelt, der durch direkte Interaktion mit Klientinnen und Klienten geprägt ist. Die Untersuchung der Subjektperspektiven bezieht sich auf das Erleben der mit dieser interaktiven Tätigkeit verbundenen psychosozialen Belastungen und der subjektiv als verfügbar wahrgenommenen gesundheitlichen Ressourcen zur Bewältigung der Tätigkeitsanforderungen. Analysiert werden zudem die damit verbundenen subjektiven Bewältigungsmuster der Ehrenamtlichen. Für die Erhebung und Analyse dieser subjektiven Perspektiven von Ehrenamtlichen wurde im Rahmen einer betrieblichen Intensivfallstudie ein qualitatives Forschungsdesign gewählt.

Die Intensivfallstudie bezieht sich auf einen kleinbetrieblich strukturierten freigemeinnützigen Träger sozialer Dienste, der unterschiedliche Dienstleistungen im vorpflegerischen Bereich der ambulanten Altenhilfe anbietet. Die Angebotsschwerpunkte des Trägers beziehen sich auf soziale Unterstützungsdienstleistungen von Seniorinnen und Senioren zur Alltagsbewältigung und -begleitung sowie auf die ambulante fachliche Unterstützung und Begleitung demenziell erkrankter Menschen. Die Geschäftsleitung und die meisten Mitglieder des Trägers sind ehrenamtlich tätig. Lediglich Verwaltungsaufgaben und die Ehrenamtskoordination werden durch Hauptamtliche in Teilzeit wahrgenommen. Die Intensivfallstudie[2] erstreckte sich über einen Zeitraum von rund zwei Jahren, in denen wiederholt Erhebungen durchgeführt und (Zwischen-)Ergebnisse an Organisationsmitglieder zurückgekoppelt wurden. Die längere Dauer und die höhere Intensität der Feldforschung ermöglichte einen vertieften Zugang zur betrieblichen Lebenswelt des sozialen Trägers und sorgte – in Kombination mit einem transparenten und dialogorientierten Forschungsdesign (Becke 2014) – für eine vertrauensförderliche „psychologische Sicherheit" (Edmondson 1999) der haupt- und ehrenamtlichen Organisationsmitglieder im Forschungs- und Entwicklungsprozess, die eine hohe Validität der erhobenen qualitativen Daten begünstigte (Flick 2012).

Es wurden primär kommunikative bzw. dialogorientierte Methoden der empirischen Sozialforschung eingesetzt (Becke und Senghaas-Knobloch 2011), da diese besonders geeignet sind, das subjektive Erleben sowie die Bewältigungsmuster der Ehrenamtlichen in Bezug auf die Alltagsbegleitung alter Menschen zu erheben: Erstens wurden hierzu leitfadengestützte Intensivinterviews mit acht Ehrenamtlichen zu ihrem lebensbiografischen Hintergrund, den Motiven ihres Ehrenamts sowie zum Erleben der ehrenamtlichen Tätigkeit einschließlich der Bewältigung spezifischer Anforderungen und problematischer Situationen im Umgang mit ihren Klientinnen und Klienten geführt. Zweitens wurden im

---

[2] Die Betriebsfallstudie war eingebunden in das als Forschungs- und Entwicklungsprojekt angelegte und vom Bundesministerium für Bildung und Forschung geförderte interdisziplinäre Verbundvorhaben COCKPIT: http://www.cockpit-projekt.de/.

Laufe des Projekts mehrere moderierte Workshops mit Ehrenamtlichen realisiert, in denen diesen das Projekt und die Ergebnisse der Interviews vorgestellt wurden. Die Workshops ermöglichten den Ehrenamtlichen zudem, Entwicklungsbedarfe in Bezug auf die Qualität ehrenamtlicher Tätigkeit zu identifizieren sowie ihr Erfahrungswissen als Quelle für die Generierung entsprechender Gestaltungsvorschläge einzubringen, die innerbetrieblich durch Entscheidungsträger geprüft und ggf. realisiert wurden (z. B. zur Fortbildung von Ehrenamtlichen). Gesundheitlich relevante Aspekte ehrenamtlicher Tätigkeiten bildeten in den Workshops ein durchgängiges und wiederkehrendes Thema. Flankierend hierzu wurden in unterschiedlichen Phasen des Projekts Intensivinterviews mit der Ehrenamtskoordination geführt, die sich auf die Arbeitssituation der Koordination, die Kooperation mit Ehrenamtlichen und die organisatorische Einbindung der Koordination bezogen. Die transkribierten Interviews und Workshop-Protokolle wurden inhaltsanalytisch ausgewertet.

12.4 Ressourcen und Belastungen der Ehrenamtlichen in der Alltagsbegleitung von Seniorinnen und Senioren

In unserem Beitrag fokussieren wir uns auf die Gesundheitsförderung Ehrenamtlicher im Rahmen ihrer Tätigkeiten. Die Gesundheitsförderung rekurriert wesentlich auf das Konzept der Salutogenese von Antonovsky (1997). Im Zentrum steht die Frage, was Menschen trotz aller Belastungen gesund erhält. Antonovsky identifiziert dazu drei gesundheitliche Schutzfaktoren, die das Kohärenzgefühl von Menschen ergeben: Verstehbarkeit, Handhabbarkeit, Sinnhaftigkeit (Antonovsky 1997). Dieses Kohärenzgefühl wird vor allem in Stresssituationen bedeutsam. Personen mit einem starken Kohärenzgefühl können Ressourcen aktivieren und dadurch flexibel mit den entsprechenden Anforderungen umgehen (Antonovsky 1997; Becke et al. 2010). In Abgrenzung zur Gesundheitsförderung fokussiert die Prävention hingegen auf Maßnahmen, die gezielt Krankheiten vorbeugen können (Antonovsky 1997). Um eine effiziente und nachhaltige Gesundheitsförderung zu betreiben, sollte es dabei immer um beides gehen: die Reduzierung der Belastungen und die Förderung der Ressourcen. Psychische Belastungen werden hier verstanden als „(. . .) die Gesamtheit aller erfassbaren Einflüsse, die von außen auf den Menschen zukommen und psychisch auf ihn einwirken" (Richter 2010, S. 72). Nach Udris (1992) lassen sich organisationale, soziale und personale Ressourcen unterscheiden. Verfügt man über diese, wird es Menschen möglich, ihre Ziele zu verfolgen und störende Einflüsse zu reduzieren.[3] Was als gesundheitliche Ressource und was als psychosoziale Belastung wirkt, ist im Alltag allerdings oft kontextabhängig (Schmidt 2010). Gesundheit ist überdies essenziell von der Verfügbarkeit von Ressourcen abhängig (Gerlmaier 2006). Zudem entscheidet die persönliche Disposition eines Menschen, welche Dimension für ihn als Ressource und welche als Belastung wirkt (Udris 1992).

---

[3] Zur Übersicht der Ressourcenmodelle im betrieblichen Kontext siehe Richter et al. (2011).

Unsere Fallstudie hat gezeigt, dass die ehrenamtliche Tätigkeit in personenbezogenen Dienstleistungen unterschiedliche gesundheitliche Ressourcen enthält, denen jedoch
andererseits psychosoziale Belastungen gegenüberstehen, die sich insbesondere aus der
Interaktionsarbeit mit den Klientinnen und Klienten ergeben. Es zeigt sich, dass Ehrenamtliche zur Entwicklung gesundheitlich problematischer Bewältigungsmuster neigen,
welche eine selbstinduzierte Überschreitung eigener Belastungsgrenzen zur Folge haben
können.

Unsere Erkenntnisse stammen aus einem sozialen Dienstleistungsunternehmen, welches älteren Menschen Servicedienstleistungen in ihrem eigenen Wohnumfeld anbietet.
Die Servicedienstleitung der Alltagsbegleitung, welche von Gesprächen über Spaziergänge
bis hin zur Begleitung bei Einkäufen und Arztbesuchen reicht, wird von Ehrenamtlichen
übernommen, die hierfür eine Aufwandsentschädigung erhalten. Bei den Ehrenamtlichen
handelt es sich größtenteils um Personen, die sich bei Arbeitslosigkeit oder nach dem Ausscheiden aus dem Berufsleben engagieren möchten. Die meisten von ihnen sind Frauen
zwischen 50 und 70 Jahren.

Die positiven Erlebnisqualitäten ehrenamtlicher Tätigkeit bilden wesentliche gesundheitliche Ressourcen. Diese liegen in unseren Fallbeispielen insbesondere in der
Motivation, der **Selbstwirksamkeit der Arbeit** und den **Autonomiespielräumen**.

Unsere Analysen verdeutlichen, dass es für die Aufnahme eines Ehrenamts unterschiedliche **Motivationen** gibt. Einige Ehrenamtliche beabsichtigen, die Tätigkeit als Sprungbrett
in eine bezahlte Anstellung zu nutzen. Andere möchten bei Arbeitslosigkeit oder nach
dem Ausscheiden aus dem Berufsleben einer Tätigkeit nachgehen, um weiterhin soziale
Kontakte zu pflegen:

> Für mich war das Wichtigste auch eben halt, wieder unter Menschen zu kommen. Ich mach es
> gerne. Ich muss immer was tun, sonst werde ich unglücklich (ehrenamtliche Alltagsbegleiterin
> A, April 2012).

Manche wollen durch die Aufwandsentschädigung auch lediglich ihre Rente oder ihr
Arbeitslosengeld etwas aufstocken. Die meisten Ehrenamtlichen engagieren sich jedoch,
weil sie die Tätigkeit als sehr sinnstiftend empfinden. Bei ihrer ehrenamtlichen Tätigkeit
erleben sie das Gefühl, gebraucht zu werden, Gutes zu tun:

> Ich weiß, ich habe etwas Gutes getan und ich habe da wieder Menschen ein bisschen, ich sage
> jetzt mal, Lebensfreude gebracht (ehrenamtliche Alltagsbegleiterin C, Mai 2012).

Die Ehrenamtlichen erfahren in der Alltagsbegleitung Anerkennung und Dankbarkeit der
Seniorinnen und Senioren, was ihr Selbstwertgefühl hebt. Eine Ehrenamtliche beschreibt
dies folgendermaßen:

> Ich möchte Menschen helfen und das, was ich an Erfahrungen habe, so ein bisschen weiter-
> geben und ich finde das auch schön, wenn das jemand anerkennt und mir dankbar ist. Das
> gibt mir viel, da fühle ich mich wohl bei und bestätigt (ehrenamtliche Alltagsbegleiterin E,
> Mai 2012).

Erfolgserlebnisse bei der Alltagsbegleitung machen die **Selbstwirksamkeit** erfahrbar. Die Ehrenamtlichen lernen, etwas bewirken zu können. Erfolge bei der Bewältigung schwieriger Situationen stärken den Glauben an die eigenen Fähigkeiten. Die interviewten Ehrenamtlichen beschreiben solche Erfolgserlebnisse:

> Die eine Dame, die ich betreue, ist immer etwas auf Abstand mit Körperkontakt und so. Und ich weiß gar nicht, was gewesen ist, irgendetwas, was wir zusammen bewältigt haben, und dann hat sie mich in den Arm genommen und da sagt sie, da hatte sie das Bedürfnis. Das hat sie ganz selten und da fühlte ich mich richtig gut, fühle ich mich richtig toll (ehrenamtliche Alltagsbegleiterin E, Mai 2012).

Nach Ansicht der interviewten Ehrenamtlichen bietet ihnen das ehrenamtliche Engagement im Gegensatz zur (früheren) beruflichen Tätigkeit größere **Autonomiespielräume** (Richter et al. 2011; Ulich 2001). Die zeitliche als auch inhaltliche Gestaltung der Alltagsbegleitung erfolgt eigenständig durch die Ehrenamtlichen in Absprache mit den zu betreuenden Personen. Der Entscheidungsspielraum ist demnach sehr hoch und kann eine wesentliche gesundheitliche Ressource bilden. Allerdings haben diese tätigkeitsbezogenen Autonomiespielräume oft zwei Seiten. Es kommt darauf an, wie die Ehrenamtlichen ihre Autonomie nutzen. Die konkrete Ausgestaltung ihrer ehrenamtlichen Tätigkeit unterliegt Aushandlungs- und Abstimmungsprozessen mit den betreuten Personen bzw. deren Angehörigen (Dunkel und Weihrich 2012). Wenn sich Ehrenamtliche zu sehr auf die Wünsche ihrer Klientinnen und Klienten einlassen, kann dies ihre eigene Alltagsgestaltung beeinträchtigen und sich mitunter als Belastungsfaktor erweisen (Becke et al. 2011). Ob Autonomie in der ehrenamtlichen Alltagsbegleitung gesundheitsförderlich wirkt, ist daher stets eine Frage der Aushandlung und der Fähigkeiten von Ehrenamtlichen, in inhaltlicher wie zeitlicher Hinsicht Grenzen gegenüber den betreuten Personen bzw. deren Angehörigen setzen zu können.

Interaktionsarbeit kann sowohl als Motivation und gesundheitliche Ressource als auch als Belastung empfunden werden. Dies ist, wie bereits zu Anfang des Kapitels beschrieben, von unterschiedlichen Rahmenbedingungen und persönlichen Ressourcen abhängig. **Interaktionsarbeit** zeichnet sich durch drei Komponenten aus (Böhle und Glaser 2006, S. 14): **Subjektivierendes Arbeitshandeln, Emotionsarbeit** und **Gefühlsarbeit**. Diese bilden Kernbestandteile der Alltagsbegleitung von Seniorinnen und Senioren als interaktive personenbezogene Dienstleistung.

Subjektivierendes Arbeitshandeln ist – im Gegensatz zum sachlichen und planbaren **zweckrationalen Arbeitshandeln** – erfahrungsgeleitet, situativ und zeichnet sich außerdem durch eine starke Verbundenheit mit dem Arbeitsgegenstand aus. Das subjektivierende Arbeitshandeln bezieht sich auf den Umgang mit nur begrenzt planbaren und kontrollierbaren Anforderungen. Es dient nicht als Ersatz, sondern als Ergänzung des zweckrationalen Arbeitshandelns (Böhle et al. 1997; Böhle und Weishaupt 2003; Weishaupt 2006). In der Alltagsbegleitung von Seniorinnen und Senioren steht das subjektivierende Arbeitshandeln jedoch im Vordergrund, denn die Alltagsbegleitung erfordert in erster Linie Erfahrungswissen. Hierzu zählen generelle Erfahrungen in der Arbeit mit Seniorinnen und Senioren, aber auch spezielle Kenntnisse über die jeweiligen Klientinnen und Klienten, ihre Bedürfnisse und Stimmungen. Außerdem ist ein situatives Handeln notwendig, um auf wechselnde Stimmungslagen und Gesundheitszustände der Seniorinnen und Senioren flexibel zu reagieren. Diese Notwendigkeit beschreiben die Ehrenamtlichen folgendermaßen:

> Man stellt sich halt jedes Mal neu ein. Und da gibt es auch kein heute machen wir das oder nächste Woche machen wir das. Das ist einfach mal schauen, wie geht es dem Kunden, und dann kann man sehen, was man macht (ehrenamtliche Alltagsbegleiterin A, Mai 2012).
> Wie gesagt, das sind Menschen, das ist halt individuell. Von Woche zu Woche kann sich der Zustand ja auch verändert haben (ehrenamtliche Alltagsbegleiterin D, Mai 2012).

Die wechselnden Bedürfnisse der Seniorinnen und Senioren fordern ferner eine gewisse zeitliche Flexibilität auf Seiten der Ehrenamtlichen. Die Begleitung von Arztbesuchen oder die Hilfestellung bei Behördenangelegenheiten kann schnell mehr Zeit in Anspruch nehmen als durch die vereinbarte Betreuungszeit offiziell zur Verfügung steht. Dies geht zuweilen zu Lasten der eigenen Alltagsgestaltung der ehrenamtlich Engagierten und kann sich bei hoher Flexibilität gegenüber den Klientinnen und Klienten als Belastungsfaktor erweisen. Die starke Verbundenheit mit den zu betreuenden Personen, die hohe intrinsische Motivation und ein inneres Verpflichtungsgefühl führen ferner zu einem besonders hohen Engagement der Ehrenamtlichen, das in selbstgewählte Überschreitung eigener Belastungsgrenzen münden kann. So nehmen einige Ehrenamtliche auch Aufgaben wahr, die über ihr vereinbartes Engagement hinausgehen (z. B. Unterstützung bei Toilettengängen). Auf der anderen Seite kann eine unzureichende zeitliche und inhaltliche Grenzziehung zu einer erhöhten psychischen Belastung der Ehrenamtlichen führen.

Emotionsarbeit (*„emotion work"*) bezieht sich auf die Regulierung der eigenen Gefühle (Hochschild 1979). Die Arbeit an den eigenen Gefühlen stellt eine große Herausforderung für die Ehrenamtlichen dar. Sie berichten davon, ihre eigenen Gefühle in schwierigen Situationen unterdrücken zu müssen:

> Freundlich bleiben, egal was ist (ehrenamtliche Alltagsbegleiterin C, Mai 2012).

Diese Gefühlskontrolle ist bspw. in Situationen gefragt, in denen die Klientinnen und Klienten ein unvorhergesehenes Verhalten zeigen, wie bspw. bei aus Hilflosigkeit oder Alkoholsucht resultierenden Aggressionen. Manchmal wird sie auch bei körperlicher Nähe zwischen Ehrenamtlichen und Klientinnen und Klienten notwendig, um trotz eigener Scham- oder Ekelgefühle eine professionelle Haltung zu wahren. Eine Ehrenamtliche berichtet hierzu:

> Ja, es gibt Situationen, wo ich auch immer nicht so weiß, wenn ich alleine bin. Und der geht zur Toilette, weil er, das ist auch immer eine kleine Überwindung dann. Aber die Hürde muss man nehmen, weil man ist gerade an Ort und Stelle und da ist auch nichts Schlimmes bei. Es gibt Situationen, da muss man über seinen Schatten dann springen, ist ja klar. Ich versuche einfach, das so ganz normal wie möglich zu sehen, wie es auch ist. Es ist ja was ganz Normales. Da muss man dann einmal Augen zu und durch und gut ist (ehrenamtliche Alltagsbegleiterin D, Mai 2012).

Die Regulation der eigenen Gefühle stellt demnach eine bedeutsame Tätigkeitsanforderung der Alltagsbegleitung dar. Sie beinhaltet in gesundheitlicher Hinsicht ein Gefährdungspotenzial, wenn das Emotionsempfinden und der Emotionsausdruck einer Person längerfristig nicht übereinstimmen. Man spricht hierbei von emotionaler Dissonanz (Büssing und Glaser 2006).

Als psychisch sehr belastend erleben die Ehrenamtlichen den unmittelbaren emotionalen Umgang mit Krankheit und Tod:

> Ich meine, das hat mich getroffen, dass es jetzt so schnell ging (...), man gewöhnt sich ja an Menschen, ne, die gewöhnen sich an mich (ehrenamtliche Alltagsbegleiterin A, April 2012).

Die Angst der Ehrenamtlichen bezieht sich insbesondere darauf, dass die Seniorinnen und Senioren in ihrem Beisein versterben könnten.

Die emotionale Bewältigung von Ereignissen in der Alltagsbegleitung erweist sich aus Sicht der Ehrenamtlichen mitunter als belastend. So berichten einige Ehrenamtliche von Schwierigkeiten, nach der Arbeit abzuschalten:

> Manche Sachen nehme ich auch mit nach Hause. Das ist ganz, völlig normal. Das ist ja die Arbeit an Menschen (ehrenamtliche Alltagsbegleiterin D, Mai 2012).

Gefühlsarbeit (*„sentimental work"*) bezeichnet die Beeinflussung der Gefühle von Klientinnen und Klienten zur Aufgabenerfüllung (Strauss et al. 1980). In unserem Fall bezieht sich die Aufgabenerfüllung darauf, die Seniorinnen und Senioren in der Alltagsbegleitung soweit wie möglich zu einem eigenständigen Alltagshandeln zu aktivieren bzw. sie dabei zu unterstützen. Die ehrenamtlich Engagierten müssen hierzu die Gefühle der Seniorinnen und Senioren erkennen und auf diese eingehen können. Sie betrachten es als ihre Aufgabe, die Stimmung ihrer Klientinnen und Klienten positiv zu beeinflussen, um ihnen dadurch zu einer besseren Alltagsbewältigung zu verhelfen und sie zu einem aktiven Alltagshandeln zu ermutigen:

> Diese Dame da wieder, die diese Ist-mir-doch-egal-Phase hat, die da wieder rauszulocken, das ist für mich eine Herausforderung (ehrenamtliche Alltagsbegleiterin C, Mai 2012).

Wenn Gefühlsarbeit erfolgreich angewandt werden kann, um den Zustand der Klientinnen und Klienten zu verbessern, wirkt sie als gesundheitliche Ressource, die das Selbstwirksamkeitserleben der Ehrenamtlichen stärkt.

12.5 Gesundheitsförderung durch professionelle Koordinationsarbeit

Im Folgenden wird aufgezeigt, inwiefern eine gesundheitsförderliche Bewältigung psychosozialer Belastungen durch eine Ehrenamtskoordination präventiv unterstützt werden kann. Von besonderer Bedeutung hierfür ist unseren Fallstudienergebnissen nach eine gesundheitsförderliche Ausrichtung der Organisationsstrukturen insgesamt sowie eine gesundheitssensible Unterstützung ehrenamtlicher Tätigkeit durch hauptamtliche Koordinationsarbeit.

Um den auftretenden Belastungen der Ehrenamtlichen entgegenzuwirken und ihre gesundheitlichen Ressourcen zu stärken, bedarf es einer professionellen Ehrenamtskoordination. Zu ihren Aufgaben zählen die Akquisition, die Schulung und die Begleitung von Ehrenamtlichen sowie die Anbahnung von Kooperationsbeziehungen zwischen Kundinnen und Kunden und den Ehrenamtlichen. Die Koordination der ehrenamtlichen Tätigkeit bezieht sich jedoch nicht nur darauf, mit ihr verbundene interdependente Aufgaben abzustimmen und diese zielorientiert zu integrieren. Die Ehrenamtskoordination beinhaltet überdies die kommunikative und sozioemotionale Beziehungsgestaltung zwischen am Prozess der ehrenamtlichen Alltagsbegleitung von Senioren und Seniorinnen beteiligten unterschiedlichen Akteuren, insbesondere den Ehrenamtlichen, den Klientinnen und Klienten und deren Angehörigen (Gittel 2012). Interaktionsarbeit im Sinne der hierbei zu leistenden emotionalen Selbstregulation, des situativen Arbeitshandelns und der Beeinflussung der Gefühlslagen und Stimmungen unterschiedlicher Akteure bildet daher eine zentrale Anforderung an und Voraussetzung für diese Koordinationsfunktion. Diese „Interaktionsarbeit in der Koordination" (Becke und Bleses 2013) ist unerlässlich, da die Ehrenamtskoordination mit hohen Anforderungen verbunden ist, Ungewissheit konstruktiv zu bewältigen, die sich aus der nur begrenzt planbaren und routinisierbaren Interaktion mit Ehrenamtlichen, Klientinnen und Klienten, deren Angehörigen und mit anderen Organisationsmitgliedern (z. B. Verwaltung und Geschäftsführung) ergibt.

Unsere Analyse der Ausbildungsinhalte von Ehrenamtskoordinatorinnen und -koordinatoren hat ergeben, dass die Gesundheitsförderung von Ehrenamtlichen bisher nur eine Nebenrolle spielt. Es wird zwar erkannt, dass auch ehrenamtlich Engagierte unterstützt und beteiligt werden möchten. Dies wird jedoch eher im Zusammenhang mit der Frage diskutiert, wie man Ehrenamtliche gewinnen und halten kann und weniger als Aspekt der Gesundheitsförderung. Ansätze zur Gesundheitsförderung müssen jedoch aufgrund der dargelegten gesundheitlichen Gefährdungspotenziale ehrenamtlicher Tätigkeit in Ausbildungsgängen zur Ehrenamtskoordination unbedingt ausgebaut werden.

Die hauptamtliche Koordination kann einer potenziellen Selbstüberforderung von Ehrenamtlichen durch drei wichtige Säulen präventiv vorbeugen. Die Relevanz der drei Säulen soll an unserem empirischen Fallbeispiel erläutert werden:

1. Vorbereitung auf die ehrenamtliche Tätigkeit:

In der Fallstudieneinrichtung werden nach dem Erstgespräch als potenziell geeignet befundene Ehrenamtliche zu einer speziellen viertägigen Schulung für den Umgang mit Seniorinnen und Senioren eingeladen. In dieser wird noch einmal konkret geschaut, welche Teilnehmerinnen und Teilnehmer als ehrenamtliche Alltagsbegleiterinnen und -begleiter eingesetzt werden sollen. Diese beginnen erst nach der Schulung ihre ehrenamtliche Tätigkeit. Eine Ehrenamtliche kommentiert dieses Verfahren folgendermaßen:

> Also, die haben schon eine sehr gute Menschenkenntnis hier, die Institution, dass die nicht jeden dann auch auf die Menschheit loslassen (ehrenamtliche Alltagsbegleiterin A, April 2012).

2. Professionelle Koordination und Begleitung der Ehrenamtlichen:

Während ihrer Tätigkeit werden die Ehrenamtlichen durch eine hauptamtliche und ausgebildete Ehrenamtskoordinatorin begleitet. Diese sucht mit Sorgfalt für jede ehrenamtliche Person den passenden Senior oder die passende Seniorin aus und ist jederzeit Ansprechpartnerin bei auftretenden Problemen. Sie trägt Sorge dafür, dass die Ehrenamtlichen nach ihren Interessen und Kompetenzen eingesetzt werden. Die ehrenamtlich Engagierten schätzen diese Begleitung sehr:

> Ich habe das Gefühl, dass die genau wissen: Zu dieser Frau, da passe ich hin. Ich habe einfach das Gefühl. Weil alle drei, die ich bisher hatte, die passten eigentlich zu mir (ehrenamtliche Alltagsbegleiterin A, April 2012).
> Was ich gut fand, ich habe immer Hilfe gehabt, falls ich brauchte, aber ich brauchte nicht viel, auch nicht viel Rückfragen, weil viele Sachen für mich schon klar waren. Und wenn ich Rückfragen hatte, war eigentlich immer jemand für mich erreichbar (ehrenamtliche Alltagsbegleiterin E, Mai 2012).

Weiterhin organisiert die Ehrenamtskoordinatorin einen monatlich stattfindenden Ehrenamtsstammtisch. Alle Ehrenamtlichen können sich dort über Erfahrungen, Probleme und Konflikte austauschen. Diese Art der durch die Koordination angeleiteten „kollegialen Supervision" wird von den Ehrenamtlichen sehr geschätzt, da sie dort neue Handlungsweisen und Bewältigungsmuster im Umgang mit psychosozialen Belastungen bei ehrenamtlicher Interaktionsarbeit entwickeln können. In jeder Stammtischrunde werden Themen für die nachfolgenden Runden gesammelt und darüber abgestimmt, welche zukünftig prioritär behandelt werden sollen. Zu einigen Inhalten, wie bspw. dem Umgang mit der Alkoholsucht ehrenamtlich begleiteter Personen, werden auch externe Experten eingeladen. Des Weiteren ist die professionelle Ehrenamtskoordinatorin für die psychischen Belastungen durch die Interaktionsarbeit sensibilisiert und kann daher eine Unterstützungsfunktion für die Ehrenamtlichen einnehmen, indem sie diesen zu einer Kompetenzentwicklung im Sinne einer emotionalen Grenzziehung verhilft. Ihr ist bewusst, dass es Ehrenamtlichen im Bereich der Alltagsbegleitung von Seniorinnen und Senioren aufgrund ihres hohen Verantwortungsgefühls häufig schwer fällt, eine emotionale Distanz gegenüber ihren Klientinnen und Klienten aufzubauen. Eine hauptamtliche Mitarbeiterin sagt hierzu:

> Also ich meine, man muss ja auch klar sagen, die [Ehrenamtlichen] werden sicherlich zum Teil mit Situationen konfrontiert, die sich vielleicht in ihren bisherigen Lebenserfahrungen nicht decken, und dann müssen sie auch die Möglichkeit haben, darüber zu reden, sie müssen

auch geschult werden, finde ich, im Bereich professioneller Distanz, dass sie auch nicht alles emotional an sich ran lassen, was sie erleben und solche Dinge (hauptamtliche Mitarbeiterin, August 2012).

Da Wertschätzung und Anerkennung des Engagements nicht nur die Motivation der Ehrenamtlichen erhalten, sondern damit auch zu deren Ressourcenstärkung dienen, sind auch dies wichtige Aufgaben der Ehrenamtskoordinatorin. Um die Ehrenamtlichen als Expertinnen und Experten ihrer Arbeit anzuerkennen, werden sie angeregt, Verbesserungsvorschläge einzubringen. Die Ehrenamtlichen nehmen dies auch so wahr:

Wir dürfen jederzeit Verbesserungsvorschläge machen, wenn wir welche hätten (ehrenamtlicher Alltagsbegleiter B, April 2012).

3. Weiterbildungen:

Ein weiterer Anschub zur Entwicklung von Gesundheitskompetenz kann durch interne oder gegebenenfalls auch externe Weiterbildungen von Ehrenamtlichen geleistet werden. Das Bedürfnis der Ehrenamtlichen nach Fortbildungsangeboten ist hoch. Sie wünschen sich bspw. Schulungen zum Thema Demenz. Auch Fortbildungsangebote sind eine Form der Wertschätzung.

Damit hauptamtliche Ehrenamtskoordination mit ihren qualifikatorischen Voraussetzungen eine Gesundheitsförderung durch professionelle Koordinationsarbeit leisten und ihre Koordinationsarbeit gesundheitssensibel ausrichten kann, müssen bestimmte organisationale Rahmenbedingungen gegeben sein oder geschaffen werden.

In unserer Intensivfallstudie haben wir festgestellt, dass vor allem eine eindeutige Rollenklärung zwischen Führungskräften und Ehrenamtskoordination, klare Aufgabenbeschreibungen mit dazugehörigen Zuständigkeiten und Entscheidungskompetenzen sowie Kommunikationsroutinen (z. B. regelmäßige Teammeetings) unabdingbar für eine gute Implementierung der Ehrenamtskoordination sind. Werden vorhandene Strukturlücken nicht kooperativ geschlossen, muss die Ehrenamtskoordination hierzu verstärkt ungeplante und zeitintensive Interaktions- und Koordinationsarbeit leisten, die eine Bewältigung ihrer Kernaufgaben erschwert und eine Arbeitsintensivierung zur Folge hat. Dies kann zu einer zunehmenden Unzufriedenheit und einer schleichenden Arbeitsüberlastung der Ehrenamtskoordination führen. Diese Belastungen wiederum können sie zum einen daran hindern, achtsam für die gesundheitsförderliche Interaktions- und Koordinationsarbeit mit den Ehrenamtlichen zu sein. Zum anderen können schlechte organisationale Rahmenbedingungen für die Ehrenamtskoordination so belastend werden (z. B. Überlastung durch zu hohe Aufgabenvielfalt), dass dies gesundheitliche Folgen für sie selbst hat. Es empfiehlt sich daher, dass Führungskräfte gemeinsam mit allen Mitarbeitenden ein abgestimmtes und transparentes Konzept zur Zusammenarbeit mit den Ehrenamtlichen entwickeln, bevor die Organisation ihre Türen für die Ehrenamtlichen öffnet (Wouters und Rosenkranz 2011, S. 20).

12.6 Weiterer Forschungsbedarf zu ehrenamtlicher Tätigkeit und Gesundheit

Die Ergebnisse unserer Intensivfallstudie verdeutlichen, dass die ehrenamtlichen Tätigkeiten im Bereich sozialer Dienste, die im Kern durch Interaktionsarbeit mit Klientinnen und Klienten geprägt sind, in Bezug auf die Gesundheit der Ehrenamtlichen ambivalente Wirkungen entfalten. Vor allem das subjektivierende Arbeitshandeln und die Emotionsarbeit bilden nicht nur gesundheitliche Ressourcen, sondern können sich auch als Belastungsfaktoren erweisen. Dies gilt ebenfalls für die Autonomiespielräume von Ehrenamtlichen. Diese erweisen sich als gesundheitlich bedenklich, wenn Ehrenamtliche zu einer selbstinduzierten Überschreitung ihrer Belastungsgrenzen neigen, z. B. aus dem Bestreben heraus, Klienten und Klientinnen zu unterstützen.

Die altruistischen Motive der Ehrenamtlichen stellen ein Spezifikum der ehrenamtlichen Tätigkeit in sozialen Diensten dar, das die selbstinduzierte Überschreitung von Belastungsgrenzen weiterhin befördert.

Unsere Fallstudie legt daher nahe, organisationale Achtsamkeit (zum Konzept: Becke et al. 2013) nicht nur auf den Gesundheitserhalt von Führungskräften und Beschäftigten, sondern auch auf ehrenamtlich engagierte Menschen in sozialen Diensten zu richten.

Unsere Studie gelangt zu der Erkenntnis, dass Ehrenamt immer auch ein in gesundheitlicher Hinsicht qualifiziertes und sensibilisiertes Hauptamt benötigt. Insbesondere im Bereich der personenbezogenen sozialen Dienstleistungen hat sich außerdem gezeigt, dass Ehrenamtliche eine professionelle gesundheitsförderliche Unterstützung und Begleitung bei ihrem Engagement benötigen, um ihre Gesundheitskompetenz (Schweer und Krummreich 2009) im Umgang mit psychosozialen Belastungen, die aus der Interaktionsarbeit mit den Seniorinnen und Senioren resultieren, zu entwickeln. Unsere empirischen Ergebnisse weisen auf die Schlüsselbedeutung professioneller Koordinationsarbeit zur Stärkung der Gesundheitskompetenz von Ehrenamtlichen hin. Dies setzt voraus, dass Aspekte der Gesundheitsförderung und damit auch der Interaktionsarbeit systematisch in die Aus- und Weiterbildung professioneller Ehrenamtskoordination integriert werden.

Anforderungen von Ehrenamtlichen an eine gute Qualität ihrer Tätigkeit müssen auch deshalb ernst genommen werden, um eine vorzeitige Aufkündigung ihres Engagements zu vermeiden. Neben der Unterstützung und Begleitung der Ehrenamtlichen ist es wichtig, eine Anerkennungskultur zu etablieren und die Ehrenamtlichen an der Gestaltung ihrer Tätigkeiten zu beteiligen.

Ansätze der betrieblichen Gesundheitsförderung sind mit Blick auf die Einbindung von Ehrenamtlichen systematisch zu erweitern, vor allem in Anbetracht des zukünftig zunehmenden Bedarfs an Ehrenamtlichen in sozialen Dienstleistungen. Weiterer Forschungsbedarf besteht unseres Erachtens in feld- und tätigkeitsspezifischen wie vergleichenden arbeitswissenschaftlichen Studien zum Zusammenhang zwischen ehrenamtlicher Tätigkeit und Gesundheit. Darüber hinaus besteht eine deutliche Forschungslücke hinsichtlich der Koordinationstätigkeiten in sozialen Diensten. Diese bezieht sich vor allem auf die Bedeutung von Interaktionsarbeit für eine gelingende Koordination sowie auf eine gesundheitsförderliche Gestaltung dieser Koordinationstätigkeiten.

Literatur

Antonovsky A (1997) Salutogenese: Zur Entmystifizierung der Gesundheit. DGVT-Verlag, Tübingen

Becke G (2014) Die Entdeckung des Informellen im Organisationswandel – Zum Potenzial kommunikativer Forschungsmethoden. In: Groddeck V, Wilz S (Hrsg) Formalität und Informalität in Organisationen. Springer VS, Wiesbaden (im Erscheinen)

Becke G, Behrens M, Bleses P, Meyerhuber S, Schmidt S (2013) Organisationale Achtsamkeit. Veränderungen nachhaltig gestalten. Schäffer-Poeschel, Stuttgart

Becke G, Bleses P (2013) Interaktion und Koordination: Befunde zur Arbeitssituation in ambulanten Pflegeunternehmen. In: Becke G, Behrens M, Bleses P, Jahns K, Pöser S, Ritter W (Hrsg) Nachhaltige Beschäftigungsfähigkeit in der ambulanten Pflege. Zwischenbericht des Verbundprojekts ZUKUNFT: PFLEGE. artec-paper Nr. 189. artec| Forschungszentrum Nachhaltigkeit, Universität Bremen, Bremen S 33–56

Becke G, Bleses P, Gundert H, Wetjen A (2011) Trendreport ambulante soziale Unterstützungsdienstleistungen im Alter – arbeitswissenschaftliche Perspektiven. artec-paper Nr. 177. artec| Forschungszentrum Nachhaltigkeit, S 67–75. http://www.artec.uni-bremen.de/files/papers/paper_177.pdf. Zugegriffen: 14. Aug. 2013

Becke G, Bleses P, Schmidt S (2010) Nachhaltige Arbeitsqualität – ein Gestaltungskonzept für die betriebliche Gesundheitsförderung in der Wissensökonomie. Wirtschaftspsychologie 12(3): 60–68

Becke G, Senghaas-Knobloch E (2011) Dialogorientierte Praxisforschung in organisatorischen Veränderungsprozessen. In: Meyn C, Peter G, Dechmann U, Georg A, Katenkamp O (Hrsg) Arbeitssituationsanalyse. Bd 2: Praxisbeispiele und Methoden. VS Verlag, Wiesbaden, S 383–405

Böhle F, Brater M, Maurus A (1997) Pflegearbeit als situatives Handeln: Ein realistisches Konzept zur Sicherung von Qualität und Effizienz in der Altenpflege. Pflege 10(1):18–22

Böhle F, Glaser J (2006) Interaktion als Arbeit – Ausgangspunkt. In: Böhle F, Glaser J (Hrsg) Arbeit in der Interaktion – Interaktion als Arbeit. Arbeitsorganisation und Interaktionsarbeit in der Dienstleistung. VS Verlag, Wiesbaden, S 11–15

Böhle F, Glaser J, Büssing A (2006) Interaktion als Arbeit – Ziele und Konzepte des Forschungsverbundes. In: Böhle F, Glaser J (Hrsg) Arbeit in der Interaktion – Interaktion als Arbeit. Arbeitsorganisation und Interaktionsarbeit in der Dienstleistung. VS Verlag, Wiesbaden, S 25–41

Böhle F, Weishaupt S (2003) Unwägbarkeit als Normalität – die Bewältigung nicht-standardisierbarer Anforderungen in der Pflege durch subjektivierendes Handeln. In: Büssing A, Glaser J (Hrsg) Dienstleistungsqualität und Qualität des Arbeitslebens im Krankenhaus. u. a, Hogrefe, Göttingen, S 149–162

Bornheim N (2008) Arbeitsqualität als Ansatzpunkt für eine sozial nachhaltige Gestaltung flexibler Arbeitsformen – das Beispiel Pflege. In: Becke G (Hrsg) Soziale Nachhaltigkeit in flexiblen Arbeitsstrukturen. LIT-Verlag, Berlin, S 169–184

Büssing A, Glaser J (2006) Interaktionsarbeit in der personenbezogenen Dienstleistung. In: Böhle F, Glaser J (Hrsg) Arbeit in der Interaktion – Interaktion als Arbeit. Arbeitsorganisation und Interaktionsarbeit in der Dienstleistung. VS Verlag, Wiesbaden, S 134–135

Dunkel W, Weihrich M (2012) Interaktive Arbeit – das soziologische Konzept. In: Dunkel W, Weihrich M (Hrsg) Interaktive Arbeit. Theorie, Praxis und Gestaltung von Dienstleistungsbeziehungen. Springer VS, Wiesbaden, S 29–59

Edmondson A (1999) Psychological safety and learning behavior in work teams. Admin Sci Quart 44(2):350–383

Evers A (2002) Auf dem Weg zu einem neuen Wohlfahrtsmix? Pflege im Alter und der mögliche Beitrag der Bürgergesellschaft. In: Institut für Soziale Infrastruktur (ISIS) (Hrsg) Grundsatzthemen der Freiwilligenarbeit. Theorie und Praxis des sozialen Engagements und seine Bedeutung für ältere Menschen. Verlag Peter Wiehl, Stuttgart, S 85–100

Flick U (2012) Qualitative Sozialforschung. Eine Einführung. rororo, Reinbek b. Hamburg

Fuchs T (2011) Arbeit – Prekarität – Gesundheit: Arbeitsqualität und Gesundheitsempfinden aus Sicht von Beschäftigten in verschiedenen sozialen Berufsfeldern. In: Stolz-Willig B, Christoforidis J (Hrsg) Hauptsache billig? Prekarisierung der Arbeit in den sozialen Berufen. Westfälisches Dampfboot, Münster, S 25–10

Gerlmaier A (2006) Nachhaltige Arbeitsgestaltung in der Wissensökonomie? Zum Verhältnis von Belastungen und Autonomie in neuen Arbeitsfeldern. In: Lehndorff S (Hrsg) Das Politische in der Arbeitspolitik. Ansatzpunkte für eine nachhaltige Arbeits- und Arbeitszeitgestaltung. Edition Sigma, Berlin, S 71–98

Gittel JH (2012) New directions for relational coordination theory. In: Cameron K, Spreitzer G (Hrsg) The Oxford handbook of positive organizational scholarship. Oxford University Press, Oxford, S 400–411

Hochschild A (1979) Emotion work, feeling rules, and social structure. Am J Sociol 85(3):551–575

Keupp H (2011) Bürgerschaftliches Engagement – sein gesellschaftlicher und sein individueller Stellenwert. Supervision 4:3–10

Kumbruck C, Rumpf M, Senghaas-Knobloch E (2011) Unsichtbare Pflegearbeit. Fürsorgliche Praxis auf der Suche nach Anerkennung. LIT, Berlin

Meier-Gräwe U, Sennlaub A (2011) Koordination und Kontrolle. Konflikte in der Zusammenarbeit von Haupt- und Ehrenamtlichen. Blätter der Wohlfahrtspflege 1/10, S 14–16

Mösken G, Dick M, Wehner T (2010) Wie frei-gemeinnützig tätige Personen unterschiedliche Arbeitsformen erleben und bewerten: Eine narrative Grid-Studie als Beitrag zur erweiterten Arbeitsforschung. Arbeit 19(1):37–52

Mühlpfordt S (2006) Ehrenamt im Altersübergang. In: Mühlpfordt S, Richter P (Hrsg) Ehrenamt und Erwerbsarbeit. Rainer Hampp, München, S 40–60

Nikles BW (2008) Institutionen und Organisationen der Sozialen Arbeit. UTB, München

Notz G (2006) EhrenAMT und Arbeit – zwischen Verantwortung und Verpflichtung. In: Mühlpfordt S, Richter P (Hrsg) Ehrenamt und Erwerbsarbeit. Rainer Hampp, München, S 70–81

Resch M (1999) Arbeitsplatz Haushalt und Familie: Ein handlungstheoretischer Untersuchungsansatz. Z Arbeitswiss 46(3):169–174

Richter G (2010) Belastungen sind neutral! Das Belastungs-Beanspruchungsmodell. In: Faller G (Hrsg) Lehrbuch betriebliche Gesundheitsförderung. Verlag Hans Huber, Bern, S 70–74

Richter P, Buruck G, Nebel C, Wolf S (2011) Arbeit und Gesundheit – Risiken, Ressourcen und Gestaltung. In: Bamberg E, Ducki A, Metz A (Hrsg) Gesundheitsförderung und Gesundheitsmanagement in der Arbeitswelt. Ein Handbuch. Hogrefe, Göttingen, S 25–60

Schlaugat S (2010) Soziales Ehrenamt. Motive freiwillig sozialer Tätigkeiten unter Berücksichtigung der Hypothese einer bestehenden Betroffenheit als Auswahlkriterium in Bezug auf das Tätigkeitsfeld. Dissertation, Universität Bonn

Schmidt S (2010) Psychische Belastungen in der deutschen IT-Branche – eine Herausforderung für „Decent Work". In: Becke G, Bleses P, Ritter W, Schmidt S (Hrsg),Decent Work'. Arbeitspolitische Gestaltungsperspektive für eine globalisierte und flexibilisierte Arbeitswelt. VS Verlag, Wiesbaden, S 139–164

Schweer R, Krummreich U (2009) Gesundheitskompetenz und Präventionskultur – Indikatoren für Gesundheit und Erfolg in Unternehmen: ein praktisches Handlungsmodell. Z Arbeitswiss 63(4):293–302

Stolz-Willig B (2011) Hauptsache billig? Prekarisierung der Arbeit in den Sozialen Berufen. In: Stolz-Willig B, Christoforidis J (Hrsg) Hauptsache billig? Prekarisierung der Arbeit in den Sozialen Berufen. Westfälisches Dampfboot, Münster, S 7–10

Strauss A, Fagerhaugh S, Suczek B, Wiener C (1980) Gefühlsarbeit. Ein Beitrag zur Arbeits- und Berufssoziologie. Kölner Z Soz Sozpsychol 32(4):629–651

Udris I (1992) Arbeit und Gesundheit, Psychosozial. Bd 52. Psychologie Verlags Union, Weinheim, S 9–22

Ulich E (2001) Arbeitspsychologie. Schäffer-Poeschel, Stuttgart

Voges W (2008) Soziologie des höheren Lebensalters. Ein Studienbuch zur Gerontologie. Maro Verlag, Augsburg

Wehner T, Mieg H (2011) Freiwilligenarbeit ist Tätigsein, nicht nur Hilfeverhalten. Supervision 4:24–27

Weishaupt S (2006) Subjektivierendes Arbeitshandeln in der Altenpflege – die Interaktion mit dem Körper. In: Böhle F, Glaser J (Hrsg) Arbeit in der Interaktion – Interaktion als Arbeit. Arbeitsorganisation und Interaktionsarbeit in der Dienstleistung. VS Verlag, Wiesbaden, S 85–106

Wouters G, Rosenkranz D (2011) Herausforderungen im Freiwilligenmanagement. Supervision 4:18–23

Zegelin A (2007) Quelle der Vielfalt. Ehrenamt. Altenpflege 32(1):26–29

Soziale Dienstleistungen im Umbruch

13

Gestaltung der Produktivität durch
Kompetenzentwicklung

Janina Evers, Michael Krause und Joachim Hafkesbrink

Inhaltsverzeichnis

13.1 Soziale Dienstleistungen auf dem Weg zur Kooperation in Netzwerken 278
13.2 Netzwerke und Kooperationen sozialer Dienstleistungen 281
13.3 Empirische Ergebnisse aus dem „vorambulanten" Bereich 282
    13.3.1 Kosteneffizienz 284
    13.3.2 Unterstützungsqualität 286
13.4 Veränderungsgestaltung durch Organisationsgestaltung und Kompetenzentwicklung... 288
    13.4.1 Kompetenzentwicklung zur Bewältigung der Herausforderungen bei sozialen
    Dienstleistungen 288
    13.4.2 Kompetenzentwicklung zur Gestaltung des Übergangs von einem Dienstleister
    im vorambulanten Bereich zu einem Akteur in einem Quartierskonzept 289
13.5 Fazit: Perspektiven der Gestaltung der Produktivität sozialer Dienstleistungen durch
    Kompetenzentwicklung 292
Literatur 293

J. Evers (✉)
Rhein-Ruhr Institut für angewandte Systeminnovation e.V.,
Bürgerstraße 15, 47057 Duisburg, Deutschland
E-Mail: je@rias-institute.de

M. Krause
Freiburg Academy of Science and Technology, Albert-Ludwigs-Universität Freiburg,
Stefan-Meier-Straße 21, 79104 Freiburg, Deutschland
E-Mail: michael.krause@fast.uni-freiburg.de

J. Hafkesbrink
innowise GmbH, Bürgerstraße 15, 47057 Duisburg, Deutschland
E-Mail: jh@innowise.eu

M. Bornewasser et al. (Hrsg.), *Dienstleistungen im Gesundheitssektor*,   277
DOI 10.1007/978-3-658-02958-6_13, © Springer Fachmedien Wiesbaden 2014

13.1 Soziale Dienstleistungen auf dem Weg zur Kooperation in Netzwerken

Soziale Dienstleistungen in Deutschland stehen unter „Produktivitäts"-Druck. Eine gestiegene Nachfrage nach Leistungen der Pflege und Unterstützung im Alltag steht einem sinkenden Angebot gegenüber. Dies ist einerseits bedingt durch den wachsenden Fachkräftemangel in diesem Bereich, andererseits durch Schwierigkeiten in der Finanzierung. Wurden bis in die 1990er Jahre hinein soziale Dienstleistungen nach dem Kostendeckungsprinzip refinanziert, spielen seitdem Leistungsverträge und Qualitätsmanagementanforderungen eine beständig wichtiger werdende Rolle (vgl. Lutz 2008; Dahme 2008). Ergebnis dieses Prozesses ist, dass Organisationen sozialer Dienstleistungen in ständigem Wandel begriffen sind, Dokumentations- und Qualitätsmanagementanforderungen steigen (vgl. Lutz 2008, S. 4) und Mitarbeitende unter wachsenden Arbeits- und Zeitdruck geraten. Diesen organisationalen Herausforderungen stellen sich die entsprechenden Organisationen – wie Pflege- und Betreuungseinrichtungen – z. B., indem sie neue Geschäftsfelder erschließen, neue Ablauf- und Aufbaustrukturen etablieren oder neue Angebote entwickeln. Zusammenfassend führt dies nicht selten zu Organisationsentwicklungsmaßnahmen und Veränderungsprozessen (vgl. Netzwerk: Soziales neu gestalten, Bertelsmann Stiftung 2006).

Ein Ansatzpunkt zur Gestaltung der Produktivität ist die Vernetzung und Kooperation mit weiteren Dienstleistungserbringern bzw. externen Partnern (vgl. Dahme und Wohlfahrt 2000). Diese Vernetzung wird in dem vorliegenden Beitrag in Bezug auf die dafür notwendige Kompetenzentwicklung diskutiert. Denn um Vernetzung für alle Seiten nutzbringend und hierdurch produktiv zu gestalten, sind Kompetenzen zur Strukturierung der Kommunikation und zur Einbindung von Informationen externer Partner in das Alltagsgeschäft wichtig. Es werden die empirischen Ergebnisse einer Fallstudie des Projekts Cockpit exemplarisch hinsichtlich der Gestaltung von Kompetenzentwicklung in Veränderungsprozessen diskutiert, die zu einer Öffnung der Organisation hin zu einer Netzwerkbildung mit externen Partnern führt.

Ziel des Projekts Cockpit ist die Entwicklung von Maßnahmen und Instrumenten zur Messung, Bewertung und Gestaltung der Produktivität sozialer Dienstleistungen.[1] Der Ruf nach Produktivität sozialer Dienstleistungen ist anhaltend laut, wobei hier unter dem Stichwort „Ökonomisierung" die Betrachtung häufig auf finanzielle Aspekte reduziert wird (Dahme 2008; Buestrich und Wohlfahrt 2008; Dahme und Wohlfahrt 2000). Kosteneffizienz ist ein wichtiger Aspekt zur Förderung der Produktivität sozialer Dienstleistungen. Dennoch ist er, so der Ansatz des Projekts Cockpit, singulär betrachtet zu kurz gegriffen

---

[1] Das Verbundprojekt Cockpit (Produktivitäts-Cockpit soziale Dienstleistungen – Messung, Bewertung und Gestaltung der Produktivität in einem dynamisch wachsenden Dienstleistungsmarkt) wird vom Bundesministerium für Bildung und Forschung (BMBF) gefördert (Förderkennzeichen 01FL10030). Beteiligt am Verbundprojekt sind das Rhein-Ruhr Institut für angewandte Systeminnovation (RIAS) e. V., das artec Forschungszentrum Nachhaltigkeit der Universität Bremen sowie zwei soziale Dienstleistungsorganisationen.

Abb. 13.1 Produktivitäts-
dreieck soziale
Dienstleistungen

und wird den Spezifika sozialer Dienstleistungen nicht gerecht. Die hohen psychischen und physischen Belastungen in der Pflegearbeit führen zu Fluktuation und steigenden Krankenständen oder Frühverrentungen, was zu hohen Kosten für die Unternehmen führen kann (vgl. Jahn und Ulbricht 2011). Gleichzeitig stehen Organisationen sozialer Dienstleistungen im Wettbewerb zu weiteren Anbietern und müssen eine gute Unterstützungsqualität im Sinne einer guten Produkt- und Dienstleistungsqualität bereitstellen. Dies heißt für Organisationen sozialer Dienstleistungen, dass sie die drei Aspekte Kosteneffizienz, Unterstützungsqualität und Arbeitsqualität[2] mit ihren jeweiligen Wechselwirkungen im Rahmen einer Produktivitätsgestaltung ihrer Dienstleistungen in den Blick nehmen sollten. Hierfür wurde im Projekt Cockpit ein theoretisches Referenzmodell entwickelt, welches von einem erweiterten Produktivitätsverständnis ausgeht (vgl. Abb. 13.1).

Erweiterte Produktivität bedeutet in diesem Zusammenhang, dass soziale Dienstleistungen dann produktiv sind, wenn sowohl Kosteneffizienz, Arbeitsqualität und Unterstützungsqualität ausbalanciert sind. Vor diesem Hintergrund ist im Folgenden mit dem Begriff „Produktivität" immer der hier beschriebene erweiterte Produktivitätsbegriff gemeint.

Grundlage der Betrachtung von Kosteneffizienz sozialer Dienstleistungen ist der sogenannte Transaktionskostenansatz (vgl. Hafkesbrink 2009; Hafkesbrink 2010). Kosteneffizienz bemisst sich anhand der Arbeitszeiten für konkrete Arbeitsprozesse. Als Transaktionskosten werden danach diejenigen Kosten definiert, die zur Etablierung und Aufrechterhaltung der produktiven Wertschöpfung anfallen, d. h. Such-, Verhandlungs- und Kontrollkosten zur Etablierung und Aufrechterhaltung des Beschäftigungssystems, Organisations- und Koordinationskosten zur Etablierung und Aufrechterhaltung der Leistungserstellung und Kosten für die laufende Abwicklung, Anpassung und Kontrolle aller organisationsinternen und -externen Transaktionen (Hafkesbrink 2009, S. 94). Für Dienstleistungsprozesse wie die hier thematisierten sozialen Dienstleistungen ist der Transaktionskostenansatz deshalb von Bedeutung, weil er im Sinne einer Prozesskosten-

---

[2] Das Thema der Produktivitätsgestaltung durch eine Unterstützung der Arbeitsqualität in Organisationen sozialer Dienstleistungen wurde vom artec Forschungszentrum Nachhaltigkeit bearbeitet und wird in einem weiteren Beitrag dieser Publikation beschrieben (vgl. Becke et al., in diesem Bd.).

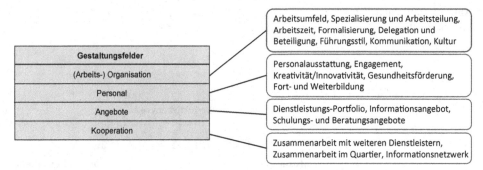

Abb. 13.2 Gestaltungsfelder der Produktivität sozialer Dienstleistungen

rechnung die produktiven wertschöpfenden Dienstleistungsaktivitäten (d. h. die physische Interaktion mit den Kunden wie Pflege oder Beratung) von „On-Stage-Prozessen" (d. h. vor- oder nachbereitende sichtbare Aktivitäten ohne physischen Kundenkontakt), von „Backstage-Prozessen" unterhalb der Sichtbarkeitsgrenze (d. h. vorbereitende Tätigkeiten zur Erbringung der Kundeninteraktion wie z. B. interne Teambesprechungen) und Supportprozessen (d. h. grundlegende Organisations- und Weiterbildungsprozesse) trennt.

Der Begriff der Unterstützungsqualität wird angelehnt an den Begriff der Pflegequalität verwendet. Im Projekt Cockpit wurde der Begriff der „Pflegequalität" erweitert und bezeichnet das erreichte Ergebnis als „Unterstützungsqualität", da soziale Dienstleistungen auch für Kunden erbracht werden, die in ihrer häuslichen Umgebung nicht gepflegt, sondern „vorambulant" unterstützt werden (z. B. durch Begleitung zum Arzt). Unterstützungsqualität wird über die Qualität der Strukturen, Prozesse und Ergebnisse beschrieben (vgl. BMG/BMFSFJ 2011; Tillmann und Bouncken 2011).[3] Das Konzept bezieht sich in diesem Zusammenhang insbesondere auf organisationale Aspekte der Struktur-, Prozess- und Ergebnisqualität (wie Angebotsstruktur, Durchführung von Fort- und Weiterbildung, Zusammenarbeit mit externen Partnern zur Bündelung von Angeboten für die Kunden).

Zur Gestaltung der Produktivität in den Bereichen Kosteneffizienz, Unterstützungsqualität und Arbeitsqualität wurden Gestaltungsfelder entwickelt. Diese basieren einerseits auf Interviews und Workshops mit den am Projekt beteiligten Organisationen sozialer Dienstleistungen. Zudem wurde auf der Basis von Literaturanalysen und anhand vorhandenen Datenmaterials z. B. zu Qualitätsstandards im Bereich sozialer Dienstleistungen (hier insbesondere zu stationärer und ambulanter Pflege MDS 2007; BMFSFJ und BMG 2010) geprüft, welche Gestaltungsfelder wichtig sind, um Produktivität zu fördern (vgl. Abb. 13.2).

---

[3] Dies ist auch die gewählte Herangehensweise z. B. der Qualitätsprüfungen des Medizinischen Dienstes der Krankenkassen (MDK) für ambulante und stationäre Einrichtungen (MDS 2007). Hierbei spielen häufig auch gesundheitsbezogene Aspekte eine Rolle. Diese wurden im Rahmen des Projekts Cockpit nicht betrachtet, da der Fokus auf organisationale Gestaltungsmechanismen gelegt wurde.

13.2   Netzwerke und Kooperationen sozialer Dienstleistungen

Veränderungen gehören in Organisationen sozialer Dienstleistungen quasi zum Alltag: Geänderte rechtliche Rahmenbedingungen[4] erfordern geänderte Organisationsstrukturen, hohe physische und psychische Belastungen in der Pflege- und Betreuungsarbeit erfordern Konzepte der Verhaltens- und Verhältnisprävention (vgl. Jahn und Ulbricht 2011; Blass 2005; Klein und Gaugisch 2005) und geänderte Bedürfnisse von Kunden erfordern die Entwicklung neuer Angebote (vgl. Lützenkirchen 2012). Eine Strategie der Veränderung ist die Netzwerkbildung oder die Kooperation mit weiteren Dienstleistungsanbietern,[5] die im Idealfall die eigenen Angebote sinnvoll ergänzen und durch die somit eine gute Unterstützungsqualität durch komplementäre Angebote für die Kunden erreicht werden kann. Ziel dieser Netzwerke ist, dass der Wunsch von Senioren nach einem Verbleib in der eigenen Häuslichkeit (vgl. BMFSFJ 2009; Nölker 2012) und einer möglichst hohen Selbstständigkeit durch die Bündelung verschiedener Angebote erreicht wird, also ein bedarfsgerechtes Netzwerk für z. B. soziale und pflegerische Begleitung besteht (vgl. BMFSFJ 2009; Nölker 2012), das auch das „sozialpolitische Leitbild ‚ambulante vor stationärer Versorgung'" (Lützenkirchen 2012, S. 41) unterstützen kann (vgl. auch Mutschler 2000, S. 237). Ein anderes Ziel ist die mögliche Effizienzsteigerung, die mit einer Netzwerkbildung zusammenhängt: „Vernetzung war anfänglich eine von Professionellen unter fachlichen Gesichtspunkten diskutierte Strategie zur Verbesserung von Versorgungsstrukturen, um die Effektivität der Versorgung im Interesse der Klienten zu steigern (vgl. Bergold und Filsinger 1993); heute sollen mittels Vernetzung vorhandene Angebotsstrukturen optimiert werden, d. h. stärker verzahnt und aufeinander abgestimmt werden, um Synergieeffekte durch das Poolen von Ressourcen zu produzieren und um Prozesse der Leistungserstellung effizienter zu machen ... Kooperation und Vernetzung gewinnen bei der Steuerung sozialer Versorgungssysteme und sozialpolitischer Entwicklungen zunehmend an Relevanz" (Dahme und Wohlfahrt 2000, S. 10). Hierfür ist die individuelle Gestaltung der jeweiligen Netzwerke wichtig: „Synergien durch Kooperationen entstehen vor allem dann, wenn die Zusammenarbeit von Anfang an darauf ausgerichtet ist, beiden Partnern von Nutzen zu sein. Daher sollte jede Kooperation individuell entsprechend den Bedürfnissen

---

[4] Zur Geschichte und Entwicklung sozialer Dienstleistungen siehe Sachße (2011) und Staudinger et al. (2007, S. 17–32).

[5] Hierbei bezeichnen Netzwerke die strukturellen Voraussetzungen für Kooperationen während Kooperation die Zusammenarbeit verschiedener Personen in Organisationen sozialer Dienstleistungen bezeichnet: „Die Kooperation zwischen verschiedenen Akteuren kann dabei definiert werden als ein ‚Verfahren [...] der intendierten Zusammenarbeit, bei dem im Hinblick auf geteilte oder sich überschneidende Zielsetzungen durch Abstimmung der Beteiligten eine Optimierung von Handlungsabläufen oder eine Erhöhung der Handlungsfähigkeit bzw. Problemlösungskompetenz angestrebt wird' (Santen und van Seckinger 2003, S. 29). Im Gegensatz dazu kann die Vernetzung als ‚Herausbildung, Aufrechterhaltung und Unterstützung einer Struktur, die der Förderung von kooperativen Arrangements unterschiedlicher Personen oder Institutionen dienlich ist' (ebd.), verstanden werden" (Gess 2012, S. 43).

und Potenzialen der beiden beteiligten Institutionen gestaltet werden" (Gess 2012, S. 45). Die Zusammenarbeit in Netzwerken reicht von eher losen Verbindungen wie z. B. der Kooperation mit Friseurdienstleistern in stationären Einrichtungen bis hin zu intensiveren Kooperationsstrukturen unter Einbindung von verschiedenen Akteuren im Rahmen eines „Quartiers".[6] Kooperationen mit externen Partnern stellen neue Anforderungen an die Organisationsstruktur und die Arbeitsprozesse, in denen Beschäftigte sich bewegen. Um diese neuen Dienstleistungsstrukturen und -prozesse produktiv zu gestalten, können Beschäftigte durch Maßnahmen der Kompetenzentwicklung unterstützt werden, damit die sozialen Dienstleistungen weiterhin in einer guten Qualität als auch unter den gegebenen wirtschaftlichen und finanziellen Rahmenbedingungen (kosteneffizient) erbracht werden. In diesem Zusammenhang „stellt sich die Frage nach den Grundvoraussetzungen für eine Kooperation der in der Altenhilfe und pflegerischen Versorgung tätigen Akteure und der gemeinsamen Zielorientierungen, die zwischen verschiedenen Beteiligten ausgehandelt und in veränderten Arbeitsabläufen wirksam gemacht werden müssen" (Dahme und Wohlfahrt 2000, S. 23). Eine dieser Grundvoraussetzungen für diese Veränderungen ist Kompetenzentwicklung, so der Ansatzpunkt des vorliegenden Beitrags.

Was ist notwendig für die produktive Gestaltung einer Kooperation mehrerer Partner? Zum einen scheint es die Systematisierung der Kommunikation und Informationsweitergabe zu sein (vgl. Schmidt 2000; Nölker 2012). Eine unkoordinierte, wenig systematisierte Informationsweitergabe mit verschiedenen externen Partnern kann nicht nur zu geringerer Effektivität führen, da nicht alle – neuen – Informationen zu Kunden vorliegen können. Auch eine Verringerung der Effizienz ist möglich, da aufwendige Nachfragen etc. notwendig werden, die Arbeitszeit in Anspruch nehmen. Welche Aspekte für eine effiziente und effektive Gestaltung der Kooperation mit externen Partnern wichtig sind und wie diese Kooperationen durch Kompetenzentwicklung unterstützt werden können, wird im Folgenden dargestellt.

13.3 Empirische Ergebnisse aus dem „vorambulanten" Bereich

Im Projekt Cockpit wurden zur Ermittlung von Ansatzpunkten zur Gestaltung der Produktivität hinsichtlich Kosteneffizienz und Unterstützungsqualität zwei Fragebogenerhebungen durchgeführt. Grundlage der Fragebögen waren sowohl theoretische Ansatzpunkte zu Kosteneffizienz und Unterstützungsqualität (z. B. Büscher und Horn 2010;

---

[6] „Quartierskonzepte zielen darauf, einen sozialen Nahraum, mit dem sich die Bewohner identifizieren – ein Dorf, eine Gemeinde, ein Stadtteil, ein Kiez, ein Viertel – so zu gestalten, dass auch ältere Menschen und Menschen mit Unterstützungsbedarf in ihrem vertrauten Wohnumfeld verbleiben können. Dazu versucht man, möglichst viele alternsgerechte Wohnangebote sowie soziale Angebote und Unterstützungsangebote (Baustein: Wohnen, Soziales, Pflege) kleinräumig in den Quartieren verfügbar zu machen."(www.kda.de/fachforen/quartierskonzepte.html. Zugegriffen: 14. Aug. 2013)

MDS 2007; BMFSFJ und BMG 2010) als auch Workshops, Gruppendiskussionen und Interviews mit den Projektpartnern (für weitere Informationen zum Projekt Cockpit sowie zu den entwickelten Fragebögen siehe Hafkesbrink et al. 2011). Ziel der ersten Fragebogenerhebung im Juli 2012 war die Identifikation von Ansatzpunkten zur Produktivitätsgestaltung bei einem lokal vernetzten Anbieter sozialer „vorambulanter" Unterstützungsdienstleistungen, d. h. die Kunden werden in ihrer häuslichen Umgebung, bei Arztbesuchen, Einkäufen etc. unterstützt, aber eine Grund- oder Behandlungspflege findet nicht statt. Die zweite Fragebogenerhebung fand im Juli und August 2013 statt. Die (zwei getrennten) Fragebögen zum Thema Unterstützungsqualität und Kosteneffizienz wurden mit haupt- und ehrenamtlichen Mitarbeitenden diskutiert. Zudem wurde eine weitere Fragebogenerhebung zum Thema „Unterstützungsqualität" mit den Kunden der Organisation durchgeführt, um einen Vergleich der Aussagen zur Unterstützungsqualität von Mitarbeitenden und Kunden zu ermöglichen.[7]

Der hier betrachtete Dienstleister hat im Verlauf des Projekts Cockpit unterschiedliche Maßnahmen zur Produktivitätsgestaltung implementiert, es wurden u. a. neue Angebote entwickelt und umgesetzt. Ein wichtiger Aspekt für diese Organisation ist die lokale Vernetzung: Die eigenen Dienstleistungsangebote wie Begleitung und Unterstützung im Alltag durch haupt- und ehrenamtliche Mitarbeitende werden ergänzt durch Angebote externer Partner wie einen ambulanten Pflegedienst oder einen Hausnotrufdienst.[8] Die Anfragen der Kunden zu eigenen wie externen Angeboten werden gebündelt an die Organisation gestellt und diese wird somit als Koordinator verschiedenster lokaler Angebote tätig. Diese externen Kooperationen stellen neue Herausforderungen an die Mitarbeitenden und die Organisation: Es sind Kompetenzen zur Kooperation mit externen Partnern und auch zur Koordination der gebündelten Dienstleistungsangebote für eine bedarfsgerechte Beratung der Kunden erforderlich.[9] Die Mitarbeitenden benötigen Kenntnisse in externer Kommunikation, in der Strukturierung und Umsetzung gemeinsamer Angebote und in der Beratung zu eigenen und externen Angeboten. Die Organisation als solche muss die struk-

---

[7] Insgesamt beteiligten sich bei der ersten Erhebung in 2012 16 Mitarbeitende und 15 Kunden. Da die Organisation insgesamt eher klein ist, konnten mit der Erhebung fast alle Beschäftigten erreicht werden. Die Ergebnisse wurden anonym ausgewertet. Die Beteiligung an der Erhebung war freiwillig. Die Ergebnisse der zweiten Befragung liegen zum Zeitpunkt der Verfassung dieses Beitrags noch nicht vor. Insofern thematisiert der vorliegende Beitrag die erste Erhebung und die darauf basierenden Umsetzungs- und Gestaltungsmöglichkeiten. Die zweite Fragebogenerhebung dient einer Evaluation der umgesetzten Maßnahmen und Instrumente: Haben diese die erwünschte Zielsetzung hinsichtlich Kosteneffizienz und Unterstützungsqualität erreicht? Gibt es noch Anpassungsbedarf? Zeigen sich seit der letzten Erhebung weitere Gestaltungsbedarfe?

[8] Die Kooperationen des Anbieters sind vielfältig und es werden bereits Konzepte entwickelt, diese im Rahmen eines „Quartiers" umzusetzen. Dennoch wird der Begriff „Quartiersarbeit" so noch nicht verwendet, sondern von „Kooperationspartnern" gesprochen.

[9] Siehe hierzu auch Nölker (2012, S. 102): „Dies erfordert von der Koordinierungsstelle ein reflektiertes und methodisches Vorgehen um die benötigten Hilfen für den zu unterstützenden Menschen installieren zu können. Sie muss ‚Übersetzungsarbeit' zwischen den unterschiedlichen Beteiligten, der Lebenswelt und den Wertvorstellungen leisten".

turellen Voraussetzungen, die „soziale Infrastruktur" (Gess 2012, S. 43), das Netzwerk, zur Verfügung stellen, damit gemeinsames Handeln im Rahmen einer Kooperation möglich ist (vgl. Gess 2012). Die Öffnung der Organisation hin zu einer Einbindung in Netzwerke ist voraussetzungsvoll und bedarf entsprechender Kompetenzen der Mitarbeitenden. Das Netzwerk: Soziales neu gestalten[10] weist auf die große Bedeutung der Kooperationsfähigkeit für das Gelingen der Zusammenarbeit in Netzwerken zur Erbringung sozialer Dienstleistungen hin: „Die Funktionsfähigkeit eines Netzwerkes hängt fundamental von dem Kooperationsvermögen seiner Mitglieder ab. Hier geht es um Verbindlichkeit, Selbstbeschränkung, Selbstverpflichtung, Selbstreflexion, Toleranz, Empathie, Respekt, Geduld, Fairness und Kommunikation. Besonders wichtig ist es, sich in die gegenseitigen Belange einzufühlen und die jeweils anderen Fachsprachen zu verstehen, eigene Interessen gegenüber den Netzwerkzielen zurückstecken und sich auf langwierige Aushandlungsprozesse einlassen zu können" (Netzwerk: Soziales neu gestalten 2008a, S. 16 f.).

Zudem benötigen die Mitarbeitenden in hohem Maße Kompetenzen, die in diesem Zusammenhang „Veränderungskompetenzen" genannt werden können. Der kleine Anbieter ist in ständigen Organisationsentwicklungsprozessen begriffen, die auch unter Einbindung externer Partner gut gestaltet werden müssen, um Kosteneffizienz und Unterstützungsqualität zu gewährleisten. Es ist voraussetzungsvoll, dass sie die Kunden der hier betrachteten Organisation auch zu Themen und Angeboten der externen Partner beraten können. Auch die Zusammenarbeit verschiedener Gruppen von Mitarbeitenden aus verschiedenen Organisationen erfordert häufig Fingerspitzengefühl (vgl. Mutschler 2000).

Im Folgenden werden die für externe Kooperationen erforderlichen Kompetenzen basierend auf den Ergebnissen der Fragebogenerhebungen der entsprechenden Organisation dargestellt. Im Anschluss daran wird in Abschn. 13.4 dieses Beitrags beschrieben, wie Kompetenzentwicklung hinsichtlich der Einbindung externer Partner gestaltet werden kann.

13.3.1 Kosteneffizienz

Mit der Kosteneffizienz-Erhebung wurde abgefragt, welcher Anteil der Arbeitszeit für spezifische Arbeitsprozesse wie Unterstützung und Begleitung der Kunden und Koordination anfallen. Im Rahmen der Analyse und Auswertung der Fragebogenerhebung wurden die Arbeitszeiten und Prozesse jeweils verschiedenen Kostenarten – Wertschöpfungskosten, wertschöpfungsnahe Kosten und Transaktionskosten – zugeordnet (zum Konzept des erweiterten Transaktionskostenansatzes vgl. z. B. Hafkesbrink und Evers 2011; Hafkesbrink 2009). Welche Verteilung der Arbeitszeiten bei der ersten Erhebung 2012 erzielt wurde, zeigt Abb. 13.3.

---

[10] Das Netzwerk: Soziales neu gestalten (SONG) ist ein Zusammenschluss verschiedener Partner aus der Sozialwirtschaft, die sich mit Quartierskonzepten beschäftigen, um Lösungsansätze für nachhaltige quartiersnahe Beratungs- und Dienstleistungsangebote zu erarbeiten (vgl. zu Einzelheiten: www.netzwerk-song.de).

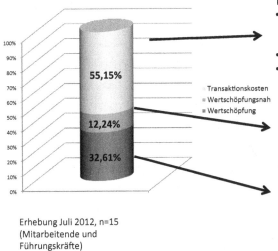

Transaktionskosten z.B. aufgrund von:
- Dienstbesprechungen, Teambesprechungen, gegenseitigen Abstimmungen
- Dokumentation und Evaluation
- Bürokoordination

Wertschöpfungsnahe Kosten z.B. aufgrund von:
- Einsatzplanung von Mitarbeitenden
- Wegezeiten

Kosten der Wertschöpfung, z.B.
- Unterstützung und Begleitung von Kunden
- Beratung von Kunden
- Erstgespräche, Vertragsabschlüsse

Abb. 13.3 Verteilung der Arbeitszeiten wertschöpfender, wertschöpfungsnaher und unterstützender Tätigkeiten

Abbildung 13.3 zeigt, dass ein hoher Anteil der Arbeitszeit für unterstützende Prozesse wie Kommunikation und Koordination aufgewendet wird. Der Anteil an direkter Wertschöpfung und an wertschöpfungsnahen Tätigkeiten beträgt weniger als 50 % der Arbeitszeit. Der hohe Anteil an koordinierenden Tätigkeiten ist z. B. der Tatsache geschuldet, dass im Vergleich zu bspw. stationären oder ambulanten Pflegeeinrichtungen ein vergleichsweise hoher Anteil der Mitarbeitenden im Büro oder der Koordinierung der haupt- und ehrenamtlichen Mitarbeitenden tätig ist.

Zusätzlich wurde der Anteil der ungeplanten Tätigkeiten erhoben. Ungeplante Koordinierung, so der Ansatz im Projekt Cockpit, kann zu Belastungen seitens der Mitarbeitenden sowie zu hohen Kosten führen, wenn diese Tätigkeiten aufgrund einer nicht optimalen Organisation der Arbeitsprozesse entstehen. Diese bieten somit einen Hinweis zur Effizienzverbesserung durch organisationale Gestaltungsmaßnahmen (vgl. Abb. 13.2). Bei der hier betrachteten Organisation lag der Anteil der ungeplanten Tätigkeiten bei gut 8 % der Arbeitszeit. Gründe für die Entstehung ungeplanter Koordinierung lagen auch in der Zusammenarbeit mit externen Partnern. So wurde z. B. genannt, dass es nicht immer klar ist, wer (intern wie extern) für welche Aufgaben zuständig und verantwortlich ist, dass es eine Unklarheit über Kommunikationsstrukturen und keine geregelten Arbeitszeitfenster für die Zusammenarbeit mit externen Kooperationspartnern gibt. Diese Aspekte führen dazu, dass für die Kooperation mit externen Partnern mehr Arbeitszeit aufgewendet wird als bei klarer Strukturierung der Kooperation notwendig wäre, somit Effizienzgewinne durch entsprechende Maßnahmen der Organisationsgestaltung und der Kompetenzentwicklung möglich sind.

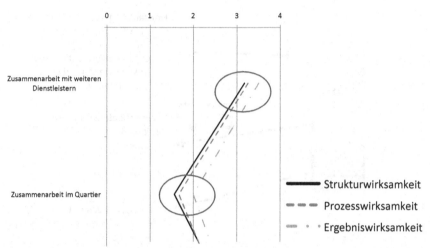

„**Kooperation mit weiteren Dienstleistern**" fragt u. a., ob die Organisation mit weiteren Dienstleistern zusammenarbeitet, die das eigene Angebot für die Kunden sinnvoll ergänzen können.

↘ **Struktur-/Prozess-/Ergebniswirksamkeit:** Es wird regelmäßig mit weiteren Dienstleistern kommuniziert, die für die Kunden ergänzende Dienstleistungen anbieten. Die Kooperation mit externen Partnern lässt sich grundsätzlich gut in die eigenen Arbeitsprozesse integrieren, dennoch fehlt für intensive Kommunikation und Kooperation mit externen Partnern die hierfür nötige Arbeitszeit.

„**Kooperation im Quartier**" fragt, ob es im regionalen Kontext gebündelte und koordinierte Angebote durch die Organisation gibt, um die Kunden bestmöglich lokal zu unterstützen.

↘ **Struktur-/Prozess-/Ergebniswirksamkeit:** Hier zeigt sich, dass die strukturierte Bündelung der externen Kontakte im Rahmen eines „Quartierskonzepts" in den Anfängen vorhanden ist, jedoch hinsichtlich der Strukturen und Prozesse weiter ausbaufähig ist. Erste Ergebnisse für die Kunden werden durch die systematische Bündelung von Angeboten bereits erzielt.

Abb. 13.4 Unterstützungsqualität durch externe Kooperationen: Empirische Ergebnisse

13.3.2 Unterstützungsqualität

Der Fragebogen zur Erhebung von Indikatoren der Unterstützungsqualität beinhaltete qualitätsrelevante Aspekte, die nach den jeweiligen Gestaltungsfeldern angeordnet waren (vgl. Abb. 13.2). Hierbei waren im Gestaltungsfeld „Kooperationen" Fragestellungen zur Zusammenarbeit mit externen Partnern eingebunden. Die Ergebnisse dieser Erhebung geben somit Ansatzpunkte zur Verbesserung der Unterstützungsqualität über eine Gestaltung der Kooperationsbeziehungen. Die nachfolgenden Beschreibungen beziehen sich auf die Ergebnisse dieses Bereichs.

Bei einer Auswertung der Ergebnisse zum Thema „Unterstützungsqualität" (vgl. Abb. 13.4) zeigte sich, dass externe Kooperationen zwar ein wichtiger Baustein zur Angebotsentwicklung und -erstellung sind (dies wurde auch im Rahmen von Workshops und Interviews bestätigt), diese aber

1. nicht systematisch mit in die Struktur und Arbeitsprozesse der Organisation eingebunden wurden, somit Kommunikationsstrukturen auch nicht geklärt sind[11] und
2. Arbeitszeiten für die eigentliche Gestaltung der externen Kooperation fehlen (siehe Abb. 13.4).

Um die in sozialen Dienstleistungsorganisationen umgesetzten Veränderungen hin zu externen Kooperationen und einer Öffnung von Organisationsgrenzen so zu bewältigen, dass sowohl der Kostenrahmen eingehalten wird als auch Unterstützungsqualität gewährleistet ist, sind Maßnahmen der Organisationsgestaltung als auch entsprechende Kompetenzen seitens der Beschäftigen notwendig. Zudem sind zur Gestaltung von Veränderungsprozessen zeitliche Ressourcen erforderlich.

Die Ergebnisse der Fragebogenerhebung zeigen, an welchen Punkten Maßnahmen der Organisationsgestaltung sowie der Kompetenzentwicklung beim Aufbau und der Gestaltung externer Kooperationen ansetzen können, um Kosteneffizienz und Unterstützungsqualität zu fördern. Erstens können Ansätze zur Strukturierung von Kommunikation entwickelt und umgesetzt werden. Kommunikation kann dann zu einer effizienten und effektiven Informationsweitergabe beitragen. Zudem sollte festgelegt werden, wer für welche Themen verantwortlich ist. Somit können Arbeitszeiten für häufige Nachfragen etc. eingespart werden. Eine Verbesserung der Unterstützungsqualität wird erreicht, indem Informationen zu Kunden zeitnah über zu definierende Wege ausgetauscht werden und die in den jeweiligen Organisationen beschäftigten Mitarbeitenden über geänderte Bedürfnisse der Kunden (unter Berücksichtigung des Datenschutzes) informiert sind.

Um mit den gewandelten Anforderungen umgehen und die neuen Aufgaben erfüllen zu können, müssen das entsprechende Wissen und die erforderlichen Fertigkeiten aufgebaut werden. Wie eine solche Kompetenzentwicklung so gestaltet werden kann, dass sie Produktivität unterstützt, wird nachfolgend diskutiert.

---

[11] Dies ist ein wichtiger Punkt für Kooperationen, der häufig nicht bearbeitet wird: „Grundvoraussetzung jeglicher Kooperation ist ein wechselseitiger Informationstransfer zwischen den Beteiligten. Nicht die Nicht-Information ist jedoch kennzeichnend – im Gegenteil, die Praxis in den Modellregionen zeigte, dass es durchaus ‚immer wieder spontan zu Zusammenarbeit' kommt. Es fehlt aber an verbindlichen Regeln für kontinuierliches Vorgehen der gesundheitlichen und pflegerischen Versorgung Älterer. [...] Zu Modellbeginn (hier: Bildung von ambulanten Rehabilitationsteams, in denen je ein Arzt, Pflegedienst und Therapeut einbezogen wurden) war schon das Wissen um den Bedarf an Information der jeweils anderen Berufsgruppen unklar. Schwierigkeiten der Informationsgewinnung und -weitergabe gesellten sich hinzu. Kontakte und Arbeitsabsprachen müssen in die jeweiligen regelmäßigen Arbeitsabläufe integriert werden können" (Schmidt 2000, S. 227). Diese Kommunikationsstrukturen können nach Nölker (2012, S. 103) z. B. Informationsweitergabe, interdisziplinäre Teamsitzungen, Absprachen zu Abläufen und Zielen in der Betreuung, Weitergabe von Veränderungen und Auffälligkeiten und eine zentrale Dokumentation beinhalten.

13.4 Veränderungsgestaltung durch Organisationsgestaltung und Kompetenzentwicklung

13.4.1 Kompetenzentwicklung zur Bewältigung der Herausforderungen bei sozialen Dienstleistungen

Kompetenz als ein zentraler Erfolgsfaktor wurde in der Sozialwirtschaft schon früh erkannt. Besonderes Augenmerk wurde dabei angesichts des Fachkräftemangels vor allem auf Maßnahmen in der Ausbildung und Qualifizierung gelegt. Vor diesem Hintergrund sind auch neue Berufsbilder und Ausbildungsgänge entstanden (Präsident des Landtags Nordrhein-Westfalen 2005, S. 270 ff.). Mit engerem Bezug zu den Aktivitäten der im Rahmen des Cockpit-Projekts eingebundenen Organisation im Bereich „vorambulanter" Unterstützungsleistungen ist hier speziell die Betreuungskraft nach § 87b SGB XI anzuführen. Deren Aufgabe ist es, „in enger Kooperation und fachlicher Absprache mit den Pflegekräften und den Pflegeteams die Betreuungs- und Lebensqualität von Pflegebedürftigen zu verbessern, die infolge demenzbedingter Fähigkeitsstörungen, psychischer Erkrankungen oder geistiger Behinderungen dauerhaft erheblich in ihrer Alltagskompetenz eingeschränkt sind und deshalb einen hohen allgemeinen Beaufsichtigungs- und Betreuungsbedarf haben" (Richtlinien nach § 87b Abs. 3 SBG XI 2013, S. 3). Die Ausbildung zur Betreuungskraft beinhaltet neben fachlichen Fragestellungen auch Themen wie Kommunikation, Zeitmanagement und Selbstorganisation. Eingebunden in die Strukturen einer Pflegeeinrichtung und/oder eines ambulanten Dienstes, nimmt eine Betreuungskraft nach § 87b im Einzelfall auch Aufgaben der Koordination mit weiteren Dienstleistern wahr – z. B. Arzt, Fußpflege, Friseur, Einkaufs- und Lieferdienste, Gartenpflege. Bei der in diesem Beitrag beschriebenen Fallstudie wurde in der Organisation die Unterstützung von Menschen mit demenzieller Veränderung als neues Angebot entwickelt. Dieses Angebot wird durch neue Mitarbeitende mit der oben beschriebenen Ausbildung erbracht.

Auf der anderen Seite hat sich angesichts veränderter Bedarfe (u. a. Menschen mit Migrationshintergrund, Menschen mit Behinderungen, Demenzkranke, vgl. hierzu beispielhaft Präsident des Landtags Nordrhein-Westfalen 2005, S. 74 ff.) in der Betreuung und Pflege von Menschen mit Unterstützungsbedarf und dem sich daraus ergebenden Bedarf an neuen Dienstleistungsangeboten auch das Angebot der Fort- und Weiterbildung für die Branche entwickelt. Diese Angebote richten sich im Schwerpunkt auf fachliche Aspekte. Hier werden vornehmlich „klassische" Themen der Pflege adressiert. Darüber hinaus wurden aber auch für neue Themen im Rahmen von Pilotprojekten Weiterbildungsangebote entwickelt. Beispielhaft ist hier die Weiterbildung zum Innovationsmanager Pflege zu nennen. In dieser Maßnahme werden u. a. Instrumente und Methoden des Innovations- und Wissensmanagements, des Projektmanagements sowie der Kommunikation und Moderation vermittelt (vgl. Borutta und Fuchs-Frohnhofen 2011, S. 205 ff.).

Parallel zu dieser Entwicklung ist für die Berufe im Dienstleistungsbereich generell und in der Sozialwirtschaft im Speziellen eine breite Diskussion zur Professionalisierung der Dienstleistungsarbeit angestoßen worden.[12] Die umfassende Beschäftigung mit dieser Thematik (vgl. zu den Ergebnissen der Projekte im BMBF-Förderschwerpunkt „Dienstleistungsqualität durch professionelle Arbeit"; Reichwald et al. 2012) zeigt insgesamt, dass das Thema Kompetenzentwicklung voraussichtlich in den kommenden Jahren für die Branche weiter an Bedeutung gewinnen wird.

Die genannten (neuen) Kompetenzentwicklungskonzepte und Projekte befassen sich zu einem großen Anteil mit fachlichen und pflegewissenschaftlichen Inhalten. Die Ergebnisse der Analysen im Projekt Cockpit (vgl. Abschn. 13.3 dieses Beitrags) zeigen jedoch, dass neben der fachlichen Ausbildung und Qualifizierung im Bereich sozialer Dienstleistungen im Zusammenhang mit dem Ausbau der Dienstleistungen und der Entwicklung eines Netzwerkes oder eines Quartiers auch der Aufbau und die Entwicklung von Kompetenzen für die Kooperation mit Externen erforderlich sind. Im Folgenden wird beispielhaft gezeigt, wie eine darauf gerichtete Kompetenzentwicklung aussehen kann.

13.4.2 Kompetenzentwicklung zur Gestaltung des Übergangs von einem Dienstleister im vorambulanten Bereich zu einem Akteur in einem Quartierskonzept

Angesichts der oben skizzierten Veränderungen in sozialen Dienstleistungen wird vor allem in Netzwerken und Kooperationen ein geeignetes Modell gesehen, um die Herausforderungen der Betreuung und Pflege von Menschen mit Unterstützungsbedarf auch zukünftig erfolgreich bewältigen zu können (vgl. Künzel 2011, S. 67 ff.). Durch die Zusammenarbeit mit anderen Organisationen verändern sich Arbeitsprozesse und Arbeitsteilung bei der Erbringung der Dienstleistungen, auf die Beschäftigten kommen somit teilweise ganz neue Aufgaben zu. Den vermuteten oder erwarteten Produktivitätsvorteilen durch das Poolen von Ressourcen steht die Gefahr von Produktivitätsverlusten gegenüber, die durch neu entstehende Schnittstellen, einen erhöhten Koordinations- und Kommunikationsaufwand etc. entstehen können.[13] Nicht nur für das „Funktionieren" einer Kooperation (vgl. Netzwerk: Soziales neu gestalten 2008a, S. 16 f.), sondern vor allem auch für die Realisierung von Produktivitätsvorteilen durch die Zusammenarbeit kommt es entscheidend darauf an, dass die eingebundenen Personen über entsprechende Kooperationskompetenzen verfügen.

---

[12] Vgl. beispielhaft das Projekt PiA – Professionalisierung interaktiver Arbeit (Dunkel und Weihrich 2012).

[13] Der Einfluss dieser Aspekte auf die Produktivität wird auch unterstrichen durch das Modell zur organisationalen Dienstleistungsproduktivität von Heeg und Schneider-Heeg. Dieses enthält als Komponenten u. a. die Kommunikationsproduktivität (Gesprächsführungsproduktivität, Verhandlungsproduktivität, Konfliktbewältigungsproduktivität) und die Beziehungsproduktivität (Kooperationsproduktivität, Informationsbeschaffungs- und -weitergabeproduktivität, Verantwortungsübernahme- und -ausübungsproduktivität) (vgl. Heeg und Schneider-Heeg 2012, S. 313).

Um diese Kompetenzen gezielt entwickeln zu können, ist zu bestimmen, welche Kompetenzen dieses im Einzelnen sind, und wie Maßnahmen der Kompetenzentwicklung angesichts der Rahmenbedingungen bei der Erbringung sozialer Dienstleistungen umgesetzt werden können.

13.4.2.1 Welche Kompetenzen sind notwendig?

Aus verschiedenen durchgeführten Untersuchungen und Projekten zu sozialen Dienstleistungen liegen Hinweise vor, welche Kompetenzen für die Quartiersarbeit bzw. die Arbeit in Dienstleistungsnetzwerken notwendig sind. Das Netzwerk: Soziales neu gestalten charakterisiert die Kompetenzen für die Kooperation mit Externen dadurch, dass ein Denken in Gesamtprozessen und Zusammenhängen (wie Kenntnis der Prozessschritte, die über die eigene Einrichtung hinausreichen) notwendig ist, das die unterschiedliche Fachlichkeit der verschiedenen zusammenkommenden Professionen und Organisationen berücksichtigt. Zudem müssen – mit Blick auf die in die Dienstleistungsprozesse einbezogenen Angehörigen und ehrenamtlichen Kräfte – Mitarbeitende in Quartieren lernen, auch mit den nicht-professionellen Akteuren im Netzwerk auf Augenhöhe zusammenzuarbeiten. Neben einer hohen Kompetenz in der Kommunikation und ausgeprägten Steuerungsfähigkeiten sind darüber hinaus auch Kompetenzen im Konfliktmanagement gefragt, da sehr unterschiedliche Unternehmenskulturen aufeinandertreffen können (vgl. Netzwerk: Soziales neu gestalten 2008b, S. 12 f.).

Die Ergebnisse der im Projekt Cockpit durchgeführten Befragungen liefern Hinweise darauf, was für eine Einrichtung, die sich – ausgehend von einem Anbieter von Besuchs- und Betreuungsdiensten hin zu einem (zentralen) Akteur in einem Netzwerk, das gemeinsam ein umfassendes Dienstleistungsangebot in einem Quartier bereitstellen will – entwickelt, notwendig ist. Diese Punkte sind im Einzelnen: effiziente Durchführung von Besprechungen, Dokumentation, Kooperationsmanagement, Kommunikation und Koordination (mit Externen).

In die Kompetenzentwicklung sind alle an Kooperationen beteiligten (Mitarbeiter-) Gruppen wie Führung, Fachkräfte, Angelernte, Ehrenamtliche einzubeziehen. Dabei werden auf den unterschiedlichen Ebenen unterschiedliche Kompetenzanforderungen gestellt. So benötigen auf der einen Seite Führungskräfte weiterreichende Managementfähigkeiten[14], da sie für die Koordination des gesamten Netzwerkes verantwortlich sind.[15] Auf der anderen Seite sind die Anforderungen an die Einbindung von und für Ehrenamtliche ebenfalls anspruchsvoll. Sie benötigen Kompetenzen für die Kommunikation und Information sowie darin, interne und externe Informationen zusammenzuführen und somit eine gute Dienstleistung zu erbringen. Die im Folgenden dargestellten Überlegungen zur

---

[14] Vgl. beispielhaft zu einem Kompetenzprofil für die Führung Göpfert-Divivier und Schulz (2009, S. 15 f.).

[15] Hier könnten Weiterbildungen zum Quartiersmanager (diese sind aber meist auf den Schwerpunkt Stadtentwicklung ausgerichtet) oder Clustermanager (hierbei steht die Entwicklung von Wirtschaftsclustern im Vordergrund) eine geeignete Basis liefern. Diese Grundqualifikation wäre dann um spezifische Kompetenzen wie die Gemeinwesenarbeit, die Altenhilfe, Pflege zu ergänzen.

Gestaltung von Kompetenzentwicklung für die Kooperation in Dienstleistungsnetzwerken zur Betreuung und Pflege von Menschen mit Unterstützungsbedarf betreffen in erster Linie die Gruppe der „Nicht"-Führungskräfte.

13.4.2.2 Wie kann Kompetenzentwicklung sozialer Dienstleistungen konkret gestaltet werden?

Der Erwerb der oben genannten Kompetenzen kann auf verschiedene Weise erfolgen: Die in Abschn. 13.4 bisher genannten Themen können in bestehende Ausbildungsgänge und Fort- und Weiterbildungen integriert werden (das liefert jedoch nur perspektivisch einen Lösungsbeitrag, da hierfür in der Regel umfangreichere Prozesse – bis hin zu Akkreditierungen – notwendig sind). Um zeitnah die benötigten Kompetenzen aufbauen zu können, bieten sich vielmehr flexible Maßnahmen der Weiterbildung an.

Bei den meisten der hier genannten Fragestellungen handelt es sich um Themen (wie Kommunikation, Koordination, Konfliktmanagement, Zeitmanagement), für die bereits Weiterbildungsangebote existieren, die jedoch nicht die Spezifika sozialer Dienstleistungen oder externer Kooperationen berücksichtigen. Soziale Dienstleistungen haben eine eigene Kultur, Netzwerke und Quartiersansätze besitzen eine spezifische Struktur; diese Besonderheiten müssen bei Weiterbildungsmaßnahmen berücksichtigt werden. Kompetenzentwicklung muss sich konkret auf die spezifische Situation in der „Branche" beziehen, ansonsten sind die Verwertungschancen zu gering. Deshalb sind maßgeschneiderte Angebote vonnöten.

Ein zweiter Aspekt kommt hinzu: Zeit ist bei sozialen Dienstleistungen ein sehr knappes Gut. Die hohe zeitliche Arbeitsbelastung sowie fachliche (Pflicht-)Weiterbildungen lassen kaum Raum für die Durchführung zusätzlicher Maßnahmen der Kompetenzentwicklung. Angesichts dieser Problematik ist es umso wichtiger, dass Weiterbildung nicht nur einen hohen, direkten Verwertungsnutzen besitzt, sondern auch möglichst zeiteffektiv stattfindet. Kompetenzentwicklung sollte also möglichst gut in die betrieblichen Abläufe integriert und so gestaltet werden, dass die Ergebnisse direkt im Arbeitsalltag der Teilnehmenden umgesetzt werden können. Somit stellen Individualisierung und Praxisbezug wichtige Rahmenbedingungen der Kompetenzentwicklungsmaßnahmen für soziale Dienstleistungen dar.

Im Folgenden wird beispielhaft skizziert, wie eine Maßnahme zur Entwicklung von Kooperationskompetenzen gestaltet werden kann (vgl. Abb. 13.5).

Im Mittelpunkt der Kompetenzentwicklung stehen das Training von Methoden am Beispiel von konkreten bzw. aktuellen Fragestellungen aus dem Betriebsalltag der Teilnehmenden (z. B. Konfliktgespräch mit einem externen Partner zur Findung einer neuen Lösung für die Durchführung einer gemeinsamen Leistung) sowie der Transfer des Gelernten in den Arbeitsalltag, bei dem die Teilnehmenden im Sinne eines Coachings durch „Trainer" begleitet werden können.

Die Durchführung der Maßnahmen selbst kann in Verbindung mit oder im Anschluss an ohnehin stattfindende Teambesprechungen erfolgen. Die jeweiligen „Einheiten" werden sehr kompakt aufbereitet, sodass die Vermittlung von (theoretischem) Basiswissen in

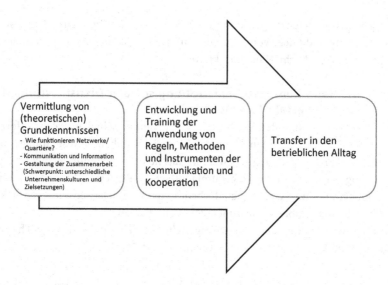

Abb. 13.5 Kompetenzentwicklung für die Arbeit in Dienstleistungsnetzwerken

ca. 20 bis 30 Minuten erfolgt. Durch das Andocken an Abläufe im Arbeitsalltag kann das Wissen darüber hinaus direkt auf die konkrete Arbeitssituation bezogen werden. Insgesamt sollte die Kompetenzentwicklung beteiligungsorientiert durchgeführt werden. Konkret bedeutet dies, dass z. B. die Teilnehmenden – auf der Basis des vermittelten Wissens – selbst Regeln und Vorgehensweisen für Themen wie Zusammenarbeit und Informationstausch erarbeiten. Durch die Einbeziehung der von den organisatorischen Änderungen betroffenen Mitarbeitenden erhöht sich zudem die Wahrscheinlichkeit, dass die Maßnahmen auch umgesetzt werden – was wiederum zur Realisierung von Produktivitätsvorteilen führt.

13.5   Fazit: Perspektiven der Gestaltung der Produktivität sozialer Dienstleistungen durch Kompetenzentwicklung

Produktivität wird angesichts der dynamischen Veränderungsprozesse in sozialen Dienstleistungsorganisationen zu einer immer wichtiger werdenden Zielgröße. Eine einfache Betrachtung der Produktivität und eine Reduzierung auf Kosten reicht hierbei nicht aus: Produktivität entsteht hier, wenn Kosteneffizienz, Unterstützungsqualität und Arbeitsqualität ausbalanciert sind.

Des Weiteren darf sich Produktivität nicht auf eine einzelne Organisation beschränken. Da Netzwerke zur Erbringung umfassender Dienstleistungen zur Betreuung und Pflege von Menschen mit Unterstützungsbedarf nicht nur politisch gewollt sind, sondern auch in der Realität zunehmend Verbreitung finden, hängt die Produktivität sozialer

Dienstleistungen ganz wesentlich von der Gestaltung der Zusammenarbeit der in komplexe Dienstleistungsprozesse eingebundenen Akteure ab.

Neben organisatorischen Maßnahmen der (Produktivitäts-)Gestaltung der Kooperation und durch eindeutige und den Beschäftigten gegenüber kommunizierte und bekannte Zuständigkeiten sowie Regeln der Zusammenarbeit bestimmen die Kompetenzen der an der Dienstleistungserbringung beteiligten Personen über Kosteneffizienz und Unterstützungsqualität. Dies zeigt auch die in dem vorliegenden Beitrag betrachtete Fallstudie. Eine enge Verzahnung der organisatorischen Maßnahmen zur Gestaltung der Veränderungen mit einer entsprechenden Kompetenzentwicklung erhöht die Chancen, die erwarteten Produktivitätspotenziale auch tatsächlich zu heben.

In diesem Beitrag wurde beispielhaft gezeigt, wie bei einer sozialen Dienstleistungsorganisation, die sich schrittweise mit neuen Dienstleistungen in den „Markt" hineinbegeben will, die erforderlichen Kooperationskompetenzen aufgebaut werden können. Der Erwerb dieser Kompetenzen muss sowohl in den – zeitlich eng gefassten – Arbeitsalltag integriert werden als auch die jeweiligen Bedarfe der zu unterstützenden Personen treffen, in der betrachteten Fallstudie der Menschen in ihrer jeweiligen häuslichen Umgebung.

Mit dem weiteren Fortschreiten der Entwicklung der vielfältigen Möglichkeiten des e-Learning ist davon auszugehen, dass diese Lehr-/Lernformen zukünftig auch im Bereich der Betreuung und Pflege verstärkt Einzug halten werden. Kleine Lerneinheiten sowohl zu fachlichen Themen wie z. B. Wundversorgung als auch zu Fragen der Kommunikation und Kooperation, die zeit- und raumunabhängig auf mobilen Endgeräten abgerufen und bearbeitet werden können, unterstützen eine Kompetenzentwicklung, die auf den individuellen Bedarf der verschiedenen Akteure in Netzwerken abgestimmt ist.

Literatur

Blass K (2005) Gesunde Pflege in der Altenpflege. Analyse und Maßnahmenentwicklung zur Reduzierung der Arbeitsbelastung in der stationären Altenpflege. INQA, Dortmund

Borutta M, Fuchs-Frohnhofen P (2011) Die Weiterbildung zum/zur Innovationsmanager/in Pflege – ein Produkt des PIA-Projektes. In: Fuchs-Frohnhofen P, Dörpinghaus S, Borutta M, Bräutigam C (Hrsg) Projekt PIA – Pflege-Innovationen in der Gesundheitsregion Aachen. Projekterfahrungen und Anregungen zur Umsetzung. Tectum, Marburg

Buestrich M, Wohlfahrt N (2008) Die Ökonomisierung der Sozialen Arbeit. In: Aus Politik und Zeitgeschichte 12–13/2008: Wandel der sozialen Arbeit. Bundeszentrale für politische Bildung, Bonn, S 17–24

Bundesministerium für Familie, Senioren, Frauen und Jugend (BMFSFJ) (Hrsg) (2009) Leben und Wohnen für alle Lebensalter. Bedarfsgerecht, barrierefrei, selbstbestimmt. Praxisbeispiele und Handlungsempfehlungen. Berlin

Bundesministerium für Familie, Senioren, Frauen und Jugend, Bundesministerium für Gesundheit (BMFSFJ/BFG) (Hrsg) (2010) Charta der Rechte pflege- und hilfebedürftiger Menschen (Pflege-Charta). Berlin

Bundesministerium für Gesundheit, Bundesministerium für Familien, Senioren, Frauen und Jugend (BMG/BMFSFJ) (Hrsg) (2011) Entwicklung und Erprobung von Instrumenten zur Beurteilung der Ergebnisqualität in der stationären Altenhilfe. Abschlussbericht. Bielefeld

Büscher A, Horn A (2010) Bestandsaufnahme zur Situation in der ambulanten Pflege. Ergebnisse einer Expertenbefragung. Veröffentlichungsreihe des Instituts für Pflegewissenschaft an der Universität Bielefeld (IPW), Bielefeld

Dahme HJ (2008) Krise der öffentlichen Kassen und des Sozialstaats. In: Aus Politik und Zeitgeschichte 12–13/2008: Wandel der sozialen Arbeit. Bundeszentrale für politische Bildung, Bonn, S 10–16

Dahme HJ, Wohlfahrt N (2000) Einleitung: Zur politischen Inszenierung von Wettbewerb und Vernetzung im Sozial- und Gesundheitssektor – auf dem Weg zu einem neuen Ordnungsmix? In: Dahme HJ, Wohlfahrt N (Hrsg) Netzwerkökonomie im Wohlfahrtsstaat. Wettbewerb und Kooperation im Sozial- und Gesundheitssektor. Edition sigma, Berlin, S 9–30

Dunkel W, Weirich M (Hrsg) (2012) Interaktive Arbeit. Theorie, Praxis und Gestaltung von Dienstleistungsbeziehungen. Springer, Wiesbaden

Gess C (2012) Vernetzung mit Kooperationspartnern und Zusammenarbeit mit der Kommune. In: Emminghaus C, Staats M, Gess C (Hrsg) Lokale Infrastruktur für alle Generationen. Ergebnisse aus dem Aktionsprogramm Mehrgenerationenhäuser. Bertelsmann, Bielefeld, S 41–58

Göpfert-Divivier W, Schulz J (2009) Alltagshilfen erfolgreich aufbauen. Schritt für Schritt in ein neues Geschäftsfeld. Vincentz Network, Hannover

Hafkesbrink J (2009) Nachhaltige Arbeitsqualität als „Win-Win-Strategie" in Unternehmen der Wissensökonomie: Das Transaktionskostenkonzept in PRÄWIN am Beispiel der Kooperation mit Alleinselbstständigen. In: Evers J, Hafkesbrink J, Krause M, Schmidt S (Hrsg) Instrumente für nachhaltige Arbeitsqualität in der Wissensökonomie – Bestandsaufnahme und Bewertung. Bremen. artec-paper Nr. 159. artec| Forschungszentrum Nachhaltigkeit, Universität Bremen. http://www.praewin-projekt.de/resources/PR$C3$84WIN-artec-paper-159.pdf. Zugegriffen: 14. Aug. 2013

Hafkesbrink J (2010) Prävention in der Wissensökonomie als Win-Win-Strategie – Was kann der Transaktionskostenansatz dazu leisten? In: Becke G, Klatt R, Schmidt B, Stieler-Lorenz B, Uske H (Hrsg) Innovation durch Prävention – Gesundheitsförderliche Gestaltung von Wissensarbeit. Wirtschaftsverlag N. W. Verlag für neue Wissenschaft, Bremerhaven

Hafkesbrink J, Evers J (2011) Evaluierung der Vertrauenskultur in Innovations- und Veränderungsprozessen – ein Messkonzept zur Erfassung und Beurteilung der ökonomischen und sozialen Wirkungen der Vertrauensgestaltung am Beispiel des Projektes 8iNNO. In: Becke G, Behrens M, Bleses P, Evers J, Hafkesbrink J (Hrsg) Organisationale Achtsamkeit in betrieblichen Veränderungsprozessen – Zentrale Voraussetzung für innovationsfähige Vertrauenskulturen. artec-paper Nr. 159. artec| Forschungszentrum Nachhaltigkeit. Universität Bremen

Hafkesbrink J, Evers J, Becke G (2011) The productivity triangle of new integrated care service concepts: a multi-dimensional approach to assess the productivity of social services. Reser Conference. http://www.cockpit-projekt.de/resources/RESER-Paper.pdf. Zugegriffen: 14. Aug. 2013

Heeg F, Schneider-Heeg B (2011) Personale und organisatorische Aspekte der Dienstleistungsproduktivität – Steigerung von Effektivität und Effizienz der Dienstleistung und ihrer Erbringungsprozesse. In: Bruhn M, Hadwich K (Hrsg) Dienstleistungsproduktivität. Management, Prozessgestaltung, Kundenperspektive, Bd 2. Springer, Wiesbaden, S 293–316

Jahn F, Ulbricht S (2011) „Mein nächster Beruf" – Personalentwicklung für Berufe mit begrenzter Tätigkeitsdauer Teil 1: Modellprojekt in der stationären Krankenpflege. Iga Report 17. Essen

Klein B, Gaugisch P (2005) Gute Arbeitsgestaltung in der Altenpflege. Selbstbewertung als partizipationsorientierte und nachhaltige Methode für die gesundheitsförderliche Arbeitsgestaltung in der Pflege. INQA, Dortmund

Künzel A (2011) Netzwerke als Basis gesellschaftlicher Innovationen in der Seniorenpolitik. In: Fretschner R, Hilbert J, Maelicke B (Hrsg) Jahrbuch Seniorenwirtschaft 2011. Nomos, Baden-Baden, S 67–73

Lutz R (2008) Perspektiven der Sozialen Arbeit. In: Aus Politik und Zeitgeschichte 12–13/2008: Wandel der sozialen Arbeit. Bundeszentrale für politische Bildung, Bonn, S 3–10

Lützenkirchen A (2012) Lebensqualität im Alter – Ein Beitrag zum aktuellen Diskurs. In: Lützenkirchen A (Hrsg) Konzepte Lebensqualität im Alter. Sozialer Arbeit im institutionellen Kontext. Jacobs, Lage, S 9–62

Medizinischer Dienst der Spitzenverbände der Krankenkassen e. V. (MDS) (2007) Qualität in der ambulanten und stationären Pflege. 2. Bericht des MDS nach § 118 Abs. 4 SGB XI. Essen

Mutschler R (2000) Kooperation in Netzwerken. Kompetenzanforderungen an die Soziale Arbeit und die Bedeutung von Koordinationsstellen am Beispiel der Altenarbeit. In: Dahme HJ, Wohlfahrt N (Hrsg) Netzwerkökonomie im Wohlfahrtsstaat. Wettbewerb und Kooperation im Sozial- und Gesundheitssektor. Edition sigma, Berlin, S 235–246

Netzwerk: Soziales neu gestalten (2006) Demographischer Wandel: Zentrale Leitlinien für eine gemeinwesenorientierte Altenhilfepolitik und deren Bedeutung für soziale Organisationen. Bertelsmann Policy Paper. Bertelsmann Stiftung, Gütersloh

Netzwerk: Soziales neu gestalten (2008a) Zukunft Quartier – Lebensräume zum Älterwerden. Themenheft 2: Gemeinsam mehr erreichen – Lokale Vernetzung und Kooperation. Bertelsmann Stiftung, Bielefeld

Netzwerk: Soziales neu gestalten (2008b) Zukunft Quartier – Lebensräume zum Älterwerden. Themenheft 3: Den neuen Herausforderungen begegnen – Mitarbeiter weiter qualifizieren. Bertelsmann Stiftung, Bielefeld

Nölker U (2012) Interprofessionelle Kooperation von Sozialer Arbeit und Altenpflege. In: Lützenkirchen A (Hrsg) Lebensqualität im Alter. Konzepte Sozialer Arbeit im institutionellen Kontext. Jacobs, Lage, S 63–116

Präsident des Landtags Nordrhein-Westfalen/Enquête-Kommission „Situation und Zukunft der Pflege in NRW" (Hrsg) (2005) Situation und Zukunft der Pflege in NRW – Bericht der Enquête-Kommission des Landtags von Nordrhein-Westfalen. Düsseldorf

Reichwald R, Frenz M, Hermann S, Schipanski A (Hrsg) (2012) Zukunftsfeld Dienstleistungsarbeit. Professionalisierung – Wertschätzung – Interaktion. Springer, Wiesbaden

Richtlinien nach § 87b Abs. 3 SBG XI zur Qualifikation und zu den Aufgaben von zusätzlichen Betreuungskräften in stationären Pflegeeinrichtungen (Betreuungskräfte-RI) vom 19. August 2008 in der Fassung vom 6. Mai 2013, o. O. http://www.gkv-spitzenverband.de/pflegeversicherung/beratung_und_betreuung/betreuungskraefte_nach_87_b_sgb_xi/betreuungskraefte_nach_87_b_sgb_xi.jsp. Zugegriffen: 16. Jan. 2014

Sachße C (2011) Zur Geschichte sozialer Dienste in Deutschland. In: Evers A, Heinze RG, Olk T (Hrsg) Handbuch soziale Dienste. VS Verlag, Wiesbaden, S 34–116

Schmidt R (2000) Vernetzung unter den Bedingungen von Quasi-Markt- und Marktsteuerungen in der Pflegeversicherung. In: Dahme HJ, Wohlfahrt N (Hrsg) Netzwerkökonomie im Wohlfahrtsstaat. Wettbewerb und Kooperation im Sozial- und Gesundheitssektor. Edition sigma, Berlin, S 217–233

Staudinger C, Rosenberger-Spitzy A, Gatterer G (2007) Organisationsstrukturen der Altenbetreuung im Wandel. In: Gatterer G (Hrsg) Multiprofessionelle Altenbetreuung. Ein praxisbezogenes Handbuch. Springer, Wien, S 17–32

Tillmann CP, Bouncken RB (2011) Überlegungen und Konzepte eines Produktivitätsindexes für Krankenhäuser. Bayreuth Reports on Strategy No. 4. Bayreuth

Professionelle Pflegedienstleistungen im Spannungsfeld von Emotion, Emotionsarbeit und Effizienz

14

Antonia Unger

Inhaltsverzeichnis

14.1 Emotion: Das Herz der Dienstleistungsarbeit 299
14.2 Die Arbeit mit Emotionen 300
    14.2.1 Die Natur von Emotionen 302
    14.2.2 Das Konzept der Emotionsarbeit 302
14.3 Eine besondere Herausforderung: Emotionsarbeit in der Pflege 307
    14.3.1 Eine Flugkabine ist keine Pflegestation 307
    14.3.2 Spannungsfelder zwischen Emotionalität und Wirtschaftlichkeit 310
14.4 Wie gelingt Emotionsarbeit? 313
    14.4.1 Aufopferung oder professionelle Distanz – Was heißt gelingende
             Emotionsarbeit im Pflegekontext? 313
    14.4.2 Ansätze zu gelingender Emotionsarbeit im Pflegekontext:
             Interventionsmöglichkeiten 315
14.5 Ein neuer Blick auf die pflegende Dienstleistungsarbeit 317
14.6 Ein Ausblick 321
Literatur 323

A. Unger (✉)
Institut für Psychologie, Abteilung für Sozialpsychologie/Arbeits- und Organisationspsychologie,
Ernst-Moritz-Arndt-Universität Greifswald, Franz-Mehring-Straße 48,
17489 Greifswald, Deutschland
E-Mail: antonia.unger@uni-greifswald.de

M. Bornewasser et al. (Hrsg.), *Dienstleistungen im Gesundheitssektor*,
DOI 10.1007/978-3-658-02958-6_14, © Springer Fachmedien Wiesbaden 2014

„Zum 75. Hochzeitstag von Hildegart und Walter Göhler im Mai schmückte das Pflegepersonal zwei Stühle mit Buchsbaum und Rosen. Von der Decke hingen Herzballons. Für
die Männer und Frauen im Wohnbereich II gab es Sekt, Schnittchen und Abwechslung.
Für die Pfleger noch mehr zu tun als sonst."

Diese Sätze stammen aus einer prämierten Reportage von Ulrike Nimz (2013) über
den Alltag in einem deutschen Altersheim, in dem das 98jährige Ehepaar Göhler lebt. Sie
erzählen schlicht, aber eindrücklich vom Dilemma moderner Pflegearbeit, in der täglich
ein Spagat zwischen warmer Menschlichkeit, der Erfüllung kühler Produktivitätsvorgaben
und den eigenen körperlichen, geistigen und emotionalen Grenzen vollführt werden muss.

Die Vorstellungen und Stereotypen über Menschen in Pflegeberufen, die durch Me-
dienberichte, Erzählungen und eigene Erfahrungen entstehen, füllen ein weites Spektrum:
Sie reichen vom klassischen Bild der aufopferungsvollen Krankenschwester, die ihren Beruf mit Leib und Seele als Berufung empfindet und abends erfüllt nach Hause kommt,
bis zu Schreckensmeldungen von Altenheimen, in denen die Patienten vernachlässigt und
misshandelt werden und die jüngst sogar Forderungen nach einer UN-Konvention für die
Rechte älterer Menschen laut werden ließen (Kimmel 2013). Doch jenseits dieser Extreme
pflegerischer Praxis ist täglich eine Vielzahl unterschiedlichster, normaler Menschen mit
Pflegetätigkeiten in Krankenhäusern und Pflegeeinrichtungen betraut und mit den damit
verbundenen Herausforderungen konfrontiert.

Stellen wir uns etwa Frau A vor: Sie lässt sich seit dreißig Jahren fürsorglich auf die Bedürfnisse ihrer Patienten ein und ist immer freundlich und verständnisvoll. Dem Anschein
nach hat sie kaum Schwierigkeiten, mit Ärger, Abneigung oder Ekel umzugehen. Häufig
nimmt sie sich ein paar Minuten extra, um mit Patienten zu sprechen. Administrative
Tätigkeiten leiden hierunter hin und wieder. Auch noch nach Feierabend sorgt sie sich
um ihre Patienten, spricht mit ihrem Mann abends über die Problemfälle der letzten Tage.
Bei Frau B ist das Gegenteil der Fall: Zwar erfüllt sie immer das betrieblich vorgegebene
Soll, doch erledigt sie ihre Aufgaben zumeist leidenschaftslos und möglichst zeit- und res-
sourceneffizient. Sie geht nur selten persönlich auf einzelne Patienten ein und lässt wenig
Mitgefühl zu. Wenn ein Patient ihr von seinen Leiden berichtet, hört sie meistens nur mit
einem Ohr zu und ringt sich ein Lächeln und Worte des Mitgefühls eher sparsam ab. Wenn
sie abends die Tür hinter sich schließen kann, ist sie froh, die Ereignisse des Tages endlich
hinter sich lassen und ihr „wahres Leben" wieder aufnehmen zu können.

Ohne Zweifel unterscheiden sich Pflegekräfte in der Auffassung ihres Berufs. Doch un-
verkennbar ist es Frau A, die auf den ersten Blick dem Ideal einer Pflegekraft entspricht,
während Frau B das krasse Gegenteil verkörpert. Jedoch offenbart die Gegenüberstellung
dieser Stereotypen eine selten thematisierte, aber keineswegs einfache Aufgabe im Pflegebereich: Den goldenen Weg zwischen Identifikation und Abgrenzung zu finden, zwischen
Aufopferung und professioneller Distanz, zwischen den eigenen Emotionen und dem normierten Anspruch an Freundlichkeit, Entgegenkommen und Mitgefühl. Und sie wirft die
Frage auf, ob sich diese Attribute ausschließen müssen und in welchem Verhältnis Emotionalität und Professionalität stehen oder stehen sollten. Denn obgleich Emotionen nur
selten direkt zum Thema gemacht werden, ist Dienstleistungsarbeit kaum vollständig abzubilden, ohne auch sie einzubeziehen. Sie sind ihr Herz, so wie Rationalität und Kognition
vielleicht der Kopf einer Dienstleistung sein mögen.

14.1 Emotion: Das Herz der Dienstleistungsarbeit

Arbeitseffizienz und Produktivität implizieren in der Regel ein funktionales und rationalisiertes Vorgehen. Professionell ist, wer die an ihn gestellten Aufgaben zwar mit der nötigen Portion Einfühlungsvermögen, aber doch mit kühlem Kopf und möglichst ressourcenschonend angeht. Im produzierenden Gewerbe ist es dieses Credo, das über ökonomisierte Produktionsabläufe mit straffen Aufgabendefinitionen und Zeitplänen zu einem möglichst hohen Output führen soll. Die Gefühle der Mitarbeiter und Mitarbeiterinnen spielen in der Regel eine untergeordnete Rolle. Ziel ist ein materielles Produkt. Ob bei seiner Fertigung ein freundlicher Umgang herrschte oder nicht, ob währenddessen gelacht oder geschimpft wurde, bleibt für den Abnehmer weitgehend ohne Relevanz.

Doch unsere Wirtschaftsgesellschaft wandelt sich. Im immer wichtiger werdenden, großen Bereich der Dienstleistungen stellt sich dieses Bild anders dar. Dienstleisten heißt immer auch einen Dienst am anderen oder für den anderen leisten. Es impliziert den Umgang mit Menschen und zwar auf beruflicher, nicht etwa privater oder kollegialer Ebene. So hat die immer noch schwelende Debatte um das Wesen der Dienstleistung zumindest diesen kleinsten gemeinsamen Nenner gefunden: Interaktion (Dunkel et al. 2005; Nerdinger 2011; Hacker 2009; Ganz et al. 2012). Dienstleistung bedeutet Kommunikation, Dialog (Rieder 2003) und das Hinarbeiten auf ein für den Kunden relevantes Ziel. Dieses ist im Rahmen von Dienstleistungen gerade kein vom Empfänger unabhängiges Produkt, sondern der Kunde wird im Rahmen der integrativen Komponente der Dienstleistung (Fließ 2006) in den Leistungserstellungsprozess eingebunden und somit Teil des Ergebnisses der Dienstleistung.

Wo Menschen miteinander agieren und arbeiten, da wirken sie aufeinander ein. Eine Handlung steht nie für sich; es folgt regelmäßig eine Interpretation beim anderen und eine Reaktion. Die mentalen Modelle von Dienstleister und Dienstleistungsempfänger beeinflussen sich gegenseitig (Hacker 2009). Einem ursprünglichen Modell, einer Idee, folgt ein Auftrag, einem Auftrag eine wiederum modellverändernde Ausführung. Doch anders als sequentiell beschriebene Arbeitspläne und -abläufe es häufig suggerieren, beschränkt sich dieses dialogische Vorgehen nie auf kognitive, rational-mentale Komponenten. Beteiligt sind in einer integrativen Sichtweise immer auch emotionale Vorgänge.

Welchen Platz diese Vorgänge in der konkreten Dienstleistung einnehmen, wird in der Differenzierung von Bornewasser (in diesem Band) anschaulich deutlich. Dort werden innerhalb des integrativen Faktors noch einmal zwei Komponenten unterschieden, die Teil jeder Dienstleistung sind: eine heteronome und eine relationale. Erstere beschreibt die Einbindung und Steuerung des Kunden in den Ablauf mit dem Ziel eines möglichst effizienten Leistungsprozesses. Die relationale Komponente umfasst den interaktiven, interpersonellen Umgang mit dem Kunden. Dieser Tätigkeitsaspekt ist wesentlich durch Emotionalität und Kommunikation geprägt, die hier ihre Berechtigung finden. Doch bezüglich Emotionen ist dies keineswegs selbstverständlich. Denn einem solchen Begriff haftet im Kontext beruflicher Aufgabenerfüllung häufig ein Malus von Sentimentalität und Irrationalität und damit von mangelnder Professionalität an.

Obgleich die relationalen Anteile jeder Dienstleistung durch Emotionen und die Art der Kommunikation erheblich beeinflusst werden, herrscht nach wie vor besonders in ökonomischen Zusammenhängen eine paradigmatisch ungleiche Bewertung von Emotion und Kognition vor: Gefühle werden, wenn überhaupt, in der Regel lediglich im Kontext von Überforderung und Krankheit (wie dem sogenannten „Burnout-Syndrom") thematisiert. Der Umgang mit den eigenen Emotionen und denen anderer wird in den meisten Berufen als selbstverständlich vorausgesetzt, er ist eine „stille und unkodifizierte Fähigkeit" (Gray 2009), die bei der Rekrutierung von Personal kein Auswahlkriterium darstellt. Die Bearbeitung und der Ausdruck eigener Gefühle erfolgen im Beruf nebenher, die eigentliche Aufgabe ist rational denkender und ausführender Natur. Mit Gefühlen beschäftigt man sich erst dann, wenn sie zum Problem werden bzw. aus wirtschaftlicher Perspektive Kosten verursachen, die es zu vermeiden gilt. Natürlich lächelt eine gute Kellnerin immer freundlich und natürlich ist ein professioneller Flugbegleiter nicht durch einen patzigen Fluggast aus der Ruhe zu bringen. Diese „Services" sind normal und selbstverständlich. Erst wenn von ihnen abgewichen wird, erregt dies unsere Aufmerksamkeit bis hin zum Missfallen.

Doch wie diese Beispiele zeigen, sind Emotionen nicht nur einfach da oder offensichtliche Arbeitsanforderung, sie sind auch „Arbeitsmittel" (Hacker 2009, S. 19). Erlebte und ausgedrückte Emotionen sind ein Mittel, mit dem das mentale Modell des Klienten verändert werden kann. Wer Emotionen erlebt und zeigt, verändert so den anderen. Der Grund hierfür liegt in intuitiven gegenseitigen empathischen Reaktions- und Zuschreibungsmustern sowie einem komplexen Zusammenspiel von im Laufe der Sozialisation erlernten Regeln, die uns veranlassen, eigene Gefühle angemessen auszudrücken und die des Gegenübers sinnvoll zu interpretieren und zu beantworten (vgl. hierzu Hacker 2009). Wer lächelt, hofft, vom Gegenüber als sympathisch, offen und hilfsbereit wahrgenommen und im Anschluss selbst mit Freundlichkeit und Nachsicht behandelt zu werden. Wer Abneigung empfindet und deswegen die Stirn runzelt, muss mit dem Gegenteil rechnen. Wegen dieser Wirkung werden Emotionen gerade im Bereich von Humandienstleistungen durchaus zielgerichtet zur Einflussnahme auf das Gegenüber, aber auch zur Regulation der eigenen Gefühle eingesetzt, ausgedrückt und unterdrückt.

14.2 Die Arbeit mit Emotionen

Im sozialwissenschaftlichen Kontext hat sich die Bedeutung von Gefühlen in der Dienstleistungsarbeit inzwischen als zentrales Thema soziologischer und arbeitspsychologischer Forschung etabliert. Zwei Begriffe dominieren diese Debatte: „Emotionsarbeit" und „Gefühlsarbeit".

Arlie Hochschild veröffentlichte Ende der 1970er Jahre die ersten Arbeiten dazu, dass und wie der Umgang mit den eigenen Gefühlen Teil der Arbeit von Dienstleistenden ist. Den Gebrauch und Ausdruck eigener Emotionen im Beruf nannte sie „emotional labor". Unter dem Begriff Emotionsarbeit wird seit Ende der 80er Jahre auch in Deutschland untersucht, wie Dienstleistende ihr Gefühlserleben und ihren Gefühlsausdruck beeinflussen und kontrollieren. Emotionsarbeit wird dabei als spezifische Form von Arbeit betrachtet, bei der Dienstleistende dazu aufgefordert sind, sich ihrer Gefühle „bewusst anzunehmen und sie betrieblichen Erfordernissen zu unterwerfen" (Rastetter 2008, S. 11).

Gefühlsarbeit hingegen beschreibt den Einfluss auf die Gefühle des Gegenübers. Die Idee hinter diesem Begriff geht auf Strauss et al. (1980) zurück, die in erster Linie die Arbeit von Krankenschwestern analysierten. Gemeint ist mit „sentimental work" die zwar begleitende, dennoch zentrale Tätigkeit von Schwestern und Ärzten, durch die die alltägliche „Hauptarbeit" wie Untersuchung, Behandlung oder Diagnose unterstützend ergänzt oder gar ermöglicht wird. Gefühlsarbeit wird dann geleistet, wenn eine Pflegekraft neben ihren „technischen" Aufgaben wie der Blutabnahme oder der Wundversorgung auf den Patienten spezifisch eingeht, ihn streichelt oder tröstet, und so auf seine Gefühle Einfluss nimmt. Die Notwendigkeit der Gefühlsarbeit für die „Hauptarbeitslinie" ergibt sich nach Strauss et al. aus dem Umstand, dass bei jeglicher Arbeit an oder mit einem Menschen dessen Reaktion einbezogen werden muss und integratives Element der Dienstleistung ist. Ein Mangel entsteht vor allem dort, wo der Patient sich nur als Objekt und unpersönlich behandelt fühlt. In diesem Konzept bildet Gefühlsarbeit einen genuinen Bestandteil von Arbeit und steht gesondert neben bspw. der Versorgungsarbeit oder der Koordinationsarbeit. Strauss et al. bestimmen ihr Konzept der Gefühlsarbeit explizit in Bezug auf den Hauptarbeitsprozess und damit in Abgrenzung zu dem von Hochschild, deren Fokus im Wesentlichen auf dem Selbst-Management von Emotionen liegt.

Obgleich beide, Strauss und Hochschild, ihre jeweilige Konzeption ausdrücklich für die Arbeit mit Emotionen auf beiden Seiten, also bei sich selbst und dem Gegenüber, geöffnet haben, hat sich heute eine recht strikte definitorische Grenze durchgesetzt. Diese schlägt sich auch in der verbreiteten Entscheidung für eine unterschiedliche – aber keineswegs einzig mögliche – Übersetzung der Begriffe als „Emotionsarbeit" und „Gefühlsarbeit" nieder. Emotionsarbeit meint dann die Beeinflussung der eigenen, Gefühlsarbeit die der Gefühle anderer (Giesenbauer und Glaser 2006). Ins Zentrum der Aufmerksamkeit soll vorliegend vor allem Emotionsarbeit gerückt werden, jedoch in gewisser Weise eher in der ursprünglichen Auslegung. Hier liegt zum einen ein deutlicher Schwerpunkt der arbeitspsychologischen Betrachtung von Emotionen, zum anderen ist es aber gerade auch das anspruchsvolle Management der eigenen Emotionen, das im Rahmen von Pflegedienstleistungen ein besonderer Grund für erhöhte psychische Belastungen ist, unabhängig davon, ob vor allem die eigenen Emotionen direkt reguliert werden oder dies nur vermittelt über die Emotionen der Kunden bzw. Patienten geschieht.[1]

Die Entwicklung vor allem des Konstrukts der Emotionsarbeit soll im Hinblick auf ihre Relevanz für den Dienstleistungsbereich im Folgenden kurz skizziert werden. Doch vorher

---

[1] Die begriffliche Trennung von Emotionsarbeit und Gefühlsarbeit ist wegen bestehender wechselseitiger Beeinflussungen und Abhängigkeiten nicht unproblematisch und nur begrenzt sinnvoll (vgl. auch Hacker 2009; Nerdinger 2008), und oft genug nur schwer aufrecht zu erhalten. Sie wird dessen ungeachtet vorliegend zunächst weitergeführt, wenngleich auf eine scharfe Grenzziehung aus diesen Gründen an einigen Stellen verzichtet wird (vgl. hierzu auch Abschn. 14.5).

scheint es sinnvoll, zu klären, mit oder für was eigentlich gearbeitet werden soll und was unter „Emotion" zu verstehen ist.

14.2.1 Die Natur von Emotionen

Nüchtern betrachtet handelt es sich bei Emotionen um „objektgerichtete, unwillkürlich ausgelöste affektive Reaktionen, die mit zeitlich befristeten Veränderungen des Erlebens und Verhaltens einhergehen" (Rothermund und Eder 2011, S. 165). Gerade weil es sich um innere Prozesse handelt, wird diese Definition dem tatsächlichen emotionalen Erleben naturgemäß kaum gerecht. Häufig empfinden wir Emotionen keineswegs bewusst, kennen weder ihre Ursache noch ihr Ziel und merken nicht, wann sie beginnen und verebben. Deswegen wird die für „jede Emotion spezifische Empfindung", ihr Gefühlscharakter, häufig als ihr Kernelement beschrieben, obgleich gerade diesem Aspekt begrifflich und wissenschaftlich nur schwer beizukommen ist.[2] Im Rahmen der klassischen multidimensionalen Auffassung des Konstrukts werden in der Emotionspsychologie fünf Elemente oder Bestandteile von Emotionen unterschieden: ein kognitives, ein handlungsbezogenes bzw. motivationales, ein expressives, ein psychophysiologisches sowie das Element des emotionalen Erlebens (Scherer 1990). Die kognitive Komponente meint die kognitive Repräsentation der Emotion, ihre spezifischen Gedankeninhalte und Bedeutungen, während die motivationale die auf die Emotion folgenden Handlungstendenzen bezeichnet. Die nach außen dargestellte Emotion spiegelt sich in der expressiven Komponente wieder, wahrgenommene und tatsächliche körperliche Veränderungen beim Emotionserleben in der psychophysiologischen. Das eigene Erleben bezeichnet die Emotion im Kern, also jene bewusste Wahrnehmung des für jede Emotion typischen psychischen Empfindens, deren Umschreibung sich uns am ehesten entzieht. Gerade weil es sich um automatische, affektive Reaktionen auf vielen Ebenen handelt und uns Emotionen eher überrollen als dass wir sie bewusst steuern könnten, irritiert zunächst vielleicht die Idee, sie zum Bestandteil von Arbeit und Forschungsgegenstand in diesem Bereich zu machen.

14.2.2 Das Konzept der Emotionsarbeit

2003 erschien das Buch „The Managed Heart: Commercialization of Human Feeling" von Arlie Hochschild als besondere Jubiläumsausgabe, so prägend und verdienstvoll waren ihre Erkenntnisse für die weitere Forschung im Bereich der Gefühle im Dienstleistungskontext. Hochschild konzentrierte sich in ihren Untersuchungen vor allem auf die Arbeit

---

[2] Hier bietet sich ein kurzer Hinweis an, dass in der wissenschaftlichen Literatur häufig eine Unterscheidung zwischen der Emotion als mehrdimensionalem Konstrukt und dem Gefühl als deren subjektivem Empfinden vorgenommen wird (Otto et al. 2000). Die Grenze zwischen den beiden Begriffen verläuft im Kontext von Emotions- und Gefühlsarbeit jedoch an anderer Stelle, weswegen beide hier außerhalb dieses Zusammenhangs synonym verwendet werden.

von Stewardessen. Sie beschrieb, dass diese neben ihrer körperlichen und geistigen Arbeit unablässig angehalten waren, eine zusätzliche Leistung zu erbringen, nämlich stetige Anstrengungen um Freundlichkeit und emotionale Angemessenheit in Reaktion und Ausdruck. Diese Leistung nannte sie „emotional labor". Sie erkannte, dass diese „im Tausch für Lohn" verrichtet wird und ebenso wie andere Erwerbsarbeit bestimmten normativen Darstellungsregelungen des beruflichen Umfelds zu genügen hat. Dies erfordert eine Koordination von Geist und Gefühl, eine Anstrengung, die an einer uns in der Tiefe innewohnenden und für unsere Individualität bedeutsamen „Ressource" (S. 7) zehrt, die sie jedoch nicht genau beschreibt. Anders als bei körperlichen Arbeiten können diese Mühen nicht ohne eine Entfremdung vom eigenen Selbst absolviert werden, weswegen sie mit negativen gesundheitlichen Konsequenzen verbunden sind und Stress und Burnout verursachen. Wesentlich für Hochschilds Thesen und Anlass für Forscher, das Konzept im Detail zu hinterfragen, ist die gewissermaßen eindimensionale Auffassung: Je mehr Emotionsarbeit geleistet werde, desto höher sei auch die gesundheitliche Gefährdung, die sich aus ihr ergebe. Im Blickpunkt anknüpfender wissenschaftlicher Betrachtung stand demgemäß eine Spezifizierung und Differenzierung des Konstrukts, im Besonderen die Analyse auch funktionaler Aspekte. Dennoch war es Hochschilds Verdienst, nicht nur Emotionsarbeit als solche, sondern zudem die grundlegenden Mechanismen identifiziert zu haben, mit Hilfe derer Emotionsarbeit umgesetzt sowie erleichtert oder erschwert wird.

Neuere Ansätze orientieren sich nach wie vor am Grundkonzept der Emotionsarbeit von Hochschild, unterscheiden sich jedoch hinsichtlich ihres Fokus' und ihrer Auffassung von Wirkung und Folgen. Ashforth und Humphrey (1993) etwa legen das Augenmerk auf den Ausdruck der Emotion. Denn zum einen sei nur dieser direkt beobachtbar und so auch von Einfluss beim Kunden, zum anderen sei auch ein regelkonformes emotionales Auftreten möglich, ohne dass die Gefühle im Inneren aktiv durch Emotionsarbeit reguliert werden müssten. Morris und Feldman (1996) bilden Emotionsarbeit als vierdimensionales Konstrukt ab. Die von ihnen postulierten Faktoren sind die Frequenz, mit der ein bestimmtes Gefühl präsentiert werden muss, die Vielfalt der auszudrückenden Gefühle, die Aufmerksamkeit, die auf Dauer und Intensität des Gefühlsausdrucks gelegt werden muss, sowie die sogenannte emotionale Dissonanz (vgl. Abschn. 14.2.2.3). Zapf et al. (2000) ergänzten diese Konzeption um die sogenannten Sensitivitätsanforderungen, worunter sie die Wahrnehmung der Gefühle des Gegenübers begreifen, sowie den Interaktionsspielraum, der bestimmt, inwieweit der Dienstleistende Einfluss auf die Interaktion mit dem Kunden nehmen kann

In allen klassischen Definitionen findet sich der Hinweis, dass Emotionsarbeit zur Befriedigung organisationaler Anliegen und demnach kommerzialisiert eingesetzt wird, gerade so wie körperliche Tätigkeiten oder kognitive Arbeit etwa im Sinne von Planung. Folgerichtig obliegt den Organisationen entsprechend anderer Arbeitsvorgaben auch die Bestimmung, welche Darstellungsregeln bei der Emotionsarbeit zum Tragen kommen. In den meisten Fällen werden diese sog. „display rules" (Ashforth und Humphrey 1993) implizit kodifiziert. Ihre kognitive Repräsentation vollzieht sich dann auf Grundlage von Beobachtungen oder indirekt über die in den Unternehmenszielen und -werten ausgedrückten Einstellungen. Eine andere Variante sind konkrete Handlungsanweisungen, die etwa über Trainings oder Supervisionen vermittelt werden (Rastetter 2008). Doch auch aus anderen Quellen ergeben sich emotionsbezogene Richtlinien für berufliche Tätigkeiten. Rafaeli und Sutton (1987) etwa identifizierten einen Regelkanon bestehend aus gesellschaftlichen (societal norms), beruflichen (occupational norms) und organisationalen Normen (organizational norms). Gerade im Bereich von Pflegearbeit werden display rules selten explizit vorgegeben. Oft entstammen sie hier einem im Verlauf der Ausbildung vermittelten Pflichtbewusstsein und dem mit dem Pflegeberuf normativ verbundenen Ethos (Zapf 2002) und entsprechen der übereinstimmenden Auffassung einer beruflichen Gruppe darüber, was im Umgang mit Emotionen angemessen sei (Diefendorff et al. 2011).

14.2.2.1 Emotionsarbeit und bearbeitbare Elemente der Emotion

Entscheidend in Hinblick auf die Praxis der Dienstleistungsarbeit ist die Frage, wie Emotionsarbeit konkret geleistet wird. Zwar sind Emotionen unwillkürlich ausgelöste Reaktionen, doch entziehen sie sich zumeist nicht dem Einfluss von außen oder von uns selbst. Zum einen haben Emotionen immer einen Ursprung, sie unterliegen Bedingungen, die sie auslösen, fördern oder hemmen. Verändert man diese Entstehungsbedingungen, verändern sich auch nachfolgende Emotionen. Diese Form der Beeinflussung von Emotionen bereits während ihrer Entstehung korrespondiert mit der von Gross (1998) beschriebenen sogenannten „antecedent-focused emotion regulation" (Grandey 2000; Hacker 2009). Dabei sind innerhalb dieser Variante zwei Wege der Beeinflussung denkbar: ein Weg, bei dem die Umstände objektiv variiert (ausgewählt oder modifiziert) werden, und ein Weg, bei dem die Umstände auf kognitiver und damit psychologischer Ebene (als einer Komponente realer Emotionen) verändert werden. Dies geschieht über eine Neubewertung oder eine Verschiebung des Aufmerksamkeitsfokus. Hacker (2009) bezeichnet den ersten Weg in seiner Einteilung der Emotionsregulationsstrategien als Verhältnisgestaltung, da der Auftrag oder die Situation tatsächlich verändert wird. Da Dienstleistungen oft gerade den Umgang mit spezifischen Situationen ausmachen, wird im Arbeitskontext vor allem der zweite Weg relevant sein.

Doch auch ohne eine Situation objektiv oder subjektiv zu modifizieren, ergeben sich weitere Möglichkeiten, Einfluss auf Emotionen zu nehmen. Emotionsassoziierte Reaktionen erfolgen auf unterschiedlichen Ebenen und sind je nach Emotionsebene in unterschiedlichem Maße leitbar und lenkbar. Ausdruck und Verhalten etwa entziehen sich unserem willentlichen Einfluss in geringerem Maße als bspw. unsere autonomen Körperreaktionen. Wenn wir uns ekeln, kann es uns bis zu einem gewissen Grad trotz aufsteigender Übelkeit recht schnell gelingen, den entsprechenden Gesichtsausdruck zu kontrollieren, den Ekel zu verbergen und stattdessen sogar zu lächeln. Eine zweite Variante der Emotionsregulation ist also, die Darbietung einer bestimmten Emotion zu unter- und stattdessen eine andere nach außen auszudrücken („response-focused emotion regulation" bzw. „Ausdrucksregulation"; Hacker 2009).

Jedoch liegt es nahe, dass nur in der ersten Variante, der Beeinflussung im Entstehungsstadium, Emotionen tatsächlich verändert hervorgerufen werden können, dann nämlich, wenn sie auch tatsächlich empfunden werden. Die Veränderung in der zweiten Variante, nur auf der Ebene des Ausdrucks, verbleibt an der Oberfläche. Hochschild nannte diese beiden Strategien demgemäß „deep acting" und „surface acting". Das sogenannte Oberflächenhandeln beschreibt die Regulation des Gefühlsausdrucks, das Tiefenhandeln die Regulation der tatsächlichen, inneren Gefühle. Das Oberflächenhandeln entspricht dem Aufsetzen einer Maske, die andere täuschen soll und die nicht als Teil seiner selbst empfunden wird. Dies birgt jedoch die Gefahr, in den gegenteiligen und gerade unerwünschten Effekt umzuschlagen, dann nämlich, wenn das gespielte Gefühl als unauthentisch, als „Maske" erkannt wird (Nerdinger 2012). Beim Tiefenhandeln besteht dieses Risiko nicht. Herrscht eine Diskrepanz zwischen der Oberfläche, also dem, was wir entsprechend beruflicher Ausdrucksregeln zu fühlen vorgeben, und dem, was wir in der Tiefe tatsächlich fühlen, tritt längerfristig „emotionale Dissonanz" auf (Hochschild 2003). Emotionsarbeit ist dann der Versuch, diese Unausgeglichenheit aufzulösen und das Innen und Außen der Gefühlswelt entsprechend der Mechanismen der Dissonanzreduktion in Einklang zu bringen.

14.2.2.2   Nutzen und Kosten der Emotionsarbeit

Emotionale Dissonanz ist in Hochschilds Theorie die Ursache der gesundheitlichen Gefährdungen, die anhaltende Emotionsarbeit mit sich bringt. Wer seine Gefühle kontinuierlich entlang bestimmter Organisationsmaximen kontrolliert, um so auch in der Tiefe „angemessen zu empfinden", entfremdet sich über kurz oder lang von den eigenen Gefühlen und verliert die natürliche Gabe, eigener authentischer Emotionen gewahr zu werden. Der umgekehrten Strategie der Dissonanzreduktion, der Anpassung des Gefühlsausdrucks an die authentischen Gefühle, wird im Rahmen moderner Dienstleistungsarbeit kein Raum zugebilligt, sondern sie wird als Normverstoß sogar sanktioniert. Einer ähnlichen, wenn auch differenzierteren Argumentation folgen Morris und Feldman (1996) in ihrem interaktionistischen Modell. Auch bei ihnen gilt grob die Faustformel: Je höher die Ausprägung eines Faktors, desto höher sein Belastungspotenzial. Ashforth und Humphrey (1993) ergänzen dieses Verständnis in die entgegengesetzte Richtung. Emotionsarbeit ist danach nicht automatisch mit hohen Kosten verbunden. Obgleich auch sie die Gefahren der Entfremdung anerkennen, kann Emotionsarbeit nichtsdestotrotz zur Effektivität eines Beschäftigten beitragen, indem sie den interpersonellen Umgang reguliert und automatisiert. Sie erlaubt sogar authentischen Selbstausdruck, da die Ausdrucksregeln einen gewissen Handlungsraum bieten, innerhalb dessen auch echte, wirklich empfundene Emotionen Platz haben.

Ein im Zusammenhang mit den Kosten der Emotionsarbeit und auch gesellschaftlich zunehmend in den Blickwinkel rückendes Phänomen ist das Burnout-Syndrom. Die Symptomkombination aus „emotionaler Erschöpfung", „Depersonalisation" und „Gefühlen reduzierter Leistungsfähigkeit" entsteht als Folge der spezifischen Beanspruchungen bei personenbezogenen Dienstleistungen (Maslach et al. 2001; Nerdinger 2008). Betroffene fühlen sich ausgebrannt und chronisch überanstrengt, den Anforderungen ihres Berufs zunehmend weniger gewachsen und sie verlieren den Antrieb. Symptomatisch ist ebenfalls eine negative Veränderung in den Einstellungen gegenüber Kunden oder Patienten in Richtung einer unpersönlichen, zynischen oder strengen Haltung. Wissenschaftlich wiederholt bestätigt ist der Zusammenhang von emotionaler Dissonanz und Burnout (Hülsheger und Schewe 2011). Uneinheitlich hingegen sind nach wie vor die Befunde zum Zusammenhang zwischen der Anzahl emotional belastender Interaktionen und Burnout (Nerdinger 2011).

Insgesamt ist heute anerkannt, dass die Auswirkungen von Emotionsarbeit durch eine Vielzahl unterschiedlicher Faktoren begründet werden, emotionale Dissonanz also nur in Verknüpfung mit unterschiedlichen arbeits- oder personenbezogenen Merkmalen zu emotionaler Erschöpfung und gegebenenfalls einem Burnout-Syndrom führt. Zwar besteht Konsens darüber, dass emotionale Dissonanz einen bedeutsamen Stressor im Rahmen kundenbezogener Dienstleistungsarbeit darstellt (Zapf et al. 2003), doch gilt dies nicht in jedem Einzelfall im selben Maße. Ein relevanter Aspekt ist die Nachvollziehbarkeit der display rules und ihre Übereinstimmung mit dem eigenen Kompass von Angemessenheit. So betrachten z. B. Rafaeli und Sutton (1987) die Übereinstimmung der betrieblichen Gebote mit der eigenen Überzeugung als zentralen Faktor für psychisches und körperliches Wohlbefinden. Danach hat das Vortäuschen von Emotionen nur dann negative gesundheitliche Konsequenzen, wenn in „bad faith", in schlechter Absicht, simuliert werden muss. Wenn Mitarbeiter die institutionellen Gefühlsregeln als unpassend und dementsprechend nicht als sinnhaften Teil der Arbeit empfinden, fällt es ihnen schwer, sich dauerhaft entsprechend zu verhalten, was zu einem erhöhten Stresslevel beitragen kann. Solche negativen Effekte sind deutlich geringer ausgeprägt, wenn ein Arbeitnehmer die Normen seines Berufs internalisiert hat und Gefühle in guter Absicht vortäuscht („faking in good faith"), weil er sie als berechtigten Teil des Anforderungskatalogs „guter" Arbeit versteht. Deutlich wird also, dass der Niederschlag der Emotionsarbeit in der persönlichen „Emotionsbilanz" nicht nur von äußeren, sondern in erster Linie von starken interindividuellen Gegebenheiten abhängt.

Auch die unterschiedlichen Motive, Emotionsarbeit zu leisten, wirken sich indirekt auf die individuelle Kosten-Nutzen-Balance aus, wenn man davon ausgeht, dass unterschiedliche Antriebsquellen mit unterschiedlichen Regulationsstrategien assoziiert sind und der Begriff „Strategie" keineswegs automatisch auch einen Erfolg für den eigenen Gefühlshaushalt impliziert. Hacker (2009) führt unterschiedliche denkbare Gründe für Emotionsarbeit auf: Den Antrieb, Organisationsvorgaben zu genügen, der sicher zu Oberflächenhandeln in der Variante „bad faith" führt; die Absicht, ein gutes Verhältnis zum Kunden herzustellen und Interaktionsprobleme zu vermeiden, wird mit „faking in good faith" assoziiert; die Motivation, authentisch und kompetent zu wirken, entspricht naturgemäß dem Tiefenhandeln; ebenso sicherlich die Zielsetzung, Kunden zu bestimmten Handlungen oder Entscheidungen zu veranlassen. Obschon diese Lesart komplexe emotionale und motivationale Wechselwirkungen vereinfacht darstellt, zeigt sie die Verschränkungen, die den Erfolg oder Misserfolg von Emotionsarbeit lenken können.

14.3   Eine besondere Herausforderung: Emotionsarbeit in der Pflege

Hochschild machte in der Arbeit der Flugbegleiterinnen drei abgrenzbare Tätigkeiten aus: die körperliche, die geistige und die emotionale Arbeit. Sie unterscheiden sich hinsichtlich ihres Ziels, der durch sie jeweils beanspruchten Ressourcen sowie der Beteiligung des Kunden am konkreten Prozess. Diese Bedingungen gelten für Humandienstleistungen allgemein und können insofern als grundsätzliche Gesetzmäßigkeiten auf Dienstleistungsarbeit in der Pflege übertragen werden. Hier wie dort geht es um die Herstellung eines Ergebnisses, um interaktive Arbeit mit Menschen und um ein Gleichgewicht zwischen autonomer, relationaler und heteronomer Arbeit, weswegen etwa Böhle et al. (2006) versuchen, eine gemeinsame Konzeption von Interaktionsarbeit für alle personenbezogenen Dienstleistungen zu entwerfen.

14.3.1   Eine Flugkabine ist keine Pflegestation

Emotionsarbeit ist ein typischer Aspekt der Arbeitstätigkeit im Dienstleistungsbereich, also in Berufen, die sich durch einen gehäuften und intensiven Kundenkontakt auszeichnen. Klassische Emotionsarbeiter sind etwa die Flugbegleiterinnen, mit denen Hochschild sich beschäftigte, Angestellte in Hotels und Restaurants sowie in sozialen Einrichtungen, aber auch Menschen mit weniger naheliegenden Professionen wie Lehrer, Polizisten, Verwaltungsangestellte, Verkäufer oder Versicherungsvertreter, von denen man zunächst eher sachliche Anleitung und Zurechtweisung, Überredungskunst und sogar manipulatives Geschick als empathisches Eingehen auf individuelle Bedürfnisse erwarten würde.[3]

Jedoch setzen sich diese drei Komponenten in jedem Dienstleistungsfeld neu zusammen und es gelten Besonderheiten, die den einen oder anderen Aspekt stärker in den Mittelpunkt der Aufmerksamkeit lenken. Emotionsarbeit wird umso wichtiger, je weiter man in Bereiche vordringt, in denen die relationale Komponente der Dienstleistung, Emotion, Kommunikation und Empathie, für die konkrete Dienstleistung von Relevanz sind. Pflegedienstleistungen stellen hier sicher den ultimativen Fall dar. Die Arbeit im Bereich von Heilung und Pflege, der Umgang mit Kranken und körperlich wie emotional pflegebedürftigen Menschen stellt insofern eine Besonderheit innerhalb der Dienstleistungsbranche dar, als sie sich in gewisser Weise kühler wirtschaftlicher Betrachtung ein Stück weit entzieht. Anders als in den „normalen" Dienstleistungen sind es nicht nur die eigenen Emotionen, mit denen die Dienstleistenden umgehen müssen, wenn sie etwa Ärger, Abneigung oder die eigene Erschöpfung vertuschen. Denn in der Pflegearbeit gilt es, auch solche Emotionen zu kontrollieren, die über die Patienten und deren persönliches Schicksal transportiert werden. Während die Schwierigkeiten, die einem Kellner oder Steward in der Kundenbeziehung begegnen, in der Regel emotional wenig in die Tiefe gehen, sind die starken

---

[3] Vgl. Rastetter (2008) die Versicherungsvertreter gerade wegen der nicht auf den ersten Blick hervortretenden emotionalen Bemühungen zum Gegenstand ihrer Untersuchung machte.

Emotionen, die eine Krankenschwester in Gegenwart von Leid oder gar dem Tod eines Patienten zu regulieren hat, eine spezifische Herausforderung der Pflegearbeit. Doch neben
der außergewöhnlichen Anhäufung und Verdichtung starker Emotionen im Pflegebereich
lassen sich noch weitere Gründe für diese Sonderstellung finden. Diese werden besonders
anschaulich in der Gegenüberstellung des klassischen Untersuchungsfeldes, der Arbeit in
der Flugkabine, und der pflegenden Arbeit am kranken und/oder alten Menschen.

Eine Leitdifferenz zwischen beiden kann über das Wesen der jeweiligen Dienstleistungsbeziehung hergestellt werden: Während sich Dienstleister und Kunde im Flugzeug kurz,
eher flüchtig und oberflächlich begegnen, haben beide Seiten im Krankenhaus und im Pflegeheim regelmäßigen, sich wiederholenden Kontakt und lernen sich im Laufe der Zeit in
gewisser Weise sogar kennen. Während im ersten Fall über den Weg der Kundenbindung
wirtschaftliche Interessen im Zentrum des Dienstleistungsverhältnisses stehen, soll diese
eigennützige Zielsetzung im Rahmen von Pflegetätigkeiten zugunsten einer gemeinsamen
Interessen- und Vertrauensbasis zumindest nicht mehr einzige Motivation sein. Basierend
auf der Einteilung von Gutek et al. (1999) wird der erste Typ als Begegnung („encounter"),
der zweite als Beziehung („relationship") bezeichnet. Gerade in Krankenhäusern und Pflegeeinrichtungen finden sich sicher beide Formen der Dienstleistung. Die Aufnahme von
Patienten etwa ist möglicherweise eher unter die Encounter-Dienstleistungen subsumier-
bar. Pflege im Sinne einer anhaltenden Fürsorge und Betreuung des Patienten jedoch ist
ohne Frage die ursprünglichste Form der „Beziehung".

Ein zweiter Grund für die Besonderheit der Pflegearbeit liegt in den vielschichtigen
Machtkonstellationen, die sich in diesem Bereich ergeben können. Das Bild im Flugzeug
ist noch relativ eindeutig: Der Kunde ist weitgehend überlegener Gast, er zahlt für den
Dienst der Freundlichkeit und lässt sich für eine begrenzte Dauer gern umsorgen. In
einer Pflegeeinrichtung oder einem Krankenhaus sind die Positionen der Abhängigkeit
und Unabhängigkeit weniger klar verteilt. Denn auf der einen Seite gilt (ähnlich wie im
Flugzeug): Der Patient kann sich unsanktioniert durchaus erlauben, wozu der Pfleger
nicht berechtigt ist. Auf Beschimpfungen oder gar persönliche Beleidigungen darf ein
Pfleger aufgrund der gültigen Verhaltens- und Emotionsausdrucksregeln weder verbal
noch nonverbal ungehalten reagieren (vgl. Giesenbauer und Glaser 2006 mit weiteren
Beispielen). Was selbstverständlich erscheint, ist jedoch im Einzelfall keineswegs immer
einfach. Im Falle solcher dissonanten Emotionen auf Seiten der Pflegekraft gilt es dann,
ein professionelles Gleichgewicht (wieder-)herzustellen. Auf der anderen Seite begibt der
Patient sich nur selten aus freien Stücken in die Obhut etwa eines Krankenhauses. Dort
ist er der strukturell Schwächere, er überantwortet sich einem fremdgesteuerten System,
auf dessen Dienstleistung er existenziell angewiesen sein kann. Und obgleich er (indirekt)
für eine Behandlung nach dem „state of the art" bezahlt, also entsprechend moderner
medizinischer Behandlungsleitlinien und nach bestem Wissen und Gewissen, kann er auf
emotionale Wärme und Freundlichkeit keinen einforderbaren Anspruch erheben. Hier
ist es Angelegenheit der Pflegekraft, lediglich einen „service with a smile" zu verrichten

oder sich darüber hinaus zu engagieren, um beim Patienten Zufriedenheit, Vertrauen und Selbstwirksamkeit zu fördern.[4]

Hier knüpft eine zentrale und die vielleicht entscheidende Eigenheit von Pflegearbeit an. Sie betrifft die Relevanz der Emotionsarbeit für den Dienstleistungserfolg. Im Flugzeug ist Emotionsarbeit eine Beigabe, ein kleiner Luxus. Diese „rituelle Achtungsbezeugung" (Nerdinger 2011) dient dazu, die Reise so angenehm wie möglich zu machen und den Kunden dazu zu veranlassen, sich auch beim nächsten Mal für dieselbe Fluglinie zu entscheiden. In der Pflegearbeit sind Emotionen konkreter Teil der Dienstleistung. Für Strauss et al. (1980) steht Gefühlsarbeit im Dienste der „Hauptarbeitslinie". Denn sie trägt entscheidend zu ihrem Erfolg bei und prägt so den Nutzen der Dienstleistung. Sie gehört ebenso wie andere instrumentelle Handlungen zu dem Komplex aus notwendigen oder zumindest unterstützenden Tätigkeiten, der das Gelingen der Gesundheitsdienstleistung ausmacht. Diese hier befürwortete Anerkennung des Wertes von emotional geprägter Pflegearbeit ist keineswegs nur der freundliche Versuch, neben der in gewisser Weise greifbareren medizinischen Arbeit z. B. der Ärzte auch die Arbeit der Pflegekräfte wertzuschätzen. Der Einfluss psychologischer, emotionaler und sozialer Faktoren auf den Heilungsprozess nimmt zunehmend auch in der wissenschaftlichen Forschung Raum ein. Noch sind die Befunde häufig widersprüchlich und beziehen sich im Kern auf die Arzt-Patienten-Beziehung. Doch gibt es inzwischen Resultate, die auf die Bedeutung von emotionaler Wärme für die Genesung der Patienten hinweisen und deren Anwendbarkeit auf die Tätigkeit von unterstützenden pflegenden Tätigkeiten nur schwer von der Hand zu weisen ist. Interessante Ergebnisse etwa liefert die Studie von Di Blasi et al. (2001) zum Einfluss von Kontexteffekten auf die Outcomes unterschiedlicher Behandlungsvorgehen. Danach ist eine Behandlung unabhängig von der gewählten Medikation oder dem Verfahren dann erfolgversprechender, wenn der Arzt in der Begegnung mit dem Patienten empathisch, freundlich und supportiv auftritt. Weitere Befunde, die diese Annahmen stützen, liefert die Bostoner Arbeitsgruppe um Kaptchuk et al. (2008). Dort wird die Wirkweise von Homöopathie und Placebos untersucht und begründet, also „Behandlungen" jenseits der traditionellen medizinischen Leitlinien. Eine Studie mit Reizdarm-Patienten ergab eine stärkere Reduktion der Symptome bei Anwendung einer Scheinakupunktur. Entscheidend ist, dass diese Verringerung noch deutlich stärker ausfiel, wenn die Scheinakupunktur mit einer unterstützenden, empathischen Arzt-Patienten-Beziehung verbunden war, die von Wärme, Verständnis und

---

[4] Im Zusammenhang mit Emotionsarbeit in der Pflege selten beachtet, aber durchaus von Relevanz ist auch die Zusammenarbeit mit den Ärzten einer Station, die die bestehenden Machtverhältnisse noch komplexer werden lässt. Denn Krankenschwestern leisten emotionale Arbeit nicht nur in Interaktion mit den Patienten, sondern auch gegenüber den Ärzten. Eine Untersuchung in Großbritannien, die sich mit dem Umgang von OP-Schwestern mit den behandelnden Ärzten befasste, ergab eine zusätzliche Herausforderung für das überwiegend weibliche Pflegepersonal (Timmons und Tanner 2005). Denn dieses war neben der Emotionsarbeit mit den Patienten anhaltend bemüht, auch die Chirurgen „froh zu machen" und „nicht zu enttäuschen". Es scheint sinnvoll, das sich aus dieser Beziehung zwischen Pflegepersonal und Ärzteschaft ergebende Machtgefälle in diese Überlegungen ebenfalls einzubeziehen.

positiver Suggestion geprägt war. Vereinfachend lässt sich hieraus ableiten, dass emotionale Wärme – als Teil eines umfassenden, angemessenen Heilungsvorgehens – eine heilende Wirkung entfalten kann. Zweifellos ist Emotionsarbeit nicht die konstituierende Tätigkeit in Pflegeeinrichtungen und Krankenhäusern. Denn ein misslungener Verband oder gar eine fehlerhafte Medikamentengabe sind trotz emotionaler Zugewandtheit des Dienstleistenden keine gute Dienstleistung. Und dennoch gilt das Gegenteil auch im umgekehrten Fall. Ein nach Behandlungsleitlinien ausgerichtetes, korrektes Heilvorgehen macht einen Patienten nicht so gesund wie die Kombination aus beidem. Dieser Aspekt ist gerade hinsichtlich strenger wirtschaftlicher Zielsetzungen ernst zu nehmen. Emotionsarbeit ist nicht ein Extra, sondern trägt konkret dazu bei, die Produktivität, die im Gesundheitswesen zentral durch den Heilerfolg bestimmt wird, zu steigern (zur Rolle des Patienten und zur Frage, wie der Produktivitätsbegriff im Gesundheitssektor zu bestimmen ist, vgl. Kleinaltenkamp et al. in diesem Band).

14.3.2 Spannungsfelder zwischen Emotionalität und Wirtschaftlichkeit

Doch auch eine Dienstleistung im Pflegebereich bleibt eine Dienstleistung und folgt damit (zunehmend anerkannt) denselben Mechanismen und wirtschaftlichen Zwängen wie andere Dienstleistungen. Hieraus ergibt sich eine besondere Verknüpfung von Emotions-Arbeit, Pflege-Arbeit und Lohn-Arbeit, aus der besondere Konfliktfelder herrühren, die die einzelne Pflegekraft alltäglich betreffen.

So darf schon der Begriff „Emotionsarbeit" zumindest in der Pflege als irreführend, wenn nicht gar als Euphemismus in Frage gestellt werden. Denn „Arbeit" in einem professionellen Kontext impliziert einen monetären Lohn als Gegenleistung. Unabhängig davon, ob Emotionsarbeit als Teil entlohnter Arbeit (so Hochschild 2003) oder als unbezahltes Extra oder Geschenk (so etwa Bolton 2000) aufgefasst wird, bleibt festzuhalten: Emotionsarbeit als „Regulation eines einheitlichen, gefühlsintegrierenden Arbeitshandelns" (Hacker 2009) ist weder Kassenleistung noch im Arbeitsvertrag festgeschrieben. Sie umspannt die geistige und körperliche Arbeit und ist keineswegs ausdrücklicher, abtrennbarer oder gar gesondert entlohnter Teil der vertraglich vereinbarten Tätigkeit. Gerade im Kontext zumeist mäßiger Bezahlung in der Pflegebranche gewinnen Anerkennung, Dankbarkeit und das Gefühl, „einen Unterschied zu machen" (Bolton 2000), als kompensatorische Gegenleistung im Rahmen eines Austausches besonderes Gewicht. Wenn auch die Verwendung ökonomischer Begriffe im Rahmen von helfenden Tätigkeiten nach wie vor verpönt ist: Emotionen sind Währung im Rahmen eines unausgesprochenen, emotional-intuitiven Handels. Dieser Handel richtet sich zum einen auf den Arbeitgeber, in dessen Interesse Emotionsarbeit in der klassischen Konzeption geleistet wird. Zum anderen entsteht eine Wechselbeziehung mit dem Patienten. Denn in der Regel verbindet sich mit emotionaler Zugewandtheit auch die Hoffnung oder sogar der Anspruch, der Umgang mit dem Patienten werde leichter, er verhalte sich im Gegenzug freundlich und kooperativ, so dass als Folge relationaler Kohärenz auch authentische Freundlichkeit entstehen kann. Dieser

Regelkreis begründet sich nicht primär wirtschaftlich, sondern ergibt sich aus der Spezifik und Funktionsweise menschlicher Emotionen, da das Gegenüber eine zirkuläre Auslösebedingung für positive und negative Gefühle darstellt (vgl. Hacker 2009). Im ungünstigsten Fall lösen die beim anderen erregten Reaktionen negative Gefühle bei einem selbst aus und machen so Oberflächenhandeln notwendig. Der Optimalfall folgt der Logik „Ich bin freundlich, damit Sie wiederum freundlich sind und mir den Umgang mit Ihnen erleichtern". Dann nämlich bahnen die Reaktionen des anderen den authentischen Ausdruck der erwünschten Emotion und ermöglichen so Tiefenhandeln oder eine „automatische Gefühlsregulation".[5]

Da jedoch Gegenstand, Umfang und Ausgang des „emotional-intuitiven Handels" im Vorhinein nur unvollständig steuerbar sind, verlangt der Austausch das antizipatorische Vertrauen beider Partner in einen gelingenden Austausch. Dieser Zirkel aus Leistung und Gegenleistung birgt naturgemäß die Gefahr von Abstimmungs- und Aushandlungsschwierigkeiten (vgl. auch Dunkel et al. 2005). Auf Seite des Patienten besteht die Gefahr, Leistungen gegen materielles Entgelt im Sinne solidarischer Hilfe zu missinterpretieren oder aber sich als Objekt manipuliert zu fühlen; der Pfleger hinwiederum läuft Gefahr, sich ausgenutzt zu fühlen, sein „Mehr" als selbstverständlich betrachtet zu sehen, wenn die Gegenleistung ausbleibt, und ergo den Tausch innerlich aufzukündigen. Denn professionelle Emotionsarbeit ist Teil der Dienstleistungsarbeit und kein individuelles „Geschenk" der besonderen Fürsorge, das ohne Erwartung einer Gegenleistung gemacht wird. Diese Lesart widerspricht zumindest einer in gleichem Maße psychologischen wie wirtschaftlichen Betrachtungsweise, die Emotionen in ein umfassendes Dienstleistungskonzept integriert.

Ein weiteres Spannungsfeld ergibt sich aus den heterogenen Interessen und Emotionsnormen, die die Emotionsarbeit von Pflegekräften lenken. Die Auffassung, dass Angestellte in Dienstleistungsberufen sich um jeden Preis den emotionalen Vorgaben ihres Arbeitgebers zu beugen haben, ist mittlerweile überholt. Sie werden gar als „geschulte Emotionsmanager" bezeichnet, deren Ausbildung bereits in der primären Sozialisation beginnt, und die gelernt haben, aus unterschiedlichen Darstellungsregeln die situativ passendste auszuwählen und für ihre Zwecke zu interpretieren (Rastetter 2008). In dieser ressourcenorientierten Sichtweise gelingt es ihnen, sich flexibel an die Gegebenheiten anzupassen, ohne sich selbst und den Kontakt zu den eigenen Überzeugungen und Emotionen zu verlieren. Diese gelungene Integration innerer Einstellungen an äußere Gegebenheiten vollzieht sich auch im Bereich der Pflege immer dann leicht(er), wenn die institutionellen Vorgaben und eigenen Ansprüche in einem Maße deckungsgleich sind, das dem autonomen Umgang mit Abweichungen Spielraum bietet und ihn so individuell handhabbar macht.

Selbstverständlich ist dies jedoch nicht; die (zumeist intuitive und implizite) Entscheidung zwischen verschiedenen Handlungsalternativen kann durchaus problematisch sein.

---

[5] Diese Möglichkeit der Gefühlsregulation soll die von Hochschild benannten und ressourcenaufwendigen Formen durch einen natürlichen Prozess ergänzen, der dann in Gang gebracht wird, wenn sich die gewünschten Gefühle spontan ergeben (Ashforth und Humphrey 1993).

Im Kontext von Ökonomisierung, Produktivitäts- und Dokumentationsvorgaben und Bürokratisierung entfernen die Vorgaben der übergeordneten Organisation sich für den Einzelnen oft zunehmend vom eigenen Bild guter Pflege. Denn wo die Zeit mit dem einzelnen Patienten minimiert werden muss, bleibt für Emotionsarbeit nur wenig Spielraum. Das Image, mit dem gerade große Gesundheitsunternehmen sich nach außen präsentieren, ist fraglos auch Ausdruck der Anforderung an die Angestellten und Teil der „display rules": Aus einem Slogan wie „Jeder Moment ist Medizin" (Helios Kliniken 2013) ergibt sich durchaus ein bestimmtes Leistungssoll auch außerhalb der abrechenbaren, rein medizinisch-pflegerisch notwendigen Behandlung.

Die Realität des Pflegealltags ist hingegen oft genug eine andere: Offen bleibt meist, wie das „Mehr" realisiert werden kann, wenn man bedenkt, dass Pflegestellen seit Jahren abgebaut werden. Auch in den Kriterien, die der Medizinische Dienst der Krankenkassen für eine hohe Qualität der ambulanten Pflegedienste aufgestellt hat, werden Merkmale wie Zuwendung, Empathie oder der Bereich Emotionalität insgesamt nicht einmal implizit berücksichtigt. Einbezogen werden Aspekte wie Medikation, Ernährung oder Hygiene; in eine personalisierende Richtung gehen lediglich die Beurteilung der sozialen Betreuung und Möglichkeit individueller Gestaltung der Patientenzimmer (obgleich zumindest theoretisch seit Langem auch die Notwendigkeit, die „Interaktionsqualität" der Pflege zu erheben, anerkannt ist; vgl. Donabedian 1988). Darstellungsvorgaben werden demnach nicht in erster Linie aus unternehmerischen Regelkomplexen abgeleitet, sondern implizit den kollektiven Normen von „humaner Pflege" und dem nicht zuletzt darauf basierenden Selbstbild der Pflegekräfte überstellt. Ein paradoxes Ergebnis dieses ökonomischen Drifts: Emotionsarbeit wird organisational gewissermaßen marginalisiert und der individuellen Gestaltung überlassen. Die Emotionsnormen, die sich Pflegekräfte im Sinne ihres eigenen Anspruchs auferlegen, können so ohne weiteres rigider sein als die von außen vorgegebenen. „Wer einem Patienten den Waschlappen in die Hand gibt, damit er sich selbst waschen kann, braucht länger. Wer länger braucht, muss sich rechtfertigen: ‚Den halben Tag verbringe ich mit Protokollen und Papierkram, weil ich die Selbstständigkeit der Patienten erhalten will', sagt ein Pfleger. ‚In dieser Zeit würde ich lieber vorlesen.'" Das Zitat, ebenfalls aus dem Text von Nimz (2013) stammend, macht das Dilemma anschaulich: Die institutionellen Vorgaben sind durchaus stringent, sehen Emotionsarbeit aber nur wenig vor. Den dafür notwendigen Freiraum müssen sich Pfleger durch eigene Mehranstrengung erarbeiten, die im Extremfall auf Kosten eigener zeitlicher und persönlicher Ressourcen zu erbringen und unter Umständen zu rechtfertigen ist. Auch Bolton (2000) verdeutlicht in ihrer Arbeit den Stellenwert des eigenen Anspruchs im Rahmen von emotionaler Arbeit, wenn sie den Stolz von Krankenschwestern beschreibt, die sowohl die impliziten Emotionsregeln professionell anwenden als auch jene menschliche Zugabe ermöglichen, die „den Unterschied macht". Das Selbstbild von Krankenschwestern konstituiert sich häufig aus der Auffassung, sie leisteten eine besondere und keineswegs selbstverständliche Gefälligkeit über ihre reine Pflicht hinaus, den Patienten umfassend zu umsorgen, indem sie auch emotional auf ihn eingingen (was angesichts fehlender vertraglicher Berücksichtigung und Abrechenbarkeit nachvollziehbar ist). Bolton beschreibt in diesem Zusammenhang den zugrundeliegenden Idealtypus einer berufenen Krankenschwester, mit dem sich alle Pflegekräfte, die sie befragt hat, gleichermaßen identifizieren. Organisationale Emotionsregeln spielen im Selbstbild von Krankenschwestern in der Regel nur eine untergeordnete Rolle. Zwar sind die Pflegekräfte sich über den bestehenden wirtschaftlichen Druck deutlich im Klaren, doch versuchen sie in der Regel, sich dem Patienten gerade trotz dieses Drucks emotional zuzuwenden, und sind so auf der Suche nach einem gangbaren Mittelweg. Immer wieder wird auch auf die vom Patienten erhoffte Zuwendung Bezug genommen, die sich aus einem Ideal von Pflege und Pfleger/Krankenschwester ableitet und so die im- und expliziten Erwartungen prägt. So entsteht eine für die Emotionsarbeit konstitutive Regeltrias aus organisationalen, eigenen und sozialen Normen, an der sich Pflegekräfte orientieren. Im vorteilhaftesten Fall können sie diese reibungsfrei integrieren, im nachteiligsten Fall stellt sie eine täglich zu bewältigende Herausforderung dar.

14.4   Wie gelingt Emotionsarbeit?

14.4.1   Aufopferung oder professionelle Distanz – Was heißt gelingende Emotionsarbeit im Pflegekontext?

Befasst man sich mit dem Nutzen von Emotionen im Rahmen der relationalen Komponente, so schließt sich notwendig die Frage nach den Mechanismen gelingender Emotionsregulation an. Gerade im Pflegekontext ist die Fähigkeit eines Pflegers, mit den eigenen, oft widersprüchlichen Emotionen und denen der Patienten umzugehen und so die komplexen emotionalen Herausforderungen zu meistern, die seinen Beruf im Guten wie im Schlechten prägen, von zentraler Bedeutung.

Was also bedeutet hier Professionalität? Heißt professionell, im Beruf alles zu geben, in der emotionalen Arbeit aufzugehen und so immer möglichst nah beim Patienten zu sein? Birgt nicht gerade das die Gefahr, sich mitreißen und vom Beruf geradezu verschlingen zu lassen – mit den bekannten psychischen und/oder körperlichen Folgen? Verlangt Professionalität also eher das Gegenteil – vielleicht nicht unbedingt emotionale Kälte, aber doch Distanz und kühlen Gleichmut? Aber geht nicht gerade das zu Lasten der Patientenzufriedenheit und letztlich des Heilungserfolgs?

Die Forschung in der Tradition von Hochschild ergab recht eindeutig, dass ein Mehr an Emotionsarbeit nicht automatisch schlechter für den Dienstleistenden ist – und nicht automatisch besser für den Klienten oder Patienten. Stehen den funktionalen Aspekten von Emotionsarbeit, die Hochschild nicht konzeptualisiert hat, möglicherweise dysfunktionale Konsequenzen gegenüber, wenn systematisch zu wenig Emotionsarbeit geleistet wird? Sicher ist, dass die Lösung – wie so oft – in einem Gleichgewicht besteht, das einen zweckmäßigen Ausgleich zulässt. Gelingt eine solche Balance, ist die Pflegekraft in der Lage, ihre Emotionen angemessen zu regulieren, und gleichzeitig gegen die Gefahr des Ausgebranntseins geschützt, weil dennoch ausreichend Freiraum für Empathie und emotionale

Zugewandtheit dem Patienten gegenüber gewährleistet ist. Die Folgen bestünden in mehr Arbeitszufriedenheit für den Einzelnen und dem Zuwachs an produktiver Arbeitskraft auf Unternehmensebene, nicht zuletzt durch weniger Ausfälle aus gesundheitlichen Gründen. Das Ideal also ist weder Frau A noch Frau B. Wer aber ist Frau C?

Ein oben bereits angedeuteter Faktor ist der der Rollenidentifikation. Die Beschreibung von Frau A und Frau B legt nahe, dass erstere mit ihrer Rolle umfassend identifiziert, quasi mit ihr verschmolzen ist. Währenddessen bestehen zwischen der Privatperson Frau B und der Altenpflegerin B kaum Berührungspunkte. Sie scheint ihre berufliche Rolle abends wie eine Uniform abzulegen und hinter sich zu lassen. Gesund jedoch ist offenbar eher das Gegenteil: Je verbundener sich ein Dienstleister mit seiner Rolle fühle, desto geringer fallen für ihn die negativen Konsequenzen des Emotionsmanagements aus (Ashforth und Humphrey 1993). Dieser Mechanismus wird bereits in der Theorie von Rafaeli und Sutton (1987) angedeutet, wonach „faking in good faith", also der als sinnvoll erlebte Teil des Rollenverständnisses, das Dissonanzempfinden verringert. In eine ähnliche Richtung gehen die Erkenntnisse von Gosserand und Diefendorff (2005), die den positiven Einfluss von Commitment, der Bindung an die Darstellungsregeln, auf die Emotionsarbeit aufzeigen. Die Identifikation mit der Rolle erweist sich als Schutzfaktor gegen emotionale Dissonanz (Rastetter 2008). Die „Strategie" von Frau A scheint somit von höherem funktionalen Wert zu sein. Jedoch besteht auch hier die Gefahr, dass das Pendel in die andere Richtung ausschlägt. Zu hohe Identifikation, charakterisiert als zu geringe Fähigkeit zur Rollendistanzierung, kann zu den typischen Symptomen der emotionalen Erschöpfung, Antriebslosigkeit und Depersonalisation führen. Starker Idealismus, permanent hohes Engagement und Aufopferungswille – ohne entsprechendes Feedback – erweisen sich ebenso wie ein Unterengagement als Risikofaktoren (Rastetter 2008; Nerdinger 2011). Wer merkt, dass er seinen eigenen Ansprüchen aufgrund hoher Erwartungen und steigendem Zeit- und Produktivitätsdruck nicht mehr gerecht wird, ist anfällig für die Symptome des „Ausgebranntseins". Ein interessanter und hochrelevanter Aspekt, der Hochschild in ihrer kritischen Haltung durchaus stützt, ist der der Zeit: Studien zeigen, dass sich mit wachsender täglicher Stundenzahl im Patienten- oder Kundenkontakt das Wohlbefinden der Dienstleistenden verschlechtert (Zapf 2002). Eine Strategie gegen emotionale Erschöpfung ist insofern offenbar auch die Vermeidung emotionaler Arbeit. Wer sich nicht in den direkten Kontakt mit Kunden oder Patienten begibt, schützt sich so vor anstrengender Emotionsarbeit.

Ein gesundes Maß an Abgrenzung ist offenbar der goldene Mittelweg. Eine unter Ärzten oft angewendete Technik, die dem am ehesten zu entsprechen scheint, ist die des „detached concern". Gemeint ist eine Besorgtheit um den Patienten, die jedoch nicht innere sensible Grenzen überschreitet, also in gewisser Weise von der eigenen Person losgelöst oder distant bleibt. Beschrieben wurde dieser Mechanismus zunächst in einer Studie von Smith und Kleinman (1989) im Zusammenhang mit der Ausbildung von Ärzten. Die Studenten lernten, den menschlichen Körper zu „intellektualisieren", als abstraktes Objekt zu begreifen. Diese Strategie der Sachlichkeit bei gleichzeitig bestehendem Einfühlungsvermögen ist hier wichtigstes Mittel zur Abwehr von Belastungen (Rastetter 1999). Detached concern kann zum Einsatz kommen, wenn Emotionsarbeit unerträglich wird, es kann aber auch Ausdruck von Professionalität sein (Zapf et al. 2003). Professionalität kann dabei zweierlei bedeuten: sinnvolle emotionale Neutralität (Zapf 2002) oder eine strikte Rollendistanz im Sinne einer stressvermeidenden Trennung von beruflicher Rolle und personaler Identität. Gerade in helfenden Berufen, die ohne Mitgefühl und Emotionalität nicht auskommen, ist letzteres problematisch bis unmöglich, da sich die (berufliche) Rolle bis zu einem gewissen Grad durchaus aus der (menschlichen) Identität speist. Im Übrigen hängt die Ausgestaltung des „detached concern" maßgeblich von der Fähigkeit ab, Nähe und Distanz regulieren zu können. Abhandengekommen ist sie zumindest bei Dienstleistenden, die mit einer Burnout-Symptomatik zu kämpfen haben: Bei ihnen sind die „Regler chronisch auf Distanz gestellt" (Zapf et al. 2003, S. 276).

Andere Faktoren sind also notwendig, die helfen können, mit der ständigen Spannung zwischen erlebtem, unterdrücktem und ausgedrücktem Gefühl umzugehen und ein individuelles Gleichgewicht in den täglichen Anforderungen auszuhandeln. Eine klare Antwort auf die Frage, wie Belastungen durch die Arbeit in einem emotionalen Umfeld minimiert werden können, ist aufgrund der Komplexität, der bisher bestehenden Ungenauigkeit und deswegen ungenügenden Operationalisierbarkeit der entsprechenden Konstrukte noch nicht möglich. Ausreichend aufgeklärt sind bisher weder die genauen Einflusswege von Emotionen und Emotionsregulation auf die Gesundheit noch mögliche oppositionale, kompensatorische oder synergetische Effekte von affektbezogenen Regulationsmechanismen, und begrenzt ist nach wie vor auch das Wissen über den Nutzen bestimmter Regulations- und Bewältigungsstrategien (DeSteno et al. 2013). Die bisherigen Erkenntnisse ermöglichen dennoch Aussagen und Vermutungen darüber, welche Maßnahmen und Strategien zu „gelungener" Emotionsarbeit beitragen können.

14.4.2   Ansätze zu gelingender Emotionsarbeit im Pflegekontext: Interventionsmöglichkeiten

Studien belegen relativ eindeutig, dass (entgegen Hochschilds Vermutungen) Tiefenhandeln insgesamt positivere Auswirkungen bzw. weniger negative als das Oberflächenhandeln hat (Zapf et al. 2003; Brotheridge und Grandey 2002). Die Gründe hierfür könnten darin liegen, dass das Aufrechterhalten der Maske des oberflächlich Handelnden eine genuine Anstrengung darstellt. Außerdem besteht immer die Gefahr, dass die unterdrückten Gefühle durchbrechen und zumindest erkennbar wird, dass die gezeigten Gefühle nicht authentisch sind. Diese Demaskierung ist mit vielen unerwünschten Effekten verbunden wie Scham, Selbstbilddissonanzen, gestörtem Kunden- oder Patientenkontakt bis hin zum Abbruch der Dienstleistungsbeziehung (Rastetter 2008). Vielfach sind daher Strategien entwickelt worden, die Tiefenhandeln fördern sollen. Bereits Hochschild schlug entsprechende Techniken vor, etwa die sogenannte Stanislawski-Methode oder eine besondere Form der Konzentration. Letztere nennt Rastetter (2008, S. 18) in der Begrifflichkeit der Gesprächspsychotherapie zutreffend „Empathie", denn gemeint ist eine besondere, aufmerksame Haltung gegenüber der Erlebens- und Bedürfniswelt des Kunden, die diese für den Dienstleistenden selbst erfahrbar macht. In der Stanislawski-Methode werden normalerweise Schauspielschüler ausgebildet. Sie dient dazu, bestimmte mentale Bilder hervorzurufen, mit denen ein situativ angemessenes Gefühl aus einem „Gefühlsgedächtnis" abgerufen werden kann und so tatsächlich aktiviert und empfunden wird. Eine Kranken-schwester würde sich hiernach etwa vorstellen, es handele sich bei dem Patienten um einen Bekannten oder Angehörigen, dessen Wohlbefinden ihr besonders am Herzen liege.

Ein systematisches Training, das Techniken des Tiefenhandelns lehren soll, wurde auch von Tiffert (2006) entwickelt. Zunächst wird hierbei theoretisches Wissen über Emotionen und ihre Regulation vermittelt, anschließend werden z. B. Umbewertungsstrategien und der bewusste Rückgriff auf das Emotionsgedächtnis anhand der Stanislawski-Methode geübt. Ergänzt wird das Training auf Körperebene durch Progressive Muskelrelaxation (Jacobson 2011). Im Ergebnis konnten tatsächlich ein vermindertes Erleben von emo-tionaler Dissonanz sowie hierdurch begünstigt eine Reduktion emotionaler Erschöpfung verzeichnet werden. Obwohl in der Krankenpflege oft ein warmes und empathisches Um-feld herrscht, sind authentische Gefühlsbekundungen gerade aufgrund der kurzen Dauer (oder des vorgegebenen begrenzten Zeitraums) der Interaktionen nicht immer selbstver-ständlich. Sei es, weil die innere Distanz zu den Patienten wie bei Frau B sehr groß ist, oder weil Pflegern – gerade, wenn sie mit ersten Erschöpfungserscheinungen kämpfen – die Kraft fehlt, immer wie erwünscht und im Einklang mit den eigenen Ansprüchen zu han-deln, was Scham- und Schuldgefühle umso stärker werden lässt. Ein wenig untersuchtes Phänomen, das sich auf die emotionale Erschöpfung ggf. sogar stärker als Oberflächen-handeln auswirkt, ist die sogenannte emotionale Devianz, mit der das Durchbrechen des authentischen Gefühlsausdrucks (vgl. Rastetter 2008) gemeint ist. Die Nerven zu verlieren, kann offenbar noch erschöpfender sein als ständig eine Maske zu tragen.

Eine Hilfe im Umgang mit Emotionen bietet auch die soziale Unterstützung von au-ßen. Wer sich nach einem anstrengenden Tag oder emotional belastenden Interaktionen mit Kollegen aussprechen kann und sich sozial geborgen fühlt, dessen Selbstwertgefühl steigt. Folge sind ein geringeres Maß an emotionaler Dissonanz bzw. weniger negati-ve Auswirkungen aufgrund von emotionaler Dissonanz (Nerdinger 2011). Förderlich ist offenbar auch die soziale Unterstützung durch die Organisation selbst. In Gesundheitsor-ganisationen, die ihren Mitarbeitern deutlich machen, dass sie ihre Arbeit schätzen und als wichtig erachten, steigt die Arbeitszufriedenheit und sinkt das Stresserleben der un-tersuchten Krankenschwestern (Bradley und Cartwright 2002). Rastetter (2008) betont zu Recht die Notwendigkeit für Organisationen, Verständnis für die Schwierigkeiten im Kundenkontakt und dem damit verbundenen Emotionsmanagement zu entwickeln. Die Wertschätzung und konkrete Unterstützung von Dienstleistenden ist wohl nirgends so wichtig wie im Rahmen emotional belastender (und oft schlecht bezahlter) pflegender Tätigkeiten.

Eine weitere organisationsbezogene Ebene, die zu gelingender Emotionsarbeit beitra-gen kann, ist die der Autonomie. Gemeint ist das Ausmaß, mit dem ein Mitarbeiter selbst entscheiden kann, wie er seine Arbeit im Einzelnen erledigt. Ein hohes Maß an Autonomie schützt vor den negativen Folgen von emotionaler Anstrengung deutlich mehr als eine Umgebung, die nur wenig eigenen Spielraum bietet. Folge besserer Kontrollierbarkeit beim Einzelnen, besonders in der relationalen Komponente von Dienstleistungsarbeit, ist ein erhöhtes Gefühl von Selbstwirksamkeit. Dieses wirkt sich positiv auf das Erleben von Misserfolg bzw. Erfolg aus, das die dritte Komponente der Burnout-Symptomatik ausmacht. Sinnvoll ist es also, Pflegekräften das Gefühl zu geben, ihre Arbeit selbst kontrollieren und innerhalb des institutionell gesteckten Rahmens etwas erreichen zu können. Mit den äußeren Einflussmöglichkeiten verbindet sich auch subjektiv das Gefühl, über die als angemessen empfundenen und ausgedrückten Emotionen selbst entscheiden zu können. Eine entsprechende Studie fand einen begrenzten Einfluss der Autonomie auf den Zusammenhang zwischen „response-focused emotion regulation" und emotionaler Erschöpfung. Eine höhere Autonomie verringert die negativen Konsequenzen ständiger Kontrolle des Gefühlsausdrucks – dies gilt besonders in Kulturen, in denen Mitarbeitern in Unternehmen eine gewisse Freiheit im Zeigen auch normwidriger Emotionen eingeräumt wird (Grandey et al. 2005). Auch für den Krankenhausbereich existieren Befunde, die in diese Richtung weisen (Wharton 1993). Ohnehin sind gewisse Abweichungen der normierten Darstellungsregeln immer möglich, da Kontrolle nie vollständig sein kann (Rastetter 2008). Dies gilt umso mehr, je lockerer die entsprechenden Regeln ausgestaltet sind. Auch in der Konzeption von Zapf et al. (2000) kommt dieser Gedanke zum Tragen. Sie unterscheiden den Interaktionsspielraum und den Emotionsspielraum als Maße dafür, wie hoch der eigene Einfluss auf die soziale Interaktion bzw. den Ausdruck der eigenen Emotionen ist. Je stärker ausgeprägt beide Möglichkeiten der Beeinflussung sind, desto mehr unterstützen sie Pflegekräfte dabei, Belastungen auszugleichen und als Ressourcen emotionaler Balance zu wirken. Vieles spricht insofern dafür, in Pflegeberufen größere Handlungsspielräume einzuführen und darauf zu vertrauen, dass Beschäftigte ohne engmaschige Kontrollen ebenso professionell und auch in emotionaler Hinsicht effizient arbeiten. Dann kann selbst emotional deviantes Verhalten situativ geduldet oder gar akzeptiert sein, wenn etwa eine kurze Abweichung vom „service with a smile" hilft, die Grenzen der eigenen Persönlichkeit zu verteidigen und so die eigene Identität und Integrität gegen zehrende Einflüsse durch andere zu schützen.

14.5 Ein neuer Blick auf die pflegende Dienstleistungsarbeit

Die vorliegenden Überlegungen haben gezeigt, dass die pflegerische Arbeit mit Gefühlen, Körperlichkeit und Persönlichkeit von Patienten und ihr Gegenpart im eigenen Erleben und Fühlen geradezu existenzieller Bestandteil der Pflegearbeit ist. Die Trennung dieser Komponenten untereinander und insbesondere von der Dienstleistungsarbeit als solcher kann insofern nur eine künstliche sein. Selbst die einfachsten Handlungen sind in komplexe Strukturen der körperlichen und emotionalen Kommunikation eingebettet.

Schon die Differenzierung zwischen Emotionsarbeit und Gefühlsarbeit ist anfechtbar. Die eigenen Gefühle unabhängig von der Beeinflussung auch der des Gegenübers zu betrachten, ist angesichts komplexer Wechselwirkungen problematisch. Die eigenen Emotionen beeinflussen den anderen und werden zugleich beeinflusst durch die Emotionen des anderen. Dies erklärt die kaum vermeidbaren semantischen Ungenauigkeiten, mit denen die Begriffe in dieser, aber auch in vielen anderen Arbeiten zum Thema Emotionen im Beruf behandelt werden.

Vor allem das in diversen Kontexten herangezogene Konstrukt der „Emotionsarbeit" erfuhr im Laufe der Jahre eine derartige begriffliche Verwaschung, Ausweitung und definitorische Verschiebung, dass es mit dem ursprünglichen Konstrukt nur noch in einzelnen Punkten übereinstimmt. Der Wandel des Begriffs „Emotionsarbeit"gibt heute Anlass, ihn begrifflich und konzeptuell zu überdenken. Diese Überlegung gilt ganz besonders im Kontext von Pflegedienstleistungen. Ein kurzer Ausblick soll zeigen, dass das Konstrukt in seiner ursprünglichen Idee nicht (mehr) ausreicht, die komplexen Besonderheiten, Verschränkungen und Herausforderungen, die Dienstleistungen, besonders jedoch Pflegedienstleistungen, in einer modernen Sichtweise ausmachen, angemessen zu umschreiben. Zwei wesentliche definitorische Merkmale von „Emotionsarbeit" stehen in Frage.

Bereits angeklungen ist die praktisch problematische Trennung von Emotionsarbeit und anderen Komponenten der Dienstleistungstätigkeit. Sinnvoll ist diese gesonderte Betrachtung ohne Zweifel, um Emotionen in der Betrachtung von Dienstleistungsprozessen den ihnen gebührenden Platz zuzubilligen. Nur in einer gesonderten Betrachtung kommt der Stellenwert von Emotionen hinreichend zur Geltung. Doch insbesondere in der praktischen Gesundheitsarbeit lässt sich die gängige theoretische Unterscheidung kaum aufrechterhalten. Während die meisten Veröffentlichungen zum Thema Emotionsarbeit eine solche (zumindest auf dem Papier) abtrennbare Komponente meinen – und abtrennbar heißt in diesem Falle auch, dass der Rest der Dienstleistung dennoch als solche bestehen bliebe –, ist eine solche Abspaltung in der Pflege schlichtweg nicht möglich. Entfiele die relationale Arbeit, könnte man von einer „Pflegedienstleistung" im Grunde nicht mehr reden: „The essential basis of nursing is caring. You can't be a nurse if you don't care" (Zitat einer Krankenschwester, zit. n. Bolton 2000, S. 583). Die einzelnen Komponenten fließen in der konkreten Arbeit wieder zusammen in ein die Pflegearbeit gestaltendes, ganzheitliches Geflecht von kommunikativen, emotionalen und körperlichen Tätigkeiten, die nur Hand in Hand das Wesen der pflegerischen Dienstleistungsarbeit ausmachen. In der Krankenpflege gibt es keine körperliche Berührung, die keine Emotion zumindest anrührt oder das eigene emotionale Erleben unangetastet lässt. Es gibt keine Essensausgabe, die reine Nahrungsverteilung ist: „Is it labour or is it love? Does it come from the heart, the head or the hand? Is it guided by mind or body?" (Smith 1992, zit. n. Bolton 2000, S. 585).

Anlass für einen Perspektivwechsel bietet auch der Anspruch, mit dem Emotionsarbeit geleistet wird. Überholt ist die Auffassung, Emotionsarbeit werde allein zu Diensten der Organisation verrichtet. In Großbritannien wird vor allem in der Arbeitsgruppe um Pam Smith seit etwa 25 Jahren umfassend zum Thema Emotionsarbeit im Pflegebereich geforscht. Ein profundes Ergebnis ihrer Befragungen von Krankenschwestern zum Umgang mit ihren Emotionen ist, dass der Rahmen, innerhalb dessen sie ihre „Emotionsarbeit" selbst beschreiben, sich deutlich von der anfänglichen Idee des „Dienstes an der Organisation" entfernt hat (Gray 2009). Stattdessen ist der Kern des Selbstbildes der Wunsch, dem Patienten mit Freundlichkeit und Zuneigung zu begegnen, zu zeigen, dass man sich um ihn sorgt. Es geht nicht nur darum, Spaß und Freude demonstrativ zur Schau zu stellen, sondern um eine besondere emotionale Zuneigung dem Patienten gegenüber. Emotionsarbeit wird insofern auch nicht als Pflichterfüllung im Sinne des Arbeitsvertrages verstanden, sondern als eine der eigenen Berufung inhärente Tätigkeit im Dienst „eines höheren Ziels". Die Konsequenzen dieses Selbstverständnisses sind weitreichend: Traumaähnliche Erlebnisse werden nicht nur widerwillig erduldet, sie werden für den Patienten und als Teil der eigenen Arbeit akzeptiert (Bolton 2000). Hochschild hätte diesen Fall „selbstbestimmter Emotionalität" in ihrer anfänglichen Vorstellung wohl gar nicht als Emotionsarbeit aufgefasst. Belegt ist, dass in der Mehrzahl beruflicher Interaktionen die gezeigten Gefühle als authentisch empfunden werden, auch dann, wenn ein positiver Gefühlsausdruck ausdrücklich gefordert wird (Nerdinger 2008). Selbstverständlich ist auch im Rahmen von Pflegetätigkeiten, gerade im Umgang mit Schmerz und Ekel, Oberflächenhandeln im Sinne einer lächelnden Maske anzutreffen. Doch wird diese nicht mit dem Ziel der professionellen emotionalen Abkapselung aufgesetzt, sondern um Unterstützung und Aufmunterung für den Patienten zu leisten. Die Gestaltung des Gefühlsmanagements ist in Gesundheitsberufen in einer Weise mit der eigenen Identität verknüpft, dass auch bezweifelt werden kann, ob die Mechanismen der Emotionsregulation im Privaten und Beruflichen tatsächlich grundsätzlich so verschieden sind, wie häufig angenommen wird (vgl. Rastetter 2008, Hacker 2009). Denn beide Ebenen verschwimmen in der Pflegearbeit zunehmend mit dem Grad persönlicher Involviertheit.

Der Gedanke, dass „Emotionsarbeit" im Sinne Hochschilds nicht ausreicht, um den Besonderheiten des emotionalen Umgangs in Pflegesituationen gerecht zu werden, ist nicht neu. Smith (1991) griff das Konzept von Emotionsarbeit auf und erweiterte es für den Bereich der Krankenpflege, insbesondere ergänzte sie es um den Begriff „Caring". In einem feministischen Kontext beschreibt sie hiermit die gefühlsbetonten, auch kommunikativen Aspekte der entsprechenden Tätigkeiten. Zwar steht der Begriff in engem Zusammenhang mit dem Konstrukt der Emotionsarbeit, doch umfasst er eben nicht nur den angemessenen Gefühlsausdruck eines professionellen Pflegers, sondern auch die die im Menschen angelegte, authentische sorgende Haltung gegenüber den Patienten.

Ausdruck begrifflich nur unzureichend erfasster Wechselbeziehungen sind auch abweichende definitorische Einordnungen in verschiedenen emotionsbezogenen Konzeptionen von Pflegearbeit. Für Dunkel (1988) etwa gehören die „Verschränkung sachlicher und emotionaler Anteile" und „Empathie als Orientierungsmodus" zu den Spezifika der „Gefühlsarbeit". Doch auch hier muss die eigene Emotionsregulation notwendig Teil der Arbeit sein. Deutlich wird dies in der Idee der „emotional relevanten Selbstdarstellung" als konstituierendem Teil der Gefühlsarbeit. Gemeint ist die verbale oder nonverbale Einwirkung auf den Patienten, um bei ihm ein positives Gefühl zu erzeugen. Beispiele sind liebevoll formulierte Anweisungen und mit gedämpfter Stimme hervorgebrachte Beschwichtigungen. Wird dabei gelächelt, müsste es sich im Grunde um Emotionsarbeit handeln. „Empathie", nach Dunkel fünftes und letztes Merkmal der Gefühlsarbeit, wird in der Betrachtung von Interaktionsarbeit nach Böhle, Glaser und Büssing (2006) dem „subjektivierenden Arbeitshandeln" zugeordnet. Dieses ist in ihrer Konzeption neben Emotionsarbeit und Gefühlsarbeit die dritte wesentliche Komponente der Interaktionsarbeit. Als „subjektivierendes Arbeitshandeln" verstehen sie den „körperlich-leiblichen" Kontakt zwischen Dienstleister und Kunden bzw. das persönliche, situativ flexible Eingehen auf schwer vorhersehbare Begebenheiten in der Zusammenarbeit mit Menschen. Dieser Aspekt drückt sich immer dann in der Arbeit aus, wenn Umstände unvorbereitet auftreten und nur unzureichende Informationen verfügbar sind. Das Arbeitshandeln ist in diesen Fällen schlecht planbar und geschieht eher intuitiv-explorativ. Gemeint ist anders als im Rahmen der Gefühls- oder Emotionsarbeit die „Arbeit am Menschen insgesamt", mit einem Schwerpunkt nicht auf psychisch-emotionalen, sondern physisch-körperlichen Zuwendungen. Obwohl Böhle et al. einen durchaus integrativen Ansatz verfolgen, der auch begriffliche Schwierigkeiten bewusst behandelt, offenbart auch ihre Einteilung erneut die Problematik einer analytischen Trennung.

In wesentlichen Punkten ist das Bild des Pflegers, der Emotionsarbeit leistet, in der bestehenden Konzeption problematisch. Der Tätigkeit, die hier in der Regel gemeint ist, wird der Begriff nur noch selten gerecht – in der Pflege im Grunde überhaupt nicht mehr. Die individuumsbezogene, humanistische Ebene der Pflegetätigkeit lässt sich in Anlehnung an die Begrifflichkeit von Bornewasser (in diesem Band) und die Abgrenzung von „Beziehungsdienstleistungen" (relationship) von den „Begegnungsdienstleistungen" (encounter) als „relationale Arbeit" beschreiben. Der Begriff ist weiter als der der Emotionsarbeit, er umspannt die kommunikativen, emotionalen und körperlichen Tätigkeiten, die berufliche Fürsorge und Pflege ausmachen. Emotionsarbeit geht in diesem Konstrukt auf, denn es umfasst gerade die widerstreitenden Interessenlagen und die vielen Richtungen, aus denen die Herausforderungen in der Pflege resultieren.

Während Emotionsarbeit und Gefühlsarbeit traditionell häufig im Zusammenhang mit dem Ziel von Kundenbindung und Profitmaximierung erörtert werden, müssen in der relationalen Arbeit durchaus widersprüchliche Zielvorgaben zugunsten effizienter Heilung integriert werden. Relationale Arbeit wird sowohl zur Befriedigung der Ziele des Unternehmens geleistet als auch, um dem eigenen Anspruch und dem bestehenden Bild einer guten Pflegekraft gerecht zu werden. Professionalität bedeutet dann beides: Zeitlich und ökonomisch effizient im Sinne des Unternehmenssolls zu handeln sowie dem einzelnen Patienten mit emotionaler Fürsorge zu begegnen. Zeugnis dieser gemischten emotionalen Reaktionen sind auch die Ergebnisse einer Umfrage, die die englische Commission for Health Improvement jährlich mit den Mitarbeitern des National Health Service, des dortigen staatlichen Gesundheitssystems (CHI 2003, 2004, zit. n. Hunter und Smith 2007), erhebt. Auf die Bitte, sich selbst zu beschreiben, finden sich Antworten wie „an den Pranger gestellt, aber stolz", „gestresst, aber zufrieden". 2012 nahmen die Werte in den Items „arbeitsbezogener Stress" und „Zufriedenheit mit der geleisteten Arbeit" im Vergleich zu 2011 jeweils deutlich zu („Stress": 30 %/38 %; „Zufriedenheit": 74 %/78 %; NHS 2013). Ein vergleichbares ambivalentes Befundmuster wird auch in der Fokusgruppe „Wertschätzung und Produzentstolz" (Hinding und Kastner 2013) beleuchtet.

Komplexität und Gegensätze prägen das emotionale Empfinden von Krankenschwestern. Relationale Arbeit ist gleichzeitig klientenorientiert im Sinne der klassischen ökonomischen Auffassung von Kundenbindung und „Mehrwertschöpfung" und schließt darüber hinaus zudem das in der persönlichen Beziehung zwischen Dienstleister und Dienstleistungsempfänger sinnstiftende Moment von Zugewandtheit ein. Relationale Arbeit im Pflegekontext soll nicht nur wirtschaftlichen Mehrwert schaffen, sondern auch einen „Mehrnutzen" im Verhältnis zur leitlinienkonformen Behandlung von Patienten.

Relationale Arbeit bildet im Grunde eine Schnittmenge, sie integriert die für die Pflegearbeit wesentlichen Komponenten aus Caring, Emotions- und Gefühlsarbeit und subjektivierendem Arbeitshandeln. Sie umfasst empathisches und gleichzeitig pragmatisch-rationales Handeln, geistig-psychische und gleichzeitig körperlich-berührende Arbeit, Arbeit für das Unternehmen und doch in erster Linie für den und mit dem Patienten.

14.6 Ein Ausblick

Zahlreiche Befunde deuten an, dass emotionale Anforderungen keineswegs per se negative Auswirkungen haben, sondern unter optimalen Bedingungen sogar Arbeitszufriedenheit und Leistungserfüllung fördern können (Zapf et al. 2003). Bedeutung kommt dann der Aufgabe zu, diese Bedingungen zu ergründen und sie ergonomisch zu gestalten. Schon vielfach ist darauf hingewiesen worden, dass die Komponenten von Emotionsarbeit in ihren komplexen Zusammenhängen mit persönlicher Leistungsfähigkeit, Depersonalisationserscheinungen und Erschöpfungszuständen in organisationalen Maßnahmen mitbedacht werden müssen (Zapf et al. 2000; Hacker 2009). Denn Emotionen finden ihren Ursprung bereits in der konkreten Arbeitsprozessgestaltung. Emotionsintegrierende Handlungsregulation ist zunächst „umfassende Arbeitsgestaltung", erst in einem zweiten Schritt ist auch die Vermittlung von Emotionsmanagementstrategien sinnvoll (Hacker 2009). Zufriedenheitsfördernd und ressourcenschonend ist ein Umfeld, das den einzelnen Mitarbeitern Kontrolle über die eigene Tätigkeit zutraut und so das Einhalten erwünschter Regeln erleichtert. Spielraum erweist sich immer wieder als Schutzfaktor gegen die Gefahren emotionaler Dissonanz. Gemeint sind Spielräume darin, wie autonom emotionale und auch kognitiv-körperliche Arbeit gestaltet wird – vor allem in der Hauptarbeit „Pflege", aber auch im Hinblick auf zeitliche Spielräume. Zu viele und zu lange Interaktionen mit Patienten belasten das Emotionskonto über kurz oder lang. Doch um ein Missverständnis zu vermeiden: Obwohl steigender Zeit- und Kostendruck die Interaktionsdauern mit Patienten verkürzt, sinkt offenbar die Rate neuer Burnout-Diagnosen nicht. Entscheidend ist, Zeitdruck zu minimieren und dem Pflegepersonal die Zeit zuzubilligen, das es im konkreten Fall benötigt. Gemeint ist nicht, es in die Hand eines jeden einzelnen Pflegers zu legen, wie viel er an Beziehung zu seinen Patienten aufbauen und pflegen möchte, sondern Vertrauen zu schaffen in seine professionelle Einschätzung, wie und wie viel Emotionsarbeit zu leisten ist, um das Ziel eines optimalen Verhältnisses aus Wirtschaftlichkeit, Fürsorge und Selbstschutz zu erreichen. Das schließt auch Pausen ein oder die Entscheidung, für einige Stunden oder Tage nicht im Patientenkontakt zu arbeiten, sondern z. B. administrative Tätigkeiten zu erledigen. Spielraum kann im Einzelfall auch die selbstschützende Entscheidung gegen Emotionsarbeit bedeuten. Das ist ohne Frage ein hehrer Wunsch angesichts dicker werdender Anweisungs- und Normkataloge und steigendem Dokumentationsdruck. Teilzeit-, Arbeitsteilungsmodelle und Rotationen am Arbeitsplatz könnten hier ebenso ein erster Schritt sein wie die Schaffung von Beauftragten, die die Zuweisung von verschiedenen Arten von Pflegetätigkeiten in Abstimmung mit den Pflegekräften oder auch mit ehrenamtlichen Patientenbetreuern steuern (aufschlussreiche Ansätze liefern hier die vom BMBF geförderten Verbundprojekte InnoGESO und KoLaGe; www.innogeso.uni-hd.de und www.projekt-kolage.de).

Möglicherweise ist auch das Potenzial technischer Hilfsmittel im Pflegealltag noch nicht ausgeschöpft. Emotionen können weder technisiert, outgesourct noch in höherem Maße rationalisiert werden, denn authentische Emotionsarbeit kann nur von authentischen Menschen geleistet werden. Anders verhält es sich ggf. bei kommunikativ-informatorischen und reinen Handlungskomponenten. Wo Technik den Menschen entlastet, werden Ressourcen für gelingende, stressreduzierte relationale Arbeit frei. Im Übrigen könnten im Umgang mit Emotionen vielleicht sogar Roboter, obgleich Sinnbild der seelenlosen Gesellschaft, von Nutzen sein: Sie besitzen zwar selbst nicht die Fähigkeit zu eigenen Emotionen, doch können sie solche offenbar beim Gegenüber auslösen. Der robbenähnliche Roboter Paro wurde entwickelt als Reaktion auf die Problematik einer älter werdenden Gesellschaft und der damit verbundenen Vereinsamung vieler Menschen. In seiner äußeren Form, Bewegung und Interaktionsform ähnelt Paro einer Robbe. Untersucht wurde der Zusammenhang zwischen seinem Einsatz und dem individuellen Depressionslevel in der General Depression Scale. Im Ergebnis wiesen die Probanden, bei denen Paro eingesetzt wurde, bessere Werte auf, waren sozial aktiver und lachten mehr (Wada et al. 2005).

Diese Hinweise nützen nur, wenn theoretische Erkenntnisse in die praktische Arbeit integriert werden (und andersherum). Eine ähnliche Auffassung vertreten Hunter und Smith (2007), die trotz jahrzehntelanger Forschung zu Emotionsarbeit im Pflegekontext in Frage stellen, ob Emotionsarbeit je aus dem Schatten ihrer eigenen Begrifflichkeit herausgetreten ist, da ihr Einfluss auf die tägliche Arbeit von Pflegekräften nach wie vor bedauernswert gering ausfalle. Wo eine tatsächliche, strukturell prozessbezogene Veränderung vonnöten sei, beklagen sie einen lediglich semantischen Wandel. Obgleich das Wissen über Emotionsregulation beständig zunehme, berge diese Entwicklung auch die Gefahr einer begrifflichen Verwaschung auf Kosten der tatsächlichen Belange, die mit dem Konzept ursprünglich thematisiert werden sollten, bis hin zu einer Vereinnahmung des Begriffes durch Wirtschaft und Politik. Es scheint, als drifteten Theorie und Praxis derart auseinander, dass ihr wechselseitiger Einfluss sich gegenseitig aufhebt: Während auf theoretischer Seite geforscht, verstanden und gemahnt wird, werden in der Praxis Standardisierung und Produktivitätsdruck weiter erhöht. Wenngleich Emotionen im Rahmen sozialwissenschaftlicher Auseinandersetzungen mit Dienstleistungen einen anerkannten Status als relevanter Einflussfaktor erreicht haben, droht diese theoretische Errungenschaft aus betriebswirtschaftlicher Sicht durch ein unvermindert technisch-naturwissenschaftliches Übergewicht konterkariert zu werden. Erforderlich sind ausgleichende Ansätze, die sowohl sozialen als auch technischen Innovationen Raum geben, ohne die eine Perspektive gegen die andere Perspektive auszuspielen.

Immer deutlicher wird die Notwendigkeit, Gefühlsregulation und psychisches Selbstmanagement bereits in der Ausbildung zu berücksichtigen. Emotionalität findet häufig nur wenig Raum in einem Verständnis von Lehre, das die Vermittlung konkreten Handlungswissens ins Zentrum rückt. Die sich wandelnde Deutung von Pflegedienstleistungen hin zu produktivitätsorientierten und profitgenerierenden Tätigkeiten verschärft diese Tendenz. In der Anlage zur Ausbildungs- und Prüfungsverordnung für die Berufe in der Krankenpflege (KrPflAPrV 2013) wird als Ziel des theoretischen Unterrichts auch die Fähigkeit genannt, „berufliches Selbstverständnis zu entwickeln", insbesondere zur eigenen Gesundheitsvorsorge beizutragen und mit Krisen- und Konfliktsituationen konstruktiv umzugehen. Es bleibt zu hoffen, dass hierunter zunehmend auch die systematische Bearbeitung eigener Emotionen sowie die Vermittlung von positiver Emotionalität durch die adäquate Ansprache des Patienten verstanden werden. Einen vielversprechenden Ansatz bietet etwa das Training Emofit, das im Rahmen des Projekts PiA (Professionalisierung interaktiver Arbeit) entwickelt wurde (Herms 2012). Notwendig ist, nicht nur das Verständnis über die psychischen Belastungen zu vermitteln, die der Pflegeberuf mit sich bringt, sondern auch konkrete Coping-Strategien sowie Wissen darüber, welchen Effekt gerade ein optimistisches, unterstützendes Auftreten verbunden mit positiven Suggestionen auf den Heilungsprozess der Patienten und damit auch auf die Produktivität des Unternehmens haben kann. Denn die Lösung besteht nicht in einem Entweder-Oder, in einer Entscheidung zwischen zwei Alternativen, sondern in der Integration dieser nur vermeintlich entgegengesetzten Interessen. Handlungsleitend ist dann weder eine rein wirtschaftliche noch eine rein emotional-sorgende Sichtweise, sondern das Bewusstsein, dass beides erforderlich ist. Notwendig dafür ist, dass beide Gesichtspunkte in einer betrieblichen Auseinandersetzung und Gestaltung verzahnt werden, die die Belange von Patienten, Unternehmen und Pflegekräften gleichermaßen berücksichtigt und wertschätzt.

Literatur

Ashforth BE, Humphrey RH (1993) Emotional labor in service roles: the influence of identity. Acad Manage Rev 18(1):88–115. doi:10.2307/258824

Böhle F, Glaser J, Büssing A (2006) Interaktion als Arbeit. Ziele und Konzept des Forschungsverbundes. In: Böhle F (Hrsg) Arbeit in der Interaktion – Interaktion als Arbeit. Verlag für Sozialwissenschaften, Wiesbaden, S 25–41

Bolton SC (2000) Who cares? Offering emotion work as a ‚gift' in the nursing labour process. J Adv Nurs 32(3):580–586. doi:10.1046/j.1365-2648.2000.01516.x

Bradley JR, Cartwright S (2002) Social support, job stress, health, and job satisfaction among nurses in the United Kingdom. Int J Stress Manage 9(3):163–182

Brotheridge CM, Grandey AA (2002) Emotional labor and burnout: comparing two perspectives of "People Work". J Vocat Behav 60(1):17–39. doi:10.1006/jvbe.2001.1815

Commission for Health Improvement (2003, 2004) NHS National Staff Survey. /www.chi.gov.uk/eng/surveys/nss2003/index.shtmlS. Zitiert nach: Hunter und Smith (2007)

DeSteno D, Gross JJ, Kubzansky L (2013) Affective science and health: the importance of emotion and emotion regulation. Health Psychol 32(5):474–486. doi:10.1037/a0030259

Di Blasi Z, Harkness E, Ernst E, Georgiou A, Kleijnen J (2001) Influence of context effects on health outcomes: a systematic review. The Lancet 357(9258):757–762. doi:10.1016/S0140-6736(00)04169-6

Diefendorff JM, Erickson RJ, Grandey AA, Dahling JJ (2011) Emotional display rules as work unit norms: a multilevel analysis of emotional labor among nurses. J Occup Health Psychol 16(2):170–186. doi:10.1037/a0021725

Donabedian A (1988) The quality of care: how can it be assessed? JAMA 260(12):1743–1748

Dunkel W (1988) Wenn Gefühle zum Arbeitsgegenstand werden: Gefühlsarbeit im Rahmen personenbezogener Dienstleistungstätigkeiten. Soziale Welt 39(1):66–85

Dunkel W, Szymenderski P, Voß GG (2005) Dienstleistung als Interaktion. Ein Forschungsprojekt. In: Dunkel W, Voß GG (Hrsg) Dienstleistung als Interaktion. Hampp, München, Mering, S 11–27

Fließ S (2006) Dienstleistungsmanagement. Kundenintegration gestalten und steuern. Gabler, Wiesbaden

Ganz W, Tombeil A-S, Bornewasser M, Theis P (2012) Produktivität von Dienstleistungsarbeit. Fraunhofer, Stuttgart

Giesenbauer B, Glaser J (2006) Emotionsarbeit und Gefühlsarbeit in der Pflege. Beeinflussung fremder und eigener Gefühle. In: Böhle F (Hrsg) Arbeit in der Interaktion – Interaktion als Arbeit. Verlag für Sozialwissenschaften, Wiesbaden, S 59–83

Gosserand RH, Diefendorff JM (2005) Emotional display rules and emotional labor: the moderating role of commitment. J Appl Psychol 90(6):1256–1264. doi:10.1037/0021-9010.90.6.1256

Grandey AA (2000) Emotional regulation in the workplace: a new way to conceptualize emotional labor. J Occup Health Psychol 5(1):95–110. doi:10.1037/1076-8998.5.1.95

Grandey AA, Fisk GM, Steiner DD (2005) Must „Service With a Smile" be stressful? The moderating role of personal control for American and French employees. J Appl Psychol 90(5):893–904. doi:10.1037/0021-9010.90.5.893

Gray B (2009) The emotional labour of nursing – defining and managing emotions in nursing work. Nurs Educ Today 29(2):168–175. doi:10.1016/j.nedt.2008.08.003

Gross JJ (1998) Antecedent- and response-focused emotion regulation: divergent consequences for experience, expression, and physiology. J Pers Soc Psychol 74(1):224–237. doi:10.1037//0022-3514.74.1.224

Gutek BA, Bhappu AD, Liao-Troth MA, Cherry B (1999) Distinguishing between service relationships and encounters. J Appl Psychol 84(2):218–233

Hacker W (2009) Arbeitsgegenstand Mensch: psychologie dialogisch-interaktiver Erwerbsarbeit. Ein Lehrbuch. Pabst Science Publishers, Lengerich

Helios K (2013) http://www.helios-kliniken.de/. Zugegriffen: 18. Okt. 2013

Herms I (2012) Emofit – Erprobung und Evaluation eines Trainings für Pflegekräfte zum angemessenen Umgang mit den eigenen Emotionen. In: Hinding B, Kastner M (Hrsg) Wertschätzung in Pflegeberufen. Supplement zur Zeitschrift Plexus, S 47–54

Hinding B, Kastner M (Hrsg) (2013) Produzentenstolz durch Wertschätzung: Ansatzpunkte zur Förderung von Gesundheit und Leistungsfähigkeit in Pflegeberufen. Pabst, Lengerich

Hochschild AR (2003) The managed heart. Commercialization of human feeling. University of California Press, Berkeley

Hülsheger UR, Schewe AF (2011) On the costs and benefits of emotional labor: a meta-analysis of three decades of research. J Occup Health Psychol 16(3):361–389. doi:10.1037/a0022876

Hunter B, Smith P (2007) Emotional labour: just another buzz word? Int J Nurs Stud 44(6):859–861. doi:10.1016/j.ijnurstu.2006.12.015

Jacobson E (2011) Entspannung als Therapie. Progressive Relaxation in Theorie und Praxis. Klett-Cotta, Stuttgart

Kaptchuk TJ, Kelley JM, Conboy LA, Davis RB, Kerr CE, Jacobson EE, Kirsch I, Schyner RN, Nam BH, Nguyen LT, Park M, Rivers AL, McManus C, Kokkotou E, Drossman DA, Goldman P, Lembo AJ (2008) Components of placebo effect: randomised controlled trial in patients with irritable bowel syndrome. BMJ 336(7651):999–1003. doi:10.1136/bmj.39524.439618.25

Kimmel A (2013) Gewalt gegen ältere und pflegebedürftige Menschen: Brauchen wir eine UN-Konvention für die Rechte älterer Menschen? MDK forum 3:28–29

KrPflAPrV (2013) Ausbildungs- und Prüfungsverordnung für die Berufe in der Krankenpflege. Ausgefertigt am 10.11.2003, zuletzt geändert am 2.8.2013. http://www.gesetze-im-internet.de/bundesrecht/krpflaprv_2004/gesamt.pdf. Zugegriffen: 18. Okt. 2013

Maslach C, Schaufeli WB, Leiter MP (2001) Job Burnout. Annu Rev Psychol 52(1):397–422. doi:10.1146/annurev.psych.52.1.397

Morris JA, Feldman DC (1996) The dimensions, antecedents, and consequences of emotional labor. Acad Manage Rev 21(4):986–1010. doi:10.1080/02678370701234274

National NHS Staff Survey Co-ordination Centre (2013) 2012 results – briefing note: issues highlighted by the 2012 NHS staff survey. http://www.nhsstaffsurveys.com/Caches/Files/NHS%staff%20survey%202012_nationalbriefing_final.pdf. Zugegriffen: 21. Okt. 2013

Nerdinger FW (2008) Gefühlsarbeit in Dienstleistungen. Konzept, Konsequenzen, Intervention. In: Benkenstein M (Hrsg) Neue Herausforderungen an das Dienstleistungsmarketing. Gabler, Wiesbaden

Nerdinger FW (2011) Psychologie der Dienstleistung. Hogrefe, Göttingen

Nerdinger FW (2012) Emotionsarbeit im Dienstleistungsbereich. Report Psychologie 37(1):8–18

Nimz U (2013) Nur zu Besuch. Alltag im Altersheim. Süddeutsche.de. http://www.sueddeutsche.de/leben/alltag-im-altersheim-nur-zu-besuch-1.1795187. Zugegriffen: 18. Okt. 2013

Otto J, Euler HA, Mandl H (2000) Emotionspsychologie. Ein Handbuch. Beltz, Weinheim

Rafaeli A, Sutton RI (1987) Expression of emotion as part of the work role. Acad Manag Rev 12(1):23–37. doi:10.2307/257991

Rastetter D (1999) Emotionsarbeit. Stand der Forschung und offene Fragen. Arbeit 8(4):374–388

Rastetter D (2008) Zum Lächeln verpflichtet. Emotionsarbeit im Dienstleistungsbereich. Campus, Frankfurt a. M.

Rieder K (2003) Dialogische Dienstleistungsarbeit in der Krankenpflege: Konzepte für die Analyse von Belastungen und Anforderungen. In: Ulich E (Hrsg) Arbeitspsychologie in Krankenhaus und Arztpraxis. Huber, Bern, S 151–167

Rothermund K, Eder A (2011) Allgemeine Psychologie: Motivation und Emotion. Verlag für Sozialwissenschaften, Wiesbaden

Scherer KR (1990) Theorien und aktuelle Probleme der Emotionspsychologie. In: Scherer KR (Hrsg) Psychologie der Emotion. Hogrefe, Göttingen, S 345–422

Smith AC, Kleinman S (1989) Managing emotions in medical school: students' contacts with the living and the dead. Soc Psychol Quart 52(1):56–69

Smith P (1991) The nursing process: raising the profile of emotional care in nurse training. J Adv Nurs 16(1):74–81. doi:10.1111/j.1365-2648.1991.tb01500.x

Smith P (1992) The emotional labour of nursing. Macmillan, London. Zitiert nach: Bolton (2000)

Strauss AL, Fagerhaugh S, Suczek B, Winter C (1980) Gefühlsarbeit. Ein Beitrag zur Arbeits- und Berufssoziologie. Kölner Zeitschrift für Soziologie Sozialpsychologie 32(4):629–665

Tiffert A (2006) Entwicklung und Evaluierung eines Trainingsprogramms zur Schulung von Techniken des Emotionsmanagement. Eine Längsschnittstudie im persönlichen Verkauf. Hampp, München, Mering

Timmons S, Tanner J (2005) Operating theatre nurses: emotional labour and the hostess role. Int J Nurs Pract 11(2):85–91. doi:10.1111/j.1440-172X.2005.00507.x

Wada K, Shibata T, Saito T, Sakamoto K, Tanie K (2005) A progress report of long-term robot assisted activity at a health service facility for the aged. Annu Rev Cybertherapy Telemed 3:179–183

Wharton AS (1993) The affective consequences of service work: managing emotions on the job. Work Occup 20(2):205–232. doi:10.1177/0730888493020002004

Zapf D (2002) Emotion work and psychological well-being. Hum Resour Manage Rev 12(2):237–268. doi:10.1016/S1053-4822(02)00048-7

Zapf D, Isic A, Fischbach A, Dormann C (2003) Emotionsarbeit in Dienstleistungsberufen. Das Konzept und seine Implikationen für die Personal- und Organisationsentwicklung. In: Hamborg K, Holling H (Hrsg) Innovative Personal- und Organisationsentwicklung. Hogrefe, Göttingen, S 266–288

Zapf D, Seifert C, Mertini H, Voigt C, Holz M, Vondran E, Isic A, Schmutte B (2000) Emotionsarbeit in Organisationen und psychische Gesundheit. In: Musahl H (Hrsg) Psychologie der Arbeitssicherheit. Asanger, Heidelberg, S 99–106

Menschen mit Demenz im Spannungsfeld von Markt und Sorge

15

Handlungsstrategien zur Bewältigung der stationären Pflegepraxis

Andrea Newerla

Inhaltsverzeichnis

15.1 „Altenpflege unter Druck" – Strukturbedingungen im Wandel 327
15.2 Pflegepraxis heute: Ein Aushandeln von Marktkriterien und Sorgeverantwortung 329
15.3 Kritische Situationen in der Pflege von Menschen mit Demenz...................... 332
15.4 Über die Authentizität positiver Gefühle in der Pflege von Menschen mit Demenz 335
15.5 Resümee: Die unternehmerische Pflegekraft 338
Literatur.. 340

15.1 „Altenpflege unter Druck" – Strukturbedingungen im Wandel

Die Einführung der Pflegeversicherung in der Bundesrepublik Deutschland in den 1990er Jahren hat durch erhebliche Umstrukturierungsmaßnahmen innerhalb des Pflegesektors einen „Übergang vom Pflege*sektor* zum Pflege*markt*" angestoßen (Blüher und Stosberg 2005, S. 177, Herv. im Orig.). Die Prinzipien der Effizienz und des Marktes haben an Bedeutung gewonnen, sodass bspw. Managementmodelle und -konzepte zur Steuerung des Betriebsablaufs eine führende Rolle in den Organisationen der Pflege eingenommen haben (vgl. Rosenthal 2005). Seither sind die Rahmenbedingungen des pflegerischen Handelns an ökonomische Kriterien gekoppelt (vgl. Friesacher 2008). Die Konsequenzen, die diese Maßnahmen für die Pflegepraxis haben, wurden schnell deutlich. Mittelkürzungen, Stellenabbau, Rationalisierungen und Preissenkungen sind die gravierendsten Folgen, die auch mit Risiken für die Qualität der Pflege verbunden sind (vgl. Simon 2000). Auch

A. Newerla (✉)
Institut für Soziologie, Justus-Liebig-Universität Gießen,
Karl-Glöckner-Str. 21E, 35394 Gießen, Deutschland
E-Mail: andrea.newerla@sowi.uni-giessen.de

M. Bornewasser et al. (Hrsg.), *Dienstleistungen im Gesundheitssektor*,
DOI 10.1007/978-3-658-02958-6_15, © Springer Fachmedien Wiesbaden 2014

empirische Studien belegen, dass sich die Pflegeversicherung überwiegend negativ auf die Pflegepraxis und die Arbeitsbedingungen des Pflegepersonals auswirkt (vgl. Blüher und Stosberg 2005; Büssing et al. 2001; Schneekloth und Müller 2000).

Neben diesen ökonomischen Strukturveränderungen, die im Rahmen dieses Artikels nur angerissen werden können, wird Altenpflege heute vor allem durch den demografischen Wandel, die steigende Zahl der Hochbetagten und die damit einhergehende Zunahme an chronischen und gerontopsychiatrischen Erkrankungen vor neue Herausforderungen gestellt. Bereits heute leben in Deutschland mehr als 1,4 Mio. Menschen mit einer Demenz.[1] Laut Prognosen wird sich diese Zahl bis zum Jahr 2050 verdoppeln (Sütterlin et al. 2011, S. 6). Angehörige von Menschen mit Demenz sind mit Fragen der Fürsorge und Betreuung konfrontiert, für die sie Lösungen finden müssen. Aufgrund ihres für ihre Umwelt als „herausfordernd" empfundenen Verhaltens werden Menschen mit Demenz zunehmend stationär betreut: Zwei Drittel bis drei Viertel dieser Menschen siedeln irgendwann in eine stationäre Einrichtung über (Gröning 2007, S. 39 f.), weil Angehörige überfordert und erschöpft sind oder eine Betreuung zuhause nicht mehr gewährleistet werden kann. In der Folge sind heute über 60 % der Pflegeheimbewohner von einer Demenz betroffen (Wißmann 2010, S. 340).

Durch diesen Strukturwandel sind Pflegeheime zu „Sterbeeinrichtungen" (Kostrzewa 2008, S. 27) geworden und geraten zunehmend unter Druck, sich den sozialen Veränderungen anzupassen. Gröning (2007, S. 40) beschreibt diesen Prozess als eine Art „Verdichtung": „Verdichtung der Pflegebedürftigkeit, Verdichtung der Traumatisierungspotenziale, Verdichtung des Bewohnerdurchgangs". Für die Pflegeeinrichtungen hat diese Entwicklung zur Folge, dass der Zeitaufwand für die einzelnen Bewohner steigt und die Organisationen somit einen höheren Personalbedarf haben. Gleichzeitig ist jedoch ein Personalmangel – und im Besonderen ein Fachkräftemangel – zu konstatieren: ein Grund, warum sich heute Pflegekräfte nicht in gleicher Weise allen Heimbewohner zuwenden können. Dazu schreiben Sütterlin et al. (2011, S. 43) im Demenz-Report 2011: „Generell bewirken Personalmangel, Kosten- und Zeitdruck jedoch, dass es in Heimen schwierig geworden ist, die Forderung nach dem Dasein in Würde für alle Bewohner zu erfüllen." Des Weiteren erleben Pflegekräfte den Umgang mit Menschen, die von einer Demenz betroffen sind, als besondere Herausforderung. Werden hier keine (zeitlichen und personellen) Entlastungsmöglichkeiten angeboten, können Menschen mit Demenz in der Pflegepraxis schnell zu Opfern von Sedierungs- und/oder Fixierungsmaßnahmen werden. Sie sind häufiger als andere Bewohner von Gewalterfahrungen wie Fixierungs- oder Sedierungsmaßnahmen betroffen (vgl. Banerjee 2009; Henke 2008; Walther 2007).

Im Rahmen einer ethnografischen Studie im Zeitraum von 2008 bis 2011 wurde folgenden Fragen nachgegangen, die sich aufgrund der beiden Entwicklungslinien „Ökonomisierung der Pflege" und „Wandel der Bewohnerschaft" ergeben haben (vgl. Newerla 2012): Im Zentrum der Untersuchung stand erstens, ob bestimmte Handlungsprobleme

---

[1] Vgl. Alzheimer Gesellschaft Deutschland, http://www.deutsche-alzheimer.de/fileadmin/alz/pdf/factsheets/FactSheet01_2012_01.pdf, zugegriffen am 24. Juni 2013.

in der Pflegepraxis von Menschen mit Demenz immer wieder auftreten und welcher Art diese sind. Zweitens galt es in Erfahrung zu bringen, welche Lösungen Pflegekräfte im Rahmen der **Organisation Pflege** finden, um die entstandenen Handlungsprobleme zu überwinden bzw. abzuwenden. Drittens wurde gefragt, welche Rolle hierbei die Ökonomisierung der Pflege spielt. Und viertens war relevant, welche Folgen diese Prozesse für Menschen mit Demenz haben, die in Einrichtungen der stationären Pflege leben. Die Analyse des empirischen Datenmaterials zeigt deutlich, dass zum einen die Pflegepraxis gegenwärtig von einem strukturellen Spannungsverhältnis gekennzeichnet ist und dass zum anderen die Andersartigkeit der Interaktionen mit Menschen mit Demenz diese Spannung noch zusätzlich verschärft. Pflegekräfte versuchen, die entstandenen Handlungsprobleme in der Pflegepraxis von Menschen mit Demenz vor allem durch die Strukturierung des Handlungsfeldes dieser Menschen zu bewältigen.

15.2 Pflegepraxis heute: Ein Aushandeln von Marktkriterien und Sorgeverantwortung

Wie bereits oben erwähnt, wird die Pflege und Betreuung von Menschen mit Demenz zunehmend in einem institutionellen Rahmen organisiert. Aus diesem Grund ist ein genauerer Blick auf die Konstitution des Handlungsrahmens der Pflegekräfte[2] und somit auf die **Organisation der Pflege** notwendig. Das übergeordnete Organisationsziel der Altenpflege besteht in der Schaffung eines würdigen Aufenthaltes für ältere Menschen in einer warmherzigen Atmosphäre. Im Besonderen die Verletzbarkeit der Bewohner soll hier Berücksichtigung finden (vgl. Schroeter 2008). Gleichzeitig ist das Pflegeheim heute aber auch eine „ökonomisch orientierte Dienstleistungsorganisation" (Schroeter 2006, S. 142). Es ist damit innerbetrieblichen und ökonomischen Zielvorgaben unterworfen, die oftmals den Heimalltag bestimmen. Dies hat zur Folge, dass Pflegekräfte zunehmend ökonomisch zweckrational handeln und überwiegend technische Antworten auf Hilfsbedürfnisse der Bewohner finden (vgl. Koch-Straube 1997). Diese Entwicklung hat z. B. dazu geführt, dass Pflegekräfte Fixierungen und Sedierungen oft nicht mehr als Gewalthandlungen wahrnehmen, wenn sie dazu dienen sollen, Bewohner vor Stürzen zu bewahren oder den Arbeitsablauf reibungsloser zu gestalten (Gröning und Lietzau 2010, S. 365).

Die Unterschiedlichkeit der Ziele innerhalb der Organisation lassen diese als eine Verbindung zweier sozialer Welten begreifen, die in struktureller Spannung zueinander stehen. Altenpflegeheime sind formale Dienstleistungsorganisationen *und* Lebenswelten

---

[2] Der Begriff der Pflegekraft wird synonym für (examinierte) Pflegefachkräfte und Pflegehilfskräfte verwendet. Auch wenn die Professionalisierung der Pflege eine wichtige Rolle für die Interpretation bestimmter Analyseaspekte spielt, war sie für eine erste Analyse der Handlungsstrategien von Pflegekräften im Umgang mit Menschen, die von einer Demenz betroffen sind, nicht zentral. Wenn die Differenzierung Fachkraft bzw. Hilfskraft von Bedeutung ist, wird dies im Text kenntlich gemacht.

(vgl. Gröning 2004). Diese beiden Welten sind mit jeweils unterschiedlichen sozialen Praxen und nicht immer zueinander kompatiblen Organisationszielen verbunden. Goffman (1973, S. 23) spricht in diesem Zusammenhang von „soziale[n] Zwitter[n]", da Organisationen wie Altenpflegeheime einerseits eine formale Dienstleistungsorganisation und zum anderen eine informelle Wohn- und Lebensgemeinschaft darstellen (vgl. auch Groenemeyer und Rosenbauer 2010). Infolgedessen kann eine Verknüpfung von bürokratischer und professioneller Organisation zu widersprüchlichen Handlungsanweisungen führen. Innerhalb eines solchen Spannungsverhältnisses müssen bspw. Pflegekräfte die pflegerischen Aufgaben ökonomisch-effektiv *und* lebensweltlich-anerkennend bewerkstelligen.

Beispiel

Aufgrund der formalen Dienstleistungsorganisation dominiert in der Pflegepraxis eine Fokussierung auf körperliche Prozesse. Unter diesen Bedingungen kann es passieren, dass bestimmte Bewohner von Pflegekräften als *nicht-pflegeintensiv* eingestuft werden, weil sie kaum körperliche Einschränkungen aufweisen. Gerade für Menschen mit Demenz kann eine solche Betrachtung Folgen haben, wie der folgende Ausschnitt aus einem Interview mit einem Pflegehelfer verdeutlicht:

> St: „Ja, das ist die Frage! Wenn du dort drüben [Hausgemeinschaft 4, A. N.] bist und das nur so als therapeutisches Ding siehst, dann hast du vielleicht auch mehr Zeit für die Frau [Ritter][3]. (…) Ich weiß nicht, da geht auch sowas irgendwie unter. Da setzt man andere Prioritäten. So eine Frau wie die Ritter, das ist eine, die eigentlich sehr wenig Arbeit kostet. Ja, da gibt es andere Fälle, wo man irgendwie mehr investiert."
> I: „Und wieso kostet die nicht so viel Arbeit? Was meinst du, woran liegt das?"
> St: „Tja schwierig, weil man sie, so wie sie rumläuft, doch als… naja selbstständig kann man sie nicht nennen, ja.… Man hält sie für nicht so pflegeintensiv. (…) Ist einfach so. Da wird schon eher auf so etwas rein Körperliches geguckt. Wer ist gebrechlicher, wer könnte eher stürzen, wer hat was weiß ich, wer braucht bestimmte Medikamente zu einer bestimmten Zeit? Solche Dinge! Wer ist inkontinent oder so? Ich weiß nicht, wie sie heute ist, also damals war sie zwar extrem verwirrt, aber sie lief herum." (Interview 6, Abs. 146–54)

Bewohner wie Frau Ritter, die zwar von einer schweren kognitiven Beeinträchtigung (Demenz) betroffen sind, aber ansonsten kaum körperliche Beeinträchtigungen aufweisen, werden von den Pflegekräften anders wahrgenommen als Bewohner mit körperlichen Einschränkungen. Solange Frau Ritter selbstständig herumlaufen kann, ist sie in der Pflegepraxis eine Bewohnerin, die die Pflegenden wenig Arbeit kostet: Sie ist eine „handliche Bewohnerin", um es mit Voss (1990, S. 43) zu sagen, die den reibungslosen Ablauf der Organisation (in der Regel) nicht stört.

---

[3] Um eine Anonymisierung zu gewährleisten, wurde allen Akteurinnen und Akteuren der Studie ein Pseudonym zugeordnet.

Ein weiterer wichtiger Aspekt innerhalb der Organisation der Pflege ist die Pflegebeziehung. Sie ist durch eine besondere Beziehungsstruktur gekennzeichnet: Es handelt sich hierbei um ein personenbezogenes Dienstleistungsverhältnis (vgl. Nerdinger 1994). Allerdings kann eine personenbezogene Dienstleistung nur dann erfolgreich sein, wenn eine Kooperation mit den Adressaten erreicht werden kann (Dunkel und Rieder 2004, S. 219 f.). Ist bspw. eine zu pflegende Person der Meinung, dass einmal pro Woche den Körper zu reinigen ausreicht, und sich deshalb bei der Körperhygiene mit Händen und Füßen zur Wehr setzt, wird eine Pflegekraft die Dienstleistung (Körperreinigung) kaum durchführen können. Aus diesem Grund kommen Wolfgang Dunkel und Kerstin Rieder zu dem Schluss, dass Dienstleistungsbeziehungen dieser Art „potenziell konfliktträchtig" (ebd., S. 220) sind und Abstimmungsprobleme gelöst werden müssen, um eine personenbezogene Dienstleistung realisieren zu können. Sie plädieren dafür, den Begriff der „Interaktionsarbeit" zu etablieren, um „den Kern personenbezogener Dienstleistungsarbeit – die Interaktion zwischen Dienstleistungsgeber und -nehmer – in den Vordergrund" (ebd., S. 212) zu rücken. Interaktionsarbeit umfasst demnach sowohl gegenständliche als auch kommunikative Anteile. Zusammenfassend lässt sich sagen, dass Dienstleisten ein (Interaktions-)Prozess ist, an dem zwei (oder mehrere) Personen mit jeweils *eigenen* (Handlungs-)Zielen beteiligt sind und der durch Regeln kultureller, institutioneller und unternehmerischer Art sowie personale und situationale Ressourcen bedingt wird. Um eine Dienstleistung erfolgreich werden zu lassen, müssen sich Dienstleistungsgeber und Dienstleistungsnehmer abstimmen.

Wie eine solche Abstimmung erreicht werden kann, hängt allerdings auch von den strukturellen Rahmenbedingungen einer solchen Abstimmung ab. Entscheidend sind in diesem Zusammenhang auch die Beziehungsstrukturen innerhalb in einer Organisation wie dem Altenpflegeheim: Während die soziale Rolle der Altenpflegeheimbewohner im Wesentlichen durch „Abhängigkeit, Schwäche und Kontrollverlust" gekennzeichnet ist (Koch-Straube 2005, S. 217), zeichnet sich die soziale Rolle der Pflegekräfte vor allem durch Macht, Stärke und Kompetenzen aus. Die Strukturbedingungen des Heimes produzieren also ein asymmetrisches Machtverhältnis, das die Aushandlungsprozesse zwischen Pflegekräften und Bewohnern bestimmt. Diese Asymmetrie hat Auswirkungen auf die Kooperationsbereitschaft der Akteure. Bspw. kann sich eine Pflegekraft aufgrund ihrer Rolle als Pflegeexperte über ein Aushandeln in einer Pflegeinteraktion hinwegsetzen, indem das professionelle Handeln über die Wissensressourcen legitimiert wird.

Versuche, die Position von Heimbewohnern über die Etablierung von Marktkriterien wie der Einführung von betriebswirtschaftlichen Managementkonzepten sowie der Messung von "Kundenzufriedenheit" zu stärken, können im Feld der Pflege nur begrenzt erfolgreich sein. Insbesondere bei der Befragung von alten, pflegebedürftigen Menschen können schwerwiegende methodologische und forschungspraktische Fehler auftreten (vgl. Kelle 2007; Kelle et al. 2008; Newerla 2013). Gründe hierfür sind im Antwortausfall, sozial-erwünschtem Antwortverhalten, dem hohen Mitteilungsbedürfnis oder einer Befragungsangst u. a. zu finden. Die überwiegende Mehrheit der Heimbewohner ist aufgrund psychischer und physischer Beeinträchtigungen stark abhängig von der Hilfe anderer Menschen. Die wenigsten sehen Möglichkeiten, sich über Mängel in der Pflege zu beschweren. Sie haben eher das Gefühl, den Pflegekräften ausgeliefert zu sein (vgl. Koch-Straube 1997; Knobling 1988). Schließlich haben etliche Bewohner aufgrund sprachlicher, kognitiver oder sonstiger Einschränkungen nicht die Fähigkeiten, eine Beschwerde zu formulieren.

Ein weiterer Aspekt, der gegenwärtig die Konfliktträchtigkeit der Pflegebeziehung verschärft, ist die Fokussierung der Pflege auf körperliche Prozesse, wie in dem Beispiel weiter oben deutlich wurde. Zeitlich und räumlich ist die Pflege so intensiv mit dem menschlichen Körper beschäftigt wie kaum eine andere Profession (vgl. Schroeter und Rosenthal 2005; Kondratowitz 2005). In der Folge richtet sich die Aufmerksamkeit und Wahrnehmung der Pflegekräfte in erster Linie auf die Körper der zu pflegenden Menschen (Koch-Straube 2005, S. 221). Divergierende Zielinteressen zwischen den Pflegekräften, die eine körperlich-pflegerische Versorgung anstreben, und den Bewohnern, die neben der körperlichen Bedürftigkeit noch andere Bedürfnisse haben, können unter diesen Bedingungen schnell auftreten.

Die Beschreibungen der Konstitution der Pflege verdeutlichen, dass das soziale Feld der Pflege durch Konflikt- und Spannungsverhältnisse gekennzeichnet ist. Eine Analyse der Handlungs- bzw. Beziehungsmuster, die in diesem Feld auftreten, ist um die oben genannten (Struktur-)Aspekte zu erweitern, um Zusammenhänge zwischen Handlung und Struktur sichtbar werden zu lassen (vgl. Newerla 2012, S. 51–61).[4]

15.3   Kritische Situationen in der Pflege von Menschen mit Demenz

In der Pflegepraxis der stationären Einrichtungen verschärft sich das beschriebene Spannungsverhältnis von Markt und Sorge aufgrund einer durchgängigen Andersartigkeit der Begegnungen mit Menschen mit Demenz zusätzlich: „Die Situation ist offen, fremd, man überschreitet vielmehr beim Kontakt mit Dementen eine Grenze, die Grenze zu einer imaginären Lebenswelt" (Gröning 2004, S. 87). Pflegekräfte thematisieren diese Andersartigkeit der Begegnungen immer wieder – was Menschen mit Demenz tun, bleibt für sie oftmals ein Rätsel. Eine Pflegerin beschreibt eine Situation, die wie viele andere Situationen im Umgang mit Menschen mit Demenz von einer Andersartigkeit geprägt ist:

> Dann in ihrem Zimmer, im Bad hat sie [Frau Weber, A. N.] schon Mülleimer ausgekippt und macht dann so Häufchen, als wollte sie das verbrennen, weißt du. Mhm, ja, sie dekoriert das ganze Zimmer um. Dann rennt sie halt mit so einem Kulturbeutel durch die Gegend. Da steckt dann ein Wecker drin. (Interview 3, Abs. 84)

---

[4] In Anlehnung an Giddens (1997) wird hier auf die „Dualität von Handlung und Struktur" hingewiesen, um zu verdeutlichen, dass die Prozesse der Ökonomisierung nicht allein handlungsein-schränkend als struktureller Zwang in der Pflegepraxis zu verstehen sind, sondern dass Struktur und Handeln sich gegenseitig beeinflussen. Dies bedeutet, dass Strukturen auch handlungsermöglichend sind. Für die Suche nach Handlungsalternativen in der Pflegepraxis (von Menschen mit Demenz) ist ein solches Verständnis nicht unbedeutend.

In der Pflegepraxis von Menschen mit Demenz werden Pflegekräfte häufig mit solchen und ähnlichen nicht nachvollziehbaren Handlungsweisen konfrontiert. Das lässt die Pflege dieser Menschen oft zu einer ganz individuellen und spontanen Angelegenheit werden. Im Gegensatz zur routinierten Pflegearbeit, die den Pflegealltag der stationären Pflege überwiegend bestimmt, erleben Pflegekräfte in Interaktionen mit Menschen mit Demenz immer wieder, dass diese nicht bereit sind, bei der Durchführung der pflegerischen Aufgaben zu kooperieren. Bspw. weigern sie sich, den Pflegekräften zum Duschen zu folgen oder sich das Essen anreichen zu lassen. Teilweise leisten sie körperlichen Widerstand, werden gegenüber Pflegekräften aggressiv und/oder gewalttätig. Nicht selten gefährdet dies die Aufrechterhaltung der pflegerischen Praxis und mündet in Situationen, die nach Giddens (1997, S. 112) als **kritische Situationen**[5] bezeichnet werden: Es entstehen Ereignisse, die für die Pflegekraft nicht vorhersehbar sind und meist mit einem radikalen Bruch der bestehenden routinierten Handlungsabläufe in Zusammenhang stehen. Besonders problematisch können diese Situationen werden, wenn die kommunikativen Aushandlungsmöglichkeiten begrenzt sind.

Beispiel

Um die Konfliktträchtigkeit und Andersartigkeit der Interaktionen zwischen Pflegekräften und Bewohnern mit Demenz zu verdeutlichen, folgt ein weiteres Beispiel aus der Pflegepraxis. Der Pflegehelfer Ralf berichtet in einem Interview von einer auf den ersten Blick alltäglichen Pflegesituation, die jedoch einen ungewöhnlichen Ausgang nimmt:

R: „Es gab auch hier schon mal eine Dame auf unserem Flur, also da wurde ich quasi gezwungen, sie zu waschen, ja, obwohl die Dame das überhaupt nicht wollte. Ja, sie war voll mit Stuhl und das musste runter. Und die Dame wollte das nicht runter haben, die Dame war dement und das musste runter. Es ging halt dann so weit, dass die Dame zwar sauber war, aber auch nach mir mit dem Stock gehauen hat. Also das sind die Sachen, wo ich dann sage: ‚Okay, das muss nicht sein‘. Aber wie willst du es denn sonst machen? (…) Das Gelächter der Kollegen war groß: ‚Na, bist du verprügelt worden?‘ (…)"
I: „Und wieso musstest du das machen?"
R: „Es war keiner da."
I: „Ach so."
R: „Es war keiner da, die berühmte eine Person für alles. (…) Ja, die Dame ist noch nicht ganz richtig sauber, oh mein Gott, da kommt der Stock schon wieder angeflogen. Das ist ziemlich schwierig, dass das auf einmal auf einen einprasselt, dazu noch diverse Flüche. Gut, das hört man dann nicht mehr, ja, aber es ist eine unangenehme Situation."
I: „Hat das dein Verhältnis zu der Bewohnerin beeinflusst?"

---

[5] Giddens (1997, S. 111–116) legt eine Untersuchung des „Phänomens der Routine" nahe, um das Zusammenwirken von Handlung und Struktur zu analysieren. Kritische Situationen, die einen Bruch routinierter Handlungsabläufe beschreiben, können Routinisierungsprozesse offenlegen.

R: „Nein, nein. (. . .) Moment doch, zunächst ja, zunächst wollte ich da erst gar nicht mehr
rein. Ich wusste haargenau, vielleicht, vielleicht Gesichtserkennung. Vielleicht erkennt sie
dich wieder und dreht dann vielleicht noch mal durch, ja." (Interview 7, Abs. 231–248)

Grund für die Zuspitzung der Situation ist die für den Pflegehelfer nicht nachvollziehbare Reaktion der Bewohnerin. Ralf sieht keine andere Möglichkeit, als die Frau trotz
ihrer starken Gegenwehr zu waschen, weil das die Pflegeanweisung ist und es zudem
gegen sein Pflegeleitbild verstoßen würde, diese in seinen Augen schwer kranke und
hilflose Person in diesem Zustand zu belassen. Die Folge ist eine körperliche Auseinandersetzung. Zusätzlich ist Ralf dem Gespött anderer Pflegekräfte ausgesetzt, die sich
über die Situation lustig machen, weil er nicht Herr der Lage wurde. Ralf fühlt sich al-
leine gelassen und muss im Anschluss daran mit der emotionalen Belastung umgehen.
Gleiches gilt höchstwahrscheinlich für die Bewohnerin.

Die Analyse kritischer Situationen hat ergeben, dass Pflegekräfte solche und ähnliche Situationen anhand drei typischer Handlungsstrategien lösen bzw. abwenden (vgl. Newerla
2012). Erstens versuchen Pflegekräfte über **repressive Handlungsstrategien,** Bewohner
mit Demenz zu bestimmten Handlungen zu zwingen. Charakteristisch für diese Strategien
ist eine autoritäre Vorgehensweise, welche vonseiten der Pflegekräfte durch den gegenwärtigen (überwiegend auf Defizite fokussierten) Demenz-Diskurs legitimiert wird. Repressive
Strategien sind zwar in der Regel das letzte Mittel der Wahl, werden aber auch zur Entlastung chronisch überforderter Pflegekräfte eingesetzt. Der Einsatz dieser Pflegestrategien
ist stark von der Wahrnehmung bzw. Nicht-Wahrnehmung des Handlungsspielraums der
Pflegekräfte abhängig. Pflegekräfte, die Handlungsstrategien dieser Art anwenden, nehmen ihren (strukturellen) Handlungsrahmen überwiegend als handlungseinschränkend
wahr.

Zweitens versuchen Pflegekräfte über **widerständiges Pflegehandeln,** Lücken in der
Pflegepraxis zu finden, um die Pflege von Menschen mit Demenz unter Berücksichtigung
ihrer Wünsche flexibler zu gestalten. Eine empathische Haltung, kritische Selbstreflexion sowie Anerkennung der andersartigen Lebenswelt von Menschen mit Demenz sind
Grundvoraussetzungen für eine solche Pflegepraxis. Allerdings ist diese Vorgehensweise
nicht ganz unabhängig von dem organisationalen Kontext, innerhalb dessen die Pflegekräfte agieren: Sie können die formalen Pflegestrukturen nicht völlig umgehen. Dennoch
versuchen Pflegekräfte, Lücken in den Rahmenbedingungen des Pflegeheims zu finden,
um zumindest vereinzelt widerständig zu handeln und auf diese Weise den Wünschen von
Menschen mit Demenz entgegenzukommen.

Mittels eines dritten Typs von Handlungsstrategien – den **gouvernementalen Strategien** – können Pflegekräfte erfolgreich auf das Handlungsfeld von Menschen mit
Demenz einwirken. Dadurch wird es möglich, dass diese die Handlungsziele der Pflegekräfte übernehmen und in der Pflegeinteraktion kooperieren. Die Durchführung der
Pflege wird durch die Anwendung gouvernementaler Strategien erleichtert, weil Bewohner mit Demenz die Ziele der Pflegekräfte als ihre eigenen Handlungsziele internalisieren.
Insbesondere eine gelungene Emotionsarbeit trägt zur Verbesserung der Kooperations-

bereitschaft seitens der Bewohner mit Demenz bei. Auf diesen Punkt (Emotionsarbeit) wird im folgenden Abschn. 15.4 ausführlicher eingegangen. Eine weitere gouvernementale Handlungsstrategie ist der kreative und flexible Umgang mit den demenzspezifischen Normalitäten. Hierbei orientieren sich die Pflegekräfte bei der Durchführung der Pflegepraxis von Menschen mit Demenz an einem flexiblen Normalismus[6] (vgl. Link 1997), indem sie Aspekte der Lebenswelten dieser Menschen in den Interaktionen mit ihnen aufgreifen, mit dem Ziel, die Pflegepraxis dieser Bewohner aufrechtzuerhalten. Das Einlassen auf wahnhafte Vorstellungen von Bewohnern mit Demenz sowie die Anwendung von Lügen sind hier Teil der Strategie. Die Anerkennung der lebensweltlichen Perspektive dieser Bewohner ist zwar die Grundvoraussetzung für den Erfolg dieser Täuschungsstrategien, jedoch werden lebensweltliche Aspekte in den Interaktionen funktionalisiert, um die Bewohner zu bestimmten Handlungen zu bewegen. Den Vorteil sehen Pflegekräfte in der Reduzierung stressproduzierender Momente – aufseiten der Pflegekräfte selbst und aufseiten der Bewohner mit Demenz.

15.4 Über die Authentizität positiver Gefühle in der Pflege von Menschen mit Demenz

In pflegerischen Interaktionen in der Altenpflege spielen Gefühle eine wichtige und oftmals entscheidende Rolle. Zum einen versuchen Pflegekräfte durch Gefühlsarbeit, die Emotionen der Heimbewohner zu beeinflussen, um auf diese Weise pflegerische Aufgaben besser ausführen zu können (vgl. Strauss et al. 1982). Denn das Gefühl von Nähe und Geborgenheit kann bspw. das Durchführen der Intimpflege gegebenenfalls überhaupt erst ermöglichen. Auch können negative Gefühle wie Angst, Ärger und Aggression seitens der Bewohner dazu führen, dass bestimmte Maßnahmen nicht durchführbar sind, weil sich etwa die zu pflegende Person aus Angst gegen eine solche Durchführung zur Wehr setzt (wie das Beispiel oben deutlich gemacht hat). Zum anderen werden Pflegekräfte aber auch mit den *eigenen* Gefühlen konfrontiert: Eine Pflegekraft kann Ärger empfinden, wenn sie von der zu pflegenden Person ständig kritisiert wird. Diese entstandenen Gefühle können einen inneren Konflikt bei der Pflegekraft auslösen, verlangt doch ihr pflegerisches Leitbild Empathie und ein gewisses Maß an Zuneigung. Gefühlsregeln dieser Art werden meist erst dann sichtbar, wenn das Verhalten einer Person als abweichend wahrgenommen wird, wenn es also zu einer Abweichung zwischen Soll- und Ist-Zustand der Gefühle kommt (Giesenbauer und Glaser 2006, S. 62 f.).

Durch Formen der Gefühlsregulierung kann die emotionale Harmonie wiederhergestellt werden. Hochschild (2006) hat untersucht, wie Menschen über diese Regulierung

---

[6] Im statistischen Vergleich wird hier eine Norm hergestellt, die beweglich und dynamisch ist. Nicht die Individuen werden an der Norm ausgerichtet, die Norm richtet sich am statistischen Durchschnitt aus. Die Grenze zwischen Normal und Abweichung wird somit flexibel, die Normalitätszonen weiten sich aus (vgl. auch Waldschmidt 2003).

versuchen, entstandene Dissonanzen im Gefühlserleben zu überwinden. Zum einen versuchen Menschen über Oberflächenhandlungen, ihr Ausdrucksverhalten zu verändern und damit *andere* über die eigenen Gefühle zu täuschen: Die lächelnde Maske wird abgesetzt, sobald die Bühne der Interaktion verlassen wird (Oberflächenhandeln). Zum anderen versuchen Menschen, ihre Gefühle im Inneren zu verändern (inneres Handeln). Diese Tiefenhandlungen setzen bei der Entstehung der Gefühle an, mit dem Ziel, sich *selbst* über die eigenen Empfindungen zu täuschen. So kommt es in der Pflege häufig vor, dass Pflegekräfte sich vorstellen, Bewohner wären Kinder oder die eigenen Eltern. Durch diese Strategie können Gefühle des Ärgers vermieden werden, weil angenommen wird, dass diese Bewohner nicht vollständig für ihr Verhalten verantwortlich zu machen sind.

Im Besonderen der Umgang mit Menschen mit Demenz kann die Anwendung gefühlsregulierender Strategien notwendig machen. Im fortschreitenden Verlauf der Demenz kommt es in der Regel zu einer zunehmenden Störung des Sprachvermögens dieser Menschen. Die Ebene der Emotionen rückt somit ins Zentrum der Interaktionen (vgl. u. a. Arens 2004; Händler-Schuster 2010). Körpersprache, Verhalten und Emotionalität werden dann zu Instrumenten der Kommunikation. Auf diese Weise können Pflegekräfte Bedürfnisse und Wünsche der Bewohner mit Demenz erschließen. Gleichzeitig erleben Menschen mit Demenz die Emotionen der Pflegekräfte als kommunikative Akte: Ist eine Pflegekraft in der Interaktion mit einer Person, die von einer Demenz betroffenen ist, emotional aufgewühlt, kann dieser aber nicht erklären, warum sie das ist, kann der zu pflegende Mensch dies als negatives Signal empfinden und darauf mit Unruhe, Aggression und/oder Rückzug reagieren. Aus diesem Grund sind Ruhe und Ausgeglichenheit, die Ermöglichung einer angstfreien Atmosphäre und eine emotional positive Einstellung für viele Pflegekräfte von zentraler Bedeutung. Eine Pflegerin, die im Rahmen der Studie interviewt wurde, beschreibt dies wie folgt:

> Was da immer bleibt, auch bei der Demenz dritten Grades, ist halt, dass sie noch Gefühle haben, Gefühle wahrnehmen, das heißt auch meine. (...) ich hab jetzt Zeitdruck und weiß ‚O Gott, ich muss mich echt beeilen', diese Professionalität muss ich an der Tür haben, dass ich das irgendwie wieder relativiere, weil die das fühlen. Und dann kann ich da rein gehen und mich verstellen, die fühlen im Prinzip an der Tür ‚die hat eigentlich keine Zeit, die muss das jetzt schnell machen'. (Interview 11, Abs. 15)

Auch wenn der Zeitdruck vorhanden ist, sollte nach Aussage der Pflegerin eine professionelle Pflegekraft in der Lage sein, die eigenen Gefühle *positiv* zu beeinflussen. Dadurch kann eine entspannte Pflegesituation ermöglicht werden. Dem Menschen mit Demenz werden keine angstfördernden Signale vermittelt. Ähnliches berichtet eine andere Pflegerin. Für sie ist es wichtig, dass sich die von ihr positiv hergestellten Gefühle für die Bewohner mit Demenz wirklich *authentisch* anfühlen:

> Wenn die nichts merken, aber das merken die, wenn du nicht ausgeglichen bist, wenn du Stress hast, wenn du eigentlich gar nicht für die offen da bist. Auch wenn du dich noch so gut (...) verstellst oder so, diese Menschen schaffen das einfach, hinter deine Fassade zu sehen. Die gucken nämlich so, die haben so diesen siebten Sinn, den haben die da nämlich so richtig

schön frei. Und die wissen dann auch, wer es mit denen gut meint und wer es nicht so gut meint. (Interview 1, Abs. 76)

Dabei kann es auch vorkommen, dass Pflegekräfte diese Art des emotionalen Tiefenhandelns strategisch einsetzen. Die Handlungen werden vollzogen, um die Pflegepraxis aufrechtzuerhalten, nicht um sich emotional auf den zu pflegenden Menschen einzulassen. Zur Verdeutlichung wird ein weiterer Ausschnitt aus einem Interview mit einem Pfleger herangezogen:

> Worauf es sich auswirkt, ist auf die Bewohner. Das heißt, wenn du dich selber unter Druck setzt, schneller arbeitest, rumrennst, bringst du eine allgemeine Unruhe in die Hausgemeinschaft. Bei Dementen ist das besonders schlimm. Die sind sehr feinfühlig und da kann das sehr gut übertragen werden. Wenn ich selber ruhiger bleibe, dann bleiben auch die Bewohner ruhiger. (Interview 2, Abs. 93)

Zur Vermeidung einer allgemeinen Unruhe, die die Pflegedurchführung und die Abläufe der Pflegepraxis gefährden können, verfolgt Pfleger Thomas folgende Strategie der Beeinflussung seiner innersten Gefühle. Denn bleibt er ruhig, sind auch die Bewohner ruhiger. Immer wieder betont er, wie wichtig diese Vorgehensweise für die Aufrechterhaltung seiner Pflegepraxis ist, da seine Empfindungen einen immensen Einfluss auf die Gefühle der Bewohner haben. Gleichzeitig erweist sich diese Strategie auch für ihn selbst als stressmindernd. Im Gegensatz zu den meisten seiner Kollegen empfindet Thomas seine Pflegepraxis selten als anstrengend. Für den Pfleger ist dabei ein Aspekt von besonderer Relevanz: „Ich finde, Demente lassen sich hin und wieder besser steuern wie Klare. Also, die lassen sich sehr gut führen, wenn man sie führen kann." (Interview 2, Abs. 299)

▶ Emotionsarbeit im Sinne von Tiefenhandeln ist die Voraussetzung für eine gelungene Gefühlsarbeit bei Menschen mit Demenz. Das bedeutet, dass erst die Herstellung authentischer Gefühle seitens der Pflegekräfte diesen dazu verhilft, die Durchführung der pflegerischen Aufgaben in der Pflegepraxis harmonisch und angstfrei zu realisieren.

Die Führung von Menschen mit Demenz als Strategie einer erfolgreichen Pflegepraxis, wie Pfleger Thomas es hier andeutet, beleuchtet eine Dimension, die über das hinausgeht, was Hochschild (2006) bereits über die Auswirkungen des Marktes auf die innersten Gefühle der Dienstleistungsgeber zeigen konnte.[7] Die Analyse des im Rahmen der Studie erho-

---

[7] Die Begleiter waren nicht mehr dazu in der Lage, sich freundlich und persönlich jedem Gast zuzuwenden, als die Zahl der Sitzplätze pro Maschine erhöht und die Zahl der Flugbegleiter gesenkt wurde. In Anlehnung an Hochschild zeigt Edding (1988), welche Dauerschäden durch die hochgradige Identifikation (eine hohe emotionale Investition in die Arbeit) unter Marktdruck erfolgen können. Sie kann auf Dauer zu Burnout-Effekten führen (tiefe Erschöpfung und gefühlsmäßige Abstumpfung). Andere Folgen sind die mögliche Diskrepanz zwischen den Rollen (ein Gefühl der Distanz zwischen gefühltem und geäußertem Gefühl) und das Erwachsen von Schuldgefühlen gegenüber den Dienstleistungsempfängern.

benen empirischen Datenmaterials hat gezeigt, dass Emotionsarbeit ein sehr wichtiger Bestandteil der Pflegeinteraktionen zwischen Pflegekräften und Menschen mit Demenz ist. Dies ist zunächst keine neue Erkenntnis. Allerdings hat die Analyse auch gezeigt, dass die Beeinflussung der eigenen Emotionen im Umgang mit von einer Demenz betroffenen Menschen nicht als Massendienstleistung gelingen kann – die lächelnde Maske droht genau dann zu scheitern, wenn sie eine Maske bleibt. Es reicht also nicht aus, nach außen hin etwas zu produzieren, was nicht mit dem Inneren – also den authentischen Gefühlen – übereinstimmt. Eine Differenz zwischen Ausdruck und Erleben ist nicht mehr möglich (Oberflächenhandlung). Vielmehr müssen Ausdruck und Erleben miteinander harmonieren. Die Tiefenhandlung muss also erfolgreich umgesetzt werden, damit der Mensch mit Demenz die Kommunikation – vermittelt über die Emotionen – nicht falsch versteht.

15.5 Resümee: Die unternehmerische Pflegekraft

Die vielfache Anwendung der Praktiken der Gefühlsregulierung zur Beeinflussung der Pflegeinteraktionen lässt sich als **gouvernementale Machttechnik** verstehen. Pflegekräfte versuchen auf diese Weise, Einfluss auf das Handlungsfeld der Bewohner mit Demenz zu nehmen, damit diese die Handlungsziele der Pflegekräfte als ihre eigenen übernehmen. Auf der analytischen Ebene eignet sich in besonderer Weise die Anwendung des Konzeptes der Gouvernementalität (vgl. Foucault 2000), um die Kräfteverhältnisse – konkreter: die Machtverhältnisse – eines sozialen Feldes wie dem der Pflege zu erfassen. Mit diesem Konzept arbeitet Michel Foucault (ebd.) Handlungsformen und Praxisfelder heraus, die in vielfältiger Weise die Handlungen von Individuen und Gruppen lenken bzw. steuern. Unter Führung versteht er zum einen „die Tätigkeit des ‚Anführens' anderer" (Foucault 1987, S. 255) und zum anderen „die Weise des Sich-Verhaltens in einem mehr oder weniger offenen Feld von Möglichkeiten" (ebd.). Demnach wirken Machtverhältnisse nicht direkt auf **Menschen** ein, sondern auf deren **Handlungen**. In diesem Zusammenhang ist die Arbeit der Pflegekräfte an den eigenen Emotionen als eine Art Sozialtechnik zu verstehen. Durch die Arbeit am Selbst soll Einfluss auf das Handlungsfeld der anderen genommen werden – in diesem Fall auf das Handlungsfeld der Bewohner mit Demenz. Das bedeutet, dass eine erfolgreiche Umsetzung der personenbezogenen Dienstleistung in der Pflegepraxis von Menschen mit Demenz auf der Vermittlung authentisch-positiver Gefühle durch die Pflegenden basiert. Auf diese Weise wird die Pflege dieser Menschen an die Herstellung eines positiven Selbst der Pflegekräfte geknüpft.

In diesem Zusammenhang lässt sich der Umbau des Sozialstaates auch als **strategisch** verstehen. Der Staat zielt auf die soziale Reproduktion der Individuen selbst – sie sind dazu angehalten, selbstverantwortlich und unternehmerisch zu handeln (vgl. Bröckling 2007). Die Folge einer solchen Entwicklung ist die Ökonomisierung des Sozialen (vgl. Lemke et al. 2000). Am Beispiel der Pflege bedeutet dies, dass die Pflegekräfte sich selbst so in die Pflegepraxis von Menschen mit Demenz einzubringen haben, dass diese trotz entstehender Spannungen – die auch strukturell verursacht werden – durchführbar bleibt. Emotionsarbeit ist in diesem Zusammenhang als Technik der Pflegekräfte zu verstehen, auf die strategische Ausrichtung der Pflege zu reagieren. Gleichzeitig kommt es zu einer Verlagerung der Verantwortung, denn scheitern Pflegekräfte im Umgang mit Menschen mit Demenz, ist es ihr persönliches Versagen. In diesem Zusammenhang schreibt Friesacher (2008, S. 128 f.):

> Im Rahmen von umfassenden Qualitätsprogrammen sind die Selbsttechnologien unerlässliches Instrument zur Verfestigung neoliberaler Subjektivität. Jeder Mitarbeiter handelt als Unternehmer seiner selbst eigenverantwortlich. Dieses lässt den Umkehrschluss zu, dass Misserfolg eben auch individuelles Versagen darstellt. So wird ein Psycho-Management nötig, um die eigenen Stärken, Schwächen, Ziele und Wünsche einzuschätzen und gegebenenfalls zu verändern.

In der Pflegepraxis von Menschen mit Demenz wird dieser Prozess noch beschleunigt, weil der Umgang mit diesen Menschen von den Pflegekräften mehr Individualität, Kreativität und Flexibilität abverlangt.

Es bleibt festzuhalten, dass die Konstitution eines sozialen Feldes wie dem der Pflege durch Konflikt- und Spannungsverhältnisse sowie durch asymmetrische Beziehungsgeflechte zwischen den Akteurinnen und Akteuren geprägt ist. Der organisatorische Gegensatz von zweckrationalen und effizienten Handlungsanweisungen seitens der Organisation Altenpflege einerseits und den bewohnerorientierten Betreuungskonzepten andererseits führt zu einer starken Einengung des Handlungsspielraumes des Pflegepersonals. Diese Einengung eröffnet wiederum weitere Konflikt- und Spannungsfelder. Die Bewältigung dieser Prozesse wird den Pflegekräften überwiegend selbst überlassen. In diesem Zusammenhang bietet die Strukturierung des Handlungsfeldes von Bewohnern mit Demenz den Pflegekräften eine geeignete Möglichkeit, die Pflege dieser Menschen in Kooperation und nicht durch Zwang zu realisieren. Wie gezeigt wurde, trägt insbesondere eine gelungene Emotionsarbeit seitens der Pflegekräfte zu einer positiven Bewältigung kritischer Situationen im Umgang mit Menschen mit Demenz bei. Problematisch wird es allerdings dann, wenn diese Arbeit als ökonomische Ressource gehandelt wird, die gezielt dazu eingesetzt werden kann, eine durchrationalisierte und ökonomisierte Pflegepraxis aufrechtzuerhalten. Derzeit werden Pflegekräfte dazu angehalten, selbstverantwortlich und unternehmerisch zu handeln und ihr ganzes Selbst in die Pflegepraxis einzubringen, damit diese trotz der strukturellen Spannungen durchführbar bleibt. Meist geschieht dies auf Kosten der Gefühle der Emotionsarbeiter (Burnout-Gefahr). Dies zeigt deutlich, dass die Verlagerung der Verantwortlichkeiten in der Pflegepraxis vor allem auf Kosten der Pflegekräfte vollzogen wird. Untersuchungen zum Belastungserleben von Pflegekräften geben in diesem Zusammenhang Hinweise auf die Brisanz innerhalb dieses Berufsfeldes (vgl. Güntert und Thiele 2008; Büsing et al. 2001). Dies kann gravierende Folgen für Pflegekräfte *und* Bewohner haben.

Literatur

Arens F (2004) „Die machen sich immer so steif". Der nonverbale Ausdruck von Emotionen in der Kommunikation zwischen Pflegenden und dementierenden alten Menschen. Pflegemagazin 5(6):28–37

Banerjee S (2009) The use of antipsychotic medication for people with dementia: time for action. A report for the Minister of State for Care Services. http://psychrights.org/research/Digest/NLPs/BanerjeeReportOnGeriatricNeurolepticUse.pdf. Zugegriffen: 7. Jul. 2010

Blüher S, Stosberg M (2005) Pflege im Wandel veränderter Versorgungsstrukturen: Pflegeversicherung und ihre gesellschaftlichen Konsequenzen. In: Schroeter KR, Rosenthal T (Hrsg) Soziologie der Pflege. Grundlagen, Wissensbestände und Perspektiven. Juventa, Weinheim, S 177–192

Bröckling U (2007) Das unternehmerische Selbst. Soziologie einer Subjektivierungsform. Suhrkamp, Frankfurt a. M.

Büssing A et al (2001) Arbeitsbedingungen, Interaktionsarbeit und Qualität der Arbeit in der stationären Altenpflege. Methodenentwicklung und Ergebnisse einer Pilotstudie. http://www.psy.wi.tum.de/LS-Berichte/Bericht-58.pdf. Zugegriffen: 8. Mär. 2011

Dunkel W, Rieder K (2004) Interaktionsarbeit zwischen Konflikt und Kooperation. In: Dunkel W, Voß GG (Hrsg) Dienstleistungen als Interaktion. Beiträge aus einem Forschungsprojekt Altenpflege – Deutsche Bahn – Call Center. Rainer Hampp, München, S 211–226

Edding C (1988) Verkaufte Gefühle – Balanceakte in der Trainerrolle. Gruppendynamik 19(3): 339–349

Foucault M (1987) Das Subjekt und die Macht. In: Dreyfus HL, Rabinow P (Hrsg) Michel Foucault. Jenseits von Strukturalismus und Hermeneutik. Athenäum, Frankfurt a. M., S 241–261

Foucault M (2000) Die „Gouvernementalität". In: Bröckling U, Krasmann S, Lemke T (Hrsg) Gouvernementalität der Gegenwart. Studien zur Ökonomisierung des Sozialen. Suhrkamp, Frankfurt a. M., S 41–67

Friesacher H (2008) Theorie und Praxis pflegerischen Handelns. Begründung und Entwurf einer kritischen Theorie der Pflegewissenschaft. V & R unipress, Göttingen

Giddens A (1997) Die Konstitution der Gesellschaft. Campus, Frankfurt a. M.

Giesenbauer B, Glaser J (2006) Emotionsarbeit und Gefühlsarbeit in der Pflege – Beeinflussung fremder und eigener Gefühle. In: Böhle F, Glaser J (Hrsg) Arbeit in der Interaktion – Interaktion als Arbeit. Arbeitsorganisation und Interaktionsarbeit in der Dienstleistung. VS Verlag für Sozialwissenschaften, Wiesbaden, S 59–83

Goffman E (1973) Asyle. Über die soziale Situation psychiatrischer Patienten und anderer Insassen. Suhrkamp, Frankfurt a. M.

Groenemeyer A, Rosenbauer N (2010) Soziale personenbezogene Dienstleistungsorganisationen im Dispositiv der Kontrolle und Disziplinierung. In: Klatetzki T (Hrsg) Soziale personenbezogene Dienstleistungsorganisationen. Soziologische Perspektiven. VS Verlag für Sozialwissenschaften, Wiesbaden, S 61–102

Gröning K (2004) Institutionelle Mindestanforderungen bei der Pflege von Dementen. In: Tackenberg P, Abt-Zegelin A (Hrsg) Demenz und Pflege. Eine interdisziplinäre Betrachtung. Mabuse, Frankfurt a. M., S 83–96

Gröning K (2007) Das Pflegeheim als Lebensphase. Anmerkungen zur Soziologie des Heims. Dr. med. Mabuse 32(169):39–42

Gröning K, Lietzau Y (2010) Gewalt gegen ältere Menschen. In: Aner K, Karl U (Hrsg) Handbuch Soziale Arbeit und Alter. VS Verlag für Sozialwissenschaften, Wiesbaden, S 361–367

Güntert BJ, Thiele G (2008) Gibt es eine Unterfinanzierung in der Pflege? In: Bauer U, Büscher A (Hrsg) Soziale Ungleichheit und Pflege. Beiträge sozialwissenschaftlich orientierter Pflegeforschung. VS Verlag für Sozialwissenschaften, Wiesbaden, S 154–179

Händler-Schuster D (2010) Emotionalität bei Demenz. Möglichkeiten einer individuellen Beziehungsgestaltung im Pflegealltag. Psych Pflege Heute 16(2):69–74. doi:10.1055/s-0030-1251963

Henke F (2008) Die Fixierung als Ultima Ratio – Fixierungen im Einsatz gegen Aggressivität. pflegen: Demenz (6):30–32

Hochschild AR (2006) Das gekaufte Herz. Die Kommerzialisierung der Gefühle. Campus, Frankfurt a. M.

Kostrzewa S (2008) Palliative Pflege von Menschen mit Demenz. Dr. med. Mabuse 33(172):24–27

Kelle U (2007) „Kundenorientierung" in der Altenpflege? Potemkinsche Dörfer sozialpolitischen Qualitätsmanagements. PROKLA 146(1):113–128

Kelle U et al (2008) Datenerhebung in totalen Institutionen als Forschungsgegenstand einer kritischen gerontologischen Sozialforschung. In: Amann A, Kolland F (Hrsg) Das erzwungene Paradies des Alters? Fragen an eine Kritische Gerontologie. VS Verlag für Sozialwissenschaften, Wiesbaden, S 163–193

Knobling C (1988) Konfliktsituationen im Altenheim. Eine Bewährungsprobe für das Pflegepersonal. Lambertus, Freiburg i. Br.

Koch-Straube U (1997) Fremde Welt Pflegeheim. Eine ethnologische Studie. Hans Huber, Bern

Koch-Straube U (2005) Lebenswelt Pflegeheim. In: Schroeter KR, Rosenthal T (Hrsg) Soziologie der Pflege. Grundlagen, Wissensbestände und Perspektiven. Juventa, Weinheim, S 211–226

Kondratowitz H-J (2005) Langfristiger Wandel der Leitbilder in der Pflege. In: Schroeter KR, Rosenthal T (Hrsg) Soziologie der Pflege. Grundlagen, Wissensbestände und Perspektiven. Juventa, Weinheim, S 125–140

Lemke T, Krasmann S, Bröckling U (2000) Gouvernementalität, Neoliberalismus und Selbsttechnologien. Eine Einleitung. In: Bröckling U, Krasmann S, Lemke T (Hrsg) Gouvernementalität der Gegenwart. Studien zur Ökonomisierung des Sozialen. Suhrkamp, Frankfurt a. M., S 7–40

Link J (1997) Versuch über den Normalismus. Wie Normalität produziert wird. Westdeutscher Verlag, Opladen

Nerdinger FW (1994) Zur Psychologie der Dienstleistung. Schäffer-Poeschel, Stuttgart

Newerla A (2012) Verwirrte pflegen, verwirrte Pflege? Handlungsprobleme und Handlungsstrategien in der stationären Pflege von Menschen mit Demenz – eine ethnographische Studie. LIT, Münster

Newerla A (2013) Ein Schein von Qualität. Über die Schwierigkeiten standardisierter Verfahren zur Erhebung von „Kundenzufriedenheit" in der stationären Pflege. Prax Palliat Care (18):36–37

Rosenthal T (2005) Pflege und Management: ein Spannungsfeld. Konzepte – Kontroversen – Konsequenzen. In: Schroeter KR, Rosenthal T (Hrsg) Soziologie der Pflege. Grundlagen, Wissensbestände und Perspektiven. Juventa, Weinheim, S 299–321

Schneekloth U, Müller U (2000) Wirkungen der Pflegeversicherung. Forschungsprojekt. Schriftreihe des Bundesministeriums für Gesundheit, Bd 127. Nomos, Baden-Baden

Schroeter KR (2006) Das soziale Feld der Pflege. Eine Einführung in Strukturen, Deutungen und Handlungen. Juventa, Weinheim

Schroeter KR (2008) Pflege in Figuration – ein theoriegeleiteter Zugang zum ‚sozialen Feld der Pflege'. In: Bauer U, Büscher A (Hrsg) Soziale Ungleichheit und Pflege. Beiträge sozialwissenschaftlich orientierter Pflegeforschung. VS Verlag für Sozialwissenschaften, Wiesbaden, S 49–77

Schroeter KR, Rosenthal T (2005) Einführung: Soziologie der Pflege oder Pflegesoziologie – eine weitere Bindestrich-Soziologie? In: Schroeter KR, Rosenthal T (Hrsg) Soziologie der Pflege. Grundlagen, Wissensbestände und Perspektiven. Juventa, Weinheim, S 9–31

Simon M (2000) Ökonomische Rahmenbedingungen der Pflege. In: Rennen-Allhoff B, Schaeffer D (Hrsg) Handbuch Pflegewissenschaft. Juventa, Weinheim, S 243–269

Strauss A et al (1982) Sentimental work in the technologized hospital. Sociol Health Illn (4)3:254–278. doi:10.1111/1467-9566.ep10487954

Sütterlin S, Hoßmann I, Klingholz R (2011) Demenz-Report. Wie sich die Regionen in Deutschland, Österreich und der Schweiz auf die Alterung der Gesellschaft vorbereiten können. Berlin-

Institut für Bevölkerung und Entwicklung, Berlin. http://www.berlin-institut.org/fileadmin/user_upload/Demenz/Demenz_online.pdf. Zugegriffen: 30. Dez. 2012

Voss H (1990) Motivation und Organisation im Altenheim. Theorie und Praxis individueller Altenpflege. Vincentz, Hannover

Waldschmidt A (2003) Die Flexibilisierung der „Behinderung". Anmerkungen aus normalismus-theoretischer Sicht, unter besonderer Berücksichtigung der „International Classification of Functioning, Disability and Health". Ethik Med 15(3):191–202. doi:10.1007/s00481-003-0242-5

Walther G (2007) Freiheitsentziehende Maßnahmen in Altenpflegeheimen – rechtliche Grundlagen und Alternativen der Pflege. Ethik Med 19(4):289–300. doi:10.1007/s00481-007-0535-1

Wißmann P (2010) Demenz – ein soziales und zivilgesellschaftliches Phänomen. In: Aner K, Karl U (Hrsg) Handbuch Soziale Arbeit und Alter. VS Verlag für Sozialwissenschaften, Wiesbaden, S 339–346

Teil IV

Gesundheits- und Industriedienstleistungen: Übergänge und Differenzen

Produktivitätssteigerung von technologieorientierten Dienstleistungen – Beispiele aus der Personalisierten Medizin

16

Bastian Halecker, Andreas Braun und Elisabeth Eppinger

Inhaltsverzeichnis

16.1   Einleitung 345
16.2   Theoretischer Unterbau 347
    16.2.1   Dienstleistung,   Dienstleistungsinnovation
        und Dienstleistungsproduktivität 347
    16.2.2   Bezugsrahmen zur Bestimmung des Dienstleistungspotenzials 349
16.3   Methodisches Vorgehen 350
16.4   Ergebnisse und Diskussion 351
    16.4.1   Fallstudie I 351
    16.4.2   Fallstudie II 353
    16.4.3   Fallstudie III 354
    16.4.4   Fallstudiensynthese 355
16.5   Fazit und Ausblick 357
Literatur 358

16.1   Einleitung

Personalisierte Medizin (PM) ist seit der Entschlüsselung des menschlichen Genoms ein stark präsentes Thema in Wissenschaft und Industrie (Epstein und Teagarden 2010; Aspinall und Hamermesh 2007). PM im engeren Sinne basiert auf der Zielsetzung, Patienten

B. Halecker (✉) · A. Braun · E. Eppinger
LS für Innovationsmanagement und Entrepreneurship,
Universität Potsdam, August-Bebel-Str. 89,
14482 Potsdam, Deutschland
E-Mail: bastian.halecker@ime.uni-potsdam.de

M. Bornewasser et al. (Hrsg.), *Dienstleistungen im Gesundheitssektor*,
DOI 10.1007/978-3-658-02958-6_16, © Springer Fachmedien Wiesbaden 2014

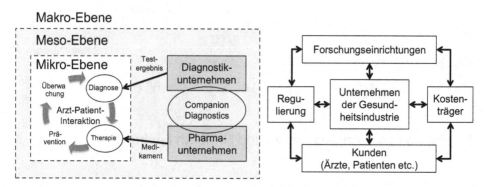

Abb. 16.1 Die drei ökonomischen Ebenen der Personalisierten Medizin

ausgehend von Informationen ihrer genetischen, molekularen oder zellulären Merkmals-ausprägungen näher charakterisieren zu können. Dies wiederum beeinflusst die Therapie in Medikamentenauswahl und -dosierung (von Holleben et al. 2011). Da sich die genauere Charakterisierung der Patientenpopulation damit verkleinert, wird PM auch als „stratifizierende" Medizin bezeichnet. Die Stratifizierung erfolgt in der Regel durch einen Diagnostiktest (Eppinger et al. 2012). Im weiteren Sinne umfasst PM – neben der medizinischen – vor allem auch eine ökonomische Perspektive (Thomas et al. 2010). Diese Sichtweise blieb bislang weitgehend unberücksichtigt. Ziel des Projekts „Dienstleistungs-potenziale in der Personalisierten Medizin (DPM)"[1] an der Universität Potsdam ist es, hier einen ersten Einblick zu geben.

PM beeinflusst aus ökonomischer Sicht drei Ebenen (Abb. 16.1): Auf der makroöko-nomischen Ebene soll PM beitragen, das Gesundheitssystem finanziell zu entlasten. Im Idealfall werden nur noch Patienten behandelt, die aufgrund einer vorherigen Testung als für eine Therapie geeignet identifiziert wurden. Unerwünschte Nebenwirkungen bleiben aus, und damit auch entsprechende Folgebehandlungskosten (PCAST 2008). Um diese Vorteile zu erreichen, bedarf es auf der Meso-Ebene einer verstärkten Zusammenarbeit zwischen Pharma- und Diagnostikunternehmen. Forschung und Entwicklung in den Be-reichen Test- und Medikamentenentwicklung müssen synchronisiert und parallelisiert werden (Eppinger et al. 2012). Auf der Mikroebene greift PM in die Patient-Arzt-Interaktion (Cycle of Care) ein (Porter und Teisberg 2006). Die klassische Diagnose des Arztes wird dabei durch genetische, molekulare und zellulare Daten erweitert. Auf Basis dieser Informationen kann der Arzt im Anschluss eine individuelle, weil passgenauere Therapie verschreiben. Auf allen drei Ebenen verfolgt PM das Ziel, die Produktivität des Gesamtsystems zu erhöhen.

---

[1] DPM ist ein Projekt der Bekanntmachung „Produktivität von Dienstleistungen" im Rahmen des Forschungsprogramms „Innovationen mit Dienstleistungen" des Bundesministeriums für Bildung und Forschung (BMBF). Projektlaufzeit: Oktober 2010 bis April 2014. Projektträger ist das Deutsche Zentrum für Luft- und Raumfahrt (DLR).

Zielsetzung des vorliegenden Beitrags ist es, das Meso-System aus Diagnostik- und Pharmaunternehmen zu untersuchen. PM wird dabei im Sinne einer Companion-Diagnostic als Kombination aus Dienstleistung (i.e. Diagnostiktest) und Produkt (i.e. Medikament) verstanden. Ein Diagnostiktest stellt damit für die Untersuchung eine Dienstleistung dar. Die zugrunde liegende Fragestellung ist, welche Ansätze technologieorientierte Unternehmen in der PM nutzen, um die Produktivität von Dienstleistungen zu verbessern. Ausgehend von einem Modell zur Erklärung von Dienstleistungsproduktivität werden anhand von drei Fallstudien Ansätze zur Produktivitätssteigerung analysiert. Der Beitrag ist wie folgt aufgebaut: In Abschn. 16.2 werden die terminologischen Grundlagen geschaffen. Aus der kritischen Reflektion bestehender Modelle zu Dienstleistungsinnovation und Dienstleistungsproduktivität wird zudem ein Untersuchungsrahmen abgeleitet, der als Grundlage für die empirische Auswertung in Abschn. 16.4 dient. Zuvor wird in Abschn. 16.3 noch die methodische Vorgehensweise bei der Datensammlung und -auswertung dargestellt. Der Beitrag schließt mit einem Fazit und Ausblick ab.

16.2 Theoretischer Unterbau

Ziel dieses Abschnitts ist es, die für diesen Beitrag wesentlichen Begriffe zu definieren und zu charakterisieren. Aus der kritischen Reflektion bestehender Modelle wird zudem ein Untersuchungsrahmen abgeleitet, der als Grundlage für die empirische Auswertung dient.

16.2.1 Dienstleistung, Dienstleistungsinnovation und Dienstleistungsproduktivität

In der Literatur werden Dienstleistungen – in Abgrenzung zu Sachgütern – sehr unterschiedlich definiert. Ein einheitliches Verständnis fehlt bis dato (siehe dazu u. a. Scheer et al. 2006; Corsten und Gössinger 2007; Fritzsche 2007; Bruhns und Stauss 2009). Zu den konstituierenden Merkmalen von Dienstleistungen (im Folgenden synonym mit dem Begriff Services verwendet) zählen demnach Intangibilität, Individualität und Integration externer Faktoren (Pepels 1996; Schmidt-Rettig 2008; Hill 1995). An dieser Stelle soll insbesondere auf die Integration externer Faktoren, i.e. der Kunde, eingegangen werden und als Ausgangspunkt für den Untersuchungsrahmen dienen: Dienstleistungen sind insbesondere personengebunden und können ohne Beteiligung des Kunden nicht erbracht werden (Pepels 1996).

Die zentrale Rolle des Kunden zeigt sich zum einen darin, dass er in die Dienstleistungsinnovation eingebunden ist (Bruhn und Stauss 2009). In seinem Ansatz zur Entwicklung und zum Management von Dienstleistungsprozessen unterscheidet Ramaswamy (1996) zwei Hauptphasen, die sich jeweils aus vier Schritten zusammensetzen:

1. Im Service Design steht die Konzeption einer neuen Dienstleistung im Mittelpunkt. Diese Phase umfasst die Schritte Festlegung der Designattribute, Spezifizierung der Leistungsstandards, Gestaltung der Bewertung des Servicekonzeptes und Entwicklung der Servicedetails.
2. Unter Service Management wird die Umsetzung der Dienstleistung sowie deren fortlaufendes Monitoring im Markt verstanden. Diese Phase setzt sich aus den Schritten Markteinführung der Dienstleistung, Performanz-Messung, Analyse der Kundenzufriedenheit und Performanz-Verbesserung zusammen.

Somit beschreiben Service Design und Service Management einen iterativen Prozess.

Zum anderen wird die Kundenintegration als „Schlüssel für eine Produktivitätserhöhung" (Gartner 1978, S. 217) betrachtet. In Anlehnung an Lasshof (2006) bezeichnet Produktivität „die mengenmäßige Ergiebigkeit eines Transformationsprozesses" bzw. „das Verhältnis zwischen den in einer Periode von einem Unternehmen hervorgebrachten Produkten und Dienstleistungen zu den dafür eingesetzten Produktionsfaktoren" (Lasshof 2006, S. 27).

Konzeptionelle Ansätze zur Bestimmung der Dienstleistungsproduktivität entwickeln u. a. Corsten (1994), Johnston und Jones (2004) und Grönroos und Ojasalo (2004). Letztere verstehen die Produktivität von Dienstleistungen als System aus interner, externer und Kapazitätseffizienz.

1. Interne Effizienz definiert die optimale Nutzung der durch den Dienstleistungsanbieter und -abnehmer eingebrachten Inputs. Dazu zählen aus Sicht des Dienstleistungsunternehmens Personal, Technologien, Informationen und Zeit.
2. Externe Effizienz wird durch die Quantität und Qualität der Dienstleistung determiniert. Die Qualität ergibt sich zum einen aus der Gestaltung des Dienstleistungsprozesses und zum anderen als Ergebnis dieses Prozesses. Ausschlaggebend ist dabei die Perspektive des Dienstleistungsabnehmers, d. h. die vom Kunden wahrgenommene Qualität der Dienstleistung.
3. Die Kapazitätseffizienz beschreibt die Auslastung der bereitgestellten Leistungspotenziale und bemisst sich darin, wie gut Angebot und Nachfrage übereinstimmen.

Bruhn und Hadwich (2011) nennen fünf zentrale Determinanten und damit Hebel zur Steigerung der Dienstleistungsproduktivität: 1) Produktbezogene Einflussfaktoren: Dazu zählen bspw. Preis und Qualität, die wiederum die Kundenzufriedenheit und damit die Kundenbindung beeinflussen (Backhaus et al. 2011). 2) Unternehmensbezogene Determinanten: Diese umfassen u. a. die Kostenstruktur, die Marktstellung und das Image (Grönroos und Ojasalo 2004). Letzteres beeinflusst die Qualitätswahrnehmung des Kunden. 3) Kundenbezogene Determinanten: Dazu werden die Kundenintegration und -macht gerechnet. Durch den Grad der Integration wird die Produktivität von Dienstleistungen maßgeblich beeinflusst (Parasuraman 2010). 4) Mitarbeiterbezogene Determinanten: Gemeint ist damit insbesondere das Wissen der im Dienstleistungsprozess involvierten

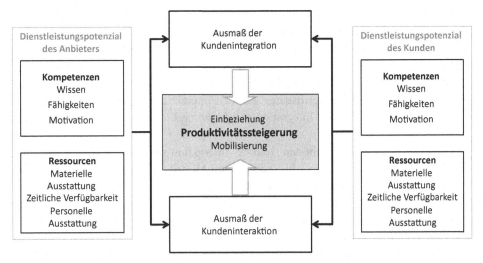

Abb. 16.2 Modell von Müller et al. (2011) als Bezugsrahmen für die Untersuchung

Mitarbeiter (Bruhn und Hadwich 2011). 5) Prozessbezogene Determinanten: Diese umfassen den Umfang der Kundenintegration, die Dauer des Erstellungsprozesses sowie den
Innovationsgrad (Johnston und Jones 2004).

16.2.2   Bezugsrahmen zur Bestimmung des Dienstleistungspotenzials

Ausgehend von der Zielsetzung dieses Beitrags werden für den vorliegenden Bezugsrahmen die kunden- bzw. prozessbezogenen Perspektiven nach Bruhn und Hadwich (2011)
beleuchtet, um einerseits die Integration des Kunden in den Dienstleistungsprozess und
andererseits die Ausgestaltung des Wertschöpfungsprozesses im Dienstleistungsbereich zu
untersuchen.

Grundlage des Untersuchungsrahmens ist das Modell von Müller et al. (2011), das die
Höhe der Produktivitätssteigerung darin bemisst wie effizient und effektiv Kunden in den
Dienstleistungsprozess einbezogen und mobilisiert werden (Abb. 16.2). Dabei greift das
Modell auch Aspekte des Kooperationsmanagements auf (Dyer und Singh 1998). Diese
Sichtweise der Kundenintegration wird in der Literatur als „Prozess der systematischen
Analyse, Planung, Durchführung und Kontrolle der aktiven Teilnahme von Kunden an
unternehmerischen Prozessen" (Bruhn und Stauss 2009, S. 6) verstanden. Die Kundenintegration stellt dabei einen koordinierenden Managementansatz dar, der neben der Phase
des Service Managements auch die Phase des Service Designs einschließt (siehe dazu Ramaswamy 1996). Der Kunde wird damit in Anlehnung an Hippel (1986) und Chesbrough
(2011) in den gesamten Innovationsprozess integriert und tritt als Co-Innovator auf.

Produktivität wird im vorliegenden Modell als Kombination aus Kundeneinbezie-
hung und -mobilisierung verstanden. Entsprechend wird angenommen, dass sich eine
Produktivitätssteigerung durch die iterative Verbesserung beider Komponenten ergibt.

Die Einbeziehung beschreibt dabei das Ausmaß der gewünschten bzw. tatsächlichen Kundenintegration im Service Design und kann in Anlehnung an Engelhardt et al. (1993) anhand der Dimensionen Eingriffstiefe, -breite, -dauer, und -häufigkeit bestimmt werden. Eingriffstiefe gibt an, in welcher Wertschöpfungsstufe eine Kundeninteraktion erfolgt; Eingriffsbreite beschreibt den Umfang der Einflussnahme anhand der Zahl der gemeinsam durchgeführten Prozesse; Eingriffsdauer gibt den Interaktionszeitraum an; Eingriffshäufigkeit misst, wie häufig eine Integration stattfindet (vgl. dazu auch Bruhn und Stauss 2009).

Die Mobilisierung beschreibt den Grad der Interaktion zwischen Kunden und Anbieter im Service Management. In Abwandlung zum Modell von Müller et al. (2011) wird darunter der Grad der Informationsbereitstellung und des Informationsaustausches verstanden (vgl. dazu Minkus 2011). Der Kunde wird als unternehmensexterne Ressource in den Wertschöpfungsprozess integriert (Prahalad und Ramaswamy 2003). Entsprechend kann der Kunde als Kooperationspartner verstanden werden, dessen Informationsniveau bezüglich der Dienstleistung mit dem Dienstleistungsanbieter kompatibel sein muss (Dyer und Singh 1998; Barrantes 2006).

Das Ausmaß der Interaktion und der Kundenintegration werden bestimmt durch das Dienstleistungspotential des Anbieters bzw. Kunden, das sich jeweils aus den Kompetenzen und Ressourcen beider Akteure zusammensetzt (Dyer und Singh 1998). Das Modell zeigt auf, dass sich die Produktivität von Dienstleistungen u. a. aus der Interaktion zwischen Kunde und Anbieter bzw. deren Prozesse, Ressourcen und Kompetenzen ergibt (Müller et al. 2011).

Vorliegendes Modell nimmt dabei eine Snapshot-Perspektive ein. Iterationen oder Modifizierungen in der Kundeneinbindung bleiben deshalb unberücksichtigt. Dabei weisen Grönroos und Ojasalo (2004) zu Recht darauf hin, dass Produktivität zu einem großen Teil durch die Lernfähigkeit der Beteiligten determiniert ist. Lernen können die am Dienstleistungsprozess beteiligten Akteure, wenn sie über entsprechende Informationen verfügen. Um im Dienstleistungsprozess die Produktivität zu steigern, kommt dem Prozess der Informationsversorgung eine große Bedeutung zu. Dabei stellt die Informationsversorgung wiederum eine eigenständige Dienstleistung dar (Minkus 2011).

16.3 Methodisches Vorgehen

Die vorliegende Untersuchung folgt dem explorativen Fallstudienansatz (Yin 1984; Eisenhardt 1989). Eine wesentliche Bedeutung besitzt hierbei die Auswahl der zu analysierenden Unternehmen. Diese werden bei qualitativen Untersuchungen gezielt anhand bestimmter Kriterien ausgewählt. In der Regel wird beabsichtigt, möglichst Extrembeispiele als Untersuchungsgegenstand zu wählen, so auch im vorliegenden Fall (Glaser und Strauss 1967). Die empirischen Daten für die Fallstudien wurden im Juni bis September 2011 im Rahmen des Forschungsprojekts „Dienstleistungspotenziale in der Personalisierten

Medizin" erhoben. Insgesamt wurden Mitarbeiter in zwölf Diagnostikunternehmen interviewt. Die Interviewpartner waren in der oberen Managementebene der Unternehmen angesiedelt. Alle Interviews wurden aufgezeichnet, transkribiert und auf Wunsch durch den Interviewpartner validiert. Die Datenauswertung erfolgte mittels qualitativer Inhaltsanalyse (Mayring 2008). In einer anschließenden Eingrenzung wurden drei Fallstudien ausgewertet, die einen besonders guten Einblick auf die in diesem Text zugrunde liegende Fragestellung geben.

16.4   Ergebnisse und Diskussion

Um die Produktivität von Dienstleistungen bei Diagnostikunternehmen besser einordnen und verstehen zu können, soll an dieser Stelle kurz aufgezeigt werden, welches Leistungsspektrum sie innerhalb des Wertschöpfungsprozesses anbieten. Es lassen sich zwei wesentliche Bereiche unterscheiden (Mietzner und Wagner 2010):

- Arzneimittel- und Testentwicklung sowie die Produktion (u. a. in Kooperation mit anderen Unternehmen z. B. Pharmaunternehmen)
- Behandlungsbegleitende Dienstleistungen wie Screening (Hat der Patient das Target?), Diagnostik (Definition des Krankheitstyps), Prognose (Wird der Patent auf die Behandlung ansprechen und was ist das Ergebnis?), Monitoring (Überwachung des Krankheitsverlaufes)

Die durchgeführte Analyse zeigt, dass es unterschiedliche Kombinationen von angebotenen Dienstleistungen und Produkt-Service-Systemen in den einzelnen Diagnostikunternehmen gibt. Das liegt zum einen daran, dass die Diagnostikunternehmen unterschiedliche Kundengruppen ansprechen (u. a. Pharmaunternehmen, Ärzte, Krankenhäuser), die dazu noch eine einzigartige Struktur aufweisen (Anwender ≠ Entscheider ≠ Kostenträger). Zum anderen liegt es in den verschiedensten Netzwerkstrukturen, die entlang der Wertschöpfungskette auftreten.

Die nachfolgenden drei Fallstudien werden auf Basis des oben beschriebenen Bezugsrahmens auf die verwendeten Ansätze und Ausmaße zur Kundenintegration sowie der Interaktion bei verschiedenen Diagnostikunternehmen untersucht.

Dabei werden spezifische Informationen zu den Unternehmen soweit abstrahiert, dass keine Rückschlüsse auf die einzelnen Unternehmen möglich sind.

16.4.1   Fallstudie I

Das Unternehmen erforscht, entwickelt und produziert neuartige diagnostische Testverfahren, mit der die Diagnose und die Behandlung von verschiedenen Krankheiten verbessert werden. Der Fokus liegt hier auf der Erforschung von Biomarkern zur in-vitro Diagnose für medizinisch relevante Indikationen. Das international tätige Unternehmen mit mehr als 300 Mitarbeitern besitzt eigene patentgeschützte Biomarker.

Das Diagnostikunternehmen zeichnet sich durch eine frühzeitige und weitreichende Integration von Ärzten und Kliniken im Bereich der Forschung- und Entwicklung aus. Es konzentriert sich dabei innerhalb des mehrdimensionalen Netzwerks auf die wichtigsten Key Opinion Leader (i.e. Mediziner) in den einzelnen Indikationen und befragt diese gezielt nach Trends und Entwicklungen. Es geht dabei immer um die Frage, was will der Arzt bzw. für welches Diagnostikum ist er am Ende bereit, Geld auszugeben.

> Welche zusätzliche Information könnte der Arzt mit Hilfe eines Biomarkers erhalten, das seiner täglichen Arbeit mit dem Patienten hilft? (Interviewpartner 3)

Dazu werden gemeinsame Studien und Forschungsprojekte betrieben, die anschließend im Rahmen von Treffen ausgewertet und u. a. auf Tagungen publiziert werden. Die Mediziner sollen im Rahmen der Studien den Test ausprobieren und sich davon überzeugen, dass die Ergebnisse, die der Test liefert, für ihre klinische Routine sinnvoll ist und bessere Entscheidungen getroffen werden können.

Ein erfolgreiches Ergebnis der Einbindung von Medizinern in die Forschung und Entwicklung bei dem untersuchten Diagnostikunternehmen ist ein aktueller Test im Portfolio, der mit mehr als 50 % zum Gesamtunternehmensumsatz beiträgt. In diesem Fall ist ein Arzt mit einer Substanz an das Diagnostikunternehmen herangetreten, es wurde gemeinsam entwickelt und anschließend erfolgreich vermarktet. Hier fand also angewandte gemeinsame Forschung und Entwicklung mit Ärzten statt, die am Ende auch am Markt Erfolg hatte. Für die Ärzte und Kliniken kann sich durch solch eine erfolgreiche Vermarktung eines gemeinsam entwickelten Tests die Reputation enorm steigern. Zudem können damit in Zukunft neue Umsatzquellen für Ärzte und Kliniken in Form von Lizensierungen oder Erfolgsbeteiligungen erschlossen werden. Aktuell wurde aus diesem Test eine große Zahl weiterer verbesserter Tests entwickelt. Kunden dieser Testreihe sind der Laborarzt und der Mediziner, wobei der Laborarzt als Gatekeeper und der Mediziner als Endkunde, der den Test anfordert, fungiert.

Für die Interaktion mit dem Kunden betreibt das Diagnostikunternehmen ein aktives Netzwerkmanagement zum Austausch von Informationen und Wissen. Dabei werden frühzeitig gemeinsam Trends und neue Entwicklungen besprochen. Neben den eigenen Ideen fließen auch solche von Ärzten und Kliniken ein, da diese selber Studien durchführen, woraus sich dann wissenschaftliche Fragestellungen ergeben.

> Ab einer bestimmten Netzwerkgrößenordnung besteht die Möglichkeit, die wichtigsten Key Opinion Leader in der Indikation nach entsprechenden Trends zu befragen. Beziehungsweise wenn man einen intensiven Austausch mit diesen Gruppen pflegt, bekommt man als Unternehmen schnell mit, in welche Richtung die Entwicklungen gehen. (Interviewpartner 3)

Der Vertrieb in dem Diagnostikunternehmen übernimmt die zentrale Aufgabe der Interaktion mit den Kunden. Dieser ist in verschiedene regionale Kompetenzteams unterteilt, in denen jeweils Experten aus Klinik- und Laborbereich vertreten sind. Der Vertrieb führt fortlaufende Abfragen und klassische Marktforschungen durch, um möglichst genau die Bedarfe zu verstehen. Darüber hinaus identifiziert er, welche neuen Key Opinion Leader sich für die Zusammenarbeit in der Forschung und Entwicklung und somit im Service Design einbinden lassen.

16.4.2 Fallstudie II

Das zweite Diagnostikunternehmen ist ein Global Player mit einer führenden Rolle im Bereich in-vitro Diagnostik. Es vertreibt neben klassischen Tests auch verschiedene Instrumente und Software rund um die Diagnostik. Das Unternehmen geht unterschiedliche strategische Partnerschaften u. a. mit großen Pharmaunternehmen im Bereich der Companion Diagnostics ein und beschäftigt über 1.000 Mitarbeiter.

Im Bereich der Integration liegt der Schwerpunkt darin alle Zulieferer und externen Dienstleister in den Entwicklungsprozess einzubinden, in dem Fall Pharmaunternehmen, Gerätehersteller und Softwareunternehmen.

> Wenn ein neuer Test entwickelt werden soll, dann schließt man sich mit entsprechenden Firmen zusammen, die eine Expertise in dem bestimmten Bereich vorweisen können. (Interviewpartner 6)

Sobald ein erster Prototyp eines Tests entwickelt wurde, wird dieser bei führenden pathologischen Instituten (in dem Fall einige große Referenzzentren) installiert und getestet. Das entsprechende Feedback der Anwender wird zur weiteren Optimierung des Testes genutzt. In diesem Fall stellen die Pathologen und pathologischen Institute den Endkunden dar. Als zusätzliche Key Option Leader kommen Onkologen oder Gynäkologen in Betracht.

Das Diagnostikunternehmen konzentriert sich im Rahmen der Interaktion mit den Kunden auf eine effektive und effiziente Verteilung von Informationen rund um das Produkt und die Dienstleistung. Das Unternehmen hat durch die Einrichtung von sog. Applikationsteams für Anwendungstechnik eine Methode installiert, die bei den Endkunden – in dem Fall Pathologen – vor Ort in den Laboren und Instituten Aufklärungsarbeit rund um die Testapplikation betreiben. Darüber hinaus hat das Applikationsteam die Aufgabe, regelmäßige Wartungsarbeiten an den Testgeräten durchzuführen. Dabei liefern sie den Pathologen ergänzend entsprechende Informationen zu neuen Anwendungsmethoden.

> ... haben wir auch eine sehr gute Verzahnung und Vernetzung mit Pathologen, dass diese uns ansprechen, wenn sie Informationen brauchen. (Interviewpartner 6)

Gerade im Hinblick auf die rasante Entwicklung in der PM und den teils komplexen Methoden ist es aus Kundensicht hilfreich z. B. bei neuen Sequenzierungsverfahren vor Ort einen Ansprechpartner zu haben, der mit den Techniken und Methoden vertraut ist und bestehende Arbeitsschritte bewerten und kontinuierlich verbessern kann.

16.4.3 Fallstudie III

Das dritte Unternehmen hat sich auf die Versorgung von Ärzten und Patienten mit Diagnose-Schnelltests spezialisiert. Darüber hinaus besitzt es ein breites Produktportfolio im Bereich Diagnostik für Kliniken und Labors. Das Unternehmen ist eines der weltweit führenden Anbieter medizinischer Diagnostika und Sofortdiagnostik mit mehr als 10.000 Mitarbeitern.

Das Diagnostikunternehmen entwickelt seine Testsysteme eigenständig auf Basis neuster Technologien und bietet diese in verschiedenen Dienstleistungspaketen den Kunden an. Die Integration von externem Wissen erfolgt über Einlizenzierung oder Einkauf ganzer Testgeräte bzw. Lösungen. Neue Produkte werden in das bestehende Portfolio integriert und anschließend vermarktet. Darüber hinaus bietet das Unternehmen in Bezug auf Kundenintegration Monitoring Dienstleistung an, welche die technische Überwachung von verschiedenen Heimtestverfahren bei Patienten ermöglichen. Dabei unterstützt das Unternehmen die Ärzte bei der Tele-Versorgung ihrer Patienten durch Einrichtung, Wartung, Schulung und Datenmanagement. Die Ärzte werden somit in die Dienstleistung direkt integriert und können sich, dadurch, dass das Diagnostikunternehmen die technische Abwicklung für sie übernimmt, voll auf die Behandlung des Patienten konzentrieren. Das Diagnostikunternehmen entwickelt durch diese etwas andere Art der Kundenintegration eine enge Beziehung zu den Ärzten und hat dadurch einen direkten Zugriff auf Impulsgeber für Verbesserungen und mögliche Neuentwicklungen.

> Es geht nicht so sehr um das Gerät an sich, sondern vielmehr um die Beziehung, die man damit aufbaut und sich somit am Markt positioniert. (Interviewpartner 11)

In der Interaktion mit dem Kunden fokussiert sich das Diagnostikunternehmen sehr stark auf sein Netzwerk und die entsprechenden Partner.

> Das Netzwerk, was unser Unternehmen hat und betreibt, macht es erfolgreich. (Interviewpartner 11)

Das Unternehmen sieht die Grundlage für eine bessere Gesundheit in besseren Informationen (z. B. Krankheitsverläufe, aktueller Behandlungsstand). Damit wird deutlich, dass Wissen und Netzwerkbeziehungen rund um die Gesundheitsdienstleistung einen wesentlichen Einflussfaktor darstellen und in Zukunft weiter an Bedeutung gewinnen werden. Zukünftig wird es nicht nur um das Wissen zu einem Gerät oder Test gehen, sondern vielmehr um die Informationen, die dazu ausgetauscht werden. Neben einer kleinen, aber gut organisierten Vertriebsmannschaft für Kliniken und niedergelassene Ärzte sowie einem Innendienstvertrieb für Telemarketing legt das Unternehmen großen Wert auf die Zusammenarbeit mit den Key Opinion Leadern (u. a. Ärzteorganisationen) und ein praktikables Wissensmanagement. Für Anbahnung und Betreuung der Netzwerkbeziehungen ist der Vertrieb zuständig. Für den Vertrieb gelten im Unternehmen klare Erfolgsfaktoren.

> …wir brauchen die richtigen Argumente und wir brauchen die richtigen Leute als Grundvoraussetzung dafür, im Vertrieb erfolgreich zu sein. (Interviewpartner 11)

Das Wissensmanagement im Service Management setzt sich aus verschiedenen Bestandteilen zusammen. Zum einen setzt das Unternehmen das Instrument der Fortbildungen ein, die durch das Diagnostikunternehmen selbst organisiert werden, um mit den Ärzten in Kontakt zu kommen und einen Austausch anzuregen. Zum anderen werden im Rahmen einer intensiven PR-Arbeit regelmäßig Kongresse und Messen besucht.

16.4.4 Fallstudiensynthese

Die dargestellten Fallstudien zeigen, dass Diagnostikunternehmen unterschiedlichste Lösungsansätze verwenden, um emergent und induziert die Produktivität ihrer angebotenen Dienstleistungen zu erhöhen. Eine zusammenfassende Übersicht bietet Tab. 16.1.

Es wird deutlich, dass die Unternehmensgröße eine wichtige Rolle beim Ausmaß der Kundenintegration spielt. Das Unternehmen in Fallstudie I als KMU nutzt Mediziner für die gemeinsame Forschung- und Entwicklung. Die Unternehmen in Fallstudie II und III, die eher als groß klassifiziert werden können, verwenden das Instrument der Kundenintegration dagegen weniger intensiv. Diese Erkenntnis kann unter zwei unterschiedlichen Perspektiven betrachtet werden.

- Aufgrund der KMU spezifischen Merkmale wie flache Hierarchien, einfachere Strukturen und Prozesse und damit schnellere Informationswege fällt es diesen Unternehmen leichter, externes Wissen in den Service Design Prozess aufzunehmen. (Chesbrough 2011; Lee et al. 2010; Narula 2004).
- KMU verfügen nur über limitierte Finanzen, Ressourcen und Kompetenzausstattungen (Rothwell 1989; Hausman 2005; Pansiri und Temtime 2008). Dies führt dazu, dass sie gezwungenermaßen externes Wissen integrieren müssen (Lee et al. 2010; Narula 2004).

Zudem können zwei Formen der Kundenrollen identifiziert werden (Lasshof 2006).

In der Fallstudie I übernimmt der Kunde die Rolle des Co-Produzenten und stellt zum Teil seine eigene Arbeitsleistung zur Verfügung. Dabei handelt es sich um eine „präsenzbedingte Integration" (Corsten und Gössinger 2007).

In den Fallstudien II und III agiert der Kunde in der Rolle des Käufers und beeinflusst die Produktivität durch sogenannte steuernde Prozessinformationen. D. h., der Leistungserstellungsprozess wird zum Teil nach der übermittelten Information der Kundenseite neugestaltet.

Bei der Interaktion mit dem Kunden zeigen die Fallstudien keine großen Unterschiede in Ausmaß und Ausprägung. Es finden zwar unterschiedliche Methoden Anwendung, jedoch scheint allen Unternehmen klar zu sein, welchen Stellenwert die Interaktion mit dem Kunden und dem damit entsprechenden Austausch an Informationen besitzt. Beide Seiten, sowohl Kunde als auch Anbieter, können durch diesen Informationsaustausch lernen und profitieren. Die zunehmende Fähigkeit zum gegenseitigen Lernen beeinflusst die Produktivität von Dienstleistungen positiv (Grönroos und Ojasalo 2004).

Tab. 16.1 Zusammenfassende Übersicht. (Quelle: Eigene Darstellung)

Unternehmen	Ausmaß der Kundenintegration	Ausmaß der Kundeninteraktion
Unternehmen aus Fallstudie I	Konzentration auf Key Opinion Leader – Mediziner (Lead User)	Aktives Netzwerkmanagement zum Erkennen von Trends und Entwicklungen
	Gemeinsame Studien und Forschungsprojekte	Vertrieb übernimmt zentrale
	Mediziner testen im Rahmen der Studien die Tests auf Sinnhaftigkeit und Mehrwert	Vertrieb führt fortlaufende Abfragen und Marktstudien beim Kunden durch
	Gemeinsame Publikation und Vermarktung Rolle	
Unternehmen aus Fallstudie II	Entwicklung erst mit Zulieferern und Partnern	Einrichtung von Applikationsteams, die beim Kunden vor Ort (hier: Pathologen) Aufklärungsarbeit rund um die Testapplikation betreiben
	Prototypentest erfolgt dann mit den Anwendern (Große Referenzzentren)	Neben Wartungsarbeiten werden Informationen zu neuen Anwendungen mitgeliefert sowie Optimierungsvorschläge gemacht
	Feedback wird dann zur weiteren Optimierung eingesetzt	
Unternehmen aus Fallstudie III	Neue Testsysteme werden selbst entwickelt oder eingekauft (Einlizensierung)	Wissen und Netzwerkbeziehungen stellen einen wesentlichen Erfolgsfaktor dar
	Monitoring von Dienstleistungen im Auftrag der Ärzte für die Überwachung und gezielte Versorgung der Patienten	Zusammenarbeit mit Key Opinion Leader (u. a. Ärzteorganisationen)
	Arzt ist Impulsgeber für mögliche Neuentwicklungen	Vertrieb kümmert sich um Pflege und Beziehungen innerhalb des Netzwerks
		Für Wissensmanagement und Austausch werden Fortbildungen angeboten

Aus den durchgeführten Interviews lassen sich auch Nachteile bei der Kundenintegration und Interaktion identifizieren. Erstens steigt mit der Einbindung von Ärzten, Kliniken und weiteren Key Opinion Leadern die Komplexität in der Entwicklung bei den Diagnostikunternehmen. Es müssen bei gleichzeitig steigendem Abstimmungs- und Kommunikationsaufwand mehr Informationen verarbeitet werden. Mit steigendem Mitwirkungsgrad der Kunden erhöhen sich die zu verarbeitende Informationsmenge und damit die Prozesskomplexität. Zweitens können Barrieren durch Kompetenzdefizite der Kundenseite entstehen, bspw. durch fehlendes Wissen und fehlende Fähigkeiten

(Abb. 16.2). Drittens dürfen die Mehrkosten zu Beginn der Kundenintegration und Interaktion durch mehr Zeit und Aufwand nicht vernachlässigt werden.

16.5 Fazit und Ausblick

Die starke Veränderung der gesamten Rahmenbedingungen im Gesundheitssystem und die stetig wachsenden medizinischen Erkenntnisse und Entwicklungen veranlassen Diagnostikunternehmen verstärkt, den Fokus auf Dienstleistungsinnovationen zu richten. Einen wesentlichen Treiber für fortlaufende Produkt- als auch Dienstleistungsinnovation im Diagnostikbereich stellt die PM dar. Um die eigene Wettbewerbsposition zu verteidigen, ist die Steigerung der eigenen Produktivität im Hinblick auf die angebotenen Dienstleistungen unerlässlich, da diese ausschlaggebend für die Gesamtperformanz des jeweiligen Diagnostikunternehmens ist.

Im vorliegenden Beitrag konnte anhand der Fallstudien aufgezeigt werden, wie Diagnostikunternehmen ihre Dienstleistungen bzw. den Leistungserstellungsprozess durch Kundenintegration, also der frühzeitigen Einbeziehung des Kunden in den Entwicklungsprozess, und der Interaktion mit dem Kunden, bei der es um Netzwerk und Wissens- sowie Informationsaustausch geht, hinsichtlich Produktivitätssteigerung gestalten. Damit konnte gezeigt werden, dass selbst bei wissensintensiven, technologiebezogenen Dienstleistungen, bei denen technologische Aspekte im Vordergrund stehen, Methoden zur Produktivitätssteigerung relevant sind und auch Anwendung finden.

Ob Dienstleistungen und Produkt-Service-Systeme am Ende nachhaltig gewinnbringend sind, hängt maßgeblich von dem existierenden und gelebten Geschäftsmodell ab (Eppinger et al. 2012). Hier gilt es für die Diagnostikunternehmen, die tragenden Elemente ihres bestehenden Geschäftsmodells zu identifizieren bzw. zu kennen, zu analysieren und ggf. entsprechend anzupassen bzw. zu innovieren. Die Analyse sollte dabei sowohl eigene Stärken und Schwächen umfassen, aber auch aktuell und zukünftig relevante Einflussfaktoren berücksichtigen.

Der Bereich der Messung und Quantifizierung von Dienstleistungsproduktivität wird im folgenden Beitrag nicht berücksichtig, da aus den Interviews und den Analysen festgestellt werden konnte, dass sich die Diagnostikunternehmen (noch) nicht mit der Messung von Produktivität hinsichtlich der erbrachten Dienstleistungen auseinandersetzen. Bei zukünftigen Untersuchungen sollten hier eine Unterscheidung nach Therapie, Krankheitsgebiet oder Test-Methode sowie ein Vergleich der verschiedenen Dienstleistungsbereiche in einem Diagnostikunternehmens erfolgen. Dabei empfiehlt es sich, folgende grundlegende Punkte für die Erforschung der Messung und Beurteilung von Produktivität in der Diagnostikindustrie zu beachten. Erstens gilt es eine geeignete Datengrundlage zu schaffen. Ohne Daten können keine vergleichbaren Kennzahlen entwickelt und infolge dessen auch keine Produktivitätsbestimmungen erfolgen. Zweitens müssen korrekte und einheitliche Leistungseinheiten festgelegt werden. Durch die starke Heterogenität der

Diagnostikindustrie müssen gleiche Wertmaßstäbe zur (vergleichenden) Beurteilung herangezogen werden. Drittens muss die Datenqualität sichergestellt werden. Die richtige Erfassung und Strukturierung der Daten (Krankheits-, Patienten- und technische Daten etc.) ermöglicht einen aufwandsarmen Umgang des Datenvolumens mit entsprechenden Auswertungsmöglichkeiten.

Weiterer Forschungsbedarf besteht im Rahmen der Dienstleistungsproduktivität vor allem in der Adaption von Modellen aus dem Produktionsbereich auf den Dienstleistungssektor. Darüber hinaus sollte verstärkt an einer Übertragbarkeit bereits existierender Dienstleistungsproduktivitätsansätze speziell auf die Diagnostikindustrie gearbeitet werden. Hier stellen gerade durch das noch recht unbekannte Forschungsfeld qualitative Untersuchungen einen interessanten Forschungsansatz dar.

Literatur

Aspinall MG, Hamermesh RG (2007) Realizing the promise of personalized medicine. Harvard Bus Rev 85(10):108–117

Backhaus K, Bröker O, Wilken R (2011) Produktivitätsmessung von Dienstleistungen mit Hilfe von Varianten der DEA. In: Bruhn M, Hadwich K (Hrsg) Dienstleistungsproduktivität. Gabler, Wiesbaden, S 225–245

Barrantes L (2006) Wie finde ich den richtigen Partner? In: Zülch J, Barrantes L, Steinheuser S (Hrsg) Unternehmensführung in dynamischen Netzwerken: Erfolgreiche Konzepte aus der Life Science Branche. Springer, Berlin, S 7–19

Bruhn M, Hadwich K (Hrsg) (2011) Dienstleistungsproduktivität. Gabler, Wiesbaden

Bruhn M, Stauss B (2009) Kundenintegration im Dienstleistungsmanagement: Eine Einführung in die theoretischen und praktischen Problemstellungen. In: Bruhn M, Stauss B (Hrsg) Kundenintegration. Gabler, Wiesbaden, S 3–33

Chesbrough HW (2011) Open services innovation: rethinking your business to grow and compete in a new era. Jossey-Bass, San Francisco

Corsten H (1994) Integratives Dienstleistungsmanagement: Grundlagen, Beschaffung, Produktion, Marketing, Qualität: Ein Reader. Gabler, Wiesbaden

Corsten H, Gössinger R (2007) Dienstleistungsmanagement. Oldenbourg, München

Dyer JH, Singh H (1998) The relational view: cooperative strategy and sources of interorganizational competitive advantage. Acad Manage Rev 23(4):660–679. doi:10.2307/259056

Eisenhardt KM (1989) Building theories from case study research. Acad Manage Rev 14(4):532–550. doi:10.2307/258557

Engelhardt WH, Kleinaltenkamp M, Reckenfelderbäumer M (1993) Leistungsbündel als Absatzobjekte: Ein Ansatz zur Überwindung der Dichotomie von Sach- und Dienstleistungen. Schmalenbachs Z Betriebswirtschaftliche Forsch 45(5):395–426

Eppinger E, Almeyda T, Braun A, Kamprath M, Wieck K, Piatek E (2012) Marktanalyse der Personalisierten Medizin: Übersicht über Schlüsselakteure, Treiber, Potentiale und Barrieren für Unternehmen. Veröffentlichung zum Forschungsprojekt: Dienstleistungspotentiale in der Personalisierten Medizin. Universität Potsdam, Potsdam. http://dpm.ceip.de/veroeffentlichungen.html. Zugegriffen: 13. Aug. 2012

Epstein R, Teagarden JR (2010) Comparative effectiveness and personalized medicine: evolving together or apart? Health Affairs 29(10):1783–1787. doi:10.1377/hlthaff.2010.0642

Fritzsche P (2007) Innovationsmanagement für Dienstleistungen durch Service Engineering: Bedeutung und Ablauf der systematischen Dienstleistungsentwicklung. VDM Müller, Saarbrücken. http://deposit.d-nb.de/cgi-bin/dokserv?id=2988322&prov=M&dok_var=1&dok_ext=htm. Zugegriffen: 1. Aug. 2012

Gartner A (1978) Der aktive Konsument in der Dienstleistungsgesellschaft: Zur politischen Ökonomie des tertiären Sektors. Suhrkamp, Frankfurt a. M.

Glaser BG, Strauss AL (1967) The discovery of grounded theory. Weidenfeld & Nicolson (Observations), London

Grönroos C, Ojasalo K (2004) Service productivity: towards a conceptualization of the transformation of inputs into economic results in services. J Bus Res 57(4):414–423. doi:10.1016/S0148-2963(02)00275-8

Hausman A (2005) Innovativeness among small businesses: theory and propositions for future research. Ind Market Manag 34(8):773–782. doi:10.1016/j.indmarman.2004.12.009

Hill W (1995) Dienstleistungsunternehmen im internationalen Wettbewerb. Lang, Bern

Hippel E von (1986) Lead users: a source of novel product concepts. Manage Sci 32(7):791–805. doi:10.1287/mnsc.32.7.791

Holleben M von, Pani M, Heinemann A (2011) Medizinische Biotechnologie in Deutschland 2011: Biopharmazeutika: Wirtschaftsdaten und Nutzen der Personalisierten Medizin. Unter Mitarbeit von Boston Consulting Group. Vfa (Hrsg). http://www.vfa-bio.de/vb-de/aktuelle-themen/branche/wirtschaftsdaten-und-nutzen-der-personalisierten-medizin.html. Zugegriffen: 23. Mai 2012

Johnston R, Jones J (2004) Service productivity: towards understanding the relationship between operational and customer productivity. Int J Product Performa Manag 53(3):201–213

Lasshof B (2006) Produktivität von Dienstleistungen: Mitwirkung und Einfluss des Kunden. Springer, Heidelberg

Lee S, Park G, Yoon B, Park J (2010) Open innovation in SMEs: an intermediated network model. Res Policy 39(2):290–300. doi:10.1016/j.respol.2009.12.009

Mayring P (2008) Qualitative Inhaltsanalyse: Grundlagen und Techniken. Beltz, Weinheim

Mietzner D, Wagner D (2010) New Market Intelligence: Identifizieren und Evaluieren von Auslandsmärkten für Dienstleistungen in der roten Biotechnologie. Gabler, Wiesbaden

Minkus A (2011) Informationsversorgung in Dienstleistungsorganisationen: Ziele, Werkzeuge und effiziente Ressourcennutzung. Gabler, Wiesbaden

Müller E, Braun A, Kamprath M (2011) Controlling-Schwerpunkt: Produktivität und Dienstleistungen – Neue Anforderungen an das Innovationscontrolling. Controll: Z Erfolgsorientierte Unternehmenssteuerung 23(10):496–502

Narula R (2004) R&D collaboration by SMEs: new opportunities and limitations in the face of globalisation. Technovation 24(2):153–161. doi:10.1016/S0166-4972(02)00045-7

Pansiri J, Temtime ZT (2008) Assessing managerial skills in SMEs for capacity building. J Manag Dev 27(2):251–260. doi:10.1108/02621710810849362

Parasuraman A (2010) Service productivity, quality and innovation: implications for service-design practice and research. Int J Qual Serv Sci 2(3):277–286. doi:10.1108/17566691011090026

PCAST (President's Council of Advisors an Science and Technology) (2008) Priorities for Personalized Medicine. President's Council of Advisiors on Science and Technology (Hrsg). http://www.whitehouse.gov/files/documents/ostp/PCAST/pcast_report_v2.pdf. Zugegriffen: 24. Jul. 2012

Pepels W (1996) Qualitätscontrolling bei Dienstleistungen. Vahlen, München

Porter ME, Teisberg EO (2006) Redefining health care: creating value-based competition on results. Harvard Business School Press, Boston

Prahalad CK, Ramaswamy V (2003) The new frontier of experience innovation. Massachusetts Institute of Technology, Cambridge

Ramaswamy R (1996) Design and management of service processes: keeping customers for life. Addison-Wesley, Wokingham

Rothwell R (1989) Small firms, innovation and industrial change. Small Bus Econ 1(1):51–64

Scheer AW (2006) Modellbasiertes Dienstleistungsmanagement. In: Bullinger HJ, Scheer A-W (Hrsg) Service engineering: Entwicklung und Gestaltung innovativer Dienstleistungen. Springer, Heidelberg, S 19–51

Schmidt-Rettig B (2008) Krankenhaus-Managementlehre: Theorie und Praxis eines integrierten Konzepts. Kohlhammer (Kohlhammer Krankenhaus), Stuttgart. http://www.socialnet.de/rezensionen/isbn.php?isbn=978-3-17-019914-9. Zugegriffen: 1. Aug. 2012

Thomas A, Phillips A, Donnelly R, Piech CT (2010) Comparative effectiveness, personalized medicine and innovation. Pharmacoeconomics 28(10):923–930

Yin RK (1984) Case study research: design and methods. Sage, Beverly Hills

Die Lean Production Philosophie im Health Service Management

17

Zu den Möglichkeiten der Übertragbarkeit bewährter Ansätze aus der Sachgüterproduktion

Alexander Knickmeier, Stephan Nottmeier, Sebastian Albers und Tobias Rabsahl

Inhaltsverzeichnis

17.1 Einleitung 362
17.2 Thematische Grundlegung: Lean Management im Dienstleistungsbereich 364
    17.2.1 Empirische Befunde: Verschwendung als Ursache unproduktiven
    Arbeitens in allen Branchen 367
    17.2.2 Empirische Befunde: Lean Management als Erfolgsmodell produktiven
    Arbeitens 372
17.3 Auf der Suche nach Verschwendung: Können Lean-Methoden im Krankenhaus
    genutzt werden? 375
17.4 Fazit 378
Literatur 379

A. Knickmeier (✉) · S. Nottmeier · S. Albers
Institut für angewandte Innovationsforschung (IAI) e. V. an der Ruhr-Universität Bochum
Buscheyplatz 13, 44801 Bochum, Deutschland
E-Mail: alexander.knickmeier@iai-bochum.de

S. Nottmeier
E-Mail: stephan.nottmeier@iai-bochum.de

T. Rabsahl
Lehrstuhl für Industrial Sales Engineering, Ruhr-Universität Bochum,
Universitätsstr 150, 44801 Bochum, Deutschland
E-Mail: tobias.rabsahl@ise.ruhr-uni-bochum.de

M. Bornewasser et al. (Hrsg.), *Dienstleistungen im Gesundheitssektor*,
DOI 10.1007/978-3-658-02958-6_17, © Springer Fachmedien Wiesbaden 2014

17.1 Einleitung

In der Gesundheitswirtschaft lassen sich in den letzten Jahren aufgrund demographischer, technischer und medizinischer Entwicklungen weitreichende Veränderungen beobachten. Eine zunehmende Alterung der Bevölkerung sowie die stärkere Individualisierung der Nachfrage – auch nach vorsorgenden Behandlungskonzepten – steigern den Anspruch an die Qualität der medizinischen Versorgung. Gleichzeitig steht diesen Umbrüchen intensiviert durch die Umstellung der Modelle zur Leistungsabrechnung im Jahre 2003 die Forderung zur Kostensenkung und Steigerung der Produktivität der Wertschöpfungsprozesse gegenüber (vgl. Reifferscheid et al. 2013, S. 3 f.).

Das skizzierte Problemfeld lässt sich insbesondere am Beispiel der Krankenhäuser nachvollziehen. Studien gehen hier davon aus, dass in den nächsten Jahren bedeutende Konsolidierungsprozesse sowie das Zusammenfassen kleinerer Einrichtungen in größere Verbünde bis hin zu einem regelrechten „Kliniksterben" in der Fläche drohen (vgl. Klauber et al. 2012; Albrecht und Töpfer 2006, S. 5). Aktuellen Daten zufolge verschlechterte sich die Situation in den vergangenen Jahren spürbar: Im Jahre 2011 verzeichnete rund jedes dritte Krankenhaus einen Jahresverlust, im Jahre 2010 lag dieser Anteil noch bei lediglich 16 % (vgl. Augurzky et al. 2013). Auslastungs- und vor allen Dingen Kostenprobleme führten dazu, dass in jüngster Vergangenheit auf der Suche nach Einsparpotenzialen zahlreiche Rationalisierungsanstrengungen unternommen wurden und Wertschöpfungsprozesse in vielen Einrichtungen in Frage gestellt werden mussten. In diesem Zusammenhang lassen sich zwei Dinge beobachten:

- Auf der einen Seite zeigen sich – ähnlich wie bei Rationalisierungsinitiativen in anderen Branchen – bei der Ausarbeitung und Weiterentwicklung der Verbesserungsprozesse in der Praxis vielfältige Probleme. So fehlt bei der Suche nach Ansatzpunkten in den Arbeitsprozessen in der Regel ein Ansatz, der Mitarbeiter befähigt und motiviert, bestimmte, oft wiederkehrende Probleme eigeninitiativ zu erkennen und um diese im Rahmen von Optimierungsprogrammen kontinuierlich zu verbessern. Die Suche nach Potenzialen bleibt so auf der Ebene der Einzelprozesse verhaftet und die Priorisierung der Probleme folgt in diesen Fällen keiner auf die Entwicklung und Aktivierung der Mitarbeiter gerichteten Strategie auf Gesamt-Unternehmensebene, sondern wird lediglich durch die Vorlieben und der Kompetenz einiger weniger „Ideeneinreicher" bestimmt. Vielfach besteht in dieser unmoderierten Form der Suche nach Verbesserungsideen die Gefahr, Insellösungen zu produzieren. Dabei werden entweder funktionierende Ideen nicht in andere Abteilungen mit analogen Problemen kommuniziert oder die Verbesserungsvorschläge durch einen fehlenden Druck in anderen Teilen der Einrichtung – z. B. anderen Abteilungen oder anderen Teilbereichen innerhalb eines Krankenhausverbunds – nicht angenommen.
- Auf der anderen Seite besteht vor allem in der Gesundheitsbranche fernab von kennzahlengetriebenen Produktivitäts- und Abrechnungslogiken eine besondere Sicht auf den Wert der eigenen Tätigkeit. Rationalisierungsvorhaben geraten somit – wie insgesamt

im Dienstleistungsbereich – in den Verdacht, auf Kosten der Qualität (vgl. Gummesson 1998; Bartsch et al. 2011) und damit auf Kosten der Gesundheit der Patienten umgesetzt zu werden. Vorhandene Ansätze zur Steigerung der Produktivität aus anderen Sektoren werden oft mit dem Hinweis auf vermeintliche Dienstleistungsbesonderheiten (vgl. Engelhardt et al. 1993; Bullinger und Schreiner 2003; Spath und Ganz 2008) oder Besonderheiten durch die Fürsorgepflichten und notwendige „Emotionsarbeit" (vgl. Arbeitskreis Produktivität von Dienstleistungsarbeit 2013, Fischbach et al. 2012) verworfen.

In der Summe bleiben Krankenhäuser in Deutschland im Schnitt somit weit davon entfernt, bestehende Produktivitätspotenziale aktiv und zielgerichtet zu erschließen. Rationalisierungsprogramme münden noch zu oft in einer Reduzierung von Personalkosten durch ideenlosen Stellenabbau, Lohnverzicht und/oder Arbeitsverdichtung. Um gewinnbringend, zumindest aber kostendeckend zu wirtschaften und so ein langfristiges Bestehen am Markt zu garantieren, stellen Augurzky et al. (2012, S. 169) heraus, dass es für Krankenhäuser in den nächsten Jahren essentiell sein wird, ihre Produktivität zu steigern, um zu überleben.

Auf der Suche nach neuen Möglichkeiten zur Steigerung der Produktivität versuchen Krankenhäuser in den letzten Jahren, die Ansätze des Lean Production aus der Automobilproduktion unter dem Stichwort „Lean Hospital" in Krankenhäuser zu übertragen (vgl. Pöhls 2012). Kern der japanischen Produktionsphilosophie ist die Eliminierung von Verschwendung (vgl. Ohno 2009), d. h. aller Tätigkeiten und Aufgaben, die weder für die Erstellung einer Leistung notwendig sind, noch den Wert einer Leistung für den Kunden erhöhen. Die Toyota Motor Company konnte in den 1950er Jahren durch die Einführung verschwendungsarmer und damit schlanker Wertschöpfungsprozesse ihre Wettbewerbssituation auch in wirtschaftlich unsicheren Zeiten der Ölkrise der 1970er Jahre nachhaltig verbessern. Mit der Eliminierung von Verschwendung und unnötigen Tätigkeiten, dem Verbinden aller Schritte zu einem stetigen Arbeitsfluss und dem Streben nach kontinuierlicher Verbesserung benötigte Toyota lediglich die Hälfte an menschlicher Anstrengung, Raum, Ausrüstung, Zeit und Gesamtaufwand und verbuchte damit dramatische Leistungssteigerungen (vgl. Womack und Jones 2004, S. 84). In den 1990er Jahren rückte das Konzept mit den Veröffentlichungen von Krafcik (1988) sowie Womack et al. (1994) in den Fokus der westlichen Welt. Als Mitarbeiter des Bostoner MITs (Massachusetts Institute of Technology) entschlüsselten sie in einer fünfjährigen Studie unter dem Fokus der Zukunft der Arbeit in der Automobilindustrie die Erfolgsfaktoren von Toyota. In der Folge adaptierten immer mehr westliche Sachgüterproduzenten die japanische Produktionsphilosophie in ihre Unternehmen und machten sich in Verbesserungsprogrammen auf die Suche nach allem Überflüssigem, um es zu beseitigen.

Rückblickend fällt die Bewertung der Bemühungen allerdings durchaus ambivalent aus. So sehr insbesondere in produzierenden Branchen echte Fortschritte erreicht werden konnten (vgl. Shah und Ward 2003, S. 145; Locke und Romis 2007, S. 58), droht die Umsetzung von Lean-Methoden bspw. in Dienstleistungsbranchen ins Stocken zu geraten. Neben einem deutlichen Vertrauensverlust auf Seiten der Arbeitnehmerinnen und Arbeitnehmer, die durch die Rationalisierungsprogramme zu oft – trotz aller Beteuerungen – einseitig belastetet wurden, scheint die Umsetzung der Instrumente und Methoden des Lean Managements im Dienstleistungsbereich an vielen Stellen noch nicht hinreichend ausgearbeitet worden zu sein. Mit Hinweis auf vermeintliche Dienstleistungsbesonderheiten werden Unterschiede zwischen dem sekundären und tertiären Sektor auf der Arbeitsprozessebene betont, statt Gemeinsamkeiten zu suchen und kreativ zu nutzen (vgl. Kerka und Kriegesmann 2013).

Vor dem Hintergrund der Adaptionsprobleme sollen im Rahmen des vorliegenden Beitrags folgende Aspekte herausgearbeitet werden:

- Zunächst sollen empirisch fundierte Hinweise gegeben werden, dass abseits vieldiskutierter Unterschiede zwischen Sachgüter- und Dienstleistungserstellung auf der Arbeitsprozessebene sehr oft gleiche oder ähnliche produktivitätsbestimmende Probleme herrschen, die nicht nur als Voraussetzung verschwendungsarmen Arbeitens dienen, sondern vielmehr eine kreative Übertragung und Anwendung bewährter Lean Methoden ermöglichen – auch im Dienstleistungsbereich.
- Gleichzeitig wird am Beispiel einer Wertstrommethode im Krankenhaus exemplarisch aufgezeigt, wie ein konkreter Tooleinsatz im Gesundheitsbereich aussehen kann und welche Erfolgspotenziale auf diese Weise gehoben werden könnten.

Auf der Grundlage der skizzierten Problemstellung ist es Ziel des Beitrags, empirisch fundierte Hinweise zu den Möglichkeiten der Anwendung der japanischen Lean-Production-Philosophie im Dienstleistungsbereich zu geben.

17.2 Thematische Grundlegung: Lean Management im Dienstleistungsbereich

Auf der Suche nach bewährten Ansätzen zur Steigerung der Produktivität zählt die japanische Philosophie des verschwendungsarmen Arbeitens – auch unter dem Namen Lean Management bekannt – zu einem der wesentlichen Managementkonzepte der vergangenen Jahrzehnte und führte in vielen Branchen zu tiefgreifenden Änderungen in der Organisation von Wertschöpfungsketten und Arbeitsabläufen. Dabei lassen sich im Kern vier wichtige Prinzipien ableiten, die dieses Produktionssystem charakterisieren:

- Eliminieren von Verschwendung: Zentrales Element für die Analyse von Wertschöpfungsprozessen und für die Suche nach Produktivitätsreserven ist der Begriff der Verschwendung. Dieser ist dabei gemeinhin als jede Aktivität oder Aufgabe definiert, für die der Kunde nicht bereit ist, zu zahlen (vgl. Dennis und Shook 2007, S. 20).

Die Beseitigung von Verschwendung führt somit in dieser Lesart durch die Reduktion von Kosten zu einer Steigerung der Produktivität, ohne die erbrachte und vom Kunden wahrgenommene Qualität zu verringern. Aus empirischen Studien und den gewonnenen Erfahrungen bei der Einführung von schlanken und verschwendungsarmen Produktionssystemen ließen sich in der Folge sieben klassische Arten der Verschwendung (Überproduktion, hohe Bestände, lange Wartezeiten, lange Transportzeiten und -wege, unnötige Bewegungen, Doppel- und Nacharbeit durch Fehler sowie Prozessübererfüllung) ableiten, die bei der Analyse des Status quo zu zentralen Suchfeldern für Verbesserungspotenziale werden.

- Pull-Prinzip: Gleichzeitig wird die über lange Zeit aufrechterhaltene Logik der Massenproduktion, die Kostensenkungen durch Skaleneffekte anstrebt, umgekehrt. Ausgangspunkt für den Wertschöpfungsprozess ist somit nicht mehr die theoretisch maximale Produktionskapazität der eingesetzten Mitarbeiter und Maschinen, deren Output bis zum Verkauf teilweise aufwendig gelagert werden muss, sondern der konkrete Bestellvorgang durch den Kunden. Die Leistungen werden somit nicht mehr auf den Markt bzw. in die eigenen Lagerhallen „gedrückt" (sog. „Push-Produktion"), sondern werden im Idealfall erst im Moment der Nachfrage hergestellt und damit aus dem Unternehmen „gezogen" (sog. „Pull-Produktion").
- Fließende Leistungserstellung im Takt: Die Produktionsmenge wird dabei entsprechend der verfügbaren Zeit in einem gleichmäßigen Takt organisiert, der kurzfristige Belastungsspitzen und anschließende Leerlaufzeiten vermeidet. Die Erstellung der Leistungen soll so in einem gleichmäßigen Fluss stattfinden. Entsprechend dieser Produktion „im Fluss" stellt die Synchronisierung der unterschiedlichen Prozessschritte ein weiteres Ziel dar. Brüche und Zwischenlager, die wiederum Verschwendung durch Kapitalbindungskosten und zusätzlichen Flächenverbrauch nach sich ziehen würden, sollen so vermieden werden. Neben der Glättung der eigenen Produktion gilt es darüber hinaus auch, die Zusammenarbeit zwischen den einzelnen Wertschöpfungspartnern zu verbessern und ein Arbeiten „Hand in Hand" sowie „Just-in-Time" zu ermöglichen.
- Integration der Mitarbeiter in den Veränderungsprozess: Diese Änderungen in der Produktionslogik stellen hohe Anforderungen an die Beschäftigten und deren Kompetenz. Die kontinuierliche Weiterentwicklung der Produktionsverfahren und -organisation wird als Aufgabe verstanden, an der sich möglichst alle Mitarbeiter mit ihrem Wissen und ihrer Erfahrung einbringen sollten. Diese Bottom-up-Perspektive stellte zum damaligen Zeitpunkt einen Bruch mit der tayloristischen Logik dar, die einen „besten" Weg vorschrieb, den die Beschäftigten einzuhalten hatten.

Für den Dienstleistungsbereich lassen sich zahlreiche Fallbeispiele finden, bei denen die Übertragung von Lean-Methoden Erfolge zu verzeichnen hatte (vgl. Piercy und Rich 2009; Parker 2003, S. 620; Julien und Tjahjono 2009, S. 334), wobei die Anwendung hierbei insbesondere auf Dienstleistungstätigkeiten mit hohem Standardisierungspotenzial bezogen wird: „In the last decade, many service firms have adopted the principles of ‚Lean Manufacturing', resulting in a re-industrialisation of service" (Bowen und Youngdahl 1998, S. 208). Und auch für den vielschichtigen Gesundheitssektor mit seinem hohen Patientenbezug stellt LaGanga (2011, S. 423) heraus, dass „Although lean principles were developed and applied initially in manufacturing, they are being used successfully in healthcare." Poksinska (2010, S. 324) weist im Gegensatz dazu aber wiederum auf die damit verbundenen Probleme hin: „When talking about Lean in health care, the usual reaction is that patients are not cars and health care organizations have completely different organizational settings than the automotive industry." Die Frage, ob und unter welchen Bedingungen der japanischen Produktionsphilosophie eine Anwendbarkeit zur Steigerung der Produktivität auch in Branchen jenseits der Sachgüterproduktion attestiert werden kann, scheint sowohl in der Wissenschaft als auch in der Praxis noch nicht abschließend beantwortet zu sein.

Vor dem Hintergrund des oben skizzierten Problemfeldes initiierte das Institut für angewandte Innovationsforschung (IAI) e. V. an der Ruhr-Universität Bochum Anfang des Jahres 2013 eine breitenempirische Studie.[1] Im Fokus der branchenübergreifenden Befragung standen neben anderen folgende zentrale Aspekte der japanischen Lean-Management-Philosophie:

- Die sieben Verschwendungsarten konturieren als Suchfelder für Verbesserungsinnovationen die kontinuierliche Weiterentwicklung. Sie sind die permanenten Reminder für das Aufspüren nicht-wertschöpfender Tätigkeiten in der Produktion. Doch treten die klassischen **sieben Verschwendungsarten** der Sachgüterproduktion als Ursache unproduktiven Arbeitens und damit als Suchfelder für Verbesserungen auch in der Dienstleistungsbranche auf?
- Um Verschwendung zu eliminieren, Ursachen und Folgen zu analysieren sowie Gegenmaßnahmen zu planen und umzusetzen bietet die japanische Philosophie des Lean Management eine Vielzahl an **Tipps und Tools zum Entdecken und Vermeiden von Verschwendung**. Als ursprüngliches Konzept des sekundären Sektors wird die Anwendbarkeit in anderen Wirtschaftszweigen jedoch oftmals bestritten. Können die im sekundären Sektor bewährten Instrumente und Lösungsansätze des Lean Managements auch im Dienstleistungsbereich angewendet werden und führen sie darüber hinaus auch hier zu Erfolgen?

---

[1] Die Befunde der empirischen Erhebung basieren auf einer branchenübergreifenden Querschnittserhebung. Den Feldzugang ermöglichten die Nutzung einer kommerziellen Adressdatenbank sowie eigene Recherchen über das Business-Netzwerk Xing. Auf diesem Wege konnten 5000 Fragebögen verschickt werden, von denen 316 (1,6 % aus dem primären Sektor; 46,4 % aus dem sekundären Sektor; 52,0 % aus dem tertiären Sektor) verwertbar ausgefüllt zurückgeschickt wurden, was einer Rücklaufquote von 6,3 % entspricht. Die dargestellten Ergebnisse basieren auf einem vom Bundesministerium für Bildung und Forschung geförderten Projekt (Förderkennzeichen: 01FL10053).

17.2.1   Empirische Befunde: Verschwendung als Ursache unproduktiven Arbeitens in allen Branchen

Im Rahmen des japanischen Lean-Management-Konzeptes sind es vor allem unnötige und nicht wertschöpfende Tätigkeiten, die in Unternehmen als Verlustquelle und damit als Ursache für Kostensteigerungen erkannt wurden (vgl. Takeda 2009, S. 19). Redundante Ressourcen und Verschwendung – im japanischen MUDA genannt – beschreiben hierbei jede menschliche Aktivität, die Ressourcen verbraucht, aber keinen Wert erzeugt (vgl. Womack und Jones 2004, S. 23).

Eines der wesentlichen Prinzipien – wenn nicht sogar das zentrale Prinzip – des Lean Managements stellt somit die Eliminierung von Verschwendung dar.[2] Als Erfolgsgröße wird u. a. herausgestellt, dass durch die „... elimination of waste across functional boundaries it is possible to produce large savings and increase profit without affecting customer experience negatively" (Julien und Tjahjono 2009, S. 333). Eine Übertragbarkeit des japanischen Konzeptes würde demzufolge zwangsläufig auch das Vorliegen von Verschwendung als Ursache unproduktiven Arbeitens in anderen Wirtschaftsbereichen voraussetzen. Doch treten die klassischen Verschwendungsarten der Sachgüterproduktion als Suchfelder für Verbesserungen auch in der Dienstleistungsbranche auf? Oder stehen Dienstleister wie Versicherer, Gebäudereiniger oder Berater vor anderen Problemen unproduktiven Arbeitens als Unternehmen aus der Sachgüterproduktion, wie z. B. Automobilproduzenten, Bäcker oder Bauunternehmen? Gibt es bestimmte Verschwendungsarten ggf. nur in der Industrie, die im Dienstleistungssektor so gar nicht vorkommen (et vice versa)? Wie stellen sich die Probleme unproduktiven Arbeitens jenseits von Einzelbefunden im Branchenvergleich dar?

Um diese Frage zu beantworten, wurden Unternehmen aus unterschiedlichen Sektoren der Wirtschaft gefragt, wie sie den Einfluss der Verschwendungsarten auf das produktive Arbeiten in ihren Hauptprozessen bzw. in ihrem Kerngeschäft bewerten. Die Ergebnisse geben jenseits mancher Spekulationen über Verschwendungstreiber in Sach- und Dienstleistungsprozessen Hinweise darauf, welche Verschwendungsarten in welcher Form in den Wirtschaftssektoren zulasten der Produktivität gehen, an welchen Problemen man

---

[2] Bei der Analyse eines Wertstroms unterscheidet die japanische Lean-Management-Philosophie zwischen drei unterschiedlichen Typen: **Wertschöpfende Tätigkeiten** definieren Schritte im Leistungsprozess durch die ein Produkt oder eine Dienstleistung einen Mehrwert erhält und für die der Kunde bereit ist, zu zahlen. Im Gegensatz hierzu beschreibt die **offensichtliche Verschwendung**, oder auch MUDA Typ 2 oder Blindleistung genannt, diejenigen Tätigkeiten, die keinen Mehrwert generieren und die sich direkt vermeiden lassen. In der Lean-Management-Literatur zählen unter anderem auch Überproduktion, hohe Bestände und lange Wartezeiten zur offensichtlichen Verschwendung. Einen Sonderfall stellt die **verdeckte Verschwendung**, oder auch MUDA Typ 1 oder Scheinleistung genannt, dar. Auch diese Tätigkeiten generieren keinen Mehrwert für den Kunden, sind für die Erstellung eines Produktes aber notwendig und erforderlich. Diese Art der Verschwendung gilt es auf ein Mindestmaß zu reduzieren. Hierzu zählen unter anderem die innerbetriebliche Materialversorgung oder die Prüfung und Sicherstellung der Qualität im Verlauf des Wertschöpfungsprozesses (vgl. Womack und Jones 2004, S. 28 f.).

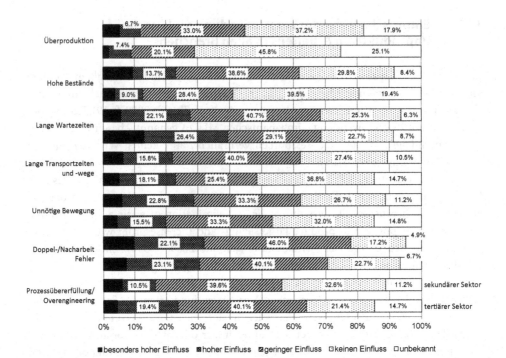

Abb. 17.1 Der Einfluss der sieben Verschwendungsarten auf das produktive Arbeiten im Branchenvergleich

also ansetzen muss, wenn man (Dienst-)Leistungen verschwendungsärmer produzieren will. Die sieben klassischen Arten der Verschwendung werden dabei sowohl von Unternehmen des sekundären als auch des tertiären Sektors als produktivitätsrelevante Probleme eingeschätzt, wobei – was für manche überraschend erscheinen mag – die Unternehmen aus dem tertiären Sektor insgesamt ein sehr ähnliches Profil der Verschwendungsarten im Vergleich zu den Unternehmen aus dem sekundären Sektor aufweisen (Abb. 17.1).

Die Ergebnisse der branchenübergreifenden empirischen Erhebungen zeigen auf, dass es bei den Ursachen unproduktiven Arbeitens branchenübergreifende Parallelen zu geben scheint. Die sieben Arten der Verschwendung treten laut den empirischen Befunden überall auf.

- **Überproduktion** gilt in der Produktionsliteratur als „Mutter aller Verschwendungen". Werden Leistungen über Bedarf produziert, wird unnötig Kapital im Lager gebunden und es entstehen zusätzliche Kosten für das Ein- und Auslagern überproduzierter End- und Zwischenprodukte, die dabei ggf. auch noch beschädigt werden und dann, wenn sie später nicht mehr verarbeitet bzw. verkauft werden können, auch noch teuer entsorgt werden müssen. Entsprechend der mit der Überproduktion verbundenen (Folge-)Kosten sind im Lean-Production-Management alle Bemühungen darauf gerichtet, möglichst bedarfsgerecht zu produzieren und die Produktion mit der Nachfrage zu synchronisieren. Mit 45,0 % schätzen knapp die Hälfte der Unternehmen aus dem sekundären Sektor diese Verschwendungsart als einflussreiches Hemmnis für das produktive Arbeiten ein, 5,3 % sehen diesen Einfluss als besonders hoch an. Den ersten Platz in der Liste der Verschwendungsarten belegt die Verschwendung knapper Ressourcen durch Überproduktion allerdings nicht (mehr). Zum einen ist dies sicher darauf zurückzuführen, dass Unternehmen in den letzten Jahren mitunter intensiv daran gearbeitet haben, ihre Produktionssysteme dem Vorbild der japanischen Produktionsphilosophie folgend zu flexibilisieren (vgl. Kerka und Nottmeier 2013a), zum anderen, dass Auftragsfertiger ihre Leistungen erst nach der Leistungsspezifikation erbringen können, eine Überproduktion zumindest von Endleistungen also auch im sekundären Sektor häufig gar nicht möglich ist. Auch im tertiären Sektor sind die Produktionsbedingungen bei näherer Betrachtung weitaus uneinheitlicher als vielfach angenommen. Wenn Dienstleister ihre Leistungen nur in Anwesenheit des Kunden oder an einem Objekt des Kunden erbringen können, dürfte das Problem der Überproduktion zumindest von Endleistungen im tertiären Sektor an sich überhaupt keine Rolle spielen. Doch nicht alle (internen) Dienstleister arbeiten – entgegen idealtypischer Betrachtungen im Dienstleistungsmanagement – unter diesen Bedingungen. So können sowohl interne Berichte als auch Marktforschungsstudien über Bedarf hergestellt werden, was sich dann darin niederschlägt, dass 29,2 % der Unternehmen aus dem tertiären Sektor das Problem der Überproduktion als einflussreiche Störgröße für das produktive Arbeiten ansehen.

- **Hohe Bestände** gehen mit der Verschwendungsart Überproduktion meist Hand in Hand. Wird über Bedarf produziert, müssen die erstellten Endleistungen gelagert werden, was zulasten der Produktivität geht (vgl. Kerka und Albers 2013). Auch für die Erstellung von Endleistungen benötigte Prozessinputs wie Roh-, Hilfs- und Betriebsstoffe sowie sonstige Vorleistungen von Zulieferern werden mitunter weit über Bedarf bevorratet, was in Summe dazu führt, dass mit 61,8 % mehr als die Hälfte der Unternehmen des sekundären Sektors diese Verschwendungsart als einflussreiches Produktivitätsproblem einschätzen, 9,5 % bewerten den Einfluss als besonders hoch. Mit 41,4 % liegt auch die Einschätzung des tertiären Sektors bei dieser Verschwendungsart ebenfalls in einem hohen Bereich. So sind sich die Mitarbeiter beispielsweise in Krankenhäusern über die zum Teil hohen Bestände an Medikamenten und Verbandsmaterialien durchaus bewusst. Und auch in anderen Bereichen der Dienstleistungsbranche spielen hohe Bestände eine große Rolle: So werfen Gaststätten und Restaurants tagtäglich nicht benötigte Zutaten und Speisen in den Müll, der Einzelhandel vernichtet containerweise Lebensmittel. Dies alles führt dazu, dass auch der Dienstleistungsbereich für die Verschwendung durch zu hohe Bestände sensibilisiert ist und dies als einflussreiches Produktivitätsproblem erachtet wird.
- **Warte- bzw. Leerlaufzeiten** werden als Produktivitätsproblem bevorzugt mit Beispielen aus Dienstleistungsbranchen in Verbindung gebracht (vgl. Kerka und Knickmeier 2013). Ob an Fahrkartenschaltern in Bahnhöfen, am Check-in am Flughafen oder

im Schnellrestaurant, auch wenn weit und breit kein Kunde in Sicht ist, müssen die Servicekräfte warten und werden dann ungewollt und unverschuldet „fürs rumsitzen und nichts tun" bezahlt, so die gängige Argumentation. Die Befunde unserer Befragung scheinen das Warten auf Arbeit als Dienstleistungsspezifikum zu bestätigen: 68,5 % der Befragten aus dem tertiären Sektor schätzen diese Verschwendungsart als einflussreiches Produktivitätsproblem ein, 13,0 % sehen die Bedeutung hierbei sogar als besonders groß an. So werden lange Wartezeiten auf bspw. Informationen, Entscheidungen oder Dokumente anderer in vielen Fällen durch Schnittstellenprobleme hervorgerufen, sind also häufig intern bedingt. Aber auch für Sachgüterhersteller stellen Warte- bzw. Leerlaufzeiten zum Teil aus denselben Gründen ein schwerwiegendes Produktivitätsproblem dar. 68,4 % der befragten Unternehmen aus dem sekundären Sektor sehen lange Wartezeiten als Produktivitätsproblem an, knapp 6 % messen dem Warten auf Arbeit eine besonders hohe Bedeutung bei.

- **Transportzeiten und -wege** werden in der Sachgüterproduktion als hochgradig produktivitätsrelevantes Problem wahrgenommen. Rund 62 % der Befragten aus dem sekundären Sektor sehen die Produktivität ihrer Leistungsprozesse durch Transporttätigkeiten negativ beeinflusst, davon sprechen 6,3 % der Verschwendung knapper Ressourcen durch inner- und überbetriebliche Transporte eine besonders hohe Bedeutung zu. Doch in den meisten Wirtschaftssektoren hat das Transportvolumen in den letzten Jahren erheblich zugenommen. Mit den aus Sicht des Lean-Managements nichtwertschöpfenden Transport- bzw. Logistikdienstleistungen verdienen immer mehr Unternehmen ihr Geld. Wohl auch aufgrund dieses Umstandes werden effizienzmindernde Effekte durch Transporttätigkeiten im tertiären Sektor insgesamt als weniger bedeutend als von den Unternehmen aus dem sekundären Sektor eingeschätzt. Während rund 62 % der Befragten aus dem sekundären Sektor inner- und überbetriebliche Transporte als problematisch für die Produktivität ihrer Leistungsprozesse einstufen, sind es im tertiären Sektor lediglich 48,5 %. „Wir verdienen mit der Verschwendung anderer unser Geld", so auch ein Verantwortlicher eines Logistikunternehmens in einem Experteninterview mit dem IAI.

- **Unnötige Bewegung** durch lange Wege bei schlechtem Fabrik- und Bürolayout, belastende und einseitige Bewegungsabläufe und unnötige Suchvorgängen sehen branchenübergreifend mehr als die Hälfte der befragten Unternehmen als problematisch für die Produktivität an. In der Sachgüterproduktion werden Maschinen in „U-Form" aufgestellt, um die Wege für den jeweiligen Bediener zu verkürzen. Mit technischen Hilfsmitteln sollen einseitige Arbeitsabläufe vermieden und Arbeitsplätze ergonomischer gestalten werden. Doch nicht alle Unternehmen werden auf einer „grünen Wiese" geplant, und bei der Neu- und Umbauplanung spielen Laufwege-Analysen bspw. mit sog. „Spaghetti-Diagrammen" oftmals immer noch eine untergeordnete Rolle. So liegen die hochfrequentierten Abteilungen in Krankenhäusern allzu oft auch heute noch in der Peripherie. Das Layout der Stationen ist in vielen Fällen nicht auf den Untersuchungsablauf und auf kurze Wege für Patienten und Mitarbeiter ausgelegt. Die Verschwendung durch unnötige Wege und Bewegung stellt so in Summe gleichermaßen für Unternehmen aus dem sekundären (62,1 %) wie aus dem tertiären Sektor (53,2 %) ein hochgradig relevantes Problem für Verbesserungen des Status quo dar.

- Keine andere der klassischen, im Lean-Production-Management genannten Verschwendungsarten wird angesichts der damit verbundenen kurz-, mittel- und langfristigen Effekte (Gewinneinbußen, Imageschäden etc.) derzeit als so hochgradig produktivitätsrelevantes Suchfeld für Verbesserungen von den befragten Unternehmen eingeschätzt, wie die Verschwendung durch **fehlerhafte Produkte und Prozesse**. Im sekundären Sektor gehen rund 80 % der befragten Unternehmen von negativen Effekten für die Produktivität durch Qualitätsmängel, Nach- und Doppelarbeiten aus. Von den Befragten aus dem tertiären Sektor sind es immerhin noch knapp über 70 %, die die Produktivität ihrer Dienstleistungsprozesse durch Reklamationen und Beschwerden negativ beeinflusst sehen.

- **Overengineering und Overprocessing** – diese Begriffe werden von den meisten Menschen vermutlich mit technischen Systemen in Verbindung gebracht, die Funktionen aufweisen, die im alltäglichen Gebrauch so nicht benötigt werden, also keinen Zusatznutzen stiften oder die Anwendung sogar erschweren. Probleme der „Übererfüllung" bzw. „Überarbeitung von Kundenproblemen" sind schon längst in vielen Dienstleistungssektoren angekommen. Während im Dienstleistungsmanagement gerne die unzureichende Servicequalität bemängelt resp. das „Untererfüllen" von Kundenanforderungen beklagt wird, ist in vielen Dienstleistungsbranchen genau das Gegenteil zu beobachten, d. h. es werden Leistungen erbracht, die weit über das hinausgehen, was die Kunden an sich wünschen und wofür sie zu zahlen bereit sind. Nicht immer geht ein Mehr an Leistung mit einem Mehrwert für den Kunden einher. Was im Lean-Production-Management als Prozessübererfüllung bezeichnet wird und Erfahrungen aus der Sachgüterproduktion zufolge eine der sieben einflussreichsten Verschwendungsarten darstellt, lässt sich bspw. ebenso in der Versicherungs- und Bankenwirtschaft oder im Gesundheitswesen (Stichwort: Übertherapierung) beobachten (vgl. Kerka und Nottmeier 2013b). Während 56,1 % der Unternehmen des sekundären Sektors diese Verschwendungsart als Produktivitätshemmnis einschätzen, sehen im tertiären Sektor sogar 63,8 % der Unternehmen ihre Produktivität durch die Verschwendung knapper Ressourcen durch das „Überbearbeiten von Kundenproblemen" negativ beeinflusst.

Die empirischen Befunde der Studie zeigen somit, dass trotz vielfach diskutierter Unterschiede zwischen Sach- und Dienstleistungen unter Produktivitätsgesichtspunkten beide Sektoren ähnliche Probleme bei der effizienten Erstellung ihrer Leistungen haben. Die so herausgearbeiteten Defizite konturieren somit auf beiden Seiten vergleichbare Suchfelder und Anknüpfungspunkte für Verbesserungsinitiativen. Das Lean Management hält dafür eine Reihe von Tipps und Tools bereit, um Verschwendung und deren Ursachen zu identifizieren und spezifische Lösungsstrategien zu erarbeiten.

17.2.2 Empirische Befunde: Lean Management als Erfolgsmodell produktiven Arbeitens

Die Ausführungen zu den sieben klassischen Arten der Verschwendung haben verdeutlicht, dass die Ursachen unproduktiven Arbeitens sowohl im sekundären als auch im tertiären Sektor branchenübergreifend eine Vielzahl von Parallelen aufzeigen. Ausgehend von der Annahme, dass eine Reduzierung von Verschwendung zum Erfolg des Unternehmens beiträgt (vgl. Krafcik 1988, S. 48; Naylor et al. 1999, S. 111), haben sich in der sachgüterproduzierenden Wirtschaft zahlreiche Methoden und Instrumente bewährt, die sich damit beschäftigen, wie Verschwendung erkannt und vermieden werden kann (vgl. Takeda 2009; Brunner 2011). Die Frage nach den Möglichkeiten der Übertragbarkeit in den Dienstleistungsbereich bleibt in der wissenschaftlichen Diskussion jedoch zumeist unbeantwortet (vgl. Guillen 1994, S. 83; Piercy und Rich 2009, S. 1478). Konnten die Tipps und Tools der japanischen Lean-Management-Philosophie zum Entdecken und Vermeiden von Verschwendung in den vergangenen Jahren nun erfolgreich im Dienstleistungsbereich implementiert werden? Und welchen Einfluss hat der Einsatz branchenübergreifend auf die Produktivität eines Unternehmens?

Teilt man auf Basis der Entwicklung der Produktivität in den vergangenen drei Jahren die befragten Unternehmen in die zwei Gruppen Highperformer (Produktivität hat „zugenommen" oder „stark zugenommen") und Lowperformer (Produktivität ist „unverändert", hat „abgenommen" oder „stark abgenommen") auf und vergleicht die Mittelwerte des Implementierungsgrades der 1) Tipps und Tools zur Entdeckung von Verschwendung sowie der 2) Tipps und Tools zur Vermeidung von Verschwendung, so werden Unterschiede in der Nutzung zwischen diesen Gruppen sichtbar.[3]

Ein Vergleich der Mittelwerte deutet an, dass Unternehmen, die ihre Produktivität in den letzten drei Jahren steigern konnten, über einen höheren Implementierungsgrad der **Tipps und Tools zur Entdeckung von Verschwendung** verfügen (Abb. 17.2). Auch wenn die Profilverläufe über die Instrumente hinweg ähnlich verlaufen, so zeichnet sich bei den Highperformern des sekundären und tertiären Sektors im Vergleich zu den Lowperformern im Kern eine höhere Intensität des Einsatzes ab. Im Sektorenvergleich weisen die Unternehmen des sekundären Sektors im Mittel einen höheren Nutzungsgrad auf als die Unternehmen des tertiären Sektors. Innerhalb der Sektoren verlaufen die Profillinien zwischen Low- und Highperformern jedoch ähnlich.

Der Mittelwertvergleich der High- und Lowperformer des sekundären und tertiären Sektors für die **Tipps und Tools zur Vermeidung von Verschwendung** skizzieren ähnliche Profilverläufe (Abb. 17.3). Auch im Umgang mit Verschwendung scheinen Unternehmen des sekundären Sektors die Ansätze der japanischen Lean-Management-Philosophie

---

[3] Die dargestellten Abb. 17.2 und Abb. 17.3 zeigen eine Auswahl an Tipps und Tools zum verschwendungsarmen Arbeiten der breitenempirisch erhobenen Studie des Instituts für angewandte Innovationsforschung (IAI) e. V. an der Ruhr-Universität Bochum. Zur vollständigen Diskussion der branchenübergreifenden Ergebnisse siehe Kerka et al. (2013).

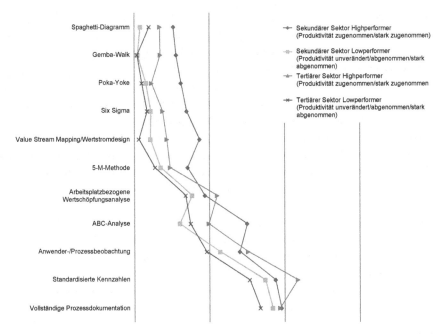

Abb. 17.2 Mittelwertvergleich des Implementierungsgrades von Tipps und Tools zur Entdeckung von Verschwendung zwischen High- und Lowperformern im Branchenvergleich

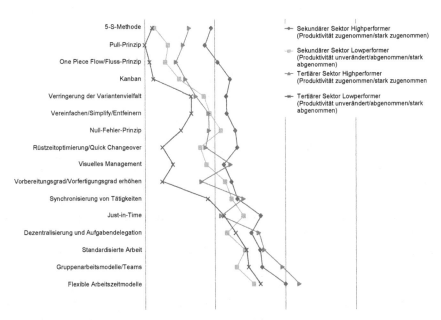

Abb. 17.3 Mittelwertvergleich des Implementierungsgrades von Tipps und Tools zur Vermeidung von Verschwendung zwischen High- und Lowperformern im Branchenvergleich

weitaus häufiger und intensiver zu nutzen als Unternehmen des tertiären Sektors. Wie bei der Entdeckung von Verschwendung geben die Befunde auch hier Hinweise darauf, dass ein höherer Implementierungsgrad positive Auswirkungen auf die Steigerung der Produktivität der Unternehmen hat. Branchenübergreifend weisen die Highperformer der Sektoren einen höheren Nutzungsgrad als die Lowperformer auf. Verlaufen die Profillinien innerhalb der Sektoren zwar ähnlich zueinander, so liegen die Unternehmen des tertiären Sektors im Vergleich der Nutzungsintensität der Tipps und Tools hinter den Unternehmen des sekundären Sektors zurück.

Bündelt man die Ergebnisse des Implementierungsgrades der Tipps und Tools zur Entdeckung und zur Vermeidung von Verschwendung im Sektorenvergleich, geben die Befunde zusammengenommen folgende Hinweise:

- Insgesamt weisen die empirischen Befunde auf die positiven Auswirkungen des Einsatzes der Ansätze der japanischen Lean-Management-Philosophie hin. Branchenübergreifend bewerten diejenigen Unternehmen, die in den vergangenen drei Jahren ihre Produktivität steigern konnten, den Implementierungsgrad der Tipps und Tools höher ein als die Lowperformer des jeweiligen Sektors. Die empirischen Ergebnisse verstärken die Annahme, dass ein höherer Nutzungsgrad zu Produktivitätssteigerungen führen kann.
- Darüber hinaus zeigt die Analyse des tertiären Sektors, dass die Ansätze des Lean Managements in der Dienstleistungsbranche nicht gänzlich unbekannt sind. Wird der Implementierungsgrad im Mittel bis auf wenige Ausnahmen niedriger bewertet als der Einsatz in der sachgüterproduzierenden Wirtschaft, so legen die Ergebnisse dennoch die Vermutung offen, dass die Tipps und Tools zum verschwendungsarmen Arbeiten teilweise auch schon im tertiären Sektor genutzt werden. Und das mit Erfolg: Auch im Dienstleistungsbereich weisen erfolgreiche Unternehmen eine höhere Intensität der Nutzung auf als die vergleichbaren Lowperformer.
- Schließlich zeigt die vergleichende Analyse des sekundären Sektors, dass die Tipps und Tools in der sachgüterproduzierenden Wirtschaft intensiver genutzt werden als in der Dienstleistungsbranche. Entgegen den Erwartungen, nach denen man die Profillinien im Bereich der maximalen Ausprägung einschätzen würde, bewerten die Unternehmen des sekundären Sektors den Implementierungsgrad nur unwesentlich höher ein als Unternehmen des tertiären Sektors. Dieser Befund wirft die Vermutung auf, dass die Unternehmen des sekundären Sektors (noch) nicht branchengesamt zu den Vorreitern der Automobilindustrie aufgeschlossen haben. So scheinen entgegen der Annahme, Potentiale seien in der sachgüterproduzierenden Wirtschaft weitestgehend erschlossen und die Verschwendungstreiber größtenteils ausgeschaltet, noch hohe Potentiale vorhanden zu sein.

Zusammenfassend kann eine generelle Übertragbarkeit der Tipps und Tools in den Dienstleistungsbereich mit den Befunden empirisch untermauert werden. Der Einsatz der japanischen Philosophie zum verschwendungsarmen Arbeiten findet nicht nur bereits statt, sondern führt zudem auch zu Erfolgen – nicht nur in der sachgüterproduzierenden Wirtschaft, sondern auch im Dienstleistungsbereich: So belegen die Befunde die Aussage der Autoren Julien und Tjahjono (2009, S. 334), wonach „. . . lean principles can be applied successfully in the service industry".

Doch wie kann ein konkreter Tooleinsatz im Gesundheitsbereich nun aussehen? Wie können Verschwendungsarten zielgerichtet entdeckt und welche Erfolgspotenziale können auf diese Weise gehoben werden? Welche Anpassungen der Instrumente und Tools müssen ggf. vor einem Einsatz im tertiären Sektor vollzogen werden?

17.3 Auf der Suche nach Verschwendung: Können Lean-Methoden im Krankenhaus genutzt werden?

Auf dem Weg zu einer verschwendungsarmen Organisation rücken Unternehmen immer häufiger ihre Wertketten – d. h. alle Tätigkeiten, durch die ein Produkt oder eine Leistung entwickelt, hergestellt, vertrieben, ausgeliefert und unterstützt wird (vgl. Porter 2000, S. 67) – in den Fokus interner Optimierungsinitiativen. Doch die Suche nach den Ursachen unproduktiven Arbeitens beschränkt sich oftmals auf eine möglichst detaillierte und IT-unterstützte Dokumentationen von Prozessen, die allein keinen Beitrag dazu leisten, bspw. nicht wertschöpfende Tätigkeiten zu erkennen und durch deren Eliminierung den Wert für den Kunden zu erhöhen. Prozessdokumentationen, die z. B. für die Zertifizierung erstellt werden, und gängige Kennzahlen aus der Kosten- und Leistungsrechnung liefern im Regelfall nur begrenzte Einblicke in die Probleme und Ursachen unproduktiven Arbeitens.

Im Lean-Production-Management wird daher empfohlen, sich im Rahmen von „vor Ort" erstellten Analysen des Wertstroms – durch Zeichnungen von Hand mit einem Bleistift auf einem Blatt Papier – intensiver mit den Arbeitsabläufen zu beschäftigen. Ursprünglich von Toyota für die Automobilindustrie als „Material und Informationsflussanalyse" entwickelt (vgl. Becker 2008, S. 139), wird die Wertstrommethode auch heute noch vor allem in der Produktion von Sachgütern eingesetzt. Jedoch haben in letzter Zeit einige Arbeiten gezeigt, wie die Wertstrommethode auch sinnvoll im Dienstleistungsbereich eingesetzt werden kann – nicht zuletzt auch innerhalb der Gesundheitsbranche (vgl. Jackson 2013; Jimmerson 2012; Zidel 2006).

Mit dem Ziel, wertschöpfende Tätigkeiten und Verschwendung sowie deren Ursachen zu identifizieren und einen Fluss zu erkennen, bildet die Wertstromanalyse sowohl Prozesse als auch die Interaktionen der Wertschöpfungspartner grafisch ab. Als Methode unterstützt sie Unternehmen dabei, einen Fluss mit einem hohen Grad an Wertschöpfung und kurzen Durchlaufzeiten aufzubauen (vgl. Rother und Shook 2006, S. 5). Die in der produzierenden Industrie mittlerweile recht bekannte Wertstromanalyse bietet einen methodischen Ansatz, um nicht optimal organisierte Prozesse systematisch zu erfassen und zielorientiert zu verändern. Dies kann auch im Gesundheitsbereich zur Reduzierung von Verschwendung beitragen. Die Übertragung des bewährten Ansatzes aus der Sachgü-

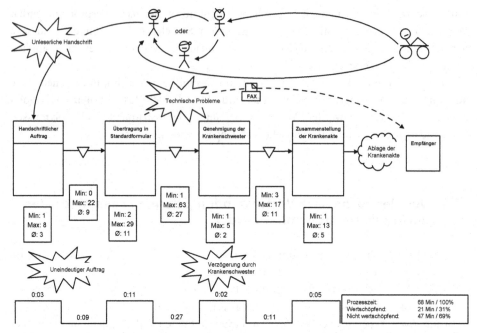

Abb. 17.4 Value Stream Mapping im Krankenhaus (Darstellung adaptiert nach Jimmerson 2012, S. 86)

terproduktion soll im Folgenden an einem Beispiel aus dem Krankenhaus exemplarisch aufgezeigt werden (Abb. 17.4).

Der oben dargestellte Wertstrom skizziert den Ablauf der Medikation in einem Krankenhaus. Basierend auf den Beobachtungen von Medikamentenbestellungen vor Ort wurde der aufgeführte Wertstrom gemäß den Empfehlungen von Jimmerson (2012, S. 21 ff.) in drei Bereiche gegliedert:

- Der obere Bereich der Wertstromanalyse stellt das auslösende Ereignis des zu untersuchenden Prozesses dar. Den Ausgangspunkt bildet eine handschriftlich erstellte Medikamentenbestellung, basierend auf der Untersuchung eines stationär behandelten Patienten.
- Der mittlere Teil stellt den eigentlichen Ablauf der Medikamentenbestellung dar. Nach der Erstellung des handschriftlichen Bestellformulars wurden die Daten des behandelnden Arztes durch einen Angestellten in ein Standardformular übertragen, durch eine Krankenschwester genehmigt sowie in die Krankenakte eingepflegt. Die benötigten Medikamente wurden durch eine hauseigene Apotheke nach dem Eingang der Bestellung per Fax bestellt.
- Im unteren Bereich der Wertstromanalyse wurden auf der Ebene der Prozessschritte die zugehörigen Zeiten aufgenommen und dokumentiert. Nach Jimmerson (2012) umfasst dies im aufgeführten Beispiel die maximale, die minimale sowie die durchschnittliche Bearbeitungszeit. Je nach Einzelfall mag es auch in einem Krankenhausbereich sinnvoll sein, andere spezielle Zeiten zu erfassen.

Mit Blick auf eine detaillierte Prozessdokumentation in ARIS oder Vision – bspw. zur Zertifizierung der Organisation oder zur Erstellung von Qualitätsmanagementhandbüchern – wird mit dem oben aufgeführten Beispiel die Besonderheit der Wertstromanalyse deutlich. So geht es bei der Methode der japanischen Lean-Management-Philosophie ausschließlich darum, den aktuellen Ist-Zustand so aufzunehmen und zu dokumentieren, wie er tatsächlich in einem Unternehmen stattfindet. Jenseits von Idealvorstellungen und den Erfahrungen, wie ein Prozess im besten Fall ablaufen und gelebt werden kann, zielt diese Methode darauf ab, tagtägliche Probleme und Schwachstellen zu identifizieren und auf die Ursachen unproduktiven Arbeitens aufmerksam zu machen.

Auf eben solche Störungen und Probleme weisen die sternförmigen Symbole – sog. „Kaizen-Blitze" – im Ablauf der Medikamentenbestellung hin. Die unleserliche Handschrift der behandelnden Ärzte führte somit nicht nur dazu, dass sich der Aufwand bei der Übertragung der Bestellungen in das Standardformular erhöhte, sondern zog zudem eine hohe Überarbeitungsquote der Bestellungen im Verlauf des Prozesses mit sich. Zudem verzögerten technische Probleme des Faxgerätes ebenso die Übermittling spezieller Bestellungen wie die eingeschränkte Verfügbarkeit der Krankenschwestern bei der Genehmigung von Bestellformularen. Die im unteren Bereich aufgeführten Bearbeitungszeiten der Einzelaktivitäten gaben die Auswirkungen und Folgen dieser Probleme eindrucksvoll wieder: Bei einer Prozesszeit von 68 min pro Bestellvorgang wurden lediglich 21 min und damit 31 % der Zeit wertschöpfend genutzt, 47 min und damit 69 % stellten jedoch reine Verschwendung dar.

Auf Basis dessen konnten zunächst einige schnelle und unkomplizierte Maßnahmen mit geringem Aufwand ergriffen werden, um den aktuellen Status quo zu verbessern. Entgegen großer Veränderungen wurden bewusst schnelle Erfolge – sog. „Quick Wins" oder „Low Hanging Fruits" – angesteuert. Zum einen bemühte man sich durch eine Sensibilisierung der Probleme und Auswirkungen darum, die Ärzte zu überzeugen, ordentlicher zu schreiben, um Unklarheiten bereits zu Beginn des Prozesses zu vermeiden. Um neue Aufträge klarer als solche zu erkennen und ein Verschwinden von Formularen zu verhindern, wurden zudem neue Ablagesysteme entwickelt und eingeführt. Die vorhandenen Faxgeräte – ein Fehlen an Papier, auf das die Geräte keinen Hinweis gaben, ging mit einem nicht versenden der Faxe ohne Rückmeldung einher – wurden durch neuartige Geräte ersetzt, die frühzeitig einen Warnhinweis bei einer leer laufenden Papierlade an den zuständigen Mitarbeiter gaben.

Doch auch fernab von kleinen Veränderungen mit schnellen Erfolgen bei geringen Investitionen bietet die Methode der Wertstromanalyse weitreichende Ansätze für tiefgreifende Prozessoptimierungen. Mit Blick auf die zuvor erläuterten sieben Arten der Verschwendung sowie die Prinzipien des Lean Managements kann die Analyse des Wertstroms zudem dazu genutzt werden, die Wartezeiten zwischen den Arbeitsschritten sowie die Bestände an Formularen in der Warteschleife auf eine Minimum zu verringern sowie die Bestellungen im Wertstrom „zum fließen" zu bringen. Optimierungen des Prozesses könnten bspw. auch die elektronische Übermittlung von Bestellungen durch die behandelnden Ärzte mit mobilen Endgeräten umfassen.

Die Wertstrommethode lässt sich in beliebigem Umfang je nach Untersuchungsgegenstand und Kompetenz der Mitarbeiter durchführen. Gerade die Analyse besonders komplexer Wertströme erfordert ein gewisses Maß an Übung und Erfahrung, um zu sinnvollen Erkenntnissen zu gelangen. Grundsätzlich spielt es methodisch keine Rolle, ob die Wertstrommethode in Großkonzernen oder kleinen bzw. mittleren Unternehmen eingesetzt wird (vgl. Erlach 2010, S. 2). Allgemein handelt es sich um eine Methode, die ein direktes Beobachten erfordert. Es geht also vor allem darum, möglichst viele Mitarbeiter zu befähigen und zu motivieren, sich an der Unternehmensentwicklung zu beteiligen und „das Sehen zu lernen" (vgl. Rother und Shook 2006). Hierbei sollten Unternehmen jenseits von IT-getriebenen Tools zur Dokumentation von Prozessen viel öfter auf einen Bleistift und ein Blatt Papier zurückgreifen, um die eigentlichen Ursachen unproduktiven Arbeitens zu erkennen (vgl. Jimmerson 2012, S. 29; Rother und Shook 2006, S. 14; Erlach 2010, S. 34). Die Literatur bietet hierzu weitreichende Vorschläge und Empfehlungen – am Ende des Tages kommt es jedoch nur darauf an, sich an der Entwicklung des Unternehmens zu beteiligen und einen kontinuierlichen Verbesserungsprozess unternehmensweit zu organisieren, ganz gleich mit welchen Begriffen und welcher Symbolik.

Der Einsatz traditioneller Lean-Tools im Dienstleistungs- und – wie hier beispielhaft dargestellt – im Krankenhausbereich kann somit durchaus auch dort helfen, Verbesserungspotenziale zu erkennen und konkrete Hinweise zur Lösung der Probleme zu benennen. Abhängig von der konkreten Arbeitssituation sowie von den zu behebenden Verschwendungstreibern müssen dazu entsprechende Methoden ausgewählt und gegebenenfalls modifiziert werden. Dennis und Shook (2007, S. 91) fassen hierbei passenderweise zusammen: „Where there is a process, there are value-added steps – and there is waste. Thus, value stream mapping can also help us improve all our business processes. Industries like health care, banking and insurance are already deriving substantial benefit thereby, and we're only scratching the surface."

17.4 Fazit

Aktuelle Studien gehen davon aus, dass sich bis zum Jahre 2020 bis zu 19 % der bestehenden Krankenhäuser in den roten Bereich begeben werden (vgl. Augurzky et al. 2013). Um ein langfristiges Bestehen zu gewährleisten, muss es den Einrichtungen gelingen, die wertschöpfenden Anteile der Leistungsprozesse der stationären Behandlung und Pflege der Patienten zu forcieren, um somit gewinnbringend, zumindest aber kostendeckend zu wirtschaften. Dies erfordert nicht nur, Produktivitätssteigerungspotentiale aktiv zu erkennen und zielgerichtet zu erschließen. Vielmehr rückt die kontinuierliche Optimierung der internen Abläufe auch für Krankenhäuser immer öfter in den Fokus der täglichen Arbeit.

Die sachgüterproduzierende Wirtschaft bietet hierzu bewährte Ansätze sowie geeignete Methoden und Instrumente. Wie die empirischen Befunde verdeutlichen, zeigen die Verschwendungsarten als Ursache unproduktiven Arbeitens im sekundären und tertiären

Sektor deutliche Parallelen auf. Die Unternehmen der Dienstleistungsbranche können somit auf die systematisierenden Gesamtansätze der Sachgüterproduktion zurückgreifen, um Verschwendung in moderierter und zielgerichteter Form zu entdecken und zu vermieden. Mit der Philosophie des japanischen Lean Managements stehen Methoden und Instrumente bereit, die nicht nur nachweislich zu Produktivitätssteigerungen führen, sondern auch – wie die empirischen Befunde und das Beispiel der Wertstromanalyse zeigen – in den tertiären Sektor übertragen werden können.

Um die Suche nach Verbesserungspotentialen jedoch nicht nur in einzelnen Abteilungen, Prozessen oder gar nur bei einzelnen Personen zu belassen, ist es unabdingbar, organisatorische Rahmenbedingungen für einen kontinuierlichen Verbesserungsprozess in der Gesamtorganisation zu implementieren und die Mitarbeiter in diesen Prozess zu integrieren. Der Entdeckung von Verschwendung kommt demzufolge eine besondere Bedeutung zu. Organisationen sollten die Suche nach Verbesserungsmöglichkeiten hierbei nicht dem Zufall überlassen, sondern versuchen, das Engagement der Beteiligten zielgerichtet zu aktivieren, indem sie ihrer Mitarbeiter auf zukunftsträchtige Themen ausrichten (vgl. Kerka und Kriegesmann 2007; Kerka 2011). Neben den Verschwendungsarten an sich schließt dies die Vermittlung der Kenntnisse über die entsprechenden Instrumente und Methoden zur Entdeckung und Vermeidung der unnötigen Prozessschritte mit ein – ggf. auch auf außergewöhnliche Art und Weise mit bisher unüblichen Formen der Sensibilisierung bzw. Themenplatzierung wie Simulationen, Lean-Spielen, Plakaten oder Videos. Mitarbeiter zu befähigen, Verschwendung in den Wertschöpfungsprozessen zu erkennen, und darauf aufbauend zu motivieren, aktiv und eigeninitiativ kontinuierliche Verbesserungsprozesse voranzutreiben, sollte tagtäglich auf der Agenda von Unternehmen stehen.

Literatur

Albrecht DM, Töpfer A (2006) Konsequenzen für das Management von Kliniken durch neue Rahmenbedingungen. In: Albrecht DM, Töpfer A (Hrsg) Erfolgreiches Changemanagement im Krankenhaus. Springer, Heidelberg

Arbeitskreis Produktivität von Dienstleistungsarbeit (2013) Produktivitätsszenario. Strategische Partnerschaft Produktivität von Dienstleistungen. http://www.service-productivity.de/wp-content/uploads/2010/03/Produktivit%C3%A4tsszenario-DLArbeit.pdf. Zugegriffen: 29. Jul. 2013

Augurzky B, Krolop S, Gülker R, Hentschker C, Schmidt CM (2012) Krankenhaus Rating Report 2012: Krankenhausversorgung am Wendepunkt? medhochzwei, Heidelberg

Augurzky B, Krolop S, Hentschker C, Pilny A, Schmidt CM (2013) Krankenhaus Rating Report 2013: Krankenhausversorgung zwischen Euro-Krise und Schuldenbremse. medhochzwei, Heidelberg

Bartsch S, Demmelmair MF, Meyer A (2011) Dienstleistungsproduktivität – Stand der Forschung und Zusammenhang zu zentralen vorökonomischen Größen im Dienstleistungsmarketing. In: Bruhn M, Hadwich K (Hrsg) Dienstleistungsproduktivität. Springer, Wiesbaden, S 35–58

Becker T (2008) Prozesse in Produktion und Supply Chain optimieren. Springer, Berlin

Bowen DE, Youngdahl WE (1998) „Lean" service: in defense of a production-line approach. Int J Serv Ind Manag 9:207–225. doi:10.1108/09564239810223510

Brunner FJ (2011) Japanische Erfolgsfaktoren. Hanser, München

Bullinger HJ, Schreiner P (2003) Service Engineering: Ein Rahmenkonzept für die systematische Entwicklung von Dienstleistungen. In: Bullinger HJ, Scheer AW (Hrsg) Service Engineering. Springer, Berlin, S 51–82

Dennis P, Shook J (2007) Lean production simplified. Productivity Press, New York

Engelhardt WH, Kleinaltenkamp M, Reckenfelderbäumer M (1993) Leistungsbündel als Absatzobjekte. Ein Ansatz zur Überwindung der Dichotomie von Sach- und Dienstleistungen. Z Betriebswirtschaftliche Forsch 45:395–426

Erlach K (2010) Wertstromdesign. Der Weg zur schlanken Fabrik. Springer, Heidelberg

Fischbach A, Decker C, Lichtenthaler PW (2012) Emotionsarbeit, Wertschätzung und Stolz in Einzelhandel und Pflege. In: Reichwald R, Frenz M, Hermann S, Schipanski A (Hrsg) Zukunftsfeld Dienstleistungsarbeit. Professionalisierung – Wertschätzung – Interaktion. Springer, Wiesbaden, S 525–539

Guillen MF (1994) The age of eclecticism – current organizational trends and the evolution of managerial models. Sloan Manag Rev 36:75–86

Gummesson E (1998) Productivity, quality and relationship marketing in service operations. Int J Contemp Hosp Manag 10:4–15

Jackson TL (2013) Mapping clinical value streams. CRC Press, Boca Raton

Jimmerson C (2012) Value stream mapping for healthcare made easy. Productivity Press, New York

Julien DM, Tjahjono B (2009) Lean thinking implementation at a safari park. Bus Process Manag J 15:321–335. doi:10.1108/14637150910960585

Kerka F (2011) Auf dem Weg zu einem unternehmerischen Ideen- und Innovationsmanagement – weniger Innovationsaktionismus wäre mehr. Institut für angewandte Innovationsforschung (IAI) e. V., Bochum

Kerka F, Albers S (2013) Produzieren mit geringen Beständen – Was können Dienstleister von der Lean-Production-Philosophie lernen? In: Kriegesmann B (Hrsg) Berichte aus der angewandten Innovationsforschung. No. 252. Institut für angewandte Innovationsforschung (IAI) e. V., Bochum

Kerka F, Knickmeier A (2013) Lean-Production-Management zwischen Anspruch und Wirklichkeit – Wie Dienstleister Unterauslastungs- und Überbelastungsprobleme (nicht) vermeiden können. In: Kriegesmann B (Hrsg) Berichte aus der angewandten Innovationsforschung. No. 253. Institut für angewandte Innovationsforschung (IAI) e. V., Bochum

Kerka F, Kriegesmann B (2007) Innovationskulturen für den Aufbruch zu Neuem: Missverständnisse – Praktische Erfahrungen – Handlungsfelder des Innovationsmanagements. Deutscher Universitäts-Verlag, Wiesbaden

Kerka F, Kriegesmann B (2013) Produktivität – Eine Frage von Sach- oder Dienstleistung? In: Bouncken RB, Pfannstiel MA, Reuschl AJ (Hrsg) Dienstleistungsmanagement im Krankenhaus I. Prozesse, Produktivität und Diversität. Springer Gabler, Wiesbaden, S 197–220

Kerka F, Nottmeier S (2013a) Produzieren im (Über-)Fluss – Was können Dienstleister zur Vermeidung von Überproduktion und Überinformation von der japanischen Lean-Production-Philosophie lernen? In: Kriegesmann B (Hrsg) Berichte aus der angewandten Innovationsforschung. No. 251. Institut für angewandte Innovationsforschung (IAI) e. V., Bochum

Kerka F, Nottmeier S (2013b) Auf der Suche nach Dienstleistungen ohne (Mehr-)Wert – Warum wird oft mehr gemacht, als für den Kunden nützlich ist? In: Kriegesmann B (Hrsg) Berichte aus der angewandten Innovationsforschung. No. 257. Institut für angewandte Innovationsforschung (IAI) e. V., Bochum

Kerka F, Albers S, Knickmeier A, Nottmeier S (2013) Zum aktuellen Stand des Produktivitäts-
managements – Das Wissen über die Möglichkeiten der Produktivitätssteigerung ist in vielen
Branchen ebenso begehrt wie rar. In: Kriegesmann B (Hrsg) Berichte aus der angewandten
Innovationsforschung. No. 258. Institut für angewandte Innovationsforschung (IAI) e. V.,
Bochum

Klauber J, Geraedts M, Friedrich J, Wasem J (Hrsg) (2012) Krankenhaus-Report 2012. Schattauer,
Stuttgart

Krafcik JF (1988) Triumph of the lean production system. Sloan Manage Rev 30:41–52

LaGanga LR (2011) Lean service operations: reflections and new directions for capacity expansion
in outpatient clinics. J Oper Manag 29:422–433. doi:10.1016/j.jom.2010.12.005

Locke R, Romis M (2007) Improving work conditions in a global supply chain. Sloan Manag Rev
48:54–62

Naylor JB, Naim MM, Berry D (1999) Leagility: integrating the lean and agile manufacturing
paradigms in the total supply chain. Int J Prod Econ 62:107–118

Ohno T (2009) Das Toyota-Produktionssystem. Campus, Frankfurt a. M.

Parker SK (2003) Longitudinal effects of lean production on employee outcomes and the mediating
role of work characteristics. J Appl Psychol 88:620–634. doi:10.1037/0021-9010.88.4.620

Piercy N, Rich N (2009) High quality and low cost: the lean service centre. Eur J Mark 43:1477–1497.
doi:10.1108/03090560910989993

Pöhls K (2012) Lean Management in Krankenhäusern. Erfolgsfaktoren für die Umsetzung. Gabler,
Wiesbaden

Poksinska B (2010) The current state of lean implementation in health care: literature review. Qual
Manag Healthc 19:319–329. doi:10.1097/QMH.0b013e3181fa07bb

Porter M (2000) Wettbewerbsvorteile (Competitive Advantage) – Spitzenleistung erreichen und
behaupten. Campus, Frankfurt a. M.

Reifferscheid A, Thomas D, Wasem J (2013) Zehn Jahre DRG-System in Deutschland – Theoretische
Anreizwirkungen und empirische Evidenz. In: Klauber J, Geraedts M, Friedrich J, Wasem J (Hrsg)
Krankenhaus-Report 2013. Schattauer, Stuttgart, S 3–19

Rother M, Shook J (2006) Sehen lernen. Mit Wertstromdesign die Wertschöpfung erhöhen und
Verschwendung beseitigen. Lean Management Institut, Mülheim a. d. R.

Shah R, Ward PT (2003) Lean manufacturing: context, practice bundles, and performance. J Oper
Manag 21:129–149. doi:10.1016/S0272-6963(02)00108-0

Spath D, Ganz W (Hrsg) (2008) The future of services: trends and perspectives. Hanser, München

Takeda H (2009) Das synchrone Produktionssystem. Just in time für das ganze Unternehmen.
mi-Wirtschaftsbuch, München

Womack J, Jones D (2004) Lean thinking. Ballast abwerfen, Unternehmensgewinne steigern.
Campus, Frankfurt a. M.

Womack J, Roos D, Jones DT (1994) Die zweite Revolution in der Autoindustrie. Konsequenzen aus
der weltweiten Studie aus dem Massachusetts Institute of Technology. Campus, Frankfurt a. M.

Zidel TG (2006) A lean guide to transforming healthcare. How to implement lean principles in
hospitals, medical offices, clinics and other healthcare organizations. Quality Press, Milwaukee

Steigerung der Dienstleistungsproduktivität durch Service Management

18

Optimaler Einsatz der Ressourcen und Auswirkungen auf die Dienstleistungsarbeit

Andrea Rößner und Janine Kramer

Inhaltsverzeichnis

18.1 Im Spannungsfeld zwischen Kundenintegration und Produktivitätssteigerung 384
18.2 Anforderungen an ein produktivitätssteigerndes Service Management aus Markt- und Kundensicht 385
18.3 Organisation von Prozessen: Prozesseffizienz und Kennzahlen 388
18.4 Steigerung der Dienstleistungsproduktivität unter Fokussierung auf die Komponenten der Dienstleistungsarbeit 390
18.5 Zusammenfassung wesentlicher Produktivitätsstellhebel 392
Literatur 393

Dieser Beitrag basiert in wesentlichen Teilen auf dem gleichnamigen Beitrag der „3. Rostocker Dienstleistungstagung", bei dem Elemente der Ausarbeitung von Peter Hottum und Marc Kohler (KSRI / KIT Karlsruhe) übernommen wurden.

A. Rößner (✉) · J. Kramer
Fraunhofer IAO/IAT der Universität Stuttgart,
Nobelstraße 12, 70569 Stuttgart, Deutschland
E-Mail: andrea.roessner@iao.fraunhofer.de

J. Kramer
E-Mail: Janine.Kramer@iao.fraunhofer.de

M. Bornewasser et al. (Hrsg.), *Dienstleistungen im Gesundheitssektor*,
DOI 10.1007/978-3-658-02958-6_18, © Springer Fachmedien Wiesbaden 2014

18.1 Im Spannungsfeld zwischen Kundenintegration und Produktivitätssteigerung

Besonders bei technischen Dienstleistungen, die im industriellen Umfeld angeboten werden, gibt es Umstände, die eine effiziente und effektive und somit produktive Dienstleistungserstellung stark beeinflussen und oftmals erschweren. Produktbezogene Dienstleistungen werden größtenteils von produzierenden Unternehmen der Investitionsgüterindustrie zur Ergänzung des Produktangebots sowie zur Generierung weiterer Umsätze und zur Steigerung des Kundennutzens angeboten (vgl. Gebauer und Fleisch 2007, S. 583 ff.; Spath und Demuß 2003, S. 467 ff.). Dies lässt vermuten, dass sie als immaterielle Leistungsbestandteile dazu dienen, den Produktnutzen für den Kunden zu erhöhen. Ein solcher Mehrwert kann bspw. dadurch entstehen, dass durch die Dienstleistung die Nutzbarmachung des entsprechenden Sachgutes ermöglicht oder für den Kunden erleichtert wird. So kann eine technische Hotline als Dienstleistung für den Kunden dazu dienen, die Funktionstüchtigkeit eines Sachgutes zu garantieren oder diese bei Bedarf wiederherzustellen. Problematisch ist in diesem Zusammenhang oftmals die Bepreisung der Dienstleistung, da Kunden besonders bei proaktiven Dienstleistungen – diese werden bereitgehalten, auch wenn kein Bedarf vorhanden ist – selten dazu bereit sind, für ein solches Angebot zu bezahlen. Dies ist vor allem dann der Fall, wenn die Investition in das entsprechende Sachgut besonders hoch ist, woraus sich in der Regel eine geringe Zahlungsbereitschaft für zusätzliche begleitende Dienstleistungen ergibt. Soll aber mit den produktbezogenen Dienstleistungen ein Deckungsbeitrag erwirtschaftet werden, ist es unerlässlich, sowohl intern beim Dienstleistungserbringer, als auch extern beim Kunden ein Bewusstsein für den monetären Nutzen und die Vorteilhaftigkeit solcher Dienstleistungen zu schaffen. Voraussetzung für die Generierung eines hohen Kundennutzens durch die Erbringung produktbegleitender Dienstleistungen sowie einer internen Nutzenstiftung für den Anbieter ist zunächst die Untersuchung der spezifischen Anforderungen aus Kunden- und Unternehmenssicht. Darauf kann im Sinne eines gezielten Dienstleistungsmanagements die Steigerung der Dienstleistungsproduktivität aufbauen. Ferner ist die Auseinandersetzung mit (Interaktions-)Prozessen, sowie mit der Bedeutung von Produktivität(-skennzahlen), mit der Betrachtung von internen und externen Determinanten, notwendig. Ein letzter wichtiger Aspekt bei der Untersuchung von Produktivität in Dienstleistungsprozessen ist die Betrachtung von Dienstleistungsarbeit bezogen auf die Beteiligten am Dienstleistungserstellungsprozess; dem Kunden und dem eigentlichen Dienstleistungsanbieter. Dabei werden die jeweiligen Arbeitsanteile der am Erstellungsprozess beteiligten Parteien, sowie deren Intensität und Produktivitätseinflüsse unterschieden.

Abb. 18.1 Dimensionen der
Produktivitätsbetrachtung
einer Dienstleistung. (Quelle:
in Anlehnung an Arbeitskreis
„Produktivität von
Dienstleistungsarbeit":
Produktivitätsszenario 2012)

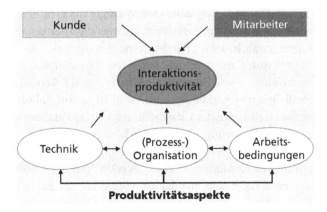

18.2   Anforderungen an ein produktivitätssteigerndes Service Management aus Markt- und Kundensicht

Ein effizientes Management von Dienstleistungen bedarf einer systematischen Vorgehensweise, welche Anbieter- und Kundensicht von Beginn an integriert. Dies gilt für die
Entwicklung von Dienstleistungen genauso wie für die Verbesserung von bestehenden
Dienstleistungen, in unserem Fall im Hinblick auf Produktivitätssteigerungen. Es besteht
die Gefahr, dass Unternehmen an unausgereiften Produktivitätsverbesserungsmaßnah-
men, welche ausschließlich interne Prozesse optimieren sollen, scheitern, da die Folgen
der Maßnahmen zum Teil kundenwirksam sind und sich somit auf die Kundenzufriedenheit auswirken, aber vom Anbieter nicht umfassend antizipiert wurden. Nehmen wir als
Beispiel an, dass für verschiedene Produktgruppen unterschiedliche Hotline-Nummern
eingerichtet werden, um intern die Anfragen unmittelbar an die richtige Stelle zu adressieren. Kundenseitig ist damit jedoch mehr Aufwand verbunden, indem der Kunde Produkte
unterschiedlicher Gruppen besitzt und deshalb die richtige Nummer seinen Produkten
zuordnen und gegebenenfalls überdies die im Einzelfall passende Hotline-Nummer suchen muss. Natürlich kann bei einer reinen Betrachtung der internen Anbietersicht in
gewissen Fällen ebenfalls die Kundenproduktivität gesteigert werden, es kann aber auch
ein gegenläufiger Effekt auftreten. Daher wird bei einer Betrachtung der operationalen
(internen) Produktivität nicht die Produktivität des Gesamtsystems bewertet (vgl. Johnston und Jones 2004, S. 201 ff.). Vielmehr ist die Einbeziehung der Kundensicht für ein
systematisches Dienstleistungsmanagement, besonders im Hinblick auf die Erzielung einer gesteigerten Effizienz und Dienstleistungsproduktivität über den Gesamtprozess mit
einem längerfristigen positiven ökonomischen Effekt, unabdingbar. Abbildung 18.1 stellt
die unterschiedlichen Elemente dar, die bei einer Produktivitätsbetrachtung im Sinne einer
Analyse der verschiedenen Input- und Outputfaktoren betrachtet werden müssen.

Entscheidend ist demnach aus Kunden-/Marktsicht, dass das Dienstleistungsangebot
optimal an die Bedürfnisse der Nachfrager ausgerichtet ist. Denn letzten Endes zeichnet

den langfristigen Erfolg einer Dienstleistung vor allem eine hohe Kundenzufriedenheit aus, unter der Bedingung, dass intern, auf operationaler Ebene, eine optimale Ressourcenallokation gewährleistet ist. Für den Kunden spiegelt sich die Produktivität einer industriellen Dienstleistung meist in den folgenden Aspekten wider: umfassende Befriedigung der Bedürfnisse, möglichst geringer Einsatz eigener Ressourcen zur Nutzenerzielung sowie Flexibilität und Reaktionsschnelligkeit. Diese Aufzählung ist jedoch nicht endgültig und unabänderlich, sondern lässt sich um weitere Faktoren ergänzen, die je nach Situation ebenfalls eine wichtige Rolle spielen können.

Aus dem Kontext des vom Bundesministerium für Bildung und Forschung (BMBF) geförderten Konsortialprojektes „ServUp" (Förderkennzeichen: 01FL10083-88) können hier erste Ergebnisse aus der Durchführung der zugehörigen Praxisprojekte angeführt werden. Um konkret die soeben genannten Aspekte ergründen und in Produktivitätssteigerungsmaßnahmen einfließen lassen zu können, wurde jeweils mit einer qualitativen Kundenbefragung begonnen, welche Kunden unterschiedlicher Typen des Dienstleistungsanbieters einschloss. Durch die Befragungen konnten zum einen Anforderungen und Rollen von Kunden in Dienstleistungsgestaltung und -erbringung sowie gezielte Produktivitätsfaktoren herausgearbeitet und in das systematische Dienstleistungsmanagement in Form von Kennzahlen (siehe Abschn. 18.3) integriert werden.

Eine umfassende Betrachtung der Produktivität einer Dienstleistung bedarf demgemäß nicht nur einer Betrachtung des gesamten Dienstleistungssystems in Form von Anbieter und Nutzer, sondern zusätzlich einer Analyse des Dienstleistungslebenszyklus und der jeweiligen Formen der Kundeneinbindung. So können Kunden bspw. in der Erstellung von neuen Dienstleistungen auf verschiedene Arten und durch unterschiedliche Rollen wertvolle Beiträge liefern. Explorative Befragungen im Rahmen unseres Konsortialprojektes „ServUp" zeigen ein großes Potential für die Einbindung von Kunden als Co-Designer oder Leistungsspezifizierer (vgl. Büttgen 2008, S. 105 ff.). In diesen Rollen nehmen Nachfrager aktiv an der Gestaltung neuer Dienstleistungen teil, indem sie ihre Anforderungen bereits früh im Lebenszyklus aktiv beschreiben und einbringen sowie den Dienstleistungsanbieter dabei unterstützen, zentrale Aspekte wie die Interaktionspunkte mit dem Kunden in einer Form zu gestalten, die beim Marktstart der Dienstleistung zu einer großen Akzeptanz führen. Aber auch im weiteren Verlauf des Dienstleistungslebenszyklus kann sich die aktive und systematische Einbindung von Kunden sehr positiv auf die Produktivität des Dienstleistungsanbieters auswirken, indem bspw. das Potential von Kunden als Co-Marketer (vgl. Büttgen 2008, S. 105 ff.) genutzt wird. Innerhalb der soeben beschriebenen Dimensionen der Kunden- und Marktperspektive lassen sich die Herausforderungen und Lösungsansätze für ein produktivitätssteigerndes Dienstleistungsmanagement auf mehreren Ebenen darstellen (Arbeitskreis „Produktivität von Dienstleistungsarbeit": Produktivitätsszenario 2012, S. 3). So ermöglicht der adäquate Einsatz von technischen Systemen die Erfassung der Kundenbedarfe und -wünsche und ermöglicht damit die Übersetzung der externen Ansprüche an die interne Leistungserstellung. Auf dieser Grundlage kann der Ressourceneinsatz entsprechend der prognostizierten Bedarfe exakter geplant und feiner abgestimmt werden. Aus Kundensicht kann es zu einer Produktivitätssteigerung, bspw. aufgrund

geringerer Wartezeiten, kommen. Eine zentrale Anforderung an ein Dienstleistungsmanagement ist es demnach, bestehende Systeme auf Optimierungsmöglichkeiten zu prüfen,
um über den Technikeinsatz zu einer Verbesserung des gesamten Systems zu gelangen. Ein
praxisorientiertes Unternehmensbeispiel aus dem Kontext des Konsortialprojektes „ServUp" legt die Bedeutung von technischen Hilfsmitteln unter Bezugnahme auf gegenseitigen
Nutzen und Produktivitätsgewinne für Anbieter und Nachfrager einer produktbezogenen
Dienstleistung dar. So wird in die verkauften Maschinen vom Hersteller ein neuarti-
ges Remote-Control-System integriert, das auf Wunsch sowohl dem Kunden als auch
dem Maschinenhersteller Daten über den aktuellen Zustand des entsprechenden Geräts
übermittelt. Auf Basis vergangener Produktivitätsdaten und Fehlermeldungen können
durch die automatische Analyse, Auswertung und Zusammenführung der Daten durch
das Remote-Control-System nutzungsbasierte Optimierungsansätze durchgeführt werden.
Dieses System ermöglicht dem Kunden erhebliche Steigerungen der eigenen Produktivität
in der Maschinennutzung, da aufgrund von Warnmeldungen Maschinenstillstände bereits proaktiv vermieden werden. Zudem wird eine Erleichterung in der Datenauswertung
der Maschinen, die sich verstreut im Einsatz befinden, erreicht. Für den Produktions-
verantwortlichen auf Kundenseite ergibt sich damit ein stets aktueller Überblick über
sämtliche produktionsrelevante Daten, deren Erhebung auf anderen Wegen wesentlich
mehr zeitlichen und personellen Aufwand bedeuten würde, oder in dieser Weise gar nicht
zu bewerkstelligen wäre. Auch kann durch die rechtzeitige Bereitstellung von präventiven
Leistungen der Servicetechniker im Feld die Planung bspw. bei Instandhaltungen oder
Wartungen für beide Seiten optimiert koordiniert werden. Diese Steigerung der Produktivität zeigt sich z. B. darin, dass bei den örtlich stark mobilen Maschinen sowohl die
Anfahrtswege der Servicetechniker minimiert als auch die zeitliche Passung in den sai-
sonalen und produktionsorientierten Planungszyklus der Kunden integriert wird. Diesen
Mehrwert hat der Dienstleistungsanbieter klar auf die Bedürfnisse der Anwender (Kunden) abgestimmt. In verschiedenen Versionen, je nach Informationsbedarf und Umfang
des Angebots, wird diese Überwachungs- und Analysefunktion als eigenes Dienstleistungsangebot den Käufern der Maschinen angeboten. Das hat für den Dienstleistungsanbieter
den Vorteil, dass die Ressourcen, die für eine Garantie der Leistungsverfügbarkeit benötigt
werden, vorhanden sind. Der Kunde profitiert, indem er durch die Inanspruchnahme des
Dienstleistungsangebotes auf eine Garantie bezüglich der Verfügbarkeit der entsprechenden Maschine zurückgreifen kann. Im Allgemeinen lässt sich feststellen, dass insbesondere
der Einsatz von Informations- und Kommunikationstechnologien bei technischen Dienstleistungen das Potential besitzt, Kosten zu senken, Prozesse effizienter zu gestalten sowie
neue Vertriebs- und Kundenpotentiale zu eröffnen (vgl. Picot et al. 2007, S. 35 ff.). Des
Weiteren ist die Integration der kundenbezogenen Aspekte in die interne Leistungsplanung
von hoher Relevanz. Allein die Kenntnis der Kundenbedürfnisse genügt oftmals nicht, um
das tatsächliche Dienstleistungsangebot optimal an die Nachfrage anpassen zu können.
Auch ist es notwendig, bereits proaktiv intern im Unternehmen bestimmte Ressourcen
vorzuhalten, damit den potenziellen Kunden im Bedarfsfall zeitnah und qualitätsopti-
miert die gewünschte Leistung angeboten werden kann. Dies impliziert, dass die interne

Unternehmensperspektive eine zweite wichtige Entscheidungsdimension im Sinne eines systematischen Dienstleistungsmanagements darstellt, die neben der Kundenperspektive wesentlich zu einer Produktivitätssteigerung beitragen kann.

18.3 Organisation von Prozessen: Prozesseffizienz und Kennzahlen

Organisatorische Aspekte bilden einen weiteren wichtigen Einflussfaktor auf die Steigerung der Dienstleistungsproduktivität. Verbesserungsmaßnahmen in diesem Bereich sind oftmals rein intern auf Seite des Dienstleistungserbringers gelagert, ohne den Kunden aktiv in die organisatorische Gestaltung mit einzubeziehen. Dies mag bei strategischen Planungen und Entscheidungen wie bspw. Fragestellungen zur Unternehmensorganisation in Form von Aufbau- und besonders Ablauforganisation, durchaus zielführend sein. Somit kann eine schnelle Reaktionsfähigkeit sowie eine flexible Leistungserstellung bezüglich sich verändernder Umfeldfaktoren ermöglicht werden. Allerdings genügt es auch hier nicht, allein die Unternehmensseite, also die Perspektive des Dienstleistungsanbieters zu betrachten. Ebenso relevant und einflussreich ist die Organisationsform des jeweiligen Kunden, der besonders bei wissensintensiven und langfristigen oder regelmäßig erbrachten industriellen Dienstleistungen oftmals sehr stark in die Leistungserstellung involviert ist. Indem mehrere Akteure in die Dienstleistungsbereitstellung einbezogen werden, kann es zu einer hohen Komplexität, insbesondere in Bezug auf die betroffenen Leistungserstellungsprozesse, kommen. So herrscht oftmals wenig Klarheit darüber, welche Ressourcen in welcher Intensität von welchem Akteur bei der Dienstleistungserstellung in Anspruch genommen werden. Um dies zu verbessern, ist nicht nur eine Übersicht über eingesetzte Ressourcen notwendig, sondern auch die Klarheit darüber, in welchem Prozessschritt dieser Ressourceneinsatz schwerpunktmäßig erfolgt. Unter Ressourcen fallen bei der Erstellung einer Dienstleistung ähnlich wie bei der Produktion von Sachgütern neben Zeit und Kapital auch humane Produktionsfaktoren, sowie materielle Ressourcen in Form von Maschinen, Werkzeugen, Hilfsmitteln und der benötigten (technischen) Infrastruktur. Problematisch ist an dieser Betrachtung zunächst die Feststellung, welche Ressourcen zu welchen Anteilen in bestimmte Prozesse einfließen (vgl. Page et al. 1993, S. 188 ff.). Aus diesem Grund wird die Prozessorganisation hier als wesentlicher Stellhebel zur Verbesserung der Dienstleistungsproduktivität angesehen. Für die Auseinandersetzung mit Dienstleistungsprozessen ist es in der Regel unerlässlich, zunächst eine Bestandsaufnahme der aktuellen Prozesse durchzuführen, um zu erkennen welche Aktivitäten von wem mit welchen Ressourcen durchgeführt werden und welche Abhängigkeiten, Schnittstellen und Berührungspunkte innerhalb des Erbringungsprozesses bestehen. In unseren Praxisprojekten im Konsortialprojekt „ServUp" haben wir dazu auf die Methode des Service Blueprinting zurückgegriffen. Service Blueprinting lässt sich im Allgemeinen als eine heuristische Methode zur Analyse und Gestaltung von Dienstleistungsprozessen bezeichnen (vgl. Fließ und Kleinaltenkamp 2004, S. 392 ff.). Es wurde von G. Lynn Shostack in den frühen 1980er Jahren als eine spezielle Form von Ablaufdiagrammen vorgestellt (George und Gibson 1991, S. 74 f.) (weitere Informationen zu Service Blueprinting als Werkzeug siehe z. B. Bitner et al. 2007 und Fließ et al. 2004, S. 173 ff.). Die Methode des Blueprinting eignet sich in dem hier betrachteten Kontext deshalb besonders gut, da sie eine übersichtliche und logische Darstellung der Prozesse ermöglicht. Oftmals komplexe Zusammenhänge werden klar strukturiert visualisiert und sind damit leicht lesbar. Andere Methoden, die ebenfalls auf die Visualisierung der Prozesselemente abzielen, basieren oftmals auf einem speziellen Zeichenschatz und erfordern oftmals eine höhere Methodenkompetenz zum Verständnis der Darstellung. Dies kann wiederum ein Hinderungsgrund sein, wenn die Visualisierung dazu eingesetzt werden soll, die Prozesse in Zusammenarbeit mit den Kunden und Mitarbeitern zu verbessern. Blueprinting zeichnet sich als Methode demnach durch eine geringe Komplexität aus und ist weniger erklärungsbedürftig. Durch die Anwendung des Service Blueprinting wird allen Prozessbeteiligten u. a. folgendes deutlich (vgl. Grönroos und Ojasalo 2004, S. 414 ff.):

- welche Prozessschritte finden im Hintergrund bei dem Dienstleistungsanbieter („Back-Office"), ohne die aktive Mitwirkung des Kunden statt?
- welche Prozesse fordern die Integration des Kunden und laufen deshalb in Interaktion mit dem Kunden im „Service-Encounter" ab?
- welche Prozesse erbringt letztlich der Kunde unabhängig von der Existenz des Dienstleistungsanbieters und dessen Infrastrukturen?

Diese Betrachtungsweise von Dienstleistungsprozessen verdeutlicht Schnittstellen und zeigt auf, wo in der betrieblichen Praxis bei der Erstellung einer Dienstleistung das Potenzial besteht, den Kunden zu integrieren oder die Mitarbeiter besser hinsichtlich der Interaktion mit den Kunden zu schulen. Besonderes Augenmerk sollte ebenfalls auf die vorhandenen Schnittstellen zwischen den Beteiligten gelegt werden. Bei Dienstleistungen bedeutet dies vor allem den Fluss von Informationen und deren Transfermedium zu untersuchen. Die unternehmerische Praxis zeigt hier insbesondere starkes Verbesserungspotential in Bezug auf die Beseitigung von Medienbrüchen auf, welche die Produktivität einer Dienstleistung stark einschränken können. Als Medienbruch wird ein fehlendes Glied einer digitalen Informationskette verstanden, welches mitverantwortlich für Langsamkeit, Intransparenz und Fehleranfälligkeit im Prozess ist (vgl. Fleisch et al. 2003). Zur Informationsverarbeitung werden z. B. verschiedene IT-Systeme und Software verwendet, wodurch sich ein Transformationsaufwand ergibt, wenn von den Prozessbeteiligten die Informationen erst in eine für sie brauchbare Form übertragen werden müssen. Es liegt klar auf der Hand, dass ein signifikantes Einsparungspotential in der Vereinheitlichung der verwendeten Informationsverarbeitungssoftware (-medium) besteht (vgl. Fleisch et al. 2003). Ist dies nicht möglich, gilt es zu prüfen, inwiefern automatisierte Informationstransformation möglich ist. In unseren Praxisbeispielen hat sich gezeigt, dass im Arbeitsalltag der Organisationen zum Teil ein substantieller Aufwand eingesetzt wird um z. B. Informationen eigenhändig zu digitalisieren oder von bestimmten individuellen Dateiversionen in ein automatisiertes IT-System zu integrieren. Z. B. ist es wenig nutzenstiftend für den Dienstleistungsprozess, wenn Mitarbeiter einen wesentlichen Anteil ihrer Zeit damit verbringen, Daten aus einem ERP-System in Excel-Tabellen manuell zu übertragen, damit der nächste Prozessbeteiligte die Informationen verarbeiten kann. Ein Schlüssel zur Lösung des Dilemmas ist die Vereinheitlichung von Dateiformaten und die Ausweitung der Nutzung von IT-Systemen um sich z. b. von einer individuellen Dateiverwaltung von Prozessinformationen für andere Prozessteilnehmer zu lösen. Insgesamt lässt sich feststellen, dass Produktivitätsverbesserungspotential in der Beseitigung von Medienbrüchen besteht und dieser Ansatz eine hohe praktische Relevanz besitzt (siehe auch Beispiel in Hanhart et al. 2005). Dabei ist im Allgemeinen zu bemerken, dass bei einer Änderung der Art der Informationsaufnahme und -verarbeitung jeweils die Transition zum höheren technischen Standard, auch im Hinblick auf die technische Weiterentwicklung der Organisation und der Anpassung an heutige Standards und Zukunftsentwicklungen, vorzunehmen ist. In dem genannten Beispiel bedeutet dies, dass es anzustreben ist die manuelle Erstellung von Excel-Tabellen durch die Nutzung der ERP-Software mit einer automatisierten Tabellenerzeugung zu ersetzen. Mitunter ist damit die Schulung von Mitarbeitern für die Nutzung einer für sie neuen IT-Lösung notwendig, welche sich aber in der Regel durch eine beschleunigte Informationsbearbeitung auszahlen wird.

Neben der Kenntnis der technischen und materiellen Inputfaktoren innerhalb einer transparenten Prozessorganisation ist es, wie im vorherigen Absatz bereits angedeutet, aber auch notwendig, die bei der Dienstleistungserstellung beteiligten humanen Faktoren näher zu betrachten und dadurch auch das Dienstleistungsangebot und damit verbundene Herausforderungen an entsprechender Stelle hervorzuheben.

18.4 Steigerung der Dienstleistungsproduktivität unter Fokussierung auf die Komponenten der Dienstleistungsarbeit

Dienstleistungen können besonders in der Lebenszyklusphase der Leistungserbringung sehr personalintensiv sein. Dennoch kann eine alleinige Fokussierung auf die personalbezogenen Verbesserungsmaßnahmen nach Ross (1977, S. 173 ff.) nur begrenzt zielführende Lösungen anbieten. Ist das Ziel jedoch Dienstleistungen nachhaltig produktiver zu gestalten, sind diese Aspekte mit den oben genannten technologischen Möglichkeiten sowie mit den (Prozess-) Organisationsstrukturen zu kombinieren, um eine umfassende Betrachtung der Thematik zu ermöglichen (vgl. Gebauer und Fleisch 2007, S. 583 ff.). Bei der Analyse von Dienstleistungsproduktivität ist, besonders in Bezug auf die Dienstleistungsarbeit, eine integrierte Betrachtung von drei verschiedenen Perspektiven möglich. Konkret seien hier die Arbeit, die allein durch den Dienstleistungsanbieter unabhängig von den Kunden voll-

Abb. 18.2 Drei Dimensionen
der Dienstleistungsarbeit

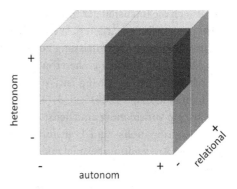

bracht wird, die Arbeit, die in Interaktion mit dem Kunden stattfindet sowie die Arbeit, die der Kunde unabhängig vom Dienstleistungsanbieter in den Prozess der Leistungserstellung einbringt, zu unterscheiden (vgl. Gummesson 1998, S. 4 ff.). Die isolierte Untersuchung einzelner Produktivitätsaspekte dieser drei Perspektiven kann jeweils nur Verbesserungen von bestimmten Elementen der Dienstleistungserstellung hervorbringen. In der Gesamtbetrachtung aller drei Perspektiven kann es jedoch insgesamt zu einer Stagnation oder gar zu einer Reduktion der Dienstleistungsproduktivität kommen. Dies bedeutet, dass es, wie in den vorherigen Kapiteln bereits angedeutet, nicht genügt, allein eine interne Perspektive einzunehmen oder die Kunden- und Marktperspektive von der Interaktions- und (Prozess-)Organisationsebene getrennt zu optimieren. Besonders bei langfristig angelegten Kunden- und Anbieterbeziehungen im B2B-Sektor der industriellen, produktbegleitenden Dienstleistungen, ist die Produktivitätsbetrachtung demnach stark von der Definition und Verteilung der eigentlichen Arbeit innerhalb dieser drei Perspektiven abhängig. In diesem Zusammenhang wurden im Rahmen des Arbeitskreises Dienstleistungsarbeit unter der Beteiligung mehrerer wissenschaftlicher Projekte wesentliche Alleinstellungsmerkmale der Arbeit im Dienstleistungsbereich herausgearbeitet. Abbildung 18.2 stellt die verschiedenen Anteile von Dienstleistungsarbeit und ihre mögliche Nutzungsintensität dar.

Diese drei Dimensionen machen deutlich, wer in welchem Umfang an der Erstellung der Dienstleistung beteiligt ist. So stellt die autonome Dimension den Anteil an Arbeit bei der Dienstleistungserstellung dar, den der Dienstleistungsanbieter unabhängig vom Kunden verrichtet. Wie im vorherigen Abschnitt bereits erörtert, liegt es bei einer beabsichtigten Verbesserung dieser Dimension nahe, an der internen Prozessgestaltung anzusetzen. Die heteronomen Anteile der Dienstleistungsarbeit werden überwiegend vom Kunden erbracht und können vom Anbieter der Dienstleistung daher nur begrenzt beeinflusst werden. Um in dieser Dimension eine Verbesserung zu erzielen, könnten bspw. Maßnahmen zur Kundenschulung ergriffen werden, was auch die Bereitschaft der Kunden zu einer aktiven Mitarbeit steigern könnte. Die relationale Dimension bezieht sowohl den Anbieter der Dienstleistung als auch den Kunden mit ein. Diese Anteile der Dienstleistungsarbeit deuten darauf hin, dass durch eine Verbesserung der Informations- und Kommunikationstechnologien (IKT) eine Steigerung der Dienstleistungsproduktivität insgesamt möglich ist. Abhängig von der Art der Dienstleistung können diese Perspektiven, und damit auch die Intensität der Integration einzelner Aspekte der Dienstleistungsarbeit in die Leistungserstellung, variieren. Wenn es darum geht möglichst hohe Produktivitätsgewinne innerhalb einer Dienstleistung zu erzielen, liegt das größte Potential im roten Bereich der Abb. 18.2, indem der heteronome und autonome Leistungsanteil hoch, dagegen der relationale Anteil gering ist (Arbeitskreis „Produktivität von Dienstleistungsarbeit": Produktivitätsszenario 2012, S. 3). Dies bedeutet, dass Anbieter und Kunde größtenteils unabhängig voneinander am Dienstleistungserstellungsprozess beteiligt sind und dadurch wenig Koordinations- und Transformationsaufwand von Informationen besteht. In dem genannten Anwendungsbeispiel mit der technischen Service-Hotline würde dies bedeuten, dass die aktive Bearbeitung von Kundenanfragen am Telefon auf ein sehr geringes Maß zu reduzieren ist. Um dies zu bewerkstelligen, ist dafür zu sorgen, dass Kundenanfragen so konkret wie möglich geäußert werden können, damit wenig Verständnisprobleme auftreten und die Anfrage möglichst schnell autonom bearbeitet werden kann. Dies lässt sich durch die Bereitstellung von umfangreichen Informationsmaterialien durch den Dienstleistungsanbieter sowie durch die nutzungsbezogene Schulung der Kunden und Mitarbeiter erreichen. Qualifizierende Maßnahmen dienen dazu, die Interaktion effizient zu gestalten und die Kunden durch nutzbringende Lösungen zufriedenzustellen. Bezieht man gleichzeitig die relationale Dimension in die Analyse dieses Anwendungsbeispiels mit ein, kann eine Abstimmung und ggf. Vereinheitlichung der oben genannten Informations- und Kommunikationstechnologien zwischen dem Hotline-Anbieter und den Service-Kunden zielführend sein, um die Koordinations- und Transformationsaufwände gering zu halten.

18.5   Zusammenfassung wesentlicher Produktivitätsstellhebel

Die Steigerung der Dienstleistungsproduktivität durch Service Management basiert auf der Untersuchung und anschließenden Optimierung einer Dienstleistung aus Kunden- und Unternehmenssicht. Eine einseitige Dienstleistungsoptimierung kann in der Gesamtbilanz zu einer Stagnation oder sogar zu einer Reduktion der Dienstleistungsproduktivität führen. Im Fokus dieser Optimierung steht die Integration des Kunden in den Entwicklungsprozess einer Dienstleistung und der Einsatz von technischen Methoden um das Gesamtsystem zu optimieren. Die genaue Analyse der Prozessorganisation gibt Aufschluss über die Ressourcenverteilung und bietet das Potential die Reaktionsfähigkeit und die Flexibilität der Leistungserstellung zu steigern. Die Methode des Service-Blueprinting hat sich durch die einfache Strukturierung und gute Lesbarkeit eines sonst komplexen Prozesses als besonders effizient erwiesen. Ein Hauptbestandteil der Prozessoptimierung ist die Steigerung der Kompatibilität der Schnittstellen aller Beteiligten untereinander. Diese wird durch die Vermeidung von Medienbrüchen und den Einsatz von modernen technischen Standards erreicht. Betrachtet man die drei verschiedenen Dimensionen der Dienstleistungsarbeit, die sich in autonome, heteronome und relationale Leistungsanteile aufgliedern, so lassen sich besonders durch die grundsätzliche Umstellung der angebotenen Leistungen von reaktiven auf proaktive Elemente Produktivitätsverbesserungen erzielen. Auf diese Weise lassen sich personal- und zeitintensive Koordinations- und Transformationsaufwände reduzieren. Technologische Innovationen, besonders im Bereich der IKT, bilden hierzu die Basis. Durch eine integrierte Lösung, bei der sowohl Anbieter als auch Kunde an den Kosten durch organisatorische Anpassungen und auch an den Nutzen durch eine effizientere Leistungserstellung beteiligt sind, wird eine nachhaltige Produktivitätssteigerung von Dienstleistungen möglich.

Literatur

Arbeitskreis „Produktivität von Dienstleistungsarbeit": Produktivitätsszenario (2012). http://www.service-productivity.de/wp-content/uploads/2010/03/Produktivit%C3%A4tsszenario-DLArbeit_Entwrf_V_120705_V2.pdf. Zugegriffen: 17. Feb. 2012

Bitner MJ, Ostrom, AL, Morgan FN (2007) Service blueprinting: a practical tool for service innovation. http://spaces.kisd.de/masterhub/files/2009/01/bitner_blueprint.pdf. Zugegriffen: 17. Feb. 2012

Büttgen M (2008) Erscheinungsformen der Kundenintegration und Ansätze eines Integrationsmanagements. In: Stauss B (Hrsg) Aktuelle Forschungsfragen im Dienstleistungsmarketing. Gabler, Wiesbaden, S 105–132

Fließ S, Kleinaltenkamp M (2004) Blueprinting the service company: managing service processes efficiently. J Bus Res 57(4):392–404. doi:10.1016/S0148-2963(02)00273-4

Fließ S, Nonnenmacher D, Schmidt H (2004) ServiceBlueprint als Methode zur Gestaltung und Implementierung von innovativen Dienstleistungsprozessen. In: Bruhn M, Stauss B (Hrsg) Forum Dienstleistungsmanagement: Dienstleistungsinnovationen. Gabler, Wiesbaden, S 173–202.

Fleisch E, Dierkes M, Kickuth M (2003) Ubiquitous Computing: Auswirkungen auf die Industrie. http://scholar.googleusercontent.com/scholar?q=cache:wg6hO7E2TogJ:scholar.google.com/+medienbr%C3%BCche+in+Prozessen & hl=de & as_sdt=0,5. Zugegriffen: 17. Feb. 2012

Gebauer H, Fleisch E (2007) Managing sustainable service improvements in manufacturing companies. Kybernetes 36(5):583–595. doi:10.1108/03684920710749686

George WR, Gibson BE (1991) Blueprinting: a tool for managing quality in service. In: Brown SW et al. (Hrsg) Service quality: multidisciplinary and multinational perspectives. Lexinton Books, New York, S 74 f.

Grönroos C, Ojasalo K (2004) Service productivity: towards a conceptualization of the transformation of inputs into economic results in services. J Bus Res 57(4):414–423

Gummesson E (1998) Productivity, quality and relationship marketing in service operations. Int J Contemp Hosp Manag 10(1)4–15. doi:10.1108/09596119810199282

Hanhart D, Jinschek R, Kipper U, Legner C, Österle H (2005) Mobile und Ubiquitous Computing in der Instandhaltung – Bewertung der Anwendungsszenarien bei der Fraport AG. HMD 244, 42. Jahrgang, August 2005

Johnston R, Jones P (2004) Service productivity: towards understanding the relationship between operational and customer productivity. Int J Product Perform Manag 53(3):201–213

Page I, Jacob T, Chern E (1993) Fast algorithms for distributed resource allocation. IEEE T Parall Distr 4(2):188–197. doi:10.1109/71.207594

Picot A, Reichwald R, Wigand RT (2007) Die grenzenlose Unternehmung. Information, Organisation und Management. In: Boersch C, Elschen R (2007) Das Summa Summarum des Management. Die 25 wichtigsten Werke für Strategie, Führung und Veränderung. Gabler GWV Fachverlage, Wiesbaden, S 35–48

Ross L (1977) The intuitive psychologist and his shortcomings: distortions in the attribution process. In: Berkowitz E (Hrsg) Advances in experimental social psychology, Bd 10. Academic Press, New York, S 173–220

Spath D, Demuß L (2003) Entwicklung hybrider Produkte – Gestaltung materieller und immaterieller Leistungsbündel. In: Bullinger HJ, Scheer AW (Hrsg) (2003) Service Engineering. Entwicklung und Gestaltung innovativer Dienstleistungen. Springer, Berlin, S 467–506

Management der Prozessproduktivität mit industriellen Dienstleistungen

19

Ein Vergleich mit Gesundheitsdienstleistungen

Sonja Kieffer-Radwan

Inhaltsverzeichnis

19.1 Einleitung 395
19.2 Dienstleistungen in der Industrie und im Gesundheitswesen 396
      19.2.1 Die Nachfrager von industriellen Dienstleistungen und
              Gesundheitsdienstleistungen 398
      19.2.2 Die Leistungserstellung in der Industrie und im Gesundheitswesen 400
19.3 Die kundenorientierte Prozessproduktivität 404
19.4 Die Gestaltung der Prozessproduktivität in der Unternehmenspraxis 405
19.5 Zusammenfassung 409
Literatur 411

19.1 Einleitung

Die Herausforderungen an Industrieunternehmen werden hinsichtlich ihrer Positionierung in ihrem Wettbewerbsumfeld immer komplexer. Das Anspruchsniveau der Kunden wird zunehmend individueller und fordert eine immer größere Flexibilität der Anbieter.

Dieser Beitrag basiert in weiten Teilen auf den Überlegungen des Arbeitskreises Produktivität von Dienstleistungsarbeit in der strategischen Partnerschaft Produktivität. Die strategische Partnerschaft wird unter der Fördernummer 01FL09003 vom Bundesministerium für Bildung und Forschung gefördert und vom Projektträger im Deutschen Zentrum für Luft- und Raumfahrt betreut.

S. Kieffer-Radwan (✉)
ACLA-Werke GmbH, Frankfurter Str. 142-190, 51065 Köln, Deutschland
E-Mail: Sonja.Kieffer-Radwan@acla-werke.de

M. Bornewasser et al. (Hrsg.), *Dienstleistungen im Gesundheitssektor*,
DOI 10.1007/978-3-658-02958-6_19, © Springer Fachmedien Wiesbaden 2014

Die Produktlebenszyklen verkürzen sich bei gleichzeitig ansteigender Wettbewerbsintensität auf dem Markt. Seit einigen Jahren ergänzen bereits zahlreiche Industrieunternehmen erfolgreich ihre Sachleistungen durch Dienstleistungen, um der steigenden Nachfrage nach Problemlösungen gerecht zu werden (Töpfer und Silbermann 2011, S. 123; Schuh und Gudergan 2007, S. 195). Inzwischen haben sich jedoch die Voraussetzungen zur Erreichung von Wettbewerbsvorteilen verändert. Der Markterfolg entscheidet sich längst nicht mehr allein über das Leistungsangebot zum Zeitpunkt des Verkaufs. Vielmehr gewinnt die Produktivität der Prozesse vor, während und nach der Leistungserstellung beim Anbieter als auch beim Kunden immer mehr an Bedeutung. Die Wertschöpfung erstreckt sich zunehmend auch auf den Handlungsbereich des Nachfragers und dessen Prozesse (Kleinaltenkamp 2013, S. 5). In diesem Zusammenhang wächst die Bedeutung des prozessbegleitenden Einsatzes industrieller Dienstleistungen. Dem industriellen Anbieter wird es hierdurch möglich, seine Unternehmensabläufe, an den Bedürfnissen der Kunden auszurichten und somit die Kundenzufriedenheit und Prozessproduktivität zu steigern.

Parallel zu den beschriebenen Entwicklungen auf den industriellen Märkten erlebt der Gesundheitsmarkt einen tiefgreifenden Strukturwandel. Ein eigentlich staatlich gelenkter Markt bekommt durch veränderte, rechtliche Rahmenbedingungen erstmalig Wettbewerbsstrukturen (Wirbelauer und Haller 2011, S. 181). Die Ziele der häufig kommunal geführten Krankenhäuser, die hier im Mittelpunkt der Betrachtungen stehen, bestanden bisher in der bedarfsgerechten Versorgung der Bevölkerung (Lohmann 2012, S. 15). Heute haben die Krankenhäuser längst die Rolle von Wirtschaftsunternehmen übernommen und müssen ökonomische Ziele wie Differenzierung, Kunden- und Prozessorientierung sowie Produktivität verfolgen, um ihre Existenz unter den schwierigen Marktbedingungen zu sichern (Tillmann und Bouncken 2011, S. 2; Wirbelauer und Haller 2011, S. 181). Vor dem Hintergrund dieser Marktveränderungen stellt sich die Frage, welche Gemeinsamkeiten und Unterschiede zwischen Gesundheitsdienstleistungen und industriellen Leistungen bestehen. Anhand eines praktischen Anwendungsfalls aus der chemischen Industrie soll deutlich werden, wie die Produktivität der Unternehmensprozesse durch den Einsatz von industriellen Dienstleistungen kundenorientiert gesteigert werden konnte, und welche Erkenntnisse sich hieraus für den Gesundheitssektor ergeben.

19.2 Dienstleistungen in der Industrie und im Gesundheitswesen

Industrielle Dienstleistungen Die Begriffsbestimmung von industriellen Dienstleistungen erfolgt in der Literatur nicht einheitlich. Im vorliegenden Beitrag werden hierunter „immaterielle Leistungen verstanden, die ein Industriegüterhersteller seinen Kunden zur Förderung des Absatzes seiner Sachgüter anbietet" (Homburg und Garbe 1999, S. 255). Abnehmer dieser Dienstleistungen sind gewerbliche Unternehmen. Die Dienstleistungen stehen in der Regel im direkten Zusammenhang mit dem Kerngeschäft des anbietenden Unternehmens, indem sie als werterhöhende Zusatzleistungen den Einsatz bzw. die

Nutzung der Sachleistung unterstützen und fördern (Ebel und Wolfrum 1994, S. 121; Schuh und Gudergan 2007, S. 196 f.). Viele Sachgüterhersteller entwickeln sich zu Systemanbietern, indem sie für ihre Kunden einzelne Produkte mit Dienstleistungen zu kundenindividuellen Paketen zusammenfassen und anbieten. Auf diese Weise entsprechen sie der Nachfrage nach kompletten Lösungsangeboten, die ihre Ursache in der technischen Komplexität der bezogenen Kernleistungen sowie einem gestiegenem Anspruchsniveau der Kunden und deren nachgelagerten Absatzstufen hat. (Geigenmüller 2011, S. 377). Die industriellen Dienstleistungen werden dabei häufig zum integralen Bestandteil eines hybriden Leistungsangebotes bei denen die Bedeutung und Grenzen von Haupt- zu Nebenleistungen zunehmend verschwimmen und immer öfter die Dienstleistungen dominieren (Meier und Uhlmann 2012, S. 1; Klemisch et al. 2011, S. 126 f.).

Gesundheitsdienstleistungen Bei den Dienstleistungen im Gesundheitswesen handelt es sich in der Regel um eine ärztliche Behandlung, wie z. B. eine Operation, oder Leistungen des Pflegepersonals. Sie lassen sich ebenso wie industrielle Dienstleistungen durch die konstitutiven Merkmale der Leistungsfähigkeit des Dienstleistungsanbieters, der Integration des externen Faktors und der Immaterialität des Leistungsergebnisses beschreiben (Bruhn et al. 2009, S. 497). Die externen Faktoren sind Produktionsfaktoren, die der Kunde dem Anbieter im Rahmen der Leistungserstellung zur Verfügung stellt (Corsten 1990, S. 18 f.). Im Falle von Gesundheitsdienstleistungen handelt es sich hierbei um den Patienten selbst, bzw. die von ihm zur Verfügung gestellten Informationen zu seinem Gesundheitszustand (Fließ 2009, S. 24). Die Leistungserstellung und -abgabe erfolgt somit gemäß dem uno-acto-Prinzip zeitlich simultan (Meffert und Bruhn 2009, S. 44). Da die Leistung unmittelbar am Patienten erbracht wird, entsteht eine sehr individuelle und teilweise risikobehaftete Vertrauensleistung (Bruhn et al. 2009, S. 497; Lohmann 2012, S. 29). Neben der ärztlichen Behandlung als Kernleistung, können auch ergänzende Leistungen wie eine Cafeteria, Bibliothek, Einkaufsmöglichkeiten etc. als zusätzlicher Service erbracht werden, die die Hauptleistung aufwerten (Olandt 1998, S. 10).

Vergleich beider Dienstleistungsarten Gesundheitsdienstleistungen setzen sich ebenso wie industrielle Dienstleistungen häufig aus verschiedenen Teilleistungen zusammen. Die Untersuchungen, Operationen, pflegerische Maßnahmen, Hotelleistungen und Verpflegungsleistungen (Olandt 1998, S. 13) werden in Form von individuellen Leistungsbündeln in interaktiven Prozessen zusammen mit dem Patienten erstellt. Durch diesen Problemlösungscharakter und die Heterogenität beider Dienstleistungsarten, ergibt sich eine hohe Erklärungsbedürftigkeit und nur eine bedingte Standardisierbarkeit der Leistung und des Leistungserstellungsprozesses. Lediglich einige medizinisch-technische Untersuchungen wie das Röntgen, oder auch die Wartung bei industriellen Leistungen können teilweise vereinheitlicht werden (Bruhn et al. 2009, S. 497). Auf die Individualität beider Dienstleistungen und der notwendigen Integration des externen Faktors im Rahmen ihrer Leistungserstellung müssen die jeweiligen Anbieter mit einer erhöhten Flexibilität reagieren können. Diese ausgeprägte Komplexität der Dienstleistungen hat großen Einfluss auf die Qualitätswahrnehmung und -beurteilung durch den Patienten und industriellen Kunden (Güthoff 1995, S. 25 ff.).

Gesundheitsdienstleistungen werden im Gegensatz zu industriellen Dienstleistungen in einem Wirtschaftssektor erbracht, der immer noch von staatlicher Seite beeinflusst wird. So unterliegt z. B. die Preisgestaltung im Krankenhaus gesetzlichen Vorgaben in Form des leistungsbezogenen DRG-Entgeltsystems. Der einzige Spielraum im Rahmen der Preis- politik von Krankenhäusern bezieht sich auf Wahlleistungen und Zusatzleistungen für Selbstzahler (Lohmann 2012, S. 19). Aufgrund der Forderungen nach Wirtschaftlichkeit medizinischer Leistungen müssen die Anbieter die gesetzlich vorgeschriebenen Qualitäts- steigerungen unter Reduzierung der Kosten realisieren (Tillmann und Bouncken 2011, S. 2). Über diesen Strukturwandel und die neuen Herausforderungen nähert sich der Gesundheitsmarkt dem industriellen Markt an.

19.2.1 Die Nachfrager von industriellen Dienstleistungen und Gesundheitsdienstleistungen

Der industrielle Kunde Das Beschaffungsverhalten industrieller Kunden ist durch eine hohe Professionalität der Marktpartner und stark formalisierte Geschäftsabläufe geprägt (Backhaus und Voeth 2004, S. 9). Die Einkaufsentscheidungen auf industriellen Märkten sind in der Regel Mehrpersonenentscheidungen. Mit zunehmender Unternehmensgröße, Komplexität, Art und Bedeutung der Kaufentscheidung sind die Entscheider und Ver- wender unterschiedliche Personen und es finden vermehrt Gruppenentscheidungen statt. Die am Beschaffungsprozess beteiligten Personen lassen sich in einem Buying-Center zu- sammenfassen (Robinson et al. 1967, S. 101; Backhaus 2003, S. 63). In der Regel wird das Buying-Center nach dem klassischen Rollenträgermodell differenziert, das die Rolle des User, Buyer, Decider, Influencer und Gatekeeper unterscheidet (Webster und Wind 1972, S. 77 ff.). Die Buying-Center-Mitglieder bringen je nach Funktion im Unternehmen ihr Fachwissen und ihre Erfahrungen mit in die Kaufentscheidung und Inanspruchnahme der Leistung ein. Hierbei unterliegen sie verschiedenen Motiven und Risikoempfindun- gen. Eine große Heterogenität der individuellen Präferenzen ist die Folge (Bruhn 2004, S. 704; Klöter 1997, S. 29). Wegen der hohen Erklärungsbedürftigkeit der Leistung, sind zahlreiche, unterschiedliche Leistungsdaten und technische Informationen notwendig, die von dem Anbieter rund um den Leistungstransfer zur Verfügung gestellt werden müssen (Plinke 1991, S. 173; Kotler und Bliemel 2001, S. 377). Die Verantwortung der ein- zelnen Buying-Center-Mitglieder beschränkt sich hauptsächlich auf wirtschaftliche und fachliche Aspekte und ist von ihrer Funktion und der Unternehmensgröße beeinflusst. Hierbei unterliegen sie keinem persönlichen Risiko, da eine falsche Entscheidung bzw. Leistungsbeurteilung sich nur in finanzieller und fachlicher Hinsicht auswirkt. Dieses Ri- siko reduziert sich durch die Mehrpersonenentscheidung im Rahmen des Buying-Centers (Kleinaltenkamp und Saab 2009, S. 23).

Der Patient Der wichtigste Nachfrager von Gesundheits- bzw. Krankenhausleistungen ist der Patient. Durch den erhöhten Anteil finanzieller Eigenleistungen und die Informationsbereitstellung durch die neuen Medien hat der Patient in den letzten Jahren eine neue Rolle und ein anderes Bewusstsein gegenüber Gesundheitsdienstleistungen entwickelt (Bruhn und Hadwich 2009, S. 495). Er nutzt die inzwischen vorhandene Transparenz über die Leistungserbringer und die Behandlungserfolge, die z. B. in Form von Klinikführern etc. existieren. Hierdurch steigen seine Erwartungen an die Qualität der Leistung und des Leistungserstellungsprozesses. Er wird zum „mündigen Patient", der auf Grundlage eines differenzierteren Anforderungsniveaus seine Entscheidungen trifft (Wirbelauer und Haller 2011, S. 188). Seine persönliche Anwesenheit ist Grundvoraussetzung der Leistungserbringung, da es um die Verbesserung seines Gesundheitszustandes geht. Durch dieses hohe Involvement entsteht für den Patienten ein hohes, persönliches Risiko (Olandt 1998, S. 14 f.; Löber 2011, S. 225). Seine Motivation bezüglich eines guten Leistungsergebnisses ist entsprechend hoch und emotional beeinflusst. Je nach Patiententyp spielen hier existenzielle Ängste und Unsicherheiten eine große Rolle, die bis zur Ablehnung der Leistung führen können. Die Leistungserstellung kann hierdurch verhindert bzw. negativ beeinflusst werden. Vor, während und nach der Leistungserstellung spielen daher Vertrauensbildung und Risikominimierung für ihn eine wichtige Rolle (Thill 1999, S. 46 f.).

Eine weitere wichtige Nachfragergruppe von Krankenhäusern sind die zuweisenden, niedergelassenen Ärzte (Thill 1999, S. 5). In 54 % der Fälle treffen sie die Krankenhauswahl, und bis zu 80 % der Patienten folgen dieser Empfehlung (Dobbelstein 2007, S. 22). Als einweisende Personen, die häufig in einem Vertrauensverhältnis zum Patienten stehen, haben ihre Anforderungen und Beurteilungen einen großen Einfluss auf die Wahl der Gesundheitsleistung und des Krankenhauses (Thill 1999, S. 6). Aufgrund der steigenden Nachfragemacht der Ärzte entwickeln sich in jüngster Zeit erste Ansätze eines „Einweisermanagements" für Krankenhäuser (Wirbelauer und Haller 2011, S.195 f.).

Zusammenfassend kann man sagen, dass sich der Patient auf dem Gesundheitsmarkt dem „echten Konsumenten" nähert. Mit dem industriellen Kunden verbindet ihn die starke Integration in den Leistungserstellungsprozess. Im Rahmen industrieller Transaktionen wird die Leistung jedoch nicht nur am Kunden selbst erbracht, da das Kernprodukt in der Regel eine Sachleistung ist. Die Arten externer Faktoren beschränken sich daher nicht hauptsächlich auf den Kunden selbst und fallen vielseitiger aus als bei Gesundheitsdienstleistungen (Fließ 2009, S. 24). Durch die Beteiligung von Ärzten, z. B. in Bezug auf die Krankenhauswahl und Behandlungsmethoden, kann es sich auch um eine Mehrpersonenentscheidung handeln, die zwar nicht an die Komplexität von industriellen Kaufentscheidungen eines Buying-Centers heranreicht, aber auch die Berücksichtigung verschiedener Leistungsanforderungen unterschiedlicher Entscheidungsbeteiligter notwendig macht (Thill 1999, S. 6). Ein großer Unterschied liegt darin begründet, dass Patienten die Gesundheitsdienstleistungen für ihre persönliche Bedürfnisbefriedigung beziehen und industrielle Kunden einen derivaten Bedarf decken und auf diese Weise die Anforderungen ihrer eigenen, nachgelagerten Kunden bei der Einkaufsentscheidung berücksichtigen müssen (Kleinaltenkamp und Saab 2009, S. 1 f.).

19.2.2 Die Leistungserstellung in der Industrie und im Gesundheitswesen

Die industrielle Leistungserstellung Durch den zunehmenden Problemlösungscharakter industrieller Leistungsangebote ist der industrielle Leistungserstellungsprozess durch zahlreiche Transaktionen und einer hohen Vielfalt an transferierten Leistungen gekennzeichnet. Diese Teilleistungen können von High- bis Low-Involvement-Angeboten reichen und werden häufig in einem interaktiven Prozess zwischen Anbieter und Kunde hergestellt. Diese hohe Komplexität des Leistungserstellungsprozesses und der Austauschobjekte bedingen stark differierende Kaufabstände (Kleinaltenkamp 1994, S. 77). Durch die notwendige Integration des Kunden bzw. seiner Leistungsfaktoren in den Herstellungsprozess (Homburg und Garbe 1999, S. 70) ist der industrielle Anbieter häufig mit Integrationsschwierigkeiten von Seiten des Kunden konfrontiert, wenn der Kunde den externen Faktor in Form von Materialen oder Informationen nicht bereitstellen kann oder möchte. Da die Integrationsbereitschaft und -fähigkeit des Kunden großen Einfluss auf die Art, Dauer und vor allen Dingen die Qualität der Leistungserstellung hat, muss der industrielle Anbieter versuchen, diese Fähigkeits- bzw. Willensbarrieren durch Prozesstransparenz, Informationsbereitstellung und einer aktiven Mitgestaltung des Kunden am Herstellungsprozess abzubauen. Hierbei bietet sich der Einsatz industrieller Dienstleistungen an. Da das Ergebnis der Integration des externen Faktors nicht nur im Einflussbereich des Anbieters liegt, besteht für ihn ein Produktionsrisiko, welches sich jedoch auf wirtschaftliche Verluste des eigenen Unternehmens bzw. nachgelagerter Kundenunternehmen beschränkt (Forschner 1988, S. 42).

Eine wichtige Aufgabe des Anbieters in der Phase der Leistungserstellung, um die Kundenzufriedenheit und somit die Produktivität zu erhöhen, ist die Reduzierung der Wartezeit des Kunden. In diesem Zusammenhang muss festgestellt werden, ob der Kunde die von ihm zur Verfügung gestellte Zeit als Kosten oder Nutzen wahrnimmt (Stauss 1995, S. 39). Auch hier bieten sich zahlreiche industrielle Dienstleistungen an, die Wartezeit des Kunden nützlich zu gestalten, da der Zeitfaktor die Qualitätsbeurteilung des Kunden maßgeblich beeinflusst. Insbesondere wegen des nachgelagerten Bedarfs industrieller Kunden spielt insbesondere die Lieferzuverlässigkeit des Anbieters eine herausragende Rolle. Prozessbegleitende Dienstleistungen, z. B. in Form eines besonderen Lieferservices können hier kaufentscheidend sein (Kieffer 2002, S. 26 f.).

Die Leistungserstellung im Krankenhaus Der Anbieter kombiniert seine Potenzial- und Verbrauchsfaktoren mit den von den Patienten zur Verfügung gestellten externen Faktoren, um die Dienstleistung zu erstellen. Es erfolgt die Behandlung des Patienten und die Nutzung der technischen Ausstattung, des Materials und des Personals des Krankenhauses. Der Patient aktiviert durch seinen Krankenhausaufenthalt das Leistungspotenzial der Ärzte bzw. des Pflegepersonals. Ziel ist es, den Gesundheitszustand des Patienten zu verbessern (Pfannstiel et al. 2012, S. 19; Fließ 2009, S. 22). Durch die Schilderung seiner Beschwerden und der Untersuchung seines Körpers, bringt er die externen Fak-

Tab. 19.1 Unterschiede und Gemeinsamkeiten von industriellen Leistungen und Gesundheitsdienstleistungen

Merkmale	Industrielle Leistungen	Gesundheitsdienstleistungen
Leistung	Wirtschaftsgut	Vertrauensgut
	Hoher Qualitätsanspruch mit ökonomischen Folgen	Hoher Qualitätsanspruch mit persönlichen Folgen
	Hohe Komplexität	
	Viele Teilleistungen	
	Hohe Integrativität	
	Hohe Individualität	
Nachfrager	Fachwissen	Unkenntnis/selbst erworbenes Wissen
	Monetär beeinflusste Motivation	Emotional beeinflusste Motivation
	Geringes persönliches Involvement, kaum persönliches Risiko	Hohes persönliches Involvement, hohes persönliche Risiko
	Mehrpersonenentscheidung	
Anbieter	Wirtschaftlicher Profit	Ethik, Berufseid, Versorgungsauftrag
	Hohe Professionalität	
Leistungserstellung	Zahlreiche und vielfältige externe Faktoren	Patient als wichtigster externer Faktor
	Hohe Individualität	
	Hohe Interaktivität	
	Nur teilweise standardisierbar	
	mehrere Teilprozesse	

toren in Form von Informationen und seiner eigenen Person ein. Der behandelnde Arzt kombiniert diese mit seinen internen Produktionsfaktoren in Form seines Wissens und seiner Erfahrungen zu einer Diagnose (Fließ 2009, S. 22). Die menschliche Leistungsfähigkeit des Arztes bzw. des Pflegepersonals ist der dominierende interne Produktionsfaktor zur Erbringung der Leistung (Löber 2011, S. 225; Fließ et al. 2011, S. 315). Der Patient, der selber Teil des Leistungserstellungsprozesses ist (Olandt 1998, S. 14), nimmt die Leistung gemäß dem uno-acto-Prinzip sofort in Anspruch. Eine hohe Individualität von Leistungserstellungsprozess und -ergebniss ist die Folge.

Tabelle 19.1 fasst die wichtigsten Unterschiede und Gemeinsamkeiten beider Dienstleistungsarten zusammen.

Die „Selling-Teams" (Kleinaltenkamp und Saab 2009, S. 3) auf der Anbieterseite von Gesundheitsdienstleistungen sowie industrieller Leistungen weisen eine hohe fachliche Kompetenz auf, da ein sehr hoher Qualitätsanspruch an die Leistungserstellung besteht.

Die Folgen einer schlechten Qualität können jedoch bei Gesundheitsdienstleistungen im Vergleich zu industriellen Dienstleistungen schwerwiegende persönliche Folgen für den Nachfrager haben und führen nicht nur zu Ausschuss und einer geminderten Produktivität (Pfannstiel et al. 2012, S. 18). Das Produktionsrisiko der Anbieter von Gesundheitsdienstleistungen bezieht sich daher nicht nur auf wirtschaftliche Aspekte, sondern vor allen Dingen auf das persönliche Wohlergehen des Patienten.

Da die sehr komplexen Gesundheitsdienstleistungen nur personalintensiv am anwesenden Patienten erbracht werden können, wird die Qualität der Gesundheitsdienstleistung von dem Patienten selbst sowie der Kommunikation zwischen ihm und dem Anbieter beeinflusst (Olandt 1998, S. 10; Pfannstiel et al. 2012). Vergleichbar mit dem Herstellungsprozess industrieller Leistungen, hängt die Qualität der Erstellungsprozesse von Gesundheitsdienstleistungen entscheidend von der Integrationsbereitschaft und -fähigkeit des Patienten ab und das Erreichen einer gleichbleibenden Qualität ist erheblich erschwert (Bruhn et al. 2009, S. 497; Forschner 1988, S. 42). Die Qualitätsbeurteilung des Leistungserstellungsprozesses und des -ergebnisses ist bei Gesundheitsdienstleistungen aufgrund des mangelnden Fachwissens der Patienten erschwert. Aus diesem Grund gewinnen objektive Qualitätsbeurteilungen an Bedeutung (Olandt 1998, S.14 f.). Durch die Immaterialität des Leistungsergebnisses in Form der Verbesserung des Gesundheitszustandes der Patienten können sie nicht wie industrielle Leistungen monetär bewertet werden (Pfannstiel et al. 2012, S. 20). Der Patient beurteilt den Erfolg bzw. die Qualität der Leistungserstellung im Vergleich zum industriellen Kunden nicht nur anhand fachlicher und wirtschaftlicher Aspekte, wie z. B. die Qualifikation des Personals, sondern auch anhand emotionaler Gesichtspunkte (Lohmann 2012, S. 25). Hier spielen, wie beim industriellen Kunden auch Transparenz der Leistungserstellung, Einbeziehen des Patienten in die Prozesse des Anbieters und Informationsvermittlung gegenüber dem Patienten eine wichtige Rolle, um das empfundene Risiko des Patienten abzubauen und Vertrauen zu erzeugen. Durch den starken Einfluss des Patienten auf die Leistungserstellung hat das Ausmaß der von ihm wahrgenommen Kontrolle einen großen Einfluss auf seine Zufriedenheit (Meffert und Bruhn 2009, S. 91).

Die Anbieter auf dem Gesundheitsmarkt unterliegen im Rahmen eines vorgeschriebenen Versorgungsauftrags einer ärztlichen Berufsethik, die eine moralische Verpflichtung zum Helfen beinhaltet. Durch die zunehmende Berücksichtigung der Produktivität, die seit einigen Jahren das Management in den Krankenhäusern beeinflusst, befinden sich die Ziele der Leistungserstellung im Spannungsfeld zwischen ethischen und wirtschaftlichen Gesichtspunkten (Wirbelauer und Haller 2011, S. 200). Persönliche Emotionen spielen trotz der teilweise starken Integration des Kunden bei der industriellen Leistungserstellung eine untergeordnete Rolle. Auf der Anbieter- und Nachfragerseite stehen sich professionelle Marktpartner gegenüber. Aufgrund ihres teilweise engen Kontaktes und lang andauernder Geschäftsbeziehungen spielt zwar der Vertrauensaufbau eine wichtige Rolle, ökonomische Aspekte stehen aber in der Regel im Vordergrund der Leistungsbeurteilung (Kleinaltenkamp und Saab 2009, S. 2).

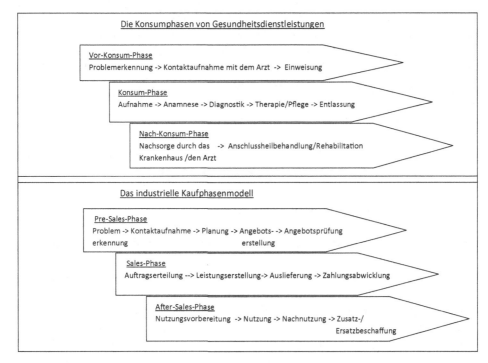

Abb. 19.1 Das industrielle Kaufphasenmodell und das Konsumphasenmodell von Gesundheits-dienstleistungen. Nach Kieffer (2002, S. 22) und in Anlehung an Reuschl (2011, S. 27) und Lohmann (2012, S. 28 f.)

Die hohe Integrativität der Leistungserstellungsprozesse sowohl auf industriellen Märk-ten als auch auf Gesundheitsmärkten führt zu stark individualisierten Leistungen, die durch eine hohe Kontaktintensität zwischen Anbieter und Nachfrager geprägt sind. In Abhängig-keit des Geschäftstyps, bzw. Erkrankung oder Krankheitsverlauf erstrecken sich die Kauf- bzw. Behandlungsprozesse häufig über einen längeren Zeitraum mit unterschiedlichen Phasen, Teilprozessen und einer Vielzahl von einzelnen Transaktionen (vgl. Abb. 19.1). Sowohl der industrielle Kunde als auch der Patient erlebt zahlreiche Kontaktepisoden, die vor, während und nach der Inanspruchnahme der Leistung stattfinden und eine unter-schiedliche Bedeutung für ihn haben (Löber 2011, S. 226; Kieffer 2002, S. 17). Nicht allein das Leistungsergebnis, sondern auch die Qualität des Leistungserstellungsprozesses führen zu Kunden- und Patientenzufriedenheit. Hieraus ergeben sich zahlreiche Erhebungssitua-tionen für Kunden- und Patientenanforderungen sowie Ansatzpunkte, die Produktivität der Prozesse zu steigern. Durch diese Phasendynamik der Zufriedenheitsurteile ist es not-wendig, die Ansatzpunkte für eine Steigerung der Kundenzufriedenheit und Produktivität für die einzelnen Kauf- bzw. Konsumphasen differenziert zu betrachten (Kieffer 2002, S. 21; Stauss und Seidel 1998, S. 212 f.; Simon und Homburg 1998, S. 23 f.; Abb. 19.1).

Im zusammenfassenden Vergleich von Gesundheitsdienstleistungen und industriellen Dienstleistungen steht ein risiko- und emotional behaftetes Vertrauensgut einer unter wirtschaftlichen und fachlichen Aspekten durchkalkulierten Leistung gegenüber. Trotz des großen Unterschieds im Ergebnis dieser beiden Leistungen, gibt es zahlreiche Parallelen, die einen Transfer der Erkenntnisse der industriellen Märkte auf die Gesundheitsbranche sinnvoll machen.

19.3 Die kundenorientierte Prozessproduktivität

Die Kundenorientierung, d. h. die Ausrichtung des Leistungsangebotes auf die Bedürfnisse des Kunden (Plinke 1995, S. 116) wird im industriellen Sektor schon länger verfolgt. Viele Industrieunternehmen mussten feststellen, dass die Verbesserung der internen Kosteneffizienz schon lange nicht mehr ausreicht, um auf industriellen Märkten wettbewerbsfähig zu sein (Reichwald und Piller 2009, S. 14). Um Kundenzufriedenheit und somit Produktivität zu erreichen, sind sie in den letzten Jahren dazu übergegangen, ihre Kunden und deren Nutzen auch im Rahmen der Gestaltung ihrer Unternehmensprozesse zu berücksichtigen (Ehret 1998, S. 37). Die bisher dominierende Aufbauorganisation der Industrieunternehmen wird immer mehr von einer funktionsübergreifenden Prozessorganisation abgelöst. Die Organisationsstruktur wird hierbei an den Prozessen des Unternehmens ausgerichtet und ist durch eine starke Orientierung am Kunden geprägt (Fließ 2006, S. 23). Eine solche Prozessorientierung ermöglicht es den Unternehmen, ihre Produktivität nachhaltig zu steigern, da die Unternehmensabläufe an Effizienz und Effektivität gewinnen (Dahlke 1998, S. 171; Reckenfelderbäumer 2004, S. 663). Die Effizienz beschreibt in diesem Zusammenhang die Optimierung des Verhältnisses von Input zu Output, indem z. B. durch schlanke Produktionsprozesse die Wirtschaftlichkeit des Ressourceneinsatzes erhöht wird. Die Berücksichtigung der Kundenbedürfnisse infolge der Prozessorientierung steigert die Effektivität des Unternehmens. Diese beschreibt, inwiefern die Erwartungen und Anforderungen der Kunden durch das Leistungsangebot erfüllt wurden. Im Rahmen der Prozessgestaltung ist daher die Orientierung am Kunden und seinem Nutzen ausschlaggebend (Reckenfelderbäumer 2004, S. 653 f.; Dahlke 1998, S. 171). Diese erhöhte Effizienz und Effektivität des Unternehmens, die im Zuge einer prozessorientierten Organisationsstruktur entstehen, ermöglichen es den Anbietern auf industriellen Märkten auch unter schwierigen Marktbedingungen Wettbewerbvorteile zu erhalten und auszubauen. Gegenüber Unternehmen mit einer funktionsbezogenen Organisation sind sie kundenorientierter und erreichen eine höhere Wirtschaftlichkeit (Dahlke 1998, S. 171). Die Prozessorientierung prägt heute das Management vieler Industrieunternehmen und wird durch zahlreiche Methoden wie das Lean Management, das TQM oder das Six Sigma umgesetzt (Töpfer und Silbermann 2011, S. 145).

Das kundenorientierte Prozessmanagement im Krankenhaus Krankenhäuser müssen heute als Anbieter von Gesundheitsdienstleistungen genauso wie Industrieunternehmen Aspekte der Wirtschaftlichkeit berücksichtigen und gleichzeitig ihre Kunden, d. h. Einweiser und Patienten gewinnen und zufriedenstellen. Aus diesem Grund müssen sie sich im Rahmen ihrer Leistungserstellung zunehmend an den Bedürfnissen ihrer Nachfrager orientieren und dabei die Ziele der Produktivität berücksichtigen (Wirbelauer und Haller 2011, S. 182; Töpfer und Großekatthöfer 2006, S. 115 f.). Diese Verfolgung von Effektivität und Effizienz hat auch weitreichende Folgen für die Gestaltung des Leistungsangebotes und der Prozesse innerhalb eines Krankenhauses. Bisher dominierte die reine Kostenrechnung und eine individualisierte Behandlungsform, deren Gestaltung im Ermessen des behandelnden Arztes lag (Wirbelauer und Haller 2011, S. 197). Untersuchungen und Patientengespräche machen häufig weniger als 30 % der gesamten Arbeitszeit in Krankenhäusern aus. Die restliche Zeit verbringt das Personal mit Warten, Suchen, Telefonieren, Dokumentation und mit Wegezeiten (Clauser 2011). Der Anteil wertschöpfender Tätigkeiten ist entsprechend gering. Das Verhältnis von Angestellten und Patienten schwankt je nach Krankenhaus zwischen 80 und 20 Mitarbeitern, die einen Patienten betreuen (McKinsey 2006). Um die Effektivität und Effizienz der Abläufe im Krankenhaus zu erhöhen, wurde auch hier die Notwendigkeit eines Prozessmanagements erkannt. Die Ablauforganisation ersetzt zunehmend die vertikale Aufbauorganisation in den Kliniken. Zahlreiche Managementmethoden, wie das Lean-Management wurden bereits aus branchenfremden Sektoren zur Prozessoptimierung übernommen. Insbesondere aus der Automobilindustrie oder der Luftfahrtbranche wurden bereits Erkenntnisse übertragen und patientenzentrierte Abläufe entwickelt (Wollschläger und Zehle 2007, S. 225 ff.; Clauser 2011). Häufig werden klinische Behandlungspfade eingesetzt, die die Prozesse für den Ablauf des stationären Aufenthaltes festlegen und transparent machen (Salfeld et al. 2008, S. 47 ff.; Krier et al. 2006, S. 135 ff.; McKinsey 2006).

Vergleichend mit dem industriellen Produktivitätsmanagement lässt sich feststellen, dass die Steigerung der Produktivität in Krankenhäusern auch auf Grundlage einer kundenorientierten Ausrichtung der Prozesse erfolgen sollte. Hierfür ist es notwendig, ineffiziente Schnittstellen und Tätigkeiten im Prozessablauf vor dem Hintergrund der Patientenanforderungen zu ermitteln (Leyer und Moormann 2011, S. 308). Durch die interaktive Erstellung der Vertrauensleistung „Gesundheit" ist diese Vorgehensweise unerlässlich (Thill 1999, S. 1).

19.4 Die Gestaltung der Prozessproduktivität in der Unternehmenspraxis

Die Notwendigkeit einer kundenorientierten Produktivitätsmessung und -optimierung bedingt die Berücksichtigung qualitativer Faktoren wie die Kundenzufriedenheit (Bruhn und Hadwich 2011, S. 9; Tillmann und Bouncken 2011, S. 4). Die Erfassung der Produktivität industrieller Unternehmensprozesse ist jedoch insbesondere anhand solcher qualitativer Faktoren schwierig. Durch die zunehmende Heterogenität industrieller Problemlösungen und deren Herstellungsprozesse sowie die starke Integration der Kunden in die Anbieterprozesse ist der hierfür zu erfassende Input und Output nicht immer eindeutig zuzuordnen (Fließ et al. 2011, S. 315;Tillmann und Bouncken 2011, S. 4). Durch den Phasenbezug der Leistungserbringung, der hohen Integrativität und Individualität der verschiedenen Teilleistungen, differieren die Anforderungen verschiedener Entscheidungsbeteiligter an die zu beziehenden Leistungen in den einzelnen Kaufphasen. Die Ansatzpunkte zur Steigerung der Prozessproduktivität sollten daher phasenorientiert und multipersonal ermittelt werden.

Anhand eines praktischen Anwendungsfalls wird gezeigt, wie auf Grundlage einer vorausgehenden Prozessvisualisierung die kaufphasenspezifischen Anforderungen einzelner, am Kaufprozess beteiligter Buying-Center-Mitglieder ermittelt werden konnten. Hierbei stand die prozessuale und multipersonale Ermittlung der Kundenzufriedenheit mit produktbegleitenden Dienstleistungen im Mittelpunkt. Die Ergebnisse dieser Untersuchung wurden dazu genutzt, in einem weiterführenden Projekt die wichtigsten Interaktionspunkte und Prozessabschnitte im Unternehmen durch Dienstleistungen kundenorientiert zu gestalten. Durch das differenzierte Erfüllen der Kundenbedürfnisse soll die Kundenzufriedenheit, als ein zentrales qualitatives Element eines kundenorientierten Produktivitätsmanagements, erhöht werden. Ihre positive Wirkung auf verschiedene Faktoren wie die Preisbereitschaft und das Wiederkaufverhalten der Kunden, sowie die Kostenreduktion für zukünftige Transaktionen und mögliche Cross-Selling-Effekte (Homburg und Werner 1998, S. 33; Homburg und Rudolph 1998, S. 55) soll dazu genutzt werden, die Profitabilität des Unternehmens insgesamt zu erhöhen. Das Projekt „kundenorientierte Prozessgestaltung", wird zurzeit in einem mittelständischen Unternehmen der chemischen Industrie durchgeführt.

Prozessvisualisierung durch das Blueprint Die Maßnahmen zur Ermittlung und Steigerung einer prozessorientierten Produktivität umfassen den gesamten Prozess des Unternehmens. Bei der Ermittlung der Produktivität ist es wichtig, alle Prozesskontaktpunkte zu berücksichtigen und zunächst eine Transparenz über den Ablauf und die Struktur der Prozesse zu erreichen (Bruhn und Hadwich 2011, S. 25).

Das Blueprinting ist ursprünglich eine Methode um Dienstleistungsprozesse zu visualisieren, zu analysieren und zu gestalten (Shostack 1987; Kingmann-Brundage 1995). Inzwischen hat sie eine breite Anwendung gefunden und wird auch zur Darstellung von industriellen Unternehmensprozessen eingesetzt. Der gesamte zu betrachtende Prozess wird in einzelne Aktivitäten zerlegt, die in chronologischer Reihenfolge und nach ihrer Entfernung zum Kunden dargestellt werden (Allert und Fließ 1998, S. 199 f.). Hierdurch wird eine Erfassung der Kundenkontaktsituationen mit den Interaktionen zwischen Anbieter und Nachfrager möglich. Für den Anbieter wird erkennbar, welche Abläufe und Tätigkeiten aus Kundensicht direkt wahrnehmbar sind und auf diese Weise relevant für eine kundenorientierte Prozessgestaltung werden könnten (Fließ et al. 2011, S. 316 ff.;

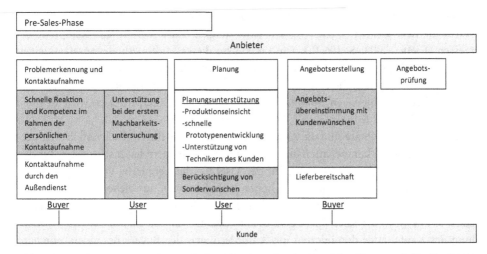

Abb. 19.2 Industriegütermarktspezifisches Blueprint für die Pre-Sales-Phase nach Kieffer (2002, S. 83)

Reckenfelderbäumer 2004, S. 663). Im vorliegenden Anwendungsfall wurde anhand eines Kaufphasenmodells (Kieffer 2002, S. 21 ff.) jeweils für die Pre-Sale-, Sales-, und die After-Sales-Phase ein industriegütermarktspezifisches Blueprint erstellt, welche die Aspekte der Kaufphasendynamik und Multipersonalität berücksichtigen (Kieffer 2002, S. 83). Im Ergebnis konnten für jede einzelne Kaufphase die einzelnen Aktivitäten und existierenden Kontaktpunkte zwischen dem Anbieterunternehmen und den einzelnen Buying-Center-Mitgliedern identifiziert und visualisiert werden (Kieffer 2002S. 80 ff.). Die Grundlage der prozessorientierten Ableitung der Kundenanforderungen wurde geschaffen.

Multipersonale und phasenorientierte Erhebung der Kundenanforderungen In einer hierauf aufbauenden Prozessanalyse, die in Form einer sequentiellen Ereignismethode durchgeführt wurde, konnte festgestellt werden, wie wichtig die festgestellten Kontaktpunkte und die hier stattfindenden Leistungen für die einzelnen Buying-Center-Mitglieder sind (Meffert und Bruhn 2009, S. 207 f.; Kieffer 2002, S. 84). Im Rahmen einer persönlichen Befragung wurde jeweils ein Einkäufer und ein Verwender der ausgewählten Kundenunternehmen interviewt. Es ergaben sich für jede Kaufphase zahlreiche Ansatzpunkte für den zufriedenheitssteigernden Einsatz von Dienstleistungen. Abb. 19.2 zeigt am Beispiel der Pre-Sales-Phase, welche relevanten Kontaktpunkte und Leistungen sich für die Buyer und User im Rahmen der Untersuchung ergeben haben. Die hellen Felder enthalten Leistungen, die aus Sicht des Buying-Center-Mitglieds bisher nur unzureichend von Seiten des Anbieters gestaltet wurden (Kieffer 2002, S. 85). An diesen Kontaktpunkten zeigen sich die noch ungenutzten, zufriedenheitsschaffenden Potenziale im Prozessablauf.

Ergebnisse der Untersuchung Im Rahmen einer merkmalsorientierten Conjoint-Analyse wurde die Relevanz der abgeleiteten Dienstleistungsdimensionen für jede Kaufphase gemessen (Kieffer 2002, S. 106 ff.). Die Ergebnisse dieses Multimethodenansatzes zeigen deutliche Aktivitätsschwerpunkte und kaufphasenspezifische Präferenzunterschiede der einzelnen Entscheidungsbeteiligten. Das unterschiedliche Involvement von Buyer und User in den verschiedenen Subphasen des industriellen Kaufprozesses wird deutlich (Kieffer 2002, S. 112 ff.).

In der Pre-Sales-Phase sind die Aktivitäten von User und Buyer gleichverteilt. Der persönliche Kontakt zu kompetenten und zuständigen Mitarbeitern hat insbesondere für den Buyer einen sehr hohen Stellenwert. Für den User hat die technische Vorkaufsunterstützung eine hohe Relevanz. Er hat einen hohen Bedarf an einer ausreichenden technischen Dokumentation und innovativem Entwicklungspotential von Seiten des Anbieters (Kieffer 2002, S. 114 f.). In der Sales-Phase geht es hauptsächlich um die kaufmännische Abwicklung des Kaufs. Hier dominierten die Anforderungen der Buyer. Besonders prägnant stellten sich hier die hohen zufriedenheitsschaffenden Potenziale der Lieferzuverlässigkeit und der Informationsbereitstellung bei Lieferverzug als entscheidungsrelevante Merkmale heraus. Insbesondere die rechtzeitige Informationsbereitstellung bei Lieferverzug wurde immer wieder von den Einkäufern hervorgehoben (Kieffer 2002, S. 117 ff.). In der After-Sales-Phase dominierten die Anforderungen der User, da die hier stattfindende Nutzung und Verwendung des Beschaffungsobjektes in seinen Verantwortungsbereich fällt. Insgesamt waren die Anforderungen an prozessunterstützende Dienstleistungen in dieser Phase relativ gering. Für den User hat hier die technische Nachkaufbetreuung und für den Buyer ein schnelles Reklamationshandling nur eine mittelmäßige Bedeutung (Kieffer 2002, S. 120 ff.). Anhand der Untersuchungsergebnisse ergaben sich wichtige Rückschlüsse auf die Bedeutung des Preises im Vergleich zur Bedeutung produkt- und prozessbegleitender Dienstleistungen. In der Pre-Sales- als auch in der Sales-Phase war der Preis für User und Buyer teilweise deutlich weniger relevant als z. B. eine kompetente Mitarbeiterbetreuung oder ein zuverlässiger Lieferservice. Für den User war eine technische Vorkaufsunterstützung wichtiger. Vor dem Hintergrund der starken Preisdeterminierung industrieller Kaufentscheidungen ist es überraschend, dass produktbegleitende Leistungen eine höhere Relevanz im Beschaffungsprozess haben, als der Preis (Kieffer 2002, S. 124).

Umsetzung der Ergebnisse in das Projekt „kundenorientierte Prozessgestaltung"
Auf Grundlage der Ergebnisse dieser empirischen Untersuchung konnte das betrachtete Anbieterunternehmen zunächst die relevanten Prozessabschnitte aus Kundensicht feststellen. Durch die anschließende Ermittlung und Messung der kaufphasen- und rollenspezifischen Anforderungen der Entscheidungsbeteiligten in den Kundenunternehmen wurde die Basis einer differenzierten Optimierung einzelner Teilprozesse geschaffen. Im Rahmen des heute noch laufenden Projektes „kundenorientierte Prozessgestaltung" wurden die Untersuchungsergebnisse berücksichtigt. Aufgrund der hohen Bedeutung der Kundenbetreuung in der Pre-Sales-Phase und der Lieferzuverlässigkeit in der Sales-Phase sollen insbesondere diese Prozessabschnitte optimiert werden. Hierbei steht die Ent-

wicklung eines „Lieferservice" sowie einer „kundenfreundlichen Auftragsbearbeitung" als prozessbegleitende Dienstleistungen im Mittelpunkt. Um einen wirkungsvollen Lieferservice umzusetzen, der kurze Lieferzeiten, eine hohe Lieferzuverlässigkeit sowie einen Informationsservice bei Lieferverzug umfasst, wurde ein Manufacturing Execution System (Kletti 2006, S. 21 ff.; VDI Richtlinie 2007, S. 4) im Unternehmen eingeführt. Dieses Fertigungsmanagementsystem visualisiert die Fertigungsabläufe in Echtzeit und schafft so die notwendige Transparenz in der Produktion, um Schwachstellen und ineffiziente Abläufe zeitnah aufzudecken und zu beheben. Durch eine manuelle bzw. automatisierte Erfassung aller Daten aus dem Produktionsumfeld, die in Verbindung mit Aufträgen, Maschinen, Material und Personal stehen, wird ein lückenloser Informationsfluss zwischen Fertigungs- und Managementebene geschaffen. Es entsteht eine vertikale Integration beider Bereiche (Kletti 2006, S. 36 ff.). Anhand von täglich verfügbaren Durchlauf-, Produktions- und Stillstandzeiten können jederzeit quantitative Produktivitätskennzahlen erhoben werden. Im beschriebenen Projekt wurden ineffiziente Schnittstellen und doppelte Arbeitsgänge deutlich und konnten reduziert werden. Insgesamt verkürzten sich hierdurch die Durchlaufzeiten der Aufträge im Unternehmen, was einen positiven Effekt auf die Lieferzeiten und die Termintreue hatte. Ziel ist es, den Kunden in Kürze eine transparente Auftragsverfolgung anbieten zu können.

Die durch den Einsatz der MES Software erreichte Transparenz über Produktionsabläufe und den aktuellen Fertigungstand ermöglicht eine unternehmensinterne Prozessvisualisierung. Die Produktivität kann anhand quantitativer Faktoren unmittelbar ermittelt und durch zielgerichtete Maßnahmen entsprechend erhöht werden (Töpfer und Silbermann 2011, S. 130; Dahlke 1998, S. 170). Dem betrachteten Industrieunternehmen wird die Umsetzung der relevanten Kundenanforderungen, die sich im Rahmen der empirischen Untersuchung ergeben haben, erheblich erleichtert wenn nicht sogar erst ermöglicht. Die effiziente Gestaltung der Fertigungsprozesse schafft insofern die Voraussetzungen für die Steigerung der Effektivität der Unternehmensprozesse. Auf diese Weise wird aus der internen Unternehmensperspektive als auch aus der Kundenperspektive nach Ansätzen zur Steigerung der Prozessproduktivität gesucht. Die Ermittlung und die Steigerung interner Prozesseffizienz sowie externer Prozesseffektivität werden möglich.

19.5 Zusammenfassung

Anhand eines praktischen Anwendungsfalls wurde deutlich, wie sich das Management der Prozessproduktivität unter Berücksichtigung der Kundenanforderungen in der Unternehmenspraxis gestaltet. Die industriegütermarktspezifischen Besonderheiten machten hierbei eine prozessorientierte und multipersonale Erhebung der Kundenanforderungen notwendig. Auf Grundlage einer Prozessvisualisierung, die durch ein industriegütermarktspezifisches Blueprint, sowie einer hierauf aufbauenden sequentiellen Ereignismethode erreicht wurde, zeigten sich in den einzelnen Prozessabschnitten wertvolle Ansatzpunkte zur Steigerung der Kundenzufriedenheit und Produktivität. Es wurde die Grundlage einer differenzierten Optimierung der industriellen Kaufprozessphasen unter Berücksichtigung der individuellen Anforderungen einzelner Entscheidungsbeteiligten geschaffen. Durch die anschließende Entwicklung gezielter, prozessbegleitender Dienstleistungen konnten die relevanten Teilprozesse kundenorientierter gestaltet werden. Durch den Einsatz einer MES Software reduzierten sich Verschwendungen und die interne Effizienz der Fertigungsabläufe wurde gesteigert. In Folge der reduzierten Durchlaufzeiten wurde die Entwicklung eines „Lieferservice" sowie einer „kundenorientierten Auftragsbearbeitung" als prozessbegleitende Dienstleistung unterstützt. Dies hatte einen positiven Einfluss auf die Effektivität der Unternehmensabläufe. Durch den kombinierten Einsatz von Informationstechnologie und externer Erhebung der Kundenanforderungen ergibt sich ein ideales Instrumentarium zur Ermittlung und Steigerung der Prozessproduktivität aus Kunden- und Unternehmenssicht.

Die Wirkungskette von den Marktanforderungen zu der Notwendigkeit eines kundenorientierten Prozessmanagements ist auf dem Gesundheitssektor die gleiche wie in der Industrie. Krankenhäuser unterliegen einem steigenden Kostendruck und sind ebenso wie Wirtschaftsunternehmen gezwungen, wirtschaftlich zu arbeiten und Kundenorientierung anzustreben. Insbesondere bei Gesundheitsdienstleistungen, die eine Vertrauensleistung darstellen und in einem interaktiven Prozess direkt am Patienten erbracht werden (Thill 1999, S. 1), müssen dessen Bedürfnisse und Anforderungen berücksichtigt werden. Anbieter von Gesundheitsdienstleistungen sollten dabei ebenso wie Industrieunternehmen eine kundenorientierte Prozessproduktivität verfolgen, die sich nicht nur nach quantitativen Produktivitätskennzahlen orientiert, sondern auch qualitative Faktoren wie die Kundenzufriedenheit berücksichtigen. Der Leistungserstellungsprozess von Gesundheitsdienstleistungen sollte genauso wie der industrielle Produktionsprozess effizient und effektiv sein. Die Parallelen zwischen industriellen Leistungen und Gesundheitsdienstleistungen lassen den Schluss zu, dass die Vorgehensweise im dargestellten Anwendungsfall zur Ermittlung und Optimierung der Produktivität im Industrieunternehmen grundsätzlich auch auf das Krankenhausmanagement übertragbar ist. Der Phasenbezug im Erstellungsprozess, die vielen komplexen Teilleistungen, die starke Interaktion mit den Patienten, die Multipersonalität im Rahmen der Konsumentscheidung und die hohe Individualität der Leistung sind wichtige Parallelen mit den industriellen Leistungen. Die Produktivität sollte daher auch im Krankenhaus phasenweise, d. h. für einzelne Teilprozesse ermittelt werden und die verschiedenen Anforderungen von Ärzten und Patienten als Entscheidungsbeteiligte berücksichtigen. Wie bereits im beschriebenen Anwendungsfall deutlich wurde, ist auch für Krankenhäuser eine Unterstützung der Prozessgestaltung durch Informationstechnologie unbedingt zu empfehlen. Zahlreiche Softwareprodukte wurden bereits entwickelt, um eine Prozessvisualisierung im Krankenhaus zu erreichen (Töpfer und Großekatthöfer 2006, S. 120).

Auch wenn sich die Rahmenbedingungen und Einflussfaktoren auf den jeweiligen Märkten sowie das Ergebnis von Gesundheitsdienstleistungen und industriellen Leistungen unterscheiden, können viele Ansätze aus dem industriellen Prozessmanagement auf den Gesundheitssektor übertragen werden. Ein Transfer von industriegütermarktspezifischen Erkenntnissen zur Steigerung der Effektivität und Effizienz der Unternehmensabläufe auf die Gesundheitsbranche ist daher sinnvoll und wünschenswert.

Literatur

Allert R, Fließ S (1998) Blueprinting – eine Methode zur Analyse und Gestaltung von Prozessen. In: Kleinaltenkamp M, Ehret M (Hrsg) Prozessmanagement im Technischen Vertrieb. Springer, Berlin, S 193–211

Backhaus K (2003) Industriegütermarketing. Vahlen, München

Backhaus K, Voeth M (2004) Besonderheiten des Industriegütermarketing. In: Backhaus K, Voeth M (Hrsg) Handbuch Industriegütermarketing. Gabler, Wiesbaden, S 3–21

Bruhn M (2004) Kommunikationspolitik für Industriegüter. In: Backhaus K, Voeth M (Hrsg) Handbuch Industriegütermarketing. Gabler, Wiesbaden, S 697–721

Bruhn M, Hadwich K (2011) Dienstleistungsproduktivität – Einführung in die theoretischen und praktischen Problemstellung. In: Bruhn M, Hadwich K (Hrsg) Dienstleistungsproduktivität, Bd 1. Gabler, Wiesbaden, S 3–31

Bruhn M, Hadwich K, Büttner J (2009) Qualität von E-Health-Services in der Beziehung zwischen Leistungserbringer und -empfänger. In: Bruhn M, Stauss B (Hrsg) Kundenintegration. Gabler, Wiesbaden, S 493–524

Corsten H (1990) Betriebswirtschaftslehre der Dienstleistungsunternehmen. Oldenbourg, München

Dahlke B (1998) Kundenorientierte Prozeßoptimierung – Der Schlüssel zum Erfolg. In: Kleinaltenkamp M, Ehret M (Hrsg) Prozessmanagement im Technischen Vertrieb. Springer, Berlin, S 163–192

Dobbelstein T (2007) Erreichbarkeit und schnelle Prozesse zeichnen gute Krankenhäuser aus. f & w Führen und Wirtschaften im Krankenhaus 1:22–26

Ebel T, Wolfrum B (1994) Situative Determinanten für die Dimensionierung industrieller Dienstleistungen. Marketing – Zeitschrift für Forschung und Praxis 16(2):121–132

Ehret M (1998) Nutzungsprozesse im Business-to-Business-Marketing-Anforderungen an die Entwicklung der Prozeßkompetenz von Business-to-Business-Anbietern. In: Kleinaltenkamp M, Ehret M (Hrsg) Prozessmanagement im Technischen Vertrieb. Springer, Berlin, S 35–69

Fließ S (2006) Prozessorganisation. Kohlhammer, Stuttgart

Fließ S (2009) Dienstleistungsmanagement. Gabler, Wiesbaden

Fließ S, Fandel G, Eggert M, Wehler M (2011) Optimierung der allokativen und organisatorischen Effizienz von Dienstleistungsprozessen. In: Bruhn M, Hadwich K (Hrsg) Dienstleistungsproduktivität. Gabler, Wiesbaden, S 313–336

Forschner G (1988) Investitionsgütermarketing mit funktionellen Dienstleistungen. Dissertation, Universität Freiburg i. Br.

Geigenmüller A (2011) Produktivität industrieller Dienstleistungen – Relevanz und Determinanten der Interaktionsqualität. In: Bruhn M, Hadwich K (Hrsg) Dienstleistungsproduktivität. Gabler, Wiesbaden, S 375–394

Güthoff J (1995) Qualität komplexer Dienstleistungen – Konzeption und empirische Analyse der Wahrnehmung. Dissertation, Universität Rostock

Homburg C, Garbe B (1999) Industrielle Dienstleistungen – Auswirkungen auf die Geschäftsbeziehungen und Faktoren für ein erfolgreiches Management. Zeitschrift für Betriebswirtschaft 69(8):847–865

Homburg C, Rudolph B (1998) Theoretische Perspektiven zur Kundenzufriedenheit. In: Simon H, Homburg C (Hrsg) Kundenzufriedenheit. Gabler, Wiesbaden, S 33–55

Homburg C, Werner H (1998) Kundenorientierung mit System. Campus, Frankfurt

Kieffer S (2002) Kundenzufriedenheit durch additive Dienstleistungen -Ein kaufphasenspezifischer Operationalisierungs- und Messansatz für industrielle Märkte. Dissertation, Universität Rostock

Kingmann-Brundage J (1995) Service mapping: back to basics. In: Glynn WJ, Barnes JG (Hrsg) Understanding services management. Wiley, Chichester, S 119–142

Kleinaltenkamp M (2013) Nutzungsprozesse – Die vernachlässigte Seite der Wertschöpfung. In: Schmitz G (Hrsg) Theorie und Praxis des Dienstleistungsmarketing. Springer, Wiesbaden S 1–25

Kleinaltenkamp M (1994) Typologien von Business-to-Business-Transaktionen – Kritische Würdigung und Weiterentwicklung. Marketing – Zeitschrift für Forschung und Praxis 16(2):77–88

Kleinaltenkamp M, Saab S (2009) Technischer Vertrieb. Springer, Berlin

Klemisch M, Bienzeisler B, Ganz W (2011) Mehrwert durch hybride Leistungen – Konturen eines neuen Paradigmas. In: Spath D, Ganz W (Hrsg) Am Puls wirtschaftlicher Entwicklungen – Dienstleistungstrends. Hanser, München, S 125–135

Kletti J (2007) Konzeption und Einführung von MES-Systemen. Springer, Berlin

Klöter R (1997) Oppenenten im organisationalen Beschaffungsprozess. Gabler, Wiesbaden

Kotler P, Bliemel F (2001) Marketing-Management, Analyse, Planung und Verwirklichung. Schäffer-Poeschel, Stuttgart

Krier C, Bublitz R, Töpfer A (2006) Explorative Einführung und Auswirkungen von klinischen Pfaden. In: Albrecht DM, Töpfer A (Hrsg) Erfolgreiches Changemanagement im Krankenhaus. Springer, Berlin, S 135–166

Leyer M, Moormann J (2011): Steigerung der Dienstleistungsproduktivität aus Sicht des Geschäftsprozessmanagements. In: Bruhn M, Hadwich K (Hrsg) Dienstleistungsproduktivität, Bd 1, Gabler, Wiesbaden, S 289–312

Löber N (2011) Fehler und Fehlerkultur im Krankenhaus – eine theoretisch-konzeptionelle Betrachtung. In: Fließ S (Hrsg) Beiträge zur Dienstleistungsmarketingforschung. Gabler, Wiesbaden, S 221–251

Lohmann C (2012) Dienstleistungsmarketing in der Gesundheitswirtschaft. Eul, Lohmar

McKinsey (2006) Lean Management im Krankenhaus, Krankenhausreform weitgehend ausgereizt. Pressemitteilung vom 2. Mai 2006. http://www.presseportal.de/pm/14454/817235/mckinsey-krankenhausreform-weitgehend-ausgereizt-neue-studie-fallpauschalen-bringen-jede-dritte. Zugegriffen: 16. Jul. 2013

Meffert H, Bruhn M (2009) Dienstleistungsmarketing. Gabler, Wiesbaden

Meier H, Uhlmann E (2012) Hybride Leistungsbündel – ein neues Produktverständnis. In: Meier H, Uhlmann E (Hrsg) Integrierte industrielle Sach- und Dienstleistungen: Vermarktung, Entwicklung und Erbringung hybrider Leistungsbündel. Springer, Berlin, S 1–21

Olandt H (1998) Dienstleistungsqualität in Krankenhäusern. Dissertation, Universität Rostock

Pfannstiel M, Reuschl A, Bounken R (2012) FAQ: Was Krankenhäuser über Produktivität wissen sollten. AWV Informationen 4:18–21. http://www.awv-net.de/cms/upload/awv-info/pdf/Info-4-12-Int-FAQ-Pfannstiel.pdf. Zugegriffen: 17. Sep. 2013

Plinke W (1995) Kundenintegration setzt Kundenorientierung voraus. Sales Profi – Das Magazin für Top-Verkäufer 4:12–13

Plinke W (1991) Investitionsgütermarketing. Marketing – Zeitschrift für Forschung und Praxis 13:172–177

Reckenfelderbäumer M (2004) Prozessmanagement bei industriellen Dienstleistungen. In: Backhaus K, Voeth M (Hrsg) Handbuch Industriegütermarketing. Gabler, Wiesbaden, S 649–676

Reichwald R, Piller F (2009) Interaktive Wertschöpfung. Gabler, Wiesbaden

Reuschl AJ (2011) Prozessorganisation. Kritische Würdigung von Business Reengineering und Geschäftsprozessoptimierung für den Einsatz in Krankenhäusern. Bayreuth Reports on Strategy. Universität Bayreuth, Bayreuth

Robinson P, Faris C, Wind Y (1967) Industrial buying and creative marketing. Allyn & Bacon, Boston

Salfeld R, Hehner S, Wichels R (2008) Modernes Krankenhausmanagement: Konzepte und Lösungen. Springer, Berlin

Schildhauer R (2011) Vortrag anlässlich der KZBV-VV: Lean Management im Gesundheitswesen. Bessere Abläufe, weniger Verschwendung. Zahnärzteblatt Baden-Württemberg. Ausgabe 2008-11. http://www.zahnaerzteblatt.de/page.php?modul=HTMLPages#pid=360. Zugegriffen: 19. Sep. 2013

Schuh G, Gudergan G (2007) Innovationsfähigkeit industrieller Dienstleistungen in Organisationsformen jenseits der Hierarchie: Eine empirische Analyse. In: Bruhn M, Stauss B (Hrsg) Wertschöpfungsprozesse bei Dienstleistungen. Gabler, Wiesbaden, S 193–214

Shostack GL (1987) Service positioning through structural change. J Mark 51(1):34–43. doi:10.2307/1251142

Simon H, Homburg C (1998) Kundenzufriedenheit. Konzepte – Methoden – Erfahrungen. Gabler, Wiesbaden

Stauss B (1995) Kundenprozessorientiertes Qualitätsmanagement im Dienstleistungsbereich. In: Preßmar DB (Hrsg) Total quaility management II. Gabler, Wiesbaden, S 25–50

Stauss B, Seidel W (1998) Prozessuale Zufriedenheitsermittlung und Zufriedenheitsdynamik bei Dienstleistungen. In: Simon H, Homburg C (Hrsg) Kundenzufriedenheit. Gabler, Wiesbaden, S 17–31

Thill KD (1999) Kundenorientierung und Dienstleistungsmarketing für Krankenhäuser. Kohlhammer, Stuttgart

Tillmann C, Bouncken R (2011) Überlegungen und Konzepte eines Produktivitätsindexes für Krankenhäuser. Bayreuth Reports on Strategy. Universität Bayreuth, Bayreuth

Töpfer A, Großekatthöfer J (2006) Analyse der Prozesslandschaft und Prozesssteuerung als Erfolgsvoraussetzung. In: Albrecht DM, Töpfer A (Hrsg) Erfolgreiches Changemanagement im Krankenhaus. Springer, Berlin, S 115–134

Töpfer A, Silbermann S (2011) Lean Management und Six Sigma als Werkzeuge zur Steigerung der Dienstleistungsproduktivität. In: Bruhn M, Hadwich K (Hrsg) Dienstleistungsproduktivität. Gabler, Wiesbaden, S 121–150

VDI Richtlinie 5600 (2007) Fertigungsmanagementsysteme, Manufacturing Execution System (MES). Blatt 1. http://www.vdi.de/uploads/tx_vdirili/pdf/1381197.pdf. Zugegriffen: 19. Sep. 2013

Webster FE, Wind Y (1972) Organizational buying behavior. Prentice Hall, Englewood Cliffs

Wirbelauer C, Haller S (2011) Produktivität durch strategische Marketingplanung im Gesundheitswesen – dargestellt am Praxisbeispiel einer Augenklinik. In: Bruhn M, Hadwich K (Hrsg) Dienstleistungsproduktivität. Gabler, Wiesbaden, S 179–202

Wollschläger S, Zehle G (2007) Take-off im OP. Qualität, Flexibilität und Wirtschaftlichkeit: Übertragung von Strategien der Luftfahrtbranche auf das OP-Management. mt-Medizintechnik 127(6):225–227

Produktivität und Dienstleistungen schließen sich nicht aus

20

Walter Ganz und Anne-Sophie Tombeil

Inhaltsverzeichnis

20.1 Zum Begriff der Produktivität 415
20.2 Produktivität, Dienstleistungen und neue Wertschöpfung 418
20.3 Hypothesen und Handlungsfelder zur Steigerung der Dienstleistungsproduktivität 422
20.4 Zusammenfassung und Ausblick 427
Literatur 428

20.1 Zum Begriff der Produktivität

„Die Bedeutung von Wörtern ist abhängig von der Auffassung und Interpretation der Anwender, und die ist nicht immer gleich", schreibt der Soziologe, Linguist und Maschinenbauer Alfred Bertschinger in einem instruktiven Beitrag zur Entmystifizierung der Produktivität (Bertschinger 2008, S. 2). Dies gilt auch für den Begriff der Produktivität. In seiner ursprünglichen Bedeutung umfasste der Begriff sowohl die schöpferische Kraft

Dieser Beitrag basiert in weiten Teilen auf den Überlegungen des Arbeitskreises Produktivität von Dienstleistungsarbeit in der strategischen Partnerschaft Produktivität. Die strategische Partnerschaft wird unter der Fördernummer 01FL09003 vom Bundesministerium für Bildung und Forschung gefördert und vom Projektträger im Deutschen Zentrum für Luft- und Raumfahrt betreut.

W. Ganz (✉) · A.-S. Tombeil
Fraunhofer IAO, Nobelstraße 12, 70569 Stuttgart, Deutschland
E-Mail: walter.ganz@iao.fraunhofer.de

A.-S. Tombeil
E-Mail: anne-sophie.tombeil@iao.fraunhofer.de

M. Bornewasser et al. (Hrsg.), *Dienstleistungen im Gesundheitssektor*,
DOI 10.1007/978-3-658-02958-6_20, © Springer Fachmedien Wiesbaden 2014

der Schaffung von Neuem als auch die effiziente Arbeit als Erbringung von Leistung. Im Vordergrund stand die Orientierung am Ertrag als Produkt oder, allgemeiner, als Ergebnis menschlichen Bemühens.

Im Zuge der Industrialisierung, der Taylorisierung und der fordistischen Massenproduktion ging, zumindest in den früh entwickelten Industrienationen, zu Beginn des 20sten Jahrhunderts, die ursprünglich umfassende Auffassung des Produktivitätsbegriffes, die das schöpferische Gestalten und das effiziente Arbeiten einschloss, verloren. Es erfolgte eine Verengung auf die industrielle Produktion und deren Arbeitskontext. Produktivität wurde gleich gesetzt mit der Effizienz von linearen, industriellen Produktionsprozessen. Sie wurde als mengenmäßig betrachtete Relation von Input zu Output dargestellt und vorwiegend als Arbeitsproduktivität, also Output pro Kopf oder pro Stunde, oder als Multifaktorproduktivität mit Berücksichtigung der Input-Faktoren Maschinenleistung, Material, Kapital gemessen. In die Organisation der Produktionsprozesse hielt die wissenschaftliche Betriebsführung (scientific management) nach Taylor Einzug: der Produktionsprozess wurde als Mechanismus aufgefasst, Leistungen der Kopfarbeit wurden von Leistungen der Handarbeit getrennt, Arbeitsprozesse wurden analysiert, in einzelne Arbeitsabläufe zerlegt, strukturiert gestaltet und mit klaren Anleitungen versehen. Angenommen – und über Jahrzehnte des wirtschaftlichen Aufschwungs eindrucksvoll gezeigt – wurde, dass eine Steigerung der Produktivität, also ein stetig effizienteres Arbeiten von Maschine und Menschen es ermöglicht, mehr des Gleichen zu günstigeren Kosten zu erzeugen. Die so erwirtschafteten Gewinne eröffneten in dieser Sichtweise über den unternehmerischen Profit hinaus Verteilungsspielräume für Lohnsteigerungen, Arbeitszeitverkürzungen und Konsumsteigerungen breiter Bevölkerungsschichten. Tatsächlich sicherten Produktivitätssteigerungen in den hungrigen Märkten der früh entwickelten Industrienationen bis gegen Ende des 20 Jahrhunderts den Wohlstand vieler Volkswirtschaften. In Deutschland haben nicht zuletzt eine funktionierende Sozialpartnerschaft und umfassende Forschungs- und Entwicklungsaktivitäten zur Humanisierung der Arbeit, zur Produktions- und Arbeitsforschung mit dazu beigetragen, dass die industrielle Produktivität immer weiter gesteigert werden konnte, dabei aber ihr menschliches Gesicht bewahrt hat.

Seit Mitte der 1990er Jahre gerät – zumindest in den früh entwickelten Industrienationen – die Auffassung des industriellen Produktivitätsbegriff mit seiner Orientierung an quantitativem Wachstum und seinem Dogma der Effizienz sowie die damit einhergehende Dominanz der Messung des Wohlstands einer Gesellschaft am makroökonomischen Faktor des Bruttoinlandsproduktes von verschiedenen Seiten unter Druck. Die seit Beginn der Industrialisierung und in Deutschland vor allem in den 1950er und 1960er Jahren realisierten Produktivitätssteigerungen schwächen sich deutlich ab. Betrug die jährliche Wachstumsrate der Arbeitsproduktivität in Deutschland zwischen 1960 und 1973 noch 4.0 Punkte, so sank sie zwischen 1973 und 1979 auf 2.6 und im weiteren Verlauf bis 2000 auf 2.0 Punkte (vgl. The McGraw-Hill 2004, S. 20). Die Finanz- und Wirtschaftskrise seit 2008 verstärkte diesen Trend. Das statistische Bundesamt weist für 2009 einen Veränderung der Produktivität zum Vorjahr um minus 5,1 % aus, sieht für 2010 eine Erholung mit plus 3,5 % die sich im Folgejahr bereits auf plus 1,6 % mehr als halbiert und im Jahr 2012 bei minus 0,34 % liegt (vgl. Statista 2013). Es zeichnet sich ab, dass ein allein an Effizienz und quantitativem Wachstum orientiertes Wettbewerbsmodell langfristig nicht tragfähig sein wird.

Hinzu kommt, dass mit der Debatte um Nachhaltigkeit und neue Wertschöpfung die negativen externen Effekte von hocheffizienter Massenproduktion und dem damit verknüpften Massenkonsum, wie übermäßiger Verbrauch natürlicher Ressourcen, wachsende Entsorgungsprobleme, die Verdrängung von Arbeit aus der Produktion oder die Zunahme sozialer Ungleichgewichte im lokalen, nationalen und globalen Maßstab kritisch hinterfragt werden. Sichtbar wird, dass kurzfristige Produktivitätsgewinne Fragen der ökologischen Tragfähigkeitsgrenze und Nachhaltigkeit zu sehr ausblenden.

Schließlich verändert die zunehmende Terziarisierung der Wirtschaft und die Debatte um neue Wertschöpfung die Auffassung des Begriffs der Produktivität. Dienstleistungsanteile von mehr als zwei Dritteln an Wertschöpfung und Beschäftigung sowie eine Verlagerung weg von Geschäftsmodellen, die auf kurzfristige Transaktionsgewinne zielen hin zu Geschäftsmodellen, die eine möglichst lange und vielfältige Nutzungsphase bis hin zum Wertschöpfungskreislauf anstreben, machen die bestehenden Probleme der Messung und der Definition von tragfähigen Kennziffern für Wachstum und Produktivität insbesondere aber für das übergeordnete Ziel des Wohlstandes und dessen nachhaltiger Sicherung besonders deutlich. Für Akteure auf makro- wie mikro-ökonomischer Ebene gehen Strategien, die sich in konventioneller Weise an nur einem dominanten Indikator für Wettbewerbsfähigkeit orientieren, nicht mehr auf. Neben die Bedeutung der Produktivität und eine Sicherung der Wettbewerbsfähigkeit über Kosten und Preis tritt – gerade für die früh entwickelten Industrienationen – die Notwendigkeit der Innovationsfähigkeit und eine Wettbewerbsstrategie, die auf die Schaffung von nutzwertorientiertem Mehrwert zielt. Die verschiedenen, auf nationalen Ebenen, auf europäischer und auf OECD Ebene eingesetzten Kommissionen zur Generierung einer Multifaktor-Indikatorik zur Wohlstandsmessung tragen dieser Entwicklung Rechnung.

Diese Entwicklungen bedeuten aber nicht, dass der Begriff der Produktivität verworfen werden muss. Gefragt ist vielmehr eine Rückbesinnung auf die ursprüngliche Wortbedeutung, die, wie oben aufgezeigt, sowohl die schöpferische Kraft als auch die effiziente Leistung umfasst. Waren die dominierenden Strategien, die den beeindruckenden Produktivitätssteigerungen in der Industrie zugrunde lagen, häufig die, gleichen Ausstoß mit weniger Aufwand zu erreichen oder mehr Ausstoß mit gleichem Aufwand, so scheint es in der aktuellen und künftig zu erwartenden ökonomischen und ökologischen Situation angebracht, die dritte Möglichkeit der Produktivitätssteigerung stärker in Betracht zu ziehen. Nämlich mit gleichem Aufwand Besseres im Sinne einer neuen Qualität, eines höheren und nachhaltigeren Nutzwertes zu erzeugen. Dies gilt sowohl für die Welt der Produkte, wenn man an den Bedarf an möglichst ressourcenschonenden Wohlstandsprodukten für die immense Nachfrage in den Schwellenländern denkt. Dies gilt auch für die Welt der Dienstleistungen, wenn man bspw. daran denkt, dass im Zuge des demographischen Wandels immer mehr, möglicherweise multimorbide alternde Menschen von allenfalls gleich viel, möglicherweise jedoch immer weniger medizinischem und Pflegepersonal versorgt werden müssen. Die Betrachtung der Produktivität im Kontext von Dienstleistungen und neuer Wertschöpfung kann einen wertvollen Beitrag dazu leisten, die Stärken des traditionellen, effizienzorientierten Produktionsbegriffs mit den Chancen einer neuen Interpretation von Produktivität zu verknüpfen. Die große Chance einer solchen erweiterten Interpretation von Produktivität liegt darin, dass dazu beigetragen werden kann über Maßnahmen zur Verbesserungen der Wirtschaftlichkeit (gleiches mit weniger, mehr mit gleichem Aufwand) auch Innovationen, die Entstehung von ganz neuen Lösungen und Angeboten (besseres mit gleichem Aufwand) stärker voranzutreiben. Dabei gilt es, wieder mehr Wert zu legen auf den Aspekt der Qualität der Zielerreichung, die kreative Schaffung des Zieles selbst und die in den Produktionsprozess investierten Ressourcen weiter zu fassen. Die Betrachtung der Produktivität im Kontext von Dienstleistungen trägt dazu bei, Konturen neuer Wertschöpfung zu skizzieren.

20.2 Produktivität, Dienstleistungen und neue Wertschöpfung

Um die Verhedderung in einem hyperkomplexen Produktivitätsdiskurs, der alles berücksichtigt und nichts aussagt, zu vermeiden, ist es hilfreich, für einen Beitrag zur Frage der Produktivität von Dienstleistungen die Makroebene der volkswirtschaftlichen Gesamtrechnung und der – häufig normativen – gesellschaftspolitischen Debatte um zukunftsfesten Wohlstand von der Mikroebene der betriebswirtschaftlichen Leistungserbringung zu trennen.

Dieser Beitrag wendet sich daher der Frage zu, wie es Unternehmen, deren Produkte im Sinne von Output Dienstleistungen sind, gelingen kann, ein für ihren unternehmerischen bzw. betrieblichen Handlungs- und Gestaltungsraum tragfähiges Konzept der Produktivität zu entwickeln (vgl. Ganz et al. 2013).

Wir gehen davon aus, dass auf theoretisch-konzeptioneller Ebene keine grundsätzliche Trennung von Produktivitätskonzepten für die Sachgutproduktion und Produktivitätskonzepten für Dienstleistungserbringung vorgenommen werden muss. Beide Produktionssphären haben ihren gemeinsamen Ausgangspunkt in der Erbringung einer definierten Leistung. Beide Bereiche unterliegen dem allgemeinen ökonomischen Anspruch an Arbeitsrationalität, die danach strebt, das Verhältnis von Ressourceneinsatz und Ergebnis zu optimieren. In beiden Bereichen gibt es weitreichende Möglichkeiten, den Gegenstand, den Inhalt bzw. das Ziel einer Leistung festzulegen, die dazugehörigen Arbeitsprozesse zu gliedern, Arbeitsabläufe zu strukturieren und zu standardisieren, Qualifikationen und Kompetenzen zuzuordnen, die nötigen Arbeitsmittel zur Verfügung zu stellen, die Schnittstellen zum Kunden zu gestalten. Die Wahrnehmung dieser Gemeinsamkeiten ist wichtig. Die umsichtige Nutzung von Erfahrungen und Werkzeugen aus der Gestaltung effizienter Produktion kann viel zur Gestaltung von Effizienzsteigerungen in der Dienstleistungserbringung beitragen.

Für eine Betrachtung der Produktivität von Dienstleistungserbringung reicht diese Konzentration auf den unternehmerischen Blick nach innen allerdings nicht aus. Um die produktive Leistung in der Dienstleistungserbringung adäquat bewerten und ggf. verbessern zu können, muss zur internen Perspektive die externe Perspektive auf den Kunden und seine Rolle im Leistungserstellungsprozess gerichtet werden. Dienstleistungen sind – und dies ist ein grundsätzlicher Unterschied zur Sachgutproduktion – immer zu einem mehr oder weniger ausgeprägten Anteil integrativ. Der Abnehmer einer Leistung ist selbst aktiv in den Erstellungsprozess einbezogen. Dienstleistungen implizieren von daher im Gegensatz zur Produktion zahlreiche Aspekte der Koordination, der Kommunikation und der Kooperation mit dem sog. „externen Faktor" Kunde während des integrativen Leistungserstellungsprozesses. In der Produktion erfolgt die Arbeit relativ unbeeinflusst von externen Faktoren („Autonomie der Produktion"), in der Dienstleistung reicht der Einfluss des externen Faktors unterschiedlich weit in den Arbeitsprozess hinein („Heteronomie der Dienstleistung"). Der Aspekt der Integrativität erzeugt bei einer Wirtschaftlichkeitsbetrachtung die Problematik, dass jede Dienstleistung neben der Kalkulation einer internen Faktorkombination zusätzlich die Integration des sog. externen Faktors in einer externen Faktorkombination beinhaltet. Der Einfluss auf die internen Faktoren erfolgt weitgehend kontrolliert durch das Unternehmen. Der Einfluss auf den externen Faktor im Sinne einer Steuerung des Kundenverhaltens ist nur bedingt möglich und impliziert zudem ein hohes Maß an Aufklärung und Orientierungsgebung.

Vorgeschlagen wird eine Konzeption der Arbeitsproduktivität von Dienstleistungen, die auf der Input-Seite (neben den anderen Faktorproduktivitäten wie Kapital, Maschinen, Material) drei Leistungskomponenten aufweist, die als Ressourcen im Leistungserstellungsprozess eingesetzt werden und bei Produktivitätsbetrachtungen zu berücksichtigen sind: autonom durch den Anbieter gesteuerte „interne Ressourcen", heteronom durch den Kunden bereitzustellende aber durch den Anbieter (begrenzt) steuerbare „externe Ressourcen" sowie relational geprägte „interaktive Ressourcen". Alle drei Arten von Ressourcen sind simultan unter Aspekten der Wirtschaftlichkeit, Zweckdienlichkeit sowie der Sicherheit, Zumutbarkeit und der Zufriedenheit für Mitarbeiter und Kunden aufeinander abzustimmen und zu optimieren. Bei einer Produktivitätsbetrachtung von Dienstleistungen geht es also nicht nur darum, wie viele Ressourcen allokiert werden, sondern auch darum wo, wann und wie diese in den Leistungserstellungsprozess eingebracht werden. Hinzu kommt, dass insbesondere in der heteronomen Dimension aber auch in der relationalen Dimension mit externen Ressourcen zu kalkulieren ist. Der Einsatz bzw. die Verfügbarkeit dieser externen Ressourcen, nämlich die Ressourcen des Kunden, ist aus Anbietersicht nicht so autonom disponierbar, wie dies mit den internen Ressourcen der Fall ist. Dennoch wird die Produktivität des Leistungserstellungsprozesses eines Anbieters von der mehr oder weniger passgenauen Verfügbarkeit der externen Ressourcen beeinflusst. Deutlich wird hier, dass über die Anforderungen an Produktivität in der Sachgutproduktion hinaus, Produktivitätskonzepte in der Dienstleistung in der Lage sein müssen, den externen Faktor mit einzukalkulieren.

Die Output-Seite wird in unserem Modell definiert, als die Leistung, die ein Kunde gemäß des – mehr oder weniger – definierten Leistungsangebotes eines Dienstleisters erhalten und bezahlt hat. Der aus dem Ergebnis der erbrachten Dienstleistung weiterhin gezogene Nutzen für den Kunden (Outcome) kann in dieser Sichtweise nicht Gegenstand der Betrachtungen zur Produktivität sein, da aus betriebswirtschaftlicher Perspektive des

Anbieters nicht sichergestellt werden kann, welcher kurz- und langfristige Nutzen aus dem Ergebnis einer bezahlten Dienstleistung tatsächlich gezogen wird. Dieser Trennung von objektivierbarem Output und Subjektivität des Outcome in unserem Modell liegt folgende Überlegung zu Grunde: Dienstleistungen bringen, im Gegensatz zum Sachgut, die Eigenart mit sich, dass ihr Inhalt meist hohe immaterielle Anteile aufweist, der Kunde in der Leistungserstellung mitwirkt und die Qualitätswahrnehmung durch den Kunden mehr oder weniger ausgeprägte subjektive Anteile enthält. Gerade deshalb muss es bei der Betrachtung und Bewertung der Produktivität von Dienstleistungen zu jedem Zeitpunkt klar sein, dass Produktivität ein relatives, ein vergleichendes Konzept ist. Deutlich wird, dass es bei Dienstleistungen durch die unverzichtbare Mitwirkung des Kunden, der immer anders handeln kann, und durch die subjektiven Anteile in der Qualitätswahrnehmung, die stets verschieden ausfallen können, ungleich schwieriger ist als in der Sachgutproduktion, geeignete Produktivitätskennzahlen zu entwickeln. Eine teilweise bemühte, grundsätzliche Minderproduktivitätsannahme für Dienstleistungen im Vergleich zur industriellen Sachgutproduktion ist daher nicht zulässig und sollte weder handlungs- noch forschungsleitend sein. Denn: höhere Produktivität führt nicht automatisch zu besseren ökonomischen Ergebnissen. Daher sind klare Definitionen des Bezugspunktes für Produktivitätsbetrachtungen – bspw. in Form von good practices oder Benchmarks – gerade bei Dienstleistungen besonders wichtig. Insbesondere im Bereich mancher personenbezogener Dienstleistungen wie Pflege, aber auch Strafvollzug oder Bildung werden sich normative Debatten, die nicht nur nach Kosten und Preis sondern auch nach Nutzen und Wert fragen, nicht vermeiden lassen, ja sollten bewusst angestoßen und engagiert geführt werden. Denn, um vergleichen und bewerten zu können muss definiert sein, an was gemessen wird, in Vergleich zu was die mehr oder weniger hohe Produktivität der Leistungserbringung gesetzt wird. Belastbare Normen, geeignete Standards würden hier in jedem Fall weiterhelfen. Trotz der Notwendigkeit dieser grundsätzlichen Debatten zu Maßstäben von Wirtschaftlichkeitsaspekten bestimmter Dienstleistungen, vertreten wir die Ansicht, dass der möglicherweise mittelfristig auszuhandelnde normative Anspruch den Blick auf das aktuell auch kürzerfristig Machbare nicht verstellen sollte. Solange allgemeingültige Normen und Standards fehlen oder beschränkte Wirkung entfalten, kann es hilfreich sein, zumindest für das Portfolio des eigenen Unternehmens, die Inhalte und Qualitätskriterien der Leistungen klar zu definieren, gut zu beschreiben und an Mitarbeiter und Kunden zu kommunizieren. Auf Grund der genannten Eigenarten von Dienstleistungen ist es zudem wichtig, sich Gedanken darüber zu machen, welcher Grad an Produktivität zu welcher Art von Dienstleitung passt. Es ist davon auszugehen, dass bei Dienstleistungen auf Grund der relationalen und heteronomen Leistungsanteile sensibler zu bewerten sein wird, ab wann kostenorientierte Strategien der Reduktion oder Automatisierung von Input-Faktoren kontraproduktiv statt produktivitätsförderlich wirken.

Auch wenn im hier vorgestellten Modell die an Effizienz orientierte Sichtweise auf Produktivitätsgestaltung in Prozessen der Dienstleistungserbringung in den Vordergrund gestellt wird, ist festzuhalten, dass auch bei Dienstleistungen die Verknüpfung von Effektivität und Effizienz für wirtschaftlich erfolgreiche Leistungserbringung unerlässlich ist.

Effizient geleistete Arbeit für die Erbringung nicht absetzbarer Leistungen ist ökonomisch ebenso sinnlos wie qualitativ hochwertige, erstrebenswerte Leistungsangebote, deren Erbringung betriebswirtschaftlich so ineffizient ist, dass ein Bestehen am Markt unmöglich ist. Allerdings scheint es insbesondere für gestaltendes Handeln hilfreich, Aspekte der Effizienz – also die Orientierung auf Prozesse der Leistungserstellung mit der Frage „tun wir die Dinge richtig" – und Aspekte der Effektivität mit Orientierung auf den Inhalt und die Qualität von Leistungsangebot und Leistungsergebnis mit der Frage „tun wir die richtigen Dinge" nicht zu verwechseln. Effizienz fokussiert eher auf die operative Ebene und fordert häufig Prozessinnovationen (gleiches mit weniger Aufwand, mehr mit gleichem Aufwand). Effektivität fokussiert eher auf die strategische Ebene und fordert Produkt- oder Geschäftsmodellinnovationen (Besseres/Nachhaltigeres mit gleichem Aufwand). Produktivitätssteigerungen in der Dienstleistung sind häufig auf Ebene der Effizienz machbar. Im Mittelpunkt steht hier der Leistungserstellungsprozess. Voraussetzung ist dabei, dass Inhalt und Qualität des zu erzeugenden Ergebnisses klar bestimmt sind und stets überprüft wird, dass Veränderungen im Leistungsprozess keine negativen Rückwirkungen auf diese Definitionen haben. Hier ist es möglich, aus dem Portfolio der aus der industriellen Produktion verfügbaren und erprobten Produktivitätsinstrumente geeignete Instrumente zu wählen und angepasst einzusetzen. Produktivitätssteigerungen in der Dienstleistung sind auch auf Ebene von Produkt- und Geschäftsmodellinnovationen machbar. Wichtig ist hier, die Instrumentarien der Kundenintegration und der Technologieadaption im Leistungsentwicklungsprozess zu beherrschen und Wettbewerbsvorteile weniger über Kosten und Preis als vielmehr über die Schaffung von kundenorientiertem Mehrwert anzustreben. Unverzichtbar ist dabei, dass bei der Entwicklung neuer Leistungsangebote mit neuem Inhalt und neuer Qualität die Realisierbarkeit der effizienten Erbringungsprozesse gleich mit bedacht wird (Abb. 20.1).

Die Differenzierung von autonomen, relationalen und heteronomen Komponenten beschreibt die Dienstleistung als einen autonomen und einen integrativen Prozess, wobei letzterer relationale und heteronome Anteile aufweist. Die autonomen Bestandteile umfassen die vom Anbieter unabhängig vom Kunden zu erbringenden Leistungen, die relationalen Bestandteile umfassen direkte oder indirekte Interaktions- und Kommunikationsleistungen mit dem Kunden und die heteronomen Bestandteile umfassen alle Leistungskomponenten der Integration des Kunden über Koordination, Steuerung und Kontrolle. Ein Anbieter investiert in die autonome Komponente, wenn er z. B. seine technische Ausstattung verbessert, in die relationale Komponente, wenn er sein Kundenkontaktpersonal rhetorisch schult und in die heteronome Komponente, wenn er für die Kunden ein verbessertes Orientierungssystem im front-line-Bereich seines Unternehmens etabliert.

Differenzen zwischen Produktion und Dienstleistung zeigen sich vornehmlich in der relationalen und der heteronomen Komponente. Um die in der autonomen Komponente gestaltbaren Produktivitätsgewinne auch bis zum Ende der Dienstleistung aufrechterhalten zu können, muss der Kunde in der heteronomen Komponente optimal auf die betrieblichen Prozesse eingestellt und in der relationalen Komponente integriert werden. Um auch in diesen Komponenten weitere Produktivitätsgewinne realisieren zu können, müs-

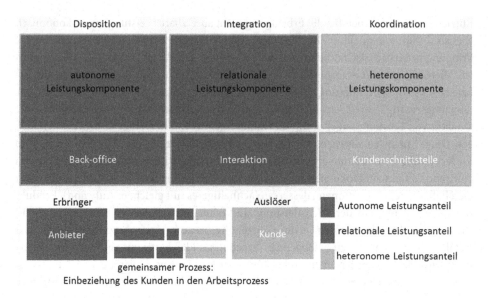

Abb. 20.1 Produktionsprozess einer Dienstleistung (Produktivität von Dienstleistungsarbeit 2013)

sen ganz neuartige Wege der Technisierung und der Professionalisierung eingeschlagen werden. Diese beiden Komponenten der Dienstleistung lassen sich nicht allein mit produktionstheoretischen Ansätzen bearbeiten, sondern bedürfen zumindest in Teilen einer gesonderten Konzeption.

20.3 Hypothesen und Handlungsfelder zur Steigerung der Dienstleistungsproduktivität

Das vorgestellte Modell gliedert den Produktionsprozess von Dienstleistungen in die drei Dimensionen autonomer, relationaler und heteronomer Leistungsbestandteile.

Aus diesen theoretischen Überlegungen werden hier sechs generelle Hypothesen zur Steigerung der Produktivität der Dienstleistungsarbeit vorgestellt und korrespondierende Forschungs- und Entwicklungsaufgaben skizziert.

Hypothese 1 – Leistungsanteile bestimmen *Dienstleistungsarbeit beinhaltet immer – je nach Leistung in unterschiedlichem Gewicht – autonome, relationale und heteronome Leistungsanteile. Die Gestaltung und Steuerung der autonomen, relationalen und heteronomen Anteile sind wichtige Stellschrauben für die Produktivität von Dienstleistungsarbeit.*

Der erste Schritt zur Betrachtung und möglicherweise Steigerung der Produktivität von Dienstleistungen liegt darin, Transparenz über die Verteilung der Leistungsanteile zu erzeugen. Produktivität realisiert sich demnach über die autonomen Leistungsbestandteile der Arbeitsprozesse im Anbieterunternehmen, über die relationalen Leistungsbestandteile der direkten und indirekten Interaktionsprozesse, die Anbieterarbeit und Kundenverhalten verknüpfen sowie über die heteronomen Leistungsbestandteile der Beeinflussung des Kunden in Richtung auf ein vom Anbieter erwartetes Verhalten. Daraus ergeben sich zur Steigerung der Produktivität von Dienstleistungsarbeit drei Handlungsfelder. Das erste Handlungsfeld umfasst Aktivitäten der Prozessrationalisierung im Bereich der autonomen Leistungsbestandteile. Das zweite Handlungsfeld umfasst Aktivitäten zur Professionalisierung von Kommunikation, Wissensintegration und Affektsteuerung im Bereich der relationalen Leistungsbestandteile. Das dritte Handlungsfeld betrifft die Verbesserung der informationellen Steuerung des Kunden, damit er sich möglichst kompatibel zu den etablierten Anbieterprozessen verhält.

Hypothese 2 – Autonomes optimieren *Durch Prozessoptimierung, Standardisierung und Technisierung in den autonomen Leistungsbestandteilen können Produktivitätssteigerungen erzielt werden.*

Angenommen wird, dass jegliche Dienstleistung auch autonom zu steuernde Komponenten beinhaltet. Die diese autonome Komponente prägenden Prozesse können durch geeignete Maßnahmen weiter verbessert werden. Da autonome Prozesse ohne die Integration eines externen Faktors ablaufen, jedoch auf die Integration hin angelegt sind, können Erkenntnisse aus der Produktionsarbeit für diesen Bereich ausgewählt, ggfs. angepasst und auf sie angewendet werden. Dies betrifft bspw. Aspekte der ergonomischen Arbeitsplatzgestaltung im Hinblick auf physische und psychische Belastungen (EAWS-Bewertungsschemata für verschiedene Tätigkeiten) und ein entsprechendes Gesundheitsmanagement ebenso wie Aspekte der Prozessorganisation, der Prozessoptimierung und des kontinuierlichen Verbesserungsmanagements.

Hypothese 3 – Autonomes ausdehnen *Durch eine größtmögliche Ausweitung der autonomen Leistungsbestandteile und damit eine Reduktion der relationalen Komponente bzw. eine professionelle Gestaltung der Verhaltensvariabilität des Kunden durch Technisierung der heteronomen Komponente werden zusätzliche Produktivitätsgewinne möglich.*

Angenommen wird, dass die Dienstleistungsarbeit dort am ehesten an industriellen Standards der Produktivität ausgerichtet werden kann, wo der externe Faktor noch nicht integriert werden muss, wo also die Bereitstellung ohne Kundenbeteiligung erfolgt. In diesem Sinne kommt es darauf an, zu prüfen, welche Teilprozesse insgesamt autonom gestaltet werden können und wie die Autonomisierung zu maximieren ist (Bereitstellung, Support, Administration).

Die Ausdehnung der autonomen Komponenten kann dazu führen, dass Arbeit an einzelnen Stellen im Ablauf verdichtet wird, sie kann aber auch dazu genutzt werden, die Teilprozesse mit wertschöpfendem Charakter gezielt zu intensivieren, woraus ein qualitativ veränderter Dienstleistungsprozess mit höherem Nutzen für den Kunden entsteht (für den er oder vertretende Institutionen wie bspw. die Krankenkasse auch bereit sind zu zahlen). Autonomes auszudehnen kann also Produktivitätsgewinne für das Unternehmen und gleichzeitig auch Qualitätsgewinne für Beschäftigte und Kunden bedeuten.

Eine Ausdehnung der autonomen Komponente kann auf zwei zentralen Wegen erfolgen: Über eine veränderte Organisation von Dienstleistungsunternehmen sowie über den Einsatz von Technik. Beide Elemente sollen entlastend wirken und sind eng miteinander verknüpft: So setzt etwa eine dezentralisierte Organisation eine andere Informationstechnologie voraus als eine zentral gesteuerte Organisation.

Hypothese 4 – Relationales rationalisieren *Kernelement der relationalen Leistungsbestandteile ist die Einflussnahme des Anbieters auf den Abnehmer einer Dienstleistung durch Kommunikation und Affektsteuerung. Durch Technologisierung und Professionalisierung der Interaktion werden Produktivitätsgewinne möglich.*

Dienstleistung erfolgt durch die Integration eines externen Faktors in die Abläufe eines Dienstleistungsanbieters. Diese Integration weist drei interaktive Komponenten auf: Zum ersten kommt es zu einer Abstimmung zwischen Kunde und Anbieter über das Problem und die gewünschte Problemlösung. Zum zweiten erfolgt eine Umsetzung der vertraglich fixierten Lösung und schließlich zum dritten muss der Kunde die erstellte Lösung abnehmen und bezahlen, bevor er selbst die Lösung in Eigenregie oder mit Unterstützung des Anbieters zur Anwendung bringt. Produktivitätsgewinne können dort erzielt werden, wo diese interaktiven Prozesse durch Professionalisierung, Standardisierung und wohl dosierten Technikeinsatz kundengerecht beschleunigt und möglichst konfliktfrei gestaltet werden. Professionalisierung beschreibt eine Form der Rationalisierung, die darauf basiert, dass eine spezifische Dienstleistungsarbeit auf der Basis einer zumindest schulischen Qualifizierung in hoher Qualität und unter Beachtung von Wirtschaftlichkeitsgesichtspunkten erbracht wird. Auf dieser nachgewiesenen Professionalität basiert einerseits das Versprechen, eine für den Kunden nutzenstiftende Leistung zu erbringen und andererseits das Vertrauen des Kunden darauf, dass eine solche gewünschte Problemlösung auch tatsächlich bereitgestellt wird und anschließend genutzt werden kann. Der Anspruch auf Professionalisierung verbindet sich dabei nicht nur mit der Vorstellung einer nach wissenschaftlichen Kriterien gestalteten Ausbildung, sondern auch mit der Abkehr von der Vorstellung, dass bestimmte Dienstleistungsbereiche an bestimmte Alters- oder Geschlechtergruppen gebunden wären. Professionalisierte Dienstleistungsarbeit schließt solche Voreinstellungen aus. Standardisierung beschreibt in diesem Zusammenhang den Versuch, zahlreiche kommunikative und interaktive Teilprozesse an einer spezifischen Norm auszurichten und z. B. durch Formalisierung einheitlich zu gestalten (z. B. durch Formblätter, durch Bezug auf Checklisten). Dabei können alle Möglichkeiten eines kundenadäquaten und zumutbaren Technikeinsatzes (auch im Kontext sprachgesteuerter Systeme) genutzt werden, um unnötige und kostentreibende Missverständnisse auszuschließen.

Hypothese 5 – Grenzen der Rationalisierung *In den relationalen Leistungsbestandteilen begrenzen Individualisierung und das Erfordernis einer emotionalen Stabilisierung von Anbieter-Abnehmer-Beziehungen die Steigerung von Produktivität.*

Voraussetzung für Steigerungen der Produktivität der Dienstleistungsarbeit ist die Akzeptanz der Annahme, dass sich die Dienstleistungsarbeit zumindest in den autonomen Anteilen anhand von ökonomisch dominierten Rationalitätsvorstellungen beschreiben und gestalten lässt, wie sie in der industriellen Produktionsarbeit oder auch der industriellen Logistik gang und gäbe sind. Im Bereich der Dienstleistungsarbeit und dabei insbesondere in den Ausformungen von dienstleistenden Tätigkeiten, die starken Personenbezug aufweisen, werden diese traditionellen Vorstellungen kritisch betrachtet (vgl. z. B. die Ergebnisse des BMBF-geförderten Projekts Professionalisierung interaktiver Arbeit). Umstritten ist allerdings weniger die Rationalität als solche als vielmehr die Grenze, an der die ökonomische Rationalität dienstleistender Arbeit in den Hintergrund tritt und andere – humane, kreative, qualitätsbezogene – Gesichtspunkte die ökonomische Rationalität beschränken oder zumindest ergänzen (vgl. Hacker 2009). So mag die Analogiebildung, dass z. B. ein Krankenhaus ein Fließsystem darstellt und Ähnlichkeiten mit einem Containerterminal (Stretcher als Container, die an verschiedene Stellen transportiert werden müssen) oder einem Flughafen (Patienten als Passagiere, die aufgenommen und auf andere Routen verteilt werden müssen) aufweist, zunächst erschrecken. Tiefergehende Analysen zeigen jedoch erhebliche Übereinstimmungen (vgl. Hall 2006; Heym und Zimmermann 2010). Weitere bislang tabuisierte und daher in Forschung und Praxis unterbelichtete Analogien zur industriellen Welt lassen sich aufzeigen, wenn etwa einzelne Teilprozesse genauer untersucht werden (z. B. im Bereich der Zusammenführung von Patienten, Medikamenten und diagnostischen Dienstleistungen oder durch den verstärkten Einsatz von Sensorik etwa bei Lagerungsprozessen).

Die Vorstellungen einer Industrialisierung vieler Dienstleistungsbereiche, bspw. im Gesundheits- und Pflegewesens oder in Erziehung und Bildung, stößt bislang weitgehend auf Ablehnung und behindert oftmals produktivitätssteigernde Maßnahmen selbst im Bereich der autonomen Komponenten. Ein Grund dafür mag in der Sorge liegen, dass die Verteilung der Gewinne aus produktivitätssteigernden Maßnahmen zu Lasten von Beschäftigten – durch Arbeitsverdichtung – und zu Lasten der Kunden (durch verminderte Dienstleistungsqualität und Erhöhung der Kundenbeiträge) erfolgt. Dem kann entgegengestellt werden, dass Produktivitätsbetrachtungen, in denen Transparenz über die drei Leistungsanteile von Dienstleistungsarbeit besteht und in denen Instrumentarien zur Gestaltung von Produktivität eingesetzt werden, die dem jeweiligen Leistungsanteil und dessen Kontext angemessen sind, dazu beitragen können, Produktivitätsgewinne aus einem Leistungsbereich (z. B. autonom) zur Sicherung von Qualität in anderen Leistungsbereichen (z. B. relational) zu nutzen.

Die Weichen für die Ökonomisierung und die Technisierung vieler Dienstleistungseinrichtungen sind längst gestellt, aber man hat es bislang nur bedingt geschafft, die Erbringer von Dienstleistungen aber auch die Abnehmer in diesen Wandlungsprozess einzubeziehen und bei ihnen Akzeptanz und Unterstützung zu erzeugen. Es zeigt sich die Notwendigkeit, Ökonomie, Technik und Kommunikation viel besser als bisher zu verknüpfen und eine Harmonisierung von betriebswirtschaftlichen und human legitimierten Produktivitätssteigerungen anzustreben.

Hypothese 6 – Heteronomes entlang der Prozesse des Anbieters integrieren *Durch eine bestmöglich gestaltete Integration der heteronom zu steuernden, letztlich aber vom Kunden einzubringenden Leistungsbestandteile in die Arbeitsprozesse des Anbieters werden Produktivitätssteigerungen möglich.*

Eine Besonderheit der Dienstleistungserbringung gegenüber der Sachgutproduktion liegt darin, dass sich Dienstleistungen aus Sicht eines Anbieters immer aus drei Leistungskomponenten zusammensetzt: den autonomen Leistungsanteilen des Erbringers, den relationalen Leistungsanteilen im direkten Austausch zwischen Erbringer und Abnehmer sowie den heteronomen Leistungsanteilen, also unverzichtbaren Vor- oder Zuleistungen des Kunden, die durch den Anbieter möglichst passgenau definiert, vermittelt und in den eigenen Arbeitsprozess integriert werden müssen.

Einen Ansatzpunkt bei der Betrachtung von einer produktivitätsförderlichen Integration der heteronomen Leistungsanteile kann das Konzept der kognitiven Rationalisierung dieses Integrationsprozesses darstellen (vgl. Gadrey 1996). Kognitive Rationalisierung stützt sich auf drei zentrale Elemente der Vereinfachung täglichen Arbeitshandelns durch die Bereitstellung verlässlicher und passender Orientierungsmuster: erstens, die Formulierung von Standardisierungen (auch Typisierungen) von möglichen Fällen, zweitens die Formalisierung möglicher Problemlösungsprozesse im Sinne von Methodiken bspw. bei der Gestaltung von Schnittstellen, beim Schnittstellenmanagement oder bei Technikeinsatz sowie drittens die Schaffung und Nutzung organisationaler und individueller Routinen. Ein zentrales Element kognitiver Rationalisierung ist, dass sich die Etablierung von Prozessen sowie die Entwicklung und der Einsatz von Instrumenten auf die Sammlung, Bewertung und Sortierung von Erfahrungen aus tatsächlich durchgeführten Arbeitsabläufen stützt. Es entsteht ein organisationales Gedächtnis das in Form eines Datenbanksystems das tägliche Arbeitshandeln unterstützt. Die Kombination aus organisationalem Gedächtnis und an diesem Gedächtnis orientierter Standardisierung, Formalisierungen und Routinisierung versetzen einen Anbieter in die Lage, in der Kundenbeziehung eine im positiven Sinne dominante Rolle einzunehmen, weil der Anbieter zusätzlich zur jeweils branchenspezifischen Expertise auch prozessuale Expertise durch die Nutzung von Erfahrungswerten sowie methodische Überlegenheit durch ständige Verbesserung ausschöpfen kann. Diese durch rationale Auswertung und technologiegestützte Bereitstellung individueller Erfahrungen erzeugte positive Überlegenheit im Interaktionsprozess mit dem Kunden kann den Anbieter befähigen, den externen Faktor Kunde und dessen erforderliche Leistungsbeiträge möglichst passgenau, und damit für den Anbieterprozess produktiv zu steuern.

Neben dem mehr oder weniger objektiven Austausch von Information wird der Grad der Passgenauigkeit unverzichtbarer Kundenleistungen in den Prozess eines Anbieters dienstleistender Arbeit von Elementen bestimmt, die im Bereich der Emotionen und Affekte angesiedelt sind. Wie oben bereits aufgeführt, können bereits das physische Dienstleistungsumfeld (Dienstleistungsästhetik, service scape), Aspekte der Vertragsgestaltung (Klarheit, Verständlichkeit, Verbindlichkeit), die Belastbarkeit der mit der Annahme von Dienstleistungen zeitlich begrenzten Abgabe von Verfügungsrechten des Kunden an den Anbieter (Prozessvisualisierung), die Anordnung von Macht aber auch der Aufbau von

Vertrauen im Anbieter-Kunden Verhältnis (Kundenkontaktverhalten, Reputation, Image) Einfluss auf die Produktivität von dienstleistender Arbeit nehmen. Empfehlenswert scheint es daher, über Ansätze der traditionellen Industriesoziologie hinaus Forschungsrichtungen, die die Erzeugung von Akzeptanz, Vertrauen und Motivation bearbeiten, für Beiträge einer auf Dienstleistungen orientierten Produktivitätsforschung fruchtbar zu machen.

20.4   Zusammenfassung und Ausblick

Effektivität und Effizienz sind für die Leistungserstellung in Produktion und Dienstleistungserbringung unerlässlich. Sie tragen zu einer Sicherung der Wettbewerbsfähigkeit von Unternehmen bei. Effizient geleistete Arbeit für die Erbringung nicht absetzbarer Serviceleistungen ist ökonomisch ebenso sinnlos wie qualitativ hochwertige, erstrebenswerte Serviceprodukte, deren Erbringung betriebswirtschaftlich so ineffizient ist, dass ein Bestehen am Markt unmöglich ist.

Zur Vermeidung von überkomplexen Modellen ist es für die praktische Gestaltung der Produktivität von Leistungserstellungsprozessen hilfreich zu unterscheiden, ob und wann ein Bezugsrahmen der Produktivität und damit Kriterien für operative Effizienz und wann ein Bezugsrahmen der Performanz im Sinne umfassender strategischer Leistungsfähigkeit – die in Dienstleistungen bis tief in die subjektiven Kontexte von Kunden oder gar Kunden von Kunden und deren subjektives Erleben von Qualität und Nutzen reichen kann – gewählt wird.

Im hier vorgestellten Modell zur Betrachtung der Produktivität von Dienstleistungen steht die Input-Seite der Leistungserbringung im Vordergrund. Der Input in die Leistungserstellung im Sinne von Arbeit wird nach dem hier vorgestellten Modell berechnet über die Summe aus den Komponenten der autonomen, relationalen und heteronomen Leistungsanteile. Dabei stellen die Bestimmung von produktiver Arbeit in der relationalen und heteronomen Komponente besondere, weil im Vergleich zu Wissen aus der Sachgutproduktion neue und zusätzliche Herausforderungen für Dienstleistungsforschung und deren Umsetzung in praktische Gestaltungshilfen dar.

Als Output ist ein vorab zu definierender und kommunizierender Inhalt und Qualitätsgrad einer Leistung festzulegen. Die Einhaltung dieser definierten Leistung ist bei allen Veränderungen zur Erzielung von mehr Effizienz zu berücksichtigen. Die Betrachtungen zur Produktivität enden in diesem Modell dann, wenn der Kunde das vorab definierte Ergebnis der von ihm nachgefragten Leistung erhalten und bezahlt hat. Der aus dem Ergebnis der erbrachten Dienstleistung weiterhin gezogene Nutzen für den Kunden (Outcome) kann in dieser Sichtweise nicht Gegenstand der Betrachtungen zur Produktivität sein, da aus betriebswirtschaftlicher Perspektive des Anbieters nicht sichergestellt werden kann, welcher kurz- und langfristige Nutzen aus dem Ergebnis einer bezahlten Dienstleistung tatsächlich gezogen wird.

Maßnahmen zur Steigerung der Produktivität dienstleistender Arbeit sind über die Bestimmung und Analyse der drei genannten Komponenten und ihrer Konfiguration zu entwickeln. Zentrale Ansatzpunkte sind: Autonome Leistungsanteile so weit wie im jeweiligen Leistungstyp möglich und erstrebenswert ausdehnen und optimieren, relationale Leistungsanteile soweit wie im jeweiligen Leistungstyp möglich und erstrebenswert durch Technikeinsatz und Professionalisierung rationalisieren; Heteronomes entlang der Prozesse des Anbieters soweit wie im jeweiligen Leistungstyp möglich und sozial akzeptabel (also ohne Zwang und ohne Täuschung) integrieren.

Trotz der in diesem Beitrag favorisierten Dominanz einer Orientierung auf die Aspekte der Effizienz auf der Input-Seite bei der Betrachtung von Dienstleistungsproduktivität soll abschließend folgendes festgehalten werden:

Eine auf Wirtschaftlichkeit im Sinne von Effizienz orientierte Betrachtungsweise von Produktivität und eine auf Effektivität als den Wert und Nutzen einer Leistung im weiteren Sinne orientierte Betrachtungsweise schließen sich nicht aus. Ganz im Gegenteil ist die gemeinsame Betrachtung von Effizienz der Leistungserbringung und Effektivität des Leistungsangebotes gerade im Bereich der Dienstleistungserbringung, die sich mit dem Aspekt der Kundenintegration in den Leistungserstellungsprozess und erweiterten, subjektiven Qualitätswahrnehmungen immaterieller Leistungen auseinanderzusetzen hat, unverzichtbar. Mehr noch ist davon auszugehen, dass nachhaltige Wettbewerbsvorteile für die Dienstleistungswirtschaft weniger über Preis und Kosten – und damit über Effizienz – als vielmehr über Nutzwert und Qualität – und damit über Effektivität – errungen werden. Aber auch begehrte, weil effektive, vielversprechende, erstrebenswerte Angebote müssen letztlich vom Anbieter effizient erbracht werden können, wenn er am Markt bestehen will. Über die richtige Balance zwischen Effizienz und Effektivität unter Bedingungen der Kundenintegration und Subjektivität von Verhalten und Wahrnehmung lässt sich gerade aus der Dienstleistungswirtschaft viel für Formen neuer Wertschöpfung lernen. Eine fundierte Auseinandersetzung mit den Bedingungen, Einflussfaktoren und Gestaltungsoptionen der Produktivität von Dienstleistungen kann einen wichtigen Beitrag dazu leisten, Produktivitätskonzepte zu entwickeln, die im ursprünglichen Sinne der Wortbedeutung schöpferische Kraft und effiziente Leistungserbringung vereinen.

Literatur

Baumann F (2012) Produktivitätswachstum im Dienstleistungssektor – Mess- und Bewertungsprobleme. Studienarbeit. Grin. http://www.grin.com/de/e-book/207896/produktivitaetswachstum-im-dienstleistungssektor. Zugegriffen: 16. Sep. 2013

Bertschinger A (2008) Entmystifizierung der Produktivität. Vom Kernbegriff Produktivität zur Wissensproduktivität. White Paper. Schweizerisches Produktivitätsinstitut AG. http://www.ipch.ch/downloads/artikel. Zugegriffen: 16. Sep. 2013

Djellal F, Gallouj F (2010) Beyond productivity strategies in services. J Innov Econ 5(1):89–104. doi:10.3917/jie.005.0089

Erber G, Hagemann H (2012) Zur Produktivitätsentwicklung Deutschlands im internationalen Vergleich. WISO Diskurs. Bonner Universitäts-Buchdruckerei, Bonn

Gadrey JG (1996) Services: la productivité en question. Desclée de Brouwer, Paris

Ganz W, Tombeil AS, Bornewasser M (2013) Produktivität von Dienstleistungsarbeit. Fraunhofer, Stuttgart

Goldratt EM (2001) Das Ziel. Campus, Frankfurt a. M.

Grönroos C, Voima P (2012) Making sense of value and value co-creation in service logic. Working paper. Helsinki Hanken School of Economics. https://helda.helsinki.fi/bitstream/handle/10138/29218/559_978-952-232-157-2.pdf?sequence=1. Zugegriffen: 16. Sep. 2013

Hacker W (2009) Arbeitsgegenstand Mensch: Psychologie dialogisch-interaktiver Erwerbsarbeit: Ein Lehrbuch. Pabst, Lengerich

Hall R (Hrsg) (2006) Patient flow: reducing delay in healthcare delivery. Springer, New York

Heyn M, Zimmermann HJ (2010) Optimale Planung und Steuerung von Prozessen in Krankenhäusern. In: Pieper U (Hrsg) Logistik in Gesundheitseinrichtungen. Haarfeld, Köln, S 359–395

Kleinaltenkamp M, Macdonald E, Wilson H (2012) How co-creation processes create value: an exploration in an industrial maintenance context using repertory grid technique. Proceedings of the ANZMAC 2011 Conference, 28–30 November 2011, Perth (Australien)

Kimbell L, Seidel VP (Hrsg) (2008) Designing for services – multidisciplinary perspectives. Proceedings form the Exploratory Project on Designing for Services in Science and Technology based Enterprises, Said Business School. Fineprint, Oxford

Meissner K, Eichhorn E, Zach M, Schubert E, Raetzell M, Bornewasser M, Wendt M (2013) Steigerung der Patientensicherheit durch die Einführung eines Workflow orientierten Monitorings. In: Bouncken R, Pfannstiel M, Reuschl MJ (Hrsg) Prozess-, Produktivitäts- und Diversitätsmanagement im Krankenhaus, Bd I. Springer, Heidelberg

Ortlieb CP (2010) Die verlorene Unschuld der Produktivität. In: Denknetz Schweiz (Hrsg) Jahrbuch Denknetz 2010: Zu gut für den Kapitalismus. Blockierte Potenziale in einer überforderten Wirtschaft. 8. Aufl, Zürich, S 12–19

Parasuraman A (2010) Service productivity, quality and innovation: implications for service-design practice and research. Int J Qual Serv Sci 2(3):277–286. doi:10.1108/17566691011090026

Pieper U (Hrsg) (2010) Logistik in Gesundheitseinrichtungen. Haarfeld, Köln

Statista (2013) Veränderung der Produktivität je Erwerbstätigen in Deutschland im Vergleich zum Vorjahr 1992 bis 2012. http://de.statista.com/statistik/daten/studie/161496/umfrage/produktivitaetsaenderungen-pro-kopf-in-deutschland/. Zugegriffen: 16. Sep. 2013

The McGraw-Hill Companies Inc (2004) Wachstum, Produktivität und der Lebensstandard. www.eco.uni-heidelberg.de/lehrstuhl/WS0809/einfPOe_chapter-20.pdf. Zugegriffen: 16. Sep. 2013

Vargo SL, Lusch RF (2008) Service-dominant logic: continuing the evolution. J Acad Market Sci 36(1):1–10. doi:10.1007/s11747-007-0069-6

Gemeinsamkeiten zur Sachgüterproduktion suchen oder Dienstleistungsbesonderheiten (über-)betonen? – Perspektiven für die Produktivitätsforschung

21

Friedrich Kerka und Bernd Kriegesmann

Inhaltsverzeichnis

21.1 Produktivität – Eine Frage von Sach- oder Dienstleistung?........................... 431
21.2 Sach- und Dienstleistungen: Orientierungspunkte für die Produktivitätsdebatte? 433
    21.2.1 Zur Tragfähigkeit der Dichotomie von Sach- und Dienstleistung 433
    21.2.2 Auf der Suche nach den „produktivitätsbestimmenden Prozesscharakteristika". 437
21.3 Die Überwindung der Dichotomie von Sach- und Dienstleistungen schafft Lernchancen
    zur Produktivitätssteigerung 446
Literatur 449

21.1 Produktivität – Eine Frage von Sach- oder Dienstleistung?

Die produzierende Wirtschaft gilt in Deutschland als hoch professionalisierte Branche in Sachen Produktivitätssteigerungen. Allein zwischen den Jahren 2000 und 2010 hat sich die Arbeitsproduktivität je Erwerbstätigem in diesem Wirtschaftssektor durchschnittlich um 1,9 % jährlich erhöht (Statistisches Bundesamt 2012). Um das zu erreichen, sind ganz

---

Der Beitrag basiert ganz wesentlich auf dem Artikel Kerka F, Kriegesmann B (2013) Produktivität – Eine Frage von Sach- oder Dienstleistung? In: Bouncken RB, Pfannstiel MA, Reuschl AJ (Hrsg) Dienstleistungsmanagement im Krankenhaus I Prozesse, Produktivität und Diversität, Springer, Wiesbaden.

F. Kerka (✉) · B. Kriegesmann
Institut für angewandte Innovationsforschung (IAI) e. V. an der Ruhr-Universität Bochum,
Buscheyplatz 13, 44801 Bochum, Deutschland
E-Mail: friedrich.kerka@iai-bochum.de

B. Kriegesmann
E-Mail: bernd.kriegesmann@iai-bochum.de

unterschiedliche Ansätze zur Anwendung gekommen. Neben informations- und kommunikationstechnisch geprägten Automatisierungsschüben wurden umfangreiche Re-Engineering-Projekte realisiert, QM-Systeme etabliert, Lean-Management-Tools implementiert und kontinuierliche Verbesserungsprozesse kultiviert, um den Mitteleinsatz für die angestrebte Produktionsleistung zu reduzieren bzw. die Produktionsleistung mit den verfügbaren Mitteln zu erhöhen.

Als wichtiges übergreifendes Prinzip der unterschiedlichen Ansätze gilt dabei die Vermeidung von Verschwendung. Durch Verbesserungen bestehender Prozesse sollen nicht wertschöpfende Aktivitäten – also Verschwendung – vermieden oder zumindest reduziert werden. Ausgelöst durch die Studie „Die zweite Revolution in der Autoindustrie" (Womack et al. 1994) wurde insbesondere die Automobilindustrie sensibilisiert, nicht angebotsorientierte Produkte zu erstellen, die zu kapitalbindenden Halden und Rabattaktionen führen, sondern den Prozess „pull-orientiert" vom Kunden her zu steuern und dabei möglichst schlank vorzugehen. Überproduktion, Wartezeiten, unnötige Transportwege und -zeiten, unzureichende Arbeitsprozesse, hohe Bestände, unnötige Bewegung und Produktionsfehler (Womack et al. 1994; Imai 1997; Liker 2006; Brunner 2011; Klauser und Löw 2006; Rother und Shock 2006; Witt und Witt 2008) dienen seitdem als permanente Suchfelder für Verschwendung.

Während auf dieser Basis in der Industrie inzwischen viel passiert ist, werden in Dienstleistungssektoren wie etwa der Gesundheitswirtschaft erhebliche Produktivitätsreserven vermutet (Reichwald und Möslein 1995; Bienzeisler 2000; Baumgärtner und Bienzeisler 2007). Tatsächlich ist die Arbeitsproduktivität je Erwerbstätigem in den Dienstleistungssektoren im Zeitraum von 2000 bis 2010 nur um durchschnittlich 0,4 % (gegenüber 1,9 % im produzierenden Gewerbe) jährlich gestiegen (Statistisches Bundesamt 2012). Diese Differenz wird – ausgehend von einem mitunter ganz anderen Ausgangsniveau – mit dem Fehlen analoger Professionalisierungsmuster begründet (Drucker 1992) und die Möglichkeit, Verschwendung mit für den Produktionsbereich bewährten Mechanismen auch im Dienstleistungsbereich anzugehen, mit Verweis auf die Besonderheiten von Dienstleistungen als begrenzt angesehen: Die erforderliche Bereitstellungsleistung, die Einbeziehung des Kunden in den Dienstleistungserstellungsprozess oder die Immaterialität des Ergebnisses setzen andere Rahmenbedingungen als in der Produktion (Engelhardt et al. 1993; Bullinger und Schreiner 2003; Spath und Ganz 2008). Gründe dafür zu finden, warum Dienstleistungen nicht produktiver erbracht werden können, scheint sich immer noch höherer Beliebtheit zu erfreuen, als sich intensiver mit den Möglichkeiten und Grenzen der Effizienzsteigerung im Dienstleistungsbereich auseinanderzusetzen. Mit dem Verweis auf die „typischen" Merkmale der Dienstleistungsproduktion haben sich Teile der Dienstleistungsforschung gegen das Thema Rationalisierung immunisiert. Da „die Qualität und die Produktivität von Dienstleistungen nicht (wie bei Sachgütern) gleichzeitig gesteigert werden (können)" (Anderson et al. 1997), wird eine kritische Reflexion etablierter Ansätze der Produktivitätssteigerung gemieden.

Schaffen Dienstleistungen aber tatsächlich andere Bedingungen für Produktivitätsbemühungen als Sachleistungen? Kann der Hersteller von Windkraftanlagen an Produktivitätsschrauben drehen, die dem Versicherer immer verschlossen bleiben? Ist eine von der Nachfrage gesteuerte „Pull-Produktion" für den Arzt, der seine Patienten für eine bestimmte Zeit bestellt, wirklich schwieriger oder gar nicht im Abgleich zu der als Vorbild geltenden Automobilindustrie zu realisieren, die den Kundenauftrag als Steuerungsgröße nimmt? Oder gibt es bestimmte Verschwendungsarten gegebenenfalls nur in der Industrie, die im Dienstleistungssektor so gar nicht vorkommen? Bevor man sich mit stereotypen Erklärungsmustern des Typs „Dienstleistungen schaffen Sperrbezirke für Produktivitätssteigerungen, Sachleistungen jedoch nicht" abfindet und das Feld sowie die darin zu vermutenden Lernchancen aufgibt, sind erst die Ursachenzusammenhänge zu klären. Das bietet für Dienstleister echte Chancen, sich der Produktivitätsdebatte neu zu stellen. Selbst scheinbar spezifische Dienstleister wie Krankenhäuser verlieren dann aber auch die Chance, sich diesen Optionen mit Verweis auf die eigenen Besonderheiten zu entziehen.

21.2 Sach- und Dienstleistungen: Orientierungspunkte für die Produktivitätsdebatte?

Mit dem Glauben an die Tertiarisierung der Wirtschaft nahm die Auseinandersetzung um Dienstleistungen zu. Wurde die wissenschaftliche Debatte zunächst weitgehend aus einer Marketingperspektive geführt, versucht man in jüngerer Zeit auch das Thema Produktivität stärker zu erschließen. Produktivität ist eine klassische betriebliche Kennzahl. Sie gilt in Unternehmen als Maßzahl für die Effizienz von Leistungsprozessen und macht auch vor Dienstleistungen nicht halt. In der Tradition des Marketings versucht man aber, die Besonderheiten von Dienstleistungen als Ausgangspunkt für eine Näherung an den Produktivitätsbegriff zu nehmen. Ist Produktivität aber tatsächlich eine Frage von Sach- oder Dienstleistung? Stehen den Sachgüterherstellern, weil sie materielle Güter produzieren, alle Möglichkeiten zur kontinuierlichen Verbesserung ihrer Arbeitsprozesse zur Verfügung, während Dienstleister hier nur in einem sehr begrenzten Raum agieren können? Haben die Besonderheiten von Dienstleistungen entscheidenden Einfluss auf die Optionen zur Produktivitätssteigerung? Sind die gängigen Abgrenzungsversuche von Sach- und Dienstleistung überhaupt von besonderer Relevanz für eine differenzierte Betrachtung der Möglichkeiten und Grenzen der Produktivitätssteigerung? Diese Fragen sind zu klären, um mögliche Lernchancen aus der Produktionswirtschaft zu erschließen. Wenn Dienstleistungen weit weniger Besonderheiten aufweisen, die sie vom Produktbereich abgrenzen, als gemeinhin unterstellt, ist der Weg geebnet, von bestehenden Produktivitätssteigerungsroutinen zu lernen.

21.2.1 Zur Tragfähigkeit der Dichotomie von Sach- und Dienstleistung

Die Frage, was Sach- und Dienstleistungen unterscheidet, wird seit vielen Jahren ebenso intensiv wie kontrovers diskutiert (Engelhardt et al. 1993; Bullinger und Schreiner 2003; Maleri und Frietzsche 2008). Obwohl bei manchen Diskussionen sogar unklar bleibt, wozu

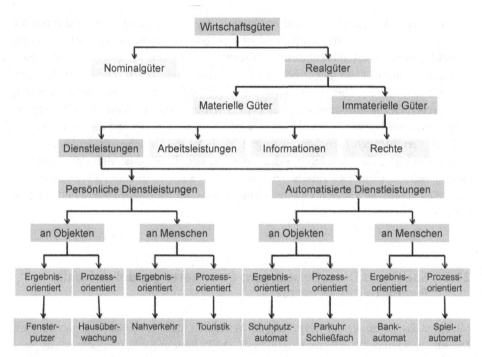

Abb. 21.1 Systematik von Wirtschaftsgütern (Meffert und Bruhn 2009, S. 27)

die Abgrenzungsversuche von Sach- und Dienstleistung noch „dienen" sollen, scheint es ein besonderes Anliegen zu sein, das heterogene Spektrum von Leistungen zwei Leistungsarten – nämlich einerseits Sachgütern und andererseits Dienstleistungen – zuordnen zu können. Dienstleistungen wird dabei ein eindeutiger Platz als spezifische Leistungsart immaterieller Güter zugewiesen (Abb. 21.1):

Mit dieser Einordnung werden – insbesondere mit Blick auf die Besonderheiten, auf deren Basis meist eine spezielle Ausrichtung des Dienstleistungsmarketings begründet wird – Abgrenzungskriterien zu materiellen Leistungen verbunden (z. B. Meffert und Bruhn 2009):

- **Immaterialität:** Gängige Debatten setzen zunächst am Leistungsergebnis an. Im Gegensatz zu Sachleistungen sei das Leistungsergebnis der Dienstleistungsproduktion immateriell und damit nicht lager- und transportfähig. Gern angeführte Beispiele sind der Friseur, der die Haare nicht auf Vorrat schneiden kann oder der Arzt, dessen Leistungen auch nicht gelagert werden können. Über Entwürfe von Architekten in den Archiven, die Programmierung von Spezialsoftware, die bei Bedarf eingesetzt wird, oder gespeicherte Kundendaten des Marktforschungsinstituts aggregiert man dagegen gern hinweg. Inzwischen wird jedoch eingeräumt, dass über Trägermedien zumindest eine teilweise Lagerbarkeit (wie etwa auch bei Musik-CDs) gewährleistet und der Übergang zu Sachleistungen fließend ist. Auch die Transportfähigkeit von einzelnen Dienstleistungen stellt kein Abgrenzungskriterium mehr dar, zumal diese die von Sachleistungen sogar zum Teil deutlich übertrifft. So ist die Überwindung von räumlichen Entfernungen für Spieledienstleistungen via Internet in Sekunden erledigt, während die Sachleistung „Brettspiel" von China nach Deutschland Tage unterwegs ist. Offensichtlich kann die Immaterialität allein nicht trennscharf zwischen unterschiedlichen Leistungstypen diskriminieren und damit auch kaum Begründungen für Produktivitätsspezifika liefern. Konfrontiert man die Besonderheit „Immaterialität" mit der Lean-Production-Philosophie, scheint diese Eigenschaft gar besonders günstige – aber auch nicht für alle Dienstleistungen geltende – Voraussetzungen zu schaffen: Lagerhaltung und Transport werden als wichtige Verschwendungstreiber und damit „Produktivitätskiller" angesehen. In dieser Lesart wäre Materialität – als vermeintliches Spezifikum von Sachleistungen – eher problematisch für die zu erreichende Produktivität.

- **Einbeziehung des externen Faktors:** Der Prozess der Leistungserstellung wird bei Dienstleistungen durch die zwingende Einbeziehung des Kunden selbst oder die Einbeziehung eines Objektes des Kunden charakterisiert. Dieser externe Faktor bestimmt nicht nur den Leistungsprozess, sondern auch das Leistungsergebnis. Wenn der Patient bei der Röntgenaufnahme wackelt oder der Kunde dem Spediteur vor dem Umzug unvollständige Angaben macht, wird es nicht zu zufriedenstellenden Ergebnissen kommen. Doch auch diese Besonderheit kann kaum exklusiv für Dienstleistungen reklamiert werden. So legt der Kunde des Baugewerbes als „Prosumer" nicht nur in der Vorleistungsphase das Aussehen des Sachleistungsergebnisses „Haus" fest, sondern er verändert das Leistungsergebnis durch Interventionen oder Eigenleistungen während der Leistungserstellung und das Grundstück (als Objekt des Kunden) beeinflusst ebenfalls das Ergebnis. IKEA hat die Integration des Kunden in den Produktionsprozess von Möbeln sogar zum Geschäftsmodell gemacht, und Automobilhersteller beziehen den Käufer inzwischen in die Produktionsvorbereitung ein, indem sie die modulare Zusammenstellung des Autos ihren Kunden überlassen. Diese Einbeziehung des Kunden ist gerade eines der prägenden Elemente einer nachfragegesteuerten Pull-Produktion, die Überproduktion, Lagerbestände, Wartezeiten etc. reduzieren bzw. vermeiden soll. Also auch hier scheinen für Dienstleister, denen die Einbeziehung des externen Faktors als konstitutives Merkmal zugeschrieben wird, günstige Bedingungen für produktives Arbeiten zu bestehen.

- **Bereitstellungsleistung:** Die Wendung, dass die diskutierten Besonderheiten eher günstige Voraussetzungen für Verschwendungsvermeidung und damit Produktivitätssteigerungen schaffen, ließe sich ausräumen, wenn man dem Argument folgt, dass die Immaterialität und Einbeziehung des externen Faktors – die aber auch bei Sachleistungen gelten – eine besonders ausgeprägte, produktivitätszehrende Bereitstellungsleistung voraussetzen würden. Weil die Endleistung nicht vorproduziert und gelagert, sondern erst in der Interaktion mit dem externen Faktor erbracht werden kann, muss eine „permanente" Leistungsbereitschaft mit entsprechenden Vorhaltekosten gesichert werden.

Dieser Potenzialdimension wird bei der Abgrenzung von Sach- und Dienstleistungen ebenfalls eine zentrale Rolle zugewiesen. Aus einer Marketingsicht getrieben soll zudem die Bereitstellungsleistung in Ermangelung einer direkten Beurteilbarkeit des Leistungsergebnisses durch den Kunden vor der Leistungserstellung eine Art Ersatzfunktion für die Kompetenzbewertung des Dienstleisters übernehmen. Selbst wenn aus dieser Perspektive der Bereitstellungsleistung eine andere Rolle zukommt, kann für Produktivitätsüberlegungen kaum von Unterschieden zum Sachleistungsbereich ausgegangen werden. Ob es um Banken, Krankenhäuser, Stahlwerke oder Raffinerien geht, jeder Anbieter von Sach- oder Dienstleistungen braucht entsprechende Bereitstellungsleistungen, und die Vorhaltekosten unausgelasteter Stahlwerke wirken genauso produktivitätshemmend wie die von unausgelasteten Krankenhäusern. Auch diese Abgrenzungsebene schafft keine Exklusivität für Dienstleistungen und kann mithin die Schlussfolgerung nicht relativieren, dass die für den Dienstleistungssektor reklamierten Faktoren „Immaterialität" und „Einbeziehung des externen Faktors" im Sinne der Lean-Production-Philosophie eher günstige Bedingungen für produktivitätssteigernde Maßnahmen liefern.

Nimmt man neben diesen Plausibilitätsüberlegungen empirische Befunde einer branchenübergreifenden Studie[1], in der die angenommenen Besonderheiten von Dienstleistungen in Unternehmen des sekundären und tertiären Sektors analysiert werden, muss man akzeptieren, dass die im Dienstleistungsmanagement diskutierten Besonderheiten weder für alle Dienstleistungen gelten, noch exklusiv für diesen Wirtschaftsbereich sind, sondern auch treffend die Sachgüterproduktion vieler Unternehmen beschreiben. Damit stellt sich die Frage, ob es überhaupt zweckmäßig ist, sich auf dem Weg zu produktiveren Dienstleistungsprozessen auf diese Besonderheiten zu konzentrieren. Warum sollten die, im Dienstleistungsmanagement vor dem Hintergrund ganz anderer Fragestellungen entstandenen, potenzial-, prozess- und ergebnisorientierten Abgrenzungsversuche auch die wichtigsten Kriterien für eine differenzierte Diskussion der Möglichkeiten und Grenzen der Produktivitätssteigerung liefern? Hierfür lassen sich kaum mehr stichhaltige Argumente finden. Ernst nehmen muss man aber, dass die Produktivitätsbemühungen nicht für jeden Leistungsprozess gleich sind. Es erscheint intuitiv plausibel, dass der Handwerker bei unterschiedlichen Kunden an unterschiedlichen Orten und jeweils spezifischen Bedingungen andere Voraussetzungen für Produktivitätssteigerungen hat als der Hersteller von Steinwollmatten, der in seiner Produktion stabile Bedingungen schaffen kann.

---

[1] Die Befunde der empirischen Erhebung basieren auf einer branchenübergreifenden Querschnittserhebung. Den Feldzugang ermöglichten die Nutzung einer kommerziellen Adressdatenbank sowie eigene Recherchen über das Business-Netzwerk Xing. Auf diesem Wege konnten 5000 Fragebögen verschickt werden, von denen 316 (1,6 % aus dem primären Sektor; 46,4 % aus dem sekundären Sektor; 52,0 % aus dem tertiären Sektor) verwertbar ausgefüllt zurückgeschickt wurden, was einer Rücklaufquote von 6,3 % entspricht. Die dargestellten Ergebnisse basieren auf einem vom Bundesministerium für Bildung und Forschung geförderten Projekt (Förderkennzeichen: 01FL10053).

Um aber nicht weitere Versuche zu unternehmen, die Dichotomie zwischen Sach- und Dienstleistungen mit neuen Abgrenzungskriterien zu retten, wird der Frage nachgegangen, wodurch sich – unabhängig von einer Zuordnung zu Sach- oder Dienstleistungen – Leistungsprozesse auszeichnen, die aufgrund ihrer speziellen Charakteristika unterschiedliche Ausgangsbedingungen für Produktivitätssteigerungen liefern. Das Aufzeigen von Ähnlichkeiten schafft die Grundlage, Ansatzpunkte zu identifizieren, die sich im Produktionsbereich unter spezifischen Bedingungen zur Produktivitätssteigerung bewährt haben, und auf Wirtschaftsbereiche mit ähnlichen Bedingungen zu übertragen, die dem Dienstleistungssektor zugeordnet werden. Mit diesem Ansatz verdient Porsche-Consulting gar sein Geld, indem das Unternehmen sein Know-how in der Umsetzung von Lean-Production-Ansätzen aus der eigenen Produktion inzwischen erfolgreich auch auf Dienstleistungsunternehmen übertragen hat, ohne dabei durch vermeintliche Besonderheiten in diesen Wirtschaftsbereichen behindert worden zu sein.

21.2.2 Auf der Suche nach den „produktivitätsbestimmenden Prozesscharakteristika"

Akzeptiert man, dass die vermeintlichen Besonderheiten der Dienstleistungserstellung – wie die Zusammenarbeit mit den Kunden sowie das Vorhalten der erforderlichen Bereitstellungsleistung – gar nicht so besonders sind, weil sie treffend auch die Bedingungen der Sachgüterherstellung charakterisieren, und die diskutierten Dienstleistungscharakteristika auch nicht für alle Dienstleistungen gelten, wird klar, dass man unterschiedliche Möglichkeiten für Produktivitätssteigerungen hieran allein nicht festmachen kann. Dazu kommt der Befund, dass diese Charakteristika die Produktivität noch nicht einmal in besonderem Maße beeinflussen. Was sind aber die produktivitätsbestimmenden Faktoren, an denen man ansetzen kann?

21.2.2.1 Die Bedingungen für Produktivitätssteigerungen bei Sach- und Dienstleistungen – Ein Strukturierungsrahmen

Will man die Bedingungen zur Produktivitätssteigerung strukturieren, muss man sich zunächst mit dem Produktivitätskonstrukt auseinandersetzen. Produktivität erfasst das Verhältnis von Input zu Output und konkretisiert sich in Teilproduktivitäten wie Arbeitsproduktivität, Materialproduktivität, Kapitalproduktivität etc. Ganz allgemein ausgedrückt bildet Produktivität damit nichts anderes als eine Ziel-Mittel-Beziehung ab (Abb. 21.2):

- Der Input repräsentiert die im Leistungserstellungsprozess eingesetzten Mittel und
- der Output das angestrebte Ziel bzw. das im Leistungsvereinbarungsprozess vereinbarte Ergebnis.

Abb. 21.2 Produktivität als
Konstrukt von
Ziel-Mittel-Beziehungen

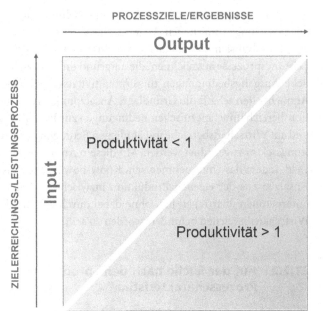

Schematisch ergeben sich damit aus dem Produktivitätskonstrukt zwei Stellschrauben zur Produktivitätssteigerung:

- Verbesserung des Input/Output-Verhältnisses über die Veränderung des Inputs oder
- Verbesserung des Input/Output-Verhältnisses über die Veränderung des Outputs.

Allerdings darf man aus dieser Produktivitätsbetrachtung keine allzu schlichten Implikationen für wirtschaftlichen Erfolg ableiten. Zwar steigt die Produktivität, wenn man mit gegebenem Mitteleinsatz eine höhere Leistungsmenge erstellen kann. Was passiert aber, wenn diese Leistungsmenge nicht (sofort) absetzbar ist, wenn Leistungen mit anderen Worten über Bedarf produziert werden? Dann hat man produktiv das Falsche gemacht, war zwar effizient, aber nicht effektiv. Nicht (sofort) absetzbare Leistungsmengen erzeugen dann Lagerhaltungskosten, verursachen zusätzlichen „Handlingaufwand" und führen zu erheblicher Kapitalbindung. Das Beispiel macht deutlich, dass man Produktivität in komplexeren Zusammenhängen denken muss. Die Lean-Production-Philosophie, die die Produktivitätsdebatte um die Konstrukte „Verschwendung" und „Wertschöpfung" erweitert, fängt diese Zusammenhänge ein, indem der Blick sowohl für den Mitteleinsatz als auch für das Leistungsergebnis auf das gelenkt wird, wofür der (interne) Kunde bereit ist zu zahlen. Die Produktivität ist entsprechend immer in diesem Zusammenhang zu sehen.

Letztlich bleibt aber, dass die Analyse der Bedingungen, unter denen Produktivitätssteigerungen stattfinden können, am Input und/oder Output resp. an dem Leistungserstellungsprozess sowie an dem vorgelagerten Prozess der Leistungsvereinbarung ansetzen muss. Konkrete Ansatzpunkte für Produktivitätssteigerungen sind auf die spezifischen Produktionsbedingungen und nicht auf dichotom diskutierte Wirtschaftszweige abzustimmen. Wie aber lassen sich die Bedingungen weiter präzisieren, auf die produktivitätssteigernde Maßnahmen auszurichten sind? Hinterfragt man, auf welche Charakteristika wirksame Maßnahmen zur Produktivitätssteigerung eingehen, ergeben sich jenseits der im Dienstleistungsmanagement bevorzugt diskutierten Prozessbesonderheiten weitergehende Anhaltspunkte:

- Zur Vermeidung von Überproduktion, die auf einer stark schwankenden und im Vorfeld nicht planbaren Nachfrage basiert, haben zahlreiche Unternehmen des produzierenden Gewerbes ihre angebotsorientierte Produktion auf Vorrat durch eine pull-orientierte Fertigung ersetzt. Mit Maßnahmen wie „schnelle Umrüstung" zur Realisierung kleiner Losgrößen oder „Supermarktkonzepten" für die Materialversorgung vor Ort steuern sie den Leistungserstellungsprozess, um die erforderliche Flexibilität für eine mit der Nachfrage synchronisierten Produktion zu schaffen.
- Zur Vermeidung von Fehleingaben durch den Kunden bei Bestellungen via Internet werden definierte Eingabefelder vorgegeben. Wenn Felder nicht oder nicht vollständig bzw. fehlerhaft ausgefüllt werden, wird der Leistungsvereinbarungsprozess sofort gestoppt, um in der Folge keine Fehlleistungen zu produzieren.
- Für Sanierungsaufträge in Altbauten, bei denen unvorhergesehene Störungen etwa aufgrund maroder Mauerwerke oder nicht bekannter Leitungsverläufe entstehen können, werden alternative Materialien und Werkzeuge mit auf die Baustelle genommen, um schnell auf die unterschiedlichen Gegebenheiten reagieren zu können.

Was ist diesen Beispielen, die sich noch erweitern ließen, gemein? Was vereint die Bedingungen, an denen die produktivitätssteigernden Maßnahmen ansetzen? Extrahiert man die Gemeinsamkeiten dieser exemplarischen Ansätze, wird deutlich, dass sie auf die Reduktion von Unsicherheiten abheben, die sich

- auf der Ebene der Leistungsergebnisse bzw. -ziele (z. B. unsichere Nachfragemengen und -zeitpunkte) sowie
- auf der Ebene der Leistungsprozesse selbst (z. B. unklare, nicht reproduzierbare Prozesse) konkretisieren.

Mit der Ausprägung von Unsicherheiten auf diesen beiden Ebenen variieren auch die Möglichkeiten und Maßnahmen zur Produktivitätssteigerung. Idealtypisch können auf dieser Basis vier Bedingungskonstellationen als Grenzfälle für reale Prozesse der Leistungserbringung konstruiert werden, die mit völlig unterschiedlichen Möglichkeiten und Grenzen der Produktivitätssteigerung einhergehen (Abb. 21.3):

Prozesstyp 1: Arbeiten unter vollständiger Unsicherheit über die Ziele und Mittel Beim Prozesstyp 1 ist zu Beginn der Arbeiten völlig unklar, was am Ende das Prozessergebnis

Abb. 21.3 Strukturie-
rungsrahmen für Bedin-
gungskonstellationen der
Produktivitätssteigerung

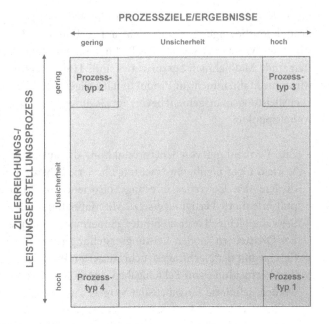

sein könnte. In dieser Situation der Unsicherheit ist das Arbeiten durch Experimentieren
mit vielen Fehlversuchen geprägt. Grundlagenforschung ohne konkrete wirtschaftliche
Verwertungsabsichten ist das wohl prägnanteste Beispiel für Arbeit, die nicht auf „smarte"
Ziele ausgerichtet ist, d. h. keinem eindeutigen Zielkatalog folgt und auch auf kein klares
Maßnahmenbündel oder sicher abschätzbaren Mitteleinsatz zur Zielerreichung abstellen
kann.

Prozesstyp 2: Hochstandardisierte Arbeit unter Sicherheit Der (zweckfreien) Grundlagenforschung steht der Prozesstyp 2 gegenüber. Er zeichnet sich dadurch aus, dass hier
sowohl die Prozessziele als auch die Mittel und Wege zur Erreichung dieser Ziele bekannt
sind. Weil unter solchen Bedingungen nicht nur klar ist, welche Sach- oder Dienstleistungen in welcher Qualität zu welchem Zeitpunkt in welcher Menge abgesetzt werden
können, besteht die Möglichkeit, die Fragen, wer was in welcher Reihenfolge mit welchen
Hilfsmitteln zu tun und zu unterlassen hat, unter stabilen Rahmenbedingungen zu klären
und alle Optimierungsreserven zu erschließen. Hochstandardisierte, über Jahre eingeübte,
fehlerfreie Routinen sind das Ergebnis höchster Wiederholanteile, die in dieser Form nur
unter stabilen Rahmenbedingungen resp. dem theoretischen Grenzfall der „vollständigen
Sicherheit" möglich sind.

Prozesstyp 3: Unklare Ziele auf bekannten Lösungswegen verfolgen Prozesstyp 3 beschreibt Bedingungen, unter denen das Wissen über die Nachfrageseite der zentrale
Engpass für den Leistungserstellungsprozess ist. Der eigentlichen Leistungserbringung
ist immer eine Phase der Vororientierung und Spezifikation der Leistungsziele für den

Kunden vorgelagert. Sind die Anforderungen an die Problemlösung geklärt, verfügt der Sach- und/ oder Dienstleistungsanbieter im Grenzfall über klare Vorstellungen und Möglichkeiten für die Leistungserstellung. Produktivitätsverluste treten beim Prozesstyp 3 insbesondere dann auf, wenn das Kundenproblem als zentrale Orientierungsgröße für das Abstimmen einer passfähigen Problemlösung falsch verstanden oder zu spät (erst nach dem Wettbewerber) erkannt wird. Dann wird gegebenenfalls effizient die falsche Leistung erstellt.

Prozesstyp 4: Auf der Suche nach Lösungen für ein bekanntes Problem Anders als beim Prozesstyp 3 sind im vierten Fall nicht die zu lösenden Probleme unklar, sondern werden Problemlösungen für bekannte Probleme gesucht. Im idealtypischen Fall liegen dabei beim Beginn der Arbeit bereits alle erforderlichen Informationen über das gewünschte Prozessergebnis vor, allerdings ist hier – im Gegensatz zu Prozesstyp 3– auf der Basis des bisher im Unternehmen verfügbaren Problemlösungswissens noch unklar, auf welchen Wegen ein überzeugendes Ergebnis erreicht werden kann oder ob die Arbeit überhaupt von Erfolg gekrönt sein wird. Vergleichbar zur Grundlagenforschung ist das Arbeiten auch hier von hoher Unsicherheit geprägt. Da aber zumindest klar ist, welches Problem gelöst werden soll, kann die Suche nach Problemlösungsideen gezielter angegangen werden.

21.2.2.2   Von der Beschreibung von Idealtypen zur Charakterisierung von Realtypen des (un-)produktiven Arbeitens

Die vier skizzierten Prozesstypen beschreiben extreme Ausgangsbedingungen für die Erschließung von Produktivitätsreserven. Sie zeichnen sich dadurch aus, dass die Prozessziele bzw. -ergebnisse und/oder der Weg dorthin völlig (un-)klar bzw. (un-)sicher sind. Die vier Prozesstypen und die zugrundeliegenden Prozessbesonderheiten spannen den Raum auf, in dem sich die komplexe Realität abspielt. Widmet man sich diesem „Graubereich", wird schnell klar, dass sich alle Realtypen von den Idealtypen darin unterscheiden, dass die jeweilige „Ziel-Mittel-Situation" nicht den Extremfällen „vollständiger Unsicherheit" oder aber „vollständiger Sicherheit" entspricht.

Jenseits eklektischer Auflistungen kann die branchenübergreifende Suche nach produktivitätsrelevanten Prozessbedingungen bzw. -charakteristika jetzt strukturiert angegangen werden. Was macht die Prozessziele bzw. -ergebnisse und den Weg dorthin im Einzelnen unbekannt oder unsicher? Die Kenntnis dieser Zusammenhänge ermöglicht es, von unter spezifischen Unsicherheitsbedingungen bewährten Lösungsprinzipien zu lernen und die Übertragbarkeit auf andere Branchen resp. die Dienstleistungswirtschaft auszuloten (Abb. 21.4).

Will man die möglichen Ursachen von Unsicherheiten, unter denen der Leistungsprozess abläuft bzw. die für das Leistungsergebnis bestehen, strukturieren und damit die Ansatzpunkte für produktivitätssteigernde Maßnahmen systematisieren, eignet sich ein Unternehmens-Umfeld-Modell. Damit kann ein Raum aufgemacht werden, in dem man Unsicherheiten nach Ursachenkomplexen strukturiert:

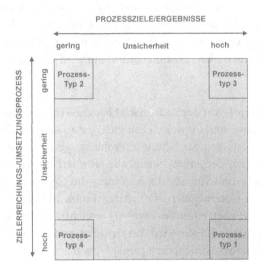

Abb. 21.4 Modell zur Charakterisierung von Realtypen des (un-)produktiven Arbeitens

- Im unternehmensinternen Bereich können Unsicherheiten ihre Ursachen in personellen (z. B. Fehlbedienung), organisatorischen (ungeklärte Zuständigkeiten) oder technischen (störanfällige Maschinen) Faktoren haben.
- Im unternehmensexternen Bereich kommen als Suchfelder für Unsicherheiten Faktoren im aufgabenspezifischen Umfeld, das sich auf die Geschäftsfelder des Unternehmens bezieht (z. B. unkalkulierbare Nachfrageschwankungen) und im globalen Umfeld, das darüber hinausgehende Einflussfaktoren für die Unternehmensentwicklung umfasst (z. B. Nachfrageeinbruch durch Substitutionsprodukte), in Betracht.

Nimmt man diesen Rahmen zur Strukturierung intern sowie extern bedingter Unsicherheiten im Leistungsvereinbarungs- und Leistungserstellungsprozess, wird schnell klar, dass die im Dienstleistungsmanagement bevorzugt diskutierten Besonderheiten der Dienstleistungsproduktion nur Ausschnitte der realen Probleme (un-)produktiven Arbeitens einfangen. Das Spektrum der Herausforderungen ist weitaus facettenreicher, wie bereits einige Beispiele illustrieren (Abb. 21.5):

Nachfrageschwankungen als Produktivitätsproblem Orientiert man sich zunächst an der Nachfrage als extern determinierte Einflussgröße auf das Prozessziel bzw. -ergebnis, wird schnell deutlich, dass die Probleme unproduktiven Arbeitens bereits im Vorfeld der (Dienst-)Leistungserstellung beginnen. Nicht vorhersehbare Nachfrageschwankungen

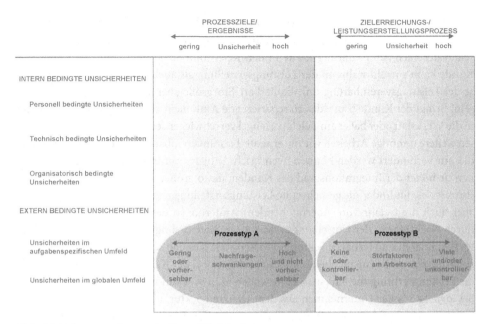

Abb. 21.5 Intern und extern bedingte Unsicherheiten

führen in der Praxis schnell dazu, dass die Produktionsziele von gestern nicht mehr mit den Absatzmöglichkeiten von morgen übereinstimmen – Pläne also schnell obsolet werden. Hält man in solchen Situationen dennoch an den ursprünglichen Zielen fest, handelt man sich Probleme der Überproduktion von (Vor-)Leistungen mit hohen Lagerbeständen und Kapitalbindungskosten ein. Zwar ist aus Sicht vieler Anbieter von Sachgütern oder Dienstleistungen oftmals klar, welche Leistungen in welcher Qualität produziert werden sollen, aber es liegen eben häufig nicht weit im Voraus Informationen darüber vor, welche Produktionsmengen bis zu welchem Zeitpunkt am Markt abgesetzt werden können. Diese Rahmenbedingungen sind im sekundären (72,4 %) und tertiären Sektor (67,5 % der Unternehmen sind mit starken Nachfrageschwankungen konfrontiert) weitgehend ähnlich. In der Produktionswirtschaft reagierte man aber in vielen Branchen mit einem Übergang von der „Push- zur Pull-Produktion", um die produktivitätshemmenden Unsicherheiten besser beherrschen zu können. Die Auseinandersetzung mit den Bedingungen, die ein derartiges Vorgehen zulassen, öffnet – unabhängig davon, ob man sich zur Produktions- oder Dienstleistungswirtschaft zählt – den Weg zur Produktivitätssteigerung.

Der Kunde als unkalkulierbare Störgröße oder Produktivitätsreserve Im Dienstleistungsmanagement wird immer wieder die besondere Bedeutung des Kunden betont. Qualität und Kosten der Leistungserbringung würden im Gegensatz zur Sachleistungsproduktion vor allem von der Kompetenz des Kunden und/oder der Qualität des Objektes des Kunden bestimmt. Beispiele für diese Abhängigkeit sind schnell gefunden: So hängt das Ergebnis und der Ablauf des Friseurbesuchs nicht nur von der Kompetenz des Friseurs,

sondern auch von dem „Zustand des Kunden" ab und wird bspw. auch das Ergebnis und
der Fortschritt eines Beratungsprojektes im Wesentlichen von der Fähigkeit und Bereitschaft der Fach- und Führungskräfte in den Kern- und Steuerungsteams bestimmt. Der
Kunde kann sowohl während der Leistungserstellung als auch in der vorgelagerten Phase der Leistungsvereinbarung unkalkulierbare Störgröße aber auch Produktivitätsreserve
sein. Bringt der Kunde bspw. das zu reparierende Auto nicht zum vereinbarten Zeitpunkt
in die Werkstatt oder hat er am Telefon Mängel verschwiegen, entstehen neben Leerlaufzeiten weitere unnötige Arbeiten wie die erneute Terminvereinbarung und Auftragserteilung,
die nur verhindert werden können, wenn sich Anbieter auf ihre Kunden verlassen können. Je höher der Integrationsgrad des Kunden, desto größer sind die Möglichkeiten, die
Prozessziele und/oder die gemeinsame Leistungserstellung abzustimmen, desto größer ist
aber auch die Gefahr von (überraschenden) Änderungen des Prozessergebnisses bspw.
durch Nachträge in der Umsetzungsphase. Auch diese Bedingungen gleichen sich jedoch
im sekundären und tertiären Sektor. So wissen viele Kunden schon im Leistungsvereinbarungsprozess – mit entsprechenden Unsicherheiten bei der Kalkulation des Aufwands für
die Leistungserbringung – nicht, was sie wollen (42,1 % sekundärer Sektor; 46,1 % tertiärer
Sektor). 44,5 % der Unternehmen aus dem tertiären Sektor, aber auch 33,3 % der Unternehmen aus dem sekundären Sektor erbringen ihre Kernleistungen dabei an einem Objekt
des Kunden. Dass die Unternehmen aus dem tertiären Sektor ihre (Dienst-)Leistungen nur
in Anwesenheit des Kunden erbringen können, trifft lediglich für 28,9 % als Prozesscha-
rakteristikum zu. Gleichzeitig geben 13,3 % der Unternehmen aus dem sekundären Sektor
an, dass ihre Kunden als „Prosumer" in die Leistungserstellungsprozesse integriert sind.
Bereits die Fokussierung auf den (Dienst-)Leistungserstellungsprozess erweist sich aber –
wie die empirischen Ergebnisse zeigen – als zu eng, zumindest dann, wenn man wichtigste Ansatzpunkte für Produktivitätssteigerungen im Leistungsvereinbarungsprozess nicht
ausblenden will.

**Arbeiten unter erschwerten Bedingungen – Wie der Arbeitsort die Produktivität
bestimmt** Hochgradig praxisrelevant für die Diskussion der Möglichkeiten und Grenzen
der Produktivitätsförderung im Umsetzungsprozess sind Einflussfaktoren, die im Zusammenhang mit dem Arbeitsort stehen. Immer dann, wenn Sach- oder Dienstleistungen nicht
in der eigenen Produktionshalle oder im eigenen Büro, sondern „vor Ort" beim Kunden
oder auf der Baustelle zu erbringen sind, kommen häufig nicht oder nur bedingt beein-
flussbare Bedingungen auf die Prozessbeteiligten zu. Der im Vorhinein gegebenenfalls
sogar gut geplante Prozess wird durch schlechtes Wetter, Staus oder ungünstige Voraussetzungen beim Kunden gestört. Diesen Herausforderungen stehen sowohl Unternehmen
des sekundären Sektors (36,1 %) als auch des tertiären Sektors (41,9 %) gegenüber. Flexibilität ist daher unter solchen Bedingungen gefragt. Auch kurzfristiges Umdenken kann
jedoch nicht verhindern, dass die Produktivität sinkt. In der Sachgüterproduktion haben
manche Anbieter aus diesen Unsicherheiten während der Leistungserbringung „vor Ort"
Konsequenzen gezogen und den Vorfertigungsgrad ihrer Produkte erhöht. Leistungen, die

bisher auf der Baustelle erbracht worden sind, werden dabei in einem ganz anderen Sinne „ingesourct" und unter stabilen bzw. kontrollierbaren Bedingungen erbracht.

Jenseits der Zusammenarbeit mit dem Kunden – Was macht Wertschöpfungspartnerschaften (un-)produktiv? Aufgrund der Marketinghistorie des Dienstleistungsmanagements wird der Erfolg der Dienstleistungsarbeit häufig isoliert an der Zusammenarbeit mit den Kunden festgemacht. Unternehmen sind jedoch weder bei der Sachgüter- noch in der Dienstleistungsproduktion „frei schwebende Gebilde", die allein mit ihren Kunden zusammenarbeiten. Sie sind vielmehr Bestandteil einer zumeist komplexen Wertschöpfungskette mit vor-, neben- und nachgelagerten Akteuren. An der Leistungserstellung sind viele unterschiedliche Wertschöpfungspartner beteiligt (43,8 % sekundärer Sektor; 37,7 % tertiärer Sektor). Der Erfolg beim Kunden hängt nicht allein von den eigenen Sach- oder Dienstleistungen, sondern auch von den Leistungen der eigenen Zulieferer sowie der Zulieferer des Kunden ab. Ebenso wird er nicht nur von den Wünschen und Bedürfnissen des Kunden, sondern auch von den Anforderungen des Kunden dieses Kunden beeinflusst etc. Fallen Glieder in der Wertschöpfungskette aus, hat bspw. der Lieferant Probleme, die bestellten Teile zu liefern, stockt die eigene Sach- oder Dienstleistungsproduktion und die Produktivität sinkt. Der Erfolg basiert auf einem aufeinander abgestimmten, störungs- bzw. fehlerfreien, häufig über Jahre eingeübten Zusammenspiel der unterschiedlichen Marktpartner und Akteure für die Wertschöpfungsproduktion.

Die Beispiele zeigen, dass es durchaus lohnenswert ist, sich intensiver mit den „produktivitätsbestimmenden Prozesscharakteristika", unterschiedlichen Prozesstypen und problemspezifischen Lösungsansätzen zu beschäftigen. Optionen zur Produktivitätssteigerung sind nicht schicksalhaft mit der Zugehörigkeit zu einem Wirtschaftsbereich verbunden. Ausgehend von bewährten Lösungen zur Produktivitätssteigerung, die auf spezifische Bedingungen auf der Ebene des Leistungsprozesses oder des Leistungsergebnisses abheben, lassen sich vielmehr für Dienstleistungen, die mit vergleichbaren Bedingungen konfrontiert sind, echte Lerneffekte erzielen.

Die Fokussierung auf die real wirksamen produktivitätsbestimmenden Bedingungen ermöglicht, in anderen Bereichen bewährtes bzw. praxiserprobtes Know-how zur kontinuierlichen Verbesserung von Leistungsprozessen zu entdecken, das ansonsten nicht als Problemlösungspotenzial erkannt worden wäre. Tatsächlich liefern die Instrumente und Vorschläge zum Umgang mit den unterschiedlichen Verschwendungstreibern zahlreiche Ansatzpunkte, die Produktivität von Dienstleistungsprozessen zu steigern. Wer bspw. Probleme mit der bedarfsgerechten Produktion unterschiedlicher (Vor-)Leistungen hat, kann mit den Tipps und Tools des Lean-Production-Managements bisher ungenutzte Flexibilisierungsreserven erschließen, d. h. zum Beispiel die Umrüstfähigkeit der technischen Anlagen und Einrichtungen verbessern oder das Nachbestellen erforderlicher Prozessinputs mit sog. Kanbansystemen verschwendungsärmer organisieren und damit das Bevorraten von Beständen auf ein Minimum reduzieren. Auch zu Themen wie der Vereinfachung verkomplizierter Produkte, der ressourcenschonenden Verringerung der Variantenvielfalt oder der Standardisierung von Arbeitsprozessen findet man im

Lean-Production-Management zahlreiche instruktive Handlungsempfehlungen. Ob bei der Vermeidung unnötiger Überproduktion von (Vor-)Leistungen, zu hohen Beständen an Material und Information, unnötigen Transporten und Wegen, effizienzmindernden Wartezeiten, Fehlern oder der Überbearbeitung von Kundenproblemen, stimmen die Ursachen der Verschwendung knapper Ressourcen mit den Anwendungsbedingungen der Tipps und Tools des Lean-Produktion-Managements überein, besteht die Möglichkeit, Dienstleistungsprozesse mit diesem aus der Sachgüterproduktion stammenden Know-how produktiver zu gestalten. Doch die Tipps und Tools zur Entdeckung und Vermeidung unnötiger Verschwendung sind in den meisten Unternehmen aus den Dienstleistungsbranchen, aber auch aus dem sekundären Sektor kaum bekannt, geschweige denn, dass es in den Unternehmen ein Standard wäre, damit immer wieder nach Möglichkeiten zur Verbesserung des Status quo zu suchen und kontinuierliche Verbesserungsprozesse voranzutreiben.

21.3 Die Überwindung der Dichotomie von Sach- und Dienstleistungen schafft Lernchancen zur Produktivitätssteigerung

Der Druck zur Produktivitätssteigerung macht heute vor keinem Wirtschaftsbereich halt. Ob produzierendes Gewerbe oder Dienstleistungswirtschaft, es gibt kaum Unternehmen, in denen nicht nach Wegen gesucht wird, den Mitteleinsatz zu senken oder das Leistungsergebnis zu steigern. Mit Ansätzen des Lean-Production-Managements haben progressive Unternehmen schon vor Jahren Erfolge unter Bedingungen erzielt, die lange Zeit als unter Produktivitätsgesichtspunkten weitgehend ausgereizt galten. Die „angebotsgetriebene" Produktion schien nach betriebswirtschaftlichen Einsichten („Economies of Scale") unabänderlich. Eine Serienfertigung mit möglichst geringen Umrüstvorgängen wurde als alternativlos eingeschätzt. Ähnliche „Exklusivität" wird oft auch für Dienstleister reklamiert. Die Besonderheiten von Dienstleistungen versperren viele Wege zur Produktivitätssteigerung, die dem produzierenden Gewerbe offenstehen – so die häufig vertretene Auffassung. Die in diesem Beitrag entwickelte Strukturierung des Feldes macht aber deutlich, dass Verschwendung als Gegenkraft zur Produktivität in vielen Fällen unabhängig von der Zuordnung zu speziellen Wirtschaftssektoren auftaucht. Die Produktivität von Dienstleistungen hängt mit anderen Worten zwar auch, aber nicht nur oder insbesondere von den Dienstleistungsbesonderheiten ab:

- So kommt es nicht nur bei Automobilherstellern zu Überproduktion, sondern auch in Wohnungsunternehmen, wenn entsprechende Leerstände entstehen,
- drücken Lagerbestände in der Raffinerie genauso auf die Produktivität wie im Krankenhaus oder
- führt Nachbearbeitung beim Maschinenbauer wie beim Friseur zu erhöhtem Ressourceneinsatz.

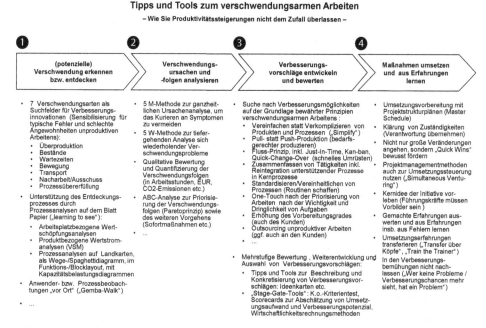

Abb. 21.6 Kontinuierliche Verbesserungsprozesse setzen Fitness in den vier Disziplinen verschwendungsarmen Arbeitens voraus

Die Beispiele illustrieren, dass es weniger um eine Exklusivität von Verschwendungsarten für einen Wirtschaftsbereich, als vielmehr um spezifische Bedingungen im Leistungsvereinbarungs- sowie im Leistungserstellungsprozess geht, die ursächlich für unproduktives Arbeiten sind. Überbetonte Unterschiede zwischen Sach- und Dienstleistungen und vernachlässigte Gemeinsamkeiten verstellen den Blick für Produktivitätssteigerungen. Wenn Verschwendungsarten und -ursachen als Prozesscharakteristika übereinstimmen, eröffnen sich Lernpotenziale von in der Produktion bewährten Prinzipien zur Vermeidung von Verschwendung, die für den Dienstleistungsbereich erschlossen werden können. D. h., dass die Suche nach Gemeinsamkeiten statt der Betonung vermeintlicher Unterschiede echte Chancen für die Produktivitätsdebatte im Dienstleistungsbereich liefert – und genau die gilt es zu erschließen. Was kann man im Krankenhaus von der Automobilindustrie lernen? Diese Frage virulent zu machen, bringt weit mehr in Sachen Produktivität, als sich im Definitorischen zu verstricken. Wer daran interessiert ist, Leistungen produktiver als bisher zu erbringen, sollte sich daher intensiver damit beschäftigen, wie er diesen branchenübergreifenden Lernprozess organisieren und die Fitness seiner Fach- und Führungskräfte in den vier Disziplinen verschwendungsarmen Arbeitens erhöhen kann (Kerka 2011; Abb. 21.6).

- Wichtigste Voraussetzung und kritischer Erfolgsfaktor von kontinuierlichen Verbesserungsprozessen sind sicher die Fähigkeit und Bereitschaft, bestehende aber oft nicht bewährte Arbeitsabläufe bewusst in Frage zu stellen. Das Erkennen oder Entdecken von Verschwendung ist „die" Grundlage von Prozessen zur Verbesserung des Status quo.
- Unnötige Verschwendung zu entdecken, ist jedoch auch nur ein Bestandteil eines Prozesses, der weit mehr umfasst. Ohne Kenntnis der Verschwendungsursachen und -folgen neigt man so bspw. schnell zu Kurzschlüssen und ist kaum in der Lage, sein Engagement auf wichtige Themen zur Produktivitätssteigerung zu konzentrieren. Die Analyse der Verschwendungsursachen und -folgen gehört daher immer zu kontinuierlichen Verbesserungsprozessen dazu.
- An die Klärung der Ursachen und Folgen verschwenderischen Arbeitens schließen sich die Aufgaben der Entwicklung, Bewertung und Auswahl von Verbesserungsvorschlägen an. Neben intuitiven, „auf der Hand" liegenden Ansatzpunkten zur Produktivitätssteigerung kann hier auf bewährtes Gestaltungswissen zur Verbesserung des Status quo zurückgegriffen werden (Kerka und Nottmeier 2013a; Kerka und Albers 2013; Kerka und Knickmeier 2013; Kerka und Nottmeier 2013b). Dabei ist jedoch immer auch zu überprüfen, inwieweit eine Umsetzung in der spezifischen Situation möglich ist und ob der Umsetzungsaufwand in einem aussichtsreichen Verhältnis zum Verbesserungspotenzial steht.
- Verbesserungsvorschläge sind schnell gemacht. Wenn aus guten Vorsätzen aber reales Handeln werden soll, benötigt man Fach- und Führungskräfte, die sich für die Umsetzung von Verbesserungsmaßnahmen einsetzen und Verantwortung übernehmen. Zum kontinuierlichen Verbesserungsprozess gehören auch das Lernen aus Erfahrungen insbesondere aus Fehlern sowie der umsetzungsbegleitende Erfahrungstransfer an Mitarbeiter, die mit gleichen oder ähnlichen Problemen konfrontiert sind.

Nimmt man die skizzierten Aufgabenbereiche und die zur Unterstützung dieser Aufgaben entwickelten Tipps und Tools zum verschwendungsarmen Arbeiten, wird deutlich, dass es bei der Erschließung von Potenzialen zur Produktivitätssteigerung nicht um Abgrenzungsversuche der eigenen Besonderheiten zum Rest der Wirtschaft geht, sondern darum, einen kontinuierlichen Verbesserungsprozess auf den Weg zu bringen und die Mitarbeiter für ein verschwendungsarmes Arbeiten zu aktivieren. Das ist weit mehr, als manche „Prozessdokumentierer" (Stichwort „Aris-Exzesse") oder „Ideenmanager" (Stichwort „Betriebliches Vorschlagsverwaltungswesen") glauben machen wollen, sondern ein echter Kompetenzentwicklungsprozess der Fach- und Führungskräfte, in dem das operative Gestaltungs-Know-how zur Entdeckung und Vermeidung von Verschwendung zu vermitteln und im Prozess der Arbeit einzuüben ist. Kontinuierliche Verbesserungsprozesse sind – wie die branchenübergreifenden Analysen des Instituts für angewandte Innovationsforschung zeigen – know-how-intensive Prozesse: Sowohl Sachgüterhersteller als auch Dienstleister, deren Mitarbeiter über das Know-how zur Entdeckung und Vermeidung unnötiger Verschwendung verfügen, weisen deutlich bessere Ergebnisse bei ihren Produktivitätssteigerungen auf, als Unternehmen, deren Fach- und Führungskräfte diese

Tipps und Tools zum verschwendungsarmen Arbeiten nicht kennen oder kaum anwenden (Kerka et al. 2013). Grund genug also, weniger in Managementsysteme als vielmehr in das Know-how der Mitarbeiter zu investieren und sich intensiver damit auseinanderzusetzen, wie dieser Kompetenzaufbau durch arbeitsintegrierte Lernformen möglichst produktiv gestaltet werden kann. Nur so lassen sich im Dienstleistungsbereich die erhofften Produktivitätsschübe auslösen.

Literatur

Anderson EW, Fornell C, Rust RT (1997) Customer satisfaction, productivity, and profitability: differences between goods and services. Mark Sci 16:129–145. doi:10.1287/mksc.16.2.129

Baumgärtner M, Bienzeisler B (2007) Dienstleistungsproduktivität – Konzeptionelle Grundlagen am Beispiel interaktiver Dienstleistungen. Fraunhofer-Institut für Arbeitswirtschaft und Organisation IAO, Stuttgart

Bienzeisler B (2000) Rationalisierung im Dienstleistungssektor – Strategien und Probleme. Duisburger Beiträge zur soziologischen Forschung Nr. 1/2000, Duisburg

Brunner FJ (2011) Japanische Erfolgsfaktoren. Hanser, München

Bullinger HJ, Schreiner P (2003) Service Engineering: Ein Rahmenkonzept für die systematische Entwicklung von Dienstleistungen. In: Bullinger HJ, Scheer AW (Hrsg) Service Engineering. Springer, Berlin, S 51–82

Drucker PF (1992) Dienstleister müssen produktiver werden. Harv Bus Manag 14:64–72

Engelhardt WH, Kleinaltenkamp M, Reckenfelderbäumer M (1993) Leistungsbündel als Absatzobjekte. Ein Ansatz zur Überwindung der Dichotomie von Sach- und Dienstleistungen. Z betriebswirtschaftliche Forsch 45:395–426

Imai M (1997) Gemba Kaizen: a commonsense, low-cost approach to management. McGraw-Hill, New York

Kerka F (2011) Auf dem Weg zu einem unternehmerischen Ideen- und Innovationsmanagement – weniger Innovationsaktionismus wäre mehr. Institut für angewandte Innovationsforschung (IAI) e. V., Bochum

Kerka F, Albers S (2013) Produzieren mit geringen Beständen – Was können Dienstleister von der Lean-Production-Philosophie lernen? In: Kriegesmann B (Hrsg) Berichte aus der angewandten Innovationsforschung. No. 252. Institut für angewandte Innovationsforschung (IAI) e. V., Bochum

Kerka F, Knickmeier A (2013) Lean-Production-Management zwischen Anspruch und Wirklichkeit – Wie Dienstleister Unterauslastungs- und Überbelastungsprobleme (nicht) vermeiden können. In: Kriegesmann B (Hrsg) Berichte aus der angewandten Innovationsforschung. No. 253. Institut für angewandte Innovationsforschung (IAI) e. V., Bochum

Kerka F, Kriegesmann B (2013) Produktivität – Eine Frage von Sach- oder Dienstleistung? In: Bouncken RB, Pfannstiel MA, Reuschl AJ (Hrsg) Dienstleistungsmanagement im Krankenhaus I Prozesse, Produktivität und Diversität, Springer, Wiesbaden

Kerka F, Nottmeier S (2013a) Produzieren im (Über-)Fluss – Was können Dienstleister zur Vermeidung von Überproduktion und Überinformation von der japanischen Lean-Production-Philosophie lernen? In: Kriegesmann B (Hrsg) Berichte aus der angewandten Innovationsforschung. No. 251. Institut für angewandte Innovationsforschung (IAI) e. V., Bochum

Kerka F, Nottmeier S (2013b) Auf der Suche nach Dienstleistungen ohne (Mehr-)Wert – Warum wird oft mehr gemacht, als für den Kunden nützlich ist? In: Kriegesmann B (Hrsg) Berichte aus der angewandten Innovationsforschung. No. 257. Institut für angewandte Innovationsforschung (IAI) e. V., Bochum

Kerka F, Albers S, Knickmeier A, Nottmeier S (2013) Zum aktuellen Stand des Produktivitäts-managements – Das Wissen über die Möglichkeiten der Produktivitätssteigerung ist in vielen Branchen ebenso begehrt wie rar. In: Kriegesmann B (Hrsg) Berichte aus der angewandten Innovationsforschung. No. 258. Institut für angewandte Innovationsforschung (IAI) e. V., Bochum

Klauser M, Löw A (2006) So erhöhen Sie die Produktivität. Harv Bus Manag 28:8–11

Liker JK (2006) The Toyota Way. Erfolgsfaktor Qualitätsmanagement: 14 Managementprinzipien des weltweit erfolgreichsten Automobilkonzerns. FinanzBuch Verlag, München

Maleri R, Frietzsche U (2008) Grundlagen der Dienstleistungsproduktion. Springer, Berlin

Meffert H, Bruhn M (2009) Dienstleistungsmarketing: Grundlagen – Konzepte – Methoden. Springer-Gabler, Wiesbaden

Reichwald R, Möslein K (1995) Wertschöpfung und Produktivität von Dienstleistungen? Innovationsstrategien für die Standortsicherung, Arbeitsbericht Nr. 6 des Lehrstuhls für Allgemeine und Industrielle Betriebswirtschaftslehre der Technischen Universität München, München

Rother M, Shook J (2006) Sehen lernen. Mit Wertstromdesign die Wertschöpfung erhöhen und Verschwendung beseitigen. Lean Management Institut, Mülheim a. d. R.

Spath D, Ganz W (Hrsg) (2008) The future of services: trends and perspectives. Hanser, München

Statistisches Bundesamt (2012) Volkswirtschaftliche Gesamtrechnungen, Fachserie 18, Reihe 1.5. Statistisches Bundesamt, Wiesbaden

Witt J, Witt T (2008) Der kontinuierliche Verbesserungsprozess (KVP): Konzept – System – Maßnahmen. Windmühle, Frankfurt a. M.

Womack J, Roos D, Jones DT (1994) Die zweite Revolution in der Autoindustrie. Konsequenzen aus der weltweiten Studie aus dem Massachusetts Institute of Technology. Campus, Frankfurt a. M.